Institutions judiciaires

Domat droit privé

Institutions judiciaires

ROGER PERROT †
Professeur émérite de l'Université Panthéon-Assas (Paris II)

BERNARD BEIGNIER
Professeur à la Faculté de droit et science politique
de l'Université Toulouse 1 Capitole, doyen honoraire

LIONEL MINIATO
Maître de conférences HDR à l'Institut national universitaire Jean-François Champollion

16e édition

LGDJ une marque de Lextenso

70, rue du Gouverneur Général Éboué
92131 Issy-les-Moulineaux Cedex
ISBN 978-2-275-04134-6
ISSN 0767-4309

AVANT-PROPOS

Lorsque, dans l'effervescence qui suivit la réforme universitaire de 1968, l'Université de droit, d'économie et de sciences sociales de Paris (comme on l'appelait à l'époque) entreprit de réaménager ses programmes, l'opportunité est apparue de créer un enseignement spécifique ayant pour objet propre de présenter aux étudiants de première année une fresque globale des Institutions judiciaires. Une double préoccupation *inspira cette création.*

D'abord, le souci d'initier nos jeunes étudiants à certaines notions institutionnelles. La science du droit ne se nourrit pas d'académisme : elle se développe au sein d'un tissu serré d'institutions qui lui donnent vie et en parachèvent la réalisation. Les cours et les tribunaux sont les compagnons obligés du juriste. Sans eux, la science du droit ne serait qu'un jeu d'esthète. Il est indispensable que, dès leurs premiers pas, les juristes prennent conscience des réalités du monde judiciaire moderne qui formeront la trame sur laquelle viendront s'inscrire d'autres enseignements.

Une seconde préoccupation, non moins importante, a dicté la création de cet enseignement. Pendant longtemps, le hasard des spécialisations universitaires a voulu que les Institutions judiciaires *fussent présentées en ordre dispersé, comme autant d'annexes à des enseignements de fond. La science judiciaire a beaucoup pâti de ce découpage trinitaire entre le contentieux privé, le contentieux pénal et le contentieux administratif qui faisait de la justice un monstre à trois têtes. En réalité, l'œuvre de justice forme un tout indivisible. Et s'il est vrai que chacun des contentieux répond à des finalités propres qui imposent leur marque, l'acte de juger reste unique dans son essence. C'est donc autour de lui que doit être reconstitué ce vaste ensemble que forment les* Institutions judiciaires, *en s'efforçant de dégager, à travers les spécificités propres à chaque contentieux, une vision globale de la justice et des principes qui la régissent. Au reste, le législateur moderne s'en est bien rendu compte qui, en 1960, créa les Instituts d'études judiciaires dont l'une des fonctions est précisément de regrouper, au sein d'une même unité, l'étude des principes qui gouvernent l'organisation et le fonctionnement de la justice, en se jouant des cloisonnements hérités de la tradition.*

Ce double souci a dicté la conception de ce livre élaboré en pensant d'abord aux étudiants de première année qui ont besoin d'enrichir leurs connaissances d'un vocabulaire de base. Il eût été périlleux de les aventurer dans des controverses techniques de nature procédurale qui, pour être comprises, supposent déjà un certain degré de formation. En revanche, une large place a été faite aux questions de terminologie et à tout ce que l'on pourrait appeler l'environnement des Institutions judiciaires, *pour mieux les insérer dans leur contexte historique, sociologique et parfois même politique. Les* Institutions judiciaires *ne se réduisent pas à de simples cadres techniques désincarnés : façonnées par l'histoire et les nécessités du temps, elles ne se comprennent souvent qu'à travers les enseignements du passé et les besoins du moment présent. Que le lecteur ne soit donc pas surpris s'il ne trouve aucun écho des savantes controverses jurisprudentielles qui font la joie des érudits : dans un premier temps, il nous a paru pédagogiquement plus fructueux de limiter cet ouvrage à la description des Institutions et des grands principes qui régissent le procès.*

En revanche, de nos jours, on ne peut plus ignorer les juridictions internationales *et spécialement les* juridictions européennes *qui prennent une importance grandissante à mesure que se développent les relations économiques par-delà nos frontières et que l'Europe cherche son unité en se dotant de structures autonomes. Le juriste de demain se doit d'en connaître l'existence. Et c'est pourquoi il a paru nécessaire de leur consacrer quelques développements, avec pour seule ambition de sensibiliser les jeunes étudiants à des Institutions judiciaires naissantes qui sont appelées désormais à faire partie de l'horizon quotidien du juriste.*

Si le lecteur initié veut bien jeter quelque regard sur ce livre, il découvrira peut-être à travers les lignes l'amorce d'une étude comparative entre les différents contentieux. Un champ d'exploration immense s'ouvre aux chercheurs avides de comprendre pourquoi ce qui est vrai devant une juridiction ne l'est pas devant une autre. La diversité des solutions ne doit pas déconcerter le juriste ; elle doit au contraire l'inciter à en chercher la cause sans jamais se laisser gagner par les fatalités de l'histoire qui, avec le temps, deviennent traditions.

Puissent ces pages rendre service aux étudiants et susciter la curiosité du chercheur. L'auteur n'en souhaite pas plus.

R. P.

ROGER PERROT
1920-2014

Lundi 10 octobre 1977, 8 heures : mon premier cours de droit à Assas, dans ce grand amphi si impressionnant, surtout en un jour de rentrée où tout le monde est présent (de la première division) et où le sommet des gradins est occupé par nos turbulents devanciers de deuxième et troisième années.

Précédé de l'appariteur, entre, portant la robe de cours, Roger Perrot. Simple apparat saisissant pour un novice. Le professeur s'installe à la chaire et nous souhaite la bienvenue : « *Ces murs sont en béton, mais vous vous rendrez compte, très vite, que le droit lui n'est pas du béton* ».

Au bout de quelques minutes, le chahut rituel s'installe.

Roger Perrot referme son dossier : « *C'est inadmissible ! je ne ferai pas cours dans de telles conditions. Je m'en vais et je considère le cours fait !* ». Tombe du haut de l'amphi une rafale d'avions en papier accompagnée de lazzis divers. Je dois avouer que, nous autres « bizuths » n'en menions pas large.

Bien des années après, en doctorat, j'étais venu saluer mon « premier » professeur, un jour de rentrée et je l'attendais à la salle des professeurs. Le rituel n'avait pas varié. Mais je compris alors que tout était réglé : « *Cette année, ils ont mis plus de huit minutes à s'exciter, c'est presque un peu long...* ». Le sourire aux lèvres.

La suite du cours d'institutions judiciaires fut un vrai plaisir, même si tous nos professeurs de l'époque, avec des personnalités bien différentes mais bien marquées (je songe en particulier au chaleureux Michel de Juglard en droit civil ou à Francis Garrisson qui faisait penser à... Louis Jouvet par son apparence physique mais aussi par une diction très étudiée, en histoire du droit) étaient l'objet de beaucoup d'attention et d'admiration (parfois retenue) de nous tous. Plus que des professeurs, ils étaient des maîtres dont l'influence, à ce carrefour de l'âge où l'on quitte définitivement l'adolescence pour entrer dans la vie adulte, est capitale.

Un professeur est celui qui aime son métier ; un maître est celui qui aime ses étudiants.

Je retrouvais Roger Perrot en licence, avec le cours de droit judiciaire privé, qui était une des matières que j'avais choisies en travaux dirigés, donc, à l'époque, en matière d'admissibilité. Nous entrions dans le vif de ce droit que l'on ne peut survoler, dans lequel tout dépend de tout et où la stratégie de l'avocat commande une tactique fine.

Parmi mes souvenirs, celui de l'examen final (en février). Classiquement, c'était un cas pratique. Or le cas pratique en procédure peut être un redoutable château de cartes s'écroulant facilement. Qui n'a pas vu que l'assignation est atteinte d'un vice de fond et non de forme peut voir sa note ne pas dépasser un large 2/10.

Or, Roger Perrot arrivait, dans l'amphi du sous-sol (mal commode parce qu'il occupait le lieu où aurait dû être, normalement, le parking de l'université), vers la moitié du temps de l'épreuve (trois heures, selon une durée fixée depuis l'édit de

1679) et déposait dans le coin de la chaire le corrigé que chacun pouvait prendre en sortant. Je laisse au lecteur le soin de se demander s'il n'y avait pas un soupçon de malice dans cela.

Ce qui est certain c'est que nous voyions les premiers de nos camarades, une bonne heure avant la fin, déposer leur copie ou plutôt capituler car, dans une telle épreuve aussi, les premiers sortis sont souvent les derniers en notation. L'étudiant prenait le corrigé, le regardait rapidement et la décomposition de son visage nous donnait mal au ventre. La longue montée vers l'échafaud se prolongeait ainsi toute la dernière heure. À la vérité, dans le dernier quart d'heure, les visages reprenaient un air de contentement et notre espoir renaissait. Le bon cru de la promotion arrivait...

Roger Perrot fut ensuite mon professeur de voies d'exécution en maîtrise. Le cours est âpre par lui-même et il faut un vrai tour de force à l'enseignant pour lui donner un peu d'action. C'était avant la grande réforme. Roger Perrot parvenait à nous distraire (c'est bien le mot à son double sens) en évoquant le choix cornélien que le saisi avait entre tant de chèvres ou tant de brebis. Cela complétait les ruches à miel et les alambics de première année de droit civil.

Enfin je le retrouvais en DEA de droit processuel dont il était le directeur.

Avec le recul du temps, je m'aperçois que Roger Perrot fut un des deux professeurs que j'eus comme enseignant à quatre reprises. L'autre fut M. Philippe Malaurie, mon stimulant et ardent professeur de droit civil de la deuxième année à la maîtrise, avant de présider le jury d'agrégation de droit privé et sciences criminelles de 1993.

Pour revenir à cet ouvrage, dont l'éditeur a bien voulu, à la demande de la famille de Roger Perrot, nous confier, à Lionel Miniato et moi-même, la continuation, je veux simplement dire combien je me sens une dette d'honneur à le poursuivre : il parut l'année de mes débuts en droit, prenant la suite d'un « poly » des cours du droit réputé et estimé. À bien des égards, il fut mon premier livre de droit.

* *
*

Roger Perrot naquit le 6 décembre 1920 et sa carrière, exceptionnelle, est exempte du parcours ordinaire de celle d'un professeur d'université. Elle n'en est que plus exemplaire.

Dans les années qui précèdent le second conflit mondial, Roger Perrot est un simple employé de la Poste. C'est lui qui assure la vie quotidienne de sa mère et de sa sœur.

Sa vie va connaître un tournant décisif lorsqu'il décida de s'inscrire en capacité en droit à la faculté de droit de Paris.

Occasion de faire un bref rappel de ce que fut autrefois le baccalauréat. Depuis sa création en 1808, il est et demeure le premier grade de l'Université (ce qui explique qu'aujourd'hui encore un jury de cet examen est présidé par un universitaire). Toutefois, il n'y avait que deux facultés à délivrer le baccalauréat : celle des Lettres et celle des Sciences. Ce n'est pas pour rien que lors de sa reconstruction au début du XXe siècle la Sorbonne comporte deux ailes : celle des Lettres et celle des

Sciences, avec dans la cour d'honneur la statue, d'un côté, de Victor Hugo et, de l'autre, de Louis Pasteur.

Pour s'inscrire dans une des cinq facultés (Droit, Lettres, Sciences, Médecine, Pharmacie), il fallait donc déposer copie soit du baccalauréat ès-lettres, soit de celui ès-sciences.

Toutefois (et cela jusqu'à la création du DEUG), il existait un baccalauréat en droit, lequel sanctionnait les deux premières années de la licence (qui était en trois ans, jusqu'à la réforme de 1954 qui l'accrut d'une année). Ainsi, les facultés de droit disposaient-elles, d'une manière au fond très moderne, d'un accès autre que le baccalauréat classique : la capacité, laquelle permet toujours de s'inscrire, selon les notes obtenues, soit en première année, soit même directement en deuxième année. Mais un capacitaire qui poursuivait ses études devenait, de toutes les manières, un bachelier.

Il faudra qu'un jour un historien du droit écrive une histoire de la capacité en droit et l'on sera surpris de voir combien cette petite voie en a conduit beaucoup sur la grande voie : des noms illustres l'empruntèrent.

Roger Perrot va alors suivre, entre autres, les cours de Robert Le Balle. Ce professeur, il faut en convenir, aujourd'hui peu connu dans la mémoire des juristes, a eu un rôle cardinal dans l'orientation de beaucoup de ses élèves. Il encourage, au terme de son cursus, Roger Perrot à s'inscrire en doctorat. C'est donc sous sa direction qu'il soutient sa thèse, en 1947, sur « *De l'influence de la technique sur le but des institutions juridiques* » (publiée la même année, avec une préface de son directeur de travaux). De 1940 à 1947 : un septennat exemplaire de la capacité au plus haut grade universitaire.

Dans la foulée, il est agrégé au premier concours qui suit la fin de la guerre (1947) et il commence alors une substantielle carrière à la Faculté de Strasbourg de 1947 à 1960, avant d'être appelé à celle de Paris où il demeura de 1960 à son éméritat en 1990. Treize ans à Strasbourg et trente ans à Paris : de telles carrières sont peu courantes aujourd'hui.

Au sein de cette même faculté (devenue université) il fut, de 1980 à 1990, directeur du principal Institut d'études judiciaires de France et, à ce titre, président de l'influente association des directeurs de ces instituts.

L'autre rencontre importante de Roger Perrot fut celle de Henry Solus. Avec lui démarre l'aventure prestigieuse du « Solus et Perrot », le Traité de Droit judiciaire privé : ce sont eux qui, à la suite des idées de Motulsky, reprennent, pour la première fois, ce terme nouveau, appelé à une consécration par toute l'évolution de la procédure civile dans les années 1970, qui aboutira au « nouveau » Code de procédure civile.

Ce n'est pas le lieu de reproduire ici la longue liste des travaux divers de Roger Perrot. L'on soulignera deux appétences chez lui. D'une part, les divers rapports de synthèse des congrès ou autres manifestations de même nature des professions judiciaires, tout spécialement les anciens avoués mais également les huissiers, dont il était très proche (ce qui se vit notablement lors de la réforme des voies d'exécution).

D'autre part, Roger Perrot eut une doctrine que l'on peut qualifier au « fil de l'eau » en tenant (à partir de 1974 et jusqu'à sa mort) l'indispensable chronique de jurisprudence sur le droit judiciaire privé mais également les procédures d'exécution à la *Revue trimestrielle de droit civil* ; puis les notes de procédure civile à la nouvelle revue *Procédures* (dont il fut l'un des fondateurs en 1995). R. Théry, H. Croze et Y. Strickler sont aujourd'hui ses successeurs dans ces deux chroniques. Cas vraiment rarissime, le numéro de cette dernière revue qui suivit son décès le 19 juillet 2014 put comporter ses ultimes écrits. Roger Perrot eut une vie active jusqu'à ses derniers jours.

L'on connaît une chronique du doyen Carbonnier, « *Note sur les notes d'arrêts* ». La note est à la doctrine ce que la musique de chambre est à la musique. Elle ne doit pas être confondue avec la musique pour orchestre. Elle doit rassasier sobrement, ouvrir l'appétit sans le couper. Chaque note de Roger Perrot était directe car il savait s'adresser à un public averti dont le temps est précieux et l'intelligence prompte. Il savait donner nettement son opinion sans l'imposer.

Plusieurs fois docteur *honoris causa* de diverses universités (Athènes, Genève, Louvain, Milan et Liège), Roger Perrot fut officier de la Légion d'Honneur.

Je ne puis terminer ici cet hommage sans évoquer la famille de Roger Perrot, en tout premier lieu, son épouse Michèle, rencontrée à HEC où elle était l'une des premières femmes à faire ses études, qui fut associée à sa carrière qu'elle partagea d'une certaine manière. Mais aussi leurs quatre enfants : Jean, Catherine, Christophe (qui vécut le temps d'une aube) et Sébastien. Le lecteur de ce livre retrouvera ensuite au fil des pages les huit petits-enfants de Roger Perrot (Pierre, François, Marie, Paul, Olivier, Guillaume et Philippe mais aussi la petite Charlotte, la plus récente arrivée) ; en effet, à chaque naissance, Roger Perrot introduisait l'un d'eux dans les exemples fournis ou même dans les décisions de justice : cette édition, pour tenir la promesse de son grand-père, voit donc la mention de Charlotte. Une famille unie et heureuse. Est-ce si fréquent ?

J'ai parlé, *in limine*, de l'impression forte de Roger Perrot lors de ce premier cours. Si l'on devait tout résumer sur les traits principaux de sa personnalité, l'on peut dire qu'il était limpide dans son expression et clair dans ses explications : un professeur est celui qui fait comprendre simplement des connaissances complexes. Il était élégant dans son attitude envers les étudiants et dans son port extérieur. Ainsi était-il pour nous un exemple que nous voulions imiter mais que nous admirions parce que nous savions qu'il était bien au-dessus de nous.

Parmi beaucoup d'autres – et c'est ce concert de personnalités qui, fondamentalement et étymologiquement constitue une « université » – il était de ceux qui nous estimaient aptes à l'intelligence et susciter celle-ci avec fermeté et bienveillance. Aujourd'hui, je sais que je ne fais qu'exprimer ce que ressentent tous mes camarades de l'époque : une gratitude empreinte de la nostalgie de notre jeunesse.

Bernard Beignier

SOMMAIRE

ABRÉVIATIONS

Bull. civ.	Bulletin des arrêts de la Cour de cassation (chambres civiles)
C. civ.	Code civil
C. com.	Code de commerce
C. gén. imp.	Code général des impôts
C. just. adm.	Code de justice administrative
C. org. jud.	Code de l'organisation judiciaire
C. pr. civ.	Code de procédure civile
C. pr. pén.	Code de procédure pénale
C. trav.	Code du travail
Cass. civ.	Chambre civile de la Cour de cassation
Cons. État	Conseil d'État
D.	Recueil Dalloz
Gaz. Pal.	Gazette du Palais
JCP	Juris-Classeur périodique, édition générale
Ord.	Ordonnance
Rev. franç. dr. adm.	Revue française de droit administratif
Rev. sc. crim.	Revue de science criminelle et de droit pénal comparé
Rev. trim. dr. civ.	Revue trimestrielle de droit civil
Rev. int. dr. comp	Revue internationale du droit comparé

INTRODUCTION

1 Dans toute société, il y a des juges chargés de rendre des jugements : l'existence de la fonction de juger est inhérente à toute société, si rudimentaire soit-elle. Il en fut toujours ainsi. L'histoire nous révèle que, dans les temps les plus reculés, au cœur même du Royaume d'Égypte, trente juges étaient choisis au sein des principales villes pour composer la compagnie chargée de juger dans tout le Royaume. Dès qu'une société se forme, la fonction de juger apparaît de façon à peu près spontanée, comme une nécessité.

L'explication est simple : toute vie en société entraîne inévitablement des *contestations*. Et cela, pour plusieurs raisons. Ce peut être d'abord parce que les intéressés ne sont pas d'accord sur l'existence de certains faits : un acheteur prétend, par exemple, qu'il ne doit plus rien parce qu'il a déjà payé. Mais ce peut être aussi parce que l'application de la règle de droit est sujette à controverse : quel sens faut-il lui donner ? quelle en est la portée ? s'applique-t-elle au cas litigieux ? Bref, pour différents motifs, des prétentions s'affrontent. Il est alors indispensable qu'une personne impartiale, respectée pour son autorité personnelle ou en raison des pouvoirs qu'elle tient de la loi, se prononce sur les prétentions en conflit et déclare publiquement laquelle des deux est justifiée. Il faut, en d'autres termes, qu'un juge intervienne pour « dire le droit ».

On se gardera d'en déduire que l'application de la règle de droit suscite toujours des contestations. Dans bien des cas, chacun fait ce qu'il doit en respectant scrupuleusement les prérogatives d'autrui et nulle contestation ne surgit. Il est bon d'ailleurs qu'il en soit ainsi : la vie serait désespérante si la moindre application de la règle de droit devait engendrer un litige. Le procès n'est qu'un « accident » de la vie juridique. Mais comme cette éventualité ne doit pas être exclue, il est indispensable de mettre à la disposition des citoyens un juge dont la fonction est de trancher les litiges.

Cette fonction est d'autant plus nécessaire que toute société civilisée repose sur un postulat fondamental qui veut que *nul ne se fasse justice à soi-même*, sinon c'est le désordre et l'anarchie. Il est impossible d'admettre que chacun se serve selon son bon plaisir. Une société qui ne réagirait pas contre les voies de fait porterait en elle tous les ferments de sa propre destruction. Voilà pourquoi dans nos sociétés modernes, où l'État a la responsabilité de l'ordre public, la justice n'est pas seulement, comme le pensait Lamoignon, « une bienfaisance du roi » : elle est en réalité un devoir de l'État.

Pour faire face aux responsabilités qui sont les siennes, l'État a donc organisé un véritable service public composé de multiples organes auxquels participent de nombreuses personnes dont l'ensemble forme ce que l'on a coutume d'appeler, d'un terme générique, les « *Institutions judiciaires* ».

2 **Que désigne exactement cette expression ? –** *a)* On pense tout de suite aux *juridictions* (aux cours et aux tribunaux, notamment) qui doivent leur nom au fait qu'elles sont chargées de « dire le droit » (du latin : *jurisdictio*). Mais, pour répondre à la diversité des attributions de la justice moderne, les juridictions sont elles-mêmes très diversifiées.

Il y a en effet plusieurs types de justice. On trouve d'abord la justice entre les particuliers : entre un créancier et un débiteur qui prétend ne rien devoir, entre deux époux qui divorcent, entre deux commerçants, etc. C'est ce que l'on appelle parfois la « *justice civile* », étant précisé que cette expression n'exclut pas les litiges en matière commerciale et sociale. Mais il y a également la « *justice pénale* » exercée par les tribunaux de police, les tribunaux correctionnels et les cours d'assises, dont l'objectif est de réprimer les infractions qui ont été commises. Enfin, il y a une « *justice administrative* » qui, comme son nom l'indique, a pour trait caractéristique de juger les litiges concernant l'administration.

À chacun de ces types de justice correspondent des juridictions très différentes par leur esprit et leurs structures. Mais, quelles que soient les particularités de chacune d'elles, toutes les juridictions ont pour trait commun d'être appelées à trancher des contestations au moyen d'un acte solennel que l'on appelle un jugement. L'identité de la démarche intellectuelle les rassemble toutes dans un même ensemble qui restitue à la justice son unité fondamentale.

b) Ces juridictions ne serviraient à rien s'il n'y avait pas un important personnel pour en assurer le fonctionnement : les *juges*, bien entendu, mais aussi une quantité d'autres personnes comme les avocats, les huissiers de justice, les greffiers dont l'ensemble forme ce que l'on a coutume d'appeler les « *auxiliaires de justice* ».

c) Enfin, on ne saurait négliger le fait même du *procès*. Le juge statue toujours à la suite d'une procédure plus ou moins longue, plus ou moins complexe, destinée à permettre une meilleure recherche de la vérité, dans des conditions sereines et loyales. Or, le procès obéit à certains principes qui animent le fonctionnement des juridictions. Sans doute leur mise en œuvre peut-elle varier plus ou moins sensiblement selon la juridiction saisie. Mais précisément pour cette raison, il est indispensable de les connaître et, au besoin, de comparer leur application.

Quand, dans un sens très large, on parle des « institutions judiciaires », on désigne donc par là cet ensemble très disparate que constituent les juridictions, le personnel judiciaire et aussi les principes fondamentaux qui régissent le fonctionnement des juridictions. Et cela, sans tenir compte du cloisonnement plus ou moins artificiel, qui résulte souvent du hasard des programmes universitaires, entre la justice civile (commerciale et sociale), la justice pénale et la justice administrative. À travers ses multiples facettes, la justice forme un tout.

Dans l'expression « institutions judiciaires », le mot « judiciaire » est utilisé dans son sens étymologique pour désigner « ce qui est relatif à l'administration de la justice » (Littré, V° *Judiciaire*, 1°, t. IV, p. 1315). Il est bon de le souligner, car avec l'apparition des juridictions administratives, on a pris l'habitude d'opposer l'ordre judiciaire à l'ordre administratif, donnant ainsi au mot « judiciaire » un sens plus restreint que ne le voudrait l'étymologie[1]. Il est superflu d'engager une controverse sur les habitudes de langage entretenues par la tradition, dès lors qu'elles ne tirent pas à conséquence. Disons simplement, pour qu'il n'y ait pas d'ambiguïté, que le mot « judiciaire » est pris ici dans son sens le plus large et s'applique à toutes les institutions qui contribuent à l'administration de la justice en général.

3 Est-il besoin de souligner **l'importance** d'une étude sur les institutions qui concourent au fonctionnement de la justice ?

a) Importance pratique d'abord. Le total des décisions de justice rendues chaque année par les différentes juridictions ne manque pas d'être impressionnant : rien que pour l'année 2015, ce nombre a dépassé 4 millions. Qui peut dire que jamais un procès ne troublera son existence et qu'il ne devra pas apprendre un jour ce qu'est un tribunal de grande instance, un conseiller à la cour, un avocat ou un huissier de justice ? En tout cas le juriste, quelle que soit sa fonction, ne peut pas se désintéresser de cet aspect judiciaire de la science du droit dans la mesure où, même s'il n'en fait pas son activité principale, il est appelé journellement à côtoyer le « judiciaire ».

b) Importance politique ensuite. Tout ce qui concerne la justice touche de très près la vie de la cité. Il est donc naturel que la solution donnée à certains problèmes soit largement tributaire de certaines options de nature politique. L'histoire en apporte la preuve. Selon la conception libérale, démocratique ou autoritaire d'un régime, le recrutement des juges change (*infra*, n°s 334 et s.), leur statut n'est pas le même, les pouvoirs dont ils disposent sont différents, et l'organisation des professions judiciaires n'est pas identique. Souvent d'ailleurs la manière dont un régime politique considère sa justice est le signe le plus révélateur de ses véritables orientations.

c) Importance scientifique enfin. Le juriste a le devoir de prendre un peu de recul pour juger sereinement les problèmes qui se posent, pour en découvrir les remèdes et pour éventuellement suggérer les solutions appropriées. Or, quand on étend son horizon au plan international, on constate qu'à des degrés divers les mêmes difficultés surgissent et que les mêmes questions se posent. Dans tous les pays, on s'interroge sur le meilleur mode de recrutement du personnel judiciaire, sur le statut qui doit être le sien, sur les mérites de la collégialité ou sur les pouvoirs du juge dans le procès. Sans doute, les solutions finalement adoptées peuvent-elles être très différentes selon les conceptions politiques ou les traditions propres à chaque pays. Nul ne sera surpris que l'administration de la justice dans les pays de l'Europe occidentale ne soit pas soumise aux mêmes principes que la justice des pays d'Extrême-Orient. Et de même, il est clair que la justice anglaise n'est pas identique à la justice française. Mais le juriste ne doit pas être déconcerté par la mouvance des solutions. L'essentiel est de prendre conscience des raisons qui expliquent ces divergences, d'en mesurer les conséquences et, le cas échéant, d'en tirer une leçon pour soi-même.

1. En ce sens, on dira par exemple que le « juge administratif » n'appartient pas au « corps judiciaire ».

À ce titre, une étude sur les institutions judiciaires présente un caractère scientifique qui ne se limite pas à l'horizon français à un moment donné. De là, la nécessité de jeter un regard comparatif sur ce qui se passe dans les pays étrangers et aussi sur notre propre histoire judiciaire.

4 Pour toutes ces raisons, avant d'étudier les institutions judiciaires du moment présent, il est indispensable d'interroger le passé à travers un rapide *aperçu historique* (section 1). Ensuite, afin de mieux connaître les textes qui régissent actuellement les institutions judiciaires, il conviendra de présenter les *sources législatives et réglementaires* en cette matière (section 2). Enfin, pour achever cette introduction, il sera donné quelques brèves *indications bibliographiques* (section 3).

SECTION I APERÇU HISTORIQUE

5 **Vue d'ensemble. –** Les grandes lignes de notre organisation judiciaire moderne datent de la Révolution française qui réalisa sur ce point une œuvre considérable, ultérieurement complétée par le Consulat et l'Empire. Il est cependant utile de rappeler brièvement ce qu'était l'organisation judiciaire sous l'Ancien Régime, avant d'étudier les trois grandes périodes de la justice française : la mise en place des institutions entre 1790 et 1810 (§ 1), suivie d'une longue période de stabilité entre 1810 et 1958 (§ 2), date à partir de laquelle fut entreprise une rénovation des institutions judiciaires qui se poursuit encore actuellement (§ 3).

6 **Ancien Régime. –** La justice de l'Ancien Régime se caractérisait par la *diversité* et la *multiplicité des juridictions*.

À côté des juridictions royales (bailliages, sénéchaussées, présidiaux), il existait des juridictions seigneuriales et des juridictions canoniques dont, à la fin de l'Ancien Régime, la compétence se limitait aux questions de mariage et d'état civil. On trouvait en outre des juridictions spécialisées en certaines matières (prévôtés, tribunaux consulaires en matière commerciale, tribunaux d'amirauté en matière maritime) et même certaines juridictions de nature administrative (la Cour des aides en matière fiscale et la Chambre des comptes du parlement de Paris). À cela s'ajoutaient, au sommet de la hiérarchie : les parlements (qui dans chaque province jouaient le rôle de juridictions d'appel), et enfin, le Conseil des parties qui siégeait aux côtés du roi.

Cet enchevêtrement engendrait de nombreux conflits de compétence qui rendaient souvent malaisé le choix de la juridiction appelée à connaître du litige.

Le fonctionnement de la justice présentait lui-même de très graves inconvénients : la *lenteur des procès* en raison de la multiplicité abusive des recours (par le jeu de 5 ou 6 appels successifs : *infra*, n° 62), les *privilèges de juridiction* dont bénéficiaient certaines catégories de justiciables (la noblesse et le clergé notamment : *infra*, n° 69), la *vénalité des charges de judicature* qui obligeait les plaideurs à payer leurs juges (*infra*, nos 71 et 335), etc.

À la fin de l'Ancien Régime, la réforme de la justice était un souhait à peu près unanime qui trouva de nombreux échos dans les cahiers de doléance présentés aux États généraux en 1789. Répondant à ce vœu, la Révolution française commença par faire table rase du passé. Dans la nuit du 4 août 1789, les juridictions seigneuriales furent abolies, en même temps que les privilèges de juridiction et la vénalité des charges. Les tribunaux étaient maintenus, mais à titre provisoire ; et quelques mois plus tard un décret du 3 novembre 1789 décidait que les parlements ne reprendraient plus leurs fonctions. Le champ était libre pour l'édification d'une nouvelle organisation judiciaire.

§ 1. PREMIÈRE PÉRIODE (1790-1810) : MISE EN PLACE DES INSTITUTIONS

7 **Loi des 16 et 24 août 1790. –** Cette loi, votée par l'Assemblée constituante après des débats très approfondis, fut de l'avis unanime une des plus grandes lois de notre histoire politique.

a) Le législateur commença très sagement par poser quelques principes fondamentaux dont certains régissent encore nos institutions modernes : le principe de la *séparation des pouvoirs* qui, malgré des gauchissements très sensibles, demeure toujours un postulat auquel on aime se référer (*infra*, n°s 22 et s.), le principe de l'*égalité* devant la justice (*infra*, n°s 69 et s.), le principe de sa *gratuité* (*infra*, n°s 71 et s.), la règle fondamentale du *double degré de juridiction* (*infra*, n° 86), etc.

b) Après avoir posé ces principes, l'Assemblée constituante s'attacha à instituer de nouvelles juridictions dont certaines subsistent encore sous des noms différents. On citera notamment : les *tribunaux de district* qui sont les ancêtres de nos actuels tribunaux de grande instance (*infra*, n°s 102 et s.) et les *justices de paix* qui sont devenues, en 1958, les tribunaux d'instance (*infra*, n°s 111 et s.). Fait curieux, une juridiction de l'Ancien Régime survécut (la seule) : il s'agit des anciennes juridictions consulaires chargées de statuer sur les litiges commerciaux qui, parce qu'elles étaient composées de juges élus, trouvèrent grâce aux yeux du législateur de 1790 ; elles furent donc maintenues sous le nom de *tribunaux de commerce* (*infra*, n°s 121 et s.). Enfin, il faut souligner la place importante réservée à l'*arbitrage*, ce mode de juridiction très spécial par lequel les parties en conflit choisissent un simple particulier qui aura mission de juger le litige (*infra*, n°s 64 et s.).

c) En revanche, la loi de 1790 contenait peu de dispositions sur le personnel judiciaire, sinon la règle, essentielle à l'époque, de l'*élection des juges* qui se situait dans la logique du principe de la séparation des pouvoirs. Rien n'était dit au sujet des auxiliaires de justice (avocats, procureurs, etc.) qui attendront un an... pour être supprimés.

8 **Examen critique. –** L'œuvre réalisée par l'Assemblée constituante présentait d'incontestables mérites. Non seulement elle mit fin à certains des abus de l'Ancien Régime, mais dans sa partie constructive, ce fut une œuvre très sage et très élaborée ; la preuve en est que, dans ses grandes lignes, elle subsiste depuis maintenant plus de deux siècles. Il ne faut pas se dissimuler toutefois que cette loi présentait aussi de graves défauts.

a) On a pu lui reprocher d'abord une *inspiration idéologique excessive*. C'est d'ailleurs le propre des lois réalisées dans les périodes révolutionnaires.

Ainsi, l'idéologie de la fraternité qui se traduisit par l'importance démesurée donnée à l'arbitrage et aussi par un enthousiasme un peu naïf pour le juge de paix considéré moins comme un juge que comme « un père parmi ses enfants » : puisque les hommes sont frères, ils doivent pouvoir s'entendre facilement pour peu qu'un homme sage, ayant leur confiance, les y aide !

Dans le même ordre d'idées, la hantise de voir renaître la caste judiciaire des anciens parlements (qui, il faut bien le dire, mena la vie dure au pouvoir royal et que le législateur révolutionnaire craignait de voir réapparaître ; *infra*, n° 22), explique certaines dispositions sur lesquelles il fallut revenir quelques années plus tard : par exemple, l'élection des juges et surtout la suppression de toute juridiction hiérarchiquement supérieure.

Ce dernier point mérite une explication rapide. Il est indispensable d'offrir au plaideur qui a perdu son procès devant un premier juge, la possibilité de le faire juger une seconde fois par un juge présumé plus expérimenté : c'est le rôle de nos cours d'appel actuellement, comme c'était également la fonction des anciens parlements. Le législateur de 1790 n'a pas nié l'opportunité d'un double degré de juridiction. Mais, pour ne pas créer une juridiction hiérarchiquement supérieure qui aurait pu faire penser aux anciens parlements, il imagina un système très curieux, que l'on dénomma *« l'appel circulaire »*, qui consistait à faire juger l'affaire une seconde fois par une juridiction du même type, mais d'une autre ville[2].

b) On a reproché également à cette loi d'avoir réalisé une *œuvre incomplète*. Il est exact qu'un bon nombre de juridictions, et non des moindres, ne figuraient pas dans la loi de 1790 : par exemple, il manquait une juridiction de cassation, et bien d'autres encore (comme les conseils de prud'hommes). Il n'est pas exclu de penser que beaucoup de ces lacunes furent voulues : le législateur de 1790 était préoccupé par le souci de ne pas briser l'unité de la justice en créant des juridictions spécialisées qui auraient pu donner naissance à de nouveaux privilèges de juridiction. Il reste que certaines de ces lacunes durent être comblées un peu plus tard.

9 **Réformes complémentaires. –** Parmi les dispositions législatives du droit intermédiaire qui vinrent compléter l'œuvre inachevée de la loi des 16 et 24 août 1790, on retiendra notamment, dans l'ordre chronologique.

I. – La création du *Tribunal de cassation* par la loi des 27 novembre et 1er décembre 1790. L'institution d'une juridiction suprême s'imposait pour sanctionner les violations de la règle de droit et en uniformiser l'interprétation (*infra*, nos 219 et s.). D'ailleurs, la Constituante en comprit vite la nécessité et n'attendit pas longtemps pour créer cette juridiction qui deviendra plus tard la Cour de cassation lorsque le mot « cour » (symbole de la royauté) ne heurtera plus les susceptibilités du législateur.

II. – C'est au **Consulat** que l'on doit les créations les plus importantes du droit intermédiaire.

2. Par exemple : si en matière civile l'appel circulaire existait encore de nos jours, le plaideur qui aurait perdu son procès devant le tribunal de grande instance de Paris formerait appel devant le tribunal de grande instance de Versailles. Autrement dit, pour éviter toute hiérarchie, les juges de même degré se contrôlaient mutuellement. – On notera qu'un système quelque peu comparable à l'appel circulaire a été introduit en matière criminelle, par une loi du 15 juin 2000, pour permettre de former un appel contre les arrêts rendus en premier ressort par les cours d'assises (*infra*, n° 203).

La Constitution du 22 frimaire an VIII institua (dans son article 52) cette assemblée prestigieuse, que l'on appelle le *Conseil d'État*, qui sera la clé de voûte de toute notre justice administrative (*infra*, n°s 256 et s.). À la même époque, de façon plus modeste, la loi du 28 pluviôse an VIII créa les *conseils de préfecture* qui seront la timide amorce du contentieux administratif à l'échelon local et qui deviendront, beaucoup plus tard (en 1953), les tribunaux administratifs (*infra*, n°s 272 et s.).

Deux autres réformes doivent également être soulignées qui atténuèrent certains des excès de la Constituante.

a) N'ayant plus la hantise des anciens parlements et la crainte de les voir renaître, le Consulat abandonna le système de l'appel circulaire et institua des juridictions hiérarchiquement supérieures qui prirent le nom de « *tribunaux d'appel* » (loi du 27 ventôse, an VIII).

b) Enfin, avec le Consulat, le système de l'élection des juges fut abandonné : il fut décidé que les juges des tribunaux d'arrondissement (nouveau nom donné aux anciens tribunaux de district de la Constituante) seraient désormais nommés par le Premier consul.

III. – L'**Empire** devait tout naturellement accentuer les réformes amorcées sous le Consulat. L'élection des juges est progressivement supprimée. Et comme le mot « cour », loin de faire peur est au contraire recherché, les tribunaux d'appel deviennent des « cours d'appel », tandis que le Tribunal de cassation devient la « Cour de cassation » (Sen. cons., 28 floréal an XII).

On doit également au Premier Empire d'autres réformes importantes :

a) D'abord, l'institution des *conseils de prud'hommes* qui existent toujours à notre époque et dont le rôle consiste à statuer sur les litiges en matière de contrat de travail : ils furent créés par une loi du 18 mars 1806 dans les conditions qui seront indiquées ultérieurement (*infra*, n° 140).

b) Enfin, c'est à l'Empire que l'on doit le rétablissement de la profession d'avocat (loi du 22 ventôse an XII) qui avait été supprimée en 1791.

Ainsi progressivement et non sans tâtonnements au gré des régimes successifs, furent mises en place les principales juridictions des temps modernes. Il appartenait à l'Empire de marquer le terme de cette évolution dans un texte fondamental qui ouvre la seconde période : la loi du 20 avril 1810.

§ 2. DEUXIÈME PÉRIODE (1810-1958) : STABILITÉ DES INSTITUTIONS

10 **Loi du 20 avril 1810. –** Ce texte, intitulé « loi sur l'organisation de l'ordre judiciaire et l'administration de la justice », devait constituer, durant tout le XIXe siècle et la première moitié du XXe, la véritable charte de l'organisation judiciaire. Cette loi synthétisait toutes les réformes accomplies au cours des années précédentes. Le pivot de cette organisation était constitué par un tribunal civil dans chaque arrondissement, composé de trois juges nommés par le gouvernement ; avec, au second degré, une cour d'appel regroupant plusieurs départements ; et, au sommet, la Cour de cassation.

À partir de ce texte, commence une période de remarquable stabilité qui devait durer jusqu'au milieu du xxe siècle. La stabilité des textes n'exclut pas toutefois certaines évolutions importantes auxquelles il est bon de prêter attention.

11 **Évolution postérieure. –** Deux tendances devaient marquer cette période.

a) D'abord, une dispersion de la justice par la *création de nombreuses juridictions spécialisées* que l'on a coutume d'appeler des « juridictions d'exception ». À l'origine, le législateur révolutionnaire, et quelques années plus tard celui de 1810, soucieux d'éviter la renaissance des privilèges de juridiction, avaient limité les structures judiciaires aux quelques juridictions, dites de droit commun, que constituaient les tribunaux civils, les cours d'appel et la Cour de cassation ; tout au plus avait-on admis, pour des raisons particulières, les justices de paix (par souci de conciliation), les tribunaux de commerce (par tradition historique) et, plus tard, les conseils de prud'hommes. Depuis lors, les choses ont bien changé. Sous la pression des nécessités pratiques, sont apparues des juridictions spécialisées dans certains domaines particuliers, composées souvent de juges représentant les intérêts d'une catégorie sociale déterminée : par exemple, les tribunaux paritaires des baux ruraux (dans le domaine agricole ; *infra*, n°s 155 et s.), les commissions de sécurité sociale, appelées désormais les tribunaux des affaires de sécurité sociale (*infra*, n°s 159 et s.), les juridictions pour mineurs en matière pénale (*infra*, n°s 206 et s.) et les juridictions militaires (*infra*, n° 214 et s.). Ainsi, sur une moindre échelle, a recommencé une évolution qui sous l'Ancien Régime avait abouti à l'enchevêtrement des juridictions. Il faut prendre garde à ce phénomène qui, en dispersant la justice, multiplie les conflits de compétence.

b) Une autre évolution très remarquable a été l'apparition d'une véritable *justice administrative*. Pour des raisons qui seront exposées ultérieurement (*infra*, n°s 37 et s.), il n'existait pas à l'origine de juridictions pour juger l'administration : l'administré en conflit avec une autorité administrative ne pouvait pas s'adresser aux tribunaux ; il devait saisir le ministre qui statuait sur sa réclamation. Peu à peu, le Conseil d'État, à force de patience, de sagesse et de ténacité, est devenu une véritable juridiction appelée à rendre de véritables jugements et à condamner au besoin l'administration. Cette évolution, dont on ne saurait trop souligner l'importance, a trouvé son point d'aboutissement avec une loi capitale du *24 mai 1872* qui a reconnu au Conseil d'État le pouvoir de rendre des décisions souveraines.

Depuis lors, les juridictions administratives se sont multipliées (à l'excès parfois ; *infra*, n°s 256 et 292 et s.). Mais, à travers cette prolifération, une autre date importante a été celle où les conseils de préfecture, institués en l'an VIII pour régler le contentieux avec l'administration à l'échelon départemental, sont devenus les *tribunaux administratifs* à la suite d'un décret n° 53-934 du 30 septembre 1953 (*infra*, n° 276).

Désormais, à côté des juridictions traditionnelles, dites de l'ordre judiciaire, il existe de véritables juridictions administratives chargées de juger les procès qui mettent en cause l'administration.

12 **Vieillissement des structures judiciaires. –** La stabilité des textes ne doit pas faire illusion : elle a longtemps masqué un certain vieillissement des structures judiciaires qui est apparu dès la fin de la Première Guerre mondiale. La justice

administrative, qui n'était pas liée par les textes de 1810, y a plus facilement échappé. Mais, devant les juridictions de l'ordre judiciaire, l'organisation de la justice, telle qu'elle avait été conçue en 1810, ne convenait plus aux besoins d'un monde moderne où la justice est fréquemment sollicitée pour trancher des litiges qui exigent des solutions rapides : un recrutement des magistrats mal organisé, une pénurie de moyens, une carte judiciaire dépassée par le développement des communications, une procédure lente et onéreuse devaient accuser l'inadaptation des structures judiciaires léguées par la loi de 1810.

À défaut d'une politique clairement définie, le législateur a préféré parer au plus pressé par la voie de réformes fragmentaires et souvent inefficaces. Le cas des tribunaux civils en est le meilleur exemple, qui, pendant près de quarante ans (entre 1919 et 1958), firent l'objet de réformes et de contre-réformes incessantes dans la plus parfaite incohérence (*infra*, n° 103). La résistance des milieux parlementaires à toute réforme d'envergure et aussi, il faut bien le dire, celle des milieux judiciaires eux-mêmes ont finalement maintenu en vie de façon très artificielle des structures dont l'anachronisme devenait évident. On ne pouvait plus se contenter de réformes ponctuelles sur des questions limitées. Une réforme d'ensemble s'imposait : elle fut réalisée en 1958.

§ 3. TROISIÈME PÉRIODE (APRÈS 1958) : RÉNOVATION DES INSTITUTIONS

13 **Constitution, ordonnances et décrets de 1958.** – L'une des premières préoccupations du nouveau régime institué en 1958 fut de procéder à une réorganisation de la justice. La Constitution du 4 octobre 1958 contient plusieurs dispositions à ce sujet (art. 64 et 65). Peu de temps après (avant même l'installation définitive des nouvelles institutions politiques), l'organisation judiciaire fut profondément modifiée par plusieurs ordonnances, accompagnées de nombreux décrets, promulguées le même jour : le *22 décembre 1958*.

Depuis lors, d'autres réformes sont intervenues[3]. Elles seront présentées à l'occasion de chacun des problèmes examinés. Mais d'ores et déjà, on constatera que les principales réformes réalisées portent tout à la fois sur les juridictions et sur le personnel judiciaire.

14 **Réforme des juridictions.** – Le législateur de 1958 n'a pas bouleversé les structures d'ensemble que nous avait léguées la Révolution française : on peut même déceler une certaine continuité.

La terminologie a changé : les tribunaux civils sont devenus les tribunaux de grande instance et les anciennes justices de paix s'appellent désormais les tribunaux d'instance. Mais, par-delà ces nuances de vocabulaire, des réformes beaucoup plus substantielles ont été réalisées.

I. La *carte judiciaire* a été sensiblement remaniée afin de supprimer les tribunaux squelettiques ayant peu d'affaires à juger et de reconstituer de grandes unités

3. V. A. Ortolland, « Aperçu des changements dans la justice depuis 1958 », *Gaz. Pal.* 2007, n° 347, p. 4 et s.

judiciaires dans le cadre d'un ressort territorial élargi. Cette évolution, qui avait commencé avec la réforme de 1958, a été considérablement amplifiée par plusieurs décrets de 2008 (*infra*, n° 528).

II. Depuis quelques années, on constate une *spécialisation territoriale des juridictions*, en ce sens que la compétence pour juger certaines matières est centralisée au bénéfice de juridictions spécialement désignées pour en connaître, à raison de leur importance et du personnel spécialisé dont elles disposent. Ainsi on verra que les questions relatives aux entreprises en difficulté ne peuvent pas être jugées par tous les tribunaux de commerce indifféremment : elles ne peuvent l'être que par certains d'entre eux spécialement désignés à cet effet (*infra*, n° 138).

III. Enfin, la justice administrative n'a pas échappé aux réformes destinées à en améliorer leur fonctionnement. Cette rénovation qui avait commencé dès 1953 avec la création des tribunaux administratifs, s'est poursuivie à travers plusieurs réformes dont la plus marquante a été l'institution des *cours administratives d'appel* par la loi n° 87-1127 du 31 décembre 1987 (*infra*, n°s 281 et s.).

15 **Réforme concernant le personnel judiciaire. –** En 1958, l'effort essentiel du législateur a porté sur le *recrutement* et le *statut des magistrats de carrière de l'ordre judiciaire*. Le législateur de 1810 ne s'était guère préoccupé de ce problème. Afin de combler cette lacune, quelques textes épars avaient été promulgués depuis le début du siècle. Mais ils étaient notoirement insuffisants.

Désormais, plusieurs textes importants régissent ce problème. D'abord, la Constitution elle-même qui, dans ses articles 64 et 65, pose certains principes fondamentaux, dont en particulier le statut d'un organe important que l'on appelle le Conseil supérieur de la magistrature (*infra*, n°s 48 et s.). Ensuite, l'ordonnance n° 58-1270 du 22 décembre 1958 (modifiée à plusieurs reprises), portant statut de la magistrature de l'ordre judiciaire. Enfin, pour parfaire la formation des magistrats de l'ordre judiciaire, qui jusque-là était inorganisée, les textes de 1958 ont créé le Centre national d'études judiciaires (CNEJ) qui deviendra, en 1970, l'École nationale de la magistrature (ENM) (*infra*, n° 348).

16 **De nouvelles réformes. –** Toutes les réformes qui viennent d'être présentées ne sont pas les dernières en date. Il n'y a pas lieu d'en être surpris : la modernisation de l'Institution judiciaire est un perpétuel recommencement. À cet égard, l'année 2013 a marqué le point de départ de nouvelles réformes de la justice du XXIe siècle[4] : plusieurs groupes de travail ont été mis en place, divers rapports ont été remis au garde des Sceaux[5], et plusieurs textes ont été promulgués[6].

4. V. le dossier « Trois défis pour la justice du XXIe siècle », *Les cahiers de la justice*, 2010/1. Ces trois défis sont celui du nombre et de la complexité, celui de la mémoire et enfin celui de la mondialisation.

5. *La prudence et l'autorité. L'office du juge au XXIe siècle*, rapport de l'IHEJ, mai 2013 ; *Refonder le ministère public. Commission de modernisation de l'action publique*, rapport Nadal, nov. 2013 ; « *Le juge du 21e siècle* ». *Un citoyen acteur, une équipe de justice*, rapport Delmas-Goyon, déc. 2013 ; *Les juridictions du XXIe siècle. Une institution qui, en améliorant qualité et proximité, s'adapte à l'attente des citoyens, et aux métiers de la justice*, rapport Marshall, déc. 2013 ; *L'avenir des juridictions du travail. Vers un tribunal prud'homal du XXIe siècle*, rapport Lacabarats, juill. 2014.

6. Notamment la loi organique n° 2016-1090 du 8 août 2016 relative aux garanties statutaires, aux obligations déontologiques et au recrutement des magistrats ainsi qu'au Conseil supérieur de la magistrature ; et la loi n° 2016-1547 du 18 nov. 2016 de modernisation de la justice du XXIe siècle ; v. également, pour la

Aujourd'hui, la justice française est confrontée à de redoutables problèmes dont l'un des plus préoccupants est l'encombrement des tribunaux par un nombre d'affaires qui a plus que doublé au cours des vingt dernières années, sans que les effectifs judiciaires aient augmenté dans les mêmes proportions, avec cette conséquence qu'il faut aujourd'hui attendre de longs mois pour obtenir un jugement[7].

Ce problème n'est pas le seul. Au cours des dernières années, plusieurs affaires pénales ont révélé certains dysfonctionnements graves qui conduisent à s'interroger sur l'indépendance des parquets (*infra*, n° 47), sur le secret de l'instruction (*infra*, n° 587), et surtout depuis la dramatique affaire dite d'Outreau, sur la conception même du procès pénal, avec en ligne de mire la mission solitaire du juge d'instruction (*infra*, n° 184 et s.).

Pour toutes ces raisons, on parle constamment d'une réforme de la justice. Chacune des alternances politiques est l'occasion de grandioses déclarations d'intention. L'expérience prouve malheureusement que la réalisation des réformes ne suit pas toujours avec la même ardeur[8].

SECTION II — SOURCES LÉGISLATIVES ET RÉGLEMENTAIRES

17 **Codification des textes sur l'organisation judiciaire. –** Le nombre et la dispersion des textes sur l'organisation des juridictions qui, au fil des ans, s'étaient accumulés avaient fini par créer un état de désordre législatif et réglementaire qui rendait extrêmement malaisée et souvent aléatoire la recherche des textes applicables.

justice prud'homale, la loi n° 2015-990 du 6 août 2015 pour la croissance, l'activité et l'égalité des chances économiques (« loi Macron »).

7. En matière civile, la durée moyenne de traitement des procès était, en 2015 de 7 mois devant les tribunaux de grande instance, de 4,8 mois devant les tribunaux d'instance, de 14 mois pour les conseils de prud'hommes, de 5,3 mois pour les tribunaux de commerce et de 12,2 mois devant les cours d'appel. – Au pénal, devant les cours d'assises de premier ressort, le délai moyen entre l'infraction et l'arrêt était de 40,6 mois, la procédure en cour d'assises d'appel demandant 21,8 mois. Pour les tribunaux correctionnels, le délai moyen entre l'infraction et le jugement est de 11,7 mois. Il est de 11,5 mois pour les tribunaux de police. – Enfin, s'agissant des juridictions administratives, en 2007, le délai d'écoulement du stock s'est élevé à 10,8 mois devant les cours administratives d'appel et à 10,3 mois devant les tribunaux administratifs.

8. Ainsi, au mois de décembre 1996, au cours d'un entretien télévisé, le président de la République avait annoncé une grande réforme de la justice. Une commission, présidée par le premier président de la Cour de cassation de l'époque (M. Truche) a été chargée de réfléchir aux réformes souhaitables. Cette commission a rendu son rapport au mois de juillet 1997. Et finalement, il n'en est rien sorti ! Sortira-t-il quelque chose du rapport d'avril 2017, *Cinq ans pour sauver la justice*, de la mission d'information du Sénat sur le redressement de la justice ? (sur ce rapport, v. O. Dufour, « La mission Bas émet 127 propositions pour *sauver la justice* », *LPA* 2017, n° 93, p. 4 et s.). Même question à propos de la *Lettre du garde des Sceaux à un futur ministre de la Justice* publiée le 18 avril 2017 (aux éditions Dalloz) par J.-J. Urvoas avant de quitter la place Vendôme...

I. – Pour remédier à cette situation, le législateur moderne a entrepris de rassembler tous ces textes en réalisant deux grandes codifications qui constituent aujourd'hui les documents fondamentaux en la matière.

a) D'abord, le *Code de l'organisation judiciaire* qui réglemente l'organisation des juridictions de l'ordre judiciaire. Cette codification, décidée par la loi n° 72-626 du 5 juillet 1972, fut réalisée par le décret n° 78-329 du 16 mars 1978. Depuis lors, il a été refondu par le décret n° 2006-673 du 8 juin 2006. Ainsi donc, il existe désormais un document où se trouvent rassemblés tous les textes concernant l'organisation et le fonctionnement des juridictions judiciaires de droit commun (tribunaux d'instance et tribunaux de grande instance, cours d'appel, Cour de cassation, etc.)[9]. Mais il y a lieu d'observer que, dans ce code, ne figure aucune disposition relative au statut des magistrats, ni à la procédure applicable devant les juridictions de l'ordre judiciaire : sur chacun de ces points, il faut donc encore se référer à des textes isolés.

b) Plus récemment, a été entreprise une autre codification concernant cette fois les juridictions de l'ordre administratif. Une ordonnance n° 2000-387 du 4 mai 2000[10], complétée par deux décrets du 4 mai 2000 également (les décrets n° 2000-388 et 2000-389), ont rassemblé dans un document unique, appelé le *Code de justice administrative*, tous les textes autrefois dispersés relatifs à l'organisation et au fonctionnement des juridictions administratives à compétence générale (c'est-à-dire au Conseil d'État, aux tribunaux administratifs et aux cours administratives d'appel), à la procédure applicable devant elles, ainsi qu'au statut du personnel qui les compose[11]. Comme on peut le constater, ce code a des visées plus étendues que le Code de l'organisation judiciaire puisqu'il ne concerne pas seulement l'organisation et le fonctionnement des juridictions.

II. – La présentation matérielle de ces codes appelle une remarque. Comme beaucoup de textes modernes aujourd'hui, ils comprennent deux parties : une *partie législative* (dont les articles sont précédés de la lettre « L ») reproduisant les textes qui relèvent de la compétence exclusive du pouvoir législatif, et une *partie réglementaire* (dont les articles sont précédés de la lettre « R ») qui rassemble les dispositions édictées par le gouvernement au moyen d'un décret.

La numérotation des articles peut paraître surprenante dans la mesure où elle n'est pas continue : elle a le mérite de pouvoir insérer de nouveaux articles, au gré des réformes ultérieures, sans être obligé de décaler toute la numérotation[12].

18 **Textes isolés. –** Les codifications dont il vient d'être question ont l'immense mérite de faciliter la tâche des praticiens qui, grâce à elles, peuvent retrouver plus commodément les textes applicables, sans risque d'oubli ou d'erreur. Mais le Code

9. Il sera cité sous l'abréviation suivante : « C. org. jud. ».

10. Cette codification a été réalisée par voie d'ordonnance en application d'une loi d'habilitation n° 99-1071 du 16 déc. 1999, ce qui a permis de modifier certains textes législatifs antérieurs.

11. Ce code sera cité sous le sigle : « C. just. adm. » – Mais on prendra garde au fait que les textes réglementaires contenus en annexe au décret n° 2000-388 (concernant uniquement le Conseil d'État) ont la même numérotation que ceux contenus dans le décret n° 2000-389. *Pour éviter les erreurs, les textes figurant dans le décret n° 2000-388 sont accompagnés d'un astérisque.*

12. On retrouve le même système de numérotation dans le Code du travail, dans le Code des assurances et dans le Code de commerce, par exemple.

de l'organisation judiciaire notamment est loin de couvrir tous les problèmes que peut soulever la mise en œuvre d'un procès. Il est donc encore nécessaire de se référer à des textes isolés. À cette place, il serait hors de propos de les inventorier : ils seront cités chemin faisant à propos de chacune des questions étudiées. Pour l'instant, on se bornera simplement à citer les textes essentiels.

a) On retiendra en particulier, pour l'ordre judiciaire, les articles 64 et 65 de la Constitution, ainsi que l'ordonnance n° 58-1270 du 22 décembre 1958 relatifs au statut de la magistrature. À cela, il y a lieu d'ajouter la loi n° 71-1130 du 31 décembre 1971 (modifiée par la loi n° 90-1259 du 31 déc. 1990) sur la profession d'avocat, et la loi n° 91-647 du 10 juillet 1991 sur l'aide juridique.

b) Plus spécialement en ce qui concerne la procédure qui doit être suivie devant les juridictions, une place à part doit être réservée à trois codes qui seront fréquemment cités :

— Le *Code de procédure civile* (C. pr. civ.) qui édicte les règles de procédure applicables devant les juridictions civiles, commerciales et sociales.

— Le *Code de procédure pénale* (C. pr. pén.), promulgué en 1959, contient de très nombreuses dispositions sur la manière dont la procédure est conduite devant les juridictions répressives (juge d'instruction, tribunal de police, tribunal correctionnel, cour d'assises). Mais depuis lors ce Code fait l'objet de réformes constantes, à l'occasion parfois d'un dramatique fait divers.

— Enfin, le *Code de justice administrative*, qui contient lui aussi des dispositions sur le fonctionnement des juridictions administratives, ainsi que sur la procédure qui doit être suivie devant elles.

SECTION III **DOCTRINE ET BIBLIOGRAPHIE**

19 Il est normal que la doctrine se préoccupe des problèmes concernant l'administration de la justice. Et, de fait, nombreuses sont les études qui ont été publiées[13].

On pourra lire également avec le plus grand intérêt l'étude historique de M. Jacques Krynen sur l'État de justice en France du XIIIe au XXe siècle, divisée en deux volumes, le premier consacré à « *l'idéologie de la magistrature ancienne* » et le second à « *l'emprise contemporaine des juges* » (Gallimard, 2009 et 2012).

13. Notamment le rapport *Pour une administration au service de la justice* (mai 2012) de la commission « Gouvernance de la justice » du Club des juristes, présidée par L. Cadiet ; du même auteur, en collaboration avec J.-P. Jean et H. Pauliat, v. également *Mieux administrer pour mieux juger. Essai sur l'essor et les enjeux contemporains de l'administration de la justice*, IRJS, 2014 ; v. par ailleurs le dossier 2013 de la revue *Justice et Cassation*, « La bonne administration de la justice » ; le n° 125 de la *Revue française d'administration publique*, « Une administration pour la justice », 2008 ; et l'ouvrage de E. Breen, *Évaluer la justice*, PUF, coll. « Droit et justice », 2002.

S'agissant des traités et manuels, ils peuvent se répartir en deux catégories[14] :

I. – On trouve d'abord des manuels ayant pour objet propre l'étude des institutions judiciaires en général, sous la forme d'une synthèse des différents types de justice : justice civile (commerciale et sociale), justice répressive et justice administrative :

S. Guinchard, A. Varinard et T. Debard, *Institutions juridictionnelles*, 13e éd., 2015 (Précis Dalloz).

F. Kernaleguen, *Institutions judiciaires*, 6e éd., 2015 (LexisNexis).

N. Fricero, *Les Institutions judiciaires*, 8e éd., 2017 (Mémentos LMD).

II. – Il faut mentionner également les ouvrages, souvent fort approfondis, consacrés à la procédure devant les différentes juridictions civiles (commerciales et sociales), pénales et administratives.

a) En matière civile (commerciale et sociale) :

S. Amrani-Mekki, Y. Strickler, *Procédure civile*, 2014 (PUF).

L. Cadiet et E. Jeuland, *Droit judiciaire privé*, 9e éd., 2016 (LexisNexis).

L. Cadiet, J. Normand et S. Amrani-Mekki, *Théorie générale du procès*, 2e éd., 2013 (PUF).

C. Chainais, F. Ferrand et S. Guinchard, *Procédure civile*, 33e éd., 2016 (Précis Dalloz).

G. Couchez et X. Lagarde, *Procédure civile*, 17e éd., 2014 (Sirey Universitaire).

J. Héron et Th. Le Bars, *Droit judiciaire privé*, 6e éd., 2015 (LGDJ).

S. Guinchard *et alii*, *Droit processuel*, 9e éd., 2017 (Précis Dalloz).

E. Jeuland, *Droit processuel général*, 3e éd., 2014 (LGDJ).

b) En matière pénale :

Ph. Merle et A. Vitu, *Traité de droit criminel*, t. II, Procédure pénale, 5e éd., 2001 (Éd. Cujas).

B. Bouloc, *Procédure pénale*, 25e éd., 2015 (Précis Dalloz).

F. Fourment, *Procédure pénale*, 14e éd., 2013 (Larcier).

S. Guinchard et J. Buisson, *Procédure pénale*, 10e éd., 2014 (LexisNexis).

c) En matière administrative :

R. Chapus, *Droit du contentieux administratif*, 13e éd., 2008 (Montchrestien).

M. Guyomar et B. Seiller, *Contentieux administratif*, 4e éd., 2017 (Dalloz).

G. Vedel et P. Delvolvé, *Droit administratif*, 12e éd., 1992 (Thémis).

14. Dans la suite des développements, ces ouvrages seront cités uniquement par le nom de leurs auteurs.

SECTION IV PLAN

20 Dans le cadre d'un manuel destiné aux étudiants et dont le seul dessein est de présenter les institutions qui concourent à l'administration de la justice, il ne saurait être question d'étudier dans tous leurs détails les dispositions procédurales qui régissent les différents contentieux. D'autres ouvrages (cités dans la bibliographie) s'y consacrent avec bonheur : le moment n'est pas encore venu d'étudier toutes les subtilités de la procédure.

Ainsi conçu, cet ouvrage sera divisé en quatre parties.

Une première partie portera sur la justice, afin d'examiner sa place au sein des structures de l'État et les problèmes généraux que soulève son administration.

Ensuite, on étudiera successivement :

Deuxième partie : *Les juridictions.*

Troisième partie : *Le personnel judiciaire.*

Quatrième partie : *Le fonctionnement des juridictions.*

PREMIÈRE PARTIE
LA JUSTICE

21 **La notion de justice. –** La justice est une notion qui peut avoir des sens très différents selon la manière dont on l'envisage.

a) La justice est d'abord une *vertu*, au sens que l'Antiquité donnait à ce terme, à côté de la sagesse, du courage et de la tempérance. Mais une vertu qu'il faut se garder de confondre avec le banal sentiment du juste, ce sentiment intérieur, pétri de subjectivisme, qui habite chacun d'entre nous et qui est gonflé de tous nos intérêts individuels. Bien rares sont les plaideurs qui n'ont pas le sentiment d'avoir la justice pour eux... et pourtant l'un des deux perdra son procès !

En réalité, on oublie un peu vite que la vertu de justice présente cette particularité d'être un rapport aux autres. Être sage, être courageux, être tempérant ne dépend finalement que de nous, et de nous seuls. Au contraire, comme le disait Diderot[1], la vertu de justice « renferme tout ce que l'on doit à autrui » : elle implique un équilibre entre des intérêts concurrents dont la balance est le symbole le plus évocateur.

Or la plupart du temps, ce n'est pas ainsi que le plaideur conçoit la justice dans son for intérieur. Quand une personne dit qu'il faut être juste, elle pense au fond d'elle-même, plus égoïstement, qu'il ne faut pas être injuste avec elle ; et de même, quand on parle du mauvais goût, c'est évidemment celui des autres. Ainsi peut s'expliquer une certaine incompréhension de l'opinion publique à l'égard de la justice. Comme le constatait fort judicieusement le chancelier d'Aguesseau, il y a déjà quelques siècles, le justiciable attend de sa justice des « arrêts de cœur », alors qu'elle ne peut lui donner que des « arrêts de droit ». N'en cherchons pas bien loin la raison : c'est parce que d'instinct nous identifions la justice à notre propre sentiment du juste, alors que pour accéder au rang d'une vertu, la justice exige des rapports réglés par la loi, les usages ou les coutumes. Elle exige aussi et surtout, le regard d'un tiers neutre qui fera acte d'autorité, avec le souci d'intégrer dans sa pensée la confrontation des intérêts en conflit, afin d'exercer en toute objectivité son pouvoir de juger[2].

b) Dans cette mesure, la justice est en effet un *pouvoir* : le pouvoir de juger, celui de « dire le droit » à l'occasion d'une contestation. En ce sens, on dira du

1. Dans ses *Entretiens avec Catherine*.

2. « On ne peut être juste tout seul, à l'être tout seul on cesse de l'être » (Merleau-Ponty, *Éloge de la philosophie*).

juge qu'il rend la justice. Ainsi comprise, la justice est un attribut de la souveraineté dont l'exercice, dans nos États modernes, appartient à l'État.

c) De là, un dernier sens plus technique, où la justice désigne *l'ensemble des institutions* au moyen desquelles l'État exerce le pouvoir de juger : les cours, les tribunaux, les magistrats, les auxiliaires de justice, etc. Définie de cette manière, la justice s'identifie à cet immense appareil administratif au sommet duquel se trouve placé le ministère de la Justice. Dans cette perspective, la justice est alors un service public.

Laissons à d'autres le soin de disserter sur la justice en tant que vertu. Mais constatons que la justice se présente au juriste sous deux aspects qui seront étudiés dans deux chapitres différents :

Chapitre 1 : *Le pouvoir de juger.*

Chapitre 2 : *Le service public de la justice.*

CHAPITRE I
LE POUVOIR DE JUGER

22 **Sa place au sein des structures de l'État. –** Le pouvoir de juger est une des prérogatives de la souveraineté, à côté du pouvoir législatif qui édicte la norme et du pouvoir exécutif qui en assure l'application[1].

I. – Dans l'ancien droit, ces trois pouvoirs étaient confondus en la personne du roi qui édictait la loi, la faisait exécuter et rendait la justice : c'était là le propre de l'absolutisme royal. La justice était rendue par le monarque, en tant que souverain, sur les conseils de magistrats que l'on appelait alors ses « conseillers », lesquels exerçaient leurs fonctions en siégeant à « sa cour » (de là d'ailleurs, ces expressions, de nos jours techniquement anachroniques, mais qui subsistent toujours par tradition).

Dès le XVIIe siècle, les magistrats manifestèrent des velléités d'indépendance ou, plus exactement, ils conçurent leur rôle à la manière d'un pouvoir politique destiné à limiter l'absolutisme royal. Ce n'est pas pour rien que les cours de l'ancienne France prirent le nom de « parlements » (Parlement de Bourgogne, Parlement de Bretagne, etc.). Le mot est évocateur : il révèle la volonté des magistrats de ne pas limiter leurs prérogatives à la seule fonction de juger et de se trouver associés tant à la fonction législative qu'à la fonction exécutive :

a) Associés à la fonction législative : les parlements s'arrogèrent alors le droit de formuler des « remontrances » au roi et de subordonner l'exécution des ordonnances et édits royaux à leur enregistrement par chaque Parlement, allant jusqu'à refuser d'enregistrer certaines ordonnances que le roi devait leur imposer en tenant un « Lit de justice ». Dans cet ordre d'idées, on peut même se demander si la résistance opiniâtre des anciens parlements n'a pas précipité la Révolution française, en s'opposant aux réformes proposées par Turgot, Calonne et Necker[2].

1. R. Colson, *La fonction de juger ; étude historique et positive*, Presses universitaires de la Faculté de droit de Clermont Ferrand-LDGJ-Fondation Varenne, 2006 ; J. Krynen, *L'idéologie de la magistrature ancienne,* Gallimard, 2009.

2. Voir notamment, sur la fronde des parlements, l'ouvrage de Jean-Christian Petitfils, *Louis XVI*, spécialement p. 583 et s.

b) Associés à la fonction exécutive : à cette époque, les parlements n'hésitaient pas à s'immiscer, de façon constante et souvent abusive, dans l'administration des Intendants, en contrôlant leurs actes et en les invitant à s'expliquer. La « fronde parlementaire » en 1648 fut l'un des exemples les plus marquants de cette ingérence des parlements dans l'action gouvernementale, malgré un édit de Saint-Germain de 1641 qui s'était efforcé de mettre un terme à de telles pratiques[3]. Et quand on parle aujourd'hui, de façon quelque peu péjorative, du « gouvernement des juges », c'est par évocation du temps où les magistrats eurent l'ambition d'exercer un contre-pouvoir politique destiné à limiter l'absolutisme royal.

II. – Au XVIIIe siècle, un autre courant de pensée se dégagea qui, pour lutter contre l'absolutisme, posa comme postulat ce que l'on a coutume d'appeler le *principe de la séparation des pouvoirs* : les pouvoirs législatif, exécutif et judiciaire ne doivent pas être concentrés entre les mains d'un monarque ; ils doivent être attribués à des organes distincts. Cette idée, qui trouva son premier écho sous la plume de John Locke, en 1690, dans son *Essai sur le gouvernement civil*, fut systématisée par Montesquieu, en 1748, dans l'*Esprit des lois*. On connaît certaines de ses formules : « tout homme qui a du pouvoir est tenté d'en abuser ; il va jusqu'à ce qu'il trouve des limites », et dès lors, ajoutait Montesquieu, « pour qu'on ne puisse abuser du pouvoir, il faut que le pouvoir arrête le pouvoir ». Toutes ces idées furent recueillies par la Révolution française et consacrées dans l'article 16 de la Déclaration des droits de l'homme et du citoyen qui, non sans un certain dogmatisme, posa en principe que « toute société dans laquelle la séparation des pouvoirs n'est pas déterminée n'a pas de constitution ».

Ainsi devait apparaître, à côté du pouvoir législatif et du pouvoir exécutif, ce que l'on a coutume d'appeler le « pouvoir judiciaire ». Pour cette raison d'ailleurs, les juges étaient élus, au même titre que les représentants des assemblées politiques (*infra*, n° 342). On a facilement tendance à penser que la Révolution française consacra la fonction éminente du juge. Cette idée est loin d'être exacte. Dans le contexte du temps et par rapport aux desseins politiques des magistrats de l'ancienne France, ce principe avait aussi, et peut-être surtout, des vertus négatives dans la mesure où il limitait les magistrats à leur seule fonction judiciaire : que le juge soit juge, mais qu'il le reste en se bornant à appliquer la loi ! On ne dira jamais assez à quel point la Révolution française a eu pour souci d'en finir avec les ingérences du juge dans l'administration du pays et sa méfiance à l'égard d'un corps qui avait nourri des ambitions politiques[4]. Cette méfiance a considérablement marqué la magistrature tout au long du XIXe siècle.

III. – De nos jours, la séparation des pouvoirs est devenue essentiellement un symbole de nos libertés qui fait partie de la mythologie politique. Mais l'expression est trompeuse et l'on aurait tort de penser que la séparation des pouvoirs implique un cloisonnement absolu entre les trois grands pouvoirs de l'État : le pouvoir législatif, le pouvoir exécutif et le pouvoir judiciaire. En réalité, le véritable problème consiste

3. L'échec de la Fronde parlementaire valut d'ailleurs au parlement de Paris d'être exilé à Pontoise. Depuis cette date, les présidents et les juges appartenant aux tribunaux du ressort de la cour de Paris portent à la taille, non point la ceinture bleue qui est habituelle, mais une ceinture de couleur noire, en signe de deuil.

4. J. Krynen, *op. cit.*, t. II, p. 34 et s.

moins à faire respecter une séparation des pouvoirs, quelque peu irréaliste si elle doit être conçue comme une chasse gardée pour chacun d'eux, qu'à sauvegarder un difficile équilibre entre les différents pouvoirs de l'État afin de ménager des contre-pouvoirs considérés, dans une démocratie, comme une garantie essentielle.

Dans ces conditions, qu'en est-il aujourd'hui du pouvoir de juger ? Quelle est exactement sa place, tant à l'égard du pouvoir législatif (section 1) que du pouvoir exécutif (section 2) ? Telles sont les questions auxquelles il faut maintenant répondre.

SECTION I — LA JUSTICE DANS SES RAPPORTS AVEC LE POUVOIR LÉGISLATIF

23 **Vue d'ensemble. –** La fonction de juger est très différente de la fonction législative : le législateur édicte la norme qui, par définition, est une règle générale et abstraite qui ne vise aucun cas particulier, tandis que le juge est chargé de faire application de la règle pour donner une solution à des litiges concrets. Dans la logique de la séparation des pouvoirs, ces deux fonctions, à raison même de leur spécificité, devraient être confiées à des organes distincts ayant chacun sa propre autonomie.

En fait, la situation est plus nuancée. L'autonomie du législateur est effectivement sauvegardée par l'interdiction qui est faite au juge de s'immiscer dans la fonction législative (§ 1). On devrait normalement en déduire que le détenteur de la fonction législative ne doit pas davantage s'immiscer dans la fonction de juger. Mais sur ce point, à défaut d'un texte précis dans la Constitution, le principe est loin d'avoir la même rigueur (§ 2).

§ 1. LE JUGE NE DOIT PAS S'IMMISCER DANS LA FONCTION LÉGISLATIVE

24 **Soumission du juge à la loi. –** Ce principe fondamental résulte de plusieurs textes. Il avait été formellement inscrit dans la loi des 16 et 24 août 1790 : « Les tribunaux, était-il dit, ne peuvent prendre, directement ou indirectement, aucune part à l'exercice du pouvoir législatif, ni empêcher ou suspendre l'exécution des décrets du corps législatif à peine de forfaiture ». De son côté, un ancien article 127 du Code pénal ajoutait que « seront coupables de forfaiture et punis de dégradation civique les juges qui se seront immiscés dans l'exercice du pouvoir législatif ». On peut s'étonner de la rigueur répétitive de ces textes. À la vérité, ils se comprennent mieux si l'on considère qu'ils ont été écrits à une époque où l'objectif majeur était d'empêcher que ne se perpétuent les usages des anciens parlements qui subordonnaient l'application de la loi à un enregistrement préalable de leur part (*supra*, n° 22).

Encore ne faut-il pas se méprendre sur la portée de cette soumission à la loi (A), et régler le problème important qui est celui de l'illégalité d'un texte (B).

A. CONSÉQUENCES ET PORTÉE

25 **Interdiction de s'opposer à l'application des lois. –** La première conséquence et sans doute la plus importante est que *les juges ne peuvent pas s'opposer à l'application des lois* (au sens large : lois, décrets, ordonnances, arrêtés) : même si un texte leur paraît inopportun, néfaste ou mal fait, les tribunaux doivent l'appliquer. Sans doute, comme tous les citoyens, les juges peuvent-ils œuvrer pour en obtenir la modification. Mais, en leur qualité de juge et dans l'exercice de leurs fonctions, il ne leur appartient pas d'en écarter l'application.

Un exemple particulièrement caractéristique de ce principe nous est offert par un arrêt de la Cour de cassation du 30 mai 1967 (*D.* 1967.566) qui, à propos d'un texte concernant les baux commerciaux, a annulé la décision d'un juge qui avait refusé d'appliquer ce texte après l'avoir vigoureusement critiqué : « Attendu, dit la Cour de cassation, que de telles énonciations comportent une critique de ce texte que le juge avait seulement la charge d'appliquer ; que la décision paraît donc encourir la censure de la Cour de cassation dans la mesure où elle porte atteinte à la séparation des pouvoirs ».

26 **Prohibition des « arrêts de règlement ». –** On appelle ainsi des décisions de justice par lesquelles le juge, à l'occasion d'un cas litigieux qui lui est soumis, pose une règle générale qu'il appliquera à l'avenir. Autrement dit, il édicte une sorte de « règlement » qui, dépassant le cas d'espèce qu'il doit trancher, prend une portée générale[5].

Deux exemples illustreront cette définition. Premier exemple : une victime d'accident demande des dommages-intérêts à une juridiction ; celle-ci lui accorde une somme moindre que le montant réclamé au motif que « la cour ne croit pas pouvoir aller au-delà de son appréciation maxima habituelle en cette matière » (Cass. crim. 3 nov. 1955, *D.* 1956.557). Second exemple : un tribunal décide comment à l'avenir une certaine procédure devra être conduite (Cass. civ., 22 oct. 1957, *D.* 1957.732).

La pratique des arrêts de règlement était très répandue dans l'ancien droit, à une époque où les parlements se croyaient associés au pouvoir législatif (*supra*, n° 22). De nos jours, de tels arrêts sont formellement prohibés par l'article 5 du Code civil : « Il est défendu aux juges, dit ce texte, de se prononcer par voie de disposition générale et réglementaire sur les causes qui leur sont soumises ». On comprend pourquoi : en procédant de la sorte, le juge déborderait le cas d'espèce et, dans la mesure où il poserait une règle générale, il se ferait législateur ; ce que lui interdit le principe de la séparation des pouvoirs.

Cette règle a pour corollaire que *le juge n'est jamais lié par les « précédents »*. Le fait pour un juge d'avoir déjà statué dans un sens déterminé à l'occasion de litiges antérieurs ne l'empêche absolument pas d'adopter, sur la même question,

5. Sauvel, « Essai sur la notion de précédent », *D.* 1955, chron. 93 ; A. Audinet, « Faut-il ressusciter les arrêts de règlement ? », *Mélanges Brèthe de la Gressaye*, p. 99 ; H. Sinay, « La résurgence des arrêts de règlement », *D.* 1958, chron. p. 85.

une solution différente à l'occasion d'un autre litige similaire[6]. C'est pourquoi d'ailleurs ce que l'on appelle couramment « l'autorité de la jurisprudence » repose techniquement sur un paradoxe, pour la raison très simple que le juge n'est jamais tenu de suivre les précédents. Plus encore : le juge qui aurait l'imprudence de dire qu'il statue dans un sens déterminé parce qu'il a déjà statué dans le même sens auparavant méconnaîtrait le principe posé par l'article 5 du Code civil et sa décision serait irrémédiablement annulée[7].

Il y a lieu d'ajouter que dans certains systèmes judiciaires étrangers où le principe de la séparation des pouvoirs n'a pas la même résonance politique, la règle du précédent est admise : tel est le cas en Grande-Bretagne, par exemple[8]. Cette conception infléchit inévitablement la manière de concevoir la plaidoirie de l'avocat : tout l'art de l'avocat anglais auquel un « précédent » est opposé, consiste à démontrer que l'affaire qu'il plaide n'entre pas exactement dans la perspective de la décision antérieure.

27 **Interprétation de la loi**. – Tout ce qui vient d'être dit ne fait pas obstacle à ce que le juge interprète la loi : si un texte est obscur ou si l'on hésite sur son application au cas d'espèce, il entre au contraire dans la fonction du juge d'en révéler le sens et la portée.

L'histoire nous montre qu'il n'en fut pas toujours ainsi. À l'époque de la Révolution française, le dogme de la souveraineté de la loi et le souvenir honni des parlements de l'ancienne France avaient conduit le législateur révolutionnaire a pensé que la loi devait apporter réponse à tout et que, dans le silence de la loi sur un cas précis, le juge n'avait pas le pouvoir d'interpréter la loi d'une manière souveraine : « dans un État qui a une constitution et une législation, disait Robespierre, la jurisprudence n'est pas autre chose que la loi ». De là une procédure très curieuse qui, lorsque le Tribunal de cassation était saisi d'une question d'interprétation délicate, consistait à en référer au législateur pour qu'il interprète lui-même son propre texte. On appelait alors cette procédure singulière le *« référé législatif »*.

Aujourd'hui, cette conception qui correspondait à l'idée qu'il fallait assurer la suprématie absolue du pouvoir législatif, appartient à un passé révolu. L'expérience prouve que la loi ne peut pas tout prévoir, et que les plus mauvaises lois sont précisément celles qui sont élaborées avec la prétention de vouloir tout régler dans les plus menus détails. Il appartient aux tribunaux de compléter les lacunes de la loi qui sont inévitables. De nos jours, le pouvoir d'interprétation qui leur est reconnu fait de la jurisprudence une source de droit de première importance. Grâce à ce pouvoir qui leur permet de combler les insuffisances de la loi et parfois même de la rajeunir pour l'adapter aux besoins du temps, les cours et les tribunaux sont appelés à jouer

6. V. sur ce point les questions et les craintes que soulève ce que l'on nomme « la justice prédictive », à savoir des instruments d'analyse de la jurisprudence et des écritures des parties permettant de prédire les jugements à venir... : B. Dondero, « Justice prédictive : la fin de l'aléa judiciaire ? », *D.* 2017, p. 532 ; A. Garapon, « Les enjeux de la justice prédictive », *JCP* 2017, 31 ; M.-C. Lassere, « L'intelligence artificielle au service du droit : la justice prédictive, la justice du futur ? » ; *LPA* 2017, n° 130, p. 6 et s.

7. Cass. crim., 3 nov. 1955, *D.* 1956.557.

8. J. A. Jolowicz, *Droit anglais*, 2e éd., nos 53 et s. ; Fragistas, « Les précédents judiciaires en Europe occidentale », *Mélanges Maury*, t. II, p. 139 et s.

un rôle capital[9]. D'un certain point de vue, surtout lorsque le texte est vague ou contient des notions très malléables, le juge peut conduire une certaine « politique jurisprudentielle » en orientant l'interprétation dans un sens déterminé.

La matière de la responsabilité civile offre un exemple remarquable : sur le fondement de cinq articles du Code civil (art. 1382 à 1386, auj. art. 1240 à 1244, qui n'avaient pour ainsi dire pas changé depuis 1804), les tribunaux sont parvenus à résoudre les litiges relatifs aux accidents d'automobile avant que ne soit promulguée la loi du 5 juillet 1985 sur les accidents causés par des véhicules terrestres à moteur. Autre exemple emprunté à la matière du divorce : entre 1884 et 1975, la jurisprudence a interprété la notion d'injure grave de façon si large qu'elle a contribué à élargir très sensiblement le domaine du divorce ; si au contraire les tribunaux s'étaient montrés plus stricts sur cette notion, le divorce aurait évolué très différemment. Et c'est pourquoi on évoque parfois ce phénomène en parlant d'une « politique jurisprudentielle ».

L'interprétation a évidemment ses limites : si le juge peut interpréter les textes, il ne peut pas les dénaturer ou les ignorer, quoiqu'il lui en coûte parfois. Et il va sans dire que le législateur peut toujours condamner une interprétation dominante qu'il désapprouverait Mais on relèvera à cet égard la très heureuse initiative de la Cour de cassation qui, chaque année, publie un Rapport dans lequel il est fait état des imperfections législatives constatées à travers les affaires qui ont été jugées (*infra*, n° 253) : ce qui permet d'attirer l'attention du législateur sur les réformes nécessaires. Par cet aspect, la fonction de juger apporte son écho à la fonction législative ; ce qui permet d'établir une collaboration très fructueuse pour la science du droit.

B. LE PROBLÈME DE L'ILLÉGALITÉ D'UN TEXTE

28 **La hiérarchisation des textes. –** Le principe de soumission à la loi peut soulever des difficultés lorsque le texte dont le juge doit faire application est entaché d'illégalité. Pour comprendre ce problème il faut avoir présent à l'esprit que les normes juridiques sont hiérarchisées : au sommet, la Constitution ; au second rang, les actes du pouvoir législatif (c'est-à-dire les lois votées par l'Assemblée nationale et le Sénat), qui doivent respecter la Constitution ; et enfin, les actes du pouvoir exécutif (par exemple, les décrets et les arrêtés) qui eux doivent respecter tout à la fois, et la loi, et à plus forte raison, la Constitution. Si le juge constate que cette hétérarchie n'a pas été respectée, doit-il néanmoins faire application du texte qu'il estime illégal ? ou peut-il au contraire écarter le texte si son illégalité lui paraît manifeste ? La réponse à cette question varie selon les cas ; et de ce point de vue, trois situations peuvent se présenter.

29 **I. Constitution et loi ordinaire : le Conseil constitutionnel**. – Le premier cas est celui où il serait prétendu qu'une *loi ordinaire* (votée par l'Assemblée nationale et le Sénat) *est contraire à la Constitution*. Dans ce cas, elle est bien évidemment entachée d'illégalité : elle est dit-on « inconstitutionnelle ». Et cependant, même en pareil cas, il n'appartient pas au juge d'écarter l'application d'une loi ordinaire, au motif qu'elle

9. Sur cette question, on lira dans l'ouvrage de J. Krynen, (*op. cit.*, t. II, p. 113 et s.) un très substantiel commentaire sur le *Discours préliminaire* de Portalis, un des rédacteurs du Code civil de 1804 – *Adde*, Zénati, *La jurisprudence*, coll. « Méthodes du droit » (Dalloz).

ne serait pas conforme à la Constitution[10]. S'il en est ainsi, c'est parce qu'il existe un organe spécialement institué pour contrôler la constitutionnalité des lois : il s'agit du *Conseil constitutionnel* qui seul est compétent pour se prononcer.

Le Conseil constitutionnel, qui est la plus haute instance juridictionnelle du pays, est composé de neuf membres (appelés parfois les « neuf sages »). Ils sont nommés à raison de trois chacun, par le président de la République, par le président de l'Assemblée nationale et par le président du Sénat. Son président est désigné par le président de la République parmi l'un des trois membres nommés par lui.

Le Conseil constitutionnel peut être saisi de deux manières différentes :

a) Il peut l'être d'abord par l'une des trois autorités politiques précédemment citées (le président de la République, le président de l'Assemblée nationale et le président du Sénat), auxquelles il faut ajouter le Premier ministre, et un groupe de soixante députés ou sénateurs. Si la loi est jugée contraire à la Constitution, elle ne peut pas être promulguée. Comme on peut le constater, le contrôle de la constitutionnalité de la loi (lorsque celle-ci est contestée avant sa promulgation par l'une des autorités mentionnées) est un contrôle *a priori* qui conditionne sa mise en vigueur. Et dans ces conditions, si la loi a été promulguée après avoir été jugée conforme à la Constitution, sa légalité ne peut plus être discutée. Voilà pourquoi le juge est tenu de l'appliquer.

b) De nos jours, ce contrôle *a priori* n'a pas disparu, mais depuis la réforme constitutionnelle du 23 juillet 2008, « lorsque, à l'occasion d'une instance en cours devant une juridiction, il est soutenu qu'une disposition législative porte atteinte aux droits et libertés que la Constitution garantit, le Conseil constitutionnel peut être saisi de cette question sur renvoi du Conseil d'État ou de la Cour de cassation qui se prononce dans un délai déterminé » (art. 61-1 de la Constitution). Ce qui revient à dire pratiquement que si, au cours d'un procès, l'une des parties en cause se voit opposer une loi qu'elle estime contraire aux droits et libertés garantis par la Constitution, elle peut soulever son inconstitutionnalité[11]. C'est ce que l'on a pris l'habitude d'appeler la *question prioritaire de constitutionnalité* (QPC.).

On remarquera toutefois que la partie qui invoque l'inconstitutionnalité ne saisit pas elle-même le Conseil constitutionnel. Pour éviter les manœuvres dilatoires et un engorgement du Conseil, l'article 61-1 de la Constitution a prévu un filtrage dont les modalités ont été fixées par la loi organique n° 2009-1523 du 10 décembre 2009, complétée par le décret n° 2010-148 du 16 février 2010. La juridiction devant laquelle ce moyen a été soulevé doit surseoir à statuer et renvoyer la question, soit devant la Cour de cassation (s'il s'agit d'une juridiction de l'ordre judiciaire), soit devant le Conseil d'État (s'il s'agit d'une juridiction de l'ordre administratif). Ce sont ces juridictions suprêmes qui, si elles estiment que le moyen est sérieux et après avoir vérifié si la question n'a pas déjà été tranchée, saisiront le Conseil constitutionnel, lequel devra rendre sa décision dans un délai de trois mois, une décision devant laquelle toutes les juridictions devront ensuite s'incliner[12].

10. Le Conseil d'État et la Cour de cassation se sont toujours refusés à vérifier la constitutionnalité des lois votées par le Parlement : Cons. État, 6 nov. 1936. *Arrighi*, *DP* 1938.3.1, concl. Latournerie, note Eisenmann ; Cass. civ., 26 févr. 1974, *D.* 1974.273, concl. proc. gén. Touffait, note Vouin ; Cass. 1re civ., 12 mai 2004, *JCP* 2005.II.10030.

11. B. Mathieu, « La question prioritaire de constitutionnalité : une nouvelle voie de droit », *JCP* 2009, n° 602.

12. La question est débattue de savoir si les décisions de justice rendues antérieurement, sous l'empire d'une loi jugée inconstitutionnelle, conservent leur autorité de chose jugée (Denys de Béchillon, « Remettre en cause la chose jugée en application d'une loi inconstitutionnelle », *JCP* 2010, n° 237).

30 **II. Loi et traité international.** – Il peut arriver qu'une loi votée par le Parlement paraisse contraire aux dispositions d'un traité international. L'article 55 de la Constitution pose en principe que les traités internationaux sont supérieurs à la loi ; dès lors, toute loi contraire à un traité est illégale. Le juge peut-il alors refuser de l'appliquer ? Sur ce point, on notait autrefois une divergence fondamentale entre la Cour de cassation qui lui reconnaissait ce pouvoir[13] et le Conseil d'État qui persistait à le lui dénier[14]. Mais le Conseil d'État a finalement abandonné cette solution qui n'était guère conforme aux impératifs internationaux et plus spécialement aux obligations dérivant de l'Union européenne[15]. Désormais par conséquent, les deux plus hautes juridictions adoptent la même solution : il entre dans les pouvoirs d'un juge de refuser d'appliquer une loi interne qui serait contraire à un traité international.

Cette dernière solution a pour conséquence d'obliger les juges français à prendre en compte les principes posés par la Convention européenne des droits de l'homme, et plus spécialement par son article 6-1, aux termes duquel « toute personne a droit à ce que sa cause soit entendue équitablement, publiquement et dans un délai raisonnable, par un tribunal indépendant et impartial établi par la loi... ». Cette disposition consacrant le droit à un procès équitable[16] lie le juge français, comme elle s'impose aux autres juges européens. Mais la fluidité des formules utilisées soulève parfois de sérieux problèmes difficiles à résoudre[17].

31 **III. Actes du pouvoir réglementaire. –** La dernière hypothèse est celle où un texte émanant du pouvoir réglementaire (décret ou arrêté d'un ministre, d'un préfet ou d'un maire) paraîtrait contraire à la loi. Dans ce cas, il existe un recours particulier que l'on appelle le *recours pour excès de pouvoir*. Mais ce recours ne pouvant être porté que devant une juridiction administrative, si la légalité d'un décret ou d'un arrêté devait être soulevée devant une juridiction de l'ordre judiciaire, il appartiendrait à celle-ci de surseoir à statuer en attendant que la juridiction administrative se soit prononcée (*infra*, n°s 38 et s.).

13. Cass. ch. mixte, 24 mai 1975, *D.* 1975.497, concl. proc. gén. Touffait ; Cass. civ., 15 févr. 1977, *D.* 1977, IR 350.

14. Cons. État, 22 oct. 1979, *Act. jur. dr. Adm.* 1980.40 ; *adde*, les conclusions de Mme Questiaux, sous Cons. État, 1er mars 1968, *Act. jur. dr. adm.* 1968.235.

15. Arrêt *Nicolo* : Cons. État, 20 oct. 1989, *JCP* 1989.II.21371, concl. com. gouv. Frydman.

16. V. X. Vuitton, *Le procès équitable. L'article 6-1 de la CEDH ; état du droit et perspectives*, LGDJ, 2017.

17. Par exemple, au sujet du cumul des fonctions : Cass. Ass. plén., 6 nov. 1998, *JCP* 1998.II.10198, rapport Sargos, *D.* 1999.1, concl. procureur général Burgelin.

§ 2. LE LÉGISLATEUR NE DOIT PAS INTERVENIR DANS LA FONCTION DE JUGER

32 **Principe. –** Il n'appartient pas au législateur (qu'il s'agisse du Parlement au moyen d'une loi de circonstance ou du gouvernement sous la forme d'un décret) de s'immiscer dans le jugement des affaires portées devant les tribunaux. Il ne serait pas sain qu'il en fût autrement. L'action législative est souvent inspirée par des considérations d'opportunité qui ne sont pas celles du juge, lequel doit avoir pour seul souci d'appliquer la loi dans un cas particulier. Les perspectives sont nécessairement différentes. Qui ne voit d'ailleurs à quels abus aboutirait l'ingérence du législateur qui dicterait au juge la décision qu'il doit rendre au moyen d'un texte inspiré par l'opportunité du moment ou des intérêts en cause ?

Ce principe est en général correctement observé, moins par l'effet de dispositions constitutionnelles, que par une tradition coutumière dont la violation prendrait un parfum de scandale. On peut cependant relever certaines pratiques dérogatoires, qui fort heureusement sont exceptionnelles, mais qui néanmoins doivent retenir l'attention (*infra*, n^os suivants).

33 **Lois rétroactives et lois interprétatives. –** La loi rétroactive est celle dont les effets remontent dans le passé. Or, dans la mesure où elle a pour conséquence de faire naître des droits qui n'existaient pas à l'origine ou d'en faire disparaître d'autres, elle risque en certaines circonstances de constituer une immixtion intempestive du législateur dans le jugement de certaines affaires qui eussent été jugées différemment si la loi n'était pas intervenue. En fait, les lois rétroactives sont très rares, car elles ont en général mauvaise presse. On peut néanmoins relever quelques exemples[18].

Un moyen plus discret, mais plus insidieux, consiste à promulguer une *loi interprétative*. On appelle ainsi une loi destinée à interpréter une loi antérieure pour en préciser le sens et la portée. Par sa fonction, elle produit un effet rétroactif du fait même qu'elle s'intègre à la loi interprétée et prend donc effet à la date de cette dernière. En soi, ce moyen législatif n'est pas illégitime : on comprend très bien le souci d'un législateur qui, constatant que les tribunaux interprètent la loi dans un sens très différent de celui qui avait été voulu, condamne cette interprétation et précise mieux sa pensée. Mais le moyen devient très condamnable lorsque la loi interprétative est promulguée à l'occasion d'un procès en cours pour « forcer la main » du juge et l'obliger à statuer dans un sens déterminé.

On en trouve un exemple avec une loi du 30 juin 1977 concernant la situation des collaborateurs d'avocats, laquelle n'avait pas été clairement réglée par les textes de 1971 sur le statut de la profession : plus exactement, il s'agissait de savoir si un collaborateur pouvait prétendre à la condition de salarié, avec toutes les prérogatives qui s'attachent à cette qualité (préavis, congés payés, etc.). Un procès était en cours à ce sujet qui déjà avait donné lieu à un jugement, lequel avait décidé que le collaborateur d'un avocat devait être considéré comme un salarié (Trib. inst. Paris, 8e arr., 8 avril 1977, *D.* 1977.589, note Denis). L'affaire était pendante devant la cour d'appel de Paris lorsqu'une loi est intervenue pour décider que le collaborateur d'un avocat

18. Notamment à propos des prorogations de baux commerciaux (Cass. soc., 5 déc. 1947, *Bull. civ.* III, n° 222) et en matière de filiation (Loi n° 76-1036 du 15 nov. 1976 ; sur la critique de cette loi, cf. H. Mazeaud, « L'enfant adultérin et la super-rétroactivité des lois », *D.* 1977, chron. 1).

« n'a pas la qualité de salarié » ; et cette même loi précisait que « la présente disposition est interprétative » ; ce qui, en langage clair, voulait dire qu'elle devait s'appliquer au procès en cours. Pour la petite histoire, on ajoutera que la cour d'appel de Paris n'a pas appliqué cette loi, mais pour une autre raison (Paris, 7 nov. 1977, *D.* 1977.652, concl. av. gén. Picca et note Jestaz). Il reste que pareille méthode est déplorable.

La Cour de cassation a d'ailleurs manifesté ses réserves à l'égard d'un tel procédé en décidant que « si le législateur peut adopter, en matière civile, des dispositions rétroactives, le principe de prééminence du droit et la notion de procès équitable s'opposent, sauf pour d'impérieux motifs d'intérêt général, à l'ingérence du pouvoir législatif dans l'administration de la justice afin d'influer sur le dénouement judiciaire des litiges »[19].

34 **Lois de validation. –** Comme son nom l'indique, la loi de validation est une loi qui tend à valider, c'est-à-dire à rendre valable, un acte qui ne l'était pas initialement. Cette méthode est parfois utilisée dans des hypothèses où un acte illégal accompli par l'administration est déféré à une juridiction administrative pour en obtenir l'annulation et, parfois même, lorsque déjà le juge administratif a décidé que l'acte litigieux était nul. Le législateur intervient alors pour modifier la loi et valider rétroactivement l'acte contesté qui, de la sorte, deviendra régulier[20].

Cette pratique a pour effet direct : ou bien, de supprimer tout objet à la demande dont le juge a été saisi, si la loi intervient en cours d'instance ; ou bien, si elle est promulguée après le jugement ayant déclaré l'acte nul, de dispenser l'administration d'exécuter le jugement.

Les lois de validation ne sont pas toujours répréhensibles : elles s'expliquent souvent par la nécessité d'éviter des situations inextricables[21]. Mais on fera ici la même remarque que précédemment au sujet des lois interprétatives : cette pratique peut donner lieu à bien des abus dans la mesure où l'administration, par le vote d'une loi de circonstance, cherche à obtenir du législateur ce qu'un juge risque de lui refuser. Et elle devient tout à fait inadmissible lorsque la loi de validation intervient alors qu'une instance est en cours, pour orienter la solution du procès dans le sens souhaité par l'une des parties[22].

19. Cass. 1re civ., 9 juill. 2003, *JCP* 2004.II.10016, note X. Prétot ; Cass. soc., 30 sept. 2003, *Juris-Data* n° 2003-020496 ; Cass. Ass. plén., 23 janv. 2004, *D.* 2004.1108, note P. Y. Gautier, *JCP* 2004.II.10.030, note Billiau.

20. R. Chapus, *Droit du contentieux administratif*, 13e éd., nos 1271 et s.

21. Par exemple, si un concours administratif est annulé pour cause d'illégalité, il serait parfois injuste d'obliger tous les candidats à subir un nouveau concours, simplement parce qu'un jury a commis une erreur (Cons. État, 28 mars 1949, *Chalvon-Demersay, Rec. Lebon*, p. 134 : dans un cas où 225 élèves d'une école auraient dû se présenter à nouveau au concours et recommencer leur scolarité si une loi de validation du 2 août 1949 n'était pas intervenue) ; *adde*, Cons. constit., 24 juill. 1985, *JCP* 1986.II.20614, note Nguyen Quoc Vinh.

22. Exemples : Limoges, 13 mars 2000, *D.* 2000, IR 127, *Rev. trim. dr. civ.* 2000, p. 629, obs. R. Perrot ; Cass. soc., 8 juin 2000, *D.* 2000.IR.212 ; Cass. soc., 24 avr. 2001, *D.* 2001, p. 2445, note J. Kibalo Adom. – La Cour de cassation l'admet toutefois à titre exceptionnel lorsque la loi de validation qui intervient au cours d'un procès est justifiée par un important motif d'intérêt général : Cass. Ass. plén., 24 janv. 2003, *Bull. civ.* Ass. plén. n° 2, *D.* 2003.1648, note Paricard-Prioux. En revanche, la Cour européenne des droits de l'homme a condamné le procédé (CEDH, 12 juin 2007, *aff. Ducret c. France* (n° 40191/02).

35 **Pratique des « réponses ministérielles » et des « circulaires administratives ». –** Un usage parlementaire relativement ancien, mais qui a pris une grande ampleur depuis un certain nombre d'années, consiste pour un parlementaire (député ou sénateur) à poser une question écrite à un ministre déterminé pour obtenir de lui une réponse que l'on appelle une « réponse ministérielle », laquelle est publiée au *Journal officiel*. Très souvent ces questions portent sur l'interprétation de certains décrets et le ministre est appelé ainsi à donner son avis sur la manière dont, selon lui, le texte devrait être interprété.

Sans doute, la réponse ministérielle n'est-elle toujours donnée que « sous réserve de l'appréciation souveraine des tribunaux ». Mais cet hommage rituel au principe de la séparation des pouvoirs ne trompe personne et l'on sait bien que, dans les faits, le juge n'y restera pas insensible. Comment, en effet, ne pas attacher une importance particulière à l'interprétation suggérée lorsque l'on sait que la réponse ministérielle est rédigée en fait par le même service que celui qui a élaboré le décret, sinon parfois par le même fonctionnaire. Le développement de la législation par voie de décret joint à la pratique de la réponse ministérielle entraîne, de ce point de vue, une incontestable confusion.

Et cette confusion est aggravée de nos jours par un usage qui tend à se répandre et qui, pour le ministère ayant élaboré un décret, consiste à accompagner ce décret d'une circulaire où le ministère fait savoir comment il y aurait lieu d'interpréter certaines de ses dispositions. Sans doute, les tribunaux sont-ils libres de ne pas suivre l'interprétation préconisée. Il reste qu'il y a là une immixtion insidieuse assez discutable.

SECTION II — LA JUSTICE DANS SES RAPPORTS AVEC LE POUVOIR EXÉCUTIF

36 **Vue d'ensemble. –** Les rapports entre la justice et le pouvoir exécutif, – et il faut entendre par là, le gouvernement et les autorités administratives qui en dépendent (préfet, maire, établissements publics, etc.) – soulèvent des problèmes à la fois complexes et importants. Le principe de la séparation des pouvoirs conduit à poser deux règles qui se répondent mutuellement.

D'une part, le juge ne peut pas s'immiscer dans le pouvoir exécutif. Mais cette règle essentielle a entraîné, peut-être exagérément d'ailleurs, une conséquence importante qui est celle de la *séparation des fonctions administratives et judiciaires* (§ 1).

D'autre part et en sens inverse, le pouvoir exécutif ne peut pas s'immiscer dans la fonction judiciaire ; ce qui pose inévitablement le grave problème de l'*indépendance des juges à l'égard des pouvoirs politiques* et du *gouvernement* en particulier (§ 2).

§ 1. SÉPARATION DES FONCTIONS ADMINISTRATIVES ET JUDICIAIRES

37 **Principe et conséquences.** – Aux termes de l'article 13 du titre II de la loi des 16 et 24 août 1790, « les fonctions judiciaires sont distinctes et demeureront toujours séparées des fonctions administratives ; les juges ne pourront, à peine de forfaiture, troubler en quelque manière que ce soit les opérations des corps administratifs, ni citer devant eux les administrateurs pour raison de leurs fonctions ». En un mot, il est fait interdiction aux juges d'intervenir dans l'administration.

Cette règle a souvent été présentée comme une conséquence du principe de la séparation des pouvoirs. Ce n'est pas entièrement exact, car historiquement elle est apparue bien avant le principe de la séparation des pouvoirs, dès le XVIIe siècle, dans un Édit de Saint-Germain-en-Laye de 1641[23]. Et par ailleurs, il a été démontré que la séparation des pouvoirs aurait pu s'accommoder d'un système qui aurait laissé au juge la possibilité de juger l'administration[24]. Mais cette séparation était dans la ligne de la conception quelque peu dogmatique que l'on se faisait à l'époque du principe de la séparation des pouvoirs et surtout elle répondait au souci de condamner la tradition antérieure des parlements qui, dans les derniers siècles de l'Ancien Régime, s'étaient arrogé le droit d'intervenir dans l'administration du pays (*supra*, n° 22). C'est essentiellement cela que le législateur révolutionnaire a voulu éviter.

Les conséquences pratiques d'un tel principe sont considérables : la première, qui est de loin la plus importante, pose le sérieux problème du *contrôle juridictionnel des actes de l'administration* (A) ; la seconde soulève une autre question qui est celle de l'interdiction traditionnelle faite au juge de délivrer une *injonction* à une autorité administrative (B).

A. CONTRÔLE JURIDICTIONNEL DES ACTES DE L'ADMINISTRATION

38 **Conséquence immédiate : incompétence du juge.** – La loi de 1790 a eu pour conséquence immédiate de faire échapper l'administration à tout contrôle juridictionnel : elle bénéficiait en quelque sorte d'une immunité qui la protégeait contre toute action en justice. Il est à peine besoin de souligner la gravité d'une telle situation ; cela voulait dire que l'administration pouvait enfreindre la loi impunément et que l'administré était dépourvu de tout moyen judiciaire pour faire respecter ses droits à l'égard d'une administration toute puissante, ou même simplement pour faire respecter la loi.

Mais supprimer le juge ne supprime pas les litiges et il fallait bien prévoir la possibilité de trouver une solution aux différends susceptibles d'opposer l'administration à ses administrés. Le seul moyen concevable ne pouvait être que le recours au supérieur hiérarchique de celui qui avait pris la décision, en remontant

23. R. Martin, « Sur l'unité des ordres de juridiction », *Rev. trim. dr. civ.* 1996, p. 109.

24. G. Vedel et P. Delvolvé, 12e éd., t. 1, p. 98-99. – C'est d'ailleurs ce qui existe dans de nombreux pays étrangers qui connaissent pourtant le principe de la séparation des pouvoirs, comme par exemple, la Belgique et l'Italie.

éventuellement jusqu'au chef du pouvoir exécutif, c'est-à-dire, selon les régimes qui se succédèrent à l'époque, au roi ou au conseil des ministres. Ce fut la théorie dite du *« ministre-juge »* : le ministre était investi du pouvoir de juger les litiges concernant son administration. Les insuffisances d'une telle théorie étaient trop évidentes. Avec un tel système, le ministre était tout à la fois juge et partie : comment attendre d'un ministre (même statuant collégialement en conseil) qu'il tranche avec toute l'impartialité inhérente à la qualité de juge, un litige entre une administration dont il a la responsabilité et un administré lésé par les agissements de celle-ci ?

Telle fut cependant la théorie admise pendant une bonne partie du XIXe siècle. Mais si elle put survivre si longtemps, ce fut en raison d'une évolution très remarquable qui en tempéra les excès et dont il importe de retracer les grandes lignes.

39 **Évolution : les premiers éléments d'une justice administrative. –** Pour aider les ministres à prendre leurs décisions, fut institué un organe qui prit le nom de *Conseil d'État* (*infra*, n°s 258 et s.). Son rôle était de « conseiller » les autorités gouvernementales sur le plan juridique, non seulement pour les aider à prendre les décisions que requiert l'administration active, mais aussi pour proposer une solution aux litiges dont les différents ministres pouvaient être saisis. Et dans le même esprit, fut créé au niveau départemental, pour assister le préfet, un organe infiniment plus modeste que l'on appela le *conseil de préfecture* (*infra*, n° 274).

Si l'on met à part les conseils de préfecture, – qui dès leur origine, en l'an VIII, furent considérés comme de véritables juridictions, mais dont les attributions étaient si modestes que cela ne présentait guère d'importance (*infra*, n° 274) – la véritable évolution se réalisa autour du Conseil d'État. À l'origine, celui-ci n'était qu'un simple « donneur d'avis » : il se bornait à proposer au ministre la décision qui juridiquement paraissait devoir être prise (de là, d'ailleurs, le nom de « Conseil »). Mais la décision elle-même appartenait au ministre, seul investi du pouvoir de juger. C'était le système dit de la *« Justice retenue »* (retenue entre les mains du souverain).

Toutefois, pour étudier les demandes dont il était saisi, le Conseil d'État conçut son rôle à la façon d'un juge et s'organisa très vite comme une véritable juridiction (*infra*, n° 260). Sans doute, la décision appartenait-elle toujours au ministre, mais en fait bien rares étaient les cas où le ministre n'entérinait pas la décision proposée par le Conseil d'État. Cette évolution devait trouver sa consécration avec la *loi du 24 mai 1872*, votée sous l'impulsion de Gambetta, qui décida que les décisions rendues par le Conseil d'État auraient désormais une « autorité souveraine ». Le pas était franchi. Grâce à cette réforme capitale, le pouvoir de juger n'appartenait plus au ministre ; il appartenait au Conseil d'État lui-même, promu au rang d'une véritable juridiction. La justice n'était plus une « Justice retenue » (entre les mains du souverain), mais une *« Justice déléguée »* (déléguée par le souverain au Conseil d'État).

Ainsi sont apparues les premières juridictions administratives chargées de statuer sur les litiges opposant l'administration aux administrés. L'administration avait retrouvé un juge ; mais un juge qui lui était propre.

40 **Conséquence : dualité des ordres de juridiction. –** Il ressort des explications qui précèdent qu'il existe désormais en France, deux ordres de juridiction :

— d'une part, les juridictions dites de l'*ordre judiciaire*. On désigne par là, les juridictions traditionnelles (tribunaux de grande instance, tribunaux d'instance, tribunaux de commerce, cours d'appel, etc.), avec, au sommet de la hiérarchie, la Cour de cassation ;

— d'autre part, les juridictions dites de l'*ordre administratif* qui ont spécialement pour fonction de juger les litiges qui mettent en cause l'administration et qui ont pour organe suprême le Conseil d'État.

Il est classique de se demander s'il est opportun que la fonction de juger soit ainsi partagée entre deux ordres de juridiction distincts. Disons tout de suite que, dans le contexte historique qui vient d'être retracé, l'existence des juridictions administratives constitue un indéniable progrès par rapport à la théorie du « ministre-juge ». Mais cela dit, on peut évidemment s'interroger sur les mérites d'une telle scission qui dans bien des pays n'existe pas (en Belgique et en Italie, par exemple), encore que, en Europe, l'existence de juridictions administratives distinctes soit assez largement répandue[25].

I. Cette dualité présente d'incontestables avantages qu'il serait injuste de ne pas souligner.

D'abord, il est unanimement reconnu aujourd'hui que l'existence des juridictions administratives a été un facteur déterminant de l'immense *essor du droit administratif français*. Façonné par des juges spécialisés, connaissant bien les rouages de l'administration, ce droit prétorien n'aurait certainement pas connu le même développement s'il avait été élaboré par des juges moins proches de l'administration.

Ensuite et surtout, l'existence d'une justice administrative est un *gage d'efficacité*. Ce propos, qui ne diminue en rien l'importance des juridictions de l'ordre judiciaire, repose simplement sur cette constatation que pour juger sainement et efficacement l'administration, il est indispensable d'en bien connaître le fonctionnement. On peut donc penser qu'une justice émanant de juges qui sont eux-mêmes issus de l'administration sera mieux reçue et que, de ce fait, les décisions seront mieux exécutées. L'observation est d'ailleurs d'autant plus importante que l'exécution des décisions qui condamnent l'administration ne va pas toujours sans problème (*infra*, n°s 611 et s.) ; de là, l'utilité d'une justice rendue par un juge qui se fera peut-être mieux entendre parce qu'il est plus proche de l'administration elle-même.

II. En revanche, il ne faut pas sous-estimer les inconvénients d'une telle dualité.

D'abord, il faut tenir compte d'une *réticence d'ordre psychologique* : le justiciable a parfois le sentiment que les juridictions administratives ne présentent pas les mêmes garanties ; pourquoi autrement, se dit-il, l'administration aurait-elle son propre juge ? En fait, cette crainte n'est guère fondée : les juridictions administratives ont souvent fait la preuve de leur parfaite indépendance en rendant des décisions qui ne sont pas toujours du gré de l'administration ou du gouvernement

25. Y. Aguila, « Une exception française : la justice administrative ? Pour en finir avec un mythe », *D.* 2007, act. gén., p. 496 ; plus récemment v. B. Louvel, « Pour l'unité de juridiction », tribune publiée le 25 juill. 2017 sur le site de la Cour de cassation.

(*infra*, n° 269). Mais il est certain que cette réticence serait mieux désarmée si le statut des juges de l'ordre administratif était similaire à celui des juges de l'ordre judiciaire. On ajoutera simplement qu'il tend à le devenir (*infra*, n°s 54 et s.).

En réalité, l'inconvénient majeur réside dans les *difficultés de compétence* que cette dualité risque d'engendrer[26]. Il arrive souvent que les plaideurs hésitent pour savoir s'ils doivent saisir une juridiction de l'ordre administratif ou une juridiction de l'ordre judiciaire : à la limite, dans certains cas marginaux, la différence est ténue[27]. Parfois même le problème se complique et dégénère en un véritable conflit de compétences, positif ou négatif, entre les deux ordres de juridiction. On dit que le conflit est positif lorsque deux juridictions, l'une de l'ordre judiciaire et l'autre de l'ordre administratif, retiennent toutes deux leur compétence ; ce qui risque d'engendrer des contrariétés de décisions. On dit, au contraire, que le conflit est négatif lorsque l'une et l'autre s'estiment incompétentes ; ce qui aboutit pratiquement à un déni de justice. Il est alors indispensable de faire trancher cette difficulté préalable par une juridiction spécialement créée à cet effet, et que l'on appelle, d'un nom très évocateur, le Tribunal des conflits.

41 **Tribunal des conflits. –** Instituée pour la première fois en 1849, cette juridiction fut supprimée au lendemain du coup d'État du 2 décembre 1851, pour être rétablie définitivement par la loi du 24 mai 1872. Cette juridiction est unique en France : elle siège au Palais royal dans les locaux du Conseil d'État[28].

L'idée directrice a été de créer une juridiction n'appartenant à aucun des deux ordres, pour ne pas privilégier l'un au détriment de l'autre, mais au sein de laquelle ils sont représentés paritairement l'un et l'autre. Ainsi s'explique la composition du Tribunal des conflits qui, à la suite du rapport Gallet de septembre 2013, a été reformée par la loi n° 2015-177 du 16 février 2015[29]. Le président n'est plus le ministre de la Justice ; il est désormais choisi par les autres membres du Tribunal pour trois ans, en respectant l'alternance entre Conseil d'État et Cour de cassation (art. 3). Le Tribunal des conflits comprend *huit membres* qui se répartissent de la manière suivante (art. 2) :

— quatre conseillers à la Cour de cassation (qui représentent l'ordre judiciaire) élus par les autres conseillers ;

— quatre conseillers d'État en service ordinaire (qui représentent l'ordre administratif) élus par l'Assemblée générale du Conseil d'État.

26. Ce qui peut entraîner des lenteurs dont l'État est responsable : Trib. confl., 30 juin 2008, *JCP* 2008. II n° 10.153, note D. Cholet.

27. Pour mesurer l'ampleur de la difficulté, il suffit de lire les commentaires consacrés à la question par Auby et Drago, 3e éd., t. I, p. 373 et s.

28. L'activité du Tribunal des conflits est relativement restreinte, encore qu'elle ait quelque peu augmenté depuis 1975 : actuellement, le nombre des affaires jugées oscille entre 30 et 60 chaque année – Sur cette juridiction : Ph. Waquet, « Regard sur le Tribunal des conflits », *D.* 2002, p. 742 ; *Le Tribunal des conflits. Bilan et perspectives*, P. Gonod et L. Cadiet (dir.), Dalloz, 2009.

29. V. P. Deumier « Le Tribunal des conflits nouvelle génération », *Procédures*, mai 2015, alerte 26.

B. LE PROBLÈME DES INJONCTIONS À L'ADMINISTRATION

42 **Le principe et son évolution. –** On a longtemps répété comme une évidence « qu'il n'entre pas dans les pouvoirs du juge d'adresser des injonctions à une autorité administrative »[30]. Ce principe a toujours été présenté comme une règle de portée générale, applicable aussi bien aux juridictions de l'ordre judiciaire qu'aux juridictions de l'ordre administratif. Et pour justifier cette règle, on a fait observer que la délivrance d'une injonction par le juge constituerait une violation du principe de la séparation des autorités administratives et judiciaires.

Cette règle traditionnelle subsiste toujours dans son principe. Mais elle a été très sérieusement atténuée, tout au moins au profit des juridictions administratives.

a) D'abord, depuis une loi du 8 février 1995, elle comporte une très remarquable dérogation, en ce sens que lorsqu'un jugement ou un arrêt implique nécessairement qu'une personne morale de droit public « prenne une mesure dans un sens déterminé », le juge administratif, s'il est saisi d'une demande à cette fin, prescrit cette mesure, assortie le cas échéant d'un délai d'exécution (art. L. 911-1 C. just. adm.)[31] ; et pour que cette injonction soit respectée plus sûrement, le juge peut l'accompagner d'une astreinte (art. L. 911-3 C. just. adm.). Il ne peut certes pas se substituer à l'administration pour accomplir un acte à sa place. Mais il peut lui ordonner de le faire[32].

b) Ensuite et surtout, il est aujourd'hui possible, depuis une loi du 30 juin 2000 qui a généralisé le référé administratif que, dans les cas d'urgence, le président du tribunal administratif, le président d'une cour d'administrative d'appel ou le président de la section du contentieux du Conseil d'État (selon les cas) ordonne la suspension d'une décision administrative attaquée s'il y a un doute sérieux sur sa légalité (*référé-suspension* : art. L. 521-1 C. just. adm.), ou, ce qui est encore plus remarquable, qu'il prescrive les mesures nécessaires pour la sauvegarde des libertés fondamentales auxquelles une personne morale de droit public aurait porté une atteinte grave et manifestement illégale (*référé-liberté* : art. L. 521-2 C. just. adm.)[33].

Il n'est donc plus exact d'affirmer aujourd'hui que l'administration dite « active » échappe à toute injonction du juge, tout au moins aux injonctions d'un juge administratif. C'est là une très bonne chose. L'administration n'est pas au-dessus des lois. On verra d'ailleurs ultérieurement, à propos de l'exécution des décisions de justice, toute l'importance pratique de ce qui apparaît aujourd'hui comme une petite révolution (*infra*, n°s 611 et s.).

43 **Recours à la force publique. –** Il peut arriver, et il arrive malheureusement assez souvent, qu'un débiteur condamné résiste à la décision prise contre lui

30. Cons. État, 4 févr. 1976, *Élissonde*, *Rec. Lebon*, p. 1069.

31. Cons. État, 14 oct. 2011, *Cne de Valmeinier*, nº 320371.

32. R. Debbasch, « Le juge administratif et l'injonction : la fin d'un tabou », *JCP* 1996.II.3924 ; A. Cammilleri, « Le pouvoir d'injonction du juge administratif : une révolution avortée ? », *JCP* 1997.I.3992.

33. R. Vandermeeren, « La réforme des procédures d'urgence », *Act. jur. dr. adm.* 2000, p. 706 ; M. Fouletier, « La loi du 30 juin 2000 relative au référé devant les juridictions administratives », *Rev. fr. dr. adm.* 2000, p. 963.

et s'obstine à ne pas l'exécuter : par exemple, il ne paie pas la somme d'argent qu'il a été condamné à payer ou, si son expulsion d'un local ayant été ordonnée, il n'évacue pas les locaux. On verra ultérieurement que des mesures d'exécution forcée sont mises à la disposition des créanciers pour obtenir que la condamnation prononcée soit effectivement exécutée (*infra*, n° 605). Il est normal qu'il en soit ainsi : la fonction de juger ne consiste pas seulement à « dire le droit » (*jurisdictio*) ; elle implique aussi, comme un complément nécessaire, un pouvoir de commandement que l'on appelle l'*imperium*, et qui se traduit concrètement par l'apposition sur chaque jugement d'une formule, dite « formule exécutoire ».

Mais dans certains cas extrêmes, la résistance opposée par le débiteur récalcitrant est telle, qu'il est nécessaire de requérir le concours de la force publique, afin que le dernier mot reste à la loi : ainsi en est-il par exemple, lorsque le débiteur se barricade chez lui ou ameute le quartier. C'est pourquoi d'ailleurs la formule exécutoire fait injonction à l'autorité publique (et donc pratiquement à la police) de « prêter main-forte » au requérant ; ce qui revient à dire que si l'huissier de justice chargé de faire exécuter un jugement se heurte à une résistance, il peut, sur l'ordre du juge, faire appel à « tous commandants et officiers de la force publique ».

Mais précisément, la mise en œuvre de cette injonction ne va pas sans problème. Il arrive parfois que l'autorité publique s'abstienne de déférer à la réquisition qui lui est adressée. Cette carence, que l'on aura l'occasion d'évoquer ultérieurement (*infra*, n° 606), est peut-être la meilleure illustration des inconvénients sérieux que comporte ce cloisonnement historique entre les autorités administratives et judiciaires.

§ 2. INDÉPENDANCE DES JUGES À L'ÉGARD DES POUVOIRS POLITIQUES ET DU GOUVERNEMENT

44 **Principe. –** L'indépendance de la fonction judiciaire se manifeste par un principe essentiel qui veut que ni le gouvernement, ni à plus forte raison les autorités administratives qui lui sont subordonnées ne puissent donner un ordre, ou exercer une pression directe ou indirecte sur un juge pour l'inciter à statuer dans un sens déterminé : le juge statue en conscience et dans le respect de la règle de droit. Tel est le principe fondamental sans lequel l'indépendance de la justice ne serait plus qu'un vain mot.

Mais à vrai dire, l'essentiel n'est pas tant de poser un principe que de le faire respecter en veillant à ce que le juge soit effectivement à l'abri des sollicitations ou des menaces du pouvoir exécutif. La difficulté vient de ce que les juges, hormis ceux qui sont élus, sont des *fonctionnaires* qui sont appelés à faire carrière. Certes, ils bénéficient, nous le verrons, d'un statut très particulier destiné à sauvegarder leur indépendance (*infra*, n°s 366 et s.). Mais le cheminement de la carrière d'un juge est parsemé de décisions individuelles le concernant : c'est le gouvernement qui le nomme, qui pourvoit à son avancement, qui l'affecte à une fonction prestigieuse ou qui, éventuellement, sanctionne une faute de sa part. Comment parvenir à sauvegarder cette indépendance du juge qui doit rester imperméable aux promesses alléchantes comme aux menaces arbitraires du pouvoir exécutif ? Comment, en un mot, le soustraire à l'emprise du gouvernement qui décide formellement de sa carrière de fonctionnaire ?

La réponse à cette grave question varie selon qu'il s'agit des magistrats de l'ordre judiciaire (A) ou des juges de l'ordre administratif (B).

A. MAGISTRATS DE L'ORDRE JUDICIAIRE

45 **Vue d'ensemble : actualité et difficultés du problème. –** La question de l'indépendance des magistrats de l'ordre judiciaire a pris depuis quelques années une ampleur sans précédent[34]. La médiatisation des affaires politico-financières y a contribué pour une large part, allant parfois jusqu'à créer un climat d'affrontement avec les pouvoirs politiques extrêmement malsain.

Il faut dire que l'on se trouve ici aux confins de préoccupations contradictoires alimentées par un bon nombre d'arrière-pensées politiques qui ne contribuent pas à simplifier le problème. D'un côté, l'opinion publique a pu avoir le sentiment que certaines affaires n'ont pas été poursuivies comme elles auraient dû l'être parce que des pressions politiques auraient été exercées ; et partant de là, on a pu penser que la véritable solution consisterait à renforcer davantage encore l'indépendance des magistrats. Mais d'un autre côté, on a constaté que des poursuites pénales déclenchées par certains juges d'instruction pouvaient avoir des incidences politiques sérieuses[35]. Ce qui a pu relancer la hantise du « gouvernement des juges », d'aucuns faisant observer que les magistrats exercent un pouvoir qui ne tire pas sa légitimité de l'élection et qu'ils sont finalement les seuls à pouvoir prendre des décisions lourdes de conséquences sans responsabilité corrélative. Finalement, tout le monde convient que des réformes sont nécessaires, mais les opinions divergent sur le point de savoir dans quel sens elles doivent être conduites. Et la conséquence en est que chaque alternance politique apporte son lot de propositions qui restent sans suite.

Dans ce contexte, et pour essayer d'y voir un peu plus clair, il est nécessaire de commencer par prendre conscience de la distinction fondamentale entre les magistrats du siège et les magistrats du ministère public (1°), avant de fixer l'attention sur l'organe clé de l'indépendance de la magistrature que constitue le Conseil supérieur de la magistrature (2°).

1. Distinction entre les magistrats du siège et les magistrats du ministère public

46 **Généralités. –** Les juridictions ne sont pas composées exclusivement de magistrats chargés de juger les affaires. À côté des juges proprement dits, qui rendent des jugements et que l'on appelle les « *magistrats du siège* », – parce qu'ils exercent leurs fonctions en étant assis, « sur le siège » –, il existe d'autres magistrats qui sont

34. V. D. Salas, « L'indépendance de la justice : approche globale, nouveaux enjeux », dossier « La justice : quelles politiques ? », *Cahiers français*, n° 377, 2013, p. 2 et s.

35. On se souviendra que plusieurs ministres ont dû démissionner parce qu'un juge d'instruction les avait « mis en examen ».

chargés, non pas de juger, mais de veiller à l'application de la loi, et que l'on a coutume d'appeler par opposition, les « *magistrats du ministère public* », parce que leur mission consiste uniquement à défendre les intérêts de la collectivité publique, et plus spécialement de la loi qui en est l'expression. Ainsi, les procureurs généraux (devant les cours d'appel) et les procureurs de la République (devant les tribunaux de grande instance) sont des magistrats du ministère public : ils ont pour rôle, en matière pénale, de déclencher et d'exercer les poursuites, et en matière civile ou commerciale, de requérir ce qui leur paraît être conforme à la bonne application de la loi en présentant, à propos de chaque affaire, des observations au tribunal que celui-ci n'est jamais obligé de suivre. Comme on peut le constater, ce sont des magistrats qui ne jugent pas.

L'ensemble des magistrats du ministère public forme ce que l'on appelle parfois la « *magistrature debout* », par opposition à la « *magistrature assise* » qui désigne les magistrats du siège. Ces expressions curieuses viennent de ce que le magistrat du ministère public, lorsqu'il prend la parole à l'audience, se tient debout par déférence à l'égard du tribunal qui sera appelé à juger. Parfois encore on les appelle les « *magistrats du parquet* » parce que, au sein des cours d'appel et des tribunaux de grande instance, ils appartiennent à un service spécial dénommé le « parquet » (sur le sens de cette expression, cf. *infra*, n° 515).

On précisera ultérieurement l'origine historique du ministère public (*infra*, n° 510) son organisation (*infra*, n°s 512 et s.) et ses attributions (*infra*, n°s 516 et s. et 523). Mais d'ores et déjà, il est nécessaire de souligner la dépendance hiérarchique des magistrats du ministère public[36].

47 **Dépendance hiérarchique des magistrats du ministère public. –** À la différence des magistrats du siège qui sont appelés à juger et pour lesquels l'indépendance à l'égard du gouvernement est la règle d'or, les magistrats du ministère public sont des *agents du pouvoir exécutif auprès des tribunaux*. Dans la conception traditionnelle, « les magistrats du parquet sont placés sous la direction et le contrôle de leurs chefs hiérarchiques et sous l'autorité du garde des Sceaux, ministre de la Justice » (ord. n° 58-1270 du 22 déc. 1958, art. 5). Cette subordination hiérarchique a longtemps eu pour conséquence la possibilité offerte au garde des Sceaux de donner au ministère public des instructions dans les affaires individuelles (art. 30 C. pr. pén.)[37] ; cette disposition a été abrogée par la loi n° 2013-669 du 25 juillet 2013[38]. Le ministère public ne reçoit plus que des instructions générales pour la mise en œuvre de la politique pénale du gouvernement[39]. Par ailleurs, la loi du 25 juillet 2013 consacre l'exigence d'impartialité incombant aux magistrats du ministère public dans le cadre de leur mission (art. 31 C. pr. pén.). Mais les magistrats du ministère public

36. Sur cette distinction entre magistrats du siège et du parquet, v. la critique de B. Louvel, le premier président actuel de la Cour de cassation, *in* « Pour l'unité de la magistrature », texte mis en ligne sur le site de la Cour de cassation le 6 juin 2017.

37. Cette pratique a toujours été assez mal comprise. Les ministres de la justice qui se sont succédé au pouvoir entre 1997 et 2002 s'étaient engagés à ne plus donner de telles instructions aux magistrats du ministère public dans les dossiers en cours. Mais à la suite des élections législatives de 2002, on a pu constater un retour aux pratiques antérieures (*Le Monde*, 7/8 mars 2004, p. 10).

38. É. Bonis-Garçon et O. Decima, « Grâce et disgrâce des instructions hiérarchiques », *JCP* 2013, n° 38, p. 1668.

39. V. notamment le dossier « Les nouvelles relations entre parquets et chancellerie », *Les cahiers de la justice* 2016, p. 9 et s.

ne sont pas inamovibles comme le sont les magistrats du siège : notamment, ils peuvent être déplacés pour être affectés à un autre poste (*infra*, n° 370). On mesure par là toute la différence entre un magistrat du parquet soumis à une subordination hiérarchique, et un magistrat du siège qui, du fait même qu'il est appelé à rendre des jugements, ne peut recevoir aucun ordre de qui que ce soit.

Cette dépendance hiérarchique du parquet est toujours une source de surprise. L'opinion publique, souvent mal informée de cette particularité, comprend difficilement qu'un ministre de la Justice puisse donner des instructions à un procureur : la dépendance d'un magistrat semble être une chose contre nature[40]. On l'explique généralement en faisant observer que, chaque parquet ayant la maîtrise des poursuites en matière pénale (*infra*, n° 557), seule sa subordination à une autorité politiquement responsable au plan national permet de promouvoir une politique répressive cohérente et de conférer une légitimité à ses initiatives[41]. Mais dans les périodes où certaines « affaires », dites sensibles, peuvent mettre en cause des personnalités politiques, cette dépendance hiérarchique du ministère public, jointe au principe de l'opportunité des poursuites, forme un mélange explosif, dans la mesure où, pour l'opinion publique, elle accrédite le sentiment que les poursuites seront engagées ou non selon les instructions émanant d'une autorité politique. Cette situation alimente toutes les suspicions.

En pensant plus spécialement au rôle du ministère public en matière pénale, l'opinion dominante est qu'il serait inopportun de supprimer toute dépendance hiérarchique, sauf à s'interroger sur la nécessité d'améliorer les garanties de carrière des magistrats du ministère public. La réforme constitutionnelle du 23 juillet 2008 a amorcé une légère évolution en ce sens (*infra*, n° 380). Mais d'aucuns pensent qu'il faudrait aller plus loin. Le projet de loi constitutionnelle de 2013 portant réforme du Conseil supérieur de la magistrature allait dans ce sens, mais il n'a pas (encore) abouti[42]. Le gouvernement actuel, sous l'égide de la nouvelle garde des Sceaux, y parviendra-t-il ? De plus, la Cour européenne des droits de l'homme a relevé à plusieurs reprises, et avec une certaine fermeté, que les magistrats du ministère public ne pouvaient pas être considérés comme étant une « autorité judiciaire indépendante », en raison précisément de leur dépendance au pouvoir exécutif[43].

De toute manière, pour étudier cet organe-clé que constitue le Conseil supérieur de la magistrature, il faut avoir présente à l'esprit cette distinction fondamentale entre les magistrats du siège et les magistrats du ministère public.

40. Une enquête réalisée par le Conseil supérieur de la magistrature révèle que 69 % des Français voient mal la distinction entre les magistrats du siège et ceux du parquet.

41. M. Jéol, « Le parquetier nouveau est arrivé » *Gaz. Pal.* 1994.2, doctr. 1363.

42. Il a été voté en deuxième lecture par l'Assemblée nationale le 26 avr. 2016.

43. CEDH, 10 juill. 2008, *Medvedyev*, aff. 3394/03, *D.* 2009, p. 600, note F. Renucci ; CEDH, 29 mars 2010, *Medvedyev*, aff. 3394/03, *D.* 2010, p. 1386, note F. Renucci ; CEDH, 23 nov. 2010, *Moulin c./ France*, aff. 37104/06, *D.* 2011, p. 277, note F. Renucci. – V. H. Jacquet, « Un turbulent silence sur les qualités du parquet français », *D.* 2010, p. 1390.

2. Conseil supérieur de la magistrature

48 **Son importance. –** La meilleure manière d'assurer l'indépendance du juge à l'égard du pouvoir exécutif consiste à mettre en place un organe indépendant destiné à s'interposer entre lui et le gouvernement pour les décisions les plus importantes de sa carrière, celles concernant son avancement et, le cas échéant, la discipline. Telle est la fonction dévolue à un organe que l'on appelle le *Conseil supérieur de la magistrature*[44].

Son rôle est considérable. De l'indépendance de cet organe, de sa composition, de ses attributions, de son prestige moral dépend finalement l'indépendance des juges. S'il est composé de personnes qui ne doivent rien et n'attendent rien du gouvernement, et s'il est investi de prérogatives suffisamment étendues pour s'imposer à lui, son efficacité est réelle ; alors que, dans le cas contraire, on peut redouter que la protection du juge ne soit que pure façade. De là, son importance.

49 **Évolution historique. –** Cet organe existe depuis longtemps. Mais il a profondément évolué et, toujours sous le même nom, il a fait l'objet de nombreuses réformes, au gré des orientations politiques.

I. – Sous la IIIe République

Le Conseil supérieur de la magistrature désignait alors la formation particulière que prenait la Cour de cassation quand elle siégeait en assemblée générale comme juridiction disciplinaire de la magistrature.

À cette époque, il n'y avait donc pas d'organe distinct : c'était la Cour de cassation elle-même qui, dans le domaine limité de la discipline, remplissait cette fonction. Et elle était d'autant mieux placée pour l'assumer que, par définition, elle est composée de juges qui ont atteint le sommet de leur carrière et n'attendent plus rien de personne.

II. – Sous la IVe République

La Constitution de 1946 rompit avec cette tradition et, tout en maintenant le Conseil supérieur de la magistrature, elle institua sous le même nom un organe spécifique, très différent par sa composition et ses pouvoirs.

Le Conseil supérieur de la magistrature institué par la Constitution de 1946 (art. 83) comprenait quatorze membres : le président de la République (président), le ministre de la Justice (vice-président), six personnalités élues par l'Assemblée nationale pour une durée de six ans et choisies en dehors de ses membres, quatre magistrats élus parmi les magistrats du siège pour une durée de six ans et appartenant chacun à une juridiction différente (Cour de cassation, cours d'appel, tribunaux civils et justices de paix), enfin deux membres désignés par le président de la République en dehors du Parlement et de la magistrature, mais au sein des professions judiciaires (avocats ou avoués, par exemple). On remarquera que, au sein du Conseil supérieur de la magistrature, modèle 1946, la représentation politique était prépondérante.

En revanche, le Conseil supérieur de la magistrature disposait de pouvoirs plus étendus puisque c'est lui qui non seulement statuait sur les poursuites disciplinaires, mais qui en outre proposait les magistrats à la nomination du président de la République.

44. Sous des noms similaires, ce type d'organisme existe dans de très nombreux pays étrangers, avec il est vrai des variantes assez sensibles : v. J. F. Kriegk, « Les conseils supérieurs de justice, clé de voûte de l'indépendance judiciaire ? (examen comparatif à partir des critères internationalement reconnus) », *D.* 2004, chron. 2166.

III. – Sous la Vᵉ République : sa version initiale de 1958

Dans la loi constitutionnelle du 4 octobre 1958, l'autorité judiciaire a fait l'objet de dispositions importantes, dont en particulier un article 65 relatif au Conseil supérieur de la magistrature (CSM). À cette époque, il était composé de onze membres : le président de la République, le ministre de la Justice (vice-président), et neuf membres, dont six magistrats et un conseiller d'État, tous désignés par le président de la République. Comme on peut le constater, la représentation des magistrats était prépondérante.

Il siégeait comme conseil de discipline, et décidait souverainement des suites qu'il y avait lieu de donner aux poursuites disciplinaires. En revanche, s'agissant des nominations, il n'était en principe consulté que pour « avis ».

Dans sa version initiale de 1958, le CSM fit l'objet de nombreuses critiques.

a) La critique essentielle portait sur la *désignation de ses membres par le président de la République*[45]. Et de fait, il était paradoxal qu'un organe, dont le rôle est de protéger les magistrats contre un éventuel arbitraire du pouvoir exécutif, soit composé de personnes qui toutes étaient choisies par le chef de ce même pouvoir exécutif.

b) Une autre critique concernait l'*étendue restreinte des attributions* du CSM, notamment au sujet des nominations de magistrats qui se limitaient à un simple « avis » que le gouvernement n'était pas obligé de suivre, sauf lorsqu'il s'agissait de nominations relatives aux conseillers à la Cour de cassation et aux premiers présidents de cours d'appel. Beaucoup de magistrats s'en plaignaient.

c) Enfin le Conseil supérieur de la magistrature n'avait d'autorité que sur les *magistrats du siège*, à l'exclusion des magistrats du ministère public. Il n'y avait pas lieu, disait-on, de faire bénéficier les magistrats du parquet, qui par définition ne jugent pas et sont dans la dépendance du pouvoir exécutif (*supra*, nº 47), d'une protection identique à celle des magistrats du siège pour lesquels l'indépendance est un impératif absolu. Cette exclusion était néanmoins regrettable. S'il est vrai, en effet, que les magistrats du parquet ne jugent pas, ils sont tout de même appelés dans bien des cas à prendre des décisions graves (notamment en matière pénale) qui peuvent ne pas plaire aux pouvoirs politiques. Il est donc indispensable de les soustraire à tout arbitraire et de leur ménager une relative indépendance qui est une condition de la sérénité nécessaire à l'exercice de fonctions souvent difficiles[46].

45. Pour être complet, il est juste d'ajouter que le choix du président de la République n'était pas entièrement discrétionnaire (sauf en ce qui concerne les deux personnalités extérieures). En effet, s'agissant des magistrats, il ne pouvait exercer ses préférences que sur une liste de noms triple du nombre des postes à pouvoir ; ainsi, en ce qui concerne les magistrats, la Cour de cassation devait lui présenter une liste de 18 noms, et le président de la République ne pouvait désigner les six membres que parmi les noms portés sur la liste.

46. En fait, leur protection était assurée par des commissions élues pour partie par les magistrats du parquet et qui étaient appelées à émettre un avis, soit sur les nominations *(commission consultative du parquet)*, soit sur les poursuites disciplinaires *(commission de discipline du parquet)*. La réforme du Conseil supérieur de la magistrature, réalisée en 1993, a ôté tout objet à ces deux commissions qui ont aujourd'hui disparu.

IV. – Sous la Vᵉ République : la réforme de 1993

La *loi constitutionnelle n° 93-952 du 27 juillet 1993* a modifié l'article 65 de la Constitution, en remédiant à certaines des critiques dont le Conseil supérieur de la magistrature, dans sa version de 1958, avait fait l'objet.

a) L'innovation majeure concerna les magistrats du parquet qui désormais relèvent eux aussi du Conseil supérieur de la magistrature. De ce fait, et pour tenir compte de la spécificité du statut des magistrats du siège comparé à celui des magistrats du parquet, le CSM présente cette originalité de comporter deux formations distinctes, l'une compétente à l'égard des magistrats du siège, et l'autre à l'égard des magistrats du parquet ; et bien entendu, ces deux formations n'ont ni la même composition, ni les mêmes attributions.

b) Pour chacune des deux formations, le CSM était composé de la manière suivante : outre le président de la République, le ministre de la Justice, un conseiller d'État et trois personnalités extérieures (qui faisaient partie des deux formations), le CSM comprenait six magistrats, tous élus par leurs collègues : cette base élective a constitué une innovation capitale par rapport au CSM dans sa version initiale de 1958.

C'est ici que se marque la différence entre les deux formations. Dans sa formation compétente à l'égard des magistrats du siège, le CSM comprenait cinq magistrats du siège et un magistrat du parquet. Au contraire, dans sa formation compétente à l'égard des magistrats du parquet, les proportions étaient inversées : il comprenait cinq magistrats du parquet et un magistrat du siège.

c) Le CSM, ainsi composé, n'a pas échappé à la critique.

D'abord, s'il est vrai que la réforme intervenue en 1993 a sensiblement amélioré le sort des magistrats du ministère public, dans la mesure où ils relèvent désormais du CSM, c'est un fait qu'ils étaient encore moins bien protégés que leurs collègues du siège, tant en ce qui concerne leur nomination (*infra*, n° 379) que leur régime disciplinaire (*infra*, n° 391).

Ensuite et surtout, la *composition du CSM* a été contestée. Dans sa version de 1993, il était en majorité composé de magistrats ; ce qui, aux yeux de certains, alimentait un reproche de corporatisme. L'opinion publique, souvent mal informée des difficultés de la fonction de juger et de la précarité des moyens mis à la disposition des juges qui l'exercent, n'est pas restée pas insensible à cet angle d'attaque. Il faut dire aussi que la dramatique affaire d'Outreau où après plusieurs années d'incarcération pour pédophilie, une quinzaine de personnes ont été reconnues innocentes, a relancé le débat. À la suite de cette affaire, qui a beaucoup ému l'opinion, la Commission d'enquête parlementaire qui avait été désignée pour en tirer les leçons a pu relever un certain nombre de dysfonctionnements qui auraient dû être sanctionnés en leur temps. Il serait injuste d'en faire porter toute la responsabilité sur le CSM. Mais la médiatisation aidant, on a pensé que le moment était venu de modifier sa composition pour le faire échapper à toute suspicion de corporatisme, et peut-être aussi lui ôter la tentation de s'ériger en représentant légitime du corps judiciaire.

De là une nouvelle réforme qui a introduit le régime actuellement en vigueur sur lequel il faut maintenant insister davantage.

50 **Le Conseil supérieur de la magistrature, dans sa version actuelle : la loi du 23 juillet 2008. –** La Constitution de la Ve République a été remaniée une nouvelle fois par la loi constitutionnelle n° 2008-724 du 23 juillet 2008, adoptée à une voix de majorité par le Parlement réuni en Congrès à Versailles. Et à cette occasion, l'article 65 de la Constitution relatif au Conseil supérieur de la magistrature a été réécrit à nouveau[47].

On précisera successivement la composition du CSM dans sa version actuelle (1°), ses attributions (2°), et enfin le rôle particulier de sa formation plénière (3°).

51 **1° Sa composition. –** Comme par le passé, le CSM comporte deux formations concernant, l'une les magistrats du siège, et l'autre, les magistrats du parquet. Chacune de ces formations est composée de 15 membres, répartis de la manière suivante :

a) D'abord 7 magistrats.

Comme par le passé, c'est ici que se marque la différence entre les deux formations. La formation relative aux magistrats du siège est présidée par le premier président de la Cour de cassation, et elle comprend en outre 6 magistrats élus par leurs collègues : 5 appartenant au siège et 1 au parquet. La formation concernant les magistrats du parquet est présidée par le procureur général près la Cour de cassation, et elle est composée en outre de 6 magistrats élus : 5 appartenant au parquet et 1 au siège.

Comme on peut le constater, la différence entre les deux formations réside dans le fait que le nombre des magistrats du siège et du parquet est inversé.

La présence d'un magistrat du parquet dans la formation concernant les magistrats du siège, et inversement d'un magistrat du siège dans celle qui concerne les magistrats du parquet s'explique par le souci de maintenir une unité entre les deux groupes de magistrats qui tous font partie du même corps judiciaire.

b) Ensuite 8 personnalités appelées à siéger dans les deux formations :

— un Conseiller d'État désigné par le Conseil d'État en assemblée générale ;

— un avocat ;

— six personnalités extérieures n'appartenant ni au Parlement, ni à l'ordre judiciaire, ni à l'ordre administratif, désignées à raison de deux par le président de la République, deux par le président de l'Assemblée nationale, et deux par le président du Sénat.

47. J. Gicquel, « Le nouveau Conseil supérieur de la magistrature », *JCP* 2008.I. n° 176.

Composition du Conseil supérieur de la magistrature

Siège	**Parquet**
Prem. président Cour cass.	Procureur général Cour cass.
5 magistrats du siège	5 magistrats du parquet
1 Magistrat du parquet	1 Magistrat du siège

1 conseiller d'État
1 avocat
6 personnalités extérieures

Cette composition appelle deux observations :

D'abord, on constatera que les magistrats ne sont plus en majorité : ils sont seulement au nombre de 7 sur 15. Cette solution a été délibérément voulue pour, a-t-on dit, faire échapper le CSM à toute suspicion de corporatisme. Le projet de loi constitutionnelle de 2013 voulait que les magistrats redeviennent majoritaires (au nombre de 8). Et l'on ne manquera pas d'observer la très forte représentation des personnalités extérieures désignées par des autorités politiques (6 membres sur 15). Ensuite, aucune autorité politique en fonction ne fait partie du CSM, pas même le président de la République qui depuis 1958 en était le président. Tout au plus, le ministre de la Justice peut-il « participer » aux séances des différentes formations du CSM, à l'exception de celles où le CSM siège en matière disciplinaire (Constitution : art. 65, al. 9)[48].

52 **2° Ses attributions. –** Les attributions du CSM portent essentiellement sur deux problèmes importants : la nomination des magistrats et la discipline. Mais à l'intérieur de ce cadre, les deux formations du Conseil supérieur de la magistrature sont loin d'avoir les mêmes pouvoirs, précisément pour tenir compte de la subordination hiérarchique qui caractérise le ministère public (*supra*, n° 47). Précisons que, depuis la loi organique n° 2016-1090 du 8 août 2016, le CSM est destinataire chaque année d'un rapport public du collège de déontologie des magistrats de l'ordre judiciaire rendant compte de l'exécution de ses missions, lesquelles sont de deux sortes : rendre des avis sur toute question déontologique concernant personnellement un magistrat, sur saisine de celui-ci ou de l'un de ses chefs hiérarchiques ; examiner les déclarations d'intérêts qui lui sont transmises[49].

a) En ce qui concerne les magistrats du siège. – Ils ne peuvent être nommés à un grade supérieur que sur un *« avis conforme »* de la formation compétente à leur égard ; ce qui signifie concrètement que le gouvernement ne pourrait pas nommer un magistrat du siège contre l'avis du CSM. Plus encore : les conseillers à la Cour de cassation, les premiers présidents de cours d'appel et les présidents des

48. Le verbe « participer » est équivoque : si le garde des Sceaux décide de participer à une séance, aura-t-il voix délibérative ? Sous l'empire des textes de 1993, à une époque où le CSM était encore présidé par le président de la République et où le garde des Sceaux en était le vice-président, la question avait suscité une controverse à leur sujet.

49. Art. 10-2, ord. n° 58-270 du 22 déc. 1958.

tribunaux de grande instance ne peuvent être nommés que sur la *« proposition »* du Conseil ; ce qui signifie que la nomination à ces hautes fonctions ne peut avoir lieu que sur l'initiative du CSM (Constitution : art. 65, al. 4 ; *infra*, n° 380).

Au point de vue disciplinaire, la formation compétente (augmentée du magistrat du siège appartenant à la formation concernant le parquet) statue comme « conseil de discipline ». Dans cette formation, le CSM constitue donc une *véritable juridiction* qui rend des décisions souveraines lesquelles s'imposent à tous, y compris au gouvernement (Constitution : art. 65, al. 6 ; *infra*, n° 390).

b) En ce qui concerne les magistrats du parquet. – La formation compétente à l'égard des magistrats du parquet dispose de pouvoirs infiniment plus restreints. Le projet de loi constitutionnelle de 2013 portant réforme du Conseil supérieur de la magistrature entend renforcer ces pouvoirs.

Pour ce qui est des nominations, elle donne un simple *avis* que le gouvernement n'est jamais obligé de suivre (Constitution : art. 65, al. 5). À cet égard, on notera toutefois un changement important par rapport à la version de 1993, en ce qui concerne spécialement les nominations au poste très élevé de procureur général : alors qu'auparavant, les nominations à ce poste étaient décidées en Conseil des ministres sans que le CSM intervienne, désormais le CSM doit être consulté, mais simplement pour avis dans les mêmes conditions que pour les autres magistrats du parquet. Précisons que, depuis la loi organique du 8 août 2016 (art. 7), les emplois de procureur général près la Cour de cassation et près la cour d'appel ne sont plus pourvus en Conseil des ministres (sur ce point, v. également *infra*, n° 380).

En ce qui concerne les poursuites disciplinaires : la formation compétente à l'égard des magistrats du parquet (augmentée du magistrat du parquet appartenant à la formation concernant le siège) ne statue pas comme le ferait une juridiction ; ici encore, elle donne un simple *« avis »*, ultérieurement soumis au ministre de la Justice, lequel, sous certaines réserves, n'est pas tenu de suivre cet avis (Constitution : art. 65, al. 7 ; *infra*, n° 392).

53 **3° Sa formation plénière.** – Indépendamment des questions relatives aux nominations et à la discipline, il y a des cas où il peut paraître utile que le corps judiciaire (siège et parquet confondus) donne son avis sur des questions de portée générale intéressant le fonctionnement de la justice ; et que le CSM devienne ainsi l'interlocuteur légitime du corps judiciaire. Dans la version de 1993, rien n'avait été prévu ; et on ne pouvait que le déplorer.

Pour combler cette lacune, les membres du CSM (parquet et siège confondus) avaient pris l'habitude de se réunir officieusement. Cette pratique qui, n'était prévue par aucun texte, avait reçu une application improvisée à l'occasion d'une affaire politico-financière où le maintien en charge d'un juge d'instruction avait été contesté pour des raisons assez obscures (fin déc. 1994) : le président de la République de l'époque avait pris sur lui de réunir le CSM pour lui demander de formuler un avis. Encouragé sans doute par ce premier exemple, mais cette fois de sa propre autorité, le CSM avait pris l'initiative d'émettre certains avis, notamment pour garantir l'indépendance du parquet (janv. 1997) ou pour revendiquer son rôle dans des enquêtes concernant la magistrature (notamment au sujet des séquelles de l'affaire d'Outreau, en 2006). En fait, cette pratique révélait souvent une certaine tension entre le pouvoir politique et le CSM qui souhaitait être reconnu comme l'interlocuteur légitime du corps judiciaire.

C'est dans ces conditions qu'il a semblé opportun au gouvernement d'officialiser cette pratique dans la Constitution (art. 65, al. 8), afin surtout d'en réglementer très étroitement l'usage pour ne pas être débordé par certains avis qui pourraient laisser pressentir une situation conflictuelle entre la magistrature et le gouvernement.

a) Comment la formation plénière est-elle composée ? – Tous les membres du CSM n'ont pas accès à la formation plénière. Elle comprend trois des cinq magistrats du siège qui font partie de la formation relative au siège, trois des cinq magistrats du parquet qui font partie de la formation du parquet. Y siègent également : le conseiller d'État, l'avocat et les six personnalités qualifiées désignées à raison de deux par le président de la République, deux par le président de l'Assemblée nationale et deux par le président du Sénat.

Cette formation est présidée par le premier président de la Cour de cassation, que peut suppléer le procureur général près cette cour.

b) Quelles sont ses attributions ? – L'article 65, alinéa 8, de la Constitution énumère limitativement les prérogatives du CSM en formation plénière. Il répond aux demandes d'avis formulées par le président de la République. Et il se prononce sur les questions relatives à la déontologie des magistrats ainsi que sur toute question relative au fonctionnement de la justice dont le saisit le ministre de la Justice.

Par conséquent, ce texte condamne implicitement la pratique antérieure des avis émis par le CSM de sa propre autorité.

B. JUGES DE L'ORDRE ADMINISTRATIF

54 **Garanties précaires : critique et évolution. –** Pendant longtemps, l'indépendance des juges de l'ordre administratif n'a été protégée par aucune des garanties dont les magistrats du siège de l'ordre judiciaire ont toujours bénéficié. Recrutés au titre de la fonction publique, ils n'ont jamais pu se prévaloir de la garantie d'inamovibilité que l'on s'est toujours abstenu de faire figurer dans les textes (sauf en ce qui concerne les magistrats de la Cour des comptes, *infra*, n° 294) et, jusqu'à une époque récente, il n'existait aucun organe comparable au Conseil supérieur de la magistrature.

On a pu s'en étonner à juste raison. Les juges administratifs, plus encore que les magistrats de l'ordre judiciaire, sont exposés à rendre des décisions qui peuvent déplaire aux autorités publiques et au gouvernement : il suffit d'imaginer le cas où une juridiction administrative annule l'acte d'un ministre pour excès de pouvoir ! La vérité est que les juges administratifs ont longtemps été considérés, moins comme des juges à proprement parler, que comme des « fonctionnaires » qui, au sein de l'administration, sont exceptionnellement investis de la fonction de juger[50]. L'origine des juridictions administratives qui sont issues de l'administration (*supra*, n° 39) explique sans doute cet état d'esprit. Mais ce legs de l'histoire, qui pouvait à la rigueur se concevoir au XIXe siècle en un temps où le contentieux administratif était relativement peu abondant et les juridictions administratives encore peu nombreuses, devenait difficilement compréhensible à notre époque où, du fait de l'emprise grandissante de l'administration, les litiges de nature administrative vont en se multipliant.

50. Et encore de nos jours, voir les motifs du Cons. État, 3 mai 2006, n°s 274689 et 285178, *JCP* 2006.I, n° 227, p. 988.

De là, une évolution.

a) Chose curieuse : en ce qui concerne les *membres du Conseil d'État*, la situation n'a guère changé. Mais à vrai dire, l'absence de toute garantie dans les textes ne présente pas d'inconvénients majeurs. Le prestige considérable dont bénéficie le Conseil d'État suffit à conférer à ses membres une sorte d'inamovibilité de fait à laquelle peu de régimes politiques ont osé porter atteinte (*infra*, n° 371). Au reste, le Conseil d'État a maintes fois donné la preuve de sa parfaite indépendance à l'égard des pouvoirs publics. Tout au plus a-t-on pris des dispositions pour mieux organiser le régime disciplinaire de ses membres, afin d'éviter qu'ils ne soient l'objet d'une sanction arbitraire (*infra*, n° 394). Plus récemment, la loi n° 2016-483 du 20 avril 2016 a notamment précisé que les membres du Conseil d'État exerçaient leurs fonctions en toute indépendance, dignité, impartialité, intégrité et probité et se comportaient de façon à prévenir tout doute légitime à cet égard (art. L. 131-2 C. just. adm.).

b) Mais toutes les juridictions administratives n'ont pas le prestige du Conseil d'État : on pense notamment à des juridictions comme les *tribunaux administratifs* (*infra*, n°s 272 et s.) et les *cours administratives d'appel* (*infra*, n°s 281 et s.) qui, de nos jours, sont appelées à jouer un rôle considérable. L'indépendance des membres de ces juridictions –, dont certains sont de jeunes fonctionnaires au seuil de leur carrière –, a besoin d'être efficacement protégée contre les petites « rancœurs locales » qui souvent fermentent vite. L'absence de toutes garanties particulières avait souvent été déplorée. Cette lacune a été comblée par un texte important, – la *loi n° 86-14 du 6 janvier 1986*, – qui a donné à ces juges un statut protecteur (dont il sera question ultérieurement, *infra*, n°s 383 et 395) et qui, en outre, a créé un organe destiné à sauvegarder leur indépendance, que l'on appelle aujourd'hui le *« Conseil supérieur des tribunaux administratifs et cours administratives d'appel »* sur lequel il convient d'insister.

55 **Conseil supérieur des tribunaux administratifs et cours administratives d'appel. –** Par sa fonction, le « Conseil supérieur des tribunaux administratifs et cours administratives d'appel » – aujourd'hui réglementé par les articles L. 232-1 et suivants et R. 232-1 et suivants C. just. adm.[51] – est comparable au Conseil supérieur de la magistrature (*supra*, n°s 48 et s.) : comme lui, il est destiné à protéger les juges contre toute mesure arbitraire de la part du pouvoir exécutif. Il en diffère en revanche par sa compétence (I), sa composition (II) et ses attributions (III).

I. – Sa compétence

Tous les juges de l'ordre administratif ne relèvent pas du Conseil supérieur, lequel ne concerne en effet que les juges appartenant au corps des tribunaux administratifs et des cours administratives d'appel. Mais en réalité, cette limitation n'est guère préoccupante si l'on considère que, mis à part le Conseil d'État qui tire sa protection de lui-même (*supra*, n° précédent), les tribunaux administratifs et les cours administratives d'appel sont les deux seules juridictions de droit commun.

51. Textes modifiés respectivement par l'ordonnance n° 2016-1366 du 13 oct. 2016 et le décret n° 2017-451 du 30 mars 2017.

II. – Sa composition

Le Conseil supérieur des tribunaux administratifs et cours administratives d'appel est placé sous la présidence du vice-président du Conseil d'État. Outre son président, il est composé de *12 membres* (art. L. 232-4 C. just. adm.).

Les 12 membres sont répartis en trois catégories :

— d'abord, 4 personnalités qui sont les suivantes : le conseiller d'État président de la mission d'inspection des juridictions administratives ; le secrétaire général du Conseil d'État ; le directeur chargé au ministère de la Justice des services judiciaires et un chef de juridiction élu par ses pairs ;

— viennent ensuite 5 juges appartenant au corps des tribunaux administratifs et cours administratives d'appel élus pour trois ans au scrutin proportionnel de liste ;

— enfin, 3 personnalités qui n'exercent aucun mandat électif, désignées respectivement, pour une durée de trois ans, par le président de la République, le président de l'Assemblée nationale et le président du Sénat.

Cette composition suggère plusieurs observations :

On remarquera d'abord que le Conseil supérieur des tribunaux administratifs et cours administratives d'appel a une *base partiellement élective* puisque 5 membres sur 13 sont élus parmi les juges et que, par ailleurs, les autorités politiques ne peuvent exercer leur choix qu'à concurrence de 3 membres.

Ensuite et surtout, on ne manquera pas d'observer *la place importante réservée au Conseil d'État* par l'intermédiaire de trois de ses plus hauts représentants (le vice-président du Conseil d'État, le conseiller d'État président de la mission d'inspection et le secrétaire général du Conseil d'État). Le fait est révélateur d'un changement d'orientation bénéfique. Pendant longtemps, les tribunaux administratifs furent placés sous la tutelle du ministère de l'Intérieur qui en assurait la gestion. Cette anomalie a aujourd'hui disparu. Il est clair que, dans l'esprit du législateur moderne, le Conseil d'État apparaît comme une sorte de « gardien tutélaire » de l'indépendance des juges appelés à exercer leurs fonctions au sein des tribunaux administratifs et cours administratives d'appel.

III – Ses attributions

Le Conseil supérieur ainsi composé est appelé à jouer un rôle important dans la carrière des juges appartenant au corps des tribunaux administratifs et cours administratives d'appel. D'abord, en ce qui concerne les nominations, détachements et intégrations, ainsi que l'élaboration du tableau d'avancement (art. L. 232-1 C. just. adm. ; *infra*, n° 383). Ensuite et surtout, il joue le rôle d'organe disciplinaire, la procédure et les sanctions pouvant être prises étant précisées aux articles L. 236-1 et suivants C. just. adm.

Le Conseil supérieur connaît également des questions intéressant le fonctionnement et l'organisation des tribunaux administratifs et des cours administratives d'appel selon les modalités énoncées à l'article L. 232-3 C. just. adm.

Le collège de déontologie de la juridiction administrative, mis en place par la loi n° 2016-483 du 20 avril 2016, est amené également à jouer un rôle non négligeable.

Ses missions sont énumérées à l'article L. 131-6 : rendre un avis préalable à l'établissement de la charte de déontologie mentionnée à l'article L. 131-4 ; rendre des avis sur toute question déontologique concernant personnellement un membre de la juridiction administrative, sur saisine du membre concerné, du vice-président du Conseil d'État, d'un président de section du Conseil d'État, du secrétaire général du Conseil d'État, du président de la mission d'inspection des juridictions administratives, du président d'une cour administrative d'appel ou d'un tribunal administratif ou du Conseil supérieur des tribunaux administratifs et cours administratives d'appel ; formuler des recommandations de nature à éclairer les membres de la juridiction administrative sur l'application des principes déontologiques et de la charte de déontologie, à son initiative ou sur saisine du vice-président du Conseil d'État, d'un président de section du Conseil d'État, du secrétaire général du Conseil d'État, du président de la mission d'inspection des juridictions administratives, du président d'une cour administrative d'appel ou d'un tribunal administratif, du Conseil supérieur des tribunaux administratifs et cours administratives d'appel ou d'une organisation syndicale ou association de membres de la juridiction administrative ; rendre des avis sur les déclarations d'intérêts qui lui sont transmises dans les conditions prévues aux articles L. 131-7 et L. 231-4-1.

SECTION III CONCLUSION

56 **« Pouvoir » ou « autorité » judiciaire ? –** Les développements qui précèdent conduisent à se demander si la fonction de juger appartient à un corps qui, au sein de l'État, exerce un véritable « pouvoir », comparable au pouvoir législatif et au pouvoir exécutif, ou si au contraire elle n'est plus qu'un aspect de la fonction publique, confiée à une « autorité » qui jouit simplement d'un statut particulier destiné à garantir son indépendance[52]. On comprend mieux la portée pratique de la question posée quand on a présent à l'esprit la situation du juge anglais dont la position sociale est comparable à celle d'un membre du Parlement qui, une fois nommé, s'estime détenteur d'un pouvoir autonome et à qui l'idée de présenter une revendication professionnelle par la voie syndicale semblerait une incongruité.

La question ne se pose évidemment pas pour les juges de l'ordre administratif dont on a dit précédemment qu'ils ont toujours été considérés comme des « fonctionnaires » investis simplement de la fonction de juger[53] : ils ne forment pas un corps autonome et, en ce qui les concerne, il ne fait aucun doute qu'ils apparaissent comme une « autorité » au sein du pouvoir exécutif. Mais s'agissant des juges de l'ordre judiciaire, on parle souvent en France du « pouvoir judiciaire ». La Constitution de 1946 elle-même faisait encore référence au « pouvoir judiciaire ». Mais est-ce toujours exact ?

La Constitution de 1958 donne à penser que cette conception est désormais périmée. On doit en effet constater que, dans les dispositions constitutionnelles

52. C. M. Pimentel, *La main invisible du juge : l'origine des trois pouvoirs et la théorie des régimes politiques*, thèse Paris II, 2000 ; G. Delaloy, *Le pouvoir judiciaire*, PUF, coll. « Droit et justice », 2005 ; *La place de l'autorité judiciaire dans les institutions*, sous l'égide de la Cour de cassation, Dalloz, « Thèmes et commentaires », 2016.

53. En ce sens : Cons. État, 3 mai 2006, *JCP* 2006.I. n° 227, p. 988.

actuelles, les textes relatifs à la justice sont placés sous un titre intitulé « De l'autorité judiciaire » et que l'article 64 de la Constitution (qui n'a pas été modifié par la loi constitutionnelle de 1993) fait du président de la République, c'est-à-dire du chef de l'exécutif, le « garant de l'indépendance de la magistrature ». Ces formules ne sont pas le fait du hasard : elles se rattachent à cette idée que la fonction de juger procède de l'autorité indivisible de l'État dont le président de la République a la responsabilité[54]. Elles sont la négation du principe qui tendrait à considérer la justice comme un troisième pouvoir et rejoignent ainsi les théories développées jadis par Duguit[55], Hauriou[56] et Berthélemy[57] selon lesquelles « faire les lois (pouvoir législatif) et les faire exécuter (pouvoir exécutif) sont les deux termes entre lesquels il n'y a pas de place à prendre ». Dans cette conception, le juge a pour fonction de faire exécuter la loi, au même titre que l'autorité administrative, à cette nuance près que l'autorité judiciaire la fait exécuter à l'occasion d'une contestation que le juge doit trancher.

On cherche parfois à justifier cette conception en faisant observer que, dans un État démocratique, la légitimité d'un pouvoir ne peut émaner que de l'élection. Et comme ce n'est pas le cas des juges de carrière, on en déduit rapidement qu'ils ne peuvent exercer qu'une « autorité » et non pas un « pouvoir ». Cette explication, qui a peut-être son origine dans les relations parfois un peu tumultueuses entre certains juges d'instruction et les milieux politiques, ne doit pas faire oublier que, de toute manière, les juges du siège tirent les prérogatives qui sont les leurs de la Constitution elle-même.

Quoi qu'il en soit de cette analyse, c'est un fait que les juges du siège ont la conviction profonde qu'ils exercent une fonction indépendante, exclusive de toute subordination au moment de la prise de décision (*infra*, n° 87), et que leur jurisprudence est une véritable source du droit. Et il est juste de dire que les juges français ont une très haute idée de leur indépendance. Mais, par ailleurs, dans le cadre de leur propre situation administrative, tout leur rappelle qu'ils sont des fonctionnaires de l'État intégrés dans un service public, et eux-mêmes d'ailleurs en adoptent parfois les comportements. Contrairement aux apparences, le « pouvoir judiciaire » a été brisé par la Révolution française et plus encore par les structures napoléoniennes. Et si néanmoins l'illusion a survécu tout au long du XIXe siècle, c'est en grande partie parce que la justice a été une justice de notables. Aujourd'hui, l'illusion a disparu. Et quelque regret que l'on en puisse avoir, il est difficile de nier que la fonction de juger est confiée de nos jours à une « autorité judiciaire », sauf à ajouter que cette autorité est protégée par la Constitution.

57 **Indépendance du juge à l'égard de la société. –** Quand il est question de l'indépendance du juge, il ne suffit pas, comme on l'a fait pendant longtemps, de considérer exclusivement les rapports du juge avec les pouvoirs politiques. Cet aspect est certes essentiel, mais il n'est pas le seul. En tant que citoyen, le juge vit

54. Le général de Gaulle, à l'occasion d'une conférence de presse, le 31 janv. 1964, avait très nettement souligné cette idée (cf. P. Viansson-Ponté, *Histoire de la République gaullienne*, t. II, p. 114).

55. Duguit, *Traité de droit constitutionnel*.

56. Hauriou, *Précis de droit constitutionnel*.

57. Berthélemy, *Traité de droit administratif*.

au sein d'une société dont il partage les espérances et les craintes, mais aussi les pulsions et les humeurs, voire même parfois les idéologies. Plus que son ancêtre du XIXe siècle qui vivait dans une société socialement cloisonnée, à l'abri des remous sociaux et politiques, le juge moderne est plongé dans une société qui l'expose à bien des sollicitations ainsi qu'à toutes les séductions de l'argent ou des honneurs, et aussi, il faut bien le dire, à d'éventuelles pressions émanant de groupes sociaux, économiques ou culturels les plus variés. Et si l'on ajoute à cela une médiatisation envahissante qui prend parfois des dimensions préoccupantes, il est clair que l'indépendance d'esprit du juge moderne n'est pas à l'abri des risques[58].

Dans l'exercice de ses fonctions, le juge doit s'abstraire rigoureusement de toutes ces interférences qui pourraient fausser ses décisions et compromettre la confiance qu'il doit inspirer. La crédibilité de la justice est à ce prix. Il est évidemment difficile, pour ne pas dire impossible, d'enclore cet impératif dans des textes réglementaires. Sous cet aspect, l'indépendance du juge est essentiellement une question de caractère personnel, doublée d'un comportement empreint de prudence et de sagesse. Pour cette raison, on a pu suggérer très justement l'élaboration de normes éthiques qui pourraient constituer des guides de protection[59]. En 2003, une commission a été nommée pour dégager certaines de ces règles. Elle a révélé une aspiration réelle des magistrats à la mise en place d'une véritable déontologie, mais aussi leur souci d'éviter une réglementation qui pourrait paralyser leur liberté en imposant des règles éthiques qui n'auraient pas l'assentiment du corps judiciaire[60]. Ce vœu a été entendu : la loi du 5 mars 2007 d'abord, et la loi constitutionnelle du 23 juillet 2008 ensuite, dans son article 65, ont décidé qu'il revenait au Conseil supérieur de la magistrature, statuant en formation plénière (*supra*, n° 49), d'élaborer et de rendre public un recueil des obligations déontologiques des magistrats[61]. C'est aujourd'hui chose faite.

De même, en ce qui concerne les juges de l'ordre administratif, une charte de déontologie a été élaborée par le Conseil d'État et rendue publique le 12 janvier 2012[62].

58. F. Bussy, *Justice et média*, *D.* 2010, p. 2526.

59. Sur ce thème, cf. le discours prononcé par le premier président de la Cour de cassation à la séance solennelle de rentrée de cette haute juridiction, le 11 janv. 2002 : « *Si les règles qui garantissent indépendance des juges à l'égard des pouvoirs législatif et exécutif sont bien connues*, a-t-il dit, *celles qui leur imposent de se libérer, dans leurs décisions, de toutes autres influences doivent aussi être énoncées et réfléchies : règles qui protègent le juge contre les tentations de l'argent, des honneurs et de la servilité, règles qui l'invitent à se libérer des hiérarchies officieuses, privées ou symboliques, des organisations, des cercles de pensée ou d'influence auxquelles il adhère, de relations qu'il noue, des attachements qu'il consent ; règles éthiques qui l'engagent à s'affranchir de son idéologie, des idées reçues, de ses propres valeurs sociales, de ses sympathies et animosités, en définitive de toutes formes de prévention ; règles qui le dégagent du pouvoir des médias ou de leur séduction, de la tentation de leur plaire ou de se servir d'eux ; règles qui incitent le juge à méditer son pouvoir, à en fuir les vanités ou le vertige, à se méfier de soi dans l'exercice de la coercition légale. Il s'agit en définitive, pour chacun de nous, de se juger soi-même dans l'acte de juger les autres* ».

60. *JCP* 2005, actualité, n° 239, p. 823 (ce rapport est publié sur le site du ministère de la Justice : www.justice.gouv.fr/publicat/rapport/rapportcabannes.htm). – J.-F. Kriegk, « La culture judiciaire : une contribution au débat démocratique », *D.* 2005, chron. p. 1592 et s.

61. D. Charvet, « Les magistrats français et la déontologie : une problématique à clarifier », *D.* 2008, chron. p. 1634.

62. *D.* 2012, p. 288.

Mais le législateur, en 2016[63], est allé plus loin dans sa volonté de renforcer l'éthique des magistrats administratifs et judiciaires, à travers plusieurs règles : prévention et cessation des situations de conflit d'intérêts[64], déclaration d'intérêts et de situation patrimoniale, mise en place d'un collège de déontologie[65].

63. Loi nº 2016-483 du 20 avr. 2016 et loi organique nº 2016-1090 du 8 août 2016. Ces règles concernant les magistrats avaient été précédées de la loi nº 2013-907 du 11 oct. 2013 relative à la transparence de la vie publique et s'appliquant aux membres du gouvernement, aux personnes titulaires d'un mandat électif local ainsi qu'à celles chargées d'une mission de service public.

64. Selon la loi, constitue un conflit d'intérêts « toute situation d'interférence entre un intérêt public et des intérêts publics ou privés qui est de nature à influencer ou à paraître influencer l'exercice indépendant, impartial et objectif d'une fonction ».

65. V. les art. L. 131-1 et s. et L. 231-1 et s., C. just. adm. ; et les art. 7-1 et s., ord. 22 déc. 1958.

CHAPITRE II
SERVICE PUBLIC DE LA JUSTICE

58 **Son importance. –** La justice est aussi un service *public*, ce que mentionne désormais expressément la loi[1], au même titre que l'éducation nationale ou les affaires étrangères : un service public important, sinon par son personnel[2], sinon par son budget, du moins par sa place dans la Nation. Il n'est pas excessif de dire que la justice est un des grands services publics de l'État.

Il reste que, dans le budget de l'État, les crédits affectés à la justice ne sont pas à la dimension de son importance. Sans doute ont-ils augmenté au cours des dernières années (le budget en 2016 était de 8,19 milliards d'euros). Mais cet effort n'est pas encore suffisant pour répondre à tous les besoins de la justice.

Sur cette question, le Conseil de l'Europe a entrepris depuis des années une évaluation comparative des systèmes judiciaires européens, et il apparaît, à partir des données de 2014, que la France ne consacre à sa justice que 64 € par habitant, alors que ce chiffre est beaucoup plus élevé dans d'autres pays européens[3].

Après avoir fourni quelques indications sur le ministère de la Justice qui est chargé d'assurer la gestion de ce service public, on insistera sur le monopole de l'État (section 1), sur les caractères spécifiques du service public de la justice (section 2), et enfin, sur les règles particulières concernant la responsabilité de ce service public (section 3).

59 **Ministère de la Justice. –** Comme tout service public, celui de la justice est géré par un ministère, – le ministère de la Justice qui a son siège à Paris, place Vendôme –, chargé de régler et de coordonner les multiples problèmes qui se posent à l'échelon national (recrutement des magistrats, situations de carrière, gestion des juridictions, contrôle des auxiliaires de justice, élaboration des textes, administration pénitentiaire, etc.). Ce ministère, que l'on appelle aussi la

1. V. l'art. L. 111-2 C. org. jud. issu de la loi n° 2016-1547 du 18 nov. 2016 ; v. T. S. Renoux, « L'autorité judiciaire, un service public ? », *Les cahiers de la justice*, 2017/2, p. 331 et s.

2. Par exemple, l'effectif des magistrats de l'ordre judiciaire en 2015 était de 8 664, soit environ 1 magistrat pour 7 617 habitants. Au milieu du XIXe siècle, il y avait 1 magistrat pour 6 166 habitants...

3. V. *Systèmes judiciaires européens – Efficacité et qualité de la justice, Études de la CEPEJ, n° 23, édition 2016, données 2014* (le rapport est en ligne).

« Chancellerie », est placé sous la responsabilité d'un ministre qui porte le titre de « ministre de la Justice, garde des Sceaux »[4].

Ces expressions particulières méritent une explication.

a) Le mot *« Chancellerie »*, utilisé souvent pour désigner ce ministère, évoque le temps où, dans l'ancienne France, le chef de la justice portait le titre de « chancelier de France ». À une époque où la justice était rendue au nom du roi, il était le représentant du monarque auprès de toutes les juridictions : il était, disait-on, la « bouche du roi ». À ce titre, il lui appartenait d'en assurer la présidence et de rendre compte au roi du fonctionnement de la justice. Quelques grands noms illustrèrent cette fonction prestigieuse : notamment Lamoignon (au XVIIe siècle) et d'Aguesseau (au XVIIIe siècle). Avec le temps, le titre de chancelier devint purement honorifique. Supprimé à la Révolution française, il fut rétabli au moment de la Restauration, mais pour très peu de temps : la fonction et le titre disparurent définitivement en 1848 (le dernier fut le chancelier Pasquier). Mais l'expression est restée dans les usages. Et c'est ainsi que, de nos jours encore, on parle couramment de la « Chancellerie » pour désigner le ministère de la Justice.

b) Le titre de *« garde des Sceaux »* est également une survivance historique. Dans l'ancienne France, il existait un officier de la Couronne dont la charge consistait à « garder les sceaux du roi », c'est-à-dire, les cachets destinés à authentifier les documents officiels. Souvent, cette charge était confiée au chancelier lui-même qui ainsi cumulait les deux titres. Lorsque la fonction de chancelier disparut, le titre de « garde des Sceaux » subsista et fut attribué au ministre de la Justice[5].

Il ne faut pas se méprendre sur le rôle exact du ministre de la Justice, garde des Sceaux : il n'exerce *aucune fonction juridictionnelle*. Il est d'autant plus nécessaire de le souligner que, pendant une courte période (au temps du Premier Empire), on l'appelait parfois le « Grand-Juge ». Cette expression symbolique a aujourd'hui disparu. Le ministre de la Justice n'est pas un juge : il ne préside aucune juridiction (sauf, symboliquement, le Conseil d'État, *infra*, n° 262), et il ne peut prendre aucune décision de nature juridictionnelle[6]. La règle contraire constituerait d'ailleurs une violation flagrante au principe de la séparation des pouvoirs. En réalité, le garde des Sceaux est une personnalité politique, investi sans doute d'importantes prérogatives, mais qui ressortissent uniquement à l'administration : c'est lui qui, sous réserve des pouvoirs appartenant au Conseil supérieur de la magistrature, propose la nomination des magistrats et pourvoit à leur avancement, c'est lui qui nomme les officiers ministériels et qui, sous certaines conditions, exerce des fonctions disciplinaires sur l'ensemble du corps de la magistrature et de certains auxiliaires de justice. Mais il ne le fait qu'en sa qualité d'administrateur et, pour cette raison, les décisions prises par lui peuvent être déférées au Conseil d'État par le moyen d'un recours pour excès de pouvoir. Enfin, parmi ses attributions, on se gardera d'oublier qu'il lui appartient de préparer les projets de lois qui intéressent de multiples domaines juridiques.

Dans l'exercice de ses fonctions, le ministre de la Justice est assisté par de nombreux services dont l'ensemble forme ce que l'on appelle communément « l'administration centrale », laquelle présente cette particularité d'être composée à peu près exclusivement de magistrats (appartenant en grande majorité à l'ordre judiciaire).

4. Coignac, « La Chancellerie, mode d'emploi », *JCP* 2011, n° 776.

5. C'est au ministère de la Justice que sont toujours conservés les Sceaux officiels de la République française.

6. On verra notamment que s'il peut donner des instructions générales aux procureurs généraux, il ne peut en aucun cas se substituer à eux pour déclencher des poursuites (*infra*, n° 515).

Comme dans tous les ministères, les différents services sont regroupés autour de directions spécialisées.

Actuellement, depuis le décret n° 2008-689 du 9 juillet 2008, le ministère de la Justice comporte cinq directions : la direction des Affaires civiles et du Sceau, la direction des Affaires criminelles et des grâces, la direction des Services judiciaires, la direction de l'Administration pénitentiaire, la direction de la Protection judiciaire de la jeunesse ; et pour coordonner les activités de ces directions, le ministère est doté d'un secrétariat général.

À ces directions, il faut ajouter d'importants services qui, sans être érigés en directions, disposent néanmoins d'une relative autonomie et dépendent directement du garde des Sceaux : par exemple, l'Inspection générale de la justice (et non plus l'Inspection générale des services judiciaires depuis le décret n° 2016-1675 du 5 décembre 2016) dont la mission, comme son nom l'indique, est de procéder à des inspections et des enquêtes auprès des juridictions de l'ordre judiciaire et d'en rendre compte directement au ministre[7]. On citera également le service des affaires européennes et internationales, chargé de tout ce qui concerne les problèmes juridiques internationaux ; le service de l'accès au droit ; le service de la prévention de la corruption, et enfin, le service de l'information et de la communication qui prépare et met en œuvre la politique d'information du ministère (décr. n° 94-188 du 25 févr. 1994).

SECTION I LA JUSTICE, MONOPOLE DE L'ÉTAT

60 Pour nos esprits du XXe siècle, le monopole de l'État sur la justice paraît une évidence. Ce principe exige néanmoins quelques commentaires (§ 1), d'autant plus importants qu'il comporte une remarquable dérogation, connue sous le nom d'arbitrage (§ 2).

§ 1. LE PRINCIPE

61 **Sa justification. –** De tout temps, la justice a été considérée comme un attribut essentiel de la souveraineté. Dans l'ancienne France, on exprimait cette idée en disant que « toute justice émane du roi ». De nos jours, les jugements sont rendus « au nom du Peuple français ». Mais l'idée reste la même : seul le souverain est habilité à rendre la justice et, dès lors, on concevrait mal que l'État ne s'en réserve pas le monopole exclusif.

Ce principe est d'autant plus justifié que le pouvoir de rendre la justice n'implique pas seulement celui de dire le droit : la *« jurisdictio »*. Il implique également, comme une conséquence nécessaire, un pouvoir de commandement que l'on appelle l'*imperium* : le juge, en conséquence de la décision rendue, ordonne que tout soit mis en œuvre pour que son jugement soit exécuté, au besoin avec le

7. Le décret du 5 déc. 2016 a suscité de vives protestations car il prévoit désormais l'inspection de la Cour de cassation, juridiction suprême de l'ordre judiciaire, ce qui est discutable au regard de l'indépendance de l'autorité judiciaire, le corps de l'inspection générale étant placé directement auprès du ministre de la Justice : v. sur ce point L. Cadiet « Inspecter la justice : vous avez dit gouvernement des juges ? », *Procédures* 2017, Repère 4.

concours de la force publique (*supra*, nº 43). Or comme l'État est seul détenteur de la force publique, il est clair qu'un tel pouvoir de commandement ne peut appartenir qu'à une personne investie du pouvoir de juger par l'État lui-même.

62 **Son évolution historique. –** L'histoire révèle que ce monopole de l'État ne fut pas acquis d'emblée. Pour être reconnu, il suppose en effet un État fort dont l'autorité n'est ni discutée, ni partagée.

Tel n'était pas le cas au Moyen Âge, à une époque où l'autorité du roi était encore chancelante et où la France apparaissait comme une juxtaposition de féodalités. Pour cette raison, à côté des juridictions royales qui rendaient la justice au nom du roi, il existait des juridictions seigneuriales qui statuaient au nom du seigneur du lieu, et même, en certaines matières ou pour certaines personnes (les clercs notamment), des juridictions ecclésiastiques qui rendaient la justice au nom de l'évêque. En un mot, la justice était partagée entre divers ordres juridictionnels. Toute l'histoire judiciaire entre le XIIIe et le XVIe siècles a été celle d'une longue lutte entre le pouvoir royal et les seigneurs, non point pour faire disparaître les juridictions seigneuriales, mais pour affirmer l'autorité souveraine de la justice du roi ; pour marquer, en d'autres termes, que le dernier mot devait appartenir non pas au seigneur, mais au roi, seul souverain en matière de justice. À cette fin, de multiples voies de recours furent aménagées pour permettre à tout intéressé d'en appeler en dernier ressort à la justice du roi. Et c'est ainsi que, pour répondre à cette centralisation entre les mains du monarque, furent instituées des cours royales – composées de juges chargés de « conseiller » le roi sur la décision à prendre (de là, le nom de « conseiller à la cour » encore utilisé de nos jours) – et que l'on prit l'habitude d'appeler des « cours souveraines » pour bien souligner qu'elles avaient pour mission de connaître, en dernier ressort au nom du roi, des recours formés contre les décisions rendues par les juridictions seigneuriales.

L'évolution commença à l'époque de Philippe-Auguste et se poursuivit sous le règne de Louis XI. Cette emprise progressive de la justice du roi n'alla pas toujours sans difficulté ; parfois même, elle suscita de violentes résistances. Ne dit-on pas que le comte d'Anjou (frère de Saint-Louis) fit emprisonner l'un de ses vassaux pour avoir osé appeler de sa sentence à la cour du roi ? L'histoire nous révèle également qu'un abbé de Tulle fit couper la main droite de son vassal parce que celui-ci avait eu la témérité de faire appel au roi contre une sentence qui le condamnait à perdre la main gauche. Mais dans les derniers siècles de l'Ancien Régime, le principe était solidement acquis que la seule justice souveraine était celle du roi.

Tout naturellement, la Révolution française devait faire disparaître les derniers vestiges de cette querelle historique dans la nuit du 4 août 1789, lorsque furent abolies les juridictions seigneuriales. La justice devenait, en droit comme en fait, un véritable monopole de l'État.

63 **Ses conséquences. –** Le monopole ainsi reconnu à l'État entraîne trois conséquences importantes.

1) D'abord, *aucune autre autorité que les cours et tribunaux légalement institués ne peut rendre la justice*, au moyen de jugements ayant autorité de chose jugée et force exécutoire. Sans doute, rien n'interdit-il à de simples particuliers de constituer entre eux un « jury d'honneur » ou un « comité de conscience » pour juger leur

différend. Mais (sous réserve de ce qui sera dit à propos de l'arbitrage, *infra*, n° suivant), ces organismes de pur fait n'ont aucune existence légale et les « décisions » qu'ils peuvent prononcer n'ont aucune force contraignante. On pourrait croire qu'il est inutile de rappeler une telle évidence ; et pourtant certains exemples ont montré qu'il n'est peut-être pas superflu de le répéter[8].

2) En revanche, *l'État doit obligatoirement rendre la justice lorsqu'elle lui est demandée*. Le juge qui refuserait de juger se rendrait coupable d'un *déni de justice* susceptible d'entraîner contre lui des sanctions disciplinaires et, éventuellement, une condamnation à des dommages-intérêts. Le Code civil, dans son article 4, décide en effet que les juges ont l'obligation de statuer même lorsque la loi est muette ou obscure : « Le juge qui refusera de juger, dit ce texte, sous prétexte du silence, de l'obscurité ou de l'insuffisance de la loi, pourra être poursuivi comme coupable de déni de justice ». Si le juge ne peut découvrir dans la loi aucune solution au litige qui lui est soumis, il lui appartient de statuer selon la solution qui lui paraît la plus conforme aux principes du droit, mais il doit nécessairement se prononcer. Tout monopole implique des obligations : on ne saurait concevoir que l'État se réserve le pouvoir de rendre la justice et qu'il ne la rende pas quand on la lui demande.

3) Il a même le devoir de la rendre dans un *délai raisonnable*. Cette exigence résulte d'une convention internationale, – la Convention européenne des droits de l'homme –, qui, dans son article 6, fait obligation à chaque État européen de prendre les mesures nécessaires pour que la justice ne soit pas rendue dans des délais anormalement longs (*infra*, n° 93)[9]. Le droit à être jugé dans un délai raisonnable est également mentionné aujourd'hui à l'article L. 111-3 C. org. jud.

§ 2. DÉROGATION PARTIELLE : L'ARBITRAGE

64 **Définition. –** On peut définir l'arbitrage comme un mode de juridiction à base conventionnelle, par lequel les parties choisissent une ou plusieurs personnes privées pour leur demander de juger, au besoin en équité, le différend qui les oppose.

Voici, par exemple, deux industriels en désaccord sur la portée de certaines obligations nées de leurs rapports d'affaires ; au lieu de saisir un tribunal, ils peuvent, s'ils en sont d'accord, demander à un ami qui a leur confiance, de les départager et de rendre une véritable décision que l'on appelle une « sentence arbitrale ».

Cette forme de justice assez surprenante connaît actuellement un certain succès, notamment dans les rapports internationaux. Il convient donc d'y insister pour en dégager les caractères spécifiques, en retracer l'histoire et en souligner l'importance.

65 **Caractères spécifiques. –** Il ressort de la définition qui en a été donnée que l'arbitrage se caractérise par quatre traits particuliers qui en font toute l'originalité.

8. À propos d'un « comité de Libération » qui, en 1945, avait infligé une amende à l'auteur d'une infraction à la législation du travail, cf. Cass. civ., 13 nov. 1951, *Gaz. Pal.* 1952.1.61, *Rev. trim. dr. civ.* 1952.103, obs. P. Hébraud.

9. V. l'étude de D. Cholet, *La célérité de la procédure en droit processuel*, LGDJ, 2006.

I. – D'abord, la qualité de juge est conférée à de simples *personnes privées*, que l'on appelle des arbitres, qui n'ont pas été investies par l'État du pouvoir de juger.

Il peut n'y avoir qu'un seul arbitre. Dans la plupart des hypothèses, chacun des plaideurs désigne son propre arbitre et ensuite les deux arbitres se réunissent pour en désigner un troisième. Mais de toute manière, les personnes choisies le sont librement sans autre considération que la confiance que les parties leur portent. On peut désigner, par exemple, un expert-comptable, un ingénieur, un ami. En revanche, un magistrat ne peut pas être arbitre (art. 8 de l'ord. n° 58-1270 du 22 déc. 1958).

En cela, l'arbitrage constitue une dérogation très remarquable au monopole de la justice puisque le pouvoir de juger est ainsi conféré à des personnes privées.

II. – Mais (et c'est le second trait caractéristique), dans la mesure où l'arbitrage entraîne une renonciation à la justice de l'État, il faut que les parties soient d'accord pour faire juger leur litige par des arbitres. En d'autres termes, c'est la volonté commune des parties qui investit le ou les arbitres du pouvoir de juger : l'arbitrage est une *justice à fondement conventionnel*. Pour cette raison, il ne peut être fait appel à des arbitres que dans les matières qui ne concernent pas l'ordre public (on ne pourrait pas, par exemple, demander à des arbitres de prononcer un divorce entre deux époux).

L'acte par lequel les parties expriment leur accord (un acte qui doit toujours être écrit) porte le nom de *« compromis »* (on dit un « compromis d'arbitrage »). Dans cet acte, les intéressés précisent l'objet de leur litige et désignent le ou les arbitres choisis.

Il arrive souvent que cet accord soit antérieur à tout litige. Par exemple, au moment où un contrat est signé et en prévision du cas (qui n'est pas encore réalisé) où ce contrat donnerait lieu à des difficultés, il est d'ores et déjà convenu que le litige sera jugé par voie d'arbitrage. Cette clause, qui figure assez fréquemment dans les contrats commerciaux, porte le nom de *« clause compromissoire »*[10]. Elle a pour effet d'ôter par avance toute compétence aux juridictions de l'État et d'obliger les intéressés à recourir à l'arbitrage pour trancher tout différend qui naîtrait de leur contrat.

III. – Dans l'exercice de leur mission, les arbitres se comportent comme des juges et doivent en principe faire application de la règle de droit. Toutefois, les parties peuvent les en dispenser et leur conférer le pouvoir de statuer en équité : on dit alors qu'ils sont investis de la qualité d'*amiable compositeur*.

Cette prérogative n'est pas toujours sans risque. Elle est néanmoins assez fréquente. Il faut dire qu'elle peut présenter un intérêt considérable dans la vie des affaires où les parties recherchent moins une décision strictement juridique qu'une solution transactionnelle qui ménagera leurs rapports d'affaires ultérieurs.

IV. – Enfin, les arbitres sont appelés à rendre une décision que l'on appelle une *« sentence arbitrale »*.

10. V. l'art. 2061 C. civ. réformé par la loi n° 2016-1547 du 18 nov. 2016 laquelle consacre la validité de principe d'une telle clause : elle peut désormais être stipulée dans un contrat même non conclu par un professionnel ; et sur cette question, v. L. Weiller, « L'arbitrage du XXIe siècle », *Procédures* 2017, Études 9.

Par certains aspects, cette sentence est un jugement. Il ne faudrait pas croire en effet que les arbitres émettent un simple avis ou une banale recommandation. Ils se comportent en réalité comme de véritables juges et leur décision a autorité de chose jugée, au même titre qu'un jugement ordinaire. En d'autres termes, les parties sont liées par la décision des arbitres.

Toutefois, une différence fondamentale distingue la sentence arbitrale d'un jugement ordinaire : elle n'a *pas force exécutoire* ; ce qui revient à dire qu'aucun moyen de contrainte ne peut être utilisé pour obliger la partie condamnée à exécuter ce qu'elle doit. Cette infirmité de la sentence arbitrale se comprend aisément. L'arbitre n'est pas un fonctionnaire ; il n'a reçu de l'État aucune délégation lui permettant de disposer de la force publique. En un mot, s'il a reçu des parties le pouvoir de dire le droit *(jurisdictio)*, il n'a pas reçu, et ne pouvait pas recevoir, celui de contraindre *(imperium)*.

Cette situation risquerait de nuire gravement à l'arbitrage s'il n'existait pas un remède. Dans le cas où l'exécution de la sentence arbitrale se heurterait au mauvais vouloir de la partie condamnée, il est possible de lui conférer la force exécutoire qui lui fait défaut en s'adressant au tribunal de grande instance statuant à juge unique, lequel délivrera la formule exécutoire qui fera de la sentence arbitrale un véritable jugement, au sens plein du terme. Cette formalité s'appelle l'*exequatur*.

On ne se méprendra pas toutefois sur le rôle du juge de l'exequatur. Il n'est pas chargé de juger à nouveau (autrement l'arbitrage ne servirait à rien). Il a simplement pour mission de vérifier si la sentence arbitrale a été rendue dans des conditions correctes au point de vue de l'ordre public ; si, en un mot, la sentence a été rendue selon une procédure régulière et si, en conséquence, elle mérite de devenir un titre exécutoire.

Les observations qui viennent d'être présentées font alors apparaître la portée exacte de la dérogation au monopole de l'État. Celui-ci consent à abdiquer son pouvoir de *jurisdictio* entre les mains de simples particuliers qui sont investis de la confiance des parties ; mais il *ne renonce pas à l'imperium* dont il est le seul dépositaire et sur lequel il entend conserver un monopole exclusif. Et voilà pourquoi l'arbitrage ne constitue qu'une dérogation partielle au monopole de l'État.

66 **Historique. –** L'arbitrage a une très longue histoire[11]. On peut même penser que ce fut là la forme primitive de la justice. À une époque où les États n'étaient pas encore constitués, comme il fallait bien que la justice soit rendue, il était tout naturellement fait appel à des notables qui jouaient le rôle d'arbitres.

Ensuite cette institution traversa les siècles. À Rome, par exemple, les parties pouvaient convenir de faire trancher leurs différends par des arbitres ayant le pouvoir de juger sans se conformer aux règles du droit. Plus près de nous, l'ordonnance de 1673 en matière commerciale fit une large place à l'arbitrage.

Mais l'arbitrage atteignit son apogée au moment de la Révolution française. La loi des 16 et 24 août 1790 avait fondé de grands espoirs sur la justice privée. Elle correspondait à l'idéologie de l'époque, à ce besoin de fraternité entre les hommes qui devait leur faire préférer une justice contractuellement acceptée à une

11. V. Th. Clay, *L'arbitre*, Dalloz, 2001.

justice autoritairement imposée par l'État. Pour cette raison, le législateur révolutionnaire avait vu dans l'arbitrage, « le moyen le plus raisonnable de terminer les contestations entre les citoyens ». Cette institution suscita même un tel enthousiasme qu'une loi de 1790 crut opportun de rendre l'arbitrage obligatoire pour trancher les contestations entre les membres d'une même famille. C'était se faire beaucoup d'illusions sur les vertus de cette justice privée.

Le Code de procédure civile de 1806 revint à une conception plus raisonnable : il supprima l'arbitrage forcé, mais conserva l'arbitrage facultatif en le réglementant de façon très minutieuse. Le législateur moderne a suivi les mêmes traces. L'arbitrage est aujourd'hui réglementé par le Code de procédure civile dans les articles 1442 à 1503 (arbitrage interne) et 1504 à 1527 (arbitrage international).

67 **Importance de l'arbitrage : ses mérites et ses risques. –** L'arbitrage est une institution qui connaît un indéniable succès, pour des raisons très diverses. Laissons de côté l'avantage économique qui consisterait à penser que l'arbitrage est une justice moins onéreuse. En revanche, de très sérieux mérites s'inscrivent à son actif.

a) D'abord, sa *rapidité :* avec l'arbitrage, on échappe à l'encombrement des tribunaux d'État.

b) Ensuite, sa *discrétion* : les séances d'arbitrage se déroulent dans le cabinet de l'un des arbitres, à l'abri des curieux et des chroniqueurs indiscrets. C'est là un avantage auquel les milieux d'affaires tiennent beaucoup.

c) À cela s'ajoute un mérite de nature psychologique qui est loin d'être négligeable : *l'arbitrage est une justice « entre soi »*. Souvent il est fait appel à des arbitres qui appartiennent au même milieu industriel ou commercial, qui connaissent bien les usages dans tel secteur d'activité économique ; de ce fait, on peut penser que la décision rendue sera mieux acceptée. Cette considération prend toute son importance lorsque les arbitres ont la qualité d'amiable compositeur : la décision rendue en équité pourra plus facilement éviter les amertumes et susciter un éventuel rapprochement entre les parties.

d) Autre mérite : l'arbitrage s'adapte mieux à la *technicité de certains litiges*. Au lieu de saisir un tribunal, qui pour être éclairé sur certains aspects techniques du litige devra désigner un ou plusieurs experts, il est parfois plus expédient de s'adresser directement à des experts en les désignant comme arbitres.

e) Enfin (et ceci est déterminant à l'heure actuelle), en *matière internationale, l'arbitrage est souvent une nécessité* si l'on veut échapper aux multiples incertitudes concernant la détermination de la loi applicable et surtout le choix de la juridiction compétente. On comprend fort bien certains hommes d'affaires qui, traitant avec des pays lointains, ont le souci, en cas de difficulté contentieuse, de ne pas être jugés par n'importe quelle juridiction étrangère dont l'objectivité est parfois aléatoire. Seul l'arbitrage permet d'échapper à ce risque et c'est pourquoi bien rares sont les contrats internationaux qui ne contiennent pas une clause compromissoire. Au reste, l'arbitrage international a pris une telle extension que des organismes purement privés se sont créés, – en se donnant le nom de « chambre » ou de « cour » d'arbitrage –, dont la mission est, non point de juger comme leur appellation pourrait le donner à penser, mais d'organiser administrativement les arbitrages internationaux. Et finalement, si l'on considère l'état d'inorganisation de la société internationale, l'arbitrage retrouve là sa vocation première qui est de remédier à l'absence de juridictions institutionnalisées (rapp. *infra*, n°s 306 et 308).

Cela dit, il ne faudrait pas en déduire que l'arbitrage est exempt de tout *inconvénient*. C'est un fait que les arbitres ont une moindre autorité que les juges. Trop souvent, ils se considèrent comme les mandataires des parties qui les ont désignés et, de ce fait, ils se comportent plus comme des avocats que comme des juges. De surcroît, surtout lorsque les arbitres choisis ne sont pas des juristes, il leur arrive de prendre quelques libertés avec certaines règles fondamentales de la procédure. Si de tels incidents doivent surgir, il est alors indispensable de les faire trancher par une juridiction d'État et l'arbitrage devient à son tour une source de contentieux. En réalité, pour réussir, l'arbitrage suppose une certaine « acceptation psychologique » entre les parties, et notamment la volonté d'en terminer au plus vite avec un litige qui perturbe leurs relations d'affaires. C'est pourquoi l'arbitrage porte tous ses fruits au sein des collectivités professionnelles où, comme l'a très justement écrit René David, le sens de l'appartenance à cette communauté est plus fort que le sens de leur appartenance à l'État et où surtout le souci de ménager les rapports d'affaires ultérieurs incite les partenaires à un minimum de bonne foi, sinon par vertu du moins par raison[12].

SECTION II — CARACTÈRES SPÉCIFIQUES DU SERVICE PUBLIC DE LA JUSTICE

68 **Vue d'ensemble. –** L'organisation et le fonctionnement du service public de la justice sont commandés par un certain nombre de principes (égalité, gratuité, continuité, hiérarchie) qui, sans être tous inhérents à la notion de service public, prennent en cette matière une importance particulière en raison de la mission propre de ce service public qui a en charge la fonction de juger.

On étudiera successivement : l'*égalité* devant la justice (§ 1), la *gratuité* de la justice (§ 2), la *permanence* de la justice (§ 3) et, enfin, la notion de *hiérarchie* en matière judiciaire (§ 4).

§ 1. ÉGALITÉ DEVANT LA JUSTICE

69 **Principe. –** L'égalité devant la justice signifie que *toute personne a une égale vocation à être jugée par les mêmes juridictions et selon les mêmes règles, sans la moindre discrimination*. Il est consacré par l'article L. 111-2 C. org. jud.

Ce principe, qui de nos jours paraît naturel, se comprend mieux par référence à la situation qui existait dans l'ancien droit. Sous l'Ancien Régime, il existait en

12. Sur tous ces points, on pourra consulter l'ouvrage de René David, *L'arbitrage dans le commerce international*, Economica, 1982.

effet des *privilèges de juridiction* : selon la classe sociale à laquelle le plaideur appartenait (clergé, noblesse), il était jugé par des juridictions différentes. C'est cette discrimination que le législateur révolutionnaire a entendu abolir en décidant, dans l'article 16 du titre II de la loi des 16 et 24 août 1790, que « tout privilège en matière de juridiction est aboli ; tous les citoyens sans distinction plaideront en la même forme et devant les mêmes juges, dans les mêmes cas ».

L'égalité devant la justice est un principe d'application générale : il concerne non seulement les citoyens français, mais également les *étrangers* et les *apatrides* qui peuvent accéder librement à la justice française, sans que leur nationalité constitue un obstacle.

Il faut bien comprendre ce que signifie cette dernière règle. Il est évident qu'une demande ne peut être portée devant une juridiction française par un étranger ou un apatride que dans la mesure où, relativement aux principes qui gouvernent la compétence judiciaire internationale, une juridiction française est effectivement compétente pour en connaître. On ne saurait admettre, par exemple, qu'un citoyen espagnol en litige avec un citoyen anglais au sujet d'une propriété située en Italie porte ce différend devant un tribunal français, parce que tel serait son bon plaisir. Mais, dès lors qu'une juridiction française est compétente, on veut dire par là que la condition d'étranger ou d'apatride n'est pas, *en soi*, un obstacle à la recevabilité d'une demande formée devant un tribunal français.

Pendant longtemps, cette solution n'a pas paru tellement évidente. Partant de l'idée couramment répandue au XIXᵉ siècle et au début du XXᵉ, que la justice est un service public français financé par le contribuable français, on en tirait la conséquence que l'État ne devait la justice qu'à ses seuls nationaux. Cette solution restrictive a été définitivement abandonnée en 1948 pour ce qui est des étrangers[13], et une convention signée à New York en 1960 a étendu cette règle aux apatrides. Désormais, par conséquent, il n'y a plus aucune discrimination fondée sur la nationalité[14].

70 **Portée de ce principe. –** Le principe de l'égalité devant la justice, tel qu'il vient d'être défini, est-il réellement appliqué dans son esprit ? Ne comporterait-il pas certaines limitations de droit ou de fait ?

I. En droit : le développement des juridictions d'exception

On a parfois présenté la prolifération des juridictions d'exception spécialisées (conseils de prud'hommes, tribunaux des affaires de sécurité sociale, tribunaux paritaires des baux ruraux, etc.) comme autant d'atteintes au principe de l'égalité devant la justice. Ce n'est pas exact. Un tel principe n'implique pas nécessairement l'existence d'une seule et unique juridiction : il condamne simplement les discriminations judiciaires fondées sur une qualité inhérente à la personne. Or, de nos jours, la répartition des affaires entre les différentes juridictions a pour critère, non point tant la qualité des parties, que la nature de l'affaire et des questions à résoudre. Si, par exemple, un commerçant est justiciable du tribunal de commerce, ce n'est pas en raison de son appartenance à la « classe des commerçants », mais parce que le litige met en cause un acte de commerce ; et c'est d'ailleurs tellement vrai que si ce même commerçant devait avoir une difficulté contentieuse au sujet d'un

13. Cass. civ., 21 juin 1948, arrêt *Patino*, *JCP* 1948.II.4422, note P. L.-P.

14. On rappellera toutefois que, jusqu'en 1973, on exigeait encore de l'étranger demandeur qu'il verse une caution que l'on appelait la « *cautio judicatum solvi* », laquelle était destinée à garantir le paiement éventuel d'une condamnation aux frais de justice. Cette ultime discrimination a été abolie par la loi du 9 janv. 1973 sur la nationalité française.

règlement de succession ou d'une filiation, l'affaire serait portée devant le tribunal de grande instance, sans égard à sa qualité de commerçant. Ce qui est vrai, c'est que la dissémination des juridictions spécialisées risque de créer un terrain propice à la renaissance d'une « justice de classe », surtout si l'on doit en faire des bastions destinés à assurer la défense systématique de certains intérêts corporatistes tenant à la qualité des plaideurs.

Le contentieux administratif pose évidemment un problème. On a pu déceler en effet certaines inégalités ponctuelles entre les parties, l'administration étant parfois mieux traitée que l'administré[15]. Mais ces discriminations, limitées d'ailleurs, s'expliquent dans une large mesure par les nécessités de l'action administrative. En réalité, le véritable « privilège de juridiction » réside dans le fait que les litiges concernant l'administration ne peuvent être portés que devant les juridictions administratives. Mais il a été dit précédemment (*supra*, n°s 38 et s.) quelles sont les raisons de nature constitutionnelle qui ont imposé une telle solution.

II. En fait : l'accès à la justice

De nos jours, le problème de l'égalité devant la justice a pris des dimensions très différentes[16] : juridiquement, tous les citoyens sont égaux devant les tribunaux, mais en fait, y ont-ils également accès ? Plusieurs considérations risquent de peser d'un poids très lourd.

D'abord, des considérations de nature économique. Tout procès entraîne des frais, parfois importants, dont il est difficile de mesurer l'ampleur au moment où l'instance est engagée. Il serait fondamentalement injuste que, pour cette seule raison, les moins fortunés soient dissuadés de défendre leurs droits devant les tribunaux. On verra comment le législateur s'est efforcé de porter remède à ce problème en instituant l'aide juridique (*infra*, n°s 74 et s.).

Ensuite, des considérations de nature sociale qui ne sont pas moins sérieuses. La justice est souvent mal connue dans les milieux modestes où elle paraît à la fois mystérieuse et lointaine. Le législateur moderne s'efforce d'y remédier en faisant disparaître tout ce qui peut éloigner le juge de son justiciable. Ainsi devant certaines juridictions (comme, par exemple, les tribunaux d'instance ou les conseils de prud'hommes), les parties peuvent se présenter en personne sans le concours d'un auxiliaire de justice, et la procédure est orale pour les dispenser d'avoir à rédiger des écritures qu'elles seraient souvent bien incapables de rédiger elles-mêmes (*infra*, n° 570). À cette même préoccupation, se rattache la généralisation des « *audiences foraines* », afin de permettre aux juridictions de tenir des audiences en dehors de leur siège habituel, à des jours déterminés, en un lieu où est établi un marché ou une foire (d'où le nom donné à ces audiences). En un mot, la justice devient itinérante pour mieux aller au-devant des plaideurs (sur ce point, *infra*, n°s 104, 108 et 116).

Enfin, un décret du 29 octobre 2001 a réglementé la mise en place de ce que l'on appelle des « *Maisons de justice et du droit* » afin d'offrir à ceux qui envisagent de porter un différend devant les tribunaux, d'être mieux informés

15. On le constatera à propos de la force exécutoire des jugements (*infra*, n°s 611 et s.).

16. V. L. Cadiet, « L'accès à la justice. Réflexions sur la justice à l'épreuve des mutations contemporaines de l'accès à la justice », *D.* 2017, chron. 10.

(art. R. 131-1 C. org. jud.). Par ailleurs, auprès de chaque tribunal de grande instance doit être mis en place un *Bureau d'aide aux victimes*, composé de représentants du monde associatif et de fonctionnaires placés sous l'autorité d'un juge délégué aux victimes ; le rôle de ces bureaux étant d'accompagner les victimes tout au long de la procédure pénale. En outre, depuis la loi du 18 novembre 2016 de modernisation de la justice du XXIe siècle (loi J21), est implanté devant certaines juridictions un service d'accueil unique du justiciable, afin de faciliter ses démarches[17].

Comme on peut le constater, le véritable problème n'est plus aujourd'hui de pourchasser les « privilèges de juridiction » que l'histoire a relégués dans le passé : il est de permettre à toute personne de pouvoir accéder facilement à la justice, quelle que soit sa condition sociale.

§ 2. GRATUITÉ DE LA JUSTICE

71 **Signification et portée. –** Le principe de la gratuité de la justice signifie que *les plaideurs ne paient pas leurs juges : les juges sont des fonctionnaires payés par l'État*. Un tel principe, on le remarquera, n'est pas inhérent à la notion de service public. On pourrait concevoir un service public dont les frais de fonctionnement seraient partiellement assumés par les utilisateurs. En matière judiciaire, il n'en est pas ainsi : tous les citoyens participent fiscalement aux frais de leur justice.

Ce principe fut posé pour la première fois par l'article 11 du titre II de la loi des 16 et 24 août 1790. Il est aujourd'hui consacré à l'article L. 111-2, alinéa 2, C. org. jud. Il se comprend mieux par comparaison avec l'ancien droit. Autrefois, les juges étaient rémunérés non pas par l'État, mais par les plaideurs eux-mêmes : celui qui avait gagné son procès faisait présent à son juge d'une somme d'argent plus ou moins importante que l'on appelait des « *épices* »[18]. À une époque où les juges achetaient leur charge au roi, les épices constituaient en quelque sorte la rentabilité de leur office. Le législateur de 1790 a formellement condamné un tel système qui introduisait dans l'administration de la justice un esprit de lucre assez peu compatible avec la dignité et l'indépendance du juge.

Depuis lors, ce principe a toujours subsisté. Il apparaît comme le corollaire de l'égalité de tous les citoyens devant la justice. Il ne serait pas admissible que les déshérités de la fortune renoncent à défendre leurs droits par l'impossibilité où ils se trouveraient de devoir payer leur juge.

17. Art. 2 de la loi (cf art. L. 123-3 C. org. jud.) ; v. égal. le décret n° 2017-897 du 9 mai 2017.

18. Le mot « épices » semble provenir de ce que très anciennement le présent remis au juge consistait en des dragées ou des confitures appelées, à l'époque, des « épices ». Plus tard, ce présent fut converti en une somme d'argent qui, d'abord volontaire, fut ensuite tarifée. La littérature a conservé le souvenir de cette pratique et de l'ambiguïté du terme, tel Racine dans « Les Plaideurs » :
« Il me redemandait sans cesse des épices, »
Et j'ai tout bonnement couru dans les offices
« Chercher la boîte au poivre ». (acte II, scène VII).

Cela dit, s'il est vrai que les plaideurs ne paient pas leur juge, tout procès entraîne d'autres frais : ce sont les *honoraires et émoluments des auxiliaires de justice* qui ont apporté leur concours : avocat, huissier de justice, expert, etc. La légitimité de ces frais n'est guère discutable : il est normal que les auxiliaires de justice qui offrent leur temps et leur talent aux plaideurs qui se confient à eux soient rémunérés. Mais il est certain aussi que toutes ces dépenses, additionnées les unes aux autres, représentent parfois des sommes conséquentes, surtout si le procès est complexe. Qui finalement en assumera la charge ?

On mesure l'importance et la gravité de la question posée : la perspective des frais à devoir payer risque d'entraver l'accès à la justice au détriment des plus démunis. Le principe de la gratuité de la justice resterait un vain mot s'il n'était pas porté remède à cette situation.

Pour avoir une vision complète de ce qu'est la gratuité de la justice et prendre l'exacte mesure de sa portée, il faut donc commencer par préciser ce que l'on appelle les *frais et dépens* (A), et analyser ensuite les remèdes pour éviter la prise en charge de ces frais et dépens par les parties : on verra qu'il en existe deux, *l'aide juridique par l'État* (B) et *l'assurance de protection juridique* (C).

A. FRAIS ET DÉPENS

72 **Quels sont les frais ? –** Dans la liste des sommes dont l'ensemble forme les frais du procès, plusieurs postes doivent être soigneusement distingués.

a) On trouve, en premier lieu, les *honoraires de chaque avocat* : le montant des honoraires est librement fixé par accord entre l'avocat et son client.

b) Ensuite, figurent les *émoluments* dus à raison des actes de procédure accomplis (par les avocats et les huissiers) : si, par exemple, des actes ont été signifiés par un huissier ou si des conclusions ont été rédigées, chacune de ces diligences fait l'objet d'une rémunération selon un barème impérativement fixé par voie réglementaire[19]. C'est pourquoi d'ailleurs il ne faut pas confondre les honoraires, qui sont librement fixés, avec les émoluments qui, eux, sont tarifés.

c) Enfin il faut éventuellement tenir compte des *frais divers*, qui peuvent être importants : les frais de déplacement de l'avocat (que l'on appelle parfois les « débours »), la rémunération de l'expert si une expertise a été ordonnée, les indemnités dues aux témoins qui ont été entendus, etc.

d) On ajoutera pour la petite histoire que pendant longtemps l'État, qui voyait dans tout justiciable un contribuable en puissance, percevait en outre des *droits* et des *taxes fiscales* : droits d'enregistrement sur le montant de la condamnation, droits de timbre, droits de greffe, etc. En d'autres termes, l'État obligeait le plaideur lui-même à participer aux frais du service public de la justice. Ce fut l'honneur d'un garde des Sceaux d'avoir compris le caractère parfaitement illogique d'une telle perception fiscale, directement contraire au principe de la gratuité de la justice ; et c'est pourquoi, une loi *n° 77-1468 du 30 décembre 1977*, votée à l'initiative de la Chancellerie, avait supprimé toute perception fiscale, en matière civile et administrative tout au moins.

Malheureusement, depuis quelques années, les taxes que l'on croyait disparues, commencent à réapparaître insidieusement. Le gouvernement a introduit dans la loi de finances de 1992,

19. Il a été jugé que l'encadrement des tarifs de l'activité de postulation n'est pas contraire au principe de la liberté des prix (Cons. État, 23 nov. 2005, *JCP* 2006.II.10.038, p. 504, concl. com. gouv. Aguila).

une perception fiscale, aujourd'hui de 9,15 €, sur tout acte d'huissier de justice (art. 302 *bis* Y C. gén. imp.), qui s'ajoute à la TVA d'un montant de 19,60 % déjà institué quelques années auparavant[20]. Tout devient bon à la perception d'une taxe. Pour financer la suppression des avoués d'appel, une taxe de 225 € sera perçue jusqu'en 2026 pour toute introduction d'un appel qui exige la constitution obligatoire d'un avocat (L. nº 2009-1674 du 30 déc. 2009 et décret nº 2011-900 du 28 sept. 2011 modif. par le décret nº 2017-892 du 6 mai 2017)[21]. Et pour contribuer au financement de l'aide juridique, la loi de finances du 29 juillet 2011 avait introduit une taxe de 35 € perçue pour toute instance judiciaire ou administrative (art. 1635 *bis* Q C. gén. imp.)[22]. Cette taxe a disparu en 2014.

Cette résurgence de la fiscalité indirecte en matière judiciaire est déplorable. Dans cet ordre d'idées, la TVA est d'autant plus injuste qu'elle rend la justice plus chère à l'égard des simples particuliers qui ne peuvent pas la « récupérer ».

73 **Qui supporte les frais ? (la notion de « dépens »). –** Parmi tous les frais qui viennent d'être énoncés, certains restent à la charge de chacun des plaideurs individuellement, qu'il ait ou non gagné son procès. Ainsi en est-il des honoraires d'avocat : en principe chaque plaideur paie son propre avocat[23] : les autres frais forment, au contraire, une masse que l'on appelle les « *dépens* ».

a) Dans le contentieux privé et le contentieux administratif, les dépens sont supportés en principe par la partie perdante qui, ainsi, devra prendre en charge non seulement ses propres frais mais également ceux de son adversaire (art. 696 C. pr. civ.). La solution est normale : il n'y a pas de raison que celui qui a gagné son procès en supporte les frais.

Toutefois, le juge dispose sur ce point d'un très large pouvoir d'appréciation et, notamment, il pourrait décider de mettre « la totalité ou une partie des dépens à la charge de l'autre partie ». Mais cette dérogation ne peut se justifier que par des circonstances exceptionnelles ; et pour cette raison, le juge doit motiver sa décision.

b) En matière pénale, les solutions sont différentes. L'article 800-1 du Code de procédure pénale (modifié par la loi nº 2011-1977 du 28 déc. 2011) pose en principe que « les frais de justice criminelle, correctionnelle et de police sont à la charge de l'État et sans recours envers les condamnés ». Autrement dit, la charge des dépens incombe exclusivement à l'État. Tout au plus, la partie condamnée est-elle tenue de payer des frais de procédure relativement peu élevés qui varient selon les juridictions (art. 1018 A C. gén. imp.).

20. Sur cette lancée, la loi de finances de 1993 avait imposé un droit de timbre de 100 F (soit : 15 €) sur toutes les requêtes introduites devant le tribunal administratif, la cour administrative d'appel ou le Conseil d'État... sous prétexte de limiter les recours. Et le Conseil d'État avait aggravé la portée de cette disposition en décidant que toute requête dépourvue du timbre était irrecevable (Cons. d'État, 18 févr. 1994, *D.* 1994.309, note critique X. Prétot). Très opportunément, ce droit de timbre devant les juridictions administratives a été supprimé par l'ordonnance nº 2003-1235 du 22 déc. 2003 (cf. S. Degas, *Procédures* 2004, comm. nº 39).

21. N. Gerbay, « Une réforme épicée ; à propos du décret du 28 sept. 2011 », *JCP* 2011, p. 1849 ; Ch. Laporte, « Quand la fiscalité vient perturber les procédures », *Procédures* 2012 (janv.), Étude nº 4.

22. Fl. O'Sell, « Nouvelle contribution pour l'aide juridique », *JCP* 2011, p. 1832 ; H. Croze, « 35 € : l'apport du droit fiscal à la théorie de l'instance civile », *JCP* 2011, p. 1910 et s. ; L. Sousa, « Contribution pour l'aide juridique et droit d'accès au juge judiciaire », *JCP* 2012, p. 206 et s.

23. Il faut dire « en principe », car un article 700 C. pr. civ. permet au juge de faire supporter à la partie perdante une partie du montant des honoraires que son adversaire a dû payer à son avocat – que l'on appelle des « frais irrépétibles » –, « lorsqu'il paraît inéquitable de lui en laisser la charge ».

B. L'AIDE JURIDIQUE

74 **Généralités : évolution législative. –** L'aide juridique est une institution qui permet à des personnes démunies de ressources suffisantes d'être dispensées d'avoir à payer les frais et honoraires des auxiliaires de justice dont le concours est nécessaire pour obtenir certains conseils en marge de tout procès ou, le cas échéant, pour plaider ou transiger devant les tribunaux : l'avocat choisi par celui qui bénéficie de l'aide juridique ne lui demandera aucun honoraire ; et l'huissier de justice ne recevra de lui aucun émolument. En un mot, pour le bénéficiaire de l'aide juridique, la justice sera pleinement gratuite.

À vrai dire, l'idée n'est pas nouvelle. Elle trouva sa réalisation pour la première fois en 1851. Mais depuis lors l'institution a été considérablement rénovée par l'effet de différentes lois qui en ont profondément modifié l'esprit et le fonctionnement.

a) Le premier texte fut la loi du 22 janvier 1851 qui institua ce que l'on appela à l'époque l'*assistance judiciaire*, laquelle avait été conçue comme une œuvre de charité publique, un peu comparable à l'assistance publique dans le domaine de la santé. Son domaine était extrêmement restreint : seuls pouvaient en bénéficier les « indigents », c'est-à-dire les personnes totalement démunies de ressources. En revanche, les auxiliaires de justice désignés pour apporter leur concours ne percevaient aucune rémunération de qui que ce soit : de leur part, c'était un geste purement bénévole inspiré par un esprit de solidarité spontanée que l'on oublie trop souvent de souligner. En d'autres termes, l'assistance judiciaire était destinée à aider les « pauvres ».

Au prix de maints aménagements, cette institution survécut pendant plus d'un siècle. Mais, avec le temps, l'assistance judiciaire, telle qu'elle avait été conçue à l'origine, ne pouvait plus convenir. D'abord, la notion même d'assistance, avec son relent de « charité », heurtait la sensibilité de nos oreilles modernes : on considère aujourd'hui, à juste raison, que la justice n'est pas un acte de charité, mais un droit. Ensuite et surtout, elle ne convenait plus à la nature du contentieux. Au siècle dernier, à une époque où l'on plaidait essentiellement sur la fortune acquise (droit de propriété, liquidation de succession, etc.), il était rare que soient impliquées des personnes n'ayant pas de ressources suffisantes pour faire face aux frais d'un procès. De nos jours, la situation est différente. Par l'effet des lois sociales nombreuses et variées, le procès atteint fréquemment des couches de la population qui, sans être vraiment démunies de ressources, ne sont pas fortunées pour autant (litiges en matière de baux d'habitation, divorce, pension alimentaire, accidents de la circulation, etc.). De toute évidence, une réforme s'imposait pour élargir le domaine de cette institution.

b) C'est dans cette perspective que fut entreprise une refonte globale de l'assistance judiciaire qui, avec la loi n° 72-11 du 3 janvier 1972, est devenue l'*aide judiciaire*.

Ce texte constitua, en son temps, un progrès considérable. D'abord, la loi de 1972 étendit sensiblement le domaine de cette institution qui n'était plus limitée aux seuls « indigents », et dont pouvaient désormais bénéficier toutes les personnes dont les ressources étaient inférieures à un certain seuil de revenus. De plus, une loi ultérieure du 31 décembre 1982 fit entrer dans cette réglementation les « commissions d'office » destinées à assister les personnes poursuivies devant les juridictions répressives.

Mais à partir du moment où le parti était pris d'élargir le domaine de l'aide judiciaire, on ne pouvait plus demander aux auxiliaires de justice d'assumer bénévolement une telle charge qui, supportable lorsque le domaine de l'assistance judiciaire était encore restreint, serait devenue impossible à supporter avec son extension. Et c'est ainsi que, pour la première fois, il fut décidé que la rémunération des auxiliaires de justice serait assumée par l'État.

c) Avec le temps, la loi de 1972 suscita à son tour de très vives critiques. D'une part, son domaine était encore trop restreint et beaucoup de personnes ne pouvaient pas en bénéficier, malgré la précarité de leurs ressources. D'autre part, l'idée est apparue qu'une aide judiciaire était indispensable, non seulement pour faire face aux frais d'un procès, mais aussi pour obtenir, avant tout litige, les conseils nécessaires (rédaction d'un acte, litiges de la petite consommation, conseils sur un éventuel procès, etc.). Enfin, les auxiliaires de justice (et notamment les avocats) élevèrent de véhémentes protestations, justifiées d'ailleurs, au sujet du montant dérisoire des rémunérations versées par l'État qui, le plus souvent, suffisaient à peine à couvrir les frais de gestion d'un dossier. Cette situation provoqua d'ailleurs, vers 1989, plusieurs grèves d'avocats qui incitèrent le gouvernement à entreprendre sans tarder une nouvelle refonte de cette institution. Ce fut l'œuvre de la *loi nº 91-647 du 10 juillet 1991* actuellement en vigueur.

75 **Loi du 10 juillet 1991.** – Cette loi institua ce que l'on appelle aujourd'hui l'*aide juridique* (et non plus l'aide judiciaire). Cette loi, modifiée à plusieurs reprises, a fait l'objet d'un *décret d'application nº 91-1266 du 19 décembre 1991* (lui-même plusieurs fois modifié). Le changement d'appellation est significatif. Désormais, cette aide s'étend non seulement (comme par le passé) à la prise en charge des frais du procès au cours d'une instance juridictionnelle, – à laquelle on réserve, pour cette raison, le nom d'*aide juridictionnelle* –, mais aussi et d'une manière plus générale, à tous les frais inhérents à la défense d'un droit indépendamment de tout procès, et qui prend alors le nom d'*aide à l'accès au droit*. L'appellation « aide juridique » recouvre donc ces deux aspects, lesquels sont soumis à des régimes différents qu'il conviendra d'étudier distinctement.

Parallèlement, la loi de 1991 s'est efforcée d'étendre davantage encore le cercle des personnes qui peuvent en bénéficier, et surtout elle a organisé de façon, à la fois plus rationnelle et plus souple, un système de financement destiné à assurer la rémunération des auxiliaires de justice (art. 67 à 69 ; *infra*, nº 78-b). Enfin, il a été créé un *Conseil national de l'aide juridique* chargé de « recueillir toutes les informations sur le fonctionnement de l'aide juridictionnelle et de l'aide à l'accès au droit et de proposer aux pouvoirs publics toutes mesures destinées à l'améliorer »[24] : chaque année, il présente un rapport qui est publié (art. 65). En créant ce Conseil, le but du législateur a été de mettre en place un organe chargé de surveiller l'application de l'aide juridique, afin d'être en mesure de prévenir les difficultés qui viendraient à surgir.

1. Aide juridictionnelle

76 **I. Conditions requises pour bénéficier de l'aide juridictionnelle.** – L'aide juridictionnelle a aujourd'hui un domaine d'application assez largement étendu. Elle peut en effet être accordée pour faire face aux frais d'un procès devant toutes les juridictions de l'ordre judiciaire, aussi bien en matière civile, commerciale et sociale, qu'en matière pénale, et même devant les juridictions de l'ordre administratif. Peu importe la nature de la procédure engagée : l'aide juridictionnelle peut être accordée à l'occasion de la procédure d'audition du mineur prévue par l'article 388-1 du Code civil et de la procédure de comparution sur reconnaissance préalable de culpabilité prévue par les articles 495-7 et suivants du Code de procédure pénale. Elle peut être accordée pour tout ou partie de l'instance ainsi qu'en vue de parvenir, avant l'introduction de l'instance, à une transaction ou à un accord conclu dans le cadre d'une procédure participative prévue par le Code civil. Elle peut être accordée en matière de divorce par acte sous signature privée contresigné par avocats, déposé au rang des minutes d'un notaire. Elle peut également être accordée à

24. Sur la composition et le fonctionnement du Conseil, v. les art. 133 et s. du décret du 19 déc. 1991.

l'occasion de l'exécution sur le territoire français d'une décision de justice ou de tout autre titre exécutoire, y compris s'ils émanent d'un autre État membre de l'Union européenne à l'exception du Danemark (art. 10).

Encore faut-il que certaines conditions soient réunies[25].

a) Quant aux personnes. – Peuvent bénéficier de l'aide juridictionnelle, les personnes physiques de nationalité française, les ressortissants des États membres de l'Union européenne, ainsi que les personnes de nationalité étrangère résidant habituellement et régulièrement en France (art. 3). À titre exceptionnel, peuvent également en bénéficier les personnes morales à but non lucratif ayant leur siège social en France (on vise ici les associations), dès lors du moins qu'elles ne disposent pas de ressources suffisantes (art. 2).

La qualité de demandeur ou de défendeur à l'instance importe peu : dans les deux cas, l'aide juridictionnelle peut être accordée.

b) Quant aux ressources. – C'est évidemment là, la condition essentielle : il ne saurait être question d'accorder une aide à des personnes ayant des ressources suffisantes. Reste à déterminer le seuil en deçà duquel l'aide juridictionnelle peut être obtenue. Sous l'empire de la loi de 1851, cette condition était abandonnée à l'appréciation des bureaux d'assistance judiciaire ; ce qui aboutissait souvent à des différences d'appréciation peu justifiables. La loi de 1972 avait substitué un autre critère plus objectif, en prenant pour référence les ressources mensuelles du candidat à l'aide judiciaire ; et aussi plus souple en introduisant une distinction entre l'*aide judiciaire totale*, avec prise en charge intégrale jusqu'à un certain plafond de ressources, et l'*aide judiciaire simplement partielle*, avec une prise en charge limitée à un certain pourcentage, jusqu'à un second plafond plus élevé.

La loi du 10 juillet 1991 a repris les mêmes principes, mais en y ajoutant un *système de révision annuelle* de chacun des deux seuils, afin qu'ils épousent aussi exactement que possible l'évolution du coût de la vie. Désormais, aux termes de l'article 4 de la loi de 1991, l'augmentation se fait automatiquement chaque année par rapport à la revalorisation de la tranche la plus basse du barème de l'impôt sur le revenu.

Actuellement[26], peuvent être admises au bénéfice de l'aide juridictionnelle totale, les personnes dont les ressources mensuelles sont inférieures ou égales à 1 007 €, et au bénéfice de l'aide juridictionnelle simplement partielle, celles dont les ressources mensuelles sont comprises entre 1 007 et 1 510 €.

Cela dit, pour la mise en œuvre de ces principes, trois observations complémentaires doivent être faites.

D'abord, les plafonds sont affectés d'un supplément pour *charges de famille* (art. 4, loi du 10 juill. 1991), lequel est fixé pour l'année 2017 à 181 €, pour les deux premières personnes à charge, et de 114 € pour les autres.

Ensuite, la loi de 1991 (ce que ne faisait pas le texte antérieur de 1972) a pris la précaution de préciser les ressources qui doivent être prises en compte pour apprécier si les seuils sont ou non dépassés : les éléments extérieurs du train de vie, les ressources du conjoint, l'existence de biens meubles ou immeubles même non productifs de revenus (celui qui a chez lui 3 toiles de Gauguin

25. Sauf dans certains cas exceptionnels où l'aide juridictionnelle est de droit, comme par exemple pour les victimes des crimes d'atteintes volontaires à la vie ou à l'intégrité (art. 9-2 de la loi du 10 juill. 1991).

26. V. une circulaire du 13 janv. 2017.

ne bénéficiera sans doute pas de l'aide juridictionnelle, même si ses ressources sont dérisoires), etc. (art. 5, loi du 10 juill. 1991).

En revanche, à titre exceptionnel, l'aide juridictionnelle peut néanmoins être accordée à des personnes dont le montant des ressources excède les limites fixées lorsque « leur situation apparaît particulièrement digne d'intérêt au regard de l'objet du litige ou des charges prévisibles du procès » (art. 6, loi du 10 juill. 1991). Comme on peut le constater, le souci du législateur a été d'éviter que les seuils légaux ne jouent comme des couperets irrémédiables : on peut en effet imaginer le cas où des personnes dont les ressources mensuelles sont supérieures au plafond fixé, auraient à faire face à un procès dont il y a tout lieu de penser que les frais seraient de loin supérieurs à ce qu'elles peuvent supporter et auxquelles, pour cette raison, il serait injuste de refuser une aide juridictionnelle.

c) Quant au fondement de la demande en justice. – Aux termes de l'article 7 de la loi de 1991, l'aide juridictionnelle n'est accordée qu'aux demandeurs « dont l'action n'apparaît pas manifestement irrecevable ou dénuée de fondement ». Autrement dit, l'aide juridictionnelle doit être refusée si, de toute évidence, la prétention du demandeur paraît vouée à un échec certain[27]. On comprend l'idée : les deniers publics ne doivent pas être gaspillés pour offrir à un plaideur la satisfaction de présenter devant les tribunaux une demande rigoureusement insoutenable.

Cette condition, qui ne concerne que le demandeur à l'action en justice, à l'exclusion du défendeur, pose néanmoins un problème : la réussite ou l'échec d'un procès est souvent une prévision fort aléatoire. Or, le bureau d'aide juridictionnelle qui aura à prendre la décision (dans les conditions qui seront indiquées *infra*, n° suivant) n'est pas infaillible ; et d'autant moins d'ailleurs que ce n'est pas lui qui jugera l'affaire. Aussi bien, le rejet de la demande d'aide juridictionnelle ne doit-il être prononcé que si l'irrecevabilité ou le mal-fondé de la prétention est « manifeste ». En outre, s'il apparaissait que le demandeur, auquel l'aide juridictionnelle a été refusée, triomphe finalement devant la juridiction compétente, il pourrait obtenir le remboursement des frais, dépens et honoraires par lui exposés, à concurrence de l'aide juridictionnelle dont il aurait pu bénéficier (art. 7, al. 4).

77 **II. La décision : les « bureaux d'aide juridictionnelle ». –** La charge de vérifier si les conditions précédemment exposées se trouvent effectivement réunies est confiée, non pas au tribunal chargé de statuer sur le fond de la demande (comme on le pense parfois), mais à des organismes spéciaux que l'on appelle les « bureaux d'aide juridictionnelle » (art. 12 et s.). Le législateur n'a pas voulu que puisse s'établir une confusion entre la décision sur l'aide juridictionnelle et le jugement sur le fond de l'affaire : ce sont là, en effet, deux problèmes différents qui ne doivent pas se confondre dans une appréciation globale.

Il existe un bureau d'aide juridictionnelle au siège de chaque tribunal de grande instance. Celui-ci a pour mission de statuer sur les demandes d'aide relatives aux affaires portées devant une juridiction du premier ou du second degré (avec des sections spécialisées pour les affaires relevant de la compétence d'une juridiction administrative ou d'une cour d'appel) (art. 13). Il existe également un bureau d'aide juridictionnelle auprès de la Cour de cassation, auprès du Conseil d'État et auprès de la Cour nationale du droit d'asile, qui est chargé de se prononcer sur les

27. Sauf devant la juridiction des pensions où cette condition n'est pas requise, cf. Cons. État, 14 mars 2003 (*D.* 2003, IR 1263).

demandes d'aide relatives aux affaires portées devant chacune de ces différentes juridictions (art. 14).

La composition de ces bureaux est fixée par l'article 16 de la loi de 1991. Sans entrer dans des détails superflus, on notera que ces bureaux sont présidés par un magistrat de carrière (en activité ou honoraire) de la juridiction auprès de laquelle ils sont institués, lequel est assisté de deux fonctionnaires (des administrations financières et de l'aide sociale), de deux auxiliaires de justice dont un avocat, au moins, et d'une autre personne désignée au titre des « usagers » par le conseil départemental de l'aide juridique (*infra*, n° 80).

La demande d'aide juridictionnelle peut être présentée avant ou durant l'instance (art. 18), et au besoin par l'avocat qui déjà a été choisi par l'intéressé. Cette demande doit être accompagnée de toutes les justifications utiles (art. 33 et s. décret du 19 déc. 1991). De son côté, le bureau saisi peut recueillir tous renseignements sur la situation financière de l'intéressé (art. 21).

En cas d'urgence, le bureau peut rendre une décision d'admission provisoire (art. 20).

La décision prise est susceptible de recours. Lorsque la décision émane d'un bureau établi auprès d'une juridiction de première instance de l'ordre judiciaire, le recours est déféré au premier président de la cour d'appel. Et en matière administrative, le recours est porté devant le président de la cour administrative d'appel dans le ressort de laquelle est située la juridiction de première instance qui connaîtra de l'affaire (art. 57 du décret de 1991). Toutefois s'agissant des décisions prises par le bureau établi auprès de la Cour de cassation, le recours est déféré au premier président de cette Cour. Et de même lorsque la décision émane du bureau établi auprès du Conseil d'État, le recours est porté devant le président de la section du contentieux du Conseil d'État. Un recours ne peut toutefois être exercé que dans des conditions limitées : l'art. 23 de la loi de 1991 énumère les autorités qui peuvent former un recours (garde des Sceaux, procureur de la République, etc.) ; l'intéressé lui-même ne peut exercer un recours que dans le cas où sa demande d'aide aurait été rejetée au motif que sa prétention au fond a été considérée comme manifestement irrecevable ou mal fondée.

78 **III. Effets de l'aide juridictionnelle. –** Les effets attachés à l'aide juridictionnelle doivent être considérés au double point de vue du bénéficiaire de l'aide et des auxiliaires de justice appelés à exercer leur ministère.

a) En ce qui concerne le bénéficiaire de l'aide juridictionnelle. – Celui-ci a droit à l'assistance d'un avocat et de tous les officiers publics ou ministériels dont l'instance ou son exécution requiert le concours (huissier de justice et notaire le cas échéant). Ceux-ci sont *librement choisis* par le bénéficiaire de l'aide juridictionnelle lui-même qui pourra ainsi, comme n'importe quel plaideur, faire le choix de l'auxiliaire de justice qui a sa confiance ; à défaut de choix ou en cas de refus de l'auxiliaire de justice pressenti, celui-ci est désigné d'office par le bâtonnier ou le président de l'organisme professionnel dont il dépend (art. 25)[28].

En principe, le bénéficiaire de l'aide juridictionnelle n'a rien à payer : le ministère des auxiliaires de justice est gratuit et la faute la plus grave que pourrait

28. Autrefois, les auxiliaires de justice étaient toujours désignés par le bâtonnier (s'agissant de l'avocat) ou par le président de l'organisme professionnel (s'il s'agissait d'un officier public ou ministériel). Cette façon de procéder avait suscité de vives protestations, dans la mesure où le plaideur ne disposait pas d'un libre choix. Cette règle discriminatoire a été abandonnée par la loi du 31 déc. 1982. La loi de 1991 se devait de confirmer le principe du libre choix.

commettre l'un de ceux-ci serait de demander des honoraires ou des émoluments. Toutefois, ce principe appelle une double réserve :

1) D'abord, la gratuité n'est complète que si l'aide juridictionnelle est *totale*. Il a été dit précédemment, (*supra*, n° 76) qu'au-dessus d'un certain plafond de ressources mensuelles, l'aide juridictionnelle n'est que partielle. Dans ce cas, la part contributive de l'État est déterminée au moyen d'un barème fixé par décret ; et le bénéficiaire de l'aide doit donc verser aux auxiliaires de justice qui ont offert leur concours, des honoraires ou des émoluments complémentaires, librement négociés s'il s'agit des honoraires d'avocats, ou fixés par un tarif en ce qui concerne les officiers publics ou ministériels (art. 35).

2) Ensuite et surtout, il faut tenir compte de l'*issue du procès* et de la *répartition des dépens*. Si le bénéficiaire de l'aide juridictionnelle a gagné son procès et si, de ce fait, la charge des dépens incombe à son adversaire, il n'a effectivement rien à payer : dans ce cas, c'est l'adversaire qui supportera ses propres frais et qui devra rembourser au Trésor public les sommes exposées par l'État pour le bénéficiaire de l'aide juridictionnelle (art. 43)[29]. Mais dans l'hypothèse inverse, si les dépens sont mis à la charge du bénéficiaire de l'aide juridictionnelle parce qu'il a perdu son procès, il n'est couvert que de ses propres frais et il reste tenu de payer les dépens effectivement exposés par son adversaire (art. 42).

Cette dernière solution peut se révéler très gênante. Compte tenu des aléas toujours possibles d'un procès, le bénéficiaire de l'aide juridictionnelle, qui n'est jamais sûr de gagner, peut légitimement redouter d'avoir à payer des sommes importantes contre lesquelles l'aide juridictionnelle ne l'immunisera pas. Il est certain que cette perspective aurait pu faire hésiter à engager un procès si un salutaire aménagement n'avait été apporté à cette solution de principe. Afin d'atténuer ce risque, l'art. 42 de la loi de 1991 (reprenant une règle qui avait été introduite par une loi antérieure du 31 déc. 1982) a fort heureusement admis que le tribunal peut toujours alléger la charge qui pèse sur le bénéficiaire de l'aide juridictionnelle en décidant, même d'office, « de laisser une partie des dépens à la charge de l'État ».

b) En ce qui concerne les auxiliaires de justice. – S'il est vrai que les auxiliaires de justice ne peuvent recevoir aucune rémunération directe de la part de leur client (sauf dans le cas où il s'agit d'une aide juridictionnelle partielle), ils perçoivent en revanche une rémunération prise en charge par l'État, à raison du service rendu. Ce fut là une des innovations capitales de la loi du 3 janvier 1972. À partir du moment où le législateur prenait le parti d'élargir sensiblement le domaine d'application de cette aide, il n'était plus possible d'attendre des auxiliaires de justice qu'ils apportent leur concours à titre bénévole : il était donc normal que l'État subvienne à cette charge.

La loi de 1991 a repris le même principe, mais elle en a considérablement amélioré le fonctionnement afin de répondre aux vives critiques auxquelles les modalités de paiement avaient donné lieu sous le régime de la loi de 1972 (notamment, le paiement d'une somme dérisoire avec beaucoup de retard). Certes, comme par le passé, les officiers publics ou ministériels sont rétribués par l'État selon des barèmes fixés par décret (art. 31). Mais en ce qui concerne les avocats, l'État affecte annuellement à chaque barreau une dotation représentant sa part contributive,

29. Y compris la rémunération de son avocat, même lorsque la représentation par un avocat n'est pas obligatoire : Cass. 2e civ., 2 juill. 2009, pourvoi n° 08-14586.

laquelle est calculée en fonction du nombre des missions d'aide juridictionnelle accomplies par les avocats du barreau (art. 27). Ensuite, le montant de ce qui revient à chacun des avocats est déterminé par le règlement intérieur de chaque barreau, et payé directement par lui (art. 29)[30]. Ainsi, les modalités de règlement ont gagné en souplesse et en rapidité.

Toutefois, par dérogation à ce qui vient d'être exposé, il est un cas où l'avocat peut être directement rémunéré par son client, bénéficiaire de l'aide juridictionnelle : celui où le gain du procès aurait procuré à ce dernier des ressources telles que, si elles avaient existé au jour de la demande, aucune aide ne lui aurait été accordée même partiellement. Dans ce cas, l'avocat désigné peut demander des honoraires à son client, après que le bureau de l'aide juridictionnelle a prononcé le retrait de l'aide (art. 36). Il serait en effet injuste que l'avocat soit réduit à une modeste rémunération, alors que, grâce à ses efforts et à son talent, son client dispose désormais de ressources substantielles.

2. Aide à l'accès au droit

79 **Innovation de la loi de 1991. –** Dans bien des cas, des personnes démunies de ressources ont besoin d'obtenir les conseils d'un juriste *en marge de tout procès*. Il suffit par exemple d'imaginer le cas de celui qui souhaite obtenir une consultation afin de mieux connaître l'étendue de ses droits et les moyens de les faire valoir ; ou encore, le cas d'une personne qui est embarrassée pour rédiger un acte juridique ou en comprendre la portée et où les lumières d'un juriste spécialisé lui sont indispensables.

Jusqu'à une époque récente, l'aide judiciaire (comme on l'appelait à l'époque) se limitait à la prise en charge des frais du procès et ne s'étendait pas à cette forme d'assistance. Cette lacune avait pour conséquence de priver de toute aide les personnes qui, sans être engagées dans les liens d'une procédure judiciaire, souhaitaient obtenir des conseils et qui n'avaient pas de ressources suffisantes pour faire face au paiement des honoraires. En fait, ce vide était parfois comblé bénévolement par certains barreaux ou autres organisations locales (municipalités ou paroisses) qui mettaient un point d'honneur à organiser des séances de consultations gratuites. Mais ce n'était là qu'un palliatif. La loi de 1991 a fort heureusement pris l'initiative de réglementer cette forme d'aide, sous le nom d'*aide à l'accès au droit* (art. 53 et s.).

Cette aide consiste en (art. 53) :

1° l'information générale des personnes sur leurs droits et obligations ainsi que leur orientation vers les organismes chargés de la mise en œuvre de ces droits ;

2° l'assistance dans l'accomplissement de toute démarche en vue de l'exercice d'un droit ou de l'exécution d'une obligation de nature juridique et l'assistance au cours des procédures non juridictionnelles ;

3° la consultation en matière juridique ;

4° l'assistance à la rédaction et à la conclusion des actes juridiques.

30. Plus exactement, la dotation est versée sur un compte spécial de la Caisse des règlements pécuniaires de chaque bureau (dite : CARPA), qui ensuite paie directement les avocats concernés. Sur les modalités pratiques, cf. les art. 90 à 118 du décret n° 91-1266 du 19 déc. 1991.

80 **Fonctionnement : comparaison avec l'aide juridictionnelle. –** On se gardera de confondre l'aide à l'accès au droit avec l'aide juridictionnelle dont il a été question précédemment (*supra*, n°s 76 à 78). Les régimes sont en effet très différents à plusieurs points de vue.

a) D'abord, l'aide à l'accès au droit est organisée dans le cadre départemental, sous l'égide d'un organisme qui porte le nom de *conseil départemental de l'aide juridique* (art. 54 à 58). Ce conseil est un groupement d'intérêt public constitué par des représentants de l'État, du département et des différentes catégories d'auxiliaires de justice exerçant leurs fonctions dans le département (avocats, notaires, commissaires-priseurs judiciaires, etc.). Il est habilité à conclure des conventions avec certains centres communaux d'action sociale ou tout autre organisme public ou privé : notamment avec les membres des professions judiciaires ou juridiques réglementées (art. 57). On pourrait imaginer le cas où, par exemple, le conseil départemental s'entendrait avec les avocats, les notaires ou les huissiers du département pour organiser des séances de consultations gratuites dans des locaux mis à disposition par le maire de telle ou telle commune.

b) On observera ensuite que la loi ne fixe *aucune condition* pour bénéficier de cette aide. Il est dit simplement, dans l'article 53, que le conseil détermine les conditions dans lesquelles s'exercera l'aide à la consultation ou à l'assistance devant les organismes administratifs.

c) Enfin, le *financement* du conseil départemental, pour les besoins de son organisation et de la rémunération des auxiliaires de justice appelés à offrir leur concours, obéit à des règles très particulières. La participation de l'État n'est que partielle : elle interviendra principalement « pour compenser les disparités entre les départements » riches ou pauvres, et soutenir des initiatives d'intérêt général (art. 69). En réalité, l'essentiel du financement est assuré par des participations du département, des organismes professionnels des professions judiciaires et juridiques, des subventions accordées par les collectivités territoriales et des contributions de la caisse des règlements pécuniaires des avocats.

En résumé, l'aide à l'accès au droit est appelée à se développer au sein de chaque département de façon autonome et par le jeu de conventions qui s'inscrivent dans le cadre d'une action sociale.

C. L'ASSURANCE DE PROTECTION JURIDIQUE

81 **Définition. –** L'assurance de protection juridique est une assurance privée qui, moyennant une prime, a pour objet de couvrir l'intéressé des frais d'un éventuel procès avec un tiers. Le contrat, entre l'assuré et son assureur, est régi par les articles L. 127-1 à L. 127-8 du Code des assurances (mod. par la loi n° 2007-210 du 19 févr. 2007)[31].

Il va sans dire que ce type d'assurance est purement facultatif : c'est une précaution prise auprès d'une compagnie d'assurances, pour le cas où l'on se trouverait impliqué dans un procès. À la différence de l'aide juridique légale, qui a pour

31. B. Cerveau, « Commentaire de la loi n° 2007-210 du 19 février 2007 portant réforme de l'assurance de protection juridique », *Rev. gén. dr. ass.* 2007, p. 547 et s.

fondement une idée de solidarité sociale voulue par la loi, l'assurance de protection juridique repose sur une mutualisation contractuelle des risques : on s'assure contre les frais d'un procès, comme on peut s'assurer contre le risque des frais d'hospitalisation ou les conséquences d'un incendie.

Le domaine d'application de ce type d'assurance est subordonné à « un refus opposé à une réclamation dont l'assuré est l'auteur ou le destinataire », c'est-à-dire, à la survenance d'un procès, sans distinguer selon que l'assuré est demandeur ou défendeur à l'action en justice (art. L. 127-2-1 C. ass.). En revanche, l'aide à l'accès au droit (*supra*, n°s 79 et s.) n'est pas couverte par l'assurance de protection juridique.

82 **Effets. –** L'assureur doit prendre en charge tous les frais de procédure et les honoraires d'avocat. Mais s'agissant d'une garantie de nature privée à fondement contractuel, l'essentiel est de veiller à ce que les intérêts de l'assureur n'étouffent les droits de l'assuré dans la conduite de son procès.

a) Pour cette raison, il est clairement dit que l'assuré a la *liberté de choisir son avocat.* Sans doute, l'assureur peut-il proposer le nom d'un conseil, mais uniquement sur la demande écrite de l'assuré. De toute manière, l'assuré conserve une liberté de choix discrétionnaire. Toute clause contraire serait nulle (art. L. 127-3 C. ass.)[32].

Il était bon de le dire fermement. Pendant longtemps, du fait que l'assureur doit prendre en charge les honoraires, il était courant qu'il impose en fait l'avocat avec lequel il avait préalablement conclu une convention d'honoraires. Cette entrave à la liberté de l'assuré a été formellement condamnée par la loi du 19 février 2007 : l'assuré choisit librement son avocat et fixe avec lui le montant des honoraires sans que l'assureur puisse y faire obstacle (art. L. 127-5-1 C. ass.). La crainte est évidemment que l'assuré ne se choisisse un avocat à prix d'or. En réalité, cette crainte est corrigée par l'insertion dans le contrat d'assurance d'une clause qui plafonne l'étendue de la garantie à une certaine somme.

b) Autre sauvegarde : en principe, *la conduite du procès appartient à l'assuré.*

On peut imaginer toutefois un désaccord entre l'assuré et son assureur, au sujet des mesures à prendre pour régler le procès, l'assureur ayant tendance à suggérer les voies les plus économiques. Lorsqu'il en est ainsi, il peut être fait appel à une tierce personne désignée en commun, ou à défaut d'accord sur un nom, par le président du tribunal de grande instance (art. L. 127-4 C. ass.).

c) On ajoutera enfin pour conclure qu'il ne peut pas y avoir cumul entre l'aide juridictionnelle légale et l'assurance de protection juridique, en ce sens que l'aide juridictionnelle ne peut pas être accordée pour les frais pris en charge par l'assurance de protection juridique[33].

32. CJCE, 10 sept. 2009, *D.* 2009, act. jurisp. p. 2344.

33. Sur la prise en charge par l'aide juridictionnelle des frais non couverts par un dispositif de protection juridique, cf B. Cerveau, « Aide juridictionnelle et assurance de protection juridique : la mise en œuvre du principe de subsidiarité », *Gaz. Pal.*, 3-4 avr. 2009.

§ 3. PERMANENCE DE LA JUSTICE

83 **Principe et dérogations.** – En règle générale, la justice est rendue en France sans interruption, d'une manière continue. On pourrait concevoir un autre système : celui qui, par exemple, existe dans des pays comme la Grande-Bretagne et le Canada où les juridictions siègent à certaines périodes de l'année, par sessions. En France, il n'en est pas de même : en règle générale, les tribunaux siègent en permanence, sans aucune discontinuité, d'un bout à l'autre de l'année.

Ce principe (art. L. 111-4 C. org. jud.) comporte toutefois certaines dérogations :

a) Ainsi, dans l'ordre judiciaire, les *tribunaux paritaires des baux ruraux* se réunissent par sessions dont la fréquence et la durée dépendent du nombre des affaires inscrites à leur rôle. Il en est de même pour les *cours d'assises* qui, elles aussi, siègent par sessions intermittentes : en règle générale, à raison d'une session tous les trois mois, à moins que le nombre des affaires n'exige des sessions plus fréquentes (*infra*, n° 198). On ajoutera également les *tribunaux des affaires de sécurité sociale* (*infra*, n° 161). S'il en est ainsi, c'est parce que ces juridictions sont composées de juges extérieurs (les jurés de la cour d'assises, les assesseurs des tribunaux paritaires des baux ruraux) qui sont de simples particuliers que l'on ne pourrait pas distraire en permanence de leurs activités professionnelles habituelles.

b) Dans l'ordre administratif, s'il est vrai que des juridictions comme le Conseil d'État, la Cour des comptes, les cours administratives d'appel et les tribunaux administratifs siègent en permanence, en revanche, les juridictions administratives à compétence spéciale (par exemple : les sections disciplinaires des conseils d'université *infra*, n° 292) ne se réunissent que lorsque des affaires sont inscrites à leur rôle.

84 **Problème des vacances et des jours fériés.** – Il ne faudrait pas déduire du principe qui vient d'être exposé que les dimanches et les jours fériés ainsi que les vacances sont ignorés des milieux judiciaires. Toutefois, des aménagements sont prévus pour assurer la continuité du service public de la justice.

a) Le service des tribunaux est suspendu les *dimanches* et les *jours fériés* (et même le *samedi* dans la plupart des tribunaux). Toutefois, en cas d'urgence, il est toujours possible de saisir un juge des référés, même le dimanche. Et de même, les juges d'instruction assurent une permanence les dimanches et jours fériés.

b) Reste le problème de ce que l'on appelait autrefois les *« vacances judiciaires »*. Un décret n° 74-163 du 27 février 1974 a supprimé les vacances judiciaires : « la permanence et la continuité du service public de la justice, décide l'article L. 111-4 C. org. jud., demeurent toujours assurées ». Le but essentiel de cette disposition a été de ne pas laisser s'accréditer dans l'opinion le sentiment qu'il est impossible de faire juger un litige durant les vacances d'été. Mais les milieux judiciaires ne sont pas privés de vacances pour autant. Comme par le passé, les magistrats et les auxiliaires de justice prennent des vacances. Mais une permanence est assurée (par roulement) et, durant les vacances d'été, les tribunaux tiennent des *« audiences de service allégé »*.

§ 4. JUSTICE ET HIÉRARCHIE

85 **Notion de hiérarchie. –** Il peut sembler curieux d'évoquer cette notion dans la mesure où elle implique une subordination que l'on conçoit mal dans un domaine comme celui de la justice. Et cependant, le service public de la justice n'échappe pas à toute hiérarchie. C'est un fait que certaines juridictions sont hiérarchiquement supérieures à d'autres et que, parmi les juges, certains occupent une position hiérarchique qui les place à un rang plus élevé que d'autres ; au point d'ailleurs que l'on n'hésite pas à parler d'un « chef de cour » pour désigner le premier président d'une cour d'appel. Ce phénomène hiérarchique, qui existe dans les juridictions de l'ordre judiciaire, se retrouve aussi dans les juridictions de l'ordre administratif.

Il reste que la notion de hiérarchie prend un sens très particulier lorsqu'il s'agit d'un service public comme celui de la justice, du fait même que la prise de décision est rebelle à toute idée de subordination, tout au moins en ce qui concerne les magistrats du siège (sur cette réserve, *supra*, n° 47). Un fonctionnaire ordinaire, quel que soit son rang, n'est pas maître de sa décision ; il doit en rendre compte à son supérieur. Le juge lui est maître de la sienne et nul ne peut lui faire reproche d'avoir statué en faveur de tel plaideur plutôt que de tel autre. *La fonction de juger implique une part irréductible d'autonomie qui relève de la seule conscience de chaque juge*. Toute la difficulté réside dans cette contradiction apparente qui se manifeste au double point de vue de la hiérarchie des juridictions et de la hiérarchie des personnes.

86 **Hiérarchie des juridictions : le principe du double degré. –** Toutes les juridictions ne sont pas placées au même niveau hiérarchique. Certaines sont appelées *« juridictions du premier degré »*, parce qu'elles connaissent des affaires pour la première fois : en première instance, dit-on. Ainsi en est-il des juridictions comme par exemple, le tribunal de grande instance, le tribunal d'instance, le tribunal correctionnel, le tribunal administratif, etc. D'autres, au contraire, sont placées à un rang supérieur : c'est le cas des cours d'appel (dans l'ordre judiciaire) et des cours administratives d'appel (dans l'ordre administratif). On les appelle alors des *« juridictions du second degré »* parce que leur rôle est, précisément, de juger la même affaire une seconde fois et au besoin de réformer, au second degré, ce qui a été jugé au premier.

Tel est le principe dit du *« double degré de juridiction »* qui se manifeste concrètement par la faculté d'interjeter appel contre le jugement rendu par une juridiction du premier degré, en portant l'affaire devant la juridiction supérieure du second degré (*infra*, n° 617). Par exemple, le plaideur condamné par un tribunal de grande instance peut former appel en saisissant la cour d'appel ; et de même, le plaideur qui n'a pas obtenu gain de cause devant un tribunal administratif peut interjeter appel contre le jugement en déférant l'affaire à une cour administrative d'appel. Ce principe est une garantie fondamentale de bonne justice.

L'idée d'un recours devant une juridiction hiérarchiquement supérieure a toujours existé, même dans l'ancien droit. Mais, à cette époque, le but était différent. Il s'agissait essentiellement pour le roi d'affirmer, à l'encontre des juridictions seigneuriales, son droit souverain de rendre la justice, en offrant aux justiciables la faculté de remonter jusqu'à la justice du roi par un jeu de recours successifs qui pouvaient aller jusqu'à cinq ou six. En un mot, le recours à une juridiction hiérarchiquement supérieure était avant tout un instrument politique destiné à assurer la suprématie souveraine des juridictions royales (*supra*, n° 62).

De nos jours, le principe d'un recours à une juridiction hiérarchiquement supérieure a pour seul fondement le souci de rendre une meilleure justice. Les juges sont faillibles ; compte tenu de la gravité des décisions qui peuvent être prononcées, il est bon qu'un second juge, d'un rang plus élevé, puisse éventuellement rectifier les erreurs du premier.

Sans doute, a-t-on pu faire remarquer, en invoquant l'autorité d'Ulpien, que l'appel peut fort bien aboutir au remplacement d'une décision excellente par une décision de moindre qualité. L'observation n'est pas inexacte en soi. Mais à vrai dire, l'objection n'est pas décisive. C'est oublier en effet que l'appel est porté devant une juridiction hiérarchiquement supérieure, composée de ce fait de juges présumés plus compétents, mieux instruits et dotés d'une plus grande expérience. Mais alors, dira-t-on, s'il en est ainsi, pourquoi ne pas permettre aux plaideurs de saisir directement la juridiction d'appel au lieu de les obliger à perdre du temps et de l'argent devant une juridiction du premier degré ? Une telle question méconnaîtrait en réalité un autre avantage du double degré de juridiction : lorsque l'affaire est portée en appel, après avoir subi l'épreuve d'un premier degré, très souvent le dossier est expurgé de détails inutiles, le litige est mieux ciblé et, pour tout dire, les points de fait et de droit mieux éclairés. En d'autres termes, la juridiction du second degré bénéficie du travail de recherche et de clarification réalisé par les premiers juges.

Mais, cela dit, il importe de souligner maintenant que *cette hiérarchie institutionnelle ne supprime en aucune manière l'autonomie de décision des juridictions inférieures*. Une cour d'appel, par exemple, ne peut pas donner d'injonction à une juridiction du premier degré sur la manière d'interpréter la loi. Chaque juridiction est libre de statuer comme elle l'entend quel que soit son degré dans la hiérarchie. Sans doute, en cas d'appel, sa décision risque-t-elle d'être infirmée. Mais à la limite, un modeste juge d'instance peut très bien, sans commettre la moindre faute, adopter sur un point litigieux de retenir une doctrine différente de celle qui a été consacrée par une cour d'appel, voire même par la Cour de cassation. On exprime ce principe en disant qu'il n'y a *pas de hiérarchie dans l'interprétation des lois* (cf. à propos de la Cour de cassation, *infra*, n°s 225 et s.).

87 **Hiérarchie des personnes. –** Comme tout fonctionnaire, chaque juge occupe au sein du corps dont il fait partie, une position hiérarchique qui s'exprime par un grade duquel dépend parfois la fonction qu'il est appelé à exercer (*infra*, n° 373) : un conseiller de cour d'appel a un rang plus élevé qu'un juge d'instruction, un conseiller d'État occupe dans la hiérarchie une position supérieure à celle d'un maître des requêtes ou d'un conseiller de tribunal administratif, etc. De ce point de vue, – si l'on met à part les juges qui ne relèvent pas de la fonction publique (juges des tribunaux de commerce, conseillers prud'hommes, etc.) –, la justice n'ignore pas la hiérarchie dans les rapports personnels.

Mais comment la subordination hiérarchique se manifeste-t-elle, outre la déférence qui va de soi ?

a) Elle transparaît essentiellement à travers les *pouvoirs de nature administrative* exercés par les « chefs » de juridictions ou de formations juridictionnelles (président de tribunal, premier président de cour d'appel, président de chambre, président de section au Conseil d'État, etc.). Il leur appartient, par exemple, de pourvoir aux affectations au sein de leur juridiction, de réglementer l'organisation des audiences, et de procéder tous les deux ans à une « évaluation de l'activité professionnelle » des juges placés dans leur dépendance hiérarchique, évaluation qui ensuite sera prise en compte pour un éventuel avancement (*infra*, n° 377).

b) En revanche, *le pouvoir hiérarchique ne s'étend en aucun cas à la prise de décision* qui relève de la seule conscience de chaque juge. Un président de tribunal, par exemple, ne peut pas dire à l'un des juges de son tribunal dans quel sens il y a lieu de statuer ; et de même, un conseiller de cour d'appel ne peut pas enjoindre à un juge du premier degré de se prononcer dans un sens déterminé. La prise de décision échappe à toute subordination hiérarchique et un juge du siège n'a, sur ce point, aucun compte à rendre à qui que ce soit, pas même à son « chef de juridiction ».

Seuls échappent à cette règle fondamentale, les magistrats du parquet qui sont soumis à une dépendance hiérarchique jusque dans la prise de décision, avec il est vrai des aménagements pour apaiser leur conscience (*infra*, n° 515).

En fait, au sein des juridictions où règne un climat de sérénité (et elles sont heureusement fort nombreuses), la courtoisie gomme très facilement les pesanteurs inhérentes à la hiérarchie dans les rapports personnels. Mais on doit constater que, depuis quelques années, un courant se dessine qui tendrait à exiger des chefs de juridiction qu'ils ne prennent certaines décisions de nature administrative qu'après une concertation entre tous les membres de la juridiction, au sein des assemblées générales (*infra*, n° 110)[34].

En réalité, la question la plus délicate, il faut bien le dire, est celle que l'on appelait autrefois la « notation », et aujourd'hui (peut-être pour en atténuer la rugosité), « l'évaluation de l'activité professionnelle » de chaque magistrat. Quels que soient les termes utilisés, on se trouve ici en présence d'un problème assez irritant, dont on comprend certes la nécessité, mais qui introduit un ferment de sujétion que l'on n'évoque jamais sans une certaine gêne quand on pense à la dignité de la fonction et à son indépendance. Sans doute, des précautions ont-elles été prises pour assurer à cette « évaluation » un caractère contradictoire (*infra*, n° 377). Il reste que ce problème surprend toujours les juges anglo-saxons pour qui la notion même de hiérarchie se traduisant par « l'évaluation » d'un subordonné semble une hérésie. La vérité est que cette « évaluation » est la rançon obligée du fait que la magistrature est une « carrière » parsemée d'avancements successifs pour lesquels la notation du supérieur constitue l'un des repères objectifs dont on ne peut guère se passer.

Une réforme plus audacieuse a été introduite par un décret du 26 décembre 2003 qui, dans la rémunération des magistrats, consiste à intégrer une prime de rendement (appelée « *prime modulable* ») destinée à récompenser les plus efficaces. Mais il faut dire que cette initiative a été diversement accueillie par un bon nombre de magistrats qui, à défaut de critères précis sur ce que l'on appelle l'efficacité en matière judiciaire, redoutent que la notion de rendement, spécifique à l'entreprise privée, ne l'emporte sur une vision qualitative de la justice et qu'elle n'introduise un certain arbitraire hiérarchique préjudiciable à l'indépendance d'esprit de chaque juge[35].

34. L'idée avait même été avancée en 1981, de faire élire les présidents de chambre par les assemblées générales. Cette suggestion a été rapidement abandonnée.

35. Sur la vive réaction de l'Union syndicale des magistrats (V. *Le Monde*, 19 oct. 2004, p. 13). – Ce décret a fait l'objet d'un recours pour excès de pouvoir qui a été rejeté par le Conseil d'État (CE, 4 févr. 2005, *D.* 2005, p. 2717, note P. Jean et H. Pauliat). En revanche, s'il est vrai que le Conseil d'État se réserve un contrôle sur les décisions individuelles (CE, 8 juill. 2005, *de Montgolfier*, req. n° 272283 ; Cons. État, 15 févr. 2006, *D.* 2006, IR. 673), il a décidé que la décision prise à l'égard d'un magistrat ne pouvait faire l'objet d'aucun recours hiérarchique (CE, 10 oct. 2007, *Monteil* n° 295.455, *JCP* 2007.IV. n° 3033).

SECTION III RESPONSABILITÉ DU SERVICE PUBLIC DE LA JUSTICE

88 **Importance et complexité du problème. –** Le fonctionnement du service public de la justice peut dans certains cas, heureusement exceptionnels, entraîner de graves préjudices pour les plaideurs. Il suffit de prendre l'exemple d'un accusé condamné par erreur à une longue peine de prison. Sans aller si loin, on peut aussi imaginer l'éventualité où un juge aurait perdu les pièces d'un dossier. Comme tout service public, son fonctionnement défectueux peut être la source de sérieux dommages. La question se pose alors de savoir dans quelle mesure le plaideur, victime d'un tel préjudice, peut mettre en cause la responsabilité du service public de la justice afin d'obtenir une indemnisation.

Le problème est complexe.

D'un côté, le principe d'un droit à indemnisation ne saurait être sérieusement contesté sous prétexte, comme diraient les juristes anglo-saxons, que « la Couronne ne se trompe jamais ». Ce n'est faire injure à personne que de constater qu'elle se trompe parfois. Il serait injuste pour la victime de n'en pas tenir compte. Par ailleurs on insiste beaucoup à l'heure actuelle sur cette idée qu'il n'y a pas de pouvoir sans une responsabilité corrélative. De nos jours, l'idée d'une responsabilité du juge a cessé d'être un sujet tabou[36].

Il faut cependant être très prudent sur ce point, car d'un autre côté, de sérieuses objections apparaissent qu'il serait téméraire de négliger. Tout jugement entraîne des conséquences préjudiciables pour le plaideur qui succombe. Mais, dès lors que toutes les voies de recours sont épuisées, le jugement à force de vérité légale (on dit qu'il a autorité de chose jugée ; *infra*, n°s 598 et s.) et l'on ne saurait admettre qu'une partie cherche à neutraliser indirectement ce qui a été jugé en s'efforçant d'obtenir des dommages-intérêts compensatoires. Il est en outre indispensable de tenir le juge à l'abri des poursuites inconsidérées exercées par un plaideur déçu qui chercherait à assouvir une vengeance personnelle en mettant en cause la responsabilité de son juge : s'il devait en être autrement, la justice y perdrait son prestige et, le juge, sa sérénité.

Pour toutes ces raisons qui tiennent au particularisme du service public de la justice, il est indispensable de soumettre la responsabilité du juge à un régime spécial, très différent du droit commun. Mais, sur ce point, les textes obligent à établir une distinction selon que la responsabilité est le fait des juridictions de l'ordre judiciaire (§ 1) ou celui des juridictions de l'ordre administratif (§ 2).

36. Sur cette question (J.-Cl. Magendie, « La responsabilité des magistrats », *D.* 2003, chron. 1177) qui a été relancée par certaines déclarations ministérielles qui ont insisté sur cette idée qu'il ne saurait y avoir de pouvoirs sans une responsabilité personnelle corrélative (« À propos de la responsabilité des magistrats », interview de Nicolas Sarkozy, *D.* 2005, p. 1956 ; *adde*, Discours du garde des Sceaux aux chefs de cours, *Gaz. Pal.* 17 sept. 2005, 29). Cette prise de position a suscité de nombreuses réactions : J. Pradel, « La responsabilité personnelle du juge pénal : faut-il vraiment changer l'état du droit ? » *D.* 2005, p. 1953 ; D. Ludet, « À propos de la responsabilité des magistrats (Quelques réflexions sur des déclarations ministérielles) », *Gaz. Pal.* 23-24 sept. 2005, p. 2 ; v. aussi M. Deguergue, *Justice et responsabilité de l'État*, préf. Ph. Ardant, PUF, coll. « Droit et justice », 2003 ; G. Kerbaol, *La responsabilité des magistrats*, PUF, 2006.

§ 1. RESPONSABILITÉ DU FAIT DES JURIDICTIONS DE L'ORDRE JUDICIAIRE

89 **Diversité des régimes de responsabilité. –** Si l'on s'en tient à la responsabilité résultant de l'activité des juridictions de l'ordre judiciaire, – à l'exclusion de la responsabilité des services de police judiciaire[37] –, on constate qu'il y a plusieurs types de responsabilité. Pour la clarté des explications, il faut mettre à part les cas particuliers où la loi a édicté un régime spécial de responsabilité (A). Mais, dépassant ces cas, la loi a posé en outre un principe général de responsabilité de l'État pour fonctionnement défectueux du service public de la justice (B).

A. RÉGIMES SPÉCIAUX

90 **Poursuites pénales injustifiées. –** Des poursuites pénales injustifiées peuvent entraîner pour la personne qui en a été l'objet un dommage matériel et moral considérable dont elle doit pouvoir obtenir réparation. Mais plusieurs situations d'inégale gravité peuvent se présenter.

a) La situation la plus anodine, si l'on peut dire, est celle où, sans avoir été arrêtée, une personne aurait fait l'objet de poursuites qui se sont terminées par une décision de non-lieu rendue par un juge d'instruction ou par un jugement de relaxe ou d'acquittement qui l'a innocentée. Dans ce cas, l'article 800-2 C. pr. pén. décide que, à la demande de l'intéressé, la juridiction qui a statué peut accorder à la personne poursuivie une indemnité qu'elle détermine, au titre des frais exposés par cette personne pour assurer sa défense. – Sur la procédure suivie, v. les articles R. 249-2 à 249-8 C. pr. pén. (ajoutés par le décret n° 2001-1321 du 27 déc. 2001).

b) Plus grave est la situation où la personne aurait également fait l'objet d'une décision de non-lieu, de relaxe ou d'acquittement, mais après avoir été mise en *détention provisoire*[38]. Finalement, elle n'a certes pas été condamnée, mais elle a été arrêtée et privée de liberté pendant un certain temps, avant tout jugement ayant reconnu son innocence. Dans ce cas, décide l'article 149 C. pr. pén., la personne peut demander la réparation intégrale du préjudice moral et matériel que lui a causé cette détention[39].

Les articles 149-1 à 150 C. pr. pén. organisent une procédure spéciale. La demande doit être portée, dans un délai de six mois (art. 149-2), devant le premier président de la cour d'appel dans le ressort de laquelle a été prononcée la décision de non-lieu, de relaxe ou d'acquittement (art. 149-1). Il statue en audience publique (art. 149-2), au vu, le cas échéant, d'une expertise demandée par l'intéressé pour évaluer le préjudice dont il se prétend victime. Contre cette décision un recours peut être formé qui relève de la compétence de la « Commission nationale de réparation des détentions ». Cet organisme est composé du premier président de la Cour de cassation, de deux présidents de chambre et de conseillers de la Cour de cassation également (art. 149-3). Cette juridiction statue en dernier ressort.

37. Sur cette question particulière, on consultera les développements de G. Vedel et P. Delvolvé, *Droit administratif*, 12e éd., t. 1, p. 576 et s. et 653 et s.

38. L'affaire dite d'Outreau où des personnes ont été détenues pendant plusieurs mois avant d'être finalement acquittées en offre le triste exemple.

39. D. Karsenty, « La réparation des détentions », *JCP* 2003.I.108, p. 225.

Le montant des réparations est à la charge de l'État, sauf un éventuel recours de celui-ci contre le dénonciateur de mauvaise foi qui aurait été à l'origine des poursuites ou le faux témoin dont la faute aurait provoqué la détention ou sa prolongation (art. 150).

c) Enfin, la situation la plus redoutable et aussi la plus dramatique est celle où *la personne poursuivie aurait été condamnée*, peut-être à une longue peine, et où quelques années plus tard, sur un recours en révision dont il sera question ultérieurement (*infra*, n° 620), elle serait réhabilitée, son innocence ayant été reconnue. Il est à peine besoin de souligner le dommage considérable qui peut résulter de ce qui a été finalement une erreur judiciaire[40]. L'article 626 C. pr. pén. prévoit plusieurs types de réparation. D'abord, sur la demande de l'intéressé, la décision de réhabilitation peut faire l'objet de différentes publications, notamment dans le *Journal officiel*, pour tenter d'effacer l'opprobre moral. Ensuite, il est en droit d'obtenir une indemnisation, selon la procédure précédemment indiquée des articles 149 à 150 C. pr. pén., à cette nuance près qu'il pourrait également porter sa demande devant la Cour d'assises qui l'a réhabilité[41].

91 **Responsabilité du juge pour faute personnelle. –** Le problème est ici différent : un plaideur se prétend victime d'une faute précise commise par un juge déterminé. C'est le cas, par exemple, où seraient démontrés un déni de justice ou l'existence d'une connivence frauduleuse entre le juge et l'une des parties ou encore (ce qui est moins invraisemblable), le cas où un juge aurait égaré une pièce importante du dossier.

Le régime applicable n'est pas le même selon qu'il s'agit des magistrats de carrière de l'ordre judiciaire soumis au statut de la magistrature (a) ou des juges non professionnels qui y échappent, tels les juges des tribunaux de commerce ou des conseils de prud'hommes (b).

a) Responsabilité des magistrats de carrière. – L'article 11-1 de l'ordonnance n° 58-1270 du 22 déc. 1958 portant statut de la magistrature décide que « les magistrats de l'ordre judiciaire ne sont responsables que de leurs fautes personnelles ».

La loi ne définit pas ce qu'il faut entendre par « faute personnelle » de nature à justifier une action en indemnisation. Il est certain qu'elle doit se rattacher au fonctionnement du service de la justice. En revanche, pour les raisons précédemment indiquées (*supra*, n° 88) et sous réserve, nous le verrons, d'une éventuelle responsabilité disciplinaire (*infra*, n° 387), il est non moins certain qu'un mal-jugé ou une erreur d'interprétation ne peut pas constituer une faute susceptible de fonder une action en dommages-intérêts : le plaideur qui s'en estime la victime ne peut qu'exercer les voies de recours mises à sa disposition.

En cas de faute, le juge est responsable à titre personnel. Mais (ceci est capital), *la victime ne peut pas agir directement contre le magistrat lui-même*. Au regard de la victime, c'est l'État qui est garant du dommage qui lui a été causé. Ensuite, il appartient à l'État d'exercer une action, dite « récursoire », contre le magistrat fautif pour se faire rembourser par lui (art. L. 141-2 C. org. jud.)[42] : cette action est portée

40. L'exemple type est celui de l'affaire Dills, jugée au début de l'année 2002, où l'innocence d'un jeune condamné a été reconnue après de longues années de réclusion.

41. Mais elle statuerait alors sans la présence des jurés.

42. Cass. civ., 4 janv. 1983, *Bull. civ.* I, n° 4, p. 3.

devant la chambre civile de la Cour de cassation (art. 11-1, al. 3, ord. n° 58-1270 du 22 déc. 1958). On comprend le souci du législateur, qui se retrouve d'ailleurs dans d'autres domaines du droit (par exemple : au sujet de la responsabilité des instituteurs), de ne pas exposer son juge à un procès avec la victime qui pourrait nuire à son autorité morale de magistrat.

b) Responsabilité des juges non professionnels : la « prise à partie ». – Les juges non professionnels peuvent, eux aussi, commettre des fautes personnelles préjudiciables aux plaideurs, et dans ce cas il est normal que leur responsabilité puisse être mise en cause. La notion de faute personnelle est conçue de la même manière que pour les magistrats de carrière. Mais, comme il ne saurait être question de leur appliquer les règles propres au statut de la magistrature, ils sont soumis à une procédure différente que l'on appelle la « *prise à partie* », laquelle, depuis le décret n° 2006-1805 du 23 décembre 2006, est régie par les articles 366-1 à 366-8 C. pr. civ.

Cette procédure a pris naissance dans l'ancien droit vers le XVIe siècle. À cette époque, elle était applicable à tous les juges. Ce nom curieux, qui a été maintenu par tradition, évoquait, semble-t-il, le temps où, en droit germanique, le plaideur pouvait provoquer son juge en duel.

La victime doit saisir le premier président de la cour d'appel dont dépend la juridiction à laquelle appartient le juge pris à partie. Il est saisi au moyen d'une requête motivée, afin d'obtenir une autorisation de poursuivre. Et si cette autorisation est accordée parce que la demande paraît justifiée, le requérant assigne le juge pour le jour fixé par le premier président. L'affaire est examinée par deux chambres réunies de la cour d'appel.

B. RÉGIME GÉNÉRAL

92 **Principe : responsabilité de l'État pour fonctionnement défectueux du service public de la justice.** – En dehors des cas spéciaux qui viennent d'être analysés, il est possible de mettre en cause la responsabilité de l'État en raison du fonctionnement défectueux du service public de la justice. Tel est le principe posé par l'article L. 141-1 C. org. jud. qui décide que, dans ce cas, « l'État est tenu de réparer le dommage... »[43].

Ce principe est une innovation de la loi n° 72-620 du 5 juillet 1972. Le « fonctionnement défectueux » est une notion très large qui correspond à l'hypothèse où un dommage aurait été causé par la seule défaillance du service en général : non pas seulement par le fait d'un juge, mais aussi par les services du greffe[44]. Dans ce cas, il est alors normal que l'État, en tant que responsable du service public de la justice, assume lui-même la charge d'un tel dommage.

On remarquera que s'agissant de la responsabilité d'un service judiciaire, la responsabilité de l'État doit être mise en cause devant une juridiction de l'ordre judiciaire.

43. Cette disposition ne concerne que les juridictions de l'ordre judiciaire, à l'exclusion des juridictions administratives : Cass. 1re civ., 22 mars 2005, *Dr. et procéd.* 2005, p. 288, note Bugada – D. Cholet, « Responsabilité de l'État du fait de la fonction juridictionnelle : la réforme nécessaire », *D.* 2005, pt. de vue, p. 2540.

44. Exemple : Cass. 1re civ., 9 juill. 2008, pourvoi n° 97-18239 (destruction de scellés).

93 **Condition : « faute lourde » ou « déni de justice ». –** Après avoir posé le principe de la responsabilité de l'État pour fonctionnement défectueux du service public de la justice, l'article L. 141-1, alinéa 2, C. org. jud. ajoute que : « cette responsabilité n'est engagée que par une faute lourde ou un déni de justice »[45]. À défaut de l'un de ces deux cas, la responsabilité de l'État ne peut donc pas être mise en cause au titre du fonctionnement défectueux.

Le *déni de justice* est le fait pour les juges, ainsi que le précisait l'ancien article 506 C. pr. civ. (auj. art. L. 141-3, al. 2, C. org. jud.) de « refuser de répondre les requêtes » : le cas est relativement rare. Mais c'est aussi le fait de « négliger de juger les affaires en état » ; et le cas est alors beaucoup plus fréquent de nos jours, la jurisprudence ayant tendance à assimiler à un déni de justice le fait pour un juge de se dire dans l'impossibilité d'évaluer le montant d'un dommage[46] ou de ne pas juger une affaire dans un délai raisonnable[47].

La *faute lourde* est plus difficile à définir. Pendant longtemps, la jurisprudence, soucieuse d'éviter que le moindre mal jugé puisse donner lieu à une action en responsabilité pour fonctionnement défectueux, adopta une conception très restrictive, en définissant la faute lourde professionnelle comme étant celle « qui a été commise sous l'influence d'une erreur tellement grossière qu'un magistrat normalement soucieux de ses devoirs n'y eût pas été entraîné »[48]. Cette définition avait été justement critiquée. Elle est aujourd'hui abandonnée au profit d'une définition plus souple. Un arrêt de la Cour de cassation du 23 février 2001, rendu en Assemblée plénière, a en effet décidé que « constitue une faute lourde toute déficience caractérisée par un fait ou une série de faits traduisant l'inaptitude du service public de la justice à remplir la mission dont il est investi »[49]. À la différence de la jurisprudence antérieure qui, pour définir la faute lourde s'attachait au comportement gravement fautif du juge, la jurisprudence moderne considère que tout dysfonctionnement du service public de la justice, – même s'il n'émane pas d'un juge, mais d'un greffe par exemple –, peut donner lieu à réparation ; ce qui est infiniment plus protecteur des intérêts de la victime, dans la mesure où l'on se fait de la responsabilité de l'État une conception objective.

Depuis la loi du 5 mars 2007, le magistrat responsable du fonctionnement défectueux pour lequel l'État a été condamné peut faire l'objet de poursuites disciplinaires (Ord. 22 déc. 1958, art. 48-1).

45. Responsabilité de l'État pour atteinte au secret de l'enquête : Cass. 1re civ., 9 mars 1999, *D.* 2000.398, note Matsopoulou.

46. Cass. 3e civ., 6 févr. 2002, *JCP* 2003.I.10014, note Moulin.

47. TGI Paris, 5 nov. 1997, *D.* 1998. 9, note Frison-Roche ; TGI Nice, 17 sept. 2001, *D.* 2002, p. 543 (11 mois d'attente entre l'audience des plaidoiries et le prononcé du jugement) ; TGI Tarascon, 20 juin 2003, *D.* 2003, IR 2732 (36 mois avant de se saisir de l'affaire) ; Cass. 1re civ., 13 mars 2007, *D.* 2007, p. 1929, note Pradel (inactivité d'un juge d'instruction pendant plus de quatre ans). Cass. 1re civ., 25 mars 2009, *D.* 2009, act. jurisp. p. 1022 (délai de quinze ans entre un accident et l'indemnisation de la victime) – G. Lucazeau, « Le délai raisonnable est-il bien raisonnable ? », *JCP* 2009.I. n° 103.

48. Cass. civ., 16 oct. 1968, *D.* 1969, somm. 44.

49. Cass. Ass. plén., 23 févr. 2001, *Bull. civ.*, Ass. plén. n° 5, *JCP* 2001.I.340, spéc. n° 26, obs. G. Viney, *JCP* 2001.II.10583, note L.-J. Menuret.

§ 2. RESPONSABILITÉ DU FAIT DES JURIDICTIONS ADMINISTRATIVES

94 **Responsabilité personnelle d'un juge.** – Aucun des textes précédemment analysés n'est applicable en matière administrative : ni les articles 366-1 à 366-8 du Code de procédure civile sur la prise à partie, ni les dispositions de la loi du 5 juillet 1972 qui sont spécifiques à la responsabilité du fait des juridictions de l'ordre judiciaire[50].

En l'absence de texte, on a pu se demander s'il y avait place pour une responsabilité personnelle du juge administratif. On tend à l'admettre, mais à la condition de relever à la charge du juge une *faute personnelle caractérisée*. L'exemple généralement cité est celui où, au sein d'une juridiction disciplinaire à caractère professionnel, l'un des juges aurait manifesté son hostilité à l'égard de la personne poursuivie[51].

95 **L'État est-il responsable ?** – La question doit être clairement posée[52]. En cas de faute personnelle d'un juge dans les conditions qui viennent d'être indiquées (*supra*, n° précédent), il semblerait normal que l'État soit garant de la condamnation, c'est-à-dire, qu'il en fasse l'avance, sauf ensuite à exercer un recours contre le juge responsable[53]. Mais cela dit, le véritable problème est celui de savoir si l'on peut mettre en cause la responsabilité directe de l'État à raison des conséquences dommageables que pourrait entraîner une décision juridictionnelle manifestement illégale.

En principe, la jurisprudence du Conseil d'État s'y est longtemps opposée[54]. On pouvait toutefois relever une timide évolution tendant à admettre la responsabilité de l'État dans le cas où serait établie l'existence d'une « faute lourde commise dans l'exercice de la fonction juridictionnelle »[55], c'est-à-dire finalement une faute particulièrement grave indépendante de la prise de décision elle-même. Un important arrêt du Conseil d'État du 27 février 2004[56] a consacré cette évolution. Prenant appui sur cette idée que « la justice est rendue de façon indivisible au nom de l'État », il a été décidé qu'il lui « appartient de répondre, à l'égard des justiciables, des dommages pouvant résulter pour eux de l'exercice de la fonction juridictionnelle assurée par les juridictions administratives » ; et cela, alors même que la décision manifestement illégale aurait été rendue par une juridiction administrative à caractère professionnel (*infra*, n°s 297 et s.).

Parvenu à ce point des explications, on constate alors que les solutions admises par la jurisprudence administrative ne sont guère éloignées de celles qui sont imposées par les textes devant les juridictions de l'ordre judiciaire.

50. Cons. État, 29 déc. 1978, *Darmont*, *D.* 1979.278.
51. Auby et Drago, 3e éd., t. II, n° 1341 ; G. Vedel et P. Delvolvé, *op. cit.* ; 12e éd., p. 651 et s.
52. J. Moreau, « La responsabilité de l'État du fait du fonctionnement défectueux de la justice », *JCP* 2008.II n° 10141 (sous CE, 18 juin 2008, n° 295831).
53. En ce sens : G. Vedel et P. Delvolvé, *op. cit.*, 12e éd., t. 1, p. 653.
54. Cons. État, 4 janv. 1952, *Pourcelet*, *D.* 1952.304, concl. Delvolvé.
55. Cons. État, 29 déc. 1978, *Darmont*, motifs, *D.* 1979.278, note Vasseur ; Cons. État, 21 janv. 2004, *D.* 2004, IR 735.
56. *D.* 2004, p. 1922, note A. Legrand.

DEUXIÈME PARTIE
LES JURIDICTIONS

96 **Définition et terminologie. –** On appelle « juridictions », les organes chargés de trancher les litiges au moyen d'une décision à laquelle, dans un sens très large, on donne le nom de jugement (sur la notion de jugement, *infra*, n° 595). En d'autres termes, ces organes sont chargés de « dire le droit » (en latin, *jurisdictio* ; de là l'expression).

Le mot « juridiction » est un terme générique. En réalité, chaque type de juridiction porte un nom particulier selon une terminologie façonnée par les usages :

a) L'expression *« tribunal »* est fréquemment utilisée (tribunal de grande instance, tribunal de commerce, tribunal correctionnel, tribunal administratif, etc.)[1]. Mais ce mot, très répandu dans l'ordre judiciaire principalement, est réservé, en règle générale, aux juridictions du premier degré.

b) Certaines juridictions s'appellent des *« cours »* (cours d'appel, cours d'assises, Cour de cassation, Cour des comptes, etc.). Ce mot noble, utilisé principalement dans l'ordre judiciaire, désigne les juridictions d'un rang élevé dans la hiérarchie.

c) Le mot *« conseil »* revient assez souvent (Conseil d'État, conseils de prud'hommes, etc.). L'expression peut avoir plusieurs significations. Dans l'ordre administratif, où elle est assez répandue, elle est la survivance du temps où la justice était retenue par le souverain et où, de ce fait, la juridiction saisie se bornait à donner des « conseils » au ministre (*supra*, n° 39). Mais de nos jours, cette expression désigne souvent des juridictions à composition paritaire où siègent des juges qui représentent des intérêts opposés et qui « tiennent conseil » entre eux, comme c'est le cas par exemple des juridictions prud'homales appelées « conseils de prud'hommes » (*infra*, n°s 148 et s.).

d) Enfin, le mot *« commission »* est parfois utilisé pour désigner des juridictions de nature administrative à compétence spéciale (*infra*, n°s 297 et s.).

1. Le mot « tribunal » est un mot dérivé du latin « *tribunus* » qui désignait le tribun, c'est-à-dire, un magistrat chargé de défendre les intérêts de la plèbe. À partir de là, l'expression s'est généralisée pour désigner l'organe devant lequel on débat d'intérêts contradictoires.

97 **Diversité des juridictions. –** Les juridictions sont à la fois nombreuses et diversifiées. Mais à travers cet ensemble disparate, si l'on met à part le Conseil constitutionnel (*supra*, n° 29) et le Tribunal des conflits (*supra*, n° 41), dont il a été question précédemment, un premier élément de classification s'impose naturellement à l'esprit : il s'agit de la distinction entre les juridictions de l'ordre judiciaire et les juridictions de l'ordre administratif.

Ce n'est pas tout : de nos jours, il est essentiel de prendre en compte les juridictions internationales ou européennes qui peuvent être appelées parfois à intervenir dans des litiges concernant des intérêts français.

Le plan sera donc le suivant :

Chapitre 1 : *Juridictions de l'ordre judiciaire.*

Chapitre 2 : *Juridictions de l'ordre administratif.*

Chapitre 3 : *Juridictions internationales et juridictions de l'Union européenne.*

CHAPITRE I
JURIDICTIONS DE L'ORDRE JUDICIAIRE

98 **Vue d'ensemble et plan. –** L'ensemble des juridictions de l'ordre judiciaire se présente à la manière d'une pyramide ayant à son sommet la Cour de cassation, laquelle est la juridiction suprême dont la mission fondamentale est d'uniformiser l'interprétation de la règle de droit.

Parmi les juridictions ainsi soumises au contrôle de la Cour de cassation, on peut établir une nouvelle distinction entre :

— d'une part, les juridictions civiles, commerciales et sociales, dont la mission est de statuer sur des litiges d'intérêt privé[1],

— d'autre part, les juridictions répressives, encore appelées juridictions pénales, qui ont pour rôle de réprimer les infractions au moyen d'une peine (amende, prison, réclusion).

Sous le bénéfice de ces observations, on étudiera successivement :

Section 1 : *Les juridictions civiles, commerciales et sociales.*

Section 2 : *Les juridictions pénales.*

Section 3 : *La Cour de cassation.*

SECTION I JURIDICTIONS CIVILES, COMMERCIALES ET SOCIALES

99 **Double degré de juridiction. –** Conformément au principe du double degré de juridiction (*supra*, n° 86), les organes juridictionnels chargés de statuer sur le contentieux privé en matière civile, commerciale et sociale s'étagent sur deux degrés différents.

1. Et cela par opposition aux juridictions pénales ou administratives qui se prononcent sur des problèmes d'intérêt général.

On présentera d'abord les juridictions dites du « *premier degré* » (ou encore, de « *première instance* »), parce que ce sont elles qui sont saisies du litige pour la première fois (sous-section 1).

Ensuite, on examinera l'unique juridiction du « *second degré* » qui a pour nom la cour d'appel (sous-section 2).

S/SECTION 1 JURIDICTIONS DU PREMIER DEGRÉ

100 **Énumération. –** Pour tenir compte de la diversité de la matière litigieuse, la loi offre un éventail de juridictions ayant chacune sa compétence propre. On trouve d'abord des juridictions qui sont appelées à juger des matières spécifiquement civiles, avec au premier rang les *tribunaux de grande instance* (§ 1), et dans leur sillage, les *tribunaux d'instance* (§ 2). D'autres juridictions ont en revanche une compétence spécialisée en certaines matières : les *tribunaux de commerce* (§ 3), les *conseils de prud'hommes* (§ 4), les *tribunaux paritaires de baux ruraux* (§ 5) et enfin les juridictions en matière de *sécurité sociale* (§ 6).

§ 1. TRIBUNAUX DE GRANDE INSTANCE

101 **Importance : juridiction de droit commun. –** Les tribunaux de grande instance, – qui sont actuellement au nombre de 164 –, occupent dans notre organisation judiciaire une place de premier plan.

L'importance particulière de cette juridiction tient au fait que le tribunal de grande instance est une *juridiction de droit commun* ; ce qui signifie qu'il a une compétence de principe pour connaître, en première instance, de tous les litiges de nature privée, dès lors du moins qu'une disposition particulière de la loi ne lui en n'a pas expressément retiré la connaissance pour l'attribuer à une juridiction spécialisée (*infra*, nº 526). Le caractère de juridiction de droit commun qui appartient aux tribunaux de grande instance n'exclut pas, en effet, certaines limitations de compétence (art. L. 211-3 C. org. jud.) :

— en raison de la *nature de l'affaire* : par exemple, la loi attribue la connaissance des affaires commerciales aux tribunaux de commerce (*infra*, nº 121) ; et de même, les litiges relatifs au contrat de travail doivent être portés devant les conseils de prud'hommes (*infra*, nº 139) ; ce qui réduit d'autant les attributions des tribunaux de grande instance dont la compétence se limite pratiquement aux affaires de nature civile ;

— en raison du *montant de la demande*. En principe, les tribunaux de grande instance ne connaissent que des demandes de nature civile dont le montant excède un certain taux. Actuellement, ce taux est de *10 000* € (L. nº 2005-47 du 26 janv. 2005). Au-dessous de cette somme, la compétence appartient aux tribunaux d'instance (*infra*, n° 111) ; il n'en est autrement que dans les hypothèses exceptionnelles où le tribunal de grande instance a reçu compétence exclusive pour connaître de certaines matières, quel que soit le montant de la demande (en matière immobilière, par exemple).

En tout cas, quelles que soient les limitations apportées à la compétence des tribunaux de grande instance, le plaideur, grâce à ce système, trouve toujours un juge pour statuer sur sa demande puisque, à défaut d'un texte spécial attribuant sa demande à la compétence d'une autre juridiction, le tribunal de grande instance, en tant que juridiction de droit commun, a une vocation de principe pour en connaître. On comprend dès lors l'importance de cette juridiction chargée d'un important contentieux.

On a pu constater une brusque montée du contentieux à partir de 2003. La durée moyenne des affaires terminées était en 2015 de 7 mois.

On précisera successivement : les antécédents historiques (A), l'organisation actuelle (B) et les différentes formations (C) des tribunaux de grande instance.

A. ANTÉCÉDENTS HISTORIQUES

102 **Les hésitations de la période révolutionnaire. –** Les actuels tribunaux de grande instance ont pour ancêtres lointains les *tribunaux de district* qui avaient été institués par la loi des 16 et 24 août 1790 : dans chaque district, il y avait un tribunal composé de juges élus dont la durée du mandat était de six ans. Le district était alors une circonscription administrative plus restreinte que nos actuels arrondissements. À cette époque, il existait 553 districts et, dans chacun d'eux, siégeait un tribunal. De cette manière, chaque citoyen trouvait un tribunal à proximité de son domicile. Mais l'exiguïté du ressort territorial entraînait un éparpillement de ces tribunaux qui nuisait à leur autorité.

Le Directoire porta remède à cet inconvénient en substituant aux tribunaux de district, les *tribunaux départementaux* (Constitution du 5 fructidor an III). Mais si cette solution avait le mérite de constituer de grandes unités judiciaires, elle avait en revanche le redoutable inconvénient d'éloigner la justice des justiciables. Et l'on doit reconnaître que, à cette époque où les moyens de communication étaient rudimentaires, un tel inconvénient était sérieux.

À la lumière de ces différentes expériences, le Consulat réalisa deux importantes réformes. D'une part, la loi du 27 ventôse an VIII remplaça les tribunaux départementaux par des *tribunaux d'arrondissement*, adoptant ainsi une solution intermédiaire entre les tribunaux de district (dont le ressort était trop restreint) et les tribunaux départementaux (dont le ressort était trop grand). D'autre part, le Consulat mit fin à l'élection des juges : désormais, les juges seront directement nommés par le premier consul.

103 **Tribunaux civils : de 1810 à 1958. –** Consacrant les réformes réalisées sous le Consulat, une loi fondamentale du 20 avril 1810, institua *un tribunal civil par arrondissement*. On prit ainsi l'habitude de l'appeler indifféremment soit le tribunal civil (parce qu'il statuait en matière civile), soit le tribunal de première instance

(parce qu'il était juge de droit commun au premier degré), soit le tribunal d'arrondissement (parce qu'il avait l'arrondissement pour ressort territorial).

Chaque tribunal était composé d'un nombre de juges plus ou moins important ; mais il comprenait toujours un effectif complet, à savoir : au moins, un président, deux juges, un procureur de la République et un greffier. Ce système fonctionna de façon satisfaisante jusqu'à la Première Guerre mondiale.

Mais, à partir de 1919, commença l'ère des réformes et des contre-réformes dictées par les nécessités budgétaires ; il fallait réaliser des économies et, compte tenu du nombre restreint d'affaires jugées par certains petits tribunaux, un effectif complet, avec trois juges, un procureur de la République et un greffier, entraînait des charges financières trop lourdes. Pour remédier à cette situation, deux solutions étaient concevables. Ou bien, réduire l'effectif de certains tribunaux squelettiques, abandonner la collégialité et admettre le jugement des affaires par un juge unique, contrairement aux traditions françaises (*infra*, n°s 502 et s.)[2]. Ou bien, élargir le ressort de chaque tribunal et supprimer, par voie de conséquence, les plus petits tribunaux ; mais cette solution se heurtait alors aux susceptibilités locales et aux situations acquises. Finalement, le législateur se trouva enfermé dans un dilemme dont il ne parvint jamais à sortir. Ainsi s'expliquent les multiples réformes qui, au gré des pressions parlementaires, se succédèrent à partir de 1919.

Toutes ces réformes, inspirées par le souci de ne mécontenter personne, se soldèrent par un échec. En réalité, le véritable problème était celui de savoir si au XXe siècle, à une époque où les moyens de communication étaient infiniment plus faciles qu'au siècle précédent, il n'était pas excessif de maintenir certains petits tribunaux dans le cadre territorial exigu de l'arrondissement, sous prétexte de ne pas éloigner la justice du justiciable.

Dès l'instauration de la Ve République, le gouvernement, moins préoccupé que ses prédécesseurs des états d'âme parlementaires, n'hésita pas à trancher le problème en abandonnant définitivement l'arrondissement comme ressort territorial. Ce fut l'œuvre de l'ordonnance n° 58-1273 du 22 décembre 1958 dont les dispositions sont aujourd'hui reprises dans le Code de l'organisation judiciaire, aux articles L. 211-1 et suivants.

B. ORGANISATION DES TRIBUNAUX DE GRANDE INSTANCE

104 **Les réformes de 1958 et de 2008 : terminologie, siège et ressort. –** L'ordonnance du 22 décembre 1958 commença par modifier la terminologie : désormais les tribunaux civils s'appellent *« tribunaux de grande instance »*. Mais, allant au-delà de cette question de vocabulaire, l'idée générale des réformes réalisées en 1958 et 2008 fut d'opérer un regroupement des juridictions, en élargissant le ressort

2. C'est la solution qui fut définitivement adoptée en *Belgique*, dès 1919, et qui subsiste toujours à l'heure actuelle.

territorial des tribunaux de grande instance, et en supprimant par voie de conséquence ceux dont l'activité était restreinte[3].

Le regroupement de 1958 eut pour originalité de dissocier la géographie judiciaire de la géographie administrative, en ce sens que désormais *le ressort territorial du tribunal de grande instance ne correspond plus nécessairement à une circonscription administrative*. En principe, on institua à cette époque un tribunal de grande instance par département, généralement, au chef-lieu de ce département[4]. Mais à cette réserve près que, compte tenu de l'activité judiciaire du département, de l'importance de sa population et aussi de l'état des communications, il peut y avoir plusieurs tribunaux de grande instance au sein d'un même département.

En son temps, cette réforme a donné de bons résultats. Mais qu'en est-il de nos jours ? La réforme de 1958 avait sacrifié l'avantage d'une justice proche du justiciable au souci de regrouper les tribunaux de grande instance, afin de faire disparaître les tribunaux squelettiques. La réforme de la carte judiciaire en 2008 a amplifié davantage encore cette évolution en décidant (à compter de 2011) la suppression de 17 tribunaux de grande instance ; ce qui tout naturellement a éloigné encore un peu plus le justiciable de son juge[5]. De là certaines réformes destinées à corriger cet inconvénient. Ainsi s'explique la création de « *chambres détachées* » dont il sera question ultérieurement (*infra*, n° 108) ; et aussi la possibilité qui appartient désormais aux tribunaux de grande instance de tenir des « *audiences foraines* », hors de leur siège.

105 **Président du tribunal. –** À la tête de chaque tribunal de grande instance, il y a un président qui participe aux débats, comme les autres juges, et qui préside généralement la première chambre. Mais, en tant que président, il est investi de fonctions particulières sur lesquelles il convient d'insister :

a) Fonctions à caractère administratif : en sa qualité de chef du tribunal, il veille à son administration intérieure, il répartit les affaires entre les chambres, il surveille son bon fonctionnement, etc.

b) Enfin et surtout, le président du tribunal de grande instance est investi de certaines *fonctions juridictionnelles qui lui sont propres*.

À ce titre, il est appelé à rendre des *ordonnances sur requête* au moyen desquelles il prescrit certaines mesures ou délivre des autorisations sur la simple requête unilatérale d'un intéressé : par exemple, la rectification d'un acte de l'état civil (art. 99 C. civ.), l'envoi en possession d'un légataire universel (art. 1008 C. civ.), l'exécution d'un constat d'huissier, l'autorisation de procéder à une saisie conservatoire, etc.

Mais sa fonction la plus remarquable et sans doute la plus importante est celle de *juge des référés*. Certaines situations exigent bien souvent que soit prise

3. Une réforme de même nature avait été réalisée en 1926 : le gouvernement Poincaré avait décidé qu'il y aurait désormais un tribunal civil par département (ce qui avait entraîné la suppression de 227 tribunaux sur 359). Cette réforme souleva de vigoureuses protestations dans les milieux parlementaires. Aussi bien, fut-elle éphémère : une loi du 16 juillet 1930 devait rétablir les anciens tribunaux d'arrondissement.

4. Sauf dans la Manche, où les trois tribunaux de grande instance avaient pour siège Cherbourg, Coutances et Avranches ; il n'y a donc jamais eu de tribunal de grande instance à Saint-Lô qui est cependant le chef-lieu du département.

5. Mais certains ont été rétablis en 2014, comme par exemple celui de Saint-Gaudens, en Haute-Garonne.

immédiatement une mesure provisoire : s'il fallait attendre plusieurs semaines ou plusieurs mois avant que le tribunal ne se prononce, la mesure attendue risquerait d'être dépourvue de toute efficacité et, parfois même, il pourrait en résulter un dommage irréparable. Tel est le cas, par exemple, lorsque doit être publié un ouvrage contenant des imputations injurieuses pour des tiers, ou encore, lorsqu'une mésentente grave entre des héritiers oblige à désigner un administrateur provisoire. Dans tous ces cas, il est possible de saisir le président du tribunal de grande instance qui statuera immédiatement au moyen d'une ordonnance de référé. Sans doute, la décision ainsi rendue est-elle provisoire, en ce sens qu'elle ne préjuge pas de la solution qui sera donnée ultérieurement par le tribunal compétent. Mais du moins cette façon de procéder permet-elle de parer au plus pressé. Le moment n'est pas venu d'exposer dans tous ses détails la procédure de référé (que l'on a parfois comparée à un « SAMU judiciaire »). On soulignera simplement l'importance de cette procédure qui a pris depuis quelques années un essor considérable.

Comme on peut le constater, le président du tribunal de grande instance exerce des attributions variées qui, dans les grands tribunaux et en raison de la charge qu'elles entraînent, sont très souvent déléguées à un vice-président ou à un simple juge.

106 **Personnel du tribunal. –** En principe, tout jugement est rendu collégialement par trois magistrats délibérant en *nombre impair* (art. L. 121-2).

Il s'ensuit que tout tribunal de grande instance comporte au moins trois juges dont un président ; à quoi il faut ajouter un procureur de la République (dont il sera question ultérieurement ; *infra*, n° 513) et un greffier qui tient la plume.

Cela dit, l'effectif de chaque tribunal varie selon son importance et le volume des affaires dont il est habituellement saisi : certains tribunaux de grande instance (comme Paris, Lyon, Toulouse, Marseille ou Bordeaux par exemple) comprennent un nombre de juges fort important.

107 **Division en chambres. –** S'il y a plus de cinq juges, le tribunal est divisé en chambres spécialisées, présidées chacune par un magistrat qui porte le titre de *vice-président.* Parfois, les chambres sont elles-mêmes divisées en deux sections qui siègent alternativement en début et en fin de semaine.

La division en chambres appelle deux observations importantes :

a) D'une part, *chaque chambre est l'organe du tribunal tout entier*. Sans doute, existe-t-il entre elles une certaine spécialisation. Mais lorsque le jugement est rendu, il est considéré comme étant l'œuvre du tribunal et non pas seulement de la chambre qui a statué. Pour la même raison, chacune des chambres peut connaître de toutes les affaires qui sont de la compétence du tribunal, même si l'affaire qui lui est distribuée ne correspond pas à sa spécialisation habituelle.

b) D'autre part, les magistrats du tribunal sont répartis entre les chambres par décision du président, après avis de l'assemblée générale des magistrats du siège.

En principe, les magistrats doivent changer de chambre chaque année : c'est ce que l'on appelle la *règle du roulement*. Cette règle répond à un triple souci : parfaire la formation des magistrats, échapper à la routine et surtout éviter qu'un magistrat, par son ascendant et sa personnalité, ne prenne trop d'autorité sur ses autres collègues, ce qui aurait pour résultat de fausser le principe de la collégialité. Mais, en fait, la règle du roulement est actuellement très décriée et parfois peu suivie : à une époque où le droit se complique, où la législation est abondante et très mouvante, pour qu'une matière soit bien connue, il faut souvent une longue pratique ; ce qui implique une certaine spécialisation incompatible avec un roulement annuel. De là, parfois, une application très souple de cette règle.

108 **Chambres détachées. –** Depuis une loi n° 95-125 du 8 février 1995, le « tribunal de grande instance peut comprendre des chambres détachées, dont le siège et le ressort sont fixés par décret en Conseil d'État, pour juger dans leur ressort les affaires civiles et pénales ». Cette disposition signifie en clair qu'un tribunal de grande instance peut avoir désormais des « antennes locales », plus proches des justiciables, lesquels ne seront plus obligés de se rendre au siège du tribunal lui-même : ils trouveront à proximité de chez eux une sorte de « succursale » du tribunal de détachement, ayant la même compétence d'attribution que ce dernier[6]. La chambre détachée apparaît ainsi comme une chambre du tribunal parmi d'autres. Elle est composée d'un président et de juges appartenant au tribunal de détachement, désignés à cet effet selon les formes prévues pour la répartition des magistrats du siège. Mais par rapport à une chambre ordinaire, la chambre détachée présente une triple particularité :

— d'abord, et par définition, elle est installée non point dans les locaux du tribunal, mais dans une autre ville comprise dans le ressort territorial de ce dernier ;

— ensuite, elle échappe à toute spécialisation par matière puisqu'elle est appelée à juger localement toutes les affaires, aussi bien civiles que pénales ;

— enfin, elle a son propre siège et son propre ressort territorial, fixés par le décret qui l'institue. Certes, elle dépend du tribunal de grande instance dont elle est détachée. Mais elle est seule compétente pour juger les affaires qui relèvent de son ressort territorial.

Comme on peut le constater, le système des chambres détachées ne remet pas en cause les regroupements opérés en 1958 et 2008 autour du tribunal de grande instance qui continue d'avoir son siège au chef-lieu du département, en principe tout au moins.

C. FORMATIONS DES TRIBUNAUX DE GRANDE INSTANCE

109 **Formations juridictionnelles : audience publique et chambre du conseil. –** Pour exercer sa fonction juridictionnelle et statuer sur les demandes dont le tribunal a été saisi, les juges de la chambre se réunissent en « formation de jugement ». En principe, hormis les cas exceptionnels où la loi prévoit que l'affaire sera jugée à juge unique (*infra*, n° 507), la formation de jugement est composée de trois juges.

6. Prenons à titre d'exemple (purement imaginaire), le cas du tribunal de grande instance de Gap. Il pourra par exemple installer une chambre détachée dans son ressort des Hautes-Alpes, à Briançon par exemple. Cette chambre n'aura aucune spécialisation particulière : elle pourra juger les affaires civiles ou pénales comme aurait pu le faire le tribunal de grande instance de Gap dont elle est détachée.

En règle générale, la formation de jugement siège en *audience publique* : toute personne peut y assister. Nous verrons, en effet, que la publicité des audiences est un principe fondamental qui intéresse au premier chef la bonne administration de la justice (*infra*, n° 588) : pour cette raison, non seulement les débats, mais aussi le prononcé du jugement, doivent avoir lieu en audience publique.

Telle est du moins la règle de principe. Il est en effet des cas où la publicité de l'audience pourrait se révéler inopportune, voire même néfaste. On pense tout de suite aux affaires qui touchent à l'intimité de la vie privée (divorce, recherche de paternité, etc.) ou qui feraient apparaître des questions de nature à provoquer le scandale : pour la sérénité de la justice, il ne serait pas bon que de telles affaires puissent être débattues en présence d'un public avide de curiosités malsaines ou d'une certaine presse qui remplirait ses colonnes du dimanche en épiloguant sur la vie privée des plaideurs. Dans ce cas, les débats doivent se dérouler « *en chambre du conseil* », c'est-à-dire dans le local attenant à la salle d'audience où les juges se retirent habituellement pour délibérer (pour « tenir conseil » ; de là, le nom donné à cette formation). Ainsi, les débats auront lieu en dehors de toute publicité, uniquement en présence des parties et de leurs avocats (*infra*, n° 588).

La « chambre du conseil » n'est donc pas une chambre spéciale du tribunal : c'est uniquement la formation que peut adopter toute chambre saisie d'une affaire lorsque la loi décide de la soustraire à la publicité de l'audience.

110 **Formations administratives : les assemblées générales. –** On appelle assemblée générale, la réunion de tous les membres du tribunal. À vrai dire, depuis le décret n° 83-1162 du 23 décembre 1983, il y a plusieurs types d'assemblées générales dont la composition varie : l'assemblée générale des magistrats du siège et du parquet (qui se réunissent ensemble), l'assemblée générale des seuls magistrats du siège, l'assemblée générale des seuls magistrats du parquet et l'assemblée plénière de tous les magistrats et des fonctionnaires du tribunal.

Les nouveaux textes ont déterminé avec un luxe de détails les attributions de chacune de ces formations. Il est superflu d'y insister. Mais on soulignera que *les assemblées générales ne sont investies d'aucun pouvoir juridictionnel : elles ne rendent pas de jugement*. Leur seule fonction consiste à délibérer sur tout ce qui concerne l'administration générale du tribunal : élaboration du règlement intérieur, jours et heures d'audience, répartition du personnel entre les chambres, désignation de certains juges spécialisés, avis sur le projet de juridiction, etc. En d'autres termes, l'assemblée générale est le lieu de rencontre de tous les membres du tribunal pour discuter en commun des problèmes d'administration intérieure.

Traditionnellement, l'assemblée générale avait toujours été conçue comme un organe de conseil pour le président. Mais, il y a quelques années, un mouvement s'est dessiné qui tendait à conférer de plus larges pouvoirs aux assemblées générales. Le décret n° 83-1162 du 23 décembre 1983 a consacré partiellement cette évolution. Les assemblées générales n'ont certes pas le pouvoir de désigner le président du tribunal, comme certains l'avaient réclamé ; mais elles doivent procéder à certaines désignations pour l'exercice de fonctions spécialisées (par exemple, les fonctions de juge de l'application des peines).

À travers ces nouveaux textes, on discerne le souci du législateur d'associer plus directement les magistrats du tribunal à la prise des décisions de nature administrative, sans pour autant briser toute hiérarchie.

S'y ajoute, depuis un décret nº 2016-514 du 26 avril 2016, un conseil de juridiction qui, au niveau local, est censé être un lieu d'échanges et de communication entre la juridiction et la cité (v. art. R. 212-64 C. org. jud.).

§ 2. TRIBUNAUX D'INSTANCE

111 **Le tribunal d'instance, juge des « petites affaires civiles ». –** À la différence du tribunal de grande instance qui est appelé à statuer sur des affaires civiles d'un montant souvent considérable, la compétence d'attribution du tribunal d'instance se limite en principe à *10 000 €* (art. L. 221-4 C. org. jud.).

Le tribunal d'instance a pour trait original d'être une juridiction à *juge unique* ; ce qui constitue une dérogation notable au principe traditionnel de la collégialité (*infra*, nº 507). L'idée directrice est claire : pour les affaires de cette nature dont l'enjeu est souvent modique, il est indispensable d'offrir aux plaideurs une juridiction d'accès facile, devant laquelle la procédure est simple, rapide et peu onéreuse.

À vrai dire, cette juridiction a une longue histoire. S'inspirant d'une institution qui existait déjà au XVIIIe siècle en Angleterre et aux Pays-Bas, la loi des 16 et 24 août 1790 avait institué dans chaque canton une juridiction particulière que l'on appelait alors la *justice de paix*, et qui, à l'époque, était composée d'un juge élu[7]. Cette juridiction traversa le XIXe siècle et la première moitié du XXe siècle sans changement notable, sinon que le juge de paix cessa d'être un juge élu, pour devenir un juge nommé, selon la règle à partir du Consulat.

L'ordonnance nº 58-1273 du 22 décembre 1958, qui modifia profondément notre organisation judiciaire, a fait disparaître les justices de paix pour les remplacer par les *tribunaux d'instance*. La nouvelle expression, il faut bien le reconnaître, n'est pas très heureuse : non seulement elle n'est guère significative, mais de plus elle est révélatrice d'une évolution qui risque de trahir ce qui a toujours fait l'originalité de cette juridiction au double point de vue de son esprit (A) et de son organisation (B) ; ce qui, d'ailleurs, conduit à s'interroger sur l'avenir des tribunaux d'instance (C).

A. JURIDICTION ORIGINALE PAR SON ESPRIT

112 **Conception initiale –** À l'origine, l'idée fondamentale a été de mettre à la disposition des plaideurs un juge dont la fonction était essentiellement de pacifier les esprits, de favoriser la fraternité entre les hommes et les bons rapports entre les citoyens. Cette conception correspondait à l'idéologie du temps. Comme le définissait Treilhard, « le juge de paix est un arbitre, un père plutôt qu'un juge ; il doit placer sa véritable gloire moins à prononcer entre ses enfants qu'à les

7. Sur l'élaboration du texte relatif à la justice de paix : J. Krynen, *L'état de justice*, t. II, p. 26.

concilier »[8]. Sans doute peut-on sourire de l'enthousiasme un peu naïf du législateur de la Révolution et de son optimisme foncier dans la bonne volonté des hommes. Mais, si l'on fait la part du romantisme révolutionnaire, il y a là une idée juste. Il est bon d'offrir aux justiciables un juge que l'on peut joindre facilement, qui s'efforcera de les concilier et qui, s'il n'y parvient pas, trouvera la solution qui apaisera les passions. Tel était, à l'origine, l'esprit de cette juridiction qui d'ailleurs se retrouve dans de nombreux systèmes judiciaires étrangers (en Belgique et en Angleterre, notamment).

113 **Conséquences pratiques et évolution.** – À cette idée se rattachent des conséquences pratiques qui, de nos jours, tendent sinon à disparaître totalement, du moins à s'estomper.

a) Ainsi, pendant longtemps les juges de paix constituèrent, au sein de la magistrature, un *corps spécial* recruté souvent parmi les notables. La licence en droit n'était même pas exigée ; il faudra attendre 1926 pour que ce diplôme devienne une condition d'accès aux fonctions de juge de paix. Aujourd'hui, il n'en est plus ainsi. Depuis 1958, les juges des tribunaux d'instance sont recrutés comme les juges des tribunaux de grande instance.

b) Cette même idée explique l'*importance de la conciliation* devant les tribunaux d'instance. Jusqu'à une époque récente, toutes les affaires portées devant cette juridiction devaient être obligatoirement précédées d'un préliminaire de conciliation. Désormais cette formalité préalable n'est plus obligatoire sauf, depuis la loi du 18 novembre 2016 de modernisation de la justice du XXIe siècle, lorsque le tribunal est saisi par une déclaration au greffe (cela concerne les litiges d'une valeur inférieure ou égale à 4 000 €). La demande doit alors être précédée d'une tentative de conciliation à peine d'irrecevabilité, cette conciliation étant menée par un conciliateur de justice. Dans les autres cas, elle est simplement facultative (art. 830 et s. C. pr. civ.). Mais, de toute manière, il est clair que le juge du tribunal d'instance doit d'abord s'efforcer de concilier les parties avant de rendre son jugement (art. 840 et 847 C. pr. civ.).

c) Enfin, on retiendra comme dernière conséquence de cet état d'esprit, le fait que *les parties peuvent se présenter en personne* devant les tribunaux d'instance, sans être nécessairement représentées par un avocat : que les parties s'efforcent de trouver entre elles une solution d'apaisement, avant de parler en termes de droit.

114 **Rôle social du juge d'instance.** – À la lumière de ce qui vient d'être dit, on comprend mieux le rôle social important de cette juridiction, spécialement dans les milieux ruraux. Souvent, le moindre litige sur la possession d'une terre ou l'existence d'une servitude, par exemple, risque de dégénérer en une querelle de village. Le juge d'instance, s'il a la confiance de ses concitoyens, s'il est connu pour son bon sens et son équité, parviendra mieux qu'un autre à éviter que le litige ne se complique inutilement. De là, l'importance d'une juridiction facilement

8. Treilhard fut l'un des rédacteurs du Code de procédure civile de 1806. – De façon moins lyrique, Thouret, alors président de l'Assemblée constituante en 1790, évoquait celui qui, avec la loi des 16-24 août 1790, allait devenir le juge de paix, en le présentant ainsi : *« Il faut que dans chaque canton, tout homme de bien, ami de la justice et de l'ordre, ayant l'expérience des mœurs, des habitudes et du caractère des habitants ait par cela seul, toutes les connaissances suffisantes pour devenir juge de paix ».*

accessible, proche de chaque citoyen, qui rendra une justice économique et rapide, à la suite d'une procédure simple. Telle était la vocation des anciens juges de paix. De nos jours, les tribunaux d'instance, qui sont surchargés d'affaires de toute nature, parviennent malaisément à remplir cette mission. On ne peut que le regretter.

B. JURIDICTION ORIGINALE PAR SON ORGANISATION

115 **La justice de paix au XIXe siècle : évolution et réformes modernes. –** Dans la conception initiale du XIXe siècle, il y avait une justice de paix par canton ; de là, d'ailleurs, l'expression *« juridiction cantonale »* utilisée autrefois pour désigner les anciennes justices de paix. À chacun de ces tribunaux était affecté un juge, généralement choisi parmi les personnalités du canton, et que l'on appelait précisément le « juge de paix », tant il s'identifiait à son propre tribunal.

Au XXe siècle, cette solution à la fois simple et homogène se révéla inadaptée. Le dépeuplement des campagnes et aussi la moindre attirance des jeunes pour la vie rurale eurent pour conséquence de réduire l'activité de certaines justices de paix qui, chaque année, n'avaient que quelques affaires à juger. Par souci d'économie, le législateur prit l'habitude de regrouper plusieurs justices de paix contiguës sous la juridiction d'un même juge qui, de la sorte, exerçait ses fonctions dans plusieurs cantons : deux cantons, trois cantons, parfois quatre. Cet expédient avait le mérite de permettre une meilleure utilisation du personnel judiciaire. Mais avec un tel système, le juge de paix s'éloignait du justiciable, laissant ainsi pressentir une évolution qui devait préfigurer les réformes modernes.

Le législateur moderne a en effet systématisé cette tendance en supprimant un bon nombre de justices de paix : sur les 2 092 justices de paix qui existaient à l'origine, la réforme de 1958 ne laissa plus subsister que 475 tribunaux d'instance ; et aujourd'hui, il n'en subsiste plus que 307. De ce fait, les nouveaux tribunaux d'instance forment de *grandes unités judiciaires*, fortement structurées, qui ont pour cadre un ressort territorial élargi (1°) et qui sont pourvues d'un personnel judiciaire plus abondant (2°), sans cesser toutefois de constituer des juridictions à juge unique (3°).

116 **1° Ressort territorial élargi. –** Conformément à l'idée générale qui inspira la réforme de 1958, le ressort territorial du tribunal d'instance ne correspond plus nécessairement à une circonscription administrative déterminée.

En principe, le ressort de chaque tribunal d'instance s'étend sur plusieurs cantons dont le nombre varie selon le volume des affaires et aussi la configuration géographique de chaque région afin de tenir compte des difficultés de déplacement. Le siège de chacun des tribunaux d'instance est fixé par décret. Mais en règle générale, il y a toujours un tribunal d'instance au chef-lieu du département et parfois au chef-lieu de l'arrondissement.

L'élargissement du ressort territorial du tribunal d'instance, qui est le trait caractéristique des réformes réalisées en 1958 et 2008, présente l'inconvénient d'éloigner la justice du justiciable ; s'agissant d'une juridiction comme le tribunal d'instance, c'est là une considération qui ne doit pas être négligée. Pour cette raison, dans les communes de leur ressort, les tribunaux d'instance peuvent tenir des audiences supplémentaires, dites *« audiences foraines »*, en dehors de leur siège habituel (par exemple, dans certaines villes, les jours de foire ; d'où le nom donné à ces audiences). Il est important de le souligner car, en France, la justice est traditionnellement sédentaire. Avec les audiences foraines, on voit apparaître l'amorce d'une justice itinérante comme cela existe en Angleterre ou au Canada, par exemple.

117 **2° Composition : pluralité de juges. –** À la différence des anciennes justices de paix qui ne comprenaient qu'un seul juge, les tribunaux d'instance ont un effectif composé de plusieurs juges dont le nombre varie selon l'étendue du ressort territorial et le volume des affaires à juger.

Enfin, chaque tribunal d'instance comporte un greffe doté d'un personnel plus ou moins abondant selon l'importance du tribunal.

118 **3° Fonctionnement : le tribunal d'instance demeure néanmoins une juridiction à juge unique. –** La pluralité des juges affectés à chacun des tribunaux d'instance ne doit pas faire illusion : au même titre que les anciennes justices de paix, les tribunaux d'instance constituent comme par le passé des juridictions à juge unique. L'article L. 222-1 C. org. jud. est formel sur ce point : « Le tribunal d'instance, décide ce texte, statue à juge unique ». Au sein d'un même tribunal, *chaque juge tient donc sa propre audience et rend ses propres jugements.*

Pour cette raison, le tribunal d'instance ignore la division en chambres. Mais généralement, dans les grands tribunaux d'instance, les affaires sont réparties entre les juges selon des critères variables : soit en fonction d'une certaine spécialisation, soit, encore que plus rarement, en fonction de la localisation territoriale des parties. De toute manière, il est essentiel d'ôter aux parties la tentation de « choisir » leur juge de façon discrétionnaire.

Le fait que les tribunaux d'instance soient des juridictions à juge unique n'exclut pas toutefois une certaine organisation, ne serait-ce que pour régler les problèmes administratifs inhérents à la gestion du tribunal. On retiendra simplement que la responsabilité de la gestion et de l'organisation de chaque tribunal d'instance est confiée à l'un des juges (choisi selon des règles assez complexes) lequel est chargé d'assumer « les fonctions de direction et d'administration de ce tribunal » ; c'est lui, par exemple, qui répartit les affaires entre les différents juges. Mais on remarquera surtout que l'on s'abstient de conférer à ce magistrat le titre de « président », afin de ne pas introduire une expression qui pourrait évoquer la notion de collégialité : s'agissant d'une juridiction à juge unique, il n'y a pas de président à la tête du tribunal[9].

9. En fait, dans les grands tribunaux d'instance, la charge d'organiser le tribunal est confiée à un vice-président du tribunal de grande instance délégué dans les fonctions de juge d'instance. De toute manière, il est dans les usages d'appeler « Monsieur (ou Madame) le président » chacun des juges qui préside sa propre audience.

C. CONCLUSION : L'AVENIR DES TRIBUNAUX D'INSTANCE ?

119 **Juridiction comparable aux tribunaux de grande instance. –** De nos jours, les tribunaux d'instance constituent l'un des rouages essentiels de notre organisation judiciaire. Mais on doit constater que les réformes successives, inspirées souvent par le souci de décharger les tribunaux de grande instance, ont fait disparaître l'originalité première de cette juridiction. La conception révolutionnaire qui voyait dans le juge de paix un « père au milieu de ses enfants » est aujourd'hui totalement dépassée. Les tribunaux d'instance tendent à devenir, pour les petites affaires, des juridictions comme les autres, comparables aux tribunaux de grande instance.

Plusieurs traits sont révélateurs de cette évolution :

a) D'abord, le *changement d'appellation* réalisé en 1958 ; même s'il n'est que symbolique, il trahit un changement d'orientation dans le sens d'un parallélisme plus marqué avec les tribunaux de grande instance.

b) Ensuite, l'*extension croissante des attributions juridictionnelles des tribunaux d'instance* qui, de plus en plus, sont appelés à exercer des fonctions quelque peu comparables à celles des tribunaux de grande instance. Ainsi, les tribunaux d'instance sont aujourd'hui compétents pour connaître non seulement des litiges civils dont le montant est inférieur ou égal à 10 000 €, mais aussi des demandes relatives aux pensions alimentaires. En outre, il est juge des tutelles et souvent même juge de l'exécution. Il en résulte, pour les tribunaux d'instance, une charge considérable, mais qui, dans le moment présent tout au moins, tend à se stabiliser.

c) Il faut enfin souligner que *les juges des tribunaux d'instance appartiennent désormais au même corps que les juges des tribunaux de grande instance*. Ils sont recrutés de la même manière après une formation à l'École nationale de la magistrature. Mais il y a plus : depuis une loi du 10 juillet 1970, le service des tribunaux d'instance est assuré, en principe, par les magistrats des tribunaux de grande instance dans le ressort duquel est situé le tribunal d'instance, désignés à cet effet pour une durée de trois années renouvelable.

120 **Une lacune à combler ? –** La métamorphose des tribunaux d'instance a créé un vide qui éveille parfois la nostalgie du temps passé. Pour reprendre la savoureuse image de Treilhard, disons du vieux juge de paix, qu'à trop vouloir en faire un véritable juge, on a tué le père qui jugeait ses enfants ! Et de nos jours, on regrette souvent de ne pas trouver à proximité un homme d'expérience réputé pour son autorité morale et son objectivité, ayant suffisamment de temps disponible pour concilier les parties et au besoin pour donner aux litiges une solution rapide. On a beaucoup brocardé, peut-être un peu vite, la conception paternaliste de l'ancien juge de paix. Périodiquement, on y revient.

Pour combler cette lacune, le législateur a institué, en 1978, ce que l'on a pris l'habitude d'appeler le *conciliateur de justice*, dont on précisera ultérieurement le rôle et le statut (*infra*, n° 495). L'idée est bonne. Mais son rôle, on le verra, se limite à une tentative d'arrangement amiable entre les parties, et comme il est dépourvu de tout pouvoir de juger, en cas d'échec, il n'a pas le pouvoir de statuer sur les prétentions en conflit. Afin précisément de combler ce vide, le législateur a cru bien faire, en 2002, en créant un nouveau type de juridiction, plus proche encore des justiciables, – que pour cette raison, l'on a appelé les « *juridictions de proximité* » –, dont la compétence se limitait à 4 000 €. Cette expérience a été un échec. Et c'est fort opportunément que la loi n° 2011-1862 du 13 décembre 2011 a consacré la disparition de cette juridiction qui ne laissera pas un grand souvenir. Mais sa suppression a été plusieurs fois reportée. Elle est devenue effective depuis le 1er juillet 2017.

§ 3. TRIBUNAUX DE COMMERCE

121 **Généralités. –** Les tribunaux de commerce sont des juridictions spécialisées, compétentes pour juger, en première instance, les *affaires commerciales*, quel que soit le montant de la demande[10].

Il faut entendre par là, le jugement des affaires relatives aux actes de commerce (achat de marchandises pour les revendre, lettres de change, opérations de banque, engagements nés à l'occasion du commerce). Il faut y ajouter également les litiges concernant les sociétés commerciales et surtout les incidents relatifs à la cessation des paiements, c'est-à-dire la sauvegarde, le redressement et la liquidation judiciaires des entreprises. C'est assez dire l'importance de cette juridiction dans la vie des affaires. Au plus tard, le 1er janvier 2022, les tribunaux de commerce seront également compétents pour connaître des litiges entre artisans (art. L. 721-3 C. com.)[11].

Son originalité essentielle est d'être composée de juges qui sont, non point des magistrats de carrière, mais des commerçants élus par les commerçants eux-mêmes. Par certains aspects, le tribunal de commerce a un caractère corporatiste.

122 **Origine historique et évolution. –** Le tribunal de commerce est la plus ancienne de toutes nos juridictions[12].

Ce tribunal a pour origine lointaine une juridiction qui avait été créée dans les Républiques marchandes de Gênes et de Venise, pour trancher les litiges qui opposaient les marchands faisant commerce de produits et denrées en provenance de l'Orient. Pour vider rapidement ces litiges, on avait institué la juridiction des « juges consuls » qui avait cette particularité d'être composée de juges élus par les commerçants de la place. De là, d'ailleurs, l'expression « *juridictions consulaires* », encore utilisée de nos jours pour désigner les tribunaux de commerce.

Cette juridiction fut introduite en France, au XVe siècle, au moment des grandes foires, pour juger sur-le-champ les litiges auxquels pouvaient donner lieu les opérations commerciales qui s'y traitaient. Mais ce n'était alors qu'une juridiction temporaire instituée uniquement pour la durée de chaque foire. L'expérience révéla l'utilité d'une telle juridiction, et lorsque le commerce prit son essor, à la fin du Moyen Âge, un édit de Charles IX, en 1563, décida, sous l'impulsion du chancelier Michel de l'Hospital, la création de plusieurs tribunaux de commerce, institués

10. « Les tribunaux de commerce, genèse et enjeux », *Revue Histoire de la justice*, n° 27, 2008.
11. V. B. Rolland, « Justice du XXIe siècle : extension de la compétence des tribunaux de commerce aux litiges des artisans », *Procédures* 2017, Études 14.
12. E. Matsumoto, *La juridiction consulaire dans la justice de l'Ancien Régime*, thèse Paris II, 2002.

cette fois de façon permanente, dans certaines grandes villes commerçantes : à Lyon, Toulouse et Rouen notamment[13]. Ensuite, ils se généralisèrent en même temps que l'activité commerciale se développait.

Chose curieuse, au moment de la Révolution française, alors que toutes les structures judiciaires de l'Ancien Régime s'effondraient, les tribunaux de commerce furent les seules juridictions qui survécurent à la tourmente révolutionnaire. La loi des 16 et 24 août 1790 recueillit cet héritage et consacra l'existence des tribunaux de commerce. Cette exceptionnelle survie d'une juridiction de l'Ancien Régime est facile à comprendre : l'élection des juges, conforme à l'idéologie de l'époque (*supra*, n° 7), leur valut grâce aux yeux du législateur de 1790.

Sur cette lancée, les tribunaux de commerce se sont développés en nombre et en importance au point d'atteindre (en 1998) le chiffre de 227 tribunaux. Toutefois, depuis quelques années, une courbe descendante très marquée se dessine. Deux décrets successifs de 1999 et de 2005, avaient déjà supprimé 42 tribunaux de commerce. Un nouveau décret n° 2008-146 du 15 février 2008 (modifié par le décret n° 2009-1629 du 23 déc. 2009) a procédé à de nouvelles suppressions. De telle sorte que, actuellement, il ne reste plus que *134 tribunaux de commerce* (*infra*, n° 126).

Il est à noter toutefois que ce déclin quantitatif n'exclut pas le fait que les tribunaux de commerce s'inscrivent sans cesse davantage dans les structures judiciaires. Et c'est ainsi qu'un décret n° 2005-1201 du 23 septembre 2005 a institué le *Conseil national des tribunaux de commerce* dont le rôle est d'être l'interlocuteur officiel entre les juridictions consulaires et les pouvoirs publics[14].

123 **Textes et plan. –** Pendant longtemps, les tribunaux de commerce ont fait l'objet d'une réglementation dispersée. Désormais toute la réglementation les concernant est regroupée de façon cohérente dans le Code de commerce, aux articles L. 721-1 à L. 732-7 (pour la partie législative).

À la lumière de ces textes, on étudiera successivement : l'implantation territoriale des tribunaux de commerce (A), leur composition (B) ; et enfin, pour terminer, on présentera les controverses relatives à cette juridiction (C).

A. IMPLANTATION TERRITORIALE

124 **Décret d'institution. –** À la différence des tribunaux de grande instance et des tribunaux d'instance qui sont institués de façon permanente sur l'ensemble du territoire français, les tribunaux de commerce n'existent que dans les lieux où l'activité commerciale en impose la nécessité. Chaque tribunal de commerce est donc institué par un décret, – que l'on appelle un « décret d'institution » –, qui fixe le siège et le ressort du tribunal ainsi créé.

13. C'est pourquoi le chancelier Michel de l'Hospital est généralement présenté comme le « père fondateur » des tribunaux de commerce. Il est d'ailleurs bien rare que, dans les locaux des tribunaux de commerce, il n'y ait pas un buste du chancelier.

14. Sur les missions du Conseil national, cf. le discours du garde des Sceaux au Congrès national des tribunaux de commerce de Lille, *JCP* 2005, p. 2151.

125 **Conséquences pratiques. –** Plusieurs conséquences découlent du principe qui vient d'être posé :

a) D'abord, le ressort territorial de chaque tribunal de commerce ne correspond pas nécessairement à une circonscription administrative déterminée, ni même au ressort d'un tribunal d'instance ou de grande instance.

b) Ensuite, la création ou la suppression d'un tribunal de commerce est fonction de l'activité commerciale de chaque région, laquelle peut varier selon les époques. Lorsqu'une activité commerciale importante apparaît dans une région, il est créé par voie de décret un nouveau tribunal de commerce dont on fixe le siège et le ressort. Et inversement si, pour une raison quelconque, un tribunal de commerce précédemment institué n'a plus une activité suffisante ou n'est plus en mesure de fonctionner, il peut être supprimé par voie de décret.

Avec ce système, il arrivait autrefois que, dans certaines régions, il n'y ait aucun tribunal de commerce (par exemple, en Lozère et en Haute-Savoie), et dans ce cas, les affaires commerciales étaient exceptionnellement jugées par le tribunal de grande instance. Cette anomalie a aujourd'hui disparu : depuis le décret du 15 février 2008, il y a un tribunal de commerce en toute région.

B. COMPOSITION

126 **Juges exclusivement élus. –** Chaque tribunal de commerce est composé de juges dont le nombre plus ou moins important varie avec l'activité du tribunal. Dans les grandes métropoles industrielles ou commerciales, le nombre des juges est fort élevé.

Mais quel que soit le nombre des juges, les tribunaux de commerce présentent cette originalité majeure d'être composés exclusivement de juges élus pour un mandat d'une durée déterminée. Ce sont en d'autres termes, des commerçants (ou des industriels) qui, par la confiance des commerçants (et des industriels) qui les ont élus, sont investis temporairement de la fonction de juger les litiges commerciaux de la circonscription. *Aucun magistrat de carrière ne participe au jugement des affaires portées devant les tribunaux de commerce.*

Il faut réserver toutefois le cas des départements alsaciens-mosellans et des départements d'outre-mer où, pour des raisons très différentes, les juridictions commerciales sont composées de commerçants élus, siégeant sous la présidence d'un magistrat de carrière (on dit qu'elles ont une « composition échevinale »).

Ainsi, dans les *trois départements alsaciens-mosellans* (à Saverne, Strasbourg, Colmar, Mulhouse, Metz, Sarreguemines et Thionville), la juridiction commerciale est une chambre spécialisée du tribunal de grande instance (appelée « chambre commerciale »), présidée par un magistrat de carrière (qui est un juge du tribunal de grande instance) assisté de deux assesseurs qui, eux, sont des commerçants élus (art. L. 731-1 à L. 734-4 C. com.). Cette composition échevinale est la survivance du système allemand qui a subsisté en Alsace-Lorraine au titre du droit local.

Dans les *départements d'outre-mer* (Guyane, Martinique, Guadeloupe et La Réunion), la juridiction commerciale prend le nom de « tribunal mixte de commerce » (art. L. 732-1 C. com.), parce qu'il est composé du président du tribunal de grande instance, assisté de trois juges élus parmi les commerçants ; en cas de partage égal des voix, celle du président est prépondérante (art. L. 732-5 C. com.).

De toute manière, l'élection n'est pas exclue puisque ces juridictions ont une composition partiellement élective.

Sous les réserves qui viennent d'être indiquées, le principe de l'élection des juges choisis parmi les commerçants (et les industriels) trouve son explication dans des raisons propres à la nature de cette juridiction. Il est en effet important que, pour statuer sur des affaires commerciales, les juges soient des personnes qui connaissent bien les usages du commerce. En outre, il est non moins important que, devant une juridiction où la recherche d'une solution de conciliation est une préoccupation primordiale, les juges soient choisis parmi des personnes qui ont la confiance des parties.

127 **I. Modalités de l'élection. –** Les modalités de l'élection ont été souvent modifiées, selon des constantes qui ne sont pas sans lien avec les régimes politiques. Les gouvernements d'autorité restreignent généralement le corps électoral : ainsi il fut un temps où seuls étaient électeurs les commerçants « notables » (Code de commerce de 1807) ou « recommandables par leur probité, leur esprit d'ordre et d'économie » (loi du 21 déc. 1871). Au contraire, les régimes qui se veulent démocratiques sont favorables à une extension du corps électoral à tous les commerçants. Telle est l'orientation actuelle, consacrée pour la première fois par la loi du 8 décembre 1883 qui institua le suffrage universel ; et même (chose remarquable à l'époque), le droit de vote fut reconnu aux femmes commerçantes par une loi du 23 janvier 1898, bien avant que ce droit ne leur soit reconnu aux élections politiques.

Cela dit ; il faut se demander qui, actuellement, est électeur (a) et qui est éligible (b) aux fonctions de juge consulaire.

128 **a) Qui est électeur ? (élection à deux degrés). –** Les juges consulaires ne sont pas élus directement par les commerçants : depuis un décret n° 61-823 du 3 août 1961, l'élection se fait à deux degrés, en ce sens que les juges sont élus par un collège électoral composé de personnes qui ont déjà été précédemment désignées par les commerçants eux-mêmes. On a voulu par là remédier à l'absentéisme des électeurs. Il avait souvent été constaté autrefois que le taux d'abstention atteignait des proportions inquiétantes et que certains juges étaient parfois élus par des « minorités de faveur » dynamiques et agissantes ; ce qui nuisait gravement à leur autorité. Le législateur de 1961 a donc pensé qu'en réduisant le collège électoral à des personnes spécialement désignées pour élire les juges consulaires, ces personnes auraient à cœur de participer effectivement au scrutin. Le régime électoral est actuellement réglementé par les articles L. 723-1 à 14 C. com.

Dans chaque circonscription de tribunal de commerce, le collège électoral est composé de deux catégories de personnes (art. L. 723-1 C. com.) :

1) Les *délégués consulaires* (dont le nombre varie selon l'importance de la circonscription entre 60 et 600). On désigne par là des personnes qui ont été élues au premier degré par les commerçants de la circonscription, pour une durée de cinq ans, avec pour mission de former le collège électoral qui élira à son tour (au second degré) les juges consulaires (art. L.713-6 à 18 C. com.).

Comment sont désignés les « délégués consulaires » ? Ils sont choisis, dans chacune des circonscriptions, par les commerçants et les industriels qui remplissent les conditions prescrites par l'article L. 713-7 C. com. pour être électeurs. Tous ceux qui sont électeurs sont éligibles aux fonctions de délégués consulaires (art. L. 713-10 C. com.).

2) Les *membres en exercice des tribunaux de commerce, ainsi que les anciens membres ayant demandé à être inscrits sur la liste électorale*. Le législateur a voulu les associer à cette élection en pensant qu'en raison des fonctions qu'ils exercent (ou ont exercées), ils sont bien placés pour choisir parmi les candidats ceux qui leur paraissent aptes à devenir juges consulaires.

Comme on peut l'observer, le souci du législateur moderne a été de constituer un collège électoral très large, composé de personnes qui se sentent responsables du bon fonctionnement de la justice commerciale.

129 **b) Qui est éligible ? –** La réponse est très simple : toutes les personnes inscrites sur la liste électorale pour désigner les délégués consulaires (cf. n° précédent) peuvent être élues aux fonctions de juge, à condition toutefois de remplir deux conditions supplémentaires : d'une part, avoir *au moins 30 ans* et, d'autre part, justifier d'une *activité commerciale depuis au moins 5 années* (art. L. 723-4 C. com.). Il est en effet normal d'exiger des personnes qui posent leur candidature à de telles fonctions qu'elles aient déjà une certaine maturité et une expérience de la vie des affaires.

Sont inéligibles ceux qui ont fait l'objet d'une procédure de sauvegarde, de redressement ou de liquidation judiciaires (art. L. 723-4 C. com.)[15].

130 **II. Durée du mandat. –** Les juges sont élus pour une durée de *deux ans* pour un premier mandat, puis *quatre ans* par la suite (art. L. 722-6 C. com.).

Ils sont rééligibles. Mais après quatre mandats successifs, ils ne sont plus éligibles pendant un an. Cette disposition a pour but d'éviter que certains juges ne s'incrustent sans laisser à des plus jeunes la possibilité de se faire élire.

131 **III. Statut des juges consulaires. –** Les juges des tribunaux de commerce sont soumis à un statut particulier, lequel a été reformé par la loi n° 2016-1547 du 18 novembre 2016[16]. D'abord (il est important de le souligner), les fonctions sont exercées gratuitement : les juges consulaires ne perçoivent *aucune rémunération*. Ensuite, ils sont tenus de suivre une formation initiale et une formation continue. En troisième lieu, comme pour les magistrats de carrière, il est désormais prévu que les juges consulaires doivent prévenir ou faire cesser d'éventuelles situations de conflit d'intérêts ; ils doivent également remettre une déclaration d'intérêts lors de leur entrée en fonctions. Enfin, ils n'ont pas le droit de faire grève (v. les art. L. 722-18 et s. C. com.).

Pour ce qui est des sanctions disciplinaires, en cas de faute commise par le juge consulaire, elles sont prises par la Commission nationale de discipline (v. les art. L. 724-1 et s. C. com.).

15. Cass. 2e civ., 10 oct. 2002, *D.* 2002.3080.

16. V. aussi le décret n° 2017-1163 du 12 juill. 2017 ; et sur cette réforme, v. B. Rolland, « Justice du XXIe siècle, précisions relatives au statut, à la formation, à la déontologie et aux règles disciplinaires des juges des tribunaux de commerce », *Procédures* 2017, Études 15.

C. ORGANISATION ET FONCTIONNEMENT

132 **Président du tribunal de commerce. –** À la tête du tribunal se trouve placé un président, élu pour *quatre ans*, au scrutin secret, par les juges du tribunal réunis en assemblée générale (art. R. 722-8 C. com.). Le président du tribunal de commerce est investi de nombreuses attributions, quelque peu comparables à celles du président du tribunal de grande instance (*supra*, n° 105). Non seulement, il participe au jugement des affaires en tant que juge, mais il exerce en outre, à titre de président :

— des *fonctions administratives* importantes : direction et organisation des services du tribunal, discipline générale, présidence des assemblées générales. À ce titre, il lui appartient de désigner le vice-président du tribunal (*infra*, n° suivant) et les présidents de chambre (*infra*, n° 134) ; on remarquera que c'est là un pouvoir que n'a pas le président du tribunal de grande instance ;

— des *fonctions juridictionnelles* qui lui sont propres. Notamment, il rend des ordonnances sur requête (assignation à bref délai et autorisation en matière de mesure conservatoire commerciale). Enfin et surtout, on se gardera d'oublier que le président du tribunal de commerce est juge des référés en matière commerciale (art. 872 et 873 C. pr. civ. ; sur la procédure de référé, cf. *supra*, n° 105).

133 **Vice-président du tribunal de commerce. –** Le président du tribunal de commerce est assisté d'un vice-président appelé à le suppléer en cas d'empêchement. Il est désigné, non pas par l'assemblée générale du tribunal, mais par le président lui-même, parmi les juges du tribunal ayant déjà exercé des fonctions judiciaires depuis trois ans au moins (art. R. 722-11 C. com.). À la différence de ce que nous avons pu observer devant les tribunaux de grande instance, le titre de « vice-président » n'est pas attribué aux présidents de chambre (*supra*, n° 107). Devant les tribunaux de commerce, ce titre est attribué à un juge qui a la confiance du président du tribunal et dont il est pour cette raison le collaborateur direct et immédiat. C'est d'ailleurs pourquoi il est choisi exclusivement par lui ; et c'est aussi la raison pour laquelle cette désignation, qui a lieu dans la première quinzaine du mois de janvier, peut être modifiée en cours d'année.

134 **Chambres du tribunal. –** Lorsque le tribunal comporte un nombre de juges suffisant, il est, comme toute juridiction, divisé en chambres spécialisées dont le nombre varie selon l'importance du tribunal. Chacune des chambres est placée sous la responsabilité d'un *président de chambre* : celui-ci est désigné chaque année par le président du tribunal de commerce, après avis de l'assemblée générale, parmi les juges ayant exercé des fonctions au sein du tribunal pendant au moins trois ans.

135 **Formations juridictionnelles du tribunal. –** Pour connaître des affaires qui lui sont soumises et prononcer une décision, le tribunal se réunit « en formation de jugement » : celle-ci est impérativement composée de juges en *nombre impair*. En règle générale, ils sont au nombre de trois. Mais dans certains cas prévus par la loi, il pourrait arriver que le tribunal statue à juge unique. Et inversement, rien ne s'opposerait pas à ce que la formation de jugement soit composée d'un nombre de

juges supérieur, l'essentiel étant qu'ils soient en nombre impair pour que puisse se dégager une majorité (5 par exemple)[17].

Les affaires sont débattues et les jugements rendus en *audience publique* : le principe de la publicité des débats est en effet une règle fondamentale applicable devant toutes les juridictions (*infra*, n°s 588). Toutefois, dans les cas exceptionnels où la loi écarte formellement la publicité des débats, le tribunal de commerce doit alors tenir audience en « chambre du conseil » (comme le tribunal de grande instance, *supra*, n° 109) : ainsi en est-il par exemple pour certaines questions en matière de redressement et de liquidation judiciaires des entreprises.

136 **Formation administrative du tribunal : assemblée générale. –** Comme toute juridiction, le tribunal peut se réunir en assemblée générale : on appelle ainsi la formation qui consiste à réunir tous les juges du tribunal.

Cette formation n'a aucune fonction juridictionnelle : son seul rôle est de nature administrative. L'assemblée générale délibère sur toutes les questions qui peuvent concerner l'administration du tribunal. Toutefois, si l'on compare l'assemblée générale du tribunal de commerce à celle du tribunal de grande instance (*supra*, n° 110), on constatera que ses attributions sont plus étendues : en particulier, il lui appartient d'élire le président du tribunal et de donner son avis sur la désignation des présidents de chambre.

Pour chaque assemblée générale, un *bureau* est constitué. Il est chargé de veiller au bon fonctionnement de l'assemblée.

D. CONTROVERSES ET PROJETS DE RÉFORME

137 **Les éléments de la controverse. –** Il est classique de se demander s'il est opportun de maintenir des juridictions spécialisées pour juger les affaires commerciales : ne pourrait-on pas confier le jugement de telles affaires aux tribunaux de grande instance[18] ?

I. – Les partisans des tribunaux de commerce invoquent plusieurs arguments. La justice rendue par ces tribunaux, fait-on remarquer, est *plus rapide* que la justice civile ; et de surcroît, elle est *moins onéreuse*. En outre, ajoute-t-on, la justice commerciale présente des qualités de *technicité* pour la simple raison que les juges sont

17. Devant les tribunaux de commerce, la règle de l'imparité est une innovation introduite pour la première fois par la loi n° 87-550 du 16 juill. 1987. Auparavant, il était admis que, pour les affaires susceptibles de se prolonger durant plusieurs jours, le tribunal avait la possibilité de s'adjoindre un quatrième juge ; et en cas de partage égal des voix, celle du président était prépondérante. On expliquait cette dérogation à la règle traditionnelle de l'imparité en soulignant que les juges ayant leurs propres activités professionnelles, ils pouvaient être empêchés de siéger certains jours ; de là, pour éviter que de tels empêchements ne paralysent le cours de la justice, la faculté de s'adjoindre un quatrième juge afin que, en toutes circonstances, il y ait toujours au moins trois juges. Cette règle est aujourd'hui abandonnée : les tribunaux de commerce ne dérogent plus désormais à la règle de principe de l'imparité. Mais avec toutefois cette particularité que la formation de jugement peut comporter 5 juges.

18. Sur cette controverse, cf. H. Solus et R. Perrot, *Droit judiciaire privé*, tome I, n° 620 ; Hamel, Lagarde et Jauffret, *Droit commercial*, 2e éd., t. I, n° 65 ; *adde*, le discours de M. le Président Cesselin à la *Conférence des tribunaux de commerce* en 1975, *Les Petites Affiches*, n° 131 du 19 nov. 1975 ; H. Jannic, « À quoi servent les Tribunaux de commerce ? », *Expansion*, avr. 1975.

des commerçants rompus à la vie des affaires et qui connaissent mieux les usages du commerce que les magistrats de carrière. Enfin dit-on, la justice commerciale est essentiellement *conciliatrice*, car l'esprit et le sens pratique des juges des tribunaux de commerce les inciteront souvent à conseiller aux parties une conciliation ou une transaction ; parfois même, ils la susciteront.

II. – Mais les adversaires des tribunaux de commerce soulignent, en premier lieu, que la juridiction commerciale n'offre *pas toujours des garanties suffisantes* ni du point de vue juridique (car ce ne sont pas forcément des juristes), ni même du point de vue de la stricte objectivité, car, fait-on observer, les jugements sont rendus par des commerçants, parfois de la même profession que celle des parties, et donc éventuellement par des concurrents ou des amis.

Partant de cette idée, on ajoute qu'il ne faut pas nourrir trop d'illusions sur les mérites propres de la juridiction consulaire. Se référant aux enseignements du droit comparé, on fait remarquer que dans beaucoup de pays où les activités commerciales sont importantes, les tribunaux de commerce n'existent pas ou ont été supprimés (par exemple : aux États-Unis, aux Pays-Bas et en Italie).

III. – En l'état actuel de la controverse, *il n'est pas question en France de supprimer les tribunaux de commerce*. Non seulement les commerçants y sont très attachés, mais il faut rendre hommage à l'activité de certains tribunaux de commerce. De plus, leur suppression entraînerait un reflux considérable d'affaires vers les tribunaux de grande instance et, du même coup, un encombrement de ces derniers.

En revanche, un vent de réformes souffle de façon récurrente, et parfois avec une certaine insistance.

138 **La voie des réformes ? –** Certains projets ont déjà reçu un début de consécration législative, tandis que d'autres restent en débat[19].

a) La première réforme envisagée consistait à remanier la carte judiciaire afin de *supprimer les petits tribunaux de commerce* pour ne laisser subsister que les plus importants d'entre eux, dans les grandes métropoles commerciales. Cette réforme a trouvé sa réalisation dans trois décrets successifs, en 1999, en 2005 et plus récemment avec le décret n° 2008-146 du 15 février 2008, dans les conditions qui ont été précédemment exposées (*supra*, n° 122).

Dans le même ordre d'idées, on notera que tous les tribunaux de commerce d'un département ne sont pas compétents pour se prononcer sur les sauvegardes, redressements et liquidations judiciaires des entreprises en difficulté : depuis une loi du 26 juillet 2005, la compétence en cette matière est réservée uniquement à certains tribunaux de commerce (art. L. 610-1 C. com.), choisis parmi les plus importants et les mieux équipés en personnel (décr. du 20 févr. 2006). En cette matière particulièrement complexe, il est apparu nécessaire de ne confier cette tâche qu'à de grands tribunaux de commerce solidement équipés en personnel et suffisamment éloignés des justiciables qui en sont l'objet.

19. V. notamment les conclusions du rapport d'information de l'Assemblée nationale sur *Le rôle de la justice en matière commerciale* du 24 avr. 2013 ; et sur ce rapport, v. Y. Chaput, « Quelles réformes pour la justice commerciale ? », dossier « La justice : quelles politiques ? », *Cahiers français* 2013, n° 377, p. 59 et s.

b) En outre, depuis la loi Macron du 6 août 2015, des tribunaux de commerce spécialement désignés connaissent des procédures de sauvegarde, de redressement et de liquidation judiciaires des entreprises commerciales ou artisanales d'une taille importante ainsi que des procédures collectives transfrontières (art. L. 721-8 C. com.). Leur nombre a été fixé à dix-huit sur l'ensemble du territoire national[20].

c) Un autre projet de plus vaste envergure concerne la *composition des tribunaux de commerce*. Afin de remédier à certains dysfonctionnements sérieux, révélés par des enquêtes de l'inspection des finances et des services judiciaires, spécialement en matière de difficultés des entreprises, un projet avait été élaboré qui tendait à introduire ce que les textes ont appelé la *« mixité »*, c'est-à-dire une formule consistant à confier la présidence de certaines chambres du tribunal à des magistrats de carrière, avec pour assesseurs des juges consulaires élus.

Cette formule originale, – que l'on appelle couramment l'échevinage –, existe dans de très nombreux pays étrangers (en Belgique, en Allemagne, en Autriche et en Norvège), et même en France dans les trois départements alsaciens-mosellans, pour ne prendre que ces quelques exemples. Elle aurait, dit-on, le mérite d'équilibrer les avantages et les inconvénients actuels des tribunaux de commerce : la rectitude juridique serait assurée par la présence d'un magistrat de carrière et la technicité par la présence des assesseurs commerçants. À vrai dire, en France, l'idée n'est pas nouvelle. Déjà en 1982, un projet en ce sens avait été élaboré. Mais à l'époque, il suscita de tels remous dans les milieux d'affaires et parmi les juges consulaires en fonction que, finalement, il fut abandonné[21]. Le problème a été de nouveau relancé en 1998 à la suite de plusieurs affaires retentissantes qui mirent en évidence des pratiques délictueuses à propos notamment de la liquidation des entreprises en difficulté[22]. Et l'on pouvait penser que cette fois la réforme serait menée à son terme. Mais de nouveau, et comme en 1983, elle se heurta à la résistance des milieux d'affaires et des juges consulaires en place qui manifestèrent leur intention de bouder une fonction dont ils n'auraient plus l'entière maîtrise[23].

Ce projet est actuellement abandonné. On constatera simplement que la France est aujourd'hui l'un des très rares pays à connaître une juridiction commerciale composée exclusivement de commerçants élus.

20. V. le décret n° 2016-217 du 26 févr. 2016 (figure dans la liste également une chambre commerciale spécialisée du TGI de Strasbourg).

21. À titre d'exemple des résistances auxquelles le projet s'était heurté, on pourra consulter les travaux de la *Conférence générale des tribunaux de commerce* qui s'était tenue à Nantes, le 18 nov. 1983 (*Gaz. Pal.* 18 déc. 1983). On ajoutera que le président du tribunal de commerce de Paris (en exercice à cette époque) avait démissionné de sa fonction avec fracas pour protester contre les projets en cours. – *Adde*, la Réponse ministérielle n° 43900 (*JO Ass. nat.* 16 juill. 1984, p. 3359, *JCP* 1984.IV.300) annonçant le retrait de la réforme en invoquant des raisons budgétaires qui n'ont trompé personne.

22. Hervé Gattegno, « Les tribunaux de commerce à nouveau en crise », in *Le Monde*, 1er août 1998 ; *adde*, l'éditorial du journal *Le Monde* du 19 juill. 2000 (p. 12) intitulé « Une justice commerciale juste ».

23. L'annonce de la réforme provoqua la démission immédiate de nombreux juges consulaires en exercice (700 sur 3 200), paralysant ainsi le fonctionnement de certains tribunaux de commerce.

§ 4. CONSEILS DE PRUD'HOMMES

139 **Définition. –** Le conseil de prud'hommes est une juridiction dont le rôle est de concilier et de juger les litiges individuels nés d'un contrat de travail ou d'apprentissage. Si, par exemple, un employé a été licencié sans cause réelle et sérieuse, il peut demander réparation du dommage qui lui a été causé en saisissant le conseil de prud'hommes.

Cette appellation curieuse, et quelque peu archaïque, vient de ce qu'il est fait appel à des juges qui doivent être des hommes sages, des « hommes prudents » (au sens latin du terme). On suggère parfois de remplacer cette appellation par l'expression plus évocatrice de « tribunal du travail ».

140 **Origine et évolution. –** L'origine des conseils de prud'hommes se situe à Lyon dans le milieu des « soyeux ». Sous l'Ancien Régime, il existait dans cette ville une juridiction paritaire chargée de concilier et de juger les différends entre les fabricants de soierie et leurs ouvriers. Cette institution avait été supprimée par la Révolution française, au motif qu'elle était d'inspiration corporatiste. Mais, en 1805, lors d'un voyage de Napoléon à Lyon, une requête fut adressée à l'empereur tendant au rétablissement de cette juridiction. Celui-ci fut séduit par l'idée et, dès son retour à Paris, il fit promulguer la *loi du 18 mars 1806*, laquelle décida de créer un conseil de prud'hommes à Lyon. Mais cette même loi décidait, en outre, que pareil tribunal pourrait être institué partout où, en raison de l'activité du commerce et de l'industrie, le gouvernement jugerait convenable d'en installer.

Depuis lors, les conseils de prud'hommes ont proliféré. Mais la réforme de la carte judiciaire en 2008 a entraîné la suppression de 62 conseils de prud'hommes, de telle sorte que, actuellement, il n'existe plus en France que 210 conseils de prud'hommes.

141 **Textes et plan. –** Le statut juridique des conseils de prud'hommes est régi par des textes qui figurent dans le Code du travail, tant pour sa partie législative (art. L. 1411-1 et s.), que pour sa partie réglementaire (art. R. 1412-1 et s.).

Ces textes ont été remaniés de très nombreuses fois, notamment à la suite de la loi Macron du 6 août 2015 et du décret nº 2016-660 du 20 mai 2016[24].

On étudiera les conseils de prud'hommes en insistant sur les traits caractéristiques de cette juridiction ; à savoir : sa compétence (A), son rôle (B), sa composition (C) et, enfin, son organisation et son fonctionnement (D).

A. COMPÉTENCE

142 **Litiges nés d'un contrat de travail ou d'apprentissage. –** La compétence des conseils de prud'hommes se limite aux litiges qui sont nés à l'occasion d'un contrat de travail, auquel on assimile tout naturellement le contrat d'apprentissage.

Cette condition se révèle souvent d'une application malaisée. On peut en effet hésiter pour savoir si le contrat litigieux est bien un contrat de travail et, dans cette

24. « Les prud'hommes, quelle réforme ? », *Les cahiers de la justice* 2015/2, dossier p. 155 et s.

mesure, si le différend a un rapport direct avec ce contrat. Il peut arriver parfois que, dans les rapports entre employeurs et salariés, s'établissent des situations juridiques qui sont étrangères au contrat de travail : lorsque, par exemple, un employeur prête de l'argent à son employé, le contrat de travail n'est plus en cause ; mais si le salarié reçoit la jouissance d'un logement de fonction et si un litige survient à ce sujet, on peut s'interroger sur le point de savoir si ce différend se rattache au contrat de travail. Le moment n'est pas venu d'examiner ce problème délicat. Pour l'instant, on retiendra simplement que le conseil de prud'hommes n'est compétent que s'il existe entre le litige et le contrat de travail un rapport direct.

Dans cette limite :

a) La profession importe peu : tous les litiges individuels nés d'un contrat de travail sont soumis à la juridiction prud'homale (art. L. 1411-1 et s. C. trav.).

b) Il n'y a pas lieu de tenir compte du montant de la demande : le conseil de prud'hommes est compétent sans la moindre limitation quantitative.

143 **Litiges de nature individuelle. –** Le conseil de prud'hommes n'est compétent que si le litige oppose un employeur déterminé à un salarié déterminé.

Il est bon de le souligner, car bien souvent les relations de travail donnent lieu à des conflits de nature collective : grève, *lock-out*. Ces conflits ne relèvent pas de la compétence prud'homale. Ils peuvent simplement donner lieu à des procédures spéciales (conciliation, médiation, arbitrage) réglementées par les articles L. 2521-1 et suivants C. trav. Les conseils de prud'hommes ne peuvent pas en effet intervenir dans ce genre de conflits qui prennent souvent le caractère d'une épreuve de force.

B. RÔLE

144 **Importance de la conciliation. –** Les conseils de prud'hommes ont pour fonction de juger les litiges dont ils sont saisis : ils rendent en effet des jugements ayant autorité de chose jugée. Mais ils ont aussi et surtout pour rôle de *concilier* les parties. On peut même dire que c'est là leur rôle primordial : la conciliation est de l'essence même de la juridiction prud'homale, le jugement n'intervenant qu'à défaut de conciliation.

On le comprend aisément : le jugement est une solution d'autorité qui laisse bien des ressentiments et qui malheureusement n'intervient parfois qu'après de longs délais. Or, en cette matière, où très souvent les salariés sont des gens de condition modeste et où ce genre d'incident peut dégénérer en un conflit collectif, il est de l'intérêt de tous d'essayer d'obtenir rapidement un arrangement amiable qui permettra de faire l'économie d'un contentieux irritant.

Il semble toutefois que le nombre des litiges qui se terminent par une conciliation devant le bureau de conciliation et d'orientation n'excède guère 5 à 6 %.

145 **Conséquences procédurales. –** L'importance attachée à la conciliation explique une particularité tout à fait remarquable de la procédure devant les

conseils de prud'hommes : à savoir, la division de l'instance en deux phases très nettement distinctes :

a) Toute demande portée devant un conseil de prud'hommes doit d'abord être soumise à une formation spéciale de ce conseil que l'on appelle le *bureau de conciliation et d'orientation*, lequel a notamment pour mission de rechercher un arrangement amiable. Cette formation particulière est composée de deux membres : un conseiller prud'homme salarié et un conseiller prud'homme employeur.

Aucune affaire en principe ne peut être jugée sans une tentative préalable de conciliation : cette règle est d'ordre public[25].

b) En cas d'échec, l'affaire est alors portée devant une autre formation que l'on appelle le *bureau de jugement* dont le rôle est de juger l'affaire. Cette formation comprend quatre membres : deux conseillers prud'hommes salariés et deux conseillers prud'hommes employeurs.

C. COMPOSITION

146 **Vue d'ensemble. –** L'effectif de chaque conseil de prud'hommes est fixé par décret : le nombre des juges, que l'on appelle des « conseillers prud'hommes », varie selon l'importance du conseil et le volume des affaires à juger.

Mais il convient de retenir surtout que le conseil de prud'hommes est une juridiction paritaire, comprenant à égalité des conseillers prud'hommes employeurs et des conseillers prud'hommes salariés.

147 **I. Juges exclusivement élus : abrogation –** Les conseillers prud'hommes, depuis 1979, étaient élus directement pour un mandat de cinq ans renouvelable[26]. Les élections avaient lieu à la représentation proportionnelle au sein de deux collèges distincts : le collège des employeurs et le collège des salariés, eux-mêmes subdivisés en autant de sous-collèges qu'il y avait de sections distinctes (sur les sections, *infra*, n° 151). L'élection a été remplacée par la désignation dont l'ordonnance n° 2016-388 du 31 mars 2016 fixe les modalités (v. les art. L. 1441-1 et s. C. trav.). La désignation est fondée sur l'audience des syndicats et organisations professionnelles, recueillie dans le cadre de la mise en œuvre de la représentativité syndicale et patronale. Les conseillers prud'hommes sont ensuite nommés conjointement par le garde des Sceaux et le ministre chargé du travail sur proposition des organisations syndicales et professionnelles. La durée du mandat est de quatre ans.

148 **II. Juridiction paritaire. –** La parité entre, d'une part, les conseillers prud'hommes salariés et, d'autre part, les conseillers prud'hommes employeurs est une règle essentielle. La loi ne veut pas qu'un élément puisse l'emporter sur l'autre. Cette préoccupation tout à fait légitime entraîne deux règles particulières,

25. Cass. soc., 23 janv. 1959, *JCP* 1959.II.11505, *Rev. trim. dr. civ.* 1959.584, obs. P. Hébraud.

26. Mais avant une loi du 6 mai 1982, la durée du mandat était de six ans, et chaque conseil de prud'hommes se renouvelait par moitié tous les trois ans.

spécifiques à la juridiction prud'homale, qui attestent la nécessité d'une parité absolue :

a) L'*alternance de la présidence*. À la tête du conseil de prud'hommes se trouve placé un président, assisté d'un vice-président, élus l'un et l'autre pour un an par l'assemblée générale. Mais si le président est un conseiller prud'homme employeur, le vice-président doit être un conseiller prud'homme salarié, et inversement. En outre, l'alternance doit être observée d'année en année, de telle sorte que si une année le président est un conseiller prud'homme employeur, l'année suivante le président sera un conseiller prud'homme salarié (art. L. 1423-4 C. trav.).

b) Afin de maintenir la parité, le bureau de jugement se compose de *deux conseillers prud'hommes employeurs et deux conseillers prud'hommes salariés*. Quant au bureau de jugement dans sa composition restreinte (art. L. 1423-13 C. trav.), il comprend un conseiller employeur et un conseiller salarié (il en est de même de la formation de référé).

Mais la question se pose alors de savoir comment peut se dégager une majorité s'il y a partage égal des voix. Il serait inconcevable que le président, qui est soit un conseiller prud'homme salarié, soit un conseiller prud'homme employeur, puisse avoir voix prépondérante. En pareil cas, l'affaire devra donc être renvoyée dans le plus bref délai devant le même bureau de jugement, présidé cette fois par un juge du tribunal du TGI. Ce juge, – que l'on appelle le *« juge départiteur »* (art. L. 1454-2 C. trav.) –, a en principe pour mission de se rallier à l'une des deux solutions en présence pour dégager une majorité dans un sens ou dans l'autre. Mais en fait, rien ne lui interdit d'essayer de suggérer une tierce solution qui aurait l'agrément d'une majorité. Et c'est d'ailleurs souvent ainsi qu'il conçoit sa mission. Depuis la loi du 6 août 2015, l'affaire, en cas d'échec de la conciliation, peut directement être renvoyée devant le bureau de jugement présidé par le juge du TGI (art. L. 1454-1-1 C. trav.).

149 **III. Statut des conseillers prud'hommes. –** Les conseillers prud'hommes sont de véritables juges au sens plein du terme (art. L. 1421-2 C. trav.). À ce titre, ils sont soumis en règle générale à toutes les obligations et charges professionnelles qui pèsent sur les magistrats de carrière : non-ingérence dans les pouvoirs législatif et exécutif (*supra*, n°s 22 et s.), obligation de juger sous peine de déni de justice (*supra*, n° 63), récusation éventuelle en cas d'intérêt dans la contestation ou de parenté avec l'une des parties (*infra*, n° 410), etc.

Mais cela dit, on ne saurait oublier que les conseillers prud'hommes (comme les juges consulaires) exercent parallèlement une activité professionnelle. Cette situation particulière ne va pas sans poser des problèmes.

En ce qui concerne *les conseillers prud'hommes salariés :* ils sont réputés « salariés protégés » et, de ce fait, ils ne peuvent pas être licenciés sans l'accord de l'inspecteur du travail[27]. En outre, ils peuvent s'absenter de leur travail pour le temps nécessaire à l'exercice de leur fonction de conseillers prud'hommes. Dans ce cas, l'entreprise doit continuer à les rémunérer intégralement, étant précisé que l'État rembourse mensuellement à l'entreprise le montant des heures pendant lesquelles le salarié s'est absenté. Enfin, le temps consacré à l'exercice de la fonction

27. Sur la sanction en cas de violation du statut protecteur du conseiller prud'homme salarié : Cass. soc., 7 juin 2005, *D.* 2005, IR, p. 1733.

prud'homale en dehors des heures de travail est rémunéré par une indemnité de vacation payée directement par l'État[28].

En ce qui concerne les *conseillers prud'hommes employeurs*, le temps consacré à l'exercice de ces fonctions leur est également payé, mais d'une autre manière : avant 8 heures et après 18 heures ou s'ils ont cessé leur activité professionnelle, au même taux que les indemnités de vacation allouées aux conseillers prud'hommes salariés et, entre 8 et 18 heures, à ce même taux multiplié par deux (car il s'agit là d'un temps distrait à leur propre entreprise).

Tous les conseillers suivent une formation initiale et une formation continue organisées et financées par l'État (art. L. 1442-1 C. trav.). En cas de faute disciplinaire, une Commission nationale de discipline pourra être saisie et prononcer des sanctions (v. ici les art. L. 1442-11 et s. C. trav.).

D. ORGANISATION ET FONCTIONNEMENT

150 **Implantation territoriale. –** Jusqu'à une époque récente, il n'était institué de conseils de prud'hommes que dans les régions où la nécessité l'imposait : dans chaque cas, un décret fixait le siège et le ressort territorial du conseil de prud'hommes institué. Il en résultait que, dans certaines régions, il n'y avait aucun conseil de prud'hommes ; dans ce cas, les litiges relevant de la compétence de cette juridiction étaient portés devant le tribunal d'instance, statuant « en matière prud'homale ».

Désormais, il n'en est plus ainsi. Depuis la loi n° 79-44 du 18 janvier 1979, il existe *« au moins un conseil de prud'hommes dans le ressort de chaque tribunal de grande instance »* (art. L. 1422-1, al. 1, C. trav.) : ce qui revient à dire qu'aucune enclave du territoire français n'échappe à cette juridiction. En revanche, rien ne s'opposerait à ce que, dans le ressort d'un même tribunal de grande instance, fussent institués plusieurs conseils de prud'hommes « pour des raisons d'ordre géographique, économique et social » (art. L. 1422-1, al. 2, C. trav.) : tel est le cas dans les régions à forte concentration industrielle où les litiges entre employeurs et salariés sont nombreux.

De toute manière, par décret pris en Conseil d'État et après consultation de divers organismes, il est possible de créer ou de supprimer certains conseils de prud'hommes, en fonction des besoins ; et de même ; le ressort territorial d'un conseil de prud'hommes ainsi que son siège peuvent être modifiés par voie de décret. Cette formule donne une très grande souplesse à l'implantation territoriale de la juridiction prud'homale.

151 **Division en « sections ». –** Les conseils de prud'hommes ont pour originalité d'être divisés en « sections » qui correspondent, chacune, à des activités professionnelles de nature différente. Depuis la loi du 18 janvier 1979, tout conseil de prud'hommes comporte cinq sections : la section de l'encadrement, la section de l'industrie, la section du commerce et des services commerciaux, la section de l'agriculture[29] et la section des activités diverses (art. R. 1423-1 C. trav.). Chaque

28. Le taux des vacations est actuellement de 7,10 € l'heure (art. D. 1423-56 C. trav.).

29. La section agricole présente toutefois une particularité : lorsque, dans le ressort d'un tribunal de grande instance, il y a plusieurs conseils de prud'hommes, il est constitué une *section agricole unique* pour l'ensemble du ressort de ce tribunal ; elle est rattachée au conseil de prud'hommes dont le siège est celui dudit tribunal (art. R. 1423-2, C. trav.).

section comprend au moins quatre conseillers prud'hommes employeurs et quatre conseillers prud'hommes salariés.

Cette division s'explique par le fait que, dans le domaine du droit du travail, les règles applicables (usages, conventions collectives) varient très sensiblement selon les professions ; pour cette raison, un conseiller prud'hommes agriculteur, par exemple, serait mal placé pour juger un différend concernant un cadre salarié d'une entreprise industrielle ; et inversement. De là, une spécialisation nécessaire à l'intérieur de chaque conseil.

En matière prud'homale, cette spécialisation est poussée très loin. En effet, à la différence des chambres d'un tribunal dont il a été dit précédemment que chacune d'elles était l'organe du tribunal tout entier (*supra*, n° 107), chaque *« section », à l'intérieur d'un même conseil de prud'hommes, constitue une véritable juridiction autonome* ayant son président et son vice-président (art. L. 1423-1 C. trav.). Il en résulte que la section du commerce, par exemple, serait incompétente pour statuer sur un litige opposant un employé agricole à son employeur.

En revanche, à l'intérieur d'une même section, importante par le nombre des affaires à juger, rien ne s'oppose à une *subdivision en chambres* (art. R. 1423-8 C. trav.), chacune d'elles étant cette fois l'organe de la section tout entière. Dans ce cas, si une même section est subdivisée en plusieurs chambres, l'une d'elles doit être constituée spécialement pour connaître des litiges relatifs aux licenciements pour motif économique (art. R. 1423-9 C. trav.).

152 **Président et vice-président. –** À la tête de chaque conseil de prud'hommes il y a un président, que l'on appelle parfois le « président général », pour bien marquer la différence avec le président de chaque section. Le président est assisté d'un vice-président.

L'un et l'autre sont élus pour un an par l'assemblée générale (*infra*, n° 153). Mais on rappellera la règle fondamentale de l'alternance annuelle qui, pour respecter le principe de la parité, veut que l'année où le président est un conseiller prud'-homme employeur, le vice-président soit un conseiller prud'homme salarié ; et inversement (*supra*, n° 148).

À la différence des présidents des autres juridictions, le président du conseil de prud'hommes n'exerce aucune fonction juridictionnelle propre : notamment, il n'est pas juge des référés. Le caractère paritaire de la juridiction prud'homale interdit en effet que le président qui appartient soit à la catégorie des employeurs, soit à la catégorie des salariés, puisse rendre seul une décision juridictionnelle. Dans ces conditions, le président du conseil de prud'hommes n'a que des attributions purement administratives : organisation intérieure du conseil, discipline, répartition des affaires entre les différentes sections, etc.

153 **Les différentes formations. –** Le conseil de prud'hommes peut se réunir en différentes formations.

I. – La seule formation administrative est l'*assemblée générale*, c'est-à-dire, la réunion de tous les conseillers prud'hommes. Son rôle est important. On sait qu'elle désigne le président et le vice-président. En outre, il lui appartient d'élaborer le règlement intérieur du conseil et de proposer éventuellement la constitution de nouvelles chambres (art. R. 1423-10 C. trav.).

II. – Les formations juridictionnelles, c'est-à-dire celles qui sont appelées à juger, sont les suivantes :

a) Les « *bureaux* ». Aux termes de l'article R. 1423-34 C. trav., chaque section du conseil de prud'hommes ou, lorsque celle-ci est subdivisée en chambres, chacune des chambres comprend au moins un bureau de conciliation et d'orientation et un bureau de jugement.

Le *bureau de conciliation et d'orientation*, composé d'un conseiller prud'homme employeur et d'un conseiller prud'homme salarié, a pour mission de tenter une conciliation préalable entre les parties. Mais il a également pour mission de mettre l'affaire en état et prendre certaines décisions provisoires importantes ; par exemple, ordonner le versement d'une provision ou la remise sous astreinte d'un certificat de travail ou d'un bulletin de paye (art. R. 1454-14 et 15 C. trav.).

Le *bureau de jugement*, composé de deux conseillers prud'hommes employeurs et de deux conseillers prud'hommes salariés est la formation qui statue définitivement sur le fond du litige lorsque la tentative de conciliation a échoué. Il s'agit là de sa composition de droit commun. À celle-ci s'ajoutent le bureau de jugement dans sa composition restreinte (un conseiller employeur et un conseiller salarié), le bureau de jugement composé de quatre conseillers et présidé par le juge du TGI et, aux fins de départage, le bureau de jugement de droit commun ou dans sa composition restreinte présidé par le juge départiteur (art. R. 1423-35 C. trav.).

b) La *formation des référés*. Au sein de chaque conseil de prud'hommes existe une formation de référé commune à l'ensemble des sections (art. R. 1455-1 C. trav.). Cette formation est composée d'un conseiller prud'homme salarié et d'un conseiller prud'homme employeur, désignés chaque année par l'assemblée générale ; elle est chargée de pourvoir aux mesures qu'impose l'urgence.

On constatera par conséquent que la procédure des référés existe en matière prud'homale. Mais comme, en raison du principe de parité, il était impossible d'attribuer cette fonction au président (*supra*, n° 148), il a fallu créer une formation paritaire spéciale.

154 **Appréciation d'ensemble. –** Les conseils de prud'hommes rendent de réels services, grâce à la connaissance des différends à juger que possèdent les conseillers prud'hommes et aussi à leur souci de les concilier. On doit constater néanmoins qu'ils font l'objet d'un certain nombre de critiques dont certaines sont malheureusement justifiées.

On leur reproche notamment une excessive lenteur : certains conseils méditent parfois leurs décisions pendant des mois[30] ! À vrai dire, il est difficile d'en faire reproche aux conseillers prud'hommes qui – il ne faut pas l'oublier – exercent parallèlement une activité professionnelle souvent très prenante. Cette situation n'en est pas moins fort regrettable si l'on considère que, dans la plupart des cas, les différends soumis aux conseils de prud'hommes exigeraient une solution rapide.

30. D'où les réformes de la procédure prud'homale en 2015 et 2016, précédées du rapport Lacabarats en juillet 2014 et suivies du rapport Rostand en avril 2017 (v. Th. Lahalle, « Réforme prud'homale : premier bilan. À propos du rapport Rostand du 28 avril 2017 », *JCP* 2017, 634, p. 1082). En 2015, la durée moyenne des procès était de 14 mois.

En outre, on doit reconnaître que parfois la rédaction des jugements est défectueuse et que certains secrétariats aggravent encore cette situation en notifiant les décisions rendues avec beaucoup de retard.

§ 5. TRIBUNAUX PARITAIRES DES BAUX RURAUX

155 **Généralités. –** Depuis près d'un demi-siècle, la matière des baux (baux d'habitation, baux commerciaux, baux ruraux) donne lieu à une abondante législation qui suscite de nombreux litiges. Le bail rural, – par lequel le propriétaire d'une terre (que l'on appelle le « bailleur ») loue celle-ci à un fermier ou à un métayer (que l'on appelle le « preneur ») qui l'exploitera à son profit moyennant une redevance versée au bailleur –, crée une situation juridique assez particulière qui se situe aux confins du contrat de bail et du contrat de travail. Les rapports entre bailleurs et preneurs provoquent un irritant contentieux (litiges sur le montant du fermage, sur le renouvellement du bail, etc.) pour la solution duquel le législateur a cru devoir instituer une juridiction spéciale que l'on appelle le tribunal paritaire des baux ruraux (art. L. 492-1 à L. 492-9 C. rural).

Cette juridiction a une courte histoire. Son origine remonte à une loi du gouvernement de Vichy en date du 4 septembre 1943 qui, dans le cadre de sa politique corporatiste, avait créé des commissions paritaires de conciliation et de jugement composées de bailleurs et de fermiers élus par les sections cantonales des syndicats agricoles. À la Libération, une ordonnance du 4 décembre 1944 réorganisa l'institution en y apportant des modifications sensibles : d'une part, la présidence fut attribuée à un magistrat de carrière et, d'autre part, l'ordonnance institua deux degrés de juridiction : une commission de première instance présidée par un juge de paix, et une commission paritaire d'arrondissement présidée à l'époque par le président du tribunal civil.

Le décret n° 58-1293 du 22 décembre 1958 devait donner à cette juridiction la structure que nous lui connaissons aujourd'hui, au prix d'une importante réforme : le décret de 1958 supprima les tribunaux paritaires d'arrondissement qui, autrefois, jouaient le rôle de juridiction d'appel ; désormais par conséquent, les tribunaux paritaires des baux ruraux n'existent qu'au premier degré, l'appel de leurs décisions étant porté devant la chambre sociale de la cour d'appel.

156 **Organisation. –** Il existe un tribunal paritaire des baux ruraux au siège de chaque tribunal d'instance : le ressort territorial de ce tribunal est donc identique à celui du tribunal d'instance.

On remarquera le parallélisme entre les deux juridictions. Le rapprochement est d'autant plus justifié que le tribunal paritaire des baux ruraux est présidé par un juge du tribunal d'instance, assisté de quatre assesseurs : deux représentants des bailleurs et deux représentants des preneurs. En d'autres termes, *le tribunal paritaire des baux ruraux est organisé dans le sillage du tribunal d'instance*, la seule différence consistant à lui adjoindre des assesseurs élus.

Ce parallélisme conduit à trois observations qui soulignent la spécificité du tribunal paritaire des baux ruraux :

a) D'une part, cette juridiction est composée de *juges élus* : les bailleurs et les preneurs qui siègent en tant qu'assesseurs du juge d'instance. La durée du mandat est de six ans.

Pour être électeur, il faut avoir la nationalité française (ou être ressortissant d'un État membre de l'Union européenne), être âgé d'au moins 18 ans, avoir son domicile ou sa résidence dans le ressort du tribunal et, enfin, avoir la jouissance de ses droits civils, civiques et professionnels (art. L. 492-2 C. rural). Pour être éligible, il faut, en outre, être âgé de 26 ans au moins et posséder depuis cinq ans au moins la qualité de bailleur ou de preneur (art. L. 492-2 C. rural).

b) D'autre part, cette juridiction a une *composition paritaire* : les bailleurs et les preneurs figurent à égalité, leurs représentants étant élus au sein de collèges distincts.

c) Enfin et surtout, le tribunal paritaire des baux ruraux a une *structure échevinale*. À la différence des tribunaux de commerce et des conseils de prud'hommes où ne siège aucun magistrat de carrière[31], le tribunal paritaire des baux ruraux est présidé par un juge du tribunal d'instance.

Au sein de ce tribunal, le juge d'instance occupe une place importante. Non seulement, il lui appartient de statuer au provisoire, en tant que juge des référés si des mesures d'urgence paraissent devoir s'imposer, mais en outre, il peut être appelé à statuer sur le fond du litige si le tribunal paritaire des baux ruraux ne peut pas se réunir au complet, ou encore, s'il se trouve dans l'impossibilité de fonctionner par suite de la carence des assesseurs. Et cela, parce que le mauvais fonctionnement du tribunal dans sa formation normale ne doit pas paralyser le cours de la justice. Mais autant dire alors que, dans ce cas, le tribunal paritaire des baux ruraux se confond pratiquement avec le tribunal d'instance.

157 **Fonctionnement**. – Le tribunal paritaire des baux ruraux peu se subdiviser en deux sections : l'une pour juger les baux à ferme et l'autre pour statuer sur les baux à métayage. Dans ce cas, les assesseurs (bailleurs et preneurs) siègent dans la section qui correspond à la qualité pour laquelle ils ont été élus. Mais, à la différence de ce qui a été souligné en matière prud'homale (*supra*, n° 151), rien ne s'opposerait à ce que la section du fermage statue sur un litige concernant un bail à métayage, ou inversement.

Cela dit, deux particularités importantes doivent être retenues :

a) D'abord, le *défaut de permanence* du tribunal paritaire des baux ruraux. Alors que les autres juridictions civiles, commerciales ou sociales siègent de façon continue (*supra*, n° 83), les tribunaux paritaires des baux ruraux se réunissent par sessions dont la fréquence et la durée dépendent du nombre des affaires à juger. Il serait en effet inopportun d'appeler à siéger en permanence des assesseurs qui ont leurs propres activités professionnelles : on ne les convoque que dans la mesure où le besoin s'en fait sentir.

b) Ensuite, s'il est vrai que la formation normale de ce tribunal se réunit en *audience publique*, elle peut également se réunir en *chambre du conseil*.

158 **Conclusion. –** Les tribunaux paritaires des baux ruraux ont été très sévèrement critiqués. Non seulement on a pu souligner le caractère hérétique de leur statut[32], mais surtout, il faut bien reconnaître que, dans les faits, leur fonctionnement n'est pas toujours satisfaisant[33]. De toutes les juridictions civiles, commerciales

31. Sauf parfois devant les conseils de prud'hommes.
32. H. Solus, *D.* 1950, chron. 153.
33. Sur ces critiques, cf. H. Solus et R. Perrot, *Droit judiciaire privé*, t. 1, n° 660.

et sociales, elle est très certainement celle qui appelle les plus sérieuses réserves. Au reste, la désaffection des assesseurs dans certaines régions est un signe qui ne trompe pas.

§ 6. JURIDICTIONS EN MATIÈRE DE SÉCURITÉ SOCIALE

159 **Généralités : la diversité des contentieux. –** La sécurité sociale suscite un abondant contentieux. C'est la raison pour laquelle, au lendemain de la Libération, le législateur estima opportun de créer des juridictions spécialisées pour statuer sur les différends auxquels peut donner lieu l'application des textes sur la sécurité sociale (loi du 24 octobre 1946)[34].

Les juridictions relatives à la sécurité sociale sont réglementées aujourd'hui par les articles L. 142-1 et suivants du Code de la sécurité sociale.

En cette matière, la difficulté vient de ce que le contentieux n'est pas seulement abondant, il est aussi *extrêmement varié*. À côté des différends proprement juridiques, il en est d'autres beaucoup plus techniques qui concernent des questions purement médicales (soins, cures, incapacité, invalidité). Ainsi apparaissent deux sortes de contentieux : un contentieux dit général et un contentieux technique (sans parler ici du contentieux de l'aide sociale). À chacun de ces deux contentieux correspondent des juridictions différentes, lesquelles, dans un souci de simplification, ont été supprimées par la loi n° 2016-1547 du 18 novembre 2016 (art. 12). Mais l'entrée en vigueur de la réforme est reportée à une date fixée par décret et au plus tard le 1er janvier 2019 (art. 114, I)[35].

A. CONTENTIEUX GÉNÉRAL

160 **Évolution. –** Le contentieux général est le contentieux des questions spécifiquement juridiques qui opposent les organismes de sécurité sociale à leurs usagers (cotisations, prestations, assujettissement, etc.).

Avant 1958, il existait deux sortes de commissions : au premier degré, la commission de première instance et, en appel, au second degré, la commission régionale d'appel. La sécurité sociale avait donc sa propre hiérarchie judiciaire, avec seulement au sommet le contrôle de la Cour de cassation. La réforme judiciaire de 1958 a supprimé la commission régionale d'appel. Désormais, l'appel des décisions rendues par les juridictions de première instance est porté devant une chambre sociale de la cour d'appel. De telle sorte que, depuis 1958, il n'existe plus que des juridictions du premier degré que l'on appelait autrefois les « commissions de première instance de la sécurité sociale » et que l'on appelle désormais, depuis la loi n° 85-10 du 3 janvier 1985, les *« tribunaux des affaires de sécurité sociale »*.

34. Sur ces juridictions (mais également sur les conseils de prud'hommes), v. P. Joxe, *Soif de justice. Au secours des juridictions sociales*, Fayard, 2014.

35. V. notamment A. Bugada, « La refonte du contentieux de la sécurité sociale dans la justice du XXIe siècle », *Procédures* 2017, Études 11 ; A. Cappellari, « La réforme des contentieux sociaux par la loi J21 du 18 novembre 2016 », *Gaz. Pal.* 2017, n° 20, p. 77.

Ce changement d'appellation, réalisé par la loi du 3 janvier 1985, peut surprendre. En réalité, cette modification est riche d'une certaine symbolique. Le mot « commission » est une expression assez répandue dans le contentieux administratif, mais rarement utilisée dans le contentieux privé. Tout porte à croire que ce changement a été inspiré par le souci de bien marquer l'appartenance de cette juridiction à l'ordre judiciaire et de souligner clairement que l'on se trouve en présence, non point d'une simple commission administrative, mais d'une véritable juridiction qui rend des jugements au même titre que les autres tribunaux de l'ordre judiciaire.

161 **Tribunal des affaires de sécurité sociale. –** Chaque tribunal a pour ressort territorial tout ou partie de la circonscription d'un organisme de sécurité sociale. Il est présidé par un magistrat de l'ordre judiciaire (en activité ou honoraire), assisté, en principe, de deux assesseurs : l'un représentant les salariés et l'autre les employeurs (art. L. 142-4 C. séc. soc.). Il s'agit donc d'une juridiction tout à la fois *paritaire* et *échevinale*.

Cette juridiction a pour particularité que *les assesseurs ne sont pas élus* : ils sont désignés par le premier président de la cour d'appel, après avis du président du tribunal des affaires de sécurité sociale, sur proposition des organisations professionnelles les plus représentatives intéressées[36]. Ils sont nommés pour une durée de trois ans (art. L. 142-5 C. séc. soc.).

Chaque tribunal peut être divisé en *sections* : les affaires sont alors réparties entre elles selon une certaine spécialisation.

La loi du 18 novembre 2016 supprime les tribunaux des affaires de la sécurité sociale, remplacés par des tribunaux de grande instance spécialement désignés, le principe de l'échevinage étant néanmoins maintenu[37].

B. CONTENTIEUX TECHNIQUE

162 **Particularités. –** Comme son nom l'indique, le contentieux technique a pour objet de statuer sur les questions de pure technique médicale (invalidité, incapacité de travail, soins, cures, etc.).

En première instance, ce contentieux relève de la compétence du *tribunal du contentieux de l'incapacité* (art. L. 143-2 C. séc. soc., modifié par la loi n° 2011-901 du 28 juill. 2011). Il siège auprès de chaque direction régionale.

Il est composé de trois membres : un magistrat honoraire de l'ordre administratif ou judiciaire, et de deux assesseurs représentant, l'un les travailleurs salariés, et l'autre les employeurs ou travailleurs indépendants, lesquels sont désignés pour une durée de trois ans par le premier président de la cour d'appel dans le ressort de laquelle le tribunal a son siège sur des listes dressées sur proposition des organisations professionnelles les plus représentatives intéressées. Des TGI spécialement désignés remplaceront les tribunaux du contentieux de l'incapacité lorsque la réforme issue de la loi J21 du 18 novembre 2016 sera effective.

36. Lorsqu'il s'agit des professions agricoles, la liste est dressée par l'inspecteur divisionnaire des lois sociales en agriculture.

37. Sur ce tribunal, v. l'article récent et instructif de J.-B. Jacquin dans *Le Monde* du 6 mars 2017, « Au tribunal des affaires de la sécurité sociale, la grande misère de la petite justice ».

En appel, la compétence appartient à une juridiction nationale au nom compliqué : la *Cour nationale de l'incapacité et de la tarification de l'assurance des accidents du travail* (art. L. 143-3 et 4 C. séc. soc.). On remarquera que dans le domaine du contentieux technique, il existe encore une juridiction d'exception au second degré[38].

Cette cour est présidée par un magistrat de la cour d'appel, pour une durée de trois ans. Les assesseurs représentant les salariés et les assesseurs représentant les employeurs ou travailleurs indépendants sont nommés, pour trois ans également, par arrêté du garde des Sceaux, ministre de la Justice, sur une liste dressée par le premier président de la Cour de cassation sur proposition des organisations professionnelles intéressées les plus représentatives.

Mais cette juridiction d'appel sera remplacée, en vertu de la loi J21, par la cour d'appel d'Amiens.

S/SECTION 2 JURIDICTION DU SECOND DEGRÉ : COURS D'APPEL

163 **Généralités. –** Il a été dit (*supra*, n° 86) que tout plaideur qui a succombé en première instance peut obtenir, sous certaines conditions, que le litige soit jugé une seconde fois par une juridiction hiérarchiquement supérieure, dans le ressort de laquelle se trouve situé le tribunal qui a statué et dont la décision est critiquée : cette juridiction supérieure est précisément la cour d'appel que l'on peut définir comme étant la juridiction de droit commun du second degré appelée à statuer sur les affaires déjà jugées par les tribunaux de première instance de l'ordre judiciaire.

On remarquera tout de suite l'expression *« Cour »*, utilisée généralement dans la terminologie judiciaire pour désigner les juridictions hiérarchiquement supérieures.

Il existe trente cours d'appel en France métropolitaine, plus quatre cours d'appel dans les départements d'outre-mer (Basse-Terre, Fort-de-France, Cayenne et Saint-Denis-de-La-Réunion) et, enfin, un tribunal supérieur d'appel à Saint-Pierre-et-Miquelon, Nouméa et un autre à Papeete.

a) Le ressort territorial de chaque cour d'appel s'étend généralement sur plusieurs départements : de deux à quatre en principe. Toutefois certaines cours d'appel ont un ressort qui se limite à un seul département : celle de Metz (Moselle), de Basse-Terre (Guadeloupe), de Fort-de-France (Martinique) ; tandis que d'autres,

38. La Cour nationale de l'incapacité est une *juridiction de l'ordre judiciaire*, dont les décisions peuvent être attaquées devant la Cour de cassation (Trib. confl., 8 avr. 2002, *D.* 2002.2702, note S. Petit). Fort heureusement, car la procédure suivie devant cette juridiction fait parfois bon marché du principe de la contradiction : pour cette raison, la procédure suivie a été formellement condamnée par cinq arrêts rendus par la Cour de cassation en Assemblée plénière le 22 déc. 2000, au titre de l'exigence d'impartialité de l'art. 6 de la Convention européenne des droits de l'homme (*D.* 2001, p. 356). (Sur ces arrêts, cf. l'interview Petiti au *D.* 2001, p. 789). Pour remédier à ces lacunes, le fonctionnement de cette juridiction a été remanié par une ordonnance n° 2005-656 du 8 juin 2005.

au contraire, ont un ressort territorial étendu sur cinq ou six départements : par exemple, la cour d'appel de Rennes[39] et celle de Paris[40].

b) Chaque cour d'appel a son siège dans une grande métropole régionale qui d'ailleurs n'est pas nécessairement la plus grande ville de la région. Il faut en effet tenir compte de la tradition historique qui veut que les cours d'appel soient installées généralement dans les locaux (parfois somptueux, sinon commodes) où, sous l'Ancien Régime, siégeait un Parlement. Ainsi, dans le nord de la France, la cour d'appel a son siège à Douai (et non point à Lille), tandis qu'en Alsace, la cour d'appel siège à Colmar (et non pas à Strasbourg).

Les cours d'appel portent le nom de la ville où elles siègent.

Ces circonscriptions territoriales, héritées de la tradition historique, font parfois l'objet d'assez vives critiques. On leur reproche de ne plus être adaptées aux flux judiciaires modernes, en ce sens que certaines cours d'appel sont surchargées à l'excès, tandis que d'autres reçoivent au contraire un volume d'affaires plus restreint, sans compter que certains ressorts sont assez curieusement dessinés (par exemple : celui de la cour d'appel de Paris qui s'étend jusqu'à l'Yonne, tandis que les Hauts-de-Seine lui échappent). À la faveur des réformes envisagées dans le cadre de l'aménagement du territoire, l'idée d'un redécoupage est périodiquement évoquée. Mais, sous des apparences anodines, ce problème risque de bouleverser tant d'habitudes inscrites dans des monopoles qu'il a paru plus sage pour l'instant de laisser aux cours d'appel le soin d'étudier elles-mêmes les réaménagements possibles[41].

39. Les départements de l'*Ille-et-Vilaine*, du *Finistère*, du *Morbihan*, des *Côtes-d'Armor* et de la *Loire-Atlantique*.

40. Les départements de *Paris*, de l'*Essonne*, du *Val-de-Marne*, de la *Seine-Saint-Denis*, de la *Seine-et-Marne* et de l'*Yonne*. On remarquera que, dans la région parisienne, les départements des Hauts-de-Seine et du Val-d'Oise relèvent en revanche de la cour d'appel de Versailles.

41. Voir A. Chemin, dans *Le Monde* du 19 mai 1994, p. 9.

Limite du ressort des cours d'appel
Limite de département
• Siège de la cour d'appel

CARTE DES COURS D'APPEL

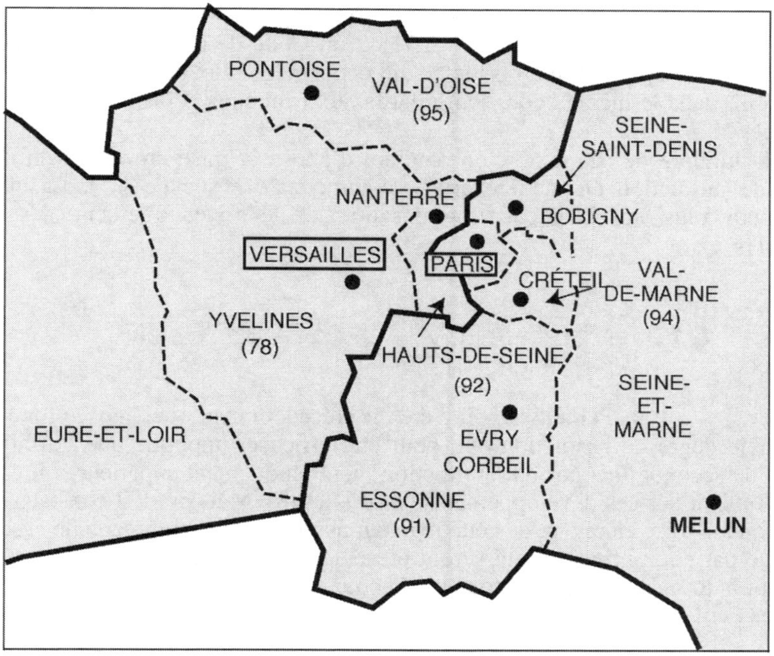

Région parisienne

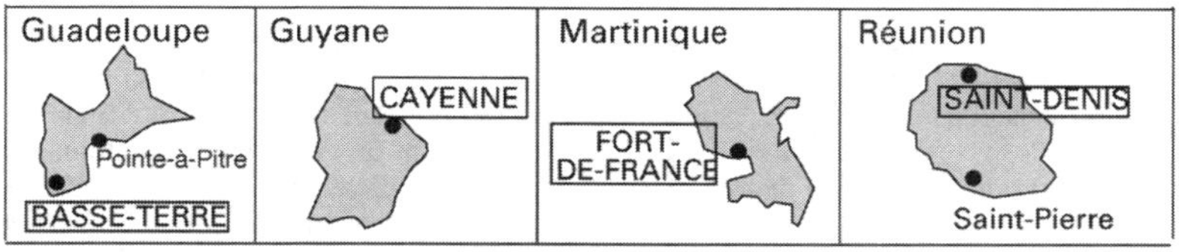

Départements d'Outre-Mer

● Siège d'un tribunal de grande instance

PARIS Siège d'une cour d'appel

▬ Limite du ressort des Cours d'appel

164 **Textes et plan. –** L'organisation et le fonctionnement des cours d'appel sont réglementés par les articles L. 311-1 à 313-2 du Code de l'organisation judiciaire, auxquels il faut ajouter toutefois, en ce qui concerne le taux du ressort, certains des textes qui, dans le même code, sont relatifs aux tribunaux d'instance et de grande instance.

À la lumière de ces textes, on étudiera d'abord la mise en œuvre du double degré de juridiction en matière civile, commerciale et sociale (§ 1). Ensuite, on examinera plus spécialement l'organisation et le fonctionnement des cours d'appel (§ 2).

§ 1. MISE EN ŒUVRE DU DOUBLE DEGRÉ DE JURIDICTION

165 **Principes. –** Il a été dit précédemment quel était le fondement du double degré de juridiction qui, pour être efficace, implique que l'affaire soit jugée une seconde fois par une juridiction hiérarchiquement supérieure : il est inutile de revenir sur ces développements (*supra*, n° 86). Mais on doit constater maintenant que la mise en œuvre de cette règle en matière civile, commerciale et sociale, est régie par deux principes qui seront présentés successivement : à savoir que : la juridiction du second degré est toujours la cour d'appel (I) ; et que, l'appel est exclu pour les petites affaires (II).

166 **I. La juridiction du second degré est toujours la cour d'appel. –** La solution de principe est très simple. Dans le contentieux privé, l'appel est toujours porté devant la cour d'appel dans le ressort territorial de laquelle se trouve située la juridiction de première instance dont le jugement est attaqué.

Il est bon de le souligner, car cette solution résulte de l'importante réforme judiciaire réalisée en 1958.

Auparavant, le mécanisme de l'appel était plus complexe. L'appel dirigé contre les jugements rendus par les tribunaux civils et les tribunaux de commerce était porté devant la cour d'appel. En revanche, les décisions émanant des justices de paix et des conseils de prud'hommes étaient déférées en appel devant les tribunaux civils. Et même, s'agissant de certaines juridictions d'exception, l'appel était porté au second degré devant une juridiction d'exception de même nature : c'est ainsi, nous l'avons vu, que les décisions rendues par les commissions de première instance de la sécurité sociale étaient déférées en appel devant la commission régionale d'appel de la sécurité sociale (*supra*, n° 160) ; tandis que l'appel des jugements rendus par les tribunaux paritaires des baux ruraux relevait de la compétence des tribunaux paritaires d'arrondissement (*supra*, n° 155).

AVANT LA RÉFORME DE 1958

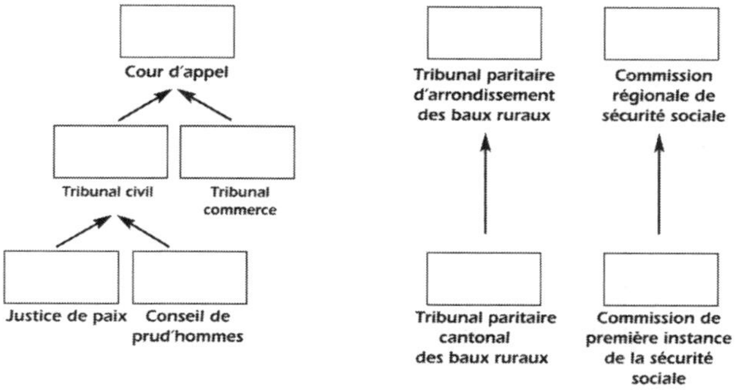

DEPUIS LA RÉFORME DE 1958

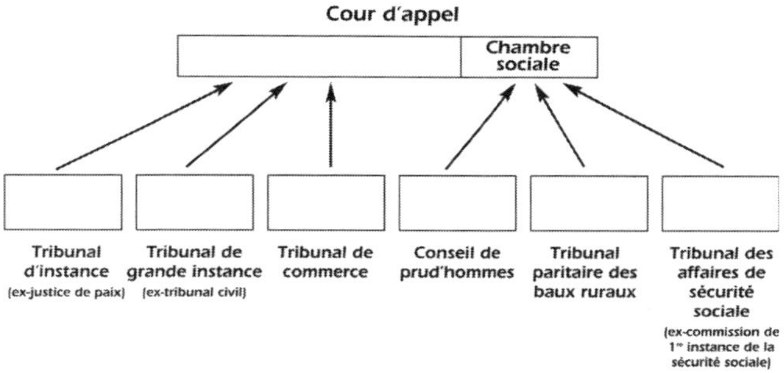

Désormais, il n'en est plus ainsi : depuis 1958, *quelle que soit la juridiction de première instance, la juridiction du second degré est toujours la cour d'appel* (art. L. 311-1 C. org. jud.), sauf, on l'a vu, en ce qui concerne le contentieux technique de la sécurité sociale (*supra,* n° 162).

Cette réforme, qui a pour elle le mérite de la simplicité, a augmenté dans une très large mesure les garanties de bonne justice puisque l'appel est porté désormais devant une juridiction qui, dans la hiérarchie judiciaire, occupe un rang très élevé. Mais on doit observer néanmoins que cette réforme a posé certains problèmes. D'abord, elle a entraîné un reflux des affaires vers les cours d'appel ; ce qui, du même coup, a provoqué un encombrement de ces juridictions qui, de nos jours encore, ne laisse pas d'être assez préoccupant. Ensuite, on pouvait redouter que l'on ne retrouve pas au second degré de juridiction la spécialisation nécessaire pour juger les affaires relatives à la sécurité sociale, et d'une manière plus générale à l'application des lois sociales : il a été remédié à ce risque en créant au sein de chaque cour d'appel une chambre spécialisée en matière sociale.

167 **II. L'appel est exclu pour les « petites affaires ». –** Le principe du double degré de juridiction est écarté lorsque les frais et les lenteurs d'une procédure d'appel paraissent injustifiés, eu égard à la simplicité ou à la modicité du litige.

Ainsi est-on conduit à faire une distinction entre, d'une part, les affaires jugées à charge d'appel (et donc uniquement « en premier ressort ») et, d'autre part, les affaires pour lesquelles l'appel est exclu (et dont on dira qu'elles sont jugées tout à la fois « en premier et dernier ressort »), étant précisé toutefois que, dans ce cas, le jugement peut être directement déféré à la Cour de cassation[42].

168 **Taux du ressort. –** Le critère essentiel est fonction de la *valeur du litige*, c'est-à-dire, du montant de la demande : la loi fixe un chiffre en deçà duquel l'appel est exclu. Ce chiffre s'appelle le « taux du ressort ».

Ce taux a été maintes fois modifié en fonction des dépréciations monétaires : il est fixé aujourd'hui à la somme de *4 000 €* (art. R. 221-37). Un appel n'est donc possible que si le montant de la demande est supérieur à cette somme. En principe, ce taux est applicable quelle que soit la juridiction qui a statué au premier degré, avec toutefois quelques réserves sur lesquelles il est bon d'insister.

Il y a en effet des juridictions où ce taux ne trouve pas matière à s'appliquer.

a) D'abord, dans les cas exceptionnels où, quel que soit le montant de la demande, l'appel est systématiquement exclu par la loi : l'affaire est toujours jugée en dernier ressort, et elle ne peut faire l'objet que d'un pourvoi en cassation (sur ces cas, cf. art. R. 221-23 à R. 221-27 C. org. jud.).

b) Inversement, les jugements rendus par les tribunaux de grande instance le sont en règle générale toujours à charge d'appel puisque ces tribunaux ne sont compétents qu'au-delà de 10 000 €, sauf toutefois dans les hypothèses exceptionnelles où ils sont compétents quel que soit le montant de la demande (en matière immobilière par exemple), auquel cas le jugement n'est susceptible d'appel que si la demande excède le taux de principe de 4 000 €.

L'opportunité d'une exclusion de l'appel lorsque l'intérêt litigieux est inférieur au taux du ressort a parfois été contestée. On a pu faire observer que l'importance d'un litige n'est pas fonction de son enjeu matériel : un petit procès, par les intérêts en cause, pose parfois de graves questions de principe. C'est la raison pour laquelle certaines législations étrangères admettent l'appel en toute matière, quel que soit le montant nominal de la demande (rapp. le droit judiciaire allemand qui admet l'appel toutes les fois que la différence entre ce qui a été demandé et ce qui a été obtenu excède un certain montant).

Cette observation n'est certes pas inexacte. Mais des raisons pratiques ont conduit fort opportunément le législateur français à supprimer l'appel, parfois par souci de célérité ou lorsque la valeur du litige est modique, afin d'éviter l'encombrement des cours, l'allongement de la durée des procès et surtout les frais disproportionnés que pourrait entraîner une seconde instance.

42. On remarquera combien le mot *« ressort »* est un mot ambigu. On l'utilise généralement pour désigner la circonscription territoriale dans laquelle le tribunal exerce sa compétence. Ici, le mot « ressort » est utilisé dans une autre acception : dire d'une affaire qu'elle a été jugée « en premier et dernier ressort », c'est dire qu'elle a été jugée pour la première et la dernière fois.

§ 2. ORGANISATION ET FONCTIONNEMENT

169 **Conseillers de cours d'appel. –** Les cours d'appel sont composées de magistrats que l'on appelle des *« conseillers »*, en souvenir des anciens parlements, c'est-à-dire d'une époque où la justice était rendue au nom du roi, lequel prenait préalablement le conseil de ses jurisconsultes (que l'on appelait les « conseillers de robe longue »).

Les conseillers de la cour d'appel sont des magistrats d'un rang élevé qui, après avoir commencé leur carrière dans une juridiction du premier degré, ont accédé par leur mérite aux fonctions de conseillers ; de ce fait, ils ont déjà une solide expérience.

Dans chaque cour d'appel, le nombre des conseillers est plus ou moins important selon les dimensions de la cour et le volume des affaires dont elle est saisie.

170 **I. Premier président. –** Chaque cour d'appel est dirigée par un premier président (que l'on appelle encore le *« chef de cour »*). On remarquera l'expression « premier président », et non pas seulement « président » comme devant les juridictions de première instance. En réalité, le titre de « président » est réservé aux conseillers qui président chacune des chambres de la cour ; de telle sorte que le « chef de cour » est le premier d'entre eux ; de là, l'expression « premier président ».

Le premier président est une personnalité importante. Comme ses collègues, il participe à l'activité judiciaire de la cour en siégeant au sein d'une chambre (généralement la première), mais en outre, en sa qualité de premier président, il exerce des fonctions représentatives et, de plus, il est investi de fonctions administratives et juridictionnelles qui lui sont propres.

a) Fonctions administratives. Comme tout président de juridiction, le premier président de la cour d'appel est responsable de la bonne administration de celle-ci : il distribue les affaires entre les chambres, il veille à la discipline générale, il s'assure de la bonne marche des affaires à juger, etc.

Mais son rôle ne s'arrête pas là. En tant que « chef de cour », il est chargé de l'*inspection des tribunaux de grande instance et d'instance du ressort territorial de sa cour* : il doit donc les visiter périodiquement afin de surveiller le bon fonctionnement des services judiciaires et l'expédition normale des affaires dans chacune de ces juridictions. Chaque année, il doit rendre compte au garde des Sceaux des constatations qu'il a faites.

En outre, un peu comme un chef d'entreprise, le premier président est chargé de la préparation et de l'exécution du budget de la juridiction qu'il préside, de la passation des marchés, de la gestion du personnel, des équipements et du patrimoine immobilier, etc. Pour assumer ces tâches purement administratives, un décret n° 2007-352 du 14 mars 2007 a institué, dans le ressort de chaque cour d'appel, un service administratif régional qui assiste le premier président et le procureur général dans l'exercice de leurs attributions en matière d'administration des services judiciaires (art. R. 312-70 et s. C. org. jud.).

b) Fonctions juridictionnelles. Pendant longtemps, le premier président n'a été investi, en cette qualité, d'aucune attribution juridictionnelle propre : c'était là une différence majeure par rapport au président du tribunal de grande instance. Désormais, depuis 1973, il n'en est plus ainsi. En qualité de premier président, il peut prescrire, dans les affaires dont la cour est saisie, toutes les mesures urgentes qui s'imposent, soit par ordonnance de référé (art. 956 C. pr. civ.), soit au moyen d'une ordonnance sur requête si les circonstances exigent que la mesure ne soit pas prise contradictoirement (art. 958 C. pr. civ.). Toutefois, il ne faut pas se méprendre sur la portée de ses attributions juridictionnelles. Il n'intervient pas comme juge du second degré des ordonnances de référé rendues par le président d'une juridiction de première instance : les « appels de référé » sont en effet portés devant la cour elle-même. En réalité, il n'exerce les attributions juridictionnelles dont il vient d'être question que dans la stricte mesure où, la cour ayant été saisie d'un appel sur le fond d'une affaire, certaines mesures urgentes s'imposeraient au cours de l'instance d'appel.

171 **II. Chambres de la cour. –** Dans les mêmes conditions que les tribunaux de grande instance, les cours d'appel sont divisées en chambres spécialisées placées chacune sous la responsabilité d'un *« président »*. Le nombre des chambres varie selon l'importance de la cour.

Ainsi qu'il a été dit précédemment pour le tribunal de grande instance (*supra*, n° 107), chaque chambre de la cour est l'organe de la cour tout entière : rien ne s'opposerait par conséquent à ce qu'une affaire civile ou commerciale soit jugée par une chambre de la cour qui n'est pas habituellement qualifiée pour statuer sur l'affaire dont elle est saisie. Et pour la même raison, la règle du roulement annuel entre les magistrats des différentes chambres s'applique devant la cour, comme elle s'applique devant les tribunaux de grande instance (sur cette règle, cf. *supra*, n° 107).

Toutefois, devant la cour, la règle du roulement est loin d'être générale. S'agissant du contentieux privé (le seul qui nous retient pour l'instant), on se souviendra que, depuis la réforme judiciaire de 1958, il doit y avoir dans chaque cour d'appel au moins une *« chambre sociale »* spécialement constituée pour juger les affaires relatives à la sécurité sociale, au contrat de travail et à l'application des lois sociales (*supra*, n° 166). Cette chambre sociale doit être composée de conseillers désignés en fonction de leurs aptitudes et connaissances particulières en matière sociale. En raison de la spécialisation voulue par la loi, la règle du roulement annuel est peu suivie : en fait, les conseillers affectés à cette chambre y restent souvent plusieurs années.

172 **III. Les différentes formations. –** À côté des audiences qui constituent la formation classique (a), il existe deux autres formations : l'assemblée des chambres (b) et les assemblées générales (c).

173 **a) Audiences. –** Comme toutes les juridictions, la cour d'appel tient des audiences au cours desquelles les affaires sont débattues et les arrêts prononcés. En règle générale, les audiences sont publiques, sauf lorsque la loi exclut formellement la publicité et décide que l'affaire sera jugée en « chambre du conseil ».

Devant la cour d'appel, il y a deux sortes d'audience : l'audience ordinaire et l'audience solennelle.

1. *Audience ordinaire*. Sauf texte contraire, l'audience ordinaire est la formation de jugement habituelle de la cour d'appel. Elle comprend un président et deux conseillers.

2. *Audience solennelle*. Dans les cas spécifiés par la loi et, en général, lorsqu'il s'agit d'affaires importantes la cour se réunit en audience solennelle : par exemple, en cas de renvoi après cassation. La solennité se manifeste par plusieurs aspects. D'abord, par sa composition : les audiences solennelles sont présidées par le premier président et composées de conseillers appartenant à plusieurs chambres (art. L. 312-2 C. org. jud.). Ensuite, par la tenue vestimentaire des conseillers : ceux-ci sont revêtus de leur toge rouge. Enfin, au point de vue du lieu où se tient l'audience : généralement dans le local de la première chambre.

174 **b) Assemblée des chambres. –** Dans certains cas exceptionnels prévus par la loi, les arrêts doivent être rendus par une formation spéciale que l'article R. 312-10 C. org. jud. appelle « l'assemblée des chambres », laquelle est constituée par les deux premières chambres de la cour (sauf à Paris, où elle comprend les trois premières chambres).

L'assemblée des chambres a des attributions très particulières qui concernent essentiellement les professions judiciaires (réception du serment des magistrats ; installation des nouveaux conseillers ; annulation des élections du barreau ; recours contre les décisions du conseil de l'ordre des avocats, affaires disciplinaires concernant les avoués et les huissiers, etc.).

175 **c) Assemblées générales. –** La cour d'appel peut se réunir en assemblée générale, sous la présidence de son premier président, pour traiter de certaines questions de nature administrative qui intéressent le fonctionnement de la cour (art. R. 312-28 C. org. jud.).

Il a déjà été question de cette formation à propos du tribunal de grande instance (*supra*, n° 110). On rappellera que depuis le décret n° 83-1162 du 23 décembre 1983, il existe en réalité plusieurs types d'assemblées générales : l'assemblée générale des magistrats du siège et du parquet, l'assemblée générale des seuls magistrats du siège, l'assemblée générale des seuls magistrats du parquet et enfin, l'assemblée générale de tous les magistrats et des fonctionnaires de la juridiction. Ce qui a été dit précédemment s'applique de la même manière devant les cours d'appel.

On précisera toutefois que l'assemblée générale des magistrats du siège de la cour d'appel a pour attribution spéciale de désigner les conseillers qui doivent composer la chambre de l'instruction (*infra*, n° 187), ainsi que les juges du tribunal d'instance chargés des fonctions de jugé départiteur du conseil de prud'hommes (*supra*, n° 148). Par conséquent, l'assemblée générale des magistrats du siège n'a pas seulement des pouvoirs consultatifs : dans une certaine mesure, elle a aussi un pouvoir administratif de décision.

Par ailleurs, le décret n° 2016-514 du 26 avril 2016 met en place le conseil de juridiction, qui est un lieu d'échanges et de communication entre la cour d'appel et la cité (art. R. 312-85 C. org. jud.).

176 **Conclusion sur les cours d'appel. –** Comme on peut le constater, les cours d'appel occupent une place éminente dans la hiérarchie judiciaire. Cette importance tient au fait que toute décision rendue par une cour d'appel épuise le second degré de juridiction : sauf un éventuel pourvoi en cassation – qui, nous le verrons (*infra*, n° 221), ne constitue pas un troisième degré de juridiction, sous réserve que la Cour de cassation, en matière civile, ne statue pas elle-même au fond[43] –, la contestation

43. Art. L. 411-3, al. 2, C. org. jud.

est définitivement tranchée : on dit qu'elle est jugée souverainement « *en dernier ressort* » (art. L. 311-1 C. org. jud.).

Les décisions rendues par les cours d'appel portent le nom d'*arrêts* : on dit d'un tribunal qu'il rend des jugements, tandis que les cours d'appel prononcent des « *arrêts* ».

On doit constater malheureusement que le nombre des affaires portées devant les cours d'appel en matière civile, commerciale et sociale a considérablement augmenté en l'espace de vingt ans. Avec un nombre de conseillers approximativement identique, il en résulte un arriéré considérable qui ne laisse pas d'être inquiétant. Il faut maintenant environ 12 mois pour obtenir une décision.

SECTION II JURIDICTIONS PÉNALES

177 **Vue d'ensemble. –** Comme leur nom l'indique, les juridictions pénales sont des juridictions qui sont spécialement chargées de réprimer les infractions et d'infliger éventuellement des peines ; de là, d'ailleurs, l'expression « juridictions répressives » utilisée parfois pour désigner les juridictions pénales. Elles sont relativement nombreuses. À côté des juridictions pénales qui ont une vocation de principe à connaître de toutes les infractions et que l'on appelle pour cette raison les *juridictions pénales de droit commun* (sous-section 1), il y a d'autres juridictions pénales à caractère exceptionnel qui ne sont compétentes que dans les cas strictement prévus par la loi et que l'on appelle, par opposition, les *juridictions pénales spécialisées* (sous-section 2).

Enfin, après avoir présenté les unes et les autres, il conviendra de souligner les rapports qui existent entre, d'une part, les juridictions pénales et, d'autre part, les juridictions civiles, commerciales et sociales précédemment étudiées (sous-section 3).

S/SECTION 1 JURIDICTIONS PÉNALES DE DROIT COMMUN

178 **Distinction entre l'instruction préparatoire et la phase de jugement. –** Avant d'être jugée, une affaire pénale doit être instruite : il est nécessaire de rassembler les preuves, d'entendre les témoins, de procéder le cas échéant à des perquisitions et d'apprécier finalement s'il y a lieu de déférer le délinquant à la juridiction de jugement compétente. La nécessité d'une instruction préparatoire n'est pas spécifique à la matière pénale : les affaires civiles, elles aussi, ont besoin d'être instruites. Mais ce qui est particulier en matière pénale, c'est *l'existence d'une phase organiquement distincte de celle du jugement*, dont le rôle est, non pas de se prononcer sur la culpabilité ou l'innocence de la personne poursuivie,

mais de rassembler les preuves et d'apprécier si les charges sont suffisantes pour justifier ou non sa comparution devant la juridiction de jugement ;

La nécessité d'une instruction préparatoire ne doit pas surprendre. Le fait d'être déféré devant un tribunal correctionnel (s'il s'agit d'un délit) ou une cour d'assises (s'il s'agit d'un crime) est un acte grave qui peut entraîner des conséquences redoutables pour le prévenu (ou l'accusé), surtout s'il doit être reconnu innocent. À cela s'ajoutent deux autres considérations importantes : d'une part, il ne faut pas trop compter sur la personne poursuivie pour rechercher la vérité et, d'autre part, il est parfois indispensable de prendre à l'encontre de cette personne des décisions importantes attentatoires à sa liberté (la placer par exemple en détention provisoire). Toutes ces raisons expliquent pourquoi il est nécessaire de procéder à une instruction préparatoire, distincte de la formation de jugement.

Cela étant dit, toute infraction pénale n'entraîne pas nécessairement une instruction préparatoire, loin s'en faut : tout dépend, notamment, de la gravité de l'infraction. Lorsqu'il s'agit d'un crime[44], une instruction préparatoire est obligatoire. En revanche, s'il s'agit d'un délit[45], l'instruction préparatoire est simplement facultative : tout dépend de la complexité des faits. Enfin, s'agissant des simples contraventions[46], il n'y a en règle générale aucune instruction préparatoire[47].

Sous le bénéfice de ces remarques, on étudiera successivement : *l'instruction préparatoire* (§ 1) et les *juridictions de jugement* (§ 2).

§ 1. INSTRUCTION PRÉPARATOIRE

179 **Instruction à deux degrés. –** Le principe du double degré se retrouve au niveau de l'instruction préparatoire. Ces deux niveaux seront examinés successivement.

A. PREMIER DEGRÉ

180 **À qui confier l'instruction préparatoire : au juge d'instruction ou au procureur de la République ? –** De longue date, il a toujours été admis que si l'action publique est exercée par le procureur de la République, comme pourrait le faire un demandeur en matière civile (*infra*, nº 519 et 552), l'instruction préparatoire doit en revanche être confiée à un juge que l'on appelle le *juge d'instruction,* c'est-à-dire à un juge du tribunal de grande instance qui, en tant que magistrat du siège, bénéficie

44. Les *crimes* sont les infractions les plus graves punissables d'une peine de réclusion criminelle à temps ou à perpétuité (art. 131-1, C. pén.).

45. Les *délits* sont les infractions pour lesquelles la peine encourue est une peine d'emprisonnement de dix ans au plus, ou encore une peine de jour-amende ou de travail d'intérêt général, etc. (art. 131-3, C. pén.).

46. Les *contraventions*, sont les infractions pénales punissables d'une amende n'excédant pas 1 500 € en principe et 3 000 € en cas de récidive (art. 131-12 et 13, C. pén.) ou d'une peine restrictive (art. 131-14, C. pén. : suspension du permis de conduire, retrait du permis de chasse, confiscation d'une chose, interdiction d'émettre des chèques, etc.).

47. Seul le procureur de la République, à l'exclusion de la partie lésée, peut ici requérir l'ouverture d'une information judiciaire (art. 79 C. pr. pén.).

de toutes les garanties d'indépendance statutaires inhérentes à cette qualité (*infra*, nº 366 et s. et 384 et s.). Mais, depuis un certain nombre d'années, on a vu se dessiner un courant d'idées qui tendrait à confier l'instruction préparatoire au procureur de la République, c'est-à-dire à un magistrat du ministère public qui est dans la dépendance hiérarchique du pouvoir exécutif (*supra*, nº 47), le juge d'instruction n'ayant plus alors d'autre rôle que celui d'être un « juge *de* l'instruction » dont la seule mission consisterait à statuer sur les contestations éventuelles auxquelles l'instruction dirigée par le procureur de la République pourrait donner lieu.

Cette orientation a commencé à se manifester, dans les faits, par la pratique de certains procureurs de la République qui, à seule fin d'apprécier s'il y avait lieu ou non d'engager des poursuites, consistait à ouvrir une enquête préliminaire et à « instruire » eux-mêmes l'affaire pendant un long moment, vidant ainsi de son objet la tâche normalement dévolue au juge d'instruction (*infra*, nº 552). Si l'on ajoute à cela que, au cours de ces dernières années, certaines dispositions législatives n'ont cessé d'augmenter les pouvoirs du ministère public (*infra*, nº 520), tous ces indices pouvaient laisser pressentir une sourde concurrence entre le procureur de la République, magistrat du ministère public, et le juge d'instruction, magistrat du siège, au détriment des fonctions traditionnelles de ce dernier.

Cette orientation devait prendre un tour officiel à la séance de rentrée de la Cour de cassation du mois de janvier 2009, au cours de laquelle le président de la République annonça la mise en chantier d'une importante réforme qui consisterait à supprimer le juge d'instruction et à confier l'instruction préparatoire au procureur de la République. Un avant-projet a ensuite été élaboré en ce sens.

Le moins que l'on puisse dire est que, si ce n'est sous quelques rares plumes[48], cet avant-projet a été en général assez mal accueilli par les milieux judiciaires[49], la Cour de cassation elle-même ayant cru devoir exprimer d'assez sérieuses réserves. C'est dans ces conditions que le gouvernement a finalement décidé d'abandonner le projet sans même le soumettre aux assemblées parlementaires.

Cela dit, il est juste de reconnaître que l'instruction pénale conduite par un magistrat du parquet est assez répandue en Europe où la question ne semble pas faire de difficulté, encore que l'on puisse se demander si l'organe qui prend l'initiative de déclencher les poursuites est le mieux placé pour les instruire en toute objectivité. En réalité, l'objection majeure est liée en France à un autre problème qui est celui de la subordination hiérarchique des magistrats du ministère public (*supra*, nº 47) : il est toujours dit dans l'article 5 de l'ordonnance du 22 décembre 1958 que « les magistrats du parquet sont placés sous la direction et le contrôle de leurs chefs hiérarchiques et sous l'autorité du garde des Sceaux, ministre de la Justice ». Et l'on doit constater que cette emprise a été en s'aggravant. Si l'on ajoute à cela que la chronique judiciaire a été empoisonnée ces dernières années par des affaires financières à résonance politique, on a très vite été porté à voir dans le projet de supprimer le juge d'instruction une mainmise du pouvoir exécutif sur les poursuites pénales, et une confusion des pouvoirs qui pouvait faire naître certains soupçons. Pour être accueillie, une telle innovation supposait au préalable une réforme statutaire des magistrats du ministère public pour les soustraire à leur

48. Y. Mayaud, « Le parquet entre le juge et l'avocat », *D.* 2010, p. 773.

49. J. Pradel et D. Guérin, « Les relations entre le ministère public et le ministère de la Justice dans l'avant-projet de réforme de la procédure pénale », *D.* 2010, p. 660 ; Ph. Conte, « L'action pénale en lévitation », *D.* 2010, p. 774.

dépendance hiérarchique en leur offrant des garanties d'indépendance équivalentes à celles des magistrats du siège, et donc à celles dont bénéficie le juge d'instruction.

Cet épisode étant rappelé, on s'en tiendra, dans les explications qui vont suivre, à la solution traditionnelle qui a été maintenue où l'instruction préparatoire est confiée à un juge d'instruction dont on précisera maintenant la double mission.

181 **La double mission du juge d'instruction. –** La mission première du juge d'instruction consiste à rassembler les informations nécessaires sur les faits dont il a été saisi. S'il apparaît des indices graves et concordants laissant présumer que la personne pourrait avoir commis une infraction, elle est alors *« mise en examen »*, afin de rechercher s'il y a ou non des charges suffisantes pour la renvoyer devant la juridiction de jugement (art. 80 et s. C. pr. pén.)[50]. Il faut donc souligner clairement que, à ce stade de la procédure, une mise en examen ne signifie absolument pas que la personne poursuivie est coupable. Et, pour que la distinction soit bien nette, le juge d'instruction ne peut pas siéger pour le jugement des affaires qu'il a instruites, ce qui permet de satisfaire à l'exigence d'impartialité (art. 49 C. pr. pén.).

Mais l'instruction ne consiste pas seulement à rassembler les éléments d'information qui, le cas échéant, seront versés aux débats devant la formation de jugement. Au cours de l'instruction, des incidents peuvent surgir qu'il faudra trancher ; et, à l'issue de celle-ci, il faudra décider s'il y a lieu ou non de renvoyer la personne poursuivie devant une juridiction de jugement. En bref, le pouvoir d'information du juge se double d'un pouvoir de juridiction. Le juge d'instruction, pour reprendre la célèbre formule de Robert Badinter, est à la fois « Maigret et Salomon ».

Ces deux aspects doivent être analysés successivement.

182 **I.- Pouvoir d'information. –** Disons tout de suite que le juge chargé de l'instruction n'a pas pour mission de rechercher systématiquement tout ce qui pourrait confondre la personne mise en examen, en oubliant le reste. Il est un juge et à ce titre, il doit instruire l'affaire objectivement, en recherchant tous les faits qui pourraient éventuellement justifier le renvoi de la personne poursuivie devant la juridiction de jugement et éclairer cette juridiction ou au contraire l'innocenter de toute poursuite. On dit qu'il instruit *« à charge et à décharge »* (art. 81 C. pr. pén., mod. par L. 15 juin 2000, art. 2).

À cette fin, de multiples opérations sont nécessaires que l'on appelle, d'un terme générique, des *actes d'instruction* : interrogatoire de la personne mise en examen, audition de témoins, transport sur les lieux, perquisition, saisie de documents, etc. Souvent, le juge chargé de l'instruction y procède en personne. Mais il peut également désigner un technicien pour procéder à une expertise ou même confier

50. Autrefois, on disait de celui contre lequel une instruction avait été ouverte qu'il était *« inculpé »*. L'expression était malencontreuse dans la mesure où la notion d'inculpation (du latin : *culpa* = *faute*) pouvait laisser entendre que d'ores et déjà sa faute était établie, alors que, à ce stade initial des poursuites, elle n'est tout au plus qu'éventuelle, sous réserve d'une instruction plus approfondie qui pourra fort bien révéler sa parfaite innocence reconnue par une ordonnance dite de « non-lieu » (*infra*, n° 183). Pour cette raison, le mot « inculpation » a été banni : désormais, depuis la loi n° 93-2 du 4 janv. 1993, qui a réformé le Code de procédure pénale, on ne dit plus de celui contre lequel une information est ouverte devant le juge d'instruction qu'il est « inculpé » : on dit qu'il est « mis en examen ». Mais l'expérience prouve que, dans les faits, cette modification du vocabulaire n'a guère changé les réactions de l'opinion, qui s'imagine toujours que la personne « mise en examen » est coupable.

la mission d'accomplir certaines opérations à un officier de police judiciaire pour qu'il y procède lui-même et lui en fasse rapport : on dit alors qu'il lui donne « *commission rogatoire* »[51].

Cette mission d'information risquerait d'être inefficace si le juge n'avait pas le pouvoir d'obliger certaines personnes, au besoin par la contrainte, à se mettre à la disposition de la justice. Un tel pouvoir, dont on mesurera aisément le caractère redoutable, s'exerce au moyen de décisions que l'on appelle des *mandats*, lesquels sont de plusieurs types (art. 122 C. pr. pén.). On se bornera simplement à les définir.

1) *Le mandat de recherche*, qui peut être décerné à l'égard d'une personne ayant fait l'objet d'un réquisitoire nominatif, d'un témoin assisté ou d'une personne mise en examen, est l'ordre donné à la force publique de rechercher la personne et de la placer en garde à vue.

2) Le *mandat de comparution*, qui a uniquement pour objet de convoquer les intéressés à un jour déterminé.

3) Le *mandat d'amener*, qui est une convocation plus énergique, en ce sens que l'on peut au besoin recourir à la force publique pour conduire l'intéressé devant le juge chargé de l'instruction.

4) Le *mandat d'arrêt*, qui est utilisé dans le cas particulier où la personne poursuivie est en fuite[52]. Il s'analyse en un ordre donné à la force publique de rechercher la personne mise en examen et de la conduire à la maison d'arrêt, où elle sera ensuite interrogée par le juge chargé de l'instruction dans les 24 heures, afin qu'il soit statué sur sa mise en détention provisoire.

183 **II.- Pouvoir de juridiction. –** Durant tout le temps que dure l'instruction, le juge qui en est chargé peut être appelé à se prononcer sur de véritables contestations qu'il tranchera, en sa qualité de juge, au moyen d'un acte juridictionnel que l'on appelle une *ordonnance* ; et que l'on ne confondra pas avec les mandats précédemment exposés (*supra*, n° précédent), qui, eux, n'ont aucun caractère juridictionnel.

Ainsi, pour ne prendre que ces quelques exemples, choisis parmi les plus importants : le juge peut être appelé à statuer sur la recevabilité de la plainte, sur sa propre compétence ou sur l'opportunité des actes d'instruction qui lui sont demandés. Enfin et surtout, lorsque l'instruction est achevée, il lui appartient de décider s'il y a lieu ou non de poursuivre la personne qui a été mise en examen devant la juridiction de jugement.

— Si les charges ne lui paraissent pas suffisantes, il rendra une *ordonnance de non-lieu* (sous-entendu : « non-lieu de poursuivre »).

— Si au contraire les charges paraissent justifiées, le juge d'instruction rendra une *ordonnance de renvoi* de la personne poursuivie devant la juridiction de jugement. Encore ne faut-il pas se méprendre sur la portée de cette ordonnance : en statuant de la sorte, le juge d'instruction ne se prononce pas sur la culpabilité ; il

51. Du latin *« rogare »* = demander.

52. Lorsque la personne poursuivie est à l'étranger, on délivre ce que l'on appelle un « mandat d'arrêt international » qui est exécuté par les autorités étrangères dans la mesure, cela va de soi, où des conventions internationales le permettent. Ces mandats d'arrêt sont centralisés en vue de leur exécution auprès d'un organisme international que l'on appelle l'*Interpol*.

estime simplement que, en l'état du dossier, il lui apparaît qu'il y a des charges suffisantes pour justifier un renvoi devant la juridiction de jugement compétente, qui, seule, aura le pouvoir d'apprécier si la personne poursuivie est effectivement coupable ou innocente.

184 **Modalités du pouvoir de juridiction. –** Parmi toutes les décisions qui peuvent être prises par le juge d'instruction, il est superflu de souligner la gravité que peuvent présenter certaines d'entre elles, attentatoires à la liberté, rendues par un juge unique à un moment où rien encore ne permet de savoir si la personne mise en examen est coupable ou non : ne peut-on pas craindre un certain arbitraire de la part d'un juge unique qui a pour souci de découvrir la vérité, dans des conditions souvent difficiles ?

Pendant longtemps, ce problème n'avait guère soulevé de difficulté. L'opinion publique a fini par s'en émouvoir, en apprenant que la détention provisoire dure parfois un temps anormalement long, ou en suspectant que la détention provisoire a été ordonnée pour faire pression sur la personne poursuivie afin de provoquer certaines révélations. C'est dans ces conditions que le législateur a cru devoir intervenir pour que la prise de certaines décisions graves ne soit pas abandonnée au juge d'instruction statuant à juge unique. Dans cette perspective, deux réformes importantes sont intervenues concernant la détention provisoire et les pôles d'instruction.

185 **a) La mise en détention provisoire : le juge des libertés et de la détention. –** L'idée première avait été d'ôter au juge d'instruction ce redoutable pouvoir attentatoire à la liberté et de le confier à une formation collégiale de trois juges : plusieurs lois en ce sens avaient été votées, mais aucune d'elles n'a été appliquée faute de personnel[53]. La question a enfin trouvé sa solution avec une loi du 15 juin 2000 : désormais, toute décision relative à la détention provisoire (mise en détention ou demande de remise en liberté refusée par le juge d'instruction) appartient, non plus au juge d'instruction lui-même, mais à un autre juge qui, par hypothèse, n'a pas suivi l'affaire et que l'on appelle *« le juge des libertés et de la détention »* (art. 137 à 137-5 C. pr. pén.)[54] : c'est lui qui désormais peut délivrer un mandat de dépôt ou se prononcer sur une demande de remise en liberté rejetée par un juge d'instruction[55]. Ce n'est certes pas la collégialité : il s'agit toujours d'un juge unique. Mais des garanties particulières ont été prévues.

53. Une *loi n° 85-1303 du 10 déc. 1985* avait décidé de soumettre les décisions de mise en détention à un collège de trois juges ; mais avant son entrée en vigueur, elle fut abrogée et remplacée par une *loi n° 87-1062 du 30 déc. 1987* qui maintenait le même principe, en l'assouplissant. Peine perdue : cette dernière loi ne fut jamais appliquée, faute de personnel suffisant ! Au moment de la réforme du Code de procédure pénale par la *loi n° 93-2 du 4 janv. 1993*, il fut décidé à nouveau que la décision d'incarcération serait prise par une chambre spéciale du tribunal de grande instance composée d'un magistrat de carrière, assisté de deux « échevins » (c'est-à-dire, de simples particuliers choisis sur une liste dressée annuellement par le tribunal). Mais cette loi, qui devait entrer en vigueur le 1er janv. 1994, ne devait pas résister au changement de majorité politique intervenu en mars 1993 : elle fut abrogée par une *loi du 24 août 1993.*

54. V. P. Le Monnier de Gourville, « Le juge des libertés et de la détention entre présent et avenir », *Les cahiers de la justice* 2011/4, p. 145 et s.

55. Ch. Guéry, « Le juge des libertés et de la détention : un juge qui cherche à mériter son nom... », *D.* 2004, p. 583 et s.

D'abord, le juge des libertés et de la détention est nommé par décret du président de la République (art. 28, ord. 22 déc. 1958) et il ne peut s'agir que d'un magistrat du premier grade ou hors hiérarchie. Toutefois, en cas de vacance d'emploi, d'absence ou d'empêchement, il peut être remplacé par un juge désigné par le président du tribunal, et ce juge peut être un magistrat du second grade (art. 137-1-1 C. pr. pén.).

Ensuite contre la décision ainsi prise, un appel peut être formé devant la chambre de l'instruction (*infra*, n° 187). Mais, afin d'éviter qu'une décision de mise en détention éventuellement injustifiée ne soit exécutée tout de suite avant que cette chambre ne se prononce sur l'appel, la personne intéressée à la faculté de saisir immédiatement le président de la chambre de l'instruction d'une demande tendant à la suspension de la mesure, et le président est tenu de statuer dans les trois jours (art. 187-1 et 2 C. pr. pén., mod. par L. 15 juin 2000)[56]. Ainsi, le législateur a-t-il mis en place une procédure rapide, comparable au référé (d'où le nom de *« référé-liberté »* donné à cette procédure), dont l'objet est uniquement de suspendre le cas échéant l'exécution de l'ordonnance de mise en détention, en attendant la décision qui plus tard sera rendue en appel. Ce dispositif de protection a au moins le mérite de permettre un contrôle apparent immédiat sur la décision du juge des libertés et de la détention.

186 **b) Pôles de l'instruction : loi n° 2007-291 du 5 mars 2007. –** La dramatique affaire d'Outreau – où plusieurs personnes poursuivies pour le crime de pédophilie ont été placées en détention provisoire pendant de longs mois pour ensuite être reconnues innocentes et acquittées – a encore révélé de graves dysfonctionnements malgré les dispositions législatives du 15 juin 2000. L'opinion publique s'en est émue. Une commission d'enquête parlementaire a été désignée qui a préconisé différentes mesures dont certaines ont été reprises dans une loi du 5 mars 2007.

Cette loi a pris nettement le parti d'abandonner le système du juge unique et d'imposer la collégialité, tout au moins pour certaines décisions limitativement énumérées dans son article 1er, c'est-à-dire celles qui sont les plus graves : les décisions de mise en examen ou d'octroi du statut de témoin assisté ou encore de placement sous contrôle judiciaire, la saisine du juge des libertés et de la détention pour lui demander de se prononcer sur la détention provisoire ou la mise en liberté, enfin les ordonnances de règlement et de non-lieu.

Mais, pour surmonter les difficultés budgétaires auxquelles la collégialité s'est toujours heurtée, la loi de 2007 contient une disposition originale. Comme il ne pouvait être question de mobiliser plusieurs juges d'instruction dans chacun des tribunaux de grande instance où le volume des affaires ne le justifiait peut-être pas, la loi de 2007 a décidé de créer des pôles de l'instruction dans certains tribunaux. Les juges d'instruction composant un pôle de l'instruction sont seuls compétents pour connaître des informations en matière de crime. Ils sont également seuls compétents pour connaître des informations donnant lieu à une cosaisine conformément aux articles 83-1 et 83-2 (art. 52-1 C. pr. pén.).

Prenons un exemple concret. Actuellement dans le département de l'Aisne, il y a trois tribunaux de grande instance, à Laon, Saint Quentin et Soissons ayant chacun son propre ressort

56. Sur le « référé-liberté » : J. Pradel, *D.* 1993, chron. 308 ; Le Gunehec, *JCP* 1993.I.3720, spec. p. 505.

territorial. Pour ce département, seul le tribunal de Laon a été doté d'un pôle de l'instruction comportant plusieurs juges d'instruction, à l'exclusion des tribunaux de Saint Quentin et de Soissons ; ce qui revient à dire que tout crime ou tout délit complexe perpétré dans le département de l'Aisne donnera lieu à une instruction préparatoire qui sera centralisée devant le tribunal de Laon, même s'il a été commis dans le ressort habituel du tribunal de grande instance de Soissons ou de Saint Quentin. Mais *cette centralisation se limite uniquement à l'instruction, et non au jugement des affaires*. Conséquence : s'il s'agit d'un délit, commis à Soissons, après avoir été instruit par le pôle de l'instruction du tribunal de Laon, il ne sera pas jugé à Laon ; il le sera par le tribunal correctionnel du lieu de l'infraction (Soissons), ou par celui du lieu de l'arrestation du prévenu selon les règles habituelles du droit commun (*infra*, n° 533).

S'agissant de la collégialité de l'instruction proprement dite, à savoir permettre que l'instruction des affaires soit systématiquement confiée à une formation collégiale de trois juges, la loi de 2007 avait reporté son entrée en vigueur à 2010. Mais ce report a ultérieurement été renouvelé à quatre reprises et la loi n° 2016-1547 du 18 novembre 2016 a finalement abrogé cette collégialité !

B. SECOND DEGRÉ

187 **Chambre de l'instruction. –** Cette chambre est une formation spéciale de la cour d'appel, composée de trois conseillers et présidée par l'un d'eux ayant rang de président de chambre. Elle constitue à elle seule une juridiction à part, à cette nuance près toutefois que les assesseurs peuvent également assurer le service d'autres audiences et au besoin d'audiences civiles.

Le président de la chambre de l'instruction est désigné par décret après avis du Conseil supérieur de la magistrature (art. 191, al. 3, C. pr. pén., modifié par la loi n° 87-1062 du 30 déc. 1987). En cette qualité, il exerce des fonctions qui, pour être de nature administrative, n'en sont pas moins extrêmement importantes. Il lui appartient, en effet, de surveiller le bon fonctionnement des cabinets d'instruction du ressort de la cour (art. 220 C. pr. pén.) ; à cette fin, les juges d'instruction du ressort doivent lui adresser périodiquement un état des affaires en cours. En outre, le président de la chambre de l'instruction exerce une mission de surveillance sur les détentions provisoires afin de déceler éventuellement celles qui pourraient être abusives : pour exercer cette mission, il procède périodiquement à des visites dans les maisons d'arrêt du ressort et si un délai de plus de quatre mois s'est écoulé depuis le dernier acte d'instruction, il peut saisir la chambre de l'instruction (art. 221-1 C. pr. pén., modifié par la loi n° 87-1062 du 30 déc. 1987).

Cela étant dit, quelles sont les fonctions de la chambre de l'instruction elle-même ?

188 **Fonctions et pouvoirs de la chambre de l'instruction. –** Cette juridiction se voit attribuer par la loi des prérogatives très particulières qu'il suffira de mentionner sans y insister : examen des demandes d'extradition, décision sur les demandes de réhabilitation judiciaire (art. 783 C. pr. pén.), incidents d'exécution auxquels peuvent donner lieu les arrêts de cour d'assises (art. 710 C. pr. pén.), contentieux de l'amnistie (art. 778 C. pr. pén.), action disciplinaire contre les officiers de police judiciaire (art. 224 C. pr. pén.), etc.

On retiendra, en revanche, que la fonction majeure de la chambre de l'instruction est d'exercer un *contrôle juridictionnel au second degré sur les actes de l'instruction et sur les actes de juridiction du juge d'instruction*. Celui-ci, on l'a dit précédemment (*supra*, n° 182 et s.), est souvent appelé à prendre des décisions graves qui peuvent avoir de lourdes conséquences : il est donc normal que les actes et décisions du juge d'instruction puissent faire l'objet d'un contrôle au second degré.

a) Ce contrôle porte sur les *ordonnances juridictionnelles* du juge d'instruction. L'appel est recevable sous certaines conditions assez complexes. Mais, sans entrer dans des détails qui n'auraient pas leur place dans le cadre de cet ouvrage, on soulignera, à titre d'exemple, que la personne mise en examen peut interjeter appel contre une ordonnance par laquelle le juge d'instruction retient sa compétence ou déclare recevable une constitution de partie civile. Et s'il est vrai qu'une ordonnance de renvoi ne peut pas faire l'objet d'un appel de la part de la personne poursuivie, en revanche, le ministère public (c'est-à-dire, le procureur de la République qui a engagé les poursuites) peut former appel contre toutes les ordonnances du juge d'instruction, y compris bien entendu contre les ordonnances de renvoi ou de non-lieu.

b) Le contrôle de cette chambre s'étend également aux *actes de l'instruction* qui, sans être des décisions juridictionnelles, peuvent avoir de graves répercussions sur la découverte de la vérité. Il lui appartient notamment de contrôler la régularité en droit des actes accomplis et aussi leur opportunité en fait ; ainsi, par exemple, elle peut décider que l'interrogatoire de la personne mise en examen n'a pas été effectué conformément aux règles légales (régularité en droit) ou que telle perquisition aurait dû avoir lieu (opportunité en fait). De cette manière, la chambre de l'instruction exerce un contrôle qui, sous certaines conditions, peut conduire cette juridiction du second degré à refaire ou à compléter l'instruction.

§ 2. JURIDICTIONS DE JUGEMENT

189 **Vue d'ensemble. –** Ainsi qu'il a déjà été dit, les juridictions de jugement sont des juridictions qui sont appelées à se prononcer sur la culpabilité ou l'innocence de la personne poursuivie : elles acquittent, elles relaxent ou elles infligent une peine.

Parvenu à ce point des explications, il faut se souvenir que la loi répartit les infractions pénales en trois classes selon leur gravité : les contraventions, les délits et les crimes (*supra*, n° 178, note). Il serait évidemment irrationnel de faire juger des infractions de gravité aussi différente par une même juridiction ; pour cette raison, à chacune de ces catégories d'infractions correspondent des juridictions de jugement différentes.

Pour la clarté des explications et compte tenu d'un particularisme très marqué en matière criminelle, on étudiera, d'une part, les juridictions de jugement en matière de contravention et de délit (A) et, d'autre part, la juridiction de jugement en matière criminelle (B).

A. EN MATIÈRE DE CONTRAVENTION ET DE DÉLIT

190 **Double degré de juridiction.** – En ces matières et sous les réserves qui seront indiquées (*infra*, n° 195), les affaires pénales sont soumises à un double degré de juridiction. Il est normal qu'il en soit ainsi : la décision qui est prise est souvent lourde de conséquences, et comme les juges sont faillibles, il est tout à fait légitime que les jugements rendus au premier degré puissent être déférés à une juridiction du second degré.

1. Juridictions du premier degré

191 **Énumération.** – Les juridictions de jugement du premier degré qui connaissent de l'affaire pour la première fois et qui, par conséquent, statuent en premier ressort, sont : en matière de contravention, le *tribunal de police* (a), et en matière de délit, le *tribunal correctionnel* (b).

192 **a) En matière de contravention : tribunal de police**. – Auparavant, la juridiction compétente en matière de contravention n'était autre que le *tribunal d'instance*, prenant alors le nom de *tribunal de police*. Depuis la loi n° 2016-1547 du 18 novembre 2016, le tribunal de police est rattaché au *tribunal de grande instance*, de sorte que le tribunal d'instance n'a plus de compétence pénale (art. L. 211-9-1 et L. 221-1 C. org. jud.). Le tribunal de police est une juridiction à juge unique, plus précisément il s'agit désormais d'un juge du tribunal de grande instance.

193 **b) En matière de délit : tribunal correctionnel.** – Ce tribunal n'est en réalité que le *tribunal de grande instance* qui, lorsqu'il statue en matière de délit, prend le nom de tribunal correctionnel. Pour cette raison, le tribunal correctionnel est présidé par le président du tribunal de grande instance ; et pour la même raison, le tribunal correctionnel a le même siège et le même ressort territorial que le tribunal de grande instance.

Dans les petits tribunaux, ce sont parfois les mêmes juges qui assurent le service des audiences civiles (tribunal de grande instance) et des audiences pénales (tribunal correctionnel). Mais dans les tribunaux de quelque importance, il existe une ou plusieurs chambres spécialisées, que l'on appelle les *« chambres correctionnelles »* : chacune d'elles est alors présidée par un magistrat qui a rang de vice-président.

Le tribunal correctionnel est composé de trois juges de carrière, sauf dans certains cas exceptionnels, mais de plus en plus nombreux, où la loi décide que le tribunal correctionnel statuera à juge unique (*infra*, n° 508).

La loi n° 2011-239 du 11 août 2011 avait créé le tribunal correctionnel dans sa formation citoyenne, composée de trois magistrats professionnels auxquels étaient adjoints deux « citoyens-assesseurs », c'est-à-dire de simples particuliers tirés au sort[57]. Cette formation n'était compétente que de façon exceptionnelle pour le jugement de délits limitativement énumérés par l'article 399-2 du Code de procédure pénale, choisis parmi des infractions auxquelles l'opinion publique est généralement

57. J. Pradel, « Le citoyen comme juge pénal ; à propos de la loi du 10 août 2011 », *JCP* 2011, n° 923 ; A.-S. Chavent-Leclère, « Commentaire de la loi n° 2011-939 du 10 août 2011 sur la participation des citoyens au fonctionnement de la justice pénale et le jugement des mineurs », *Procédures* 2011, étude n° 12 ; M. Lebranchu et M. Mercier, « Les citoyens assesseurs », *Revue de droit d'Assas,* févr. 2012, p. 10.

assez sensible. En réalité, à travers le discours officiel, beaucoup y avaient vu une méfiance à l'égard des juges professionnels estimés trop laxistes aux yeux de certains. De son côté, le Conseil constitutionnel, dans une décision du 4 août 2011 (n° 2011-635 DC), avait émis des réserves, en interdisant notamment la participation des citoyens assesseurs sur les décisions relatives à la qualification des faits et à la culpabilité du prévenu. Et de surcroît, cette formation risquait de retarder considérablement le jugement des affaires dans les tribunaux correctionnels déjà surchargés[58]. Un rapport très critique sur cette expérimentation, élaboré par deux hauts magistrats de la Cour de cassation, avait été présenté en février 2013 au garde des Sceaux[59]. Et c'est ainsi que, avant même toute abrogation, il a été décidé d'y mettre fin dès le 18 avril 2013[60].

2. Juridiction du second degré

194 **Chambre des appels correctionnels. –** Tout appel formé contre un jugement rendu soit par un tribunal de police, soit par un tribunal correctionnel est porté devant une juridiction que l'on a coutume d'appeler, non sans ambiguïté d'ailleurs, la « chambre des appels correctionnels ». On remarquera en effet, à quel point cette appellation est trompeuse si l'on considère que la chambre des appels correctionnels est, au second degré, une juridiction qui connaît des appels, aussi bien en matière de délits correctionnels que de contraventions[61].

La chambre des appels correctionnels n'est autre qu'une *chambre spécialisée de la cour d'appel* qui a une compétence spéciale en matière pénale. Elle a le même siège et le même ressort territorial que la cour d'appel à laquelle elle appartient et, pour cette raison, elle est compétente pour statuer sur tous les appels formés contre les jugements rendus par les tribunaux de police et les tribunaux correctionnels qui relèvent du ressort de la cour d'appel.

En principe, comme toute chambre de la cour d'appel, elle est composée d'un président ayant rang de président de chambre, assisté de deux conseillers.

195 **Quand un appel peut-il être formé ? –** En matière de délit, l'appel est toujours recevable aussi bien de la part de celui qui a été condamné que du ministère public qui estimerait que le jugement a été trop bienveillant. Il s'agit, en effet, d'infractions d'une certaine gravité et c'est pourquoi la règle du double degré de juridiction ne connaît en cette matière aucune entrave.

Il n'en est pas de même en matière de contravention : par hypothèse, il s'agit d'infractions relativement mineures pour lesquelles l'appel serait parfois un luxe inutile. On retrouve ici la même idée qu'en matière civile (*supra*, n° 167). Notamment la faculté d'interjeter appel n'est ouverte en principe que dans les cas où l'amende prononcée excède le montant de celle qui est prévue pour les contraventions de 4e classe (art. 546 C. pr. pén.).

58. Sur un premier bilan : L. Neuer, « Citoyens assesseurs saison 1, premier bilan », *JCP* 2012, p. 882 et s.
59. *D.* 2013, p. 641.
60. K. Haeri et R. Pinösch, « Citoyens assesseurs : pas de saison 2 », *JCP* 2013, n° 327, p. 578.
61. Toutefois, en matière contraventionnelle, la chambre des appels correctionnels siège à *juge unique* (art. 547, C. pr. pén.).

B. EN MATIÈRE CRIMINELLE

196 **Cour d'assises. –** On ne juge pas un crime de la même manière qu'un délit ou une contravention. L'extrême gravité de l'infraction commise (assassinat, meurtre, trafic de stupéfiants, séquestration, etc.) et surtout des peines qui peuvent être infligées (pouvant aller jusqu'à la réclusion criminelle à perpétuité) justifient la mise en place d'une juridiction entourée d'une certaine solennité. Pour cette raison, la juridiction compétente en cette matière est une juridiction particulièrement originale que l'on appelle la cour d'assises[62].

a) Originale par son *importance* : aux yeux de l'opinion publique qui reste rarement insensible à un « procès d'assises », lequel d'ailleurs tourne parfois au grand spectacle où l'émotion tient souvent plus de place que le raisonnement juridique.

b) Originale par son *caractère mythique* : la cour d'assises, avec son jury (dont il sera question ultérieurement, *infra*, n° 199) est une institution d'origine anglaise qui a été transplantée en France, sous l'influence de Voltaire, et qui, depuis lors, est devenue le refuge de toute une série de symboles : symbole de la souveraineté nationale, symbole d'une justice qui exprime le sentiment d'un peuple, symbole de la lutte contre l'arbitraire[63], symbole de l'indépendance d'esprit de la juridiction, etc. Il y aurait peut-être beaucoup à dire sur l'accumulation de tous ces mythes qui tournent parfois à la fiction. Mais la justice ne peut pas négliger les symboles[64] !

c) Originale enfin par sa *structure juridique* : à ce sujet, le seul qui fera l'objet des développements qui vont suivre, la cour d'assises présente de singulières particularités, au quadruple point de vue : de son *ressort* (I), de son *fonctionnement intermittent* (II), de sa *composition* (III) et de ses *arrêts* qui sont susceptibles d'appel selon des règles très particulières (IV).

197 **I. Ressort et siège. –** La cour d'assises est une *juridiction départementale* : chaque cour d'assises porte le nom du département qui est celui de son ressort (cour d'assises de Paris, cour d'assises du Calvados, cour d'assises du Finistère, etc.).

En principe, elle siège au chef-lieu du département (sauf cas exceptionnels, comme par exemple dans le Pas-de-Calais où elle siège à Saint Omer, et aussi dans le Vaucluse où elle siège à Carpentras). Lorsque ce chef-lieu est le siège d'une cour d'appel, la cour d'assises s'installe dans les locaux de la cour d'appel ; si, au contraire, il n'y a pas de cour d'appel au chef-lieu du département, la cour d'assises siège dans les locaux du tribunal de grande instance du chef-lieu de ce département : ainsi, la cour d'assises des Alpes-Maritimes siège dans les locaux du tribunal de grande instance de Nice.

Pour le jugement des crimes relevant de la criminalité organisée[65], la loi n° 2004-204 du 9 mars 2004 a décidé que la compétence d'une cour d'assises peut être étendue au ressort d'une ou plusieurs cours d'appel, et s'étendre par conséquent sur plusieurs départements (art. 706-75 C. pr. pén.). L'objectif est d'instituer des cours d'assises spécialisées pour le jugement des crimes

62. V. notamment « La cour d'assises : bilan d'un héritage démocratique », *Revue Histoire de la justice*, 2001.

63. Rappelons-nous l'affaire *Calas* qui, sous l'Ancien Régime, avait beaucoup ému : Voltaire en particulier (cf. le livre de Orieux, *Voltaire*, p. 565 et s.).

64. V. sur le sujet *Les figures du procès au-delà des frontières*, W. Mastor et L. Miniato (dir.), Dalloz, coll. « Thèmes et commentaires », 2013.

65. Ces crimes sont énumérés à l'art. 706-73, C. pr. pén.

commis en bande organisée. Cette particularité est une illustration de la spécialisation des juridictions par la constitution de « pôles » où se trouvent réunis des magistrats expérimentés en certaines matières (*supra*, n° 186 et *infra*, n° 529).

198 **II. Fonctionnement intermittent : les sessions. –** À la différence des autres juridictions de droit commun qui siègent de façon continue, conformément à la règle de principe (*supra*, n° 83), les cours d'assises siègent de façon intermittente, par sessions[66].

La date de l'ouverture des sessions de chaque cour d'assises est fixée par le premier président de la cour d'appel, sur proposition du procureur général (art. 236 C. pr. pén.). Chaque session dure le temps nécessaire pour épuiser la liste des affaires qui sont inscrites au rôle.

Ce particularisme tient au fait que la cour d'assises est composée pour partie par des jurés, c'est-à-dire par de simples particuliers que l'on ne peut pas décemment distraire de leurs occupations professionnelles pour une trop longue durée.

199 **III. Composition. –** L'originalité majeure de la cour d'assises est d'être une juridiction à composition hétérogène, comprenant des éléments nettement distincts :

D'une part, la *cour proprement dite*, composée de trois magistrats professionnels : le président des assises, qui dirige les débats et qui est soit un président de chambre, soit un conseiller de la cour d'appel désigné par le premier président ; à ses côtés siègent deux assesseurs, également désignés par le premier président de la cour d'appel et choisis soit parmi les conseillers de la cour, soit parmi les juges du tribunal de grande instance où se tiennent les assises.

D'autre part, *six jurés*[67], qui sont de simples particuliers désignés par voie de tirage au sort, selon des modalités qui seront précisées ultérieurement (*infra*, n° 340), et qui sont considérés comme étant l'expression de la souveraineté populaire ; d'où le nom parfois donné à cette juridiction communément appelée la « juridiction populaire ».

On ajoutera, pour être complet, que siègent également, mais sans participer à la décision finale : un *représentant du ministère public* qui est généralement un avocat général de la cour d'appel, lequel a pour mission de porter la parole au nom de la société, un peu comme un demandeur en matière civile (toutefois, sur le rôle exact du ministère public en matière pénale, cf. *infra*, n° 520), et enfin, un *greffier* qui tient la plume.

Cette composition originale soulève un problème : celui des rapports entre la cour proprement dite et les jurés au moment de la délibération.

200 **Les rapports entre la cour proprement dite et les jurés. –** Dans la conception initiale du Code d'instruction criminelle de 1808, la cour et les jurés (qui, à l'époque, étaient au nombre de douze) avaient des rôles bien distincts. Le jury se prononçait sur les faits (c'est-à-dire, sur leur matérialité et sur la culpabilité de l'accusé). La décision rendue par le jury s'appelait le *« verdict »*. Et en fonction des réponses fournies par le jury, la cour se chargeait alors d'appliquer le droit, en qualifiant les faits et en appliquant la peine prévue par la loi.

66. De là, d'ailleurs, vient l'expression « cour d'assises » : la cour tient ses « assises » à certaines périodes.
67. Avant une loi du 10 août 2011, leur nombre était de neuf.

Cette dissociation entre le fait et le droit se révéla très décevante. Les jurés ont besoin de savoir quelles seront les conséquences légales que la cour tirera des réponses aux questions qui leur sont posées ; et faute de le savoir, l'expérience avait prouvé que les jurés, craignant la rigueur d'un verdict, préféraient parfois nier l'évidence des faits.

De là, l'idée d'organiser une collaboration entre les deux éléments hétérogènes qui forment la cour d'assises. Désormais, depuis une loi du 25 novembre 1941 (dont les dispositions ont été reprises dans les art. 356 à 362 C. pr. pén.), la cour proprement dite et les jurés délibèrent et votent ensemble, tout à la fois sur les faits et sur l'application du droit. Cette délibération commune sur la matérialité des faits, sur la culpabilité et sur la peine applicable, élimine l'inconvénient précédent. Mais on peut craindre que les magistrats professionnels n'exercent, très involontairement, un certain ascendant sur des jurés qui ignorent tout de la chose judiciaire. Pour conjurer ce risque, la loi décide que toute décision défavorable à l'accusé ne pourra être acquise que par six voix au moins (art. 359 C. pr. pén.) ; ce qui implique nécessairement que la moitié au moins des jurés, c'est-à-dire trois d'entre eux, s'y soient ralliés.

Il reste que, dans un procès d'assises, le président est appelé à jouer un rôle prépondérant, spécialement à l'audience : c'est lui qui connaît parfaitement le dossier, qui dirige les débats, qui interroge l'accusé, les témoins, les experts, et qui finalement est un véritable « animateur ». L'exercice de cette fonction exige du président de subtiles qualités d'énergie, mais aussi de pondération afin que jamais son impartialité ne puisse être prise en défaut ou même simplement suspectée ; d'ailleurs cette délicate fonction est généralement confiée à des magistrats de grande expérience qui l'assument souvent avec un scrupule exemplaire. Mais il faut bien reconnaître que, dans la chaleur d'une contradiction un peu vive, il est parfois difficile à un président de ne pas donner l'impression d'être un accusateur. C'est là un aspect du procès d'assises qui conduit parfois l'opinion publique à s'interroger sur le rôle exact du président et à se demander si, dans le délibéré, en présence de jurés souvent impressionnés par les fastes de la justice et qui ignorent tout des subtilités juridiques, il n'exerce pas, en fait et à son corps défendant, une influence plus importante qu'il n'est prévu[68].

201 **IV. L'arrêt d'assises. –** Jusqu'à une époque récente, les arrêts émanant des cours d'assises présentaient cette double particularité de n'être pas motivés[69] et de ne pouvoir faire l'objet d'aucun appel. Si l'on considère l'extrême gravité des décisions qui peuvent être prises par de tels arrêts, on mesure aisément l'importance de ces deux particularités qui ont aujourd'hui disparu dans des conditions qui exigent maintenant de plus amples commentaires.

202 **a) Motivation des arrêts d'assises. –** On expliquait le défaut de motivation par le fait qu'il est demandé aux jurés de répondre aux questions posées sur la culpabilité de l'accusé par oui ou par non, « selon leur intime conviction » : comment concilier l'intime conviction des jurés avec la nécessité d'une motivation uniforme de l'ensemble du jury ? La question, il faut bien le reconnaître, est particulièrement

68. On lira avec intérêt les pertinentes observations de M. Peyrot, in *Le Monde*, 6 févr. 1994 ; *adde*, F. Lombard, *Les jurés : justice représentative et représentation de la justice*, L'Harmattan, 1993.

69. Cass. crim., 14 oct. 2009, *D.* 2009, p. 2778, note J. Pradel (pourvoi n° 08-86480).

embarrassante[70]. À quoi l'on ajoutait, pour tenter de justifier cette particularité, que la réponse des jurés aux questions qui leur avaient été posées pouvait valoir motivation. Ces explications n'avaient pas convaincu la Cour européenne des droits de l'homme de Strasbourg qui avait condamné le défaut de motivation[71], tandis que le Conseil constitutionnel français estimait que notre Constitution ne s'y opposait pas[72].

De toute manière, ce problème laissait subsister une insatisfaction que la loi nº 2011-939 du 10 août 2011 a pris le parti de dissiper en organisant un système de motivation qui figure aujourd'hui dans l'article 365-1 C. pr. pén.[73]. Le président, ou l'un des magistrats assesseurs désignés par lui, rédige la motivation de l'arrêt. Et, dans le cas particulier où il s'agit d'un arrêt de condamnation, la motivation consiste dans l'énoncé des principaux éléments à charge qui, pour chacun des faits reprochés à l'accusé, ont convaincu la cour d'assises.

203 **b) Appel contre les arrêts d'assises. –** Pendant très longtemps, le principe du double degré de juridiction a été écarté en matière criminelle : tout au plus les arrêts pouvaient-ils faire l'objet d'un recours en cassation. La différence était considérable, dans la mesure où la Cour de cassation se borne simplement à vérifier la correcte application de la loi sans jamais procéder à un nouvel examen des faits (*infra*, nos 222 et s.). Disons donc que les faits étaient souverainement établis par la cour d'assises, en premier et dernier ressort.

Une telle rigueur ne manquait pas de surprendre, surtout si l'on considère que les jugements rendus par les tribunaux de police et les tribunaux correctionnels sont susceptibles d'appel (*supra*, nº 195) : pourquoi les arrêts d'assises qui sont autrement plus lourds de conséquences échappaient-ils à la garantie d'un double degré de juridiction ? On l'expliquait généralement en faisant observer que le jury est l'expression de la souveraineté nationale et que l'on concevrait mal qu'une autre juridiction pût infirmer ce qui avait été décidé par une cour d'assises dépositaire de cette souveraineté.

Il reste que cette exclusion de l'appel en matière criminelle était de plus en plus mal ressentie par l'opinion publique, qui ne comprenait guère ces explications de nature technique et qui avait été impressionnée par la difficulté que l'on éprouvait à revenir sur certains arrêts de condamnation de nature à laisser pressentir une erreur

70. Sur cette question : M. Huyette, « Quelles réformes pour la cour d'assises ? » *D.* 2009, p. 2440 ; H. Nico, « La Cour de cassation élude la question prioritaire de constitutionnalité relative à la motivation des cours d'assises », *D.* 2010, p. 2236 ; H. Matsopoulou, « La motivation des arrêts de la cour d'assises et les exigences du procès équitable », *JCP* 2010, nº 1228 ; Ch. Guéry, « Peut-on motiver l'intime conviction ? », *JCP* 2011, nº 28 ; W. Mastor et B. de Larny, « À propos de la motivation des arrêts d'assises », *D.* 2011, p. 1154 et s.

71. Pour des raisons identiques, la Cour européenne des droits de l'homme a condamné la Belgique pour défaut de motivation de ses arrêts d'assises : CEDH, 13 janv. 2009, *Taxquet c/ Belgique*, nº 926/05, *D.* 2009, p. 1058, note J.P. Renucci ; *Rev. sc. crim.*2009, p. 657, obs. J.P. Margénaud. – Toutefois CEDH, 16 nov. 2010, *Taxquet c/Belgique*, nº 926/05, *D.* 2010, p. 2841 ; *D.* 2011, p. 47, note J.P. Renucci ; *adde* J. Pradel, « La Cour de Strasbourg n'impose finalement qu'une motivation minimale aux cours d'assises statuant avec les jurés », *D.* 2011, p. 48 ; *adde,* la motivation libérale de CEDH, 10 janv. 2013, *A. c. France*, *JCP* 2013, p. 627, note Laffaille.

72. Cons. const., 1er avr. 2011, nº 2011-113/115, *Rev. sc. crim.* 2011, p. 423, note J. Danet ; *adde* J.-B. Perrier, « D'une motivation à l'autre », *D.* 2011, p. 1156.

73. M. Huyette, « Les réformes de la cour d'assises », *D.* 2011, p. 2295.

judiciaire[74]. Enfin et surtout, une telle exclusion était condamnée par la Convention européenne des droits de l'homme qui, dans l'article 2-1 de son Protocole n° 7, a décidé que « toute personne déclarée coupable d'une infraction par une juridiction pénale a le droit de faire examiner par une juridiction supérieure la déclaration de culpabilité ou la condamnation ». Bref, pour toutes ces raisons, une réforme s'imposait.

Après plusieurs essais infructueux[75], la loi du 15 juin 2000 est parvenue enfin, pour la première fois en France, à organiser un appel contre les arrêts rendus en matière criminelle (art. 380-1 à 380-15 C. pr. pén.)[76]. Tout accusé condamné par une cour d'assises statuant en premier ressort peut demander à ce que l'affaire soit jugée à nouveau, aussi bien en fait qu'en droit, par une autre cour d'assises qui se prononcera souverainement au second degré. Le droit d'interjeter appel appartient également au ministère public, en la personne du procureur général[77], même si l'accusé a été acquitté[78].

Mais le législateur a mis en place un système original, absolument inédit en droit moderne, qui fait penser à un « *appel circulaire* » du droit intermédiaire (*supra*, n° 8) : la cour d'assises chargée de statuer en appel n'est pas à proprement parler une juridiction hiérarchiquement supérieure, mais une autre cour d'assises désignée au niveau national par la chambre criminelle de la Cour de cassation (art. 380-1 C. pr. pén.). La cour d'assises ainsi désignée obéit en principe aux mêmes règles que la première cour d'assises, à cette double différence près, qui souligne son caractère plus solennel, que, d'une part, le nombre des jurés est de *neuf* (au lieu de six ; art. 296 C. pr. pén.)[79] et que, d'autre part, toute décision défavorable à l'accusé doit être prise à la majorité de huit voix au moins lorsque la cour d'assises statue en appel (au lieu de six en premier ressort) (art. 362 C. pr. pén.). En d'autres termes, le caractère plus solennel de la cour d'assises chargée de statuer en appel se manifeste par une augmentation du nombre des jurés.

74. Le recours en révision est souvent difficile à admettre sans dénaturer cette voie de recours qui suppose la révélation d'un fait nouveau (*infra*, n° 620).

75. Dès 1982, il avait été question d'instituer un double degré : en premier ressort, une cour d'assises départementale, et en appel, une cour d'assises régionale avec un jury plus nombreux. Ce projet n'eut aucune suite. Un autre projet fut soumis au Parlement en 1996 et débattu, en première lecture, à l'Assemblée nationale et au Sénat. Mais la dissolution de l'Assemblée nationale étant intervenue au mois d'avril 1997, avant que le projet n'ait été définitivement voté, cette réforme a de nouveau échoué. Il faudra attendre 1999, pour que le gouvernement dépose un nouveau projet qui, cette fois, deviendra la loi du 15 juin 2000.

76. Cette loi est entrée en vigueur le 1er janv. 2001. – Pradel, « L'appel contre les arrêts d'assises : un apport heureux de la loi du 15 juin 2000 », *D.* 2001, p. 1964.

77. À l'exclusion du procureur de la République : Cass. crim., 2 sept. 2009, *D.* act. jurisp. p. 2349.

78. Initialement, dans la loi du 15 juin 2000, le droit d'appel du ministère public était exclu lorsque l'accusé avait été acquitté ; ce qui avait suscité un certain mécontentement de la part des magistrats du parquet et risquait par ailleurs de provoquer des problèmes (J.-M. Dumay, in *Le Monde*, 14 nov. 2001, p. 14). Cette limitation a été abrogée par une loi n° 2002-307 du 4 mars 2002 : désormais, l'appel du ministère public est ouvert en toutes circonstances. Et c'est ainsi qu'après avoir été acquitté en première instance, l'accusé peut, sur appel du ministère public, être sévèrement condamné en appel. Les statistiques révèlent qu'il en est ainsi dans 6 cas sur 10, et notamment entre 2003 et 2005, sur 76 décisions d'acquittement frappées d'appel par le ministère public, 43 ont été transformées en condamnation (sur la critique du pouvoir ainsi reconnu au ministère public, cf. Em. Rosenfeld, in *Le Monde*, 8 mai 2009, p. 16).

79. À l'origine, il y avait 12 jurés.

S/SECTION 2 JURIDICTIONS PÉNALES SPÉCIALISÉES

204 **Définition. –** Les juridictions pénales spécialisées se caractérisent par le fait qu'elles ne sont compétentes que dans les cas strictement prévus par la loi, pour juger certaines infractions ou certains délinquants que la loi détermine limitativement. En principe, les juridictions pénales spécialisées ont un statut plus ou moins dérogatoire au droit commun, par leur composition ou par la procédure qui doit être suivie devant elles. Au reste, il ne servirait à rien d'instituer des juridictions spéciales si ce n'était pas pour échapper aux dispositions qui régissent les juridictions de droit commun.

Les juridictions pénales à compétence spéciale concernent essentiellement la juridiction pénale des mineurs (§ 1) et, dans un registre tout à fait différent, les juridictions pénales de nature politique (§ 2) et militaire (§ 3). À côté de ces juridictions, le législateur a prévu que certaines affaires d'une grande complexité devaient être traitées par quelques juridictions de droit commun spécialisées : ce sont notamment les juridictions interrégionales spécialisées (JIRS) compétentes en matière de criminalité organisée (art. 706-75 et s. C. pr. pén.) et en matière économique et financière (art. 704 et s. C. pr. pén.)[80]. Ajoutons l'existence de compétences particulières (mentionnées à l'art. 705 C. proc. pén.) pour le tribunal de grande instance de Paris et le procureur de la République financier, pouvant s'exercer sur tout le territoire national.

205 **Appréciation critique. –** Si l'on met à part la juridiction pénale des mineurs qui depuis un demi-siècle a connu un grand essor, à juste raison d'ailleurs, c'est un fait que les juridictions pénales d'exception n'ont jamais eu bonne presse. Il faut dire qu'elles prolifèrent habituellement dans les périodes de crise ou sous le signe d'un contexte autoritaire qui donne à penser que, à travers elles, le pouvoir politique recherche un surcroît de répression et d'exemplarité, par le biais d'un amenuisement, souvent grave, des droits de la défense.

L'histoire en apporte malheureusement la démonstration. Sous l'Ancien Régime, les juridictions pénales d'exception étaient nombreuses ; certaines d'entre elles firent de la torture une véritable institution. La Révolution française consacra leur abolition ; mais ce fut pour en rétablir d'autres qui laissèrent dans l'histoire un souvenir à la fois dramatique et misérable. Après un siècle et demi d'accalmie, qui doit être mis à l'actif de la IIIe République, les juridictions pénales d'exception connurent de nouveaux développements avec la Seconde Guerre mondiale, le régime de l'occupation (cours martiales) et ensuite les événements d'Algérie (Haut Tribunal militaire, Cour de justice militaire). C'est un fait que, trop souvent, les juridictions de ce genre sont utilisées par certains régimes pour renforcer leur emprise politique par la menace de sanctions expéditives.

Il n'est donc pas surprenant que le sort de ces juridictions soit lié aux flux politiques qui traversent l'histoire, en en suivant des méandres plus ou moins tourmentés.

80. V. *La spécialisation des juges*, C. Ginestet (dir.), LGDJ/Presses de UT1, 2012.

§ 1. JURIDICTIONS PÉNALES DES MINEURS

206 **Le problème judiciaire de la délinquance juvénile.** – Les mineurs qui n'avaient pas encore 18 ans au moment des faits sont soustraits aux juridictions pénales de droit commun. On le comprend aisément. Certes, le jeune âge n'immunise pas contre toute sanction. Mais il serait inopportun de faire comparaître un délinquant mineur devant des juridictions qui ont à juger des comportements d'adulte, sans tenir compte du particularisme très marqué de la délinquance juvénile[81].

Ce type de délinquance est, sinon toujours, du moins assez souvent le fruit d'une éducation défaillante et pour cette raison, la réponse pénale doit réserver une large part au volet éducatif. Il importe avant tout de sauvegarder l'avenir en combinant la peine avec des mesures d'éducation appropriée. Par ailleurs, s'agissant de mineurs, les variations d'âge comptent pour beaucoup : on ne peut pas traiter pénalement de la même manière un adolescent de 14 ans et un jeune homme de 17 ans.

Toutes ces raisons justifient la mise en place de juridictions spécialisées, composées de juges qui ont une vocation d'éducateurs, qui statueront selon des formes simplifiées, exemptes de tout cérémonial traumatisant, avec toujours pour point de départ une instruction préparatoire comportant un examen de la personnalité du mineur. C'est assez dire l'importance de ces juridictions très diversifiées dont le rôle se situe aux confins de l'éducatif et du répressif.

Le texte fondamental en cette matière est une ordonnance du 2 février 1945 qui, depuis lors, a été modifiée à maintes reprises.

Les juridictions, dont il sera uniquement question dans les développements qui vont suivre, sont au nombre de quatre qui seront présentées successivement.

207 **1°) Juge des enfants.** – On désigne par là un juge unique, qui appartient au tribunal de grande instance : il constitue à lui seul une juridiction autonome.

Il est compétent pour juger les contraventions de 5e classe et les délits commis par un mineur ayant moins de 18 ans, ainsi que les crimes perpétrés par un mineur de moins de 16 ans au moment des faits.

En revanche, *l'étendue de ses pouvoirs est limitée* : le juge des enfants, lorsqu'il statue seul, ne peut pas infliger de peine. Il ne peut prescrire que des mesures d'assistance éducative ne comportant aucun placement du mineur au sein d'un organisme. Si le juge des enfants estime qu'une telle mesure ne suffit pas et qu'il serait opportun de prononcer une peine ou de placer le mineur dans une institution spécialisée, l'affaire relève alors de la compétence du tribunal pour enfants.

208 **2°) Tribunal pour enfants[82].** – Cette juridiction se différencie de la juridiction du juge des enfants, en ce sens qu'il s'agit d'une juridiction qui statue collégialement. Son originalité tient au fait qu'elle est composée d'un juge des enfants qui en

81. V. sur ce point l'ouvrage très éclairant de P. Joxe, *Pas de quartier ? Délinquance juvénile et justice des mineurs*, Fayard, 2012 ; v. également « La justice des mineurs : une nouvelle ère ? », *Les cahiers de la justice* 2011/3, dossier p. 11 et s. ; D. Youf, « La justice pénale des mineurs : quel avenir ? », dossier « La justice : quelles politiques ? », *Cahiers français*, n° 377, 2013, p. 37 et s.

82. Cette juridiction est réglementée par les art. L. 251-1 et s. et D. 251-1 et s. C. org. jud.

assure la présidence. Mais, à la suite d'une décision du Conseil constitutionnel[83] se fondant sur le principe d'impartialité, puis de la loi n° 2011-1940 du 26 décembre 2011, le juge des enfants qui a renvoyé l'affaire devant le tribunal ne peut pas le présider (art. L. 251-3, al. 2, C. org. jud.). À ses côtés siègent deux assesseurs qui ne sont pas des magistrats : ce sont de simples particuliers, âgés d'au moins 30 ans, qui sont connus pour leur compétence et l'intérêt qu'ils portent aux problèmes de l'enfance. Ils sont nommés pour quatre ans par le ministre de la Justice sur proposition du premier président de la cour d'appel (art. L. 251-4 C. org. jud.).

Le tribunal pour enfants connaît des mêmes infractions que le juge des enfants : les contraventions de 5e classe, les délits commis par un mineur ayant moins de 18 ans et les crimes perpétrés par un mineur de moins de 16 ans au moment de l'infraction. Mais du fait qu'il statue collégialement, il est en son pouvoir d'ordonner des mesures d'assistance éducative et aussi de prononcer des peines.

En règle générale, il y a un tribunal pour enfants par département : il a alors son siège au tribunal de grande instance et a le même ressort territorial que lui. Toutefois, compte tenu de l'importance de la population dans certains départements, il peut y avoir plusieurs tribunaux pour enfants au sein d'un même département : dans ce cas, chacun d'eux a son siège à l'un des tribunaux de grande instance de ce département.

Il existe actuellement 155 tribunaux pour enfants : le siège et le ressort territorial de chacun d'eux sont déterminés par décret.

209 **3°) Tribunal correctionnel des mineurs : abrogation. –** Depuis une loi du 10 août 2011, dans les cas de récidive délictuelle, le mineur âgé de 16 à 18 ans au moment des faits, était appelé à comparaître devant une formation juridictionnelle plus solennelle qui n'était autre que l'une des chambres correctionnelles du tribunal de grande instance (art. L. 251-7 C. org. jud.). Cette juridiction était composée de trois magistrats professionnels du tribunal dont un juge des enfants. Et s'il s'agissait d'une infraction visée à l'article 399-2 du Code de procédure pénale, qui exigeait que le tribunal correctionnel siège en formation citoyenne (*supra*, n° 193), deux assesseurs citoyens étaient également appelés à siéger.

Cette innovation avait pour objectif d'impressionner de façon plus ferme le jeune délinquant récidiviste, étant précisé toutefois que le tribunal pouvait aussi bien prononcer une peine qu'une mesure éducative. Elle n'en avait pas moins été critiquée dans la mesure où cette juridiction faisait prévaloir le répressif sur l'éducatif et où, pour cette raison, elle dénaturait le régime pénal des mineurs. La loi n° 2016-1547 du 18 novembre 2016 a supprimé cette juridiction.

210 **4°) Cour d'assises des mineurs. –** On a pu observer que, s'agissant des crimes, la compétence du tribunal pour enfants et celle du juge des enfants ne vont pas au-delà de 16 ans. Le mineur qui commet un crime entre 16 et 18 ans est alors justiciable d'une juridiction spéciale que l'on appelle la cour d'assises des mineurs.

Au point de vue de son organisation, cette juridiction ne se distingue en rien d'une cour d'assises ordinaire que l'on appelle par opposition la cour d'assises des majeurs : son siège, son ressort, son fonctionnement intermittent, sa composition

83. Déc. n° 2011-147 QPC, 8 juill. 2011.

et la portée de ses arrêts sont identiques (*supra*, nos 196 et s.). Où est alors la différence ? Elle se limite en réalité à de simples nuances mais qui ont toutefois leur importance :

1°) Les deux assesseurs magistrats du président de la cour d'assises sont généralement choisis parmi des juges pour enfants.

2°) Les débats sont publics, à moins que la publicité ne soit dangereuse pour l'ordre ou les mœurs ; notamment, lorsque les poursuites sont exercées du chef de viol ou de tortures et actes de barbarie accompagnés d'agressions sexuelles, le huis clos est de droit si l'une des victimes parties civiles le demande. Enfin, le président peut interdire l'accès de la salle d'audience aux mineurs ou à certains d'entre eux (art. 306 C. pr. pén.).

§ 2. JURIDICTIONS PÉNALES DE NATURE POLITIQUE

211 **Le problème et son évolution. –** Il est parfois nécessaire de juger certains responsables politiques de l'État (président de la République ou membres du gouvernement), pour des infractions graves dont ils se seraient rendus coupables dans l'exercice de leurs fonctions. Les juridictions de droit commun sont mal placées pour se prononcer sur de telles infractions qui, en raison des fonctions exercées par le délinquant, risquent de soulever des problèmes de responsabilité politique relevant normalement de la compétence des assemblées parlementaires ou qui mettent en cause l'application des règles constitutionnelles. Et cependant, il n'est pas possible que certaines infractions restent impunies. De là l'idée de mettre en place une juridiction pénale spécialisée.

À cette fin, la Constitution de la Ve République (art. 67) avait institué une juridiction particulièrement solennelle que l'on appelait la Haute Cour de justice, composée de parlementaires désignés paritairement par les deux assemblées politiques (l'Assemblée nationale et le Sénat), avec pour mission de juger les crimes de haute trahison.

Initialement, la compétence de cette juridiction s'appliquait au président de la République, comme aux membres du gouvernement. L'expérience a montré que très souvent les infractions commises par un membre du gouvernement ne méritaient pas une qualification aussi redoutable et que, par ailleurs, le caractère solennel de cette juridiction (associée au crime de haute trahison) faisait souvent hésiter à la saisir ; ou bien alors (ce qui n'était guère mieux), sa saisine devenait l'enjeu de manœuvres politiques très éloignées d'une saine administration de la justice. À la suite de certaines affaires retentissantes[84], il a paru nécessaire de reconsidérer le problème des personnes soumises à cette juridiction.

Les réformes ont été réalisées en deux temps :

a) Une première réforme est intervenue en 1993 au prix d'une modification de la Constitution par la *loi constitutionnelle no 93-952 du 27 juillet 1993*, qui a

84. Notamment, l'affaire dite du « sang contaminé » qui laissa apparaître des responsabilités possibles à la charge de certains ministres en exercice au moment des faits, sans que ces faits puissent être assimilés à un crime de haute trahison.

restreint la compétence de la Haute Cour de justice au seul président de la République pour le cas où il se rendrait coupable d'un crime de haute trahison (art. 67 de la Constitution). Mais parallèlement, et pour ne pas accréditer l'idée que les membres du gouvernement pourraient échapper à toute responsabilité, cette même loi a institué une autre juridiction pénale d'accès plus facile et moins solennelle que l'on appelle la *Cour de justice de la République*.

b) Cette première réforme n'a pas paru suffisante. S'agissant du chef de l'État, la notion de haute trahison était une incrimination à la fois trop solennelle et trop limitée, et d'une manière plus générale subsistait un certain flou sur son statut pénal. Il a été précisé par une seconde réforme issue de la *loi constitutionnelle n° 2007-239 du 23 février 2007* qui a modifié les articles 67 et 68 de la Constitution et institué, spécialement pour le chef de l'État, une juridiction pénale appelée désormais la *Haute Cour*.

212 **Statut pénal du chef de l'État : la Haute Cour[85]. –** Pour dissiper toute ambiguïté sur les poursuites pénales dont le chef de l'État pourrait être l'objet, l'article 67 de la Constitution commence par décider que, durant son mandat, il ne peut faire l'objet d'aucune poursuite devant une quelconque juridiction ou autorité administrative, pas plus qu'il ne peut être requis de témoigner. Il bénéficie d'une immunité absolue, pendant toute la durée de son mandat, même pour des faits antérieurs à sa prise de fonction : cette immunité trouve sa justification dans la nécessité de sauvegarder la dignité présidentielle. Mais, pendant toute cette durée, les délais de prescription sont suspendus ; ce qui revient à dire que s'il a commis des actes délictueux avant son entrée en fonction ou durant son mandat, il peut, à l'issue de sa présidence, être poursuivi comme un citoyen ordinaire devant les juridictions de droit commun, sans que le temps couru durant l'exercice de son mandat puisse valoir prescription. En un mot, l'immunité est attachée à la fonction, et non pas à la personne. Et dès lors, à l'expiration du mois qui suit la cessation des fonctions, les poursuites peuvent être reprises ou engagées.

L'application de ce texte soulève des difficultés[86].

Ainsi, à propos du divorce d'un président de la République pendant l'exercice de ses fonctions, on a pu se demander si cette immunité était limitée à la poursuite des infractions de nature pénale, – comme on l'a toujours pensé en présentant ces textes comme devant constituer le « statut pénal » du chef de l'État –, ou si au contraire, elle devait s'étendre également en matière civile, c'est-à-dire à des litiges concernant exclusivement ses intérêts privés. La première solution semble la plus conforme à l'esprit dans lequel ces textes ont été élaborés.

En outre, dans le cadre de certains procès où le président de la République s'est constitué partie civile devant une juridiction pénale, l'immunité dont il bénéficie n'est-elle pas de nature à constituer une rupture au principe de l'égalité des armes imposé par la Convention européenne des droits de l'homme : s'il ne peut pas être poursuivi, est-il logique qu'il puisse poursuivre ?

En revanche, durant sa présidence, il peut être destitué, mais uniquement « en cas de manquement à ses devoirs manifestement incompatible avec l'exercice de son mandat » (art. 68). La formule est évidemment moins solennelle que la « haute trahison », mais elle reste tout de même très vague et peut prêter à des interprétations diverses. La destitution est prononcée par le Parlement, – c'est-à-dire par la réunion des deux assemblées politiques, l'Assemblée nationale et le Sénat –

85. M. Verpeaux, « Le *faux impeachment* à la française ou la nouvelle combinaison du pénal et du politique », *JCP* 2006.I, n° 141.

86. Ph. Chrestin, « Il faut modifier le statut du président de la République », *D.* 2010, p. 24.

constitué en juridiction qui prend le nom de « Haute Cour ». Elle est présidée par le président de l'Assemblée nationale.

La réunion en Haute Cour peut être proposée par l'une des deux assemblées et approuvée ensuite par chacune d'elles à la majorité des deux tiers. La Haute Cour doit statuer dans le mois, à bulletin secret. Toute délégation de vote est interdite. La destitution ne peut être prononcée qu'à la majorité des deux tiers également[87].

213 **Cour de justice de la République. –** Cette juridiction, instituée par la loi constitutionnelle de 1993, est chargée de juger les crimes et les délits dont se serait rendu coupable un membre du gouvernement dans l'exercice de ses fonctions (art. 68-1 et 68-2 de la Constitution). Comme on peut le constater, un ministre peut aujourd'hui être poursuivi en justice sans qu'il y ait nécessairement crime de haute trahison : une simple infraction (délit ou crime) peut justifier des poursuites[88], dès lors du moins que cette infraction a un rapport direct avec la détermination et la conduite de la Nation[89]. En revanche, s'il commet un crime ou un délit sans rapport direct avec sa fonction, il peut être poursuivi, mais cette fois devant les juridictions pénales de droit commun, comme tout autre citoyen.

L'organisation et le fonctionnement de cette juridiction sont réglementés par la *loi organique nº 93-1252 du 23 novembre 1993*. Elle est composée de quinze juges : douze parlementaires élus (six par l'Assemblée nationale et six par le Sénat) et trois magistrats du siège de la Cour de cassation dont l'un d'eux est désigné par le président de la République pour assurer la présidence de cette juridiction.

L'action publique peut être mise en mouvement soit d'office par le procureur général près la Cour de cassation, soit par toute personne qui, s'estimant lésée par une telle infraction, déposerait une plainte. Mais (et ce point est essentiel), la plainte doit d'abord être examinée par une *commission des requêtes* composée de trois conseillers à la Cour de cassation, de deux conseillers d'État et de deux conseillers-maîtres à la Cour des comptes, élus pour cinq ans par la juridiction à laquelle ils appartiennent (loi du 23 nov. 1993, art. 12)[90]. C'est cette commission qui appréciera s'il y a lieu ou non de saisir la Cour de justice de la République. On veut éviter, on le comprendra aisément, la tentation que pourrait avoir un citoyen de saisir la Cour de justice à tout propos et hors de propos en se prétendant victime d'une infraction commise par un ministre dans l'exercice de ses fonctions.

L'arrêt rendu peut faire l'objet d'un pourvoi en cassation.

Cette juridiction suscite toutefois des critiques et sa suppression est une idée qui rôde dans l'air : pourquoi, dit-on, un ministre échapperait-il aux juridictions de droit commun[91] ?

87. V. l'art. 68 de la Constitution et la loi organique nº 2014-1392 du 24 nov. 2014.

88. Dans l'affaire du « sang contaminé », les plaintes ont été jugées par la Cour de justice de la République.

89. Sur la condition de « rapport direct » : Cass. crim., 16 févr. 2000, *D.* 2001, p. 660, note V. Bück ; Cass. crim., 13 déc. 2000, *D.* 2001, p. 744.

90. On s'étonnera peut-être de la présence dans cette commission de deux conseillers-maîtres de la Cour des comptes dont le rôle (on le verra, *infra*, nº 294) est simplement de vérifier l'utilisation des deniers publics. Sans doute a-t-on prévu le cas où une plainte serait fondée sur un grief de corruption et où les connaissances de spécialistes en matière de finances publiques seraient nécessaires.

91. Sur cette controverse : G. Carcassonne, « Cour de justice de la République : renoncer au salmigondis à la française », *JCP* 2012, p. 646 et s. ; L. Gondre et J. Pradel, « La Cour de justice de la République : à conserver et à améliorer », *JCP* 2012, p. 938 et s. ; Le candidat à la présidence de la République François Hollande avait annoncé la suppression de cette juridiction. Même proposition de la part du gouvernement actuel. Affaire à suivre...

§ 3. JURIDICTIONS PÉNALES DE NATURE MILITAIRE

214 **Leur disparition en temps de paix. –** Pendant longtemps, il avait paru nécessaire de confier à des juridictions spécialisées le soin de juger certaines infractions commises, même en temps de paix, par les membres des forces armées et même, par de simples civils dont le comportement pouvait porter atteinte à la sûreté de l'État. Sans doute, fallait-il attribuer l'existence de ces juridictions au caractère particulièrement contraignant de la discipline militaire.

À cette fin, plusieurs juridictions à composition militaire avaient été instituées : les tribunaux permanents des forces armées (TPFA), les tribunaux militaires aux armées et la Cour de sûreté de l'État.

I. Les *tribunaux permanents des forces armées* étaient compétents pour connaître des infractions au Code de justice militaire (insoumission, désertion, pillage, destruction, trahison, insubordination, abandon de poste, etc.), et aussi des infractions de droit commun commises dans le service (vol ou crime dans une caserne, par exemple).

II. Les *tribunaux militaires aux armées*, de composition exclusivement militaire, avaient pour trait caractéristique d'exister auprès des armées en temps de guerre et, en temps de paix, uniquement lorsque les armées stationnaient ou opéraient en dehors du territoire de la République.

III. La *Cour de sûreté de l'État*[92] avait été instituée par une loi du 15 janvier 1963 pour juger, en temps de paix, les crimes et délits contre la sûreté de l'État (espionnage, mouvement insurrectionnel, complot contre la sûreté de l'État et l'intégrité du territoire national, trahison, rébellion avec armes, détention de matériel de guerre, etc.).

L'idée pouvait se comprendre. Souvent, les juridictions de droit commun sont dépassées par l'ampleur des problèmes évoqués et, plutôt que de créer une juridiction spéciale sous la pression des circonstances, mieux vaut disposer d'une juridiction spéciale instituée de façon permanente. C'est dans ces conditions que, au lendemain de la guerre d'Algérie qui avait vu l'éclosion de toute une série de juridictions d'exception, l'idée est apparue d'instituer une juridiction permanente appelée la Cour de sûreté de l'État.

Mais son statut largement dérogatoire avait jeté la suspicion (perquisitions nocturnes, mise en accusation décidée par le gouvernement, arrêts rendus en dernier ressort, etc.). Et pour cette raison, le législateur de 1982 a décidé de supprimer la Cour de sûreté de l'État, les crimes et délits contre la sûreté de l'État étant désormais « instruits et jugés par les juridictions de droit commun... » (art. 702 C. pr. pén.), sauf à instituer des juridictions de droit commun à composition spéciale (*infra*, n° 216).

Ces juridictions ont toujours été critiquées. On leur reprochait notamment d'être composées de juges militaires dont l'état de subordination semblait difficilement compatible avec la qualité de juge, et de se montrer parfois d'une rigueur excessive. La procédure elle-même n'échappait pas à la critique : notamment le rôle important joué par la sécurité militaire ainsi que le fait pour ces juridictions de statuer sans motiver leurs décisions et sans appel, avaient souvent été dénoncés. Peut-être aurait-on pu remédier à ces défectuosités. Mais toutes ces critiques ont été dépassées par le courant d'hostilité au principe même des juridictions pénales d'exception qui animait la majorité parlementaire issue des élections législatives de 1981. Et c'est ainsi que la *loi n° 82-621 du 21 juillet 1982* décida de les supprimer.

92. V. ici l'étude de V. Codaccioni, *Justice d'exception. L'État face aux crimes politiques et terroristes*, CNRS éd., 2015.

215 **Qu'en reste-t-il ? –** De ce qui vient d'être dit, il ne faudrait pas déduire pour autant que toutes les juridictions militaires ont disparu.

a) D'abord, en temps de paix, s'il n'existe plus aucun tribunal militaire, il existe en revanche, pour juger les crimes et les délits commis par les militaires dans l'exercice de leur service, des juridictions de droit commun à « composition spéciale » (art. L. 111-1 C. just. mil. ; v. n° suivant).

b) C'est évidemment en temps de guerre que les juridictions militaires auraient vocation à réapparaître. Deux juridictions ont été prévues... au conditionnel : d'une part, les *« tribunaux territoriaux des forces armées »*, pour exercer la justice militaire sur les territoires de la République (art. L. 112-1 C. just. mil.) ; et, d'autre part, des *« tribunaux militaires aux armées »* qui pourraient être établis auprès des armées qui opèrent hors du territoire de la République (art. L. 112-27 C. just. mil.).

216 **Une particularité : les juridictions de droit commun à « composition spéciale ». –** La suppression de la Cour de sûreté de l'État et des tribunaux permanents des forces armées n'a pas fait disparaître le fait que les infractions qui relevaient de leur compétence présentent une spécificité marquée. En confier le jugement à des juridictions de droit commun, sans autre nuance, risquerait de créer de sérieux problèmes. D'abord, on s'est rapidement aperçu que, s'agissant d'infractions qui sont de nature à porter atteinte à un secret de la défense nationale, il n'était peut-être pas opportun d'en confier la connaissance à des juridictions non spécialisées et, à plus forte raison, à des juridictions d'assises composées de jurés. Ensuite, on pouvait redouter que les jurés ne refusent de siéger si le caractère politique de l'infraction devait les exposer à des menaces de représailles.

Pour toutes ces raisons, il a donc fallu se résigner à aménager « spécialement » la composition des juridictions de droit commun chargées de statuer sur les infractions de cette nature. Désormais, dans le ressort de chaque cour d'appel sont constitués un tribunal correctionnel (pour les délits) et une cour d'assises (pour les crimes) composés selon des règles particulières.

a) Le *tribunal correctionnel* composé de magistrats civils spécialisés dans les questions militaires. Institué dans le ressort de chaque cour d'appel, il est compétent pour connaître de tous les délits militaires commis dans le ressort de la cour, ainsi que de certains délits contre la sûreté de l'État qui sont de nature à porter atteinte à un secret de la défense nationale (art. 697 C. pr. pén.). L'intention du législateur a été de centraliser le contentieux en matière militaire afin que les juges aient une pratique suffisante de cette branche particulière du droit pénal.

b) En matière criminelle, la *cour d'assises* présente cette originalité de ne comprendre aucun jury : elle est exclusivement composée d'un président avec pour assesseurs des *magistrats de carrière* désignés par le premier président de la cour d'appel : ils sont au nombre de *quatre* lorsque la cour d'assises statue en premier ressort, et de *six* lorsqu'elle se prononce en appel (art. 698-6 C. pr. pén., mod. par la loi n° 2017-258 du 28 févr. 2017). Dans cette composition, la cour d'assises est appelée à juger les crimes commis en matière militaire et les crimes commis par des militaires dans la mesure où un secret de la défense nationale risquerait d'être divulgué. Enfin et surtout, elle peut être appelée à statuer sur les crimes contre la sûreté de l'État prévus aux articles 70 à 85 C. pén.

S/SECTION 3 RAPPORTS ENTRE LES JURIDICTIONS PÉNALES ET LES JURIDICTIONS CIVILES

217 **Principe de l'unité des juridictions civiles et pénales. –** On présente parfois les juridictions pénales comme étant des juridictions qui formeraient un ordre distinct. En d'autres termes, à côté des juridictions de l'ordre judiciaire et des juridictions de l'ordre administratif, il y aurait place pour des juridictions de l'ordre pénal. Cette présentation est trompeuse. *Les juridictions pénales ne forment pas un ordre distinct*: elles apparaissent plus modestement comme une subdivision de l'ordre judiciaire auquel elles se rattachent par trois éléments qui attestent une unité fondamentale entre, d'une part, les juridictions civiles et, d'autre part, les juridictions pénales.

a) D'abord, les juridictions pénales, au même titre que les juridictions civiles, commerciales et sociales, relèvent du contrôle de la *Cour de cassation* qui constitue la juridiction suprême des unes et des autres. Sans doute la Cour de cassation comporte-t-elle une chambre criminelle spécialisée. Mais cette chambre est une simple formation de la Cour et, par conséquent, on trouve un premier élément d'unité dans le fait qu'il existe, au sommet de la hiérarchie judiciaire, une unique juridiction commune.

b) Un autre élément d'unité réside dans l'*identité des organes*. On a pu observer par exemple que le tribunal correctionnel n'est qu'une formation particulière du tribunal de grande instance (*supra*, n° 193). Enfin, on se gardera d'oublier que le juge des enfants peut être appelé à intervenir, en dehors de toute infraction pénale, simplement au titre de l'assistance éducative (art. 375 et s. C. civ.). En un mot, on constate un dédoublement fonctionnel qui fait que le même organe assume deux fonctions différentes, civiles et pénales tout à la fois.

Sans doute, peut-on relever en matière pénale des juridictions autonomes qui n'ont pas leur homologue en matière civile : tels, le juge d'instruction, la cour d'assises et les juridictions pénales spécialisées. Mais, même dans cette hypothèse, une certaine unité se retrouve encore à travers l'identité du personnel judiciaire.

c) L'*identité du personnel judiciaire* est, en effet, très caractéristique : ce sont les mêmes juges qui peuvent être alternativement tantôt juges en matière civile et tantôt juges en matière pénale. Cela est évident lorsque c'est le même organe qui est en même temps juridiction civile et juridiction répressive. Mais cela est également vrai lorsque l'organe répressif est doté d'une spécificité propre. Ainsi, le juge d'instruction est un juge du tribunal de grande instance (*supra*, n° 180) ; la chambre de l'instruction est composée de conseillers à la cour d'appel qui, le président mis à part, pourraient siéger aux audiences civiles (*supra*, n° 187) ; la chambre des appels correctionnels est une chambre spécialisée de la cour d'appel où siègent des conseillers qui, à la faveur de la règle du roulement, pourraient fort bien, l'année suivante, être affectés à une chambre civile.

Il reste que cette identité n'est pas toujours complète. Par exemple, les cours d'assises et les juridictions pénales spécialisées (comme les tribunaux pour enfants) sont composées de personnes qui ne sont pas toujours des magistrats professionnels. Il n'en demeure pas moins que, même dans cette hypothèse extrême, ces juridictions comprennent parmi leurs membres des magistrats de carrière qui appartiennent aux juridictions de l'ordre judiciaire.

Pour toutes ces raisons, il est donc évident qu'il existe une unité fondamentale entre les juridictions civiles et les juridictions pénales.

218 **Examen critique et justification. –** Le principe qui vient d'être exposé n'est guère contesté et, d'ailleurs, il est difficilement contestable. En revanche son opportunité législative est parfois controversée.

Certains auteurs de la science pénale moderne critiquent ce principe en soulignant qu'il est de nature à compromettre la spécialisation nécessaire du juge répressif qui, de plus en plus fréquemment, se trouve confronté à des problèmes spécifiques, souvent étrangers à la science du droit. Le phénomène criminel soulève des problèmes très différents de ceux que l'on rencontre en matière civile et commerciale : les considérations humaines, psychologiques, biologiques et criminologiques, l'emportent souvent sur les considérations spécifiquement juridiques. Dès lors, dit-on, est-il vraiment raisonnable de faire juger l'acte criminel par des magistrats qui sont d'excellents juristes, mais qui n'ont peut-être pas reçu une formation particulière en matière de criminologie ? Si vraiment l'auteur d'une infraction est un malade qu'il faut soigner, comme certains le prétendent, un thérapeute ne serait-il pas mieux qualifié qu'un juge qui aujourd'hui jugera une affaire de succession et qui, demain, sera appelé à punir un voleur ! L'existence de juridictions pénales pour les mineurs, composées d'assesseurs qui ne sont pas des magistrats professionnels, répond d'ailleurs à ce courant de pensée.

Ces considérations ne sont certes pas négligeables. Mais elles ne doivent pas faire oublier les puissantes raisons qui ont toujours justifié l'unité de la justice civile et de la justice pénale.

a) D'abord, une raison d'*ordre psychologique*. Les juges civils, par attitude d'esprit, sont habitués à être les arbitres d'intérêts également respectables : pour eux, les deux adversaires en présence sont également dignes de considération. Le fait que les mêmes juges soient appelés à se prononcer en matière civile et en matière pénale, permet de transposer cette attitude d'esprit à la matière répressive et de conserver ainsi au procès pénal le caractère d'un débat où l'accusateur d'un côté et l'accusé de l'autre sont à égalité de chances aux yeux du juge. Pour cette raison, on peut penser que la liberté individuelle est mieux sauvegardée.

b) Ensuite, une raison de *nature juridique*. Le procès civil et le procès pénal reposent l'un et l'autre sur un certain nombre de principes communs : respect de la contradiction, audition du défendeur en dernier, libre appréciation des expertises, respect de la chose jugée, etc. Par ailleurs, il arrive souvent que le juge pénal soit appelé à statuer sur des questions de nature civile : tel est le cas, notamment, lorsque la victime d'une infraction joint son action civile à l'action pénale pour obtenir du juge répressif qu'il statue lui-même sur le montant de l'indemnisation (*infra*, n° 556). En un mot, il y a tout un fonds commun de notions juridiques qui justifie l'opportunité de confier aux mêmes juges, la justice civile et la justice pénale.

c) Enfin, il ne faut pas exagérer l'absence de spécialisation du juge pénal. Depuis un certain nombre d'années, de sérieux efforts sont faits pour élargir les connaissances du juge dans le domaine des sciences annexes au droit pénal.

Et par ailleurs, la règle du roulement, sensiblement atténuée de nos jours, n'a jamais interdit à certains magistrats de poursuivre toute une partie de leur carrière dans des chambres pénales et d'acquérir ainsi une solide spécialisation en ce domaine. Aller au-delà ne serait pas sans risque.

SECTION III COUR DE CASSATION

219 **Généralités. –** La Cour de cassation est la plus haute juridiction de l'ordre judiciaire : placée au sommet de la hiérarchie, on l'appelle volontiers pour cette raison, la « Cour suprême ». Elle est, bien entendu, unique en France (art. L. 411-1 C. org. jud.). Elle siège à Paris, dans les locaux du Palais de justice.

Sous l'Ancien Régime, il existait une institution avec laquelle on est porté à faire le rapprochement : il s'agissait du *Conseil des parties*, lequel était alors une section du Conseil du roi, spécialement chargée d'examiner les recours formés contre les arrêts des parlements. Le Conseil des parties disparut à la Révolution française. Et en réalité le rapprochement avec la Cour de cassation est trompeur.

L'institution d'une juridiction suprême, appelée très modestement à l'époque le Tribunal de cassation, a été l'œuvre de la loi des 27 novembre et 1er décembre 1790, adoptée après une vive controverse marquée par la crainte de voir revivre les anciens parlements et leur ambition d'être associés à l'élaboration des lois[93]. L'idée première qui inspira cette création fut essentiellement le souci d'éviter que le juge ne s'immisce dans la fonction législative : établie initialement auprès du corps législatif, elle a été conçue pour être « *la sentinelle de la loi* » et veiller à ce que le juge lui reste soumis. Mais sur cette préoccupation initiale s'en greffa une seconde qui finit par l'emporter sur la première : à savoir le souci d'*unifier l'interprétation de la règle de droit*. On sait toute l'importance que le législateur révolutionnaire attachait alors au principe de l'unité juridique de la France : il voulait en finir avec la diversité des coutumes qui paraissait attentatoire à l'égalité de tous les citoyens devant la loi. Pour parvenir à cet objectif, il ne suffisait pas d'assurer l'unité des textes : il fallait aussi assurer l'unité de leur interprétation. Par suite de la multiplicité des juridictions de première instance et d'appel, on pouvait en effet redouter que les mêmes textes soient interprétés de façon différente selon les juridictions. De là, la création d'une juridiction suprême investie d'une mission régulatrice afin d'éviter que la même règle de droit ne soit interprétée de façon différente à Lyon, à Toulouse ou à Paris[94].

C'est assez dire l'importance primordiale de cette juridiction qui, lorsque la hantise des anciens parlements disparut, reçut une appellation plus prestigieuse

93. Sur la genèse de cette loi, les hésitations du législateur révolutionnaire et son évolution progressive, cf. J.-L. Halpérin, *Le Tribunal de cassation (1790-1799)*, thèse Paris II, 1985 ; J. Krynen, *op. cit.*, t. II, p. 37 et s. et p. 177 et s. – On consultera également avec intérêt le livre jubilaire qui a été publié en 1990 à l'occasion du second centenaire de la Cour de cassation.

94. C'est pourquoi on désigne parfois la Cour de cassation sous le nom de « Cour régulatrice ».

qui est aujourd'hui la sienne : la Cour de cassation (Sen. Cons. 28 floréal an XII). De nos jours, la compétence, l'organisation et le fonctionnement de la Cour de cassation sont réglementés par les articles L. 411-1 à L. 441-4 du Code de l'organisation judiciaire.

L'étude de la Cour de cassation portera sur trois points : d'abord, sur le *rôle* de cette juridiction (§ 1), ensuite, sur son *évolution moderne* (§ 2) et, enfin, à la lumière des textes actuels, sur son *organisation* et son *fonctionnement* (§ 3).

§ 1. RÔLE DE LA COUR DE CASSATION

220 **La Cour de cassation, gardienne du droit. –** La Cour de cassation, en tant qu'elle est l'organe suprême de l'ordre judiciaire, a pour mission de veiller au respect de la règle de droit par les juridictions inférieures.

Traditionnellement, elle exerce cette fonction en se prononçant sur les pourvois dirigés contre les arrêts rendus par les cours d'appel, et plus exceptionnellement contre les jugements des tribunaux rendus en dernier ressort (A). Mais, depuis une loi de 1991, la Cour de cassation peut aussi être saisie « pour avis » indépendamment de tout pourvoi (B).

A. SON RÔLE HABITUEL : LA COUR DE CASSATION, SAISIE SUR POURVOI

221 **La Cour de cassation n'est pas un troisième degré de juridiction. –** Le plaideur qui a perdu son procès devant une cour d'appel, – ou même simplement devant une juridiction de première instance qui a statué en dernier ressort (*supra*, n°s 167 et s.) –, a la faculté de déférer cette décision à la Cour de cassation, au moyen d'un acte que l'on appelle un « pourvoi en cassation ».

Mais contrairement à ce que l'on pense parfois, et malgré sa place au sommet de la hiérarchie de l'ordre judiciaire, la Cour de cassation n'est pas un troisième degré de juridiction. Elle présente en effet deux caractères très particuliers qui font toute son originalité : d'une part, elle est juge du droit et non point juge du fait (1°), et d'autre part, elle est juridiction de cassation (2°).

1. La Cour de cassation, juge du droit et non juge du fait

222 **Principe. –** La Cour de cassation qui se trouve être la juridiction la plus élevée dans la hiérarchie judiciaire, se trouve être en même temps celle dont les pouvoirs juridictionnels sont les plus limités. Son rôle, en effet, n'est pas de procéder à un nouvel examen des faits ; sa fonction consiste uniquement à vérifier si, dans le cas d'espèce, la règle de droit a été bien comprise et correctement appliquée par la juridiction dont émane la décision attaquée (et que l'on appelle souvent le « juge du fond », ou encore, le « juge du fait », par opposition à la Cour de cassation qui est uniquement « juge du droit »).

Mais, depuis la loi nº 2016-1547 du 18 novembre 2016, la Cour de cassation, en matière civile, peut statuer au fond lorsque l'intérêt d'une bonne administration de la justice le justifie (v. également *infra*, nº 228).

Pour comprendre le rôle très particulier de la Cour de cassation, il faut partir de cette idée que toute décision de justice apparaît formellement comme étant la conclusion d'un syllogisme que l'on appelle volontiers le *« syllogisme judiciaire »* : la majeure étant la règle de droit, la mineure comprenant l'ensemble des faits qui conditionnent l'application de cette règle, et la conclusion qui en découle étant alors le jugement.

Cela dit, la *Cour de cassation n'a pas à examiner les faits*, c'est-à-dire, la mineure du syllogisme : l'appréciation des faits relève de la souveraineté des juridictions dites du fond, c'est-à-dire, en principe des cours d'appel qui statuent « en dernier ressort »[95]. Selon l'expression dont se sert fréquemment la Cour de cassation, les faits doivent être tenus « pour constants ».

En dernière analyse, *l'examen de la Cour de cassation se limite à la majeure du syllogisme et à l'exactitude de la conclusion que le juge du fond en a tirée*. On comprend alors toute la différence qui existe entre un appel, qui ouvre la voie à un second degré de juridiction où tout le débat peut être repris en fait et en droit, et un pourvoi de cassation qui ne débouche pas sur un troisième degré pour la raison très simple que l'auteur d'un pourvoi ne peut pas demander à la Cour de cassation d'examiner les faits une troisième fois : il ne peut attaquer la décision qu'il critique que dans la stricte limite d'une éventuelle violation de la loi.

223 **Notion de violation de la loi. –** Pour la raison qui vient d'être indiquée, l'auteur d'un pourvoi doit nécessairement invoquer une ou plusieurs violations de la règle de droit : chacune des violations alléguées constitue un *« moyen de cassation »*.

Encore faut-il bien comprendre ce que l'on appelle une violation de la règle de droit. Très souvent, dans l'opinion publique, on entend dire que la Cour de cassation ne casse que s'il y a eu un « vice de forme ». Il faut se garder de colporter une telle erreur. Sans doute, les règles de forme étant édictées par des lois, il est bien évident qu'un vice de forme constitue une violation de la loi qui, à ce titre, peut entraîner la censure de la Cour de cassation. Mais, fort heureusement pour elle, la Cour de cassation a une fonction qui va bien au-delà. Et quand on parle de la violation de la loi, *il faut entendre le mot « loi » dans son sens le plus large, comme étant synonyme de « règle de droit »* (cf. l'art. 604 C. pr. civ. qui définit le pourvoi en cassation comme étant le recours qui tend à faire censurer la non-conformité du jugement « aux règles de droit »). Par conséquent, un pourvoi en cassation peut être formé pour violation : d'une loi bien entendu, mais aussi d'un décret, d'un arrêté, d'une coutume, voire même d'un principe général du droit. En un mot, toute violation d'une règle de droit constitue une violation de la loi, au sens large du terme.

95. L'expression « dernier ressort » est ici très évocatrice : elle montre bien que les faits sont appréciés souverainement pour la dernière fois par la cour d'appel.

Et comme on peut alors le constater, la Cour de cassation est appelée à jouer un rôle fondamental dans l'interprétation de la règle de droit, qui va bien au-delà de la seule surveillance des formes[96].

2. La Cour, juridiction de cassation

224 **Notion de cassation. –** Si la Cour de cassation n'est pas un troisième degré de juridiction, ce n'est pas seulement parce qu'elle ne connaît en principe que des moyens de droit : c'est aussi parce que son rôle n'est pas de rejuger l'affaire comme le ferait une cour d'appel, en substituant son propre arrêt à la décision qui lui est déférée. Lorsqu'elle est saisie d'un pourvoi, la Cour de cassation n'a le choix qu'entre deux solutions :

— ou bien, elle estime que le juge dont la décision est attaquée a correctement appliqué la règle de droit : dans ce cas, elle rejette le pourvoi et la décision attaquée devient irrévocable ;

— ou bien, elle estime au contraire que la décision attaquée est entachée d'une violation de la loi ; et dans ce cas, il lui appartient alors de *« casser »* la décision, c'est-à-dire, de l'anéantir totalement ou partiellement. C'est en cela que la Cour suprême est une juridiction de cassation ; et de là d'ailleurs vient son nom.

On exprime parfois cette idée en disant que la Cour de cassation « juge les jugements et non pas les affaires ». Sans prendre cette formule au pied de la lettre, elle est tout de même assez évocatrice, dans la mesure où elle tend à souligner que le rôle de la Cour de cassation n'est pas de statuer sur les prétentions des parties pour les départager : son seul rôle est de rechercher si le juge a correctement appliqué la règle de droit et d'*annuler son jugement (de le « casser ») s'il apparaît que la loi n'a pas été respectée*. C'est tout.

Mais cette situation pose alors un nouveau problème : s'il n'appartient pas à la Cour de cassation de substituer son propre arrêt à la décision attaquée et si cette dernière est annulée, *le litige reste en suspens* : les parties ne savent toujours pas qui a tort et qui a raison. Il est donc nécessaire de faire juger l'affaire une nouvelle fois par une juridiction, – que l'on appelle la *« juridiction de renvoi »* –, laquelle, pour échapper à tout préjugé, sera différente de celle dont la décision a été cassée. Cette juridiction de renvoi sera désignée par la Cour de cassation elle-même qui, décide l'art. L. 431-4, al. 1, C. org. jud., devra fixer son choix sur « une autre juridiction de même nature que celle dont émane l'arrêt ou le jugement cassé... », en principe tout au moins[97].

96. Cette erreur, largement répandue dans l'opinion publique, est peut-être révélatrice d'une erreur plus grave qui consiste, pour le profane, à ne voir dans la science du droit qu'un aménagement de structures formelles et à considérer la règle de droit comme une simple forme.

97. La Cour de cassation pourrait désigner la même juridiction que celle dont émane la décision cassée, mais il faudrait alors qu'elle soit *« autrement composée »* (art. L. 431-4, al. 1, C. org. jud.). Cette solution, qui était assez rarement utilisée, tend aujourd'hui à l'être davantage. Elle peut présenter un intérêt lorsque l'arrêt cassé émane d'une cour d'appel qui est la seule en mesure d'appliquer un droit local (ex. : les cours d'appel de Colmar ou de Metz), ou encore d'une cour d'appel géographiquement excentrée (comme celle de Saint-Denis-de-La-Réunion, par exemple).

Prenons deux exemples : 1°) Si la décision cassée est un arrêt de la cour d'appel de Pau : la Cour de cassation devra désigner une autre cour d'appel (« juridiction de même nature »), celle de Bordeaux, par exemple. – 2°) Autre exemple : imaginons que la décision cassée soit un jugement en dernier ressort du tribunal d'instance du 4e arrondissement de Paris ; ce qui pourrait arriver[98] : la Cour de cassation devra désigner un autre tribunal d'instance (« juridiction de même nature »), par exemple, celui du 5e arrondissement de Paris.

225 **Pouvoirs de la juridiction de renvoi : sa liberté en fait et en droit.** – Cette juridiction a exactement les mêmes pouvoirs que ceux de la juridiction dont la décision a été cassée. Ce point est important : cela signifie que, dans la mesure de la cassation intervenue, la juridiction de renvoi (à la différence de la Cour de cassation) doit reprendre l'examen de l'affaire aussi bien en fait qu'en droit :

a) en *fait* : elle peut très bien relever l'existence de certains faits que la première juridiction dont la décision a été cassée n'avait pas cru devoir retenir, ou encore les apprécier différemment ;

b) en *droit* : la juridiction de renvoi n'est pas liée par l'interprétation de la Cour de cassation et rien ne lui interdirait d'interpréter ou d'appliquer la règle de droit autrement que ne l'a fait la juridiction suprême.

Ainsi donc, en tant que « juge du fond », la *juridiction de renvoi a la plus entière liberté sur tous les plans*. Et il lui arrive parfois d'en user.

L'exemple le plus retentissant est celui d'une affaire célèbre en matière de responsabilité civile (l'affaire *Franck*), qui portait sur le point de savoir si, en cas d'accident causé par une voiture volée, la responsabilité de l'accident incombait au voleur (qui souvent a disparu) ou au propriétaire volé (qui lui est connu et assuré). On mesure aisément l'enjeu pratique du problème pour la victime qui demande réparation. Tout se jouait finalement sur la façon dont il fallait concevoir la notion de « gardien responsable », au sens de l'article 1384 (auj. art. 1242) du Code civil. La cour d'appel de Nancy avait estimé que le gardien responsable était le voleur. La Cour de cassation décida au contraire que le gardien responsable était le propriétaire volé lui-même ; elle cassa donc l'arrêt de la cour d'appel de Nancy et renvoya l'affaire devant la cour d'appel de Besançon. Mais celle-ci, persistant dans l'opinion qui avait été celle de la cour de Nancy, décida, à l'inverse de la Cour de cassation, que le gardien responsable était le voleur. En un mot, la juridiction de renvoi refusa de s'incliner devant l'interprétation de la Cour de cassation.

226 **Second pourvoi.** – Si la juridiction de renvoi ne se conforme pas à l'interprétation retenue par la Cour suprême, il est vraisemblable qu'un second pourvoi sera formé par le plaideur qui, après avoir obtenu gain de cause devant la Cour de cassation, a de nouveau perdu devant la juridiction de renvoi.

Mais le problème s'aggrave : cette résistance de la juridiction de renvoi fait apparaître l'existence d'une sérieuse difficulté d'interprétation et d'un *conflit latent entre la Cour de cassation et les juridictions du fond*. Pour cette raison, la Cour de cassation devra statuer dans des conditions plus solennelles : avant 1967, l'affaire était jugée par la Cour de cassation *« toutes chambres réunies »* ; désormais, depuis la loi du 3 juillet 1967, elle est débattue en *« Assemblée plénière »* (sur ces formations, cf. *infra*, n° 252).

98. On se souviendra que si le montant de la demande est inférieur au taux du ressort, le jugement rendu est prononcé « en premier et dernier ressort » ; et, dès lors, un pourvoi en cassation peut être directement formé contre un tel jugement (*supra*, n° 167).

La Cour de cassation, en Assemblée plénière, ne cesse pas d'être exclusivement juge du droit : en aucun cas, elle ne peut se prononcer sur les faits. Et, par ailleurs, dans les mêmes conditions que si l'affaire avait été portée devant l'une de ses chambres, deux solutions s'offrent au choix de la Cour de cassation :

a) Ou bien, se déjugeant par rapport à sa première interprétation, *la Cour de cassation se range en définitive à celle des juridictions du fond* : dans ce cas, elle rejettera le second pourvoi et l'arrêt attaqué (rendu par la juridiction de renvoi) deviendra irrévocable. Cette situation est assez curieuse. Elle témoigne du fait qu'il n'y a aucune hiérarchie dans l'interprétation des textes puisque, finalement, la résistance d'une cour d'appel peut parvenir à faire fléchir la juridiction suprême. Voilà un bel exemple d'humilité judiciaire dont la jurisprudence offre parfois des illustrations[99].

b) Ou bien, *la Cour de cassation maintient sa première interprétation* et condamne la résistance des juridictions du fond ; dans ce cas, elle casse l'arrêt qui a été rendu par la juridiction de renvoi, et elle désigne une seconde juridiction de renvoi pour statuer sur cette affaire. Ainsi, pour reprendre l'un des exemples précédents où la Cour de cassation avait cassé un arrêt de la cour d'appel de Pau et renvoyé l'affaire devant la cour d'appel de Bordeaux (première juridiction de renvoi), si elle casse l'arrêt de la cour d'appel de Bordeaux, elle renverra devant une autre cour d'appel qui, par exemple pourra être celle d'Agen (qui sera la deuxième juridiction de renvoi).

227 **Pouvoirs de la seconde juridiction de renvoi : liberté en fait, mais non en droit. –** Relativement aux *faits*, cette juridiction dispose des mêmes pouvoirs que les juridictions précédentes dont les décisions ont été successivement cassées ; ce qui revient à dire que la seconde juridiction de renvoi a toute liberté pour apprécier les faits comme elle l'entend.

En revanche, *sur les points de droit jugés par la Cour de cassation, la juridiction de renvoi doit se conformer à la décision de l'Assemblée plénière* (art. L. 431-4 C. org. jud.). La solution ne date pas d'aujourd'hui : introduite pour la première fois par une loi du 1er avril 1837, elle a été constamment reprise par les textes ultérieurs. Il est en effet indispensable de penser aux plaideurs et de mettre un point final à cette difficulté d'interprétation[100]. Si donc, en Assemblée plénière, la Cour de cassation a décidé, par exemple, que tel texte était applicable au litige et qu'il devait

99. Le cas s'est présenté à propos de l'affaire *Franck* (précédemment citée, *supra*, n° précédent). Il a été dit que la cour d'appel de Nancy avait estimé que le gardien responsable de l'accident causé par une voiture volée était le voleur et non pas le propriétaire volé (Nancy, 10 juill. 1931). La Cour de cassation (ch. civile) cassa cet arrêt (Cass. civ., 3 mars 1936, *DP* 1936.1.81) et renvoya l'affaire devant la cour d'appel de Besançon qui persista à penser, comme la cour d'appel de Nancy, que le gardien responsable de l'automobile volée était le voleur lui-même (Besançon, 25 févr. 1937, *S.* 1937.2.97). L'affaire est donc revenue devant la Cour de cassation, « toutes chambres réunies » qui décida que le gardien responsable était celui qui avait « l'usage, le contrôle et la direction de la chose », et donc pratiquement, le voleur et non point le propriétaire volé. En conséquence, la Cour de cassation rejeta le pourvoi formé contre l'arrêt de la cour d'appel de Besançon (Cass. ch. réun., 2 déc. 1941, *DC* 1942.25, note G. Ripert, *S.* 1941.1.217, note H. Mazeaud).

100. Auparavant, en cas de divergence persistante entre les juges du fond et la Cour de cassation, il fallait en référer au chef de l'État : c'était la survivance du référé législatif (*supra*, n° 27). La loi de 1837 a mis un terme définitif à cette pratique héritée du droit révolutionnaire.

produire tel ou tel effet, la seconde juridiction de renvoi ne peut plus prétendre le contraire et doit se borner à en tirer les conséquences.

Du moins en est-il ainsi *relativement à l'affaire qui a été portée devant l'Assemblée plénière*. La réserve est importante. Si, en effet, à l'occasion d'une autre affaire, la même question de droit devait se poser, la juridiction saisie ne serait aucunement tenue de se conformer à l'interprétation donnée par l'Assemblée plénière de la Cour de cassation : elle aurait donc toute liberté pour statuer à son gré, aussi bien en fait qu'en droit ; et cela, alors même que la juridiction saisie du nouveau litige serait celle qui fut autrefois la seconde juridiction de renvoi tenue de s'incliner devant l'interprétation de la Cour de cassation. Il n'y a pas lieu d'en être surpris : nous trouvons là une application de l'article 5 du Code civil qui prohibe les arrêts de règlement (*supra*, n° 26).

228 **Conclusion : que penser de ce système ? –** La dissociation du fait et du droit et la fonction de cassation, qui sont les deux traits caractéristiques de la Cour de cassation française, ne sont pas le propre de toutes les juridictions suprêmes. Dans beaucoup de systèmes judiciaires étrangers, la Cour suprême est tout à la fois juge du droit et juge du fait et, très souvent, elle statue directement sur le litige lui-même (par exemple, la Cour suprême du Canada)[101].

Cette observation tirée du droit comparé mérite réflexion.

Le système français présente un avantage indéniable sur le plan doctrinal, dans la mesure où l'ignorance théorique des faits par la Cour de cassation permet de mieux déceler les interprétations jurisprudentielles. Lorsque, devant une juridiction suprême, le droit et le fait sont confondus, on se demande parfois ce qui a pu dicter la décision ; si ce n'est pas l'existence d'une particularité de fait propre à la cause qui a pu l'entraîner à statuer dans un sens plutôt que dans un autre. Il peut alors en résulter une grande incertitude sur la portée des arrêts et le sens qu'il faut donner à la règle de droit. Grâce à la dissociation du fait et du droit, on évite les interférences de cette nature. C'est d'ailleurs ce qui explique l'autorité considérable de certains arrêts brefs, clairs et incisifs, qui fixent de façon précise la règle de droit jurisprudentielle et que l'on appelle parfois des « *arrêts de principe* ».

Mais il est juste de reconnaître que cet avantage académique est acquis au prix de complications, de frais et de lenteurs que les plaideurs comprennent mal[102]. De là, une certaine évolution qui tend à en limiter les inconvénients les plus sérieux. Dans cet ordre d'idées :

a) Le législateur moderne s'efforce de favoriser les *« cassations sans renvoi »*, toutes les fois que la cassation n'implique pas qu'il soit à nouveau statué sur les faits (art. L. 411-3, al. 1 et 3 C. org. jud.).

b) La loi J21 du 18 novembre 2016 consacre, en matière civile, la possibilité pour la Cour de cassation – comme le Conseil d'État – de statuer elle-même au

101. On pourra consulter sur ce point, les très intéressants rapports publiés dans un ouvrage intitulé *La Cour judiciaire suprême* (dans la collection « Recherches Panthéon-Sorbonne »).

102. Ainsi l'affaire *Franck*, commencée en 1929, n'a pris fin qu'en 1941 ; il aura fallu douze ans pour savoir qui était le gardien responsable d'une voiture volée. Sur le plan du droit pur, on peut le comprendre. Mais il est plus difficile de l'expliquer aux parties en cause.

fond lorsque l'intérêt d'une bonne administration de la justice le justifie (art. L. 411-3, al. 2, C. org. jud.)[103].

c) On verra ultérieurement que, depuis 1979, l'*Assemblée plénière de la Cour de cassation* peut être saisie directement, dès le premier pourvoi, s'il apparaît qu'il y a intérêt à fixer rapidement la jurisprudence sur une question de principe (*infra*, n° 252).

d) Enfin, depuis 1991, la Cour de cassation peut être saisie pour avis, ainsi qu'il va être dit (*infra*, n° suivant).

B. AUTRE RÔLE : LA « SAISINE POUR AVIS »

229 **Principe. –** On a vu précédemment que le rôle traditionnel de la Cour de cassation présente le grave inconvénient de différer, souvent pendant plusieurs années, la fixation de la jurisprudence par la Cour de cassation. Une telle situation peut se révéler très gênante pour les justiciables qui feront les frais des hésitations doctrinales, des difficultés d'interprétation et fatalement des divergences que peut susciter un texte nouveau : avant que la Cour de cassation ne se prononce à l'occasion d'un pourvoi, quatre ou cinq ans plus tard, des procès auront peut-être été injustement perdus. Et lorsque la Cour de cassation sera saisie, elle devra alors faire face à une succession de pourvois répétitifs dont on aurait pu faire l'économie si elle avait indiqué sans attendre quelle était la bonne interprétation.

De là est née l'idée de permettre aux juges du fond, lorsqu'ils éprouvent des hésitations sur l'interprétation d'un nouveau texte, de saisir directement la Cour de cassation pour qu'elle donne tout de suite son avis, avant même que l'affaire n'ait été jugée en dernier ressort. C'est ce que l'on appelle la « saisine pour avis », qui a été instituée devant le Conseil d'État par la loi du 31 décembre 1987 (*infra*, n° 290), et qui a été étendue à la Cour de cassation, en matière civile, par la *loi n° 91-491 du 15 mai 1991*, et en matière pénale, par la *loi n° 2001-539 du 25 juin 2001* (art. 26). Ces textes figurent aujourd'hui dans les articles L. 441-1 à 4 C. org. jud. Ils ont été complétés par des dispositions réglementaires qui ont pris place, en matière civile, dans les articles 1031-1 à 1031-7 du Code de procédure civile, et en matière répressive dans les articles 706-64 à 706-70 du Code de procédure pénale[104].

103. V. H. Croze, « Cour de cassation : la vraie révolution ? », *Procédures* 2017, Repère 1 ; L. Cadiet, « La loi "J21" et la Cour de cassation : la réforme avant la réforme ? », *Procédures* 2017, Étude 3. Le décret n° 2017-396 du 24 mars 2017 est venu préciser la procédure (v. L. Cadiet, « Cour de cassation : la réforme à pas comptés », *Procédures* 2017, Repère 5 ; F. Ferrand, « Le décret du 24 mars 2017 portant diverses dispositions relatives à la Cour de cassation », *JCP* 2017, 400).

104. Sur le commentaire de ces textes (en matière civile), cf. M. de Rivery-Guillaud, « La saisine pour avis de la Cour de cassation », *JCP* 1992.I.1376 ; Zénati, « La saisine pour avis de la Cour de cassation », *D.* 1992, chron. 247 et s. ; Cadiet, « L'attribution à la Cour de cassation d'une fonction consultative », *JCP* 1992.I.3587, n° 2 ; J. Normand, « La saisine pour avis de la Cour de cassation », *Annales Fac. Dr. Louvain*, 1998, p. 125 et s. ; G. Keromnés, « La saisine pour avis de la Cour de cassation ; examen des conditions de recevabilité des demandes », *Gaz. Pal.* 1997.2 doctr. 1571 (avec des statistiques après six ans d'application). – Depuis la loi du 25 juin 2001 : A. Perdriau, *JCP* 2001, p. 1657.

230 **Sa portée : simple avis qui ne lie personne. –** Il ne faut pas se méprendre sur la portée de la décision rendue par la Cour de cassation : ce n'est toujours qu'un simple *avis* donné de façon abstraite et, en quelque sorte, doctrinale. Pour cette raison, *le juge du fond n'est jamais obligé de suivre cet avis* (art. L. 441-3 C. org. jud.). Et par ailleurs, cet avis ne lie pas davantage les plaideurs qui, une fois la décision rendue au fond, pourront toujours former un pourvoi en cassation dans les conditions habituelles, même si le juge du fond a statué en se conformant à l'avis qui a été demandé à la Cour de cassation. À l'extrême, il ne serait même pas impossible que la Cour de cassation, ultérieurement saisie d'un pourvoi sur la même question, se prononce elle-même dans un sens différent.

Cette innovation a sensiblement bouleversé les habitudes antérieures. Elle a introduit un ferment de hiérarchisation dans la mesure où la Cour de cassation, au lieu de dire le droit à l'occasion d'une affaire déterminée, intervient comme une autorité suprême pour dire aux juges du fond comment il serait bon d'interpréter la loi : derrière cette réforme, transparaît un relent de « directive » assez inhabituel dans l'ordre judiciaire français[105]. Sans doute, n'est-ce là qu'un simple avis. Mais en fait, cet avis pèsera d'un poids très lourd ; et d'autant plus lourd d'ailleurs que l'on n'a pas lésiné sur la publicité qui peut lui être donnée[106]. Quel est le juge du fond qui, après avoir demandé cet avis auquel il aura été répondu de façon solennelle par une publication au *Journal officiel*, osera se prononcer en sens contraire et s'exposer ainsi à une cassation menaçante ? Par là, la saisine pour avis risque d'appauvrir le débat doctrinal. Il serait donc sage de ne pas en abuser[107].

Le système des avis ainsi demandés à la Cour de cassation par les juges du fond ne doit pas être confondu avec la pratique officieuse des *réponses spontanées* fournies par le service de documentation et d'études de la Cour de cassation qui n'est qu'une simple formation administrative dépourvue de toute autorité juridictionnelle (*infra*, n° 248)[108]. Depuis quelques années, on constate en effet que lorsqu'une loi de quelque importance vient d'être promulguée, ce service administratif donne immédiatement son avis sur certaines des difficultés prévisibles que pourrait soulever le nouveau texte, sans attendre qu'un avis ait été demandé. Il va sans dire que les réponses ainsi fournies sont de simples opinions administratives sans la moindre autorité officielle. Le but, dit-on, est de gagner du temps. En réalité, cette pratique, qui ne repose sur aucun texte, a pour objet de laisser entendre, par un service administratif interposé, comment la Cour de cassation pourrait se prononcer le moment venu et d'orienter ainsi officieusement l'interprétation des juges du fond. Cet usage peut susciter bien des réserves dans la mesure où il introduit dans les faits une certaine hiérarchisation bureaucratique.

105. On peut faire un rapprochement avec le système adopté dans certains États anciennement soviétiques (la Hongrie, la Pologne et la Russie notamment) où les cours suprêmes ont le pouvoir d'émettre des *« directives »* pour fixer la jurisprudence dans un sens déterminé (rapp. l'art. 126 de la Constitution de la Fédération de Russie).

106. L'avis n'est pas seulement adressé à la juridiction qui l'a demandé : il est également communiqué au ministère public de cette juridiction, au premier président de la cour d'appel et au procureur général de cette même cour. En outre, il peut être *publié au Journal officiel* (art. 1031-6 et 7 nouv., C. pr. civ.). Quand on en arrive à une telle publication, ce n'est plus pour entretenir la discussion doctrinale ! Le but évident est de « solenniser » l'avis pour lui donner valeur de « directive ».

107. En fait, le nombre des avis rendus par la Cour de cassation est assez restreint.

108. N. Molfessis, « Les avis spontanés de la Cour de cassation », *D.* 2007, chron. p. 37.

231 **Domaine et conditions. –** La saisine pour avis est applicable en toutes matières : non seulement en matière civile, commerciale et sociale, mais aussi, depuis la loi du 25 juin 2001, en matière pénale.

On notera toutefois que cette procédure n'est pas à la disposition des plaideurs : seule une juridiction peut présenter une demande d'avis. Et ce n'est toujours qu'une simple faculté pour elle qui peut s'estimer en devoir de résoudre la question litigieuse par ses propres moyens. Mais dans cette mesure, elle peut être utilisée par toutes les juridictions, aussi bien en première instance qu'en d'appel, à l'exception toutefois des juges d'instruction et des cours d'assises qui ne peuvent jamais solliciter un avis de la Cour de cassation (art. 706-64 C. pr. pén.)[109].

Encore faut-il que la demande d'avis porte sur « une question de droit nouvelle, présentant une difficulté sérieuse et se posant dans de nombreux litiges » (art. L. 441-1, al. 1, C. org. jud.). La loi ne veut pas que la Cour de cassation soit encombrée par des demandes d'avis posées par des juges simplement soucieux de s'épargner un travail de réflexion, dès qu'ils éprouvent une hésitation. La demande d'avis peut également porter, depuis la loi nº 2016-1088 du 8 août 2016, sur l'interprétation d'une convention ou d'un accord collectif présentant une difficulté sérieuse et se posant dans de nombreux litiges. Mais ici peut également être saisie la commission paritaire permanente de négociation et d'interprétation mise en place par accord ou convention dans chaque branche (art. L. 441-1, al. 2, C. org. jud.).

232 **Par qui l'avis est-il donné ? –** Jusqu'à la loi J21 du 18 novembre 2016, la demande d'avis était portée devant une *formation spéciale de la Cour de cassation*. Désormais, c'est la chambre compétente qui se prononce (art. L. 441-2, al. 1, C. org. jud.). Mais lorsque la demande d'avis relève normalement des attributions de plusieurs chambres, elle est alors portée devant une formation mixte pour avis. Si elle pose une question de principe, elle doit être portée devant la formation plénière pour avis. La formation mixte et la formation plénière pour avis sont présidées par le premier président ou, en cas d'empêchement, par le doyen des présidents de chambre[110].

§ 2. ÉVOLUTION MODERNE DE LA COUR DE CASSATION

233 **Organisation initiale. –** À l'origine, la Cour de cassation était composée de trois chambres :

— en matière, pénale, la *chambre criminelle*,

— et, en matière civile, d'une part, la *chambre des requêtes* dont le rôle était de filtrer les pourvois en rejetant par un arrêt motivé ceux qui ne paraissaient pas sérieux, et d'autre part, la *chambre civile* qui avait pour fonction d'examiner le pourvoi au fond.

109. Une demande d'avis sollicitée par la cour d'assises serait contraire à la souveraineté du jury.

110. Pour les autres membres de ces deux formations, v. l'art. R. 441-1 C. org. jud. issu du décret nº 2017-396 du 24 mars 2017.

Cette organisation dura pendant près d'un siècle et demi, sans qu'il y fût apporté de retouches sérieuses. Mais à partir de 1938, un vent de réformes a commencé à souffler de façon à peu près permanente à un rythme qui a été en s'accélérant, pour essayer de résoudre un problème qui fait penser à la quadrature du cercle : l'encombrement de la Cour de cassation.

234 **Engorgement de la Cour de cassation. –** La Cour de cassation a été confrontée à un problème extrêmement sérieux : le nombre des pourvois n'a cessé d'augmenter, et la Cour, de ce fait, parvenait difficilement à suivre le rythme des « entrées ». Depuis quelques années, il est vrai la situation s'est améliorée si on la compare au début des années 2000 : le nombre des affaires nouvelles a baissé, le nombre des conseillers a sensiblement augmenté ; de ce fait le stock des affaires en attente a diminué de façon significative. La situation n'en reste pas moins préoccupante, les tendances les plus récentes (2015) montrant d'ailleurs que le nombre d'affaires en stock et les délais moyens de traitement des affaires augmentent[111].

Les causes d'un tel engorgement sont multiples. Il ne suffit pas d'incriminer l'augmentation de la masse contentieuse qui a tout naturellement sa répercussion devant la Cour de cassation. D'autres raisons plus spécifiques expliquent cet état de chose : la prolifération des textes, souvent rédigés de façon hâtive et défectueuse, et aussi les changements législatifs constants qui font qu'à chaque réforme de nouveaux problèmes d'interprétation surgissent. À cela s'ajoute la psychologie de l'époque qui pousse le plaideur à user systématiquement de tous les recours que la loi met à sa disposition. Mais il faut dire aussi que pendant longtemps, rien n'a été fait pour l'en dissuader : ni de la part du législateur qui, jusqu'à une époque récente, a largement admis qu'en certaines matières un pourvoi pouvait être formé sans le ministère d'un avocat dont la fonction doit être de dissuader les plaideurs dont les moyens invoqués ne paraissent pas sérieux ; ni de la part de la Cour de cassation elle-même qui, trop souvent, décide en s'inspirant du fait tout autant que du droit et qui, pour cette raison, apparaît aux yeux de beaucoup comme un « troisième degré de juridiction » qu'elle ne devrait pas être. Comment, sachant cela, pourrait-on reprocher à un plaideur de ne pas tenter sa dernière chance ? Alors surtout que la multiplicité des commentaires doctrinaux, favorisée par l'abondance des publications, offrira toujours au perdant des arguments suffisants pour faire bonne figure devant la juridiction suprême.

Toutes les réformes qui ont affecté la Cour de cassation depuis la fin de la Seconde Guerre mondiale ont eu pour ambition, sinon de remédier à cette situation, du moins d'en atténuer les méfaits. Avec le recul du temps, on constate que plusieurs politiques assez différentes ont été suivies : l'une tendant à réformer les structures de la Cour de cassation (I), l'autre, à en améliorer le fonctionnement (II), et la troisième consistant à limiter le nombre des pourvois (III). En septembre 2014, le premier président de la Cour de cassation a engagé une réflexion de la Cour de cassation pour mener à bien des réformes lui permettant, dans un contexte d'européanisation et de mondialisation du droit, d'affirmer l'autorité de ses arrêts, de mieux mesurer l'incidence générale, économique et sociale de ses décisions et

111. V. le rapport de la commission de réflexion sur la réforme de la Cour de cassation (avr. 2017), introduction par J.-P. Jean (le stock des affaires augmente depuis 2011).

de redéfinir la place et le rôle du parquet général de la Cour de cassation. La commission de réforme, présidée par le magistrat Jean-Paul Jean, a formulé 70 propositions au sein d'un rapport (*Rapport de la commission de réflexion sur la réforme de la Cour de cassation*) remis en avril 2017. Mais le processus de réflexion n'est pas achevé... Le rapport préconise notamment la mise en place de circuits différenciés de traitement des pourvois, la consécration d'une motivation et d'une diffusion modulées des avis et des arrêts en fonction de leur importance et la reconsidération du rôle du parquet général. Il propose également de revoir le modèle français de cassation, en limitant l'accès à la Cour et en régulant les pourvois[112].

235 **I. Réformes concernant les structures. –** Pour faire face au nombre croissant des pourvois, la première idée qui vint à l'esprit fut de réformer les structures de la Cour de cassation en augmentant ses effectifs et le nombre des chambres.

a) La première réforme en ce sens fut réalisée par le *décret-loi du 12 novembre 1938* qui créa une nouvelle chambre, appelée *chambre sociale*, ayant spécialement pour vocation l'examen des pourvois en matière de législation sociale (prud'hommes, loyers, sécurité sociale, etc.).

b) Cette réforme se révéla insuffisante, notamment au lendemain de la Libération, à une époque où les pourvois devinrent extrêmement nombreux du fait des textes issus de cette période mouvementée. Une *loi du 23 juillet 1947* se résolut à *supprimer la chambre des requêtes* dont le rôle, ainsi qu'il a été dit (*supra*, n° 233), consistait à filtrer les pourvois. Il avait été constaté depuis longtemps qu'un certain blocage se produisait au niveau de cette chambre qui, peut-être par excès de zèle, se livrait à une véritable étude approfondie de chaque pourvoi au lieu d'examiner superficiellement si les moyens invoqués étaient apparemment sérieux. On supprima donc la chambre des requêtes, et l'effectif qui la composait fut affecté à une nouvelle chambre qui devint la *chambre commerciale*. De telle sorte que, au lendemain de la réforme de 1947, il y avait toujours quatre chambres à la Cour de cassation : en matière pénale, la chambre criminelle ; et trois autres chambres saisies directement, *sans aucun filtrage préalable* : la chambre civile, la chambre commerciale et la chambre sociale.

c) Quelques années plus tard, il fallut se rendre à l'évidence : la réforme de 1947 ne donnait pas les résultats escomptés, le nombre des pourvois augmentait toujours et l'arriéré se gonflait[113]. Une *loi du 2 juillet 1952* décida de créer une nouvelle chambre pour dédoubler la chambre civile qui était particulièrement engorgée.

d) Cette loi apporta un certain répit. Mais ce n'était pas encore suffisant et une *loi du 3 juillet 1967* décida d'instituer une nouvelle chambre, pour « tripler » les chambres civiles.

Telle est la situation présente : la Cour de cassation comprend actuellement *six chambres* (qui seront présentées *infra*, n° 238). Pour l'instant, on se bornera à

112. Le rapport est accessible en ligne sur le site de la Cour de cassation ; sur ce rapport, v. L. Cadiet, « Cour de cassation : la réforme à pas comptés », *Procédures* 2017, Repère 5 ; J. Théron, « Sublimer l'essence de la Cour de cassation. À propos du rapport de la commission de réflexion sur la réforme de la Cour de cassation », *JCP* 2017, 666 ; sur les évolutions en cours de la Cour de cassation, v. l'article (critique) de F. Zenati-Castaing, « La juridictionnalisation de la Cour de cassation », *RTD civ.*, 2016, p. 511.

113. L'arriéré qui était de 5 646 pourvois en 1947, atteignit 9 576 en 1950, et 12 000 en 1952.

constater que pendant longtemps le législateur crut découvrir le meilleur remède à l'encombrement de la Cour dans l'accroissement de ses effectifs et la multiplication de ses chambres. L'expérience a montré que le procédé avait ses limites : limites de nature budgétaire, bien entendu ; mais limites aussi et surtout qui tiennent au fait que la multiplication des chambres nuit à la cohésion de la Cour et risque d'entraîner des divergences de jurisprudence au sein même de cette juridiction ; ce qui est paradoxal si l'on considère qu'elle a précisément été instituée pour uniformiser l'interprétation (*supra*, n° 219). Une cour suprême ne saurait excéder certaines dimensions sans nuire à sa fonction régulatrice. De là, une autre orientation plus récente.

236 **II. Réformes concernant le fonctionnement de la Cour. –** Renonçant à élargir davantage encore les dimensions de la Cour de cassation, le législateur moderne semble désormais soucieux d'améliorer son fonctionnement. À cette nouvelle orientation se rattachent plusieurs réformes dont on se bornera simplement à faire mention :

a) On notera d'abord la nomination à la Cour de cassation de certains jeunes magistrats qui, dans l'esprit de la loi, sont destinés à jouer le rôle d'assistants (appelés *« conseillers-référendaires »*), afin d'accélérer le travail des conseillers (loi du 3 juillet 1967, *infra*, n° 242) ou à exercer des attributions administratives (*« auditeurs à la Cour de cassation »* ; décret du 20 févr. 1984, *infra*, n° 242).

b) Une seconde série de réformes consista à économiser le temps des conseillers par un *allégement des formations de la Cour*, afin de laisser à chacun d'eux le temps matériel d'étudier les dossiers dont il a la charge. C'est dans cette perspective que sont intervenues les dispositions législatives instituant l'Assemblée plénière (L. 3 juillet 1967 et L. 23 avril 1997 ; *infra*, n° 252), la formation restreinte au sein de chacune des chambres (L. 3 janv. 1979, 6 août 1981 et 23 avril 1997 ; *infra*, n° 250) et celles réduisant de sept à cinq le nombre des conseillers qui doivent être présents à l'audience pour qu'un arrêt soit valablement rendu (L. 6 août 1981 ; *infra*, n° 249).

237 **III. Vers une limitation des pourvois. –** Au fond, le véritable problème réside dans le fait que la Cour de cassation est encombrée de pourvois qui normalement n'auraient jamais dû être formés et qui le sont néanmoins soit pour entretenir un état contentieux, soit pour tenter une dernière chance. Réformer la Cour de cassation et ses méthodes de travail est certes une bonne chose. Mais on se défend mal du sentiment que tout cela ne sert à rien si l'on ne s'attaque pas à la racine du mal et si l'on ne parvient pas à enrayer une hémorragie des pourvois qui risque de dénaturer la véritable fonction de la juridiction suprême.

a) La menace d'une *amende* contre l'auteur d'un pourvoi abusif est une solution qui tente parfois le législateur (actuellement, l'amende peut atteindre 10 000 € ; art. 628 C. pr. civ.). Mais l'expérience prouve que l'effet dissuasif d'un tel moyen est loin d'être évident et qu'il risque, en tout cas, d'être fort inéquitable[114].

114. Pour un particulier, une amende de 10 000 € peut représenter un lourd sacrifice, alors que s'il s'agit d'une société, elle intégrera l'amende dans ses coûts de production !

b) Aussi bien s'oriente-t-on, depuis quelques années, vers des solutions plus réalistes qui tendent à *décourager les pourvois dilatoires*, en leur ôtant tout intérêt. Par exemple, en retirant l'affaire du rôle de la Cour de cassation (ce qui équivaut à un refus temporaire de juger), si le demandeur au pourvoi n'a pas d'abord exécuté l'arrêt attaqué (art. 1009-1 C. pr. civ., ajouté par le décret n° 89-511 du 20 juill. 1989) : ainsi espère-t-on décourager ceux qui ne forment un pourvoi en cassation que pour lasser l'adversaire et perpétuer un état contentieux latent. Dans un autre ordre d'idées, c'est à la même inspiration que se rattache la « saisine pour avis » instituée par la loi du 15 mai 1991 (*supra*, n°s 229 et s.) : le plaideur qui aura perdu son procès devant le juge d'appel dans un cas où l'avis de la Cour de cassation a été suivi, se persuadera vite que les chances de succès d'un pourvoi ultérieur sont très aléatoires.

c) Dans la même perspective, le législateur moderne s'emploie à restreindre les cas où un pourvoi en cassation peut être formé sans la représentation obligatoire d'un avocat à la Cour de cassation. On compte sur eux pour, en quelque sorte, « filtrer » les pourvois en dissuadant les plaideurs dont les moyens allégués ne paraîtraient pas sérieux. À cet égard, le décret n° 2004-836 du 20 août 2004 a supprimé un bon nombre de dispenses *en rendant obligatoire le ministère de l'avocat* dans de très nombreux cas, et notamment en matière prud'homale.

d) Enfin, la réforme la plus importante a consisté à organiser une *procédure d'admission* pour sélectionner les pourvois, afin d'éliminer d'emblée ceux qui paraissent manifestement irrecevables ou dépourvus de tout moyen sérieux. C'était autrefois la fonction de la chambre des requêtes (*supra*, n° 233) : on sait qu'elle fut supprimée en 1947 parce qu'elle constituait un goulot d'étranglement au seuil même de la Cour de cassation (*supra*, n° 235) ; et pour cette raison d'ailleurs, il n'a jamais été question de la rétablir. Il a fallu de nombreux tâtonnements pour découvrir la formule magique permettant de procéder à cette sélection, sans retomber dans les inconvénients trop visibles de l'ancienne chambre des requêtes. On a finalement constaté que la solution la plus sûre consistait à instituer au sein de chaque chambre une formation légère, composée de quelques conseillers, chargée de sélectionner les pourvois.

C'est chose faite depuis la loi n° 2001-539 du 25 juin 2001 : il existe au sein de chacune des chambres une formation dite « restreinte », composée de trois conseillers, qui a le pouvoir de déclarer « non-admis », sans autre examen au fond, les pourvois irrecevables ou ceux qui ne sont pas fondés sur des moyens sérieux de cassation (art. L. 431-1 C. org. jud.)[115]. – Sur la formation restreinte, *infra*, n° 250.

La Cour de cassation rejoint ainsi l'exemple du Conseil d'État où, depuis 1987, existe une « procédure préalable d'admission » qui, a-t-il été dit, parvient à éliminer 65 % des recours (*infra*, n° 291).

115. Sur cette réforme, cf. Canivet, « Économie de la justice et procès équitable », *JCP* 2001.I.361, p. 2087 ; M. Cottin, « La Cour de cassation se dote d'une procédure d'admission des pourvois en cassation », *D.* 2002, p. 748 ; A. Perdriau, « La non-admission des pourvois », *JCP* 2002.I.181.

§ 3. ORGANISATION ET FONCTIONNEMENT

238 **Généralités : effectif et division en chambres. –** La Cour de cassation est divisée en six chambres : cinq chambres civiles et une chambre criminelle.

a) Chacune des chambres civiles est spécialisée. Les trois premières se voient attribuer les affaires concernant plus spécifiquement le droit civil au sens large du terme. La 4e chambre, dite *chambre commerciale et financière*, est spécialisée dans le droit des affaires. Enfin, la 5e chambre est appelée *chambre sociale* en raison de sa vocation à connaître de tous les problèmes concernant la législation sociale (droit du travail, sécurité sociale, etc.). Mais cette répartition n'a rien de rigide : elle dépend d'une ordonnance du premier président de la Cour qui peut la modifier en fonction des besoins.

b) La Chambre criminelle connaît, comme son nom l'indique, des pourvois intéressant le droit pénal ; sa compétence est déterminée par l'art. 567 C. pr. pén.

La règle du roulement annuel ne s'applique pas à la Cour de cassation : une solide spécialisation est au contraire souhaitable. C'est d'ailleurs la raison pour laquelle chacune des chambres est elle-même subdivisée en *sections* ; cela afin de permettre une spécialisation encore plus poussée et, de ce fait, un gain de temps dans l'examen des pourvois.

Cela dit, on étudiera successivement la composition (A) et les formations (B) de la Cour de cassation.

A. COMPOSITION DE LA COUR DE CASSATION

239 **Premier président. –** La Cour de cassation est placée sous l'autorité d'un haut magistrat qui porte le titre de « premier président ». Cette fonction prestigieuse fait de son titulaire le premier magistrat de l'ordre judiciaire : c'est lui, en effet, qui occupe le rang le plus élevé dans la hiérarchie. Le premier président de la Cour de cassation n'est investi en cette qualité d'aucun pouvoir juridictionnel propre en ce qui concerne le jugement des affaires. En revanche, il exerce des attributions fort importantes :

a) D'une part, il peut présider les débats de l'une quelconque des chambres de la Cour et, à ce titre, il participe à l'élaboration de certains arrêts. En principe, c'est lui qui préside la Chambre mixte (*infra*, n° 251), l'Assemblée plénière (*infra*, n° 252) et les formations mixte et plénière pour « avis » (*supra*, n° 232).

b) D'autre part, il dispose de pouvoirs administratifs extrêmement étendus : c'est lui qui veille au bon fonctionnement de la Cour, qui répartit les conseillers entre les différentes chambres et qui fixe les attributions de chacune d'elles ; c'est lui aussi qui décide du renvoi de certaines affaires en Chambre mixte ou en Assemblée plénière, etc.

c) Enfin, le premier président de la Cour de cassation est appelé à présider le Conseil supérieur de la magistrature dans sa formation pour les magistrats du siège (*supra*, n° 51).

240 **Présidents de chambres. –** Chacune des chambres de la Cour de cassation est placée sous la responsabilité d'un président de chambre. Ce magistrat occupe une

fonction importante et d'ailleurs très recherchée. C'est lui qui, bien entendu, dirige les débats de sa chambre. Mais en outre, il a la charge de répartir les dossiers entre les conseillers et d'assurer une sorte de supervision générale sur les arrêts de sa chambre. Enfin, il fait partie du Bureau de la Cour de cassation (*infra*, n° 247) et siège de droit aux Assemblées plénières (*infra*, n° 252).

On ne confondra pas le « président de chambre » avec le « doyen ». Au sein de chacune des chambres, ce titre est porté par le conseiller le plus ancien dans l'ordre des nominations. Ce titre n'est pas seulement honorifique : il confère certaines prérogatives (présidence de la chambre en cas d'empêchement du président ; participation à l'Assemblée plénière, etc.), et aussi certaines charges assez lourdes (comme par exemple l'examen des projets d'arrêts). Le plus ancien des doyens de chambre porte le titre de « doyen de la Cour de cassation ».

241 **Conseillers. –** Les conseillers à la Cour de cassation sont appelés à participer au délibéré et au jugement des affaires et sont répartis dans les 6 chambres de la Cour. Ce sont des magistrats qui occupent un rang très élevé dans la hiérarchie judiciaire, après en avoir gravi tous les échelons. La fonction de conseiller à la Cour de cassation est généralement un « couronnement de carrière » qui récompense les meilleurs[116].

Mais depuis la loi n° 92-189 du 25 février 1992, il existe deux sortes de conseillers : à côté de ceux qui ont fait toute leur carrière dans la magistrature selon la règle traditionnelle, il peut y avoir désormais des conseillers *« en service extraordinaire »*, directement nommés à titre temporaire pour une durée de cinq ans non renouvelable (ord. n° 58-1270 du 22 déc. 1958, art. 40-1 à 40-7, modifiés par la loi du 5 mars 2007). Durant tout le temps où ils exercent ces fonctions, ils ont exactement le même statut et les mêmes attributions que les autres conseillers (que l'on est tenté d'appeler, par opposition, les conseillers « en service ordinaire »)[117].

Cette innovation se rattache au souci d'associer au fonctionnement de la Cour de cassation, des personnes qui peuvent lui apporter le fruit d'une expérience antérieure dans les domaines où elles ont exercé leurs activités. À vrai dire, l'idée de faire appel à des personnalités extérieures, « en service extraordinaire », est connue depuis longtemps au Conseil d'État où elle donne d'excellents résultats (*infra*, n°s 363 et s.). Mais tandis qu'au Conseil d'État les conseillers en service extraordinaire n'exercent leurs fonctions que dans les formations administratives, et jamais au sein des formations contentieuses, ici à la Cour de cassation, ils sont par la force des choses appelés à juger les affaires ; ce qui est évidemment beaucoup plus grave.

242 **Conseillers référendaires et auditeurs. –** Pour faire face à la montée croissante du nombre des pourvois, l'un des soucis a été d'améliorer le rendement de la Cour de cassation en organisant ce que l'on appelle, d'un terme ambigu, *« l'aide à la décision »*. L'idée est simple : pour permettre aux conseillers de se consacrer exclusivement à leurs fonctions, il faut les décharger des tâches matérielles et administratives (recherches de jurisprudence, recherches doctrinales, etc.) ; en un mot, il faut leur offrir des assistants pour les libérer de certaines contraintes.

I. – La première réforme en ce sens fut réalisée par la loi du 3 juillet 1967 qui institua les *conseillers référendaires*. Pour accélérer le jugement des affaires, le législateur de 1967 a pensé qu'il convenait de faire appel à des magistrats relativement jeunes qui, pour une période de dix ans et sans avoir encore une expérience

116. On accède généralement à la Cour de cassation aux alentours de 50 ans.

117. Cette assimilation est toutefois marquée par de légères nuances, cf. art. 40-4 de l'ord. n° 58-1270 du 22 déc. 1958 (ajouté par la loi n° 92-189 du 25 févr. 1992).

suffisante pour exercer les hautes fonctions de conseillers, pourraient jouer le rôle d'assistants en étudiant les dossiers, en présentant un rapport sur certaines affaires simples et en préparant, le cas échéant, une note ou un projet d'arrêt.

Cette innovation rend de grands services. L'importance de cet effectif s'explique par le fait que la fonction a évolué. À l'origine, le rôle des conseillers référendaires était relativement modeste : notamment, s'il leur était permis d'assister au délibéré, ils n'y participaient en revanche qu'avec voix consultative. Sous la pression des nécessités, des tâches plus importantes leur furent attribuées et cette évolution prévisible trouva son aboutissement dans la loi n° 78-735 du 12 juillet 1978 qui augmenta sensiblement leurs pouvoirs. Désormais, ils participent aux débats avec voix délibérative, tout au moins pour le jugement des affaires qu'ils sont chargés de rapporter ; et même, sous certaines conditions, ils peuvent être appelés à compléter l'effectif d'une chambre, pour siéger avec voix délibérative, lorsque le quorum requis n'est pas atteint (art. L. 431-3 C. org. jud.).

II. – Un nouveau pas a été franchi avec la création des *auditeurs à la Cour de cassation*, par le décret n° 84-134 du 20 février 1984. Ce sont, ici encore, de jeunes magistrats au seuil de leur carrière, mais d'un rang moins élevé que les conseillers référendaires et dont le rôle essentiel est d'exercer des « attributions administratives auprès de la Cour de cassation », dans des services comme par exemple celui de la documentation et des études ou encore celui des recherches informatiques. L'évolution de la fonction des conseillers référendaires explique cette innovation : à mesure que le rôle de ces derniers a dérivé vers des tâches plus intellectuelles qu'administratives, la nécessité est apparue de les remplacer par une nouvelle catégorie de magistrats d'un rang plus modeste pour assurer précisément les tâches administratives laissées vacantes.

On observera toutefois que le texte est d'une extrême souplesse. Si, en effet, l'article R. 421-7 C. org. jud. définit la fonction des auditeurs en visant les « attributions administratives », il est dit dans les alinéas suivants qu'ils « participent aux travaux d'aide à la décision tels que définis par le premier président » et qu'ils « peuvent assister aux audiences des chambres ». Si la nécessité s'en faisait sentir, rien ne s'opposerait par conséquent à ce que, dans les limites tracées par le premier président, il soit demandé aux auditeurs d'accomplir des tâches qui ne seraient pas spécifiquement administratives : la notion d'aide à la décision est en effet suffisamment fluide pour autoriser beaucoup de liberté en ce domaine.

243 **Parquet de la Cour de cassation : procureur général et avocats généraux[118].** – Devant la Cour de cassation, il existe (comme devant les tribunaux de grande instance et les cours d'appel), un corps de magistrats qui ne jugent pas et dont la fonction est d'exercer le ministère public, en « portant la parole au nom de la loi ».

À la tête du ministère public auprès de la Cour de cassation se trouve placé un très haut magistrat que l'on appelle le *procureur général*. Il est le « chef du parquet » auprès de la Cour de cassation et, à ce titre, il est investi de pouvoirs administratifs importants. En outre, il peut prendre la parole devant l'une quelconque des chambres de la Cour.

Dans l'exercice de ses fonctions, le procureur général est assisté par des *avocats généraux* et, depuis 2007, par des *avocats généraux référendaires* : ceux-ci sont

118. V. J.-L. Gillet, « À propos du parquet général de la Cour de cassation », *Les cahiers de la justice* 2015/4, p. 641 et s.

répartis entre les différentes chambres de la Cour. En outre, le procureur général a des collaborateurs directs, à raison d'un dans chacune des chambres, qui porte titre de *« premier avocat général »*.

De même que pour les conseillers, il peut y avoir désormais, depuis la loi n° 92-180 du 25 février 1992, des avocats généraux en service extraordinaire (actuellement au nombre de 5), c'est-à-dire des personnalités extérieures désignées directement pour exercer ces fonctions durant cinq ans (ord. n° 58-1270 du 22 déc. 1958, art. 40-1 à 41-7, ajoutés par la loi de 1992). L'inspiration est la même : il suffit donc de renvoyer aux explications antérieures (*supra*, n° 241).

On ajoutera enfin que, depuis la réforme constitutionnelle de 1993, le procureur général près la Cour de cassation est appelé à présider le Conseil supérieur de la magistrature dans sa formation relative aux magistrats du parquet, (*supra*, n° 51).

244 **Greffe. –** Comme toute juridiction, la Cour de cassation dispose d'un greffe qui est dirigé par un *greffier en chef*. Dans chacune des chambres, sont affectés des « greffiers de chambre » (sur les services du greffe, *infra*, nos 477 et s.).

Le greffe de la Cour de cassation est un service extrêmement important non seulement par le rôle qu'il est appelé à jouer (enregistrement des pourvois, dépôt des mémoires, mise en forme et conservation des arrêts, etc.), mais aussi quantitativement par le personnel qui y est affecté (environ 250 personnes).

B. LES DIFFÉRENTES FORMATIONS DE LA COUR DE CASSATION

245 **Vue d'ensemble. –** La Cour de cassation comporte plusieurs formations dont les unes sont de nature administrative (1) et les autres de nature juridictionnelle (2).

1. Formations administratives

246 **Assemblée générale. –** Les membres de la Cour de cassation peuvent se réunir en assemblée générale sous la présidence du premier président.

Les attributions de l'Assemblée générale de la Cour de cassation sont de nature exclusivement administrative. De toute manière, les dispositions légales sur les assemblées générales dont il a été question précédemment (*supra*, nos 110 et 175), ne sont pas applicables devant la Cour de cassation.

247 **Bureau. –** Le Bureau de la Cour de cassation est une formation administrative composée du premier président, des présidents de chambre, du procureur général et du premier avocat général, siégeant avec l'assistance du greffier en chef. Son rôle est d'assister le premier président dans l'administration de la Cour et d'élaborer un règlement intérieur : le Bureau « fixe notamment le nombre et la durée des audiences ». Disons, d'un mot, que le Bureau est essentiellement un organe de réflexion pour le premier président.

248 **Service de documentation et d'études. –** Ce n'est pas là, à proprement parler, une formation de la Cour de cassation, mais plus exactement un service administratif important, placé sous la direction d'un président de chambre, qui a pour

mission de rassembler « les éléments d'information utiles aux travaux de la Cour » et de procéder « aux recherches nécessaires ». Ce service assure notamment le classement méthodique de tous les pourvois et tient un fichier central où figurent les sommaires de toutes les décisions de la Cour de cassation ainsi que les sommaires des décisions les plus importantes rendues par les autres juridictions ; c'est pourquoi d'ailleurs ce service est communément appelé le *« fichier »*.

En outre, c'est ce même service qui avait jadis la responsabilité d'éditer les *Bulletins des arrêts de la Cour de cassation* (bulletin civil et bulletin criminel) où étaient reproduits les arrêts les plus intéressants rendus par la Cour. Il a maintenant la charge de les mettre en ligne.

Enfin, depuis quelques années, il émet des commentaires purement officieux sur l'interprétation des nouveaux textes (*supra*, n° 230).

Le fonctionnement de ce service est assuré par les auditeurs à la Cour de cassation et exceptionnellement par des conseillers référendaires. Il contribue à aider les conseillers dans leurs recherches. Mais il y a un autre rôle qui ne devrait pas être négligé et qui est de déceler les éventuelles divergences entre les différentes chambres de la Cour de cassation. D'ailleurs l'idée d'un « fichier central » est née de cette préoccupation lorsque, en 1947, les chambres civiles ont commencé à se diversifier (*supra*, n° 235).

2. Formations juridictionnelles

249 **Formation habituelle : l'audience de la chambre. –** En règle générale, chaque affaire est débattue et chaque arrêt rendu à l'audience de la chambre à laquelle l'affaire a été distribuée. L'audience est publique, à moins que la loi n'en décide autrement.

Chacune des chambres comprend un nombre de conseillers qui oscille autour de quinze. Tous n'assistent pas nécessairement à l'audience. Il n'y a pas lieu d'en être surpris : chaque conseiller se voit attribuer un lot de dossiers qu'il est chargé d'étudier en vue de la présentation d'un rapport, et il faut bien lui laisser le temps matériel de les examiner. Mais, pour qu'un arrêt soit valablement rendu, un quorum est exigé : pendant longtemps, il était de sept ; désormais, depuis la loi du 6 août 1981, le quorum a été abaissé à *cinq conseillers* ayant voix délibérative.

250 **Formation restreinte : procédure de non-admission. –** Il a été dit précédemment (*supra*, n° 237) que le souci de la Cour de cassation est de ne pas se laisser submerger par des pourvois dont l'irrecevabilité est manifeste ou qui ne sont pas fondés sur des moyens sérieux. C'est dans cette perspective que, au sein de chacune des chambres de la Cour, a été instituée une formation composée uniquement de *trois conseillers* que l'on a pris l'habitude d'appeler la « formation restreinte » (art. L. 431-1 C. org. jud.).

a) Devant les trois chambres civiles, la chambre commerciale et la chambre sociale, *toute affaire échoit en principe à la formation restreinte*. Celle-ci dispose de très larges pouvoirs. Elle peut d'emblée déclarer le pourvoi « non admis » si elle l'estime irrecevable ou s'il n'est pas fondé sur des moyens sérieux de cassation. Si au contraire le pourvoi est admis, elle peut aussi statuer directement, pour casser l'arrêt attaqué ou rejeter le pourvoi sur le fond, dès lors du moins que la solution paraît devoir s'imposer. En revanche, si l'affaire est quelque peu complexe et soulève des questions qui méritent une discussion, la formation restreinte renvoie l'affaire à l'audience de cinq juges. Elle peut aussi être renvoyée directement à cette audience par décision du premier président ou du président de la chambre, d'office ou sur la demande du procureur général ou encore à la demande de l'une des parties.

b) En revanche devant la chambre criminelle, le cheminement est inversé, en raison de la gravité des incidences qui peuvent en résulter. En principe, toute affaire est portée à l'audience ordinaire de la chambre, sauf si la solution paraît s'imposer, auquel cas le premier président ou le président de la chambre peut décider de renvoyer l'affaire à la formation restreinte. Toutefois ce renvoi n'est pas impératif : de son côté, la formation restreinte peut estimer utile de faire juger le pourvoi à l'audience de la chambre, soit à la demande de l'une des parties, soit même si l'un des conseillers de la formation restreinte en exprime le souhait, auquel cas le renvoi à l'audience est de droit.

251 **Chambre mixte. –** Il arrive parfois qu'un pourvoi soulève, soit une question de principe susceptible de se présenter dans plusieurs chambres (par exemple, un problème concernant les conflits de lois dans le temps), soit plusieurs questions dont certaines relèvent des attributions de chambres différentes. Si de tels pourvois devaient être jugés par différentes chambres, selon les hasards de la distribution des affaires entre elles, il serait à craindre que, sur les mêmes questions, ne se dégagent des jurisprudences contradictoires selon les chambres. Afin d'éviter un tel danger, il est alors souhaitable de faire juger l'affaire par une Chambre mixte, *spécialement constituée à cet effet* et composée de délégués des différentes chambres intéressées.

Afin de conférer une certaine autorité aux arrêts de la Chambre mixte et d'éviter surtout une opposition sans issue entre deux chambres, l'article L. 421-4 C. org. jud. exige que la Chambre mixte soit « composée de magistrats appartenant à trois chambres au moins de la Cour ». Cela dit, tous les magistrats de ces chambres ne participent pas aux débats de la Chambre mixte : seuls y participent le premier président (qui préside la Chambre mixte)[119], le président et le doyen de chacune des chambres qui la composent, ainsi que deux conseillers de chacune de ces chambres (art. L. 421-4 C. org. jud.).

La Chambre mixte est saisie, soit par le premier président, soit sur arrêt motivé de la chambre saisie du pourvoi. Le renvoi en Chambre mixte est de droit sur requête du procureur général (art. L. 431-7 C. org. jud.).

En fait, pour gagner du temps, on évite autant que faire se peut de réunir une Chambre mixte. Très souvent, lorsque la chambre saisie d'un pourvoi constate qu'il soulève certaines questions relevant des attributions d'une autre chambre, la coordination s'opère par une simple demande de consultation et un échange de notes entre les différentes chambres intéressées. Finalement, on ne réunit une Chambre mixte que dans les hypothèses où des divergences risqueraient de se manifester.

252 **Assemblée plénière**[120]. – De toutes les formations juridictionnelles de la Cour de cassation, celle-ci est la plus solennelle : elle se réunit toutes les fois qu'il est

119. En cas d'empêchement du premier président, elle est présidée par le plus ancien des présidents de chambre de la Cour (art. L. 421-4, al. 2, C. org. jud.).

120. Une remarque importante de terminologie est nécessaire. Entre 1947 et 1967, il a existé ce que l'on appelait à l'époque, l'*Assemblée plénière civile*, qui n'avait rien de commun avec l'Assemblée plénière actuelle. Le seul rôle de l'Assemblée plénière civile était d'éviter les contrariétés possibles de jurisprudence

indispensable de fixer la jurisprudence sur une question qui divise ou risque de diviser les juridictions du fond et la Cour de cassation. Tel est le cas notamment lorsque, après un premier arrêt de cassation, la haute juridiction est saisie, dans la même affaire, d'un second pourvoi sur la même question, parce que la juridiction de renvoi a refusé de s'incliner devant le premier arrêt de cassation (*supra*, n° 226).

Autrefois, en pareil cas, la Cour de cassation devait statuer *« toutes Chambres réunies »*. Cette formation était particulièrement solennelle. Mais elle était aussi extrêmement lourde, car il fallait réunir tous les conseillers de la Cour et un arrêt ne pouvait être valablement rendu que si un quorum de 35 conseillers était atteint. C'était, en fait, pour beaucoup de conseillers une perte de temps, sans utilité réelle pour l'autorité de l'arrêt surtout lorsque la question débattue était éminemment spécialisée.

Par souci d'efficacité, la loi du 3 juillet 1967 a supprimé les Chambres réunies et leur a substitué l'*Assemblée plénière*. Sans perdre sa solennité, cette formation est plus légère. Elle comprend, en effet : le premier président, les six présidents et les six doyens de chambre, ainsi qu'un conseiller de chacune des six chambres (art. L. 421-5 C. org. jud.), soit un total de 19 membres[121]. Avec, en plus, le procureur général (ou son délégué) qui, bien entendu, ne participe pas à l'élaboration de l'arrêt, mais qui, dans la plupart des cas, prend très utilement la parole pour présenter objectivement l'avis du ministère public[122]. Tous les membres de l'Assemblée plénière doivent être présents : le législateur de 1967 a pensé, non sans raison, qu'au lieu de réunir tous les conseillers de la Cour, comme auparavant, avec parfois de nombreuses défections, il était préférable d'organiser une formation plus légère dont tous les membres se sentiraient personnellement concernés puisqu'ils ont été spécialement désignés pour siéger au sein de cette formation solennelle.

Ainsi définie, l'Assemblée plénière se distingue de la Chambre mixte à un triple point de vue :

a) D'abord, par sa *composition* : l'Assemblée plénière comprend des délégués de toutes les chambres de la Cour de cassation, y compris de la chambre criminelle, alors que la composition de la Chambre mixte se limite aux délégués des chambres intéressées par une éventuelle contradiction sur un même point de droit.

b) Ensuite par son *rôle*. Jusqu'à une époque récente, le seul rôle de l'Assemblée plénière était de statuer sur les *seconds pourvois* ; ce qui, par conséquent, supposait une cassation antérieure dans la même affaire, c'est-à-dire le renvoi devant un juge du fond qui avait refusé de s'incliner devant l'opinion de la Cour de cassation, et, enfin, un nouveau pourvoi sur le même moyen de droit (*supra*, n° 226).

Ce rôle demeure. Mais, depuis la loi n° 79-9 du 3 janvier 1979, l'Assemblée plénière peut aussi être saisie directement dès le *premier pourvoi*, soit par décision du premier président, soit par arrêt de la chambre à laquelle l'affaire a été

---

entre les différentes chambres civiles : elle assumait donc le rôle qui est aujourd'hui dévolu à la Chambre mixte. Dès lors, si dans les Recueils de jurisprudence (entre 1947 et 1967) figure un arrêt rendu en « Assemblée plénière civile », il faut savoir que, traduit dans le langage actuel, il n'a d'autre portée que celle d'un arrêt rendu « en Chambre mixte ».

121. Avant la loi du 23 avr. 1997, l'Assemblée plénière comprenait deux conseillers de chacune des chambres, de telle sorte qu'elle comportait un total de 25 membres.

122. Très souvent les conclusions du ministère public présentées à l'Assemblée plénière sont publiées dans les Recueils de jurisprudence, en même temps que l'arrêt.

distribuée, soit même sur simple requête du procureur général (art. L. 431-7 C. org. jud.). Le but de cette réforme a été le suivant : certaines affaires posent des questions de principe très sérieuses sur lesquelles il est indispensable que la jurisprudence soit rapidement fixée. S'il faut attendre un « second pourvoi », cela peut durer cinq ou six ans... et les plaideurs en feront les frais. De là, pour gagner du temps, l'idée de permettre à la Cour de cassation de statuer immédiatement en Assemblée plénière, dès le premier pourvoi, avec toute l'autorité qui s'attache aux arrêts de cette Assemblée[123].

c) En effet (et c'est maintenant la dernière différence), *tout arrêt rendu par l'Assemblée plénière s'impose à la juridiction de renvoi sur les points de droit jugés par celle-ci* (art. L. 431-4, al. 2, C. org. jud. ; *supra*, n° 227). Encore convient-il de ne pas se méprendre sur la portée exacte de cette règle : elle veut dire que, *relativement à l'affaire considérée*, la juridiction de renvoi ne peut pas interpréter la loi autrement que ne l'a décidé l'Assemblée plénière. Mais si la même question de droit devait surgir à l'occasion d'une autre affaire, le juge du fond conserverait une totale liberté d'interprétation : cette solution est la conséquence directe de la prohibition fondamentale des arrêts de règlement (*supra*, n° 26).

253 **Conclusion. –** L'importance majeure de la Cour de cassation, au sein des juridictions de l'ordre judiciaire, conduit à exprimer un regret pour conclure : c'est que *la Cour de cassation ne participe pas officiellement à l'élaboration des textes concernant le droit privé.*

En étudiant le Conseil d'État, on constatera que cette prestigieuse Assemblée n'est pas seulement un organe juridictionnel : elle est aussi un organe de conseil qui participe très activement à l'élaboration des textes, en donnant son avis sur les projets législatifs ou réglementaires dans tous les domaines (*infra*, n° 257). Or, sans contester le rôle éminent que joue le Conseil d'État à ce sujet, on doit tout de même convenir que certaines propositions législatives ou réglementaires qui intéressent le droit privé (spécialement, lorsqu'elles présentent un caractère technique) gagneraient à être étudiées par des spécialistes du droit privé, comme il s'en trouve précisément à la Cour de cassation.

Depuis quelques années, la Cour de cassation amorce un essai en ce sens, sous la forme d'un *rapport* auquel il est donné une large publicité : dans ce rapport se trouvent exposées, à la lumière des arrêts prononcés au cours de l'année précédente, les défectuosités législatives ou réglementaires qui ont été relevées et qui appelleraient des réformes. Il serait souhaitable que cette participation encore timide à l'œuvre législative aille plus loin. Il est vrai que le principe de la séparation des pouvoirs pèse ici avec toute la force de son dogmatisme (*supra*, n°s 33 et s.). En réalité, les juridictions de l'ordre judiciaire, et la première d'entre elles, n'ont pas fini de pâtir de la chape que la Révolution française fit tomber sur elles.

123. À titre d'exemple : Cass. Ass. plén., 2 nov. 1990, *JCP* 1991.II.21631, concl., av. gén. Monnet ; Cass. Ass. plén., 5 déc. 1997, *D.* 1998, IR 27, *JCP* 1998.II.10006, concl. av. gén. Weber.

CHAPITRE II
JURIDICTIONS DE L'ORDRE ADMINISTRATIF

254 **Généralités et terminologie. –** On appelle « juridictions administratives », les organes juridictionnels qui, sous le contrôle éventuel du Conseil d'État, tranchent les difficultés contentieuses de droit public qui opposent un administré à une collectivité publique : par exemple, les litiges entre un contribuable et une administration fiscale, les litiges en matière de travaux publics, les recours en annulation contre un décret ou un arrêté estimé illégal ou encore les demandes en réparation formées contre une administration à raison des dommages causés par le fonctionnement défectueux du service public.

L'expression exige toutefois une explication. Très souvent, pour désigner les juridictions de l'ordre administratif par opposition aux juridictions de l'ordre judiciaire, on parle, dans un sens générique, du *« juge administratif »* : on dira par exemple, de telle affaire, qu'elle relève de la compétence du « juge administratif » et non point d'une juridiction de l'ordre judiciaire. Mais parfois également, et toujours par opposition aux tribunaux de l'ordre judiciaire, on parle des *« tribunaux administratifs »*. L'expression est commode, mais elle est devenue trompeuse depuis que, en 1953, une juridiction administrative particulière a été instituée qui s'appelle précisément le « tribunal administratif » (*infra*, n°s 272 et s.). Avec cette terminologie, on risque toujours de confondre le genre et l'espèce. On peut se demander notamment, quand on parle des « tribunaux administratifs », si l'on désigne par là l'ensemble des juridictions administratives, par opposition à celles de l'ordre judiciaire, ou plus spécifiquement cette juridiction particulière que l'on appelle le tribunal administratif, par opposition au Conseil d'État et aux multiples juridictions administratives à compétence spéciale.

255 **Fondement constitutionnel. –** Les juridictions administratives sont de création relativement récente. Elles sont apparues dans la seconde moitié du XIXe siècle, pour corriger les conséquences fâcheuses du principe de la séparation des autorités administratives et judiciaires dont on avait déduit que l'administration devait échapper à l'autorité des juges pour être soumise au seul contrôle du chef de l'exécutif (théorie du ministre juge ; *supra*, n° 38). Peu à peu, le Conseil d'État, c'est-à-dire un organe d'essence administrative dont le rôle initial était purement consultatif, est parvenu,

à force de ténacité et de persévérance, à s'organiser comme une véritable juridiction jusqu'au jour où la loi du 24 mai 1872 lui reconnut le pouvoir de rendre des décisions souveraines en matière administrative.

Cette origine ne doit pas être oubliée : elle marque toute la différence qui sépare les juridictions administratives des juridictions de l'ordre judiciaire. De tout temps, ces dernières ont exercé la fonction de juger et s'il est vrai que leur organisation a changé au cours des siècles, jamais leur existence n'a été contestée dans son principe : seule a évolué la nature de ce pouvoir au point que l'on peut penser aujourd'hui qu'elles exercent plus une « autorité » qu'un véritable « pouvoir » (*supra*, n° 56). Pour les juridictions administratives, l'évolution a été très différente. Elles doivent leur existence à un *lent travail d'émancipation qui leur a permis de se dégager de l'administration active et de conquérir progressivement leur autonomie juridictionnelle*. De cette origine, subsistent encore des traces : c'est ainsi que les juges administratifs ne bénéficient pas tous de l'inamovibilité (*infra*, n° 371) et que certaines de ces juridictions (notamment les juridictions administratives à compétence spéciale) sont composées de fonctionnaires issus de l'administration active (*infra*, n° 298) ; c'est ainsi également qu'il fallut attendre 1926 pour que les anciens conseils de préfecture cessent d'être présidés par le préfet. À vrai dire, toutes ces traces tendent à s'estomper progressivement et, grâce d'ailleurs au caractère des hommes pour une large part, on peut dire que la justice administrative a aujourd'hui acquis sa propre autonomie[1].

De nos jours, les juridictions administratives font partie de nos institutions au même titre que les juridictions de l'ordre judiciaire. Mais il fallait que cela soit clairement dit. Aussi bien doit-on attacher une importance particulière à un arrêt du Conseil constitutionnel du 22 juillet 1980 qui a souligné avec force que l'indépendance des juridictions administratives est aujourd'hui *« constitutionnellement garantie en vertu des principes généraux reconnus par les lois de la République »*[2].

256 **Le Conseil d'État, clé de voûte du contentieux administratif : évolution vers une « régionalisation » de la justice administrative. –** Le Conseil d'État a toujours été la clé de voûte du contentieux administratif. Durant tout le XIXe siècle et la première moitié du XXe — si l'on met à part les conseils de préfecture dont la compétence était dérisoire (*infra*, n° 275), et les quelques juridictions administratives à compétence spéciale qui ne connaissaient que d'un contentieux limité –, le Conseil d'État était l'unique juridiction appelée à connaître des litiges concernant l'administration, aussi bien en fait qu'en droit. C'est vers lui que refluait pratiquement tout le contentieux administratif.

Cette situation exceptionnelle, – très différente de celle de la Cour de cassation (*supra*, n°s 219 et s.) –, avait l'immense avantage de permettre l'élaboration d'une jurisprudence à la fois ferme et homogène, plus nécessaire encore en matière administrative qu'elle ne l'est en matière judiciaire : on concevrait mal en effet qu'un même comportement administratif puisse être validé ici, et censuré ailleurs. De là, cette idée première consistant à centraliser tout le contentieux autour d'une seule et unique juridiction.

1. V. notamment l'étude de l'OMIJ, *La justice administrative en Europe*, PUF, coll. « Droit et justice », 2015.
2. *JCP* 1981 II.19603, note Nguyen Quoc Vinh, *D.* 1981, Inf. rap. 356, obs. Léo Hamon.

Une telle centralisation ne présentait guère d'inconvénient à une époque de libéralisme économique et politique où les interventions de l'État et de son administration se limitaient aux services publics essentiels et où, de ce fait, le contentieux était relativement peu abondant : le Conseil d'État pouvait facilement « absorber » tout le contentieux administratif pour la France entière. Cette situation privilégiée ne devait pas durer. L'emprise sans cesse grandissante de l'administration dans les domaines les plus variés devait entraîner une prolifération considérable de litiges auxquels, seul, le Conseil d'État ne pouvait plus faire face. Dans les années qui suivirent la Seconde Guerre mondiale, les statistiques firent apparaître un inquiétant engorgement du Conseil d'État, avec pour conséquence inévitable une lenteur accrue de la justice administrative (*infra*, n° 276). De toute évidence, des réformes s'imposaient pour alléger la tâche du Conseil d'État : deux évolutions parallèles, d'inégale importance, y ont contribué.

a) L'effort essentiel consista à opérer une *régionalisation de la justice administrative*. À trente années de distance, deux réformes importantes – l'une en 1953 qui institua les *tribunaux administratifs* (*infra*, n° 276), et l'autre en 1987 qui créa les *cours administratives d'appel* (*infra*, n° 281) – ont libéré le Conseil d'État d'un important contentieux qui est désormais traité, au premier et au second degré, par des juridictions administratives régionales.

b) Une autre évolution, plus insidieuse, s'est produite : à mesure que se développaient l'action administrative et donc les sources de contestations, on a vu se multiplier les *juridictions administratives à compétence spéciale* chargées de statuer dans des domaines très particuliers et sinon toujours, du moins assez souvent, en matière professionnelle (conseil de l'ordre des médecins, des vétérinaires, des architectes, commission bancaire, etc.) (*infra*, n°s 292 et s.).

Ces deux évolutions parallèles font que le Conseil d'État n'est plus aujourd'hui l'unique juridiction administrative. Cette dispersion, imposée par les nécessités, ne serait pas sans risque pour la cohésion de la jurisprudence administrative (et du droit administratif tout court) si le Conseil d'État ne restait, encore de nos jours, le « gardien tutélaire » de la justice administrative. Nous verrons en effet que, d'une part, certaines contestations importantes, pour lesquelles on ne saurait tolérer des décisions inconciliables, ont échappé à cette dispersion en restant expressément réservées à la connaissance du Conseil d'État (*infra*, n°s 289 et s.) et que, d'autre part, il exerce de toute manière un contrôle latent, par le jeu des voies de recours, sur l'ensemble des décisions rendues par les juridictions administratives. À tous ces points de vue, le Conseil d'État reste encore de nos jours la clé de voûte du contentieux administratif.

Dans ces conditions, pour avoir une vue d'ensemble sur la justice administrative, il convient d'abord et en tout premier lieu de présenter des *généralités sur le Conseil d'État* (section 1), avant d'étudier les *juridictions administratives à compétence générale* (section 2) et les *juridictions administratives à compétence spéciale* (section 3).

SECTION I GÉNÉRALITÉS SUR LE CONSEIL D'ÉTAT

257 **Comparaison avec la Cour de cassation. –** Au même titre que la Cour de cassation, le Conseil d'État est une institution prestigieuse par son histoire et son importance dans la vie nationale. Il diffère toutefois, – et fondamentalement –, de la Cour de cassation par son rôle et par sa composition.

a) Par son **rôle**. – On a vu précédemment que la Cour de cassation est dotée d'attributions exclusivement juridictionnelles : elle est une juridiction et rien de plus (*supra*, n° 253) ; et encore son rôle en ce domaine se limite-t-il à être juge du droit et non point juge du fait (*supra*, n°s 222 et s.). Tel n'est pas le cas du Conseil d'État qui a non seulement des attributions juridictionnelles importantes, aussi bien en fait qu'en droit, mais qui, en outre, est investi d'attributions administratives très particulières en ce sens qu'il est pour l'administration et le gouvernement un « donneur d'avis ».

Ainsi les projets de lois, d'ordonnances et de décrets sont soumis « pour avis » au Conseil d'État : obligatoirement ou facultativement, selon les cas. Celui-ci délibère sur les projets qui lui sont présentés par le gouvernement et formule son opinion, non seulement sur la rectitude juridique du texte mais aussi sur son opportunité. On se gardera toutefois de considérer le Conseil d'État comme une assemblée politique : sauf dans les cas exceptionnels où un texte impose un « avis conforme », le gouvernement n'est jamais obligé de suivre l'avis du Conseil d'État, même lorsque celui-ci est obligatoire[3].

Enfin, il arrive parfois que le Conseil d'État soit appelé à donner des consultations juridiques à l'administration sur certaines difficultés particulières. L'article L. 112-3 C. just. adm.[4] reconnaît même au Conseil d'État le pouvoir d'attirer spontanément l'attention des pouvoirs publics sur les réformes législatives ou réglementaires qui sembleraient opportunes.

Comme on peut l'observer, le Conseil d'État joue un rôle hybride : non seulement il est un juge, mais en outre il participe à l'élaboration de la règle de droit ; et cela, en toutes matières, en droit public comme en droit privé. De ce point de vue, le rôle du Conseil d'État est très différent de celui de la Cour de cassation.

b) Par sa **composition**. – La Cour de cassation est composée de magistrats pour qui cette fonction constitue en principe un couronnement de carrière (*supra*, n° 241). La composition du Conseil d'État est infiniment plus diversifiée, aussi bien par l'âge que par le recrutement. En règle générale, on fait carrière au Conseil d'État depuis le jour où le jeune auditeur sort de l'École nationale d'administration jusqu'au jour où, étant devenu conseiller d'État, il prend sa retraite. Il y a donc un grand brassage des âges.

Le Conseil d'État présente également cette particularité d'être composé de personnalités extérieures qui accèdent directement au Conseil d'État en qualité de maîtres des requêtes ou de conseillers d'État dans des conditions qui seront indiquées

3. R. Denoix de St. Marc, « Le Conseil d'État, acteur déterminant de l'élaboration des lois et règlements », *JCP* 2006.I.118, p. 479.

4. Auparavant : art. 24 de l'ordonnance du 31 juill. 1945.

ultérieurement (*infra*, n°s 362 et 363 et s.). Ainsi, le Conseil d'État peut-il espérer bénéficier par le « tour extérieur », du concours de personnalités qui ont une grande expérience pratique de l'administration et qui sont parfaitement informées des nécessités du service public.

Sans doute, la Cour de cassation n'a-t-elle pas échappé à cette préoccupation : certains conseillers à la Cour peuvent être recrutés directement « en service extraordinaire » (*supra*, n° 241) ; et de même, on a vu précédemment que certains jeunes magistrats peuvent être directement affectés à la Cour de cassation en qualité de « conseillers référendaires » ou « d'auditeurs » (*supra*, n° 242). Mais ce ne sont là que des amorces encore timides qui, pour l'instant tout au moins, sont loin d'avoir l'ampleur de ce qui existe au Conseil d'État ; et en tout cas, les jeunes magistrats affectés à la Cour de cassation ne sont pas appelés à y faire toute leur carrière, comme ce peut être le cas au Conseil d'État.

Sous le bénéfice de ces observations, on étudiera successivement :

§ 1. – *L'évolution historique du Conseil d'État.*

§ 2. – *L'organisation interne du Conseil d'État.*

§ 1. ÉVOLUTION HISTORIQUE DU CONSEIL D'ÉTAT

258 **Les antécédents. –** On attribue généralement la création du Conseil d'État à Bonaparte. Et l'on a raison ; c'est lui, en effet, qui a fixé les grandes lignes de cette institution, que l'on appelle parfois la « Haute Assemblée ».

a) On se gardera toutefois d'oublier que, dans l'ancien droit, il existait auprès du roi divers organes dont l'ensemble formait les « Conseils du roi » et qui, de façon lointaine sans doute, assumaient déjà certaines des fonctions qui, plus tard, seront celles de la Cour de cassation et du Conseil d'État. Il a déjà été dit (*supra*, n° 219) qu'il existait une formation judiciaire, que l'on appelait le « Conseil des parties », chargée de se prononcer sur les recours formés contre les arrêts rendus par les parlements, et que l'on peut considérer aujourd'hui comme l'ancêtre lointain de notre Cour de cassation. Il existait de même des formations plus spécifiquement administratives et gouvernementales : le Conseil d'En-Haut (qui deviendra le Conseil de cabinet, c'est-à-dire un organe strictement politique), le Conseil des dépêches et le Conseil des finances. En raison de la confusion des pouvoirs qui régnait à l'époque, ces formations gouvernementales avaient également des attributions juridictionnelles et connaissaient des recours formés contre les décisions des intendants (on dirait aujourd'hui, des préfets). Ce n'était certes pas encore le Conseil d'État ; mais déjà l'idée transparaissait[5].

b) La Révolution française supprima tous les anciens conseils qui avaient existé au temps de la royauté. La loi des 27 avril et 25 mai 1791 rétablit toutefois, sous le nom de Conseil d'État, un organe comprenant le roi et ses ministres (ce que l'on appellerait aujourd'hui, dans notre terminologie moderne, le Conseil des ministres).

5. On pourra lire avec profit ce qu'a écrit Tocqueville, dans son ouvrage *L'Ancien Régime et la Révolution*, plus spécialement au chapitre IV du livre II intitulé « Que la justice administrative et la garantie des fonctionnaires sont des institutions de l'Ancien Régime ».

Mais ce qui est remarquable, c'est que ce Conseil avait reçu certaines attributions juridictionnelles ; notamment, il lui appartenait de se prononcer sur les motifs d'annulation des actes irréguliers émanant des corps administratifs (art. 17). C'était là sans doute une justice à caractère politique. Mais il fallait bien y songer puisque les juridictions de l'ordre judiciaire se voyaient interdire toute immixtion en ce domaine (*supra*, n°s 38 et s.).

259 **Création du Conseil d'État par Bonaparte**[6]. – Sous l'inspiration de Sieyès, la Constitution du 22 frimaire an VIII, dans son article 52, décida que : *« Sous la direction des Consuls, un Conseil d'État est chargé de rédiger les projets de lois et les règlements d'administration publique, et de résoudre les difficultés qui s'élèvent en matière administrative »*. Cette disposition fondamentale fut complétée peu de temps après par un règlement du 5 nivôse an VIII dans lequel il était dit que le Conseil d'État « se prononce sur les conflits qui peuvent s'élever entre l'administration et les tribunaux et sur les affaires contentieuses dont la décision était précédemment remise aux ministres ».

Ces deux textes essentiels font déjà apparaître la double fonction du Conseil d'État qui, tout à la fois, participe à l'œuvre législative en préparant les projets de lois pour le compte des Consuls et qui, en outre, en tant que conseil de l'exécutif, propose la solution des litiges de nature administrative. Ces deux dispositions fondamentales contenaient en germe tous les éléments d'une évolution progressive qui fera du Conseil d'État ce qu'il est devenu aujourd'hui.

Il est en effet remarquable de constater que le Conseil d'État survécut à tous les bouleversements constitutionnels. Il connut sans doute quelques périodes sombres. Notamment à l'époque de la Restauration, on put craindre très sérieusement pour son existence : nul n'osa pourtant supprimer cette jeune institution, de création impériale certes, mais qui déjà avait fait la preuve de son utilité.

En revanche, depuis cette époque, le Conseil d'État a connu une très profonde évolution sur laquelle il convient désormais d'insister.

260 **Évolution : de la « Justice retenue » à la « Justice déléguée ». –** À l'origine, le Conseil d'État n'était pas une véritable juridiction comme il l'est aujourd'hui : il était un simple *organe consultatif*, – un simple « conseil » au sens étymologique du terme –, dont le rôle n'était pas de rendre des arrêts souverains, mais de préparer les décisions du chef de l'État et de ses ministres appelés à statuer sur les contestations relatives à l'administration. Et cela, en application de cette idée que la justice était « retenue » entre les mains du souverain.

Dans cette limite, apparut très vite à l'intérieur du Conseil d'État l'amorce d'une spécialisation juridictionnelle : dès 1806, une commission spéciale, – appelée *« Commission du contentieux »* –, s'organisa à la manière d'une véritable juridiction, avec ses propres règles de procédure (décr. du 22 juill. 1806), pour examiner les réclamations dont le Conseil d'État était saisi. Cette commission n'avait encore qu'un rôle très modeste : elle instruisait l'affaire, pour en faire rapport à l'assemblée générale du Conseil d'État, lequel ensuite proposait la solution au ministre. Mais

6. Sur l'histoire du Conseil d'État entre 1799 et 1974, on pourra consulter l'ouvrage intitulé *Le Conseil d'État ; son histoire à travers les documents de l'époque* (publié par le CNRS en 1974).

déjà s'affirmait la vocation juridictionnelle du Conseil d'État, à cette nuance près que la décision finale appartenait toujours au souverain et non point au Conseil : même si dans la plupart des cas la solution préconisée par lui était entérinée, la justice administrative demeurait, en droit, une « justice retenue ».

Dès la fin de la Restauration, très exactement à la veille de la Révolution de 1830, le principe d'une « justice retenue » fit l'objet de vigoureuses critiques : un maître des requêtes du Conseil d'État (*Cormenin*) se fit l'ardent défenseur de cette idée que, pour offrir toute garantie aux administrés, le Conseil d'État devait être érigé au rang d'une véritable juridiction appelée à rendre ses propres jugements de façon souveraine. La monarchie de Juillet ne resta pas insensible à cette préoccupation. Mais les réformes se limitèrent à quelques dispositions fragmentaires destinées à renforcer les garanties procédurales (ordonnance du 2 févr. 1831 ; ordonnance du 18 sept. 1839 ; loi du 19 juill. 1845). Ces réformes ne furent certes pas inutiles, dans la mesure où elles contribuèrent à conférer au Conseil d'État certains des traits spécifiques d'une véritable juridiction. Mais, en dépit de ces améliorations, le principe demeurait que le Conseil d'État n'était pas autre chose que l'organe d'une justice retenue.

La IIe République rompit avec cette conception. Une loi du 3 mars 1849 décida dans son article 6 que, désormais, le Conseil d'État statuerait en dernier ressort sur le contentieux administratif. La Haute Assemblée devenait ainsi une véritable juridiction exerçant ses pouvoirs par délégation du souverain : la justice cessait d'être une justice retenue (par le souverain) pour devenir une justice déléguée (sous-entendu : déléguée par le souverain). Mais cette embellie fut de courte durée : elle ne devait pas survivre à la IIe République. La Constitution impériale de 1852 revint en effet au système initial de la justice retenue ; ce qui d'ailleurs n'empêcha pas le Conseil d'État de développer son activité.

C'est finalement à la IIIe République que l'on doit d'avoir définitivement consacré le système de la justice déléguée. La *loi du 24 mai 1872*, votée sous la vigoureuse impulsion de Gambetta, décida dans son article 9 que : « Le Conseil d'État statue souverainement sur les recours en matière contentieuse administrative et sur les demandes d'annulation pour excès de pouvoir formées contre les actes des diverses autorités administratives ». Quelques années plus tard, ce principe reçut sa première application jurisprudentielle dans un arrêt fondamental, l'*arrêt Cadot* du 13 décembre 1889[7] : le Conseil d'État affirma en effet que, d'une part, le ministre n'est pas un juge, et que, d'autre part, le Conseil d'État est une véritable juridiction.

L'évolution était achevée : le Conseil d'État, libéré de toute dépendance à l'égard du chef de l'exécutif, se trouvait investi désormais d'un pouvoir de juridiction autonome. La « justice déléguée » l'avait définitivement emporté sur la « justice retenue ».

261 **Réformes modernes. –** Depuis lors, aucune réforme n'a fondamentalement transformé le Conseil d'État. Tout au plus convient-il de relever deux séries de textes importants. En tout premier lieu, l'ordonnance n° 45-1708 du 31 juillet 1945, qui, au lendemain de la Libération, codifia les textes dispersés relatifs au

7. *S.* 1892.3.17, note Hauriou.

Conseil d'État[8]. Ce texte fondamental, qui a longtemps constitué la charte du Conseil d'État, devait être complété quelques années plus tard par deux décrets du 30 juillet 1963, – l'un sur l'organisation du Conseil d'État (décr. n° 63-766), et l'autre sur le statut de ses membres (décr. n° 63-767). Enfin, plus récemment un décret n° 2008-225 du 6 mars 2008 a apporté quelques aménagements relatifs à l'organisation et au fonctionnement des sections du Conseil d'État.

Toutes ces dispositions sont intégrées aujourd'hui dans le *Code de justice administrative,* lequel comporte une partie législative (« L ») et une partie réglementaire (« R »).

§ 2. ORGANISATION DU CONSEIL D'ÉTAT

262 **Sa composition. –** Le Conseil d'État comprend un personnel relativement peu nombreux, hiérarchisé de la manière suivante (art. L. 121-2 C. just. adm.) :

— Au bas de la hiérarchie : les *auditeurs*. Ce nom curieux vient de ce que, normalement, ce sont des novices qui s'instruisent « en écoutant » les anciens. Mais en fait, ils jouent un rôle très actif. Les auditeurs au Conseil d'État sont divisés en deux classes.

— À un échelon immédiatement supérieur : les *maîtres des requêtes*. Cette appellation traditionnelle et un peu anachronique est la survivance lointaine du temps où les requêtes étaient présentées au conseil du roi par un personnage que l'on appelait précisément un « maître des requêtes ».

— Au sommet de la hiérarchie : les *conseillers d'État*.

Mais ceux-ci sont divisés en deux catégories : les *conseillers d'État en service ordinaire*, que l'on pourrait appeler en quelque sorte les « permanents », par opposition aux *conseillers d'État en service extraordinaire* (au nombre de 12) qui sont des personnalités extérieures appelées à siéger temporairement au Conseil d'État pour une durée de cinq ans (art. L. 121-4 à 8 C. just. adm.).

— Il faut ajouter les *présidents de section*, au nombre de 7. Le Conseil d'État, nous le verrons (*infra*, n°s 263 et s.), est divisé en sections ; et, tout naturellement, la responsabilité de chacune d'elles est confiée à un président.

— Enfin, à la tête du Conseil d'État se trouve un *vice-président* (assisté dans ses tâches administratives par un *secrétaire général*) (art. L. 121-1 C. just. adm.). Malgré son titre qui peut paraître modeste et quelque peu subordonné, le vice-président du Conseil d'État est un personnage important qui dirige en fait la Haute Assemblée et sur qui pèse la lourde responsabilité de son fonctionnement.

Ce titre subalterne conduit tout de même à se poser une question : qui est le *président ?* En droit, d'après l'article L. 121-1 C. just. adm., le président du Conseil d'État est le Premier ministre et, en son absence, le garde des Sceaux. Mais cette

8. Ce texte avait été rendu nécessaire pour les besoins d'une remise en ordre. Pendant l'Occupation, le gouvernement de Vichy avait promulgué une loi du 18 déc. 1940, tandis que, dans le même temps, le Comité national de Libération avait constitué un Comité temporaire du contentieux qui tenait lieu de Conseil d'État (ordonnance du 17 déc. 1943). À la Libération, il parut indispensable d'harmoniser toute cette législation disparate. Tel fut l'objet de l'ordonnance du 31 juill. 1945.

présidence est de pure forme : elle est exercée de façon protocolaire à l'occasion de certaines cérémonies ; elle est donc purement symbolique. Cette situation n'en est pas moins révélatrice : dans la mesure où le chef théorique du Conseil d'État est le chef du gouvernement lui-même, elle fait clairement apparaître l'idée que la juridiction administrative procède de l'administration ; et ici à son niveau le plus élevé. C'est donc pour respecter cette présidence symbolique que celui qui dirige en fait le Conseil d'État porte le titre plus modeste de « vice-président ».

263 **Les différentes formations. –** De même que la Cour de cassation est divisée en chambres, le Conseil d'État comporte plusieurs formations que l'on appelle des *« sections »*. Mais, en raison du rôle hybride du Conseil d'État (*supra*, n° 257), ces différentes formations se répartissent en deux catégories bien distinctes (art. L. 121-3 C. just. adm.) :

— d'une part, les formations dites *administratives* dont le rôle consiste à formuler des avis sur les projets de lois ou de décrets ou encore sur les difficultés juridiques que peut rencontrer le gouvernement ou l'administration (A) ;

— d'autre part, les formations dites *contentieuses* dont la fonction est de juger les litiges portés devant le Conseil d'État et de rendre des décisions ayant autorité de chose jugée, comme peut le faire toute juridiction (B).

Après avoir présenté ces différentes formations, il faudra se demander quels sont les rapports entre elles (C).

A. FORMATIONS ADMINISTRATIVES

264 **Sections administratives. –** Le Conseil d'État comporte six sections administratives (art. R. 123-2 C. just. adm., mod. par décret du 6 mars 2008) : la section des finances, la section de l'intérieur, la section des travaux publics, la section sociale, la section de l'administration et, enfin, la section du rapport et des études. À la tête de chaque « section », il y a un président qui est appelé à jouer un rôle important.

Chacune de ces sections a une spécialisation qui lui est propre, correspondant à plusieurs ministères. Mais, à vrai dire, la dénomination de chacune de ces sections est assez arbitraire. Ainsi, pour ne prendre que cet exemple, la section de l'intérieur examine toutes les questions qui relèvent des services du Premier ministre, et des ministères de la justice, de l'Intérieur, de l'Éducation nationale, de la Francophonie, de la Culture et de la Communication. C'est assez dire qu'il ne faut pas attacher trop d'importance à des intitulés forgés par la tradition[9].

265 **Par qui l'avis est-il donné ? –** En principe, l'avis est formulé par la section compétente dont relève le ministère intéressé. Mais il n'en est pas toujours ainsi.

1) Lorsque l'affaire concerne plusieurs sections, l'avis peut être donné par des *sections réunies* ou plus simplement par une *commission commune* regroupant des conseillers de chacune des sections intéressées (art. R. 123-6 C. just. adm.).

2) Il est des cas où, en raison de l'importance particulière de l'avis qui est demandé au Conseil d'État (lorsque par exemple il s'agit d'un projet de loi ou

9. Des arrêtés modifient périodiquement la répartition des matières entre les différentes sections, à l'occasion de chaque changement de gouvernement.

d'ordonnance), l'affaire est portée devant une formation plus solennelle que l'on appelle l'*Assemblée générale du Conseil d'État en matière administrative*, qui comporte elle-même deux formations :

D'une part, l'*Assemblée générale ordinaire*[10]. Cette formation est appelée à donner son avis sur les projets de loi ou d'ordonnance et aussi sur certaines affaires qui, en raison de leur importance, lui sont renvoyées par le ministre intéressé, le vice-président, un président de section ou encore par l'une des sections elle-même.

D'autre part, l'*Assemblée générale en formation plénière* qui comprend, avec voix délibérative, le vice-président du Conseil d'État, les présidents de section et les conseillers d'État ; les maîtres des requêtes et auditeurs y ont accès avec voix consultative (art. R. 123-13 C. just. adm.). Cette formation est compétente pour procéder à certaines élections (par exemple, pour désigner ceux d'entre eux qui siégeront au Tribunal des conflits) ou encore pour examiner les affaires qui lui auraient été renvoyées par l'Assemblée générale ordinaire.

3) On ajoutera enfin que, dans tous les cas d'urgence, l'avis peut être donné par ce que l'on appelle la *Commission permanente* qui est une émanation de l'Assemblée générale, chargée de se prononcer exceptionnellement et rapidement sur les projets de loi ou d'ordonnance (art. R. 123-21 à 23 C. just. adm.).

B. FORMATIONS CONTENTIEUSES

266 **Section du contentieux et chambres. –** On appelle ainsi l'une des sections du Conseil d'État dont la fonction propre est de statuer sur les recours contentieux qui relèvent de la compétence de cette juridiction. À la différence des sections administratives, la section du contentieux n'a pas pour rôle d'émettre des avis : elle rend des arrêts qui ont autorité de chose jugée. À ce titre et sous cet aspect, le Conseil d'État est une véritable juridiction dont on précisera ultérieurement la compétence (*infra*, n° 288 et s.).

La section du contentieux est, au point de vue de sa composition, la plus importante des sections du Conseil d'État. Elle a à sa tête un président de section, assisté de trois présidents-adjoints. Elle est composée de conseillers d'État en service ordinaire (les conseillers d'État en service extraordinaire ne peuvent pas en faire partie), de maîtres des requêtes et d'auditeurs (art. R. 122-2 C. just. adm.).

Pour répondre à l'augmentation constante du nombre des recours, il a fallu subdiviser la section du contentieux : actuellement, depuis 1980, elle est divisée en *dix chambres* (art. R. 122-1 C. just. adm.). Chacune de ces *chambres*, spécialisée dans

10. Selon l'article R. 123-14, C. just. adm., l'Assemblée générale ordinaire est composée de la manière suivante : « 1°) Le vice-président du Conseil d'État et les présidents de section ; 2°) L'un des présidents adjoints de la section du contentieux suppléé, le cas échéant, par un autre président adjoint ; 3°) Douze conseillers d'État désignés chaque année par le vice-président du Conseil d'État sur proposition du président de la section du contentieux parmi les conseillers affectés à cette section ; 4°) Trois conseillers d'État dont deux au moins en service ordinaire par section administrative, désignés chaque année par le vice-président du Conseil d'État sur proposition du président de la section administrative intéressée. Les autres membres du Conseil d'État ont accès à l'assemblée générale ordinaire avec voix consultative ; ils ont voix délibérative dans les affaires dont ils sont rapporteurs ».

une matière déterminée, est composée de trois conseillers d'État en service ordinaire dont l'un fait fonction de président, les deux autres étant assesseurs.

267 **Formations de jugement : par qui la décision est-elle rendue ? –** Dès qu'une requête est présentée au Conseil d'État, elle est transmise à la chambre spécialisée pour qu'il soit procédé à l'instruction de l'affaire. Mais lorsque l'instruction est terminée, c'est-à-dire lorsque les preuves ont été réunies et l'argumentation développée dans des « mémoires » élaborés par chacune des parties, quelle est la formation compétente pour rendre la décision ? En l'état actuel des textes, les décisions peuvent être rendues, selon les cas, par quatre formations différentes :

1) Par la *chambre* qui a instruit l'affaire. C'est la solution la plus habituelle, adoptée lorsqu'il s'agit d'une affaire simple : la sous-section qui a instruit le dossier rendra elle-même la décision (art. R. 122-14 C. just. adm.).

2) Par les *chambres réunies*. Dans certains cas, il peut sembler utile d'étoffer la formation qui rendra la décision : l'affaire est alors portée devant deux sous-sections, et parfois trois ou quatre, qui se réunissent ensemble, dont bien entendu la sous-section qui a instruit le dossier (art. R. 122-15 et 16 C. just. adm.).

3) Par la *Section du contentieux en formation de jugement*. Il en est ainsi lorsqu'il s'agit d'une affaire qui, par les problèmes juridiques qu'elle soulève ou par ses implications politiques, exige que la décision soit prise par une formation suffisamment étoffée pour que son autorité morale soit indiscutable (art. R. 122-18 C. just. adm.).

4) Par l'*Assemblée du contentieux*. Cette formation est la plus importante par son caractère solennel. Présidée par le vice-président du Conseil d'État lui-même, l'Assemblée du contentieux est composée de façon à réaliser un véritable brassage entre les formations administratives et les formations contentieuses, au niveau le plus élevé (art. R. 122-20 C. just. adm.).

Cette formation n'est appelée à se réunir que de façon exceptionnelle, lorsqu'il s'agit d'une affaire très importante ou qui pose des questions de principe assez graves : on veut, en pareil cas, pour que la décision ait une plus grande autorité, qu'elle soit l'œuvre d'une formation très largement représentative du Conseil d'État dans son ensemble[11].

À travers cette dernière observation transparaît un problème important, sur lequel il faut insister désormais, et qui est celui des rapports entre les formations administratives et contentieuses du Conseil d'État.

11. Les statistiques révèlent que la plupart des décisions sont rendues par les chambres. La Section du contentieux et l'Assemblée du contentieux en formation de jugement rendent approximativement 50 décisions par an.

C. RAPPORTS ENTRE LES FORMATIONS ADMINISTRATIVES ET CONTENTIEUSES

268 **Principe. –** Ainsi que nous l'avons souligné précédemment (*supra*, n° 264), la distinction entre les formations administratives et les formations contentieuses correspond à la double fonction du Conseil d'État : tandis que les formations administratives formulent des avis, les formations contentieuses rendent de véritables jugements qui ont autorité de chose jugée.

Ces formations sont en principe distinctes. La preuve en est que la section du contentieux pourrait annuler un décret pour lequel l'une des sections administratives aurait donné auparavant un avis favorable[12].

269 **Correctif : nécessité d'un « brassage ». –** Quelle que soit la spécialisation des formations administratives et contentieuses, une interpénétration entre elles est indispensable. D'une part, en effet, il ne faut pas perdre de vue que les formations administratives et les formations contentieuses appartiennent à un même corps : au sein d'une même institution, il n'est jamais bon que puisse éclater une divergence de doctrine sur les mêmes problèmes et que chacune des formations se comporte comme autant d'organes distincts de nature à briser l'unité de l'institution. D'autre part, il faut éviter que les formations contentieuses ne perdent le contact avec les problèmes qui se posent à l'administration active, en oubliant les impératifs du service public ; et inversement, les formations administratives ne doivent pas davantage oublier, au nom de l'action administrative, certains principes juridiques essentiels qu'il est du devoir des formations contentieuses de rappeler.

Cette nécessité a été mise en relief, par une affaire qui, en son temps, eût un certain retentissement : il s'agit de l'*affaire Canal*[13].

Pour comprendre cette affaire, il faut savoir qu'une ordonnance du 1er juin 1962, prise par le président de la République en application de l'article 16 de la Constitution, avait institué une Cour militaire de justice qui avait pour particularité que tout recours était exclu contre les décisions rendues par cette juridiction. Celle-ci condamna à mort un dénommé Canal, lequel demanda l'annulation de l'ordonnance du 1er juin 1962 qui avait institué la Cour militaire de justice ; et cela au motif que l'exclusion de tout recours était contraire aux principes généraux. Le Conseil d'État qui, en formation administrative au moment de l'élaboration du texte, n'avait formulé aucune objection, fit droit à sa requête en formation contentieuse et annula cette ordonnance, rendant ainsi caduque la condamnation prononcée (arrêt du 19 oct. 1962). Cette décision provoqua une très vive réaction dans les milieux gouvernementaux et le chef de l'État lui-même le fit savoir dans un communiqué laissant entendre que le Conseil d'État était sorti de son rôle. À l'époque, on put craindre sinon pour l'existence de la Haute Assemblée, du moins pour son indépendance. Heureusement, ces craintes se sont révélées vaines. Mais on reconnaîtra volontiers que, dans l'affaire *Canal*, il aurait été préférable que le Conseil d'État, en formation administrative, attire l'attention du gouvernement sur cette défectuosité avant que le texte ne soit promulgué, plutôt que de l'annuler plus tard en formation contentieuse. Afin d'éviter le renouvellement d'une telle mésaventure, le gouvernement constitua un comité d'études qui proposa quelques réformes très raisonnables, lesquelles, sans porter atteinte à l'indépendance du Conseil d'État, en améliorèrent

12. À titre d'exemples : Cons. État, 19 oct. 1962, *JCP* 1963.II.13068, note Debbasch ; Cons. État, 20 mars 1964, *Act. jur.* 1964.497, note H. A. ; Cons. État, 18 avr. 1980, *Act. jur.* 1980.409.

13. Cons. État, 19 oct. 1962, précité – Sur cette affaire et la crise qui s'ensuivit, cf. *Le Conseil d'État à travers les documents de l'époque*, p. 900 et s.

l'organisation dans le sens d'un certain « brassage » entre les différentes formations du Conseil d'État. Les réformes ainsi proposées furent consacrées par un décret du 30 juillet 1963.

À vrai dire, il a toujours existé un certain *« brassage »* du personnel entre les différentes formations. Ainsi (le cas des conseillers d'État en service extraordinaire étant mis à part puisqu'ils ne peuvent jamais participer aux travaux des formations contentieuses), un membre du Conseil d'État peut appartenir pendant un temps à une formation administrative et faire ensuite une autre partie de sa carrière dans une formation contentieuse, ou inversement. C'est ce que l'on appelle la règle du « roulement » qui existe d'ailleurs, nous l'avons vu, au sein des juridictions de l'ordre judiciaire (*supra*, n° 107). Mais ce « brassage » a été accentué par le décret du 30 juillet 1963 ; et précisément parce que l'affaire *Canal* avait mis en évidence les dangers d'un trop grand isolement entre les formations administratives et les formations contentieuses[14].

En l'état actuel des textes et à titre d'illustration, on retiendra que certaines formations sont composées de façon à réaliser obligatoirement ce « brassage ». On rappellera à cet égard, que l'Assemblée générale du Conseil d'État en matière administrative comprend, dans sa formation ordinaire, à côté des conseillers d'État appartenant aux formations administratives, d'autres conseillers d'État désignés par la section du contentieux (art. R. 123-14 C. just. adm. ; *supra*, n° 265 note). Et inversement, on a pu constater que l'Assemblée du contentieux comprend des conseillers d'État appartenant à des formations administratives (art. R. 122-20 C. just. adm. ; *supra*, n° 267).

270 **Conclusion. –** Les explications qui précèdent font apparaître le rôle fondamental du Conseil d'État : non seulement en raison de sa participation à l'élaboration de la règle de droit (dans ses formations administratives), mais aussi en raison de ses attributions juridictionnelles (dans ses formations contentieuses). Grâce au contrôle qu'il est appelé à exercer sur l'administration active par le biais du recours pour excès de pouvoir, il protège les citoyens contre les illégalités dont ils pourraient être les victimes. En outre, et d'un point de vue plus général, il contribue à assurer l'homogénéité de la jurisprudence administrative ; et il n'est pas excessif de penser que, sans le Conseil d'État, le droit administratif français n'aurait sans doute pas connu le rayonnement qui a été le sien.

On lui reproche parfois sa proximité à l'égard des pouvoirs politiques. Il suffit pourtant d'observer les protestations que certaines de ses décisions ont pu susciter de la part des gouvernements pour être convaincu tout à la fois de son indépendance et du respect qu'il a su inspirer malgré les vicissitudes de l'histoire.

Cela dit, on laissera de côté, dans les explications à venir, le rôle du Conseil d'État en tant qu'organe de conseil du gouvernement dans l'élaboration législative, pour s'en tenir exclusivement à son rôle juridictionnel exercé dans ses formations contentieuses ; car c'est uniquement sous cet aspect qu'il est une juridiction.

14. R. Chapus, *op. cit.*, 13e éd., nos 73 et s. – Ce cumul des fonctions consultatives et des fonctions juridictionnelles a suscité des réserves de la part de la Cour européenne des droits de l'homme au motif qu'elle serait « de nature à mettre en cause l'impartialité structurelle de l'institution » (arrêt *Procola*, Série A. 26), cf. Sudre, *JCP* 1996.I, n° 3910, spéc. n° 23 ; rapp. CEDH, 3 oct. 2006, *JCP* 2007.I, n° 106, n° 6, note Sudre.

SECTION II JURIDICTIONS ADMINISTRATIVES À COMPÉTENCE GÉNÉRALE

271 **Vue d'ensemble : comparaison avec la hiérarchie de l'ordre judiciaire. –** Les juridictions appelées à connaître des contestations de nature administrative, en tant que juridictions à compétence générale – c'est-à-dire de toutes les contestations à l'exception de celles pour lesquelles la loi désigne une juridiction administrative à compétence spéciale (*infra*, n°s 292 et s.) – se présentent de façon pyramidale, un peu à la manière des juridictions de l'ordre judiciaire : au premier degré, les *tribunaux administratifs* (§ 1), au second degré, les *cours administratives d'appel* (§ 2) et enfin, au sommet, le *Conseil d'État*, en tant que juridiction (§ 3).

Toutefois, le rapprochement avec la hiérarchie des juridictions de l'ordre judiciaire est trompeur. Le Conseil d'État (on l'a dit précédemment, *supra*, n° 256) a été pendant longtemps l'unique juridiction administrative de droit commun qui connaissait en principe de tout le contentieux administratif, aussi bien en fait qu'en droit. C'est sous la pression des nécessités et pour remédier à l'engorgement du Conseil d'État que, dans le cadre d'une politique de déconcentration, il a fallu se résigner à disperser le contentieux au niveau régional, tant au premier degré (en créant les tribunaux administratifs en 1953 ; *infra*, n° 276) qu'au second degré (en instituant les cours administratives d'appel en 1987 ; *infra*, n° 281). Apparemment, on a l'impression que la hiérarchie des juridictions de l'ordre administratif a été calquée, à travers ses différents degrés, sur celle des juridictions de l'ordre judiciaire. En réalité, l'*inspiration est très différente*. La Cour de cassation n'a jamais eu pour rôle d'absorber tout le contentieux judiciaire : elle a été instituée simplement pour régulariser l'interprétation de la règle de droit, au sommet d'une hiérarchie à deux degrés établie auparavant. Au contraire, la hiérarchie des juridictions administratives est le résultat d'un *démantèlement progressif et limité des attributions juridictionnelles du Conseil d'État*, réalisé par nécessité pour éviter un engorgement de celui-ci. Il en résulte, nous le verrons, des différences très sensibles, notamment en ce qui concerne la diversité des attributions juridictionnelles du Conseil d'État dont certaines ont échappé à cette régionalisation (*infra*, nos 288 et s.).

§ 1. TRIBUNAUX ADMINISTRATIFS

272 **Juridiction de droit commun. –** Le tribunal administratif est, au premier degré, la juridiction de droit commun en matière administrative (art. L. 211-1 C. just. adm.).

Il a donc une *compétence de principe* : il connaît, en règle générale, de tous les litiges administratifs, sauf lorsqu'un texte contraire lui en a ôté la connaissance pour l'attribuer à une autre juridiction. Sans doute, ces textes contraires sont-ils assez nombreux. On verra que le Conseil d'État est exceptionnellement compétent pour connaître de certaines demandes au premier degré (*infra*, n° 289) ; et l'on verra aussi que la multiplicité des juridictions administratives spécialisées fait qu'un certain nombre de matières échappent à la compétence des tribunaux administratifs (*infra*, n°s 292 et s.). Il n'en reste pas moins vrai qu'ils sont saisis d'un important contentieux : par exemple, en matière fiscale (décharge ou réduction en matière de contributions directes, opposition à contrainte), en matière électorale (élections municipales, élections au sein de l'Université), et aussi en matière de travaux publics, pour ne prendre que ces quelques exemples choisis parmi bien d'autres.

Les statistiques attestent d'ailleurs l'importance grandissante de cette juridiction qui, pour la seule année 2015 a été saisie de 192 007 recours, soit près du triple des demandes enregistrées quinze ans auparavant.

273 **Juridiction régionale : comparaison avec le tribunal de grande instance. –** Le tribunal administratif est une juridiction locale dont le ressort territorial s'étend à un nombre de départements qui varie entre un et cinq. Il existe 42 tribunaux administratifs (art. R. 221-3 C. just. adm.). Leur siège est fixé au chef-lieu de l'un des départements de leur ressort.

De ce point de vue, une comparaison avec les tribunaux de grande instance s'impose. Comme eux, les tribunaux administratifs sont des juridictions de droit commun ; et comme eux aussi, ce sont des juridictions locales. À cette différence près toutefois que dans bien des cas le ressort de chacun d'eux s'étend pratiquement à une région et que, de ce fait, le nombre des tribunaux administratifs est beaucoup plus restreint que celui des tribunaux de grande instance (*supra*, n° 101).

Pour cette raison, le ressort des tribunaux administratifs est loin de coïncider avec le ressort territorial des tribunaux de grande instance. Ainsi, le tribunal administratif de Marseille a un ressort territorial qui s'étend aux départements des Bouches-du-Rhône des Hautes Alpes et des Alpes de Haute Provence, alors que, dans le seul département des Bouches du Rhône, il existe plusieurs tribunaux de grande instance.

Mais sous cette réserve, il ne semble pas excessif de dire que le tribunal administratif est aujourd'hui l'homologue de ce qu'est le tribunal de grande instance en matière judiciaire.

On étudiera successivement : l'évolution historique des tribunaux administratifs (A) et leur organisation actuelle (B).

A. ÉVOLUTION HISTORIQUE

274 **Conseils de préfecture : les antécédents historiques et la loi du 28 pluviôse an VIII. –** Si l'on voulait rechercher jusque dans l'ancienne France des ancêtres lointains à nos actuels tribunaux administratifs, on les trouverait dans les *conseils d'intendance* qui, dans les provinces, auprès de chaque intendant, étaient composés d'hommes de loi chargés d'aider celui-ci dans les décisions qu'il était appelé à prendre, notamment pour trancher le contentieux qui lui était soumis.

À la Révolution française, la même idée fut reprise dans le cadre départemental par une loi des 7-11 novembre 1791 qui institua des *directoires de département*. La voie était tracée. Sur ces anciens modèles, la loi du 28 pluviôse an VIII créa dans chaque département ce que l'on a appelé un *conseil de préfecture*, présidé par le préfet lui-même. On remarquera tout de suite le parallélisme avec le Conseil d'État : le conseil de préfecture était, à l'échelon départemental auprès de chaque préfet, ce qu'était le Conseil d'État, à l'échelon national, auprès du gouvernement. Mais le parallélisme s'arrête là.

a) D'abord, les conseils de préfecture n'ont jamais réellement exercé d'attributions administratives comme organe de conseil du préfet dans l'élaboration des textes. Cette fonction qui théoriquement leur était reconnue (et dont l'importance au Conseil d'État est considérable ; *supra*, n° 257) est très vite tombée en désuétude.

b) En revanche, dès leur origine en l'an VIII, les conseils de préfecture ont été considérés comme de *véritables juridictions* appelées à exercer une justice déléguée et non point une justice retenue comme le Conseil d'État qui dut attendre 1872 pour accéder au rang d'une véritable juridiction (*supra*, n° 260). Il est vrai que cette faveur ne tirait guère à conséquence tant était restreinte la liste des litiges qui, à l'échelon local, relevaient de ses attributions (contraventions de grande voirie, vente de biens nationaux, biens communaux indivis, redevances minières, etc.).

c) Enfin et surtout, les conseils de préfecture n'ont jamais eu, et de loin, ni le prestige, ni le lustre du Conseil d'État. Mais ce point mérite que l'on y insiste.

275 **Évolution des conseils de préfecture. –** Malgré les efforts accomplis par le législateur durant le XIXe siècle et la première moitié du XXe pour améliorer le fonctionnement des conseils de préfecture, ceux-ci ne sont jamais parvenus à sortir d'une aimable léthargie. Et cependant, ce ne sont pas les réformes qui ont manqué.

a) D'abord, pour améliorer la *qualité du recrutement*. Pendant longtemps, les conseillers de préfecture se recrutèrent au sein d'une petite noblesse locale ou d'une bourgeoisie rurale soucieuse d'accéder au rang de notables du département, souvent à la faveur d'appuis politiques[15]. Peu à peu, cette situation s'améliora : une loi du 21 juin 1865 exigea des conseillers de préfecture qu'ils fussent licenciés en droit ; le décret-loi du 6 septembre 1926 organisa un concours ; enfin, à partir de 1948, ils se recrutèrent parmi les élèves de l'École nationale d'administration.

b) Parallèlement, on s'efforça d'améliorer la *procédure*. À l'origine, la procédure devant les conseils de préfecture n'était régie par aucun texte : chaque préfet élaborait la procédure applicable devant son conseil que, d'ailleurs, il présidait lui-même ; aucune audience n'était organisée, au point que les parties avaient souvent le sentiment de comparaître devant des fonctionnaires de la préfecture, beaucoup plus que devant des juges. Une importante réforme est intervenue avec la loi du 22 juillet 1889 qui organisa une véritable procédure applicable devant tous les conseils de préfecture. Enfin, le décret-loi du 6 septembre 1926 retira fort opportunément la présidence au préfet pour la confier à l'un des membres du conseil.

c) Une autre amélioration consista à *élargir le ressort territorial* des conseils de préfecture et à faire disparaître corrélativement beaucoup de petits conseils dont l'activité était dérisoire et qui, pour cette raison, n'avaient aucun prestige. Ainsi le décret-loi du 6 septembre 1926 institua des *conseils inter-départementaux* qui englobèrent dans leur ressort plusieurs départements (d'où leur nom). Cette réforme, qui eût pour résultat de ne plus laisser subsister que 22 conseils de préfecture, avait certes le grave inconvénient d'éloigner la justice du justiciable. Mais, pour porter remède à cette lacune, le même décret de 1926 avait organisé une justice itinérante en la personne

15. Les conseillers de préfecture suscitèrent au XIXe siècle une abondante littérature. Par exemple, Balzac, dans *Le message*, écrivit ceci : « Il y avait dans cet homme, un peu du magistrat, beaucoup plus du conseiller de préfecture, toute l'importance d'un maire de canton auquel rien ne résiste et l'aigreur d'un candidat éligible et périodiquement refusé depuis 1816 ». De même Flaubert, dans *Madame Bovary*, présente Laporte (conseiller de préfecture à Rouen) comme un « colibri des préfectures », « un sylphe des salons » et un « furet des boudoirs ».

du *« conseiller délégué »* chargé de se rendre à certains jours dans les différents chefs-lieux du ressort pour rendre la justice[16].

d) Enfin, le législateur s'efforça d'*accroître les attributions contentieuses* des conseils de préfecture. Plusieurs textes furent promulgués en ce sens (en 1934 et 1938 notamment). On espérait par là augmenter le prestige de ces juridictions végétatives et remédier à l'engorgement du Conseil d'État. Mais ces réformes furent trop timides pour être réellement efficaces.

Finalement, toutes ces améliorations successives se révélèrent décevantes. Elles ne doivent pas cependant être oubliées. Certaines d'entre elles préfiguraient déjà les grandes lignes de l'organisation actuelle des tribunaux administratifs modernes. Et, de ce point de vue, elles ont peut-être préparé la réforme fondamentale réalisée en 1953.

276 **La réforme de 1953 : les tribunaux administratifs. –** En application d'une loi en date du 11 juillet 1953 conférant au gouvernement des pouvoirs spéciaux, celui-ci promulgua le *décret n° 53-934 du 30 septembre 1953* portant réforme du contentieux administratif. Ce fut une réforme capitale dont il convient de retracer d'abord la genèse avant d'en analyser les idées directrices.

I. La genèse

Le point de départ de cette réforme a été le souci de remédier à l'encombrement catastrophique du Conseil d'État. Les statistiques avaient révélé que le volume des affaires déférées au Conseil d'État avait plus que doublé entre 1900 et 1939. Au cours de l'année judiciaire 1952-1953, alors que 6 020 affaires avaient été inscrites au rôle, 4 131 seulement avaient été jugées. Le retard s'accumulait d'années en années. En 1953, il culminait avec le chiffre record de 24 510 dossiers en instance. Pour obtenir un arrêt du Conseil d'État, il fallait compter environ quatre années. La cause de cette situation provenait de la multiplication des contentieux résultant de l'intervention croissante de l'État dans les domaines économique et social et aussi de la confiance des justiciables pour la Haute juridiction saisie d'un nombre de requêtes sans cesse plus important. Comme avait pu l'écrire très justement René Cassin : « Le Conseil d'État était en danger d'être écrasé par la confiance qu'il inspirait »[17].

Pour remédier à cette situation préoccupante et accélérer le cours de la justice administrative, il était indispensable de « désengorger » le Conseil d'État. De là est venue l'idée de régionaliser la justice administrative en donnant une vie nouvelle aux conseils de préfecture. En d'autres termes, la réforme de 1953 et la naissance des tribunaux administratifs sont nées de la crise de croissance du Conseil d'État.

II. Les idées directrices

Le décret de 1953 opéra d'abord un changement d'appellation : les anciens conseils de préfecture ont disparu pour être remplacés par les *tribunaux administratifs*. Cette modification est un symbole riche de portée. Les tribunaux administratifs partent d'un pied neuf, sans recueillir l'héritage, chargé d'un lourd passif, d'une juridiction qui n'avait guère de prestige. De plus, la substitution du mot « tribunal » à celui de « conseil » a clairement fait apparaître la volonté du législateur

16. Le conseiller délégué a été supprimé par une loi du 25 juin 1990.

17. René Cassin fut pendant longtemps vice-président du Conseil d'État, après avoir été professeur à la faculté de droit de Paris.

de considérer cette nouvelle juridiction comme un véritable tribunal qui prend rang parmi les grandes juridictions françaises. Mais la réforme de 1953 a été plus loin qu'un simple changement d'appellation. Si on laisse de côté, pour l'instant tout au moins, les modifications concernant le statut des conseillers qui fut considérablement amélioré, la réforme fondamentale a été de faire des tribunaux administratifs la *juridiction de droit commun* en matière administrative.

Jusqu'à cette époque, la juridiction de droit commun était le Conseil d'État qui absorbait ainsi tout le contentieux administratif, à l'exception des affaires que la loi avait expressément attribuées à une autre juridiction, et notamment aux conseils de préfecture, lesquels, pour cette raison, ne connaissaient que de quelques rares affaires limitativement énumérées et qui, il faut bien le dire, ne présentaient pas un grand intérêt. Le législateur de 1953 a voulu rompre avec cette concentration du contentieux administratif sur le Conseil d'État, et pour cela, il a inversé la situation. Désormais, *les tribunaux administratifs sont promus au rang de juridiction de droit commun* : ce sont eux qui, à défaut d'un texte contraire, connaissent en principe de tout le contentieux administratif au premier degré de juridiction. Quant au Conseil d'État, il ne connaît désormais, au premier degré, que des seules affaires qui lui sont expressément attribuées par un texte spécial, dans le cadre de ce que l'on appelle sa « compétence directe » ou encore sa « compétence en premier ressort » (*infra*, n° 289). Disons-le clairement, sans qu'il y ait dans ce propos la moindre connotation péjorative, le Conseil d'État a perdu en première instance sa qualité de juridiction de droit commun au profit des nouveaux tribunaux administratifs.

B. ORGANISATION ET FONCTIONNEMENT

277 **Composition : les « conseillers ». –** Les tribunaux administratifs sont composés de juges que l'on appelle traditionnellement des « conseillers », bien qu'ils exercent leurs fonctions au premier degré de juridiction. La parenté spirituelle avec le Conseil d'État n'est peut-être pas étrangère à cette dénomination prestigieuse qui, dans l'ordre judiciaire, est réservée aux juges qui siègent dans les cours.

Dans chaque tribunal, le nombre des conseillers varie selon l'importance de ce tribunal. Ils sont recrutés en principe parmi les élèves de l'École nationale d'administration. Mais depuis quelques années, d'autres filières de recrutement ont été organisées parallèlement pour faire face aux besoins en personnel, dans des conditions qui seront exposées ultérieurement (*infra*, n°s 362 et 365).

278 **Président du tribunal administratif. –** Chaque tribunal administratif est placé sous l'autorité d'un président qui, dans chaque région, est une personnalité importante comparable au président du tribunal de grande instance.

Il entre dans les attributions du président d'assurer l'administration générale du tribunal : direction des services, discipline intérieure, organisation des audiences, etc. Mais on soulignera surtout que le président du tribunal administratif est un juge qui, à ce titre, participe à l'activité juridictionnelle de son tribunal, en présidant une chambre. Il est en outre investi (comme le président du tribunal de grande instance) d'attributions juridictionnelles qui lui sont propres : en sa qualité de président, il est *juge des référés administratifs*. En cas d'urgence, il est donc possible d'obtenir rapidement une décision, en saisissant directement le président du tribunal administratif (art. R. 531-1 et s. C. just. adm.). Cette possibilité peut se révéler d'un très grand intérêt, en matière fiscale notamment.

279 **Formations juridictionnelles : chambres et formation plénière. –** L'organisation de chaque tribunal administratif varie selon son importance.

a) Chacun des tribunaux administratifs comporte plusieurs chambres dont le nombre varie entre 2 et 9 selon l'importance de chaque tribunal. Le jugement est rendu par la chambre saisie, composée d'un président et de deux conseillers. Mais dans certains cas exceptionnels et pour donner une plus grande autorité à la décision rendue, le tribunal peut statuer en formation élargie présidée par le président du tribunal, et comprenant, en outre, le président de la chambre à laquelle est affecté le rapporteur, les autres vice-présidents du tribunal choisis, s'il y a lieu, dans l'ordre du tableau, dans la limite de trois, d'un magistrat assesseur de la chambre à laquelle est affecté le rapporteur, choisi dans l'ordre du tableau, ainsi que le rapporteur. (art. R. 222-20 C. just. adm.).

b) Le *tribunal administratif de Paris* est soumis à un régime très particulier qui s'explique par l'abondance des affaires dont il est saisi, cette situation étant liée elle-même à l'excessive concentration administrative sur la capitale. Ce tribunal comprend des chambres dont le nombre est fixé par le vice-président du Conseil d'État (art. R. 221-6 C. just. adm.).

Mais dans certains cas, il peut sembler opportun de soumettre l'affaire à une formation plus étoffée afin d'accroître l'autorité morale du jugement. C'est ainsi que la décision peut également être rendue : 1° par une formation plénière présidée par le président du tribunal et comprenant, en outre, le vice-président du tribunal, les présidents de section et le rapporteur ; 2° par la formation de sections réunies présidée par le président du tribunal et comprenant, en outre, le président de la section à laquelle est affecté le rapporteur, le président d'une autre section, le vice-président de la section présidant la chambre à laquelle est affecté le rapporteur, deux vice-présidents de l'autre section, pris, s'il y a lieu, dans l'ordre du tableau, ainsi que le rapporteur ; enfin 3° par la formation de section qui est présidée par le président de la section et comprend, en outre, les vice-présidents de la section dont celui présidant la chambre à laquelle est affecté le rapporteur, les autres étant, s'il y a lieu, pris, dans l'ordre du tableau, dans la limite de deux, ainsi que le rapporteur (art. R. 221-6 C. just. adm.).

280 **Conclusion. –** Avec le recul du temps, l'expérience prouve que la réforme de 1953 a été bénéfique au bon fonctionnement de la justice administrative en général, mais aussi et surtout au justiciable lui-même qui trouve localement une juridiction administrative à sa disposition. Et une juridiction conçue à la manière d'un véritable tribunal : on découvre une illustration symbolique de ce changement dans le fait que les décisions rendues par les tribunaux administratifs s'appellent désormais des *« jugements »*, et non plus des « arrêtés » (comme autrefois, au temps des conseils de préfecture). On soulignera en outre que, depuis la réforme de 1987, les conseillers des tribunaux administratifs forment un corps qui est géré, non plus par le ministère de l'Intérieur (ce qui était une survivance anachronique du temps où les conseils de préfecture végétaient à l'ombre de l'administration préfectorale), mais par le secrétaire général du Conseil d'État. En un mot, les tribunaux administratifs se dégagent progressivement de leurs origines premières et gagnent leur indépendance sous la vigilance tutélaire du Conseil d'État.

Tout n'est certes pas parfait. Notamment, malgré les efforts déployés depuis quelques années, le nombre des postes de conseillers des tribunaux administratifs est encore insuffisant pour faire face à l'afflux des recours et remédier à une certaine lenteur regrettable. Mais, sous cette réserve, il ne fait aucun doute que le législateur de 1953 s'est engagé dans la bonne voie : les tribunaux administratifs sont aujourd'hui de véritables juridictions au sens plein du terme[18].

§ 2. COURS ADMINISTRATIVES D'APPEL

281 **La réforme de 1987 : création des cours administratives d'appel**[19]. – Jusqu'en 1987, les appels formés contre les jugements rendus par les tribunaux administratifs étaient portés directement devant le Conseil d'État qui était ainsi la juridiction de droit commun au second degré. En d'autres termes, la réforme de 1953 avait « régionalisé » la justice administrative au premier degré, mais non au second, afin de mieux sauvegarder l'homogénéité de la jurisprudence. Mais la prolifération du contentieux administratif à partir de 1975 entraîna un nouvel encombrement du Conseil d'État comparable à celui qui avait justifié la création des tribunaux administratifs en 1953 (*supra*, n° 276) : même limitée à l'appel des jugements rendus par ces tribunaux, la tâche était encore trop lourde. En 1987, on avait dénombré près de 26 000 affaires en attente et, de ce fait, la durée des instances d'appel était de l'ordre de deux à trois ans. Sans une nouvelle réforme, la situation ne pouvait que s'aggraver.

Le législateur a longtemps hésité. Mais finalement, pour décharger le Conseil d'État, il a dû se résigner à instituer des juridictions administratives au second degré, appelées *« cours administratives d'appel »*. Cette création a été décidée par une *loi n° 87-1127 du 31 décembre 1987*, laquelle a été complétée par plusieurs décrets d'application ; le tout étant aujourd'hui codifié et intégré dans le Code de justice administrative.

La solution peut évidemment faire craindre une nouvelle dispersion du contentieux administratif nuisible à la cohésion de la jurisprudence. Le législateur a été parfaitement conscient de ce risque : on verra d'ailleurs ultérieurement les précautions qui ont été prises pour parer à ce danger (*infra*, n°s 288, 290 et 291). Et dans l'ensemble les résultats sont satisfaisants.

À la lumière de ces nouveaux textes, on précisera, d'une part, les caractères spécifiques des cours administratives d'appel (A) et d'autre part, leur organisation et leur fonctionnement (B).

A. CARACTÈRES SPÉCIFIQUES

282 **Juridictions interrégionales.** – Actuellement, les cours administratives d'appel sont au nombre de *huit* : leur siège est fixé à *Paris, Bordeaux, Douai, Lyon,*

18. Pour un bilan de cette réforme, on pourra se référer aux travaux d'un colloque qui s'est tenu à Grenoble en 1984, à l'occasion du trentième anniversaire de la loi de 1953 (publiés par le CNRS) ; *adde*, Viargues, « Trentième anniversaire des tribunaux administratifs », *RDP* 1985, p. 157 et s. ; B. Stirn, « La situation des tribunaux administratifs », *Rev. franç. dr. adm.* 1987, p. 436 et s. ; et du même auteur, « Les tribunaux administratifs en 1989 et 1990 », *Rev. franç. dr. adm.* 1990, p. 342 et s.

19. Drago, « Les cours administratives d'appel », *Rev. franç. dr. adm.* 1988.203 et s. ; Gentot et Oberdorff, *Les cours administratives d'appel*, PUF, 1991.

Marseille, Nancy, Nantes et *Versailles* (art. R. 221-7 C. just. adm.)[20]. Il en résulte que les cours administratives d'appel apparaissent aujourd'hui comme des juridictions interrégionales dont le ressort territorial est très étendu, chacune d'elles étant juridiction d'appel de plusieurs tribunaux administratifs.

Ainsi, la cour administrative d'appel de Bordeaux connaît des appels formés contre les jugements rendus par les tribunaux administratifs de Bordeaux, Limoges, Pau, Poitiers et Toulouse (soit 21 départements) et par ceux d'un certain nombre de départements et territoires d'outre-mer (Basse-Terre, Fort de France, Cayenne, Saint-Denis-de-la-Réunion, Saint-Pierre-et-Miquelon, Mayotte). La cour administrative de Paris est compétente pour juger les appels formés contre les jugements des tribunaux administratifs de Paris, Melun, ainsi que de certains territoires d'Outre-mer (Mata-Utu, Nouvelle Calédonie et Polynésie française), tandis que la nouvelle cour administrative d'appel de Versailles connaît des appels formés contre les jugements des tribunaux administratifs de Versailles et de Cergy-Pontoise.

Ces nouvelles juridictions ont donc été conçues comme de très grandes unités judiciaires qui, par certains aspects, font penser à des « annexes régionales » du Conseil d'État.

20. On remarquera que le législateur a abandonné au pouvoir réglementaire le soin de fixer le nombre et le ressort des cours administratives d'appel, ce qui permet de modifier plus facilement la carte judiciaire en fonction des besoins. Initialement, en 1987, cinq cours seulement avaient été créées (Paris, Bordeaux, Lyon, Nancy et Nantes) : l'idée première était de ne pas les multiplier à l'excès afin d'éviter une dispersion de la jurisprudence administrative qui aurait pu nuire à son homogénéité. Mais finalement, il a fallu se résigner à en créer trois nouvelles, à Marseille, à Douai et, depuis le décret n° 2004-585 du 11 juin 2004, à Versailles.

CARTE DES COURS ADMINISTRATIVES D'APPEL

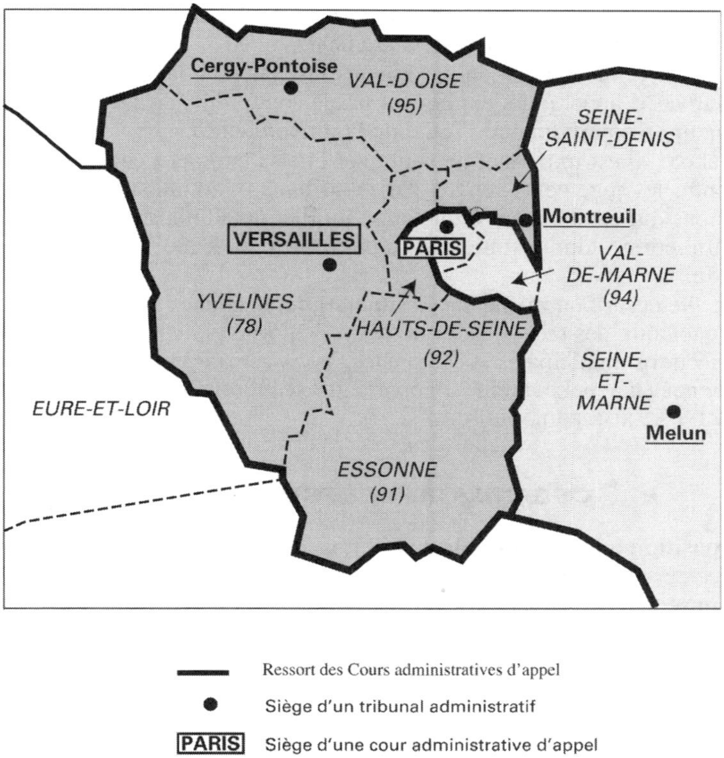

COURS ADMINISTRATIVES D'APPEL
DE LA RÉGION PARISIENNE

La région parisienne est curieusement dessinée.

- La cour administrative d'appel de Versailles est compétente pour connaître des appels contre les jugements rendus par les tribunaux administratifs de la proche banlieue parisienne : Cergy-Pontoise (Val d'Oise et Hauts-de-Seine), Montreuil (Seine-Saint-Denis) et Versailles (Yvelines et Essonne).
- En revanche, la cour administrative d'appel de Paris est compétente pour juger en appel les jugements rendus par le tribunal administratif de Melun (Seine-et-Marne et Val-de-Marne).

283 **Juridictions de droit commun du second degré : compétence de principe et limitations. –** En règle générale, les cours administratives d'appel sont instituées pour juger les appels formés contre tous les jugements rendus par les tribunaux administratifs de leur ressort (art. R. 322-1 C. just. adm.). À ce titre, elles sont

juridictions de droit commun au second degré, compétentes en toutes matières, sauf lorsqu'un texte particulier en décide autrement.

Cette dernière réserve annonce certaines limitations à la compétence des cours administratives d'appel qui s'expliquent par le souci d'éviter une dispersion régionale de nature à compromettre l'unité de la jurisprudence.

a) D'abord, il est important de souligner que sa compétence se limite à l'appel formé contre les jugements rendus par les tribunaux administratifs, à l'exclusion des décisions qui émaneraient d'une autre juridiction administrative, et notamment d'une juridiction administrative à compétence spéciale (art. L. 321-1 et 2 C. just. adm.).

b) Ensuite et surtout, même dans cette mesure, la cour administrative d'appel ne peut pas connaître des recours sur renvoi de l'autorité judiciaire, ni des litiges relatifs aux élections municipales et cantonales ; nous verrons en effet que dans ces cas, la compétence en appel continue d'appartenir exceptionnellement au Conseil d'État (art. R. 321-1 C. just. adm. ; *infra*, n° 290).

B. ORGANISATION ET FONCTIONNEMENT

284 **Composition : les « conseillers ». –** Les cours administratives d'appel sont composées de « conseillers » dont le nombre varie selon l'importance de la Cour.

Les conseillers sont membres du corps unique des tribunaux administratifs et des cours administratives d'appel ; ce qui signifie pratiquement qu'ils sont recrutés parmi les conseillers des tribunaux administratifs ayant déjà une certaine expérience professionnelle.

285 **Président de la cour. –** Chacune des cours est placée sous l'autorité d'un président qui a rang de « conseiller d'État en service ordinaire » (art. L. 222-3 C. just. adm.).

Il entre dans les attributions du président de la Cour d'assurer l'administration générale de celle-ci : direction des services, discipline intérieure, organisation des audiences, répartition des requêtes entre les chambres, etc. Par ailleurs, en sa qualité de juge, il participe à l'élaboration des décisions et préside une formation de jugement (art. R. 222-28 C. just. adm.). Enfin, en sa qualité de président, il est investi, dans les procédures d'urgence, des mêmes pouvoirs que ceux qui sont conférés aux présidents de tribunaux administratifs.

286 **Chambres de la cour. –** Les cours administratives d'appel sont divisées en chambres spécialisées dont le nombre est fixé par arrêté du vice-président du Conseil d'État (art. R. 221-8 C. just. adm.). À la tête de chaque chambre, il y a un président.

287 **Formations juridictionnelles. –** Les décisions prononcées par les cours administratives d'appel –, que l'on appelle des « *arrêts* » (et non point des « jugements ») –, peuvent être rendues par des formations collégiales différentes : soit par une chambre siégeant en formation de jugement, soit par une formation de chambres réunies, soit par la cour administrative d'appel en formation plénière (art. R. 222-25 et s. C. just. adm.).

Les arrêts rendus peuvent être déférés au Conseil d'État par la voie du recours en cassation (art. L. 821-1 C. just. adm.).

§ 3. CONSEIL D'ÉTAT (EN TANT QUE JURIDICTION)

288 **Particularité : attributions juridictionnelles à tous les degrés de la hiérarchie. –** En tant que juridiction, le Conseil d'État présente cette particularité de pouvoir être juge, selon les cas, à tous les degrés de la hiérarchie juridictionnelle.

On ne peut manquer de souligner la différence avec la Cour de cassation, qui est juridiction suprême comme le Conseil d'État, mais dont la mission est de statuer, en tant que juge du droit, sur les pourvois dirigés contre les décisions rendues en dernier ressort ; et l'on sait que si la règle de droit a été méconnue, elle doit renvoyer l'affaire à une autre juridiction de même nature (*supra*, n°s 224 et s.). Le Conseil d'État joue un rôle très différent. Sans doute est-il juge de cassation. Mais il peut aussi être appelé à statuer en tant que juge du fond (aussi bien en fait qu'en droit), tantôt comme juge de première instance et tantôt comme juge d'appel[21].

L'histoire explique cette originalité fondamentale. Il a été dit précédemment (*supra*, n° 256) pourquoi les attributions juridictionnelles du Conseil d'État, qui fut longtemps l'unique juridiction administrative de droit commun, ont été dispersées régionalement. Il faut ajouter maintenant que cette dispersion n'a pas été totale ; et qu'elle ne pouvait pas l'être si l'on voulait sauvegarder l'homogénéité de la jurisprudence. S'agissant de porter un jugement sur l'action administrative, il est en effet indispensable que certaines contestations soient tranchées de façon uniforme pour l'ensemble du pays, par une juridiction suffisamment prestigieuse pour que sa décision s'impose aux autorités publiques. Aussi bien, les textes qui instituèrent les tribunaux administratifs en 1953 (*supra*, n° 272) et les cours administratives d'appel en 1987 (*supra*, n° 281), ont-ils pris soin de réserver expressément au Conseil d'État la connaissance de certains recours dont on concevrait mal qu'ils puissent être tranchés en dernier ressort, de façon différente selon la juridiction régionale qui a été saisie. C'est en d'autres termes, l'existence de ces « noyaux durs » ayant échappé à la régionalisation de la justice administrative qui explique pourquoi le Conseil d'État peut être tout à la fois, selon les circonstances, juge de première instance (I), juge d'appel (II), et juge de cassation (III).

289 **I. Le Conseil d'État, juge de première instance. –** Pour désigner cette situation, où le Conseil d'État est saisi comme un juge du premier degré, on parle indifféremment de sa *« compétence directe »* (parce qu'il est directement saisi du litige), ou encore de sa *« compétence en premier et dernier ressort »* (parce que l'affaire est jugée pour la première et la dernière fois par le Conseil d'État, sans possibilité d'appel).

Les cas où le Conseil d'État peut être saisi de cette manière sont *exceptionnels*, en ce sens qu'ils constituent une dérogation au droit commun de la compétence des tribunaux administratifs. Ils n'en sont pas moins assez nombreux quantitativement si l'on considère qu'environ 15 % des arrêts du Conseil d'État sont rendus à ce

21. La Cour de cassation, depuis la loi J21 du 18 nov. 2016, peut néanmoins, en matière civile, statuer au fond lorsque l'intérêt d'une bonne administration le justifie. Règle qui s'inspire d'ailleurs de la procédure devant le Conseil d'État (v. *supra*, n° 228 et *infra*, n° 291).

titre. À cette place, il ne saurait être question d'énumérer, et encore moins d'étudier, tous les cas où le Conseil d'État est saisi en premier et dernier ressort (sur ces cas, cf. art. R. 311-1 C. just. adm.). Cette question fera l'objet de développements très étendus dans le cours de contentieux administratif. Pour l'instant, on se bornera à souligner que, d'une manière générale, le Conseil d'État est compétent en premier et dernier ressort lorsqu'il s'agit de mettre en cause un *acte de portée nationale*, pour lequel par conséquent il est indispensable que la juridiction appelée à se prononcer ait une autorité également nationale. Sous réserve d'un bon nombre de nuances (que l'on négligera pour l'instant), la portée nationale d'un acte, justifiant la compétence directe du Conseil d'État, peut se rattacher à plusieurs critères :

a) La *personnalité de l'auteur de l'acte contesté*. Ainsi en est-il des recours en annulation formés contre les ordonnances du président de la République, et « contre les actes réglementaires des ministres » (par exemple contre un arrêté ministériel). On comprend facilement la raison d'être d'une telle règle : par définition, ces actes émanent d'une autorité nationale (président de la République, Premier ministre ou ministre) ; il est donc indispensable de centraliser tout le contentieux devant une juridiction dont l'autorité est également nationale.

b) Le *statut de l'agent public* intéressé par la mesure contestée. Il s'agit essentiellement des recours formés contre les mesures individuelles concernant des fonctionnaires (ou des agents publics en général) nommés par décret du président de la République : par exemple, un recteur d'académie, un préfet, un général, etc. Ces agents étant appelés, du fait même des modalités de leur nomination, à exercer des responsabilités importantes sur le plan national, il est préférable d'éviter une dispersion du contentieux relatif à leur situation individuelle devant des juridictions administratives régionales.

On remarquera simplement que ce chef de compétence directe ne fait pas double emploi avec le cas précédent : ce qui est visé, ce n'est pas en effet l'acte de nomination qui émane du président de la République, mais toute mesure, quel qu'en soit l'auteur, qui pourrait affecter la situation individuelle de cet agent public.

290 **II. Le Conseil d'État, juge d'appel. –** Au moment de la réforme de 1953 qui institua les tribunaux administratifs (*supra*, n° 276), le Conseil d'État devint juge d'appel de droit commun, en ce sens que tous les appels formés contre les jugements rendus au premier degré par les tribunaux administratifs devaient être portés devant le Conseil d'État, à moins qu'un texte spécial n'en dispose autrement. Ce n'est plus vrai aujourd'hui depuis la réforme de 1987 qui a institué les cours administratives d'appel (*supra*, n° 281) : désormais ce sont elles qui, en principe, ont vocation à statuer sur les appels formés contre les jugements rendus par les tribunaux administratifs, et non plus le Conseil d'État.

Cette règle de principe est cependant loin d'être absolue et, encore de nos jours, le Conseil d'État conserve, à titre exceptionnel, une vocation de juge d'appel.

a) D'abord, il en est ainsi toutes les fois que la décision de première instance émane d'une *juridiction autre que le tribunal administratif* (art. L. 321-2 C. just. adm.). Dans ce cas, en effet, la cour administrative d'appel n'étant pas compétente, l'appel ne peut être porté que devant le Conseil d'État, si ce n'est dans les hypothèses où la décision a été rendue par une juridiction administrative à compétence spéciale qui a sa propre hiérarchie au second degré (*infra*, n° 299).

b) Ensuite, s'agissant même d'un jugement rendu par un tribunal administratif, la compétence en appel appartient encore au Conseil d'État, et non point à une cour administrative d'appel, lorsque le jugement concerne un « *recours sur renvoi de l'autorité judiciaire* » ou lorsqu'il a statué sur un « *litige relatif aux élections municipales ou cantonales* » (art. R. 321-1 C. just. adm.). Il s'agit là, en effet, de contestations qui peuvent avoir une résonance politique et dont on concevrait mal qu'elles ne reçoivent pas une solution uniforme : si par exemple une même irrégularité devait affecter une élection municipale, l'une en Bretagne et l'autre en Auvergne, on imaginerait mal que la cour administrative de Nantes déclare valable l'élection bretonne, tandis que dans le même temps la cour administrative de Lyon invaliderait l'élection auvergnate. Ainsi s'explique l'opportunité d'une centralisation du contentieux au second degré, à l'échelon national, devant le Conseil d'État.

c) Enfin, même dans les domaines où les cours administratives d'appel sont compétentes, l'article L. 113-1 C. just. adm. réserve le cas où la cour se trouverait saisie d'une « *question de droit nouvelle présentant une difficulté sérieuse et se posant dans de nombreux litiges* ». En pareille circonstance, la cour peut surseoir à statuer et transmettre le dossier au Conseil d'État pour qu'il formule un « avis » (sur la procédure applicable, cf. art. R. 113-1 à 4 C. just. adm.). La Cour n'est certes pas obligée de suivre cet « avis ». Mais en fait tout donne à penser que, pour éviter un recours en cassation devant le Conseil d'État, elle ne s'en écartera guère. À travers cette disposition très novatrice, on devine le souci du législateur d'inciter les cours administratives d'appel à en référer au Conseil d'État lorsqu'elles sont saisies d'une question de principe[22].

291 **III. Le Conseil d'État, juge de cassation. –** En tant que juridiction suprême de l'ordre administratif, le Conseil d'État est appelé à jouer un rôle analogue à celui de la Cour de cassation en matière judiciaire (*supra*, n°s 221 et s.). Mais on se gardera de pousser l'analogie trop loin, car le recours en cassation porté devant le Conseil d'État, présente des particularités tout à fait remarquables.

a) Particularité d'abord quant aux *conditions d'admission du pourvoi*. Celui-ci est très largement admis : selon une terminologie familière au contentieux administratif, le recours en cassation est « *ouvert de plein droit en vertu des principes généraux* » ; ce qui revient à dire que, sauf disposition contraire, toute décision rendue en dernier ressort, de quelque juridiction administrative qu'elle émane, peut être déférée au Conseil d'État par la voie d'un recours en cassation (art. L. 331-1 et L. 821-1 C. just. adm.)[23].

Toutefois, depuis la réforme de 1987, les pourvois sont soumis désormais à une « *procédure préalable d'admission* », à l'issue de laquelle le Conseil d'État peut d'emblée rejeter le recours si le pourvoi est irrecevable ou n'est fondé sur aucun moyen sérieux. Il est clair que l'objectif a été de sauvegarder l'efficacité de la réforme qui, en 1987, a institué les cours administratives d'appel

22. Sur le bilan de la saisine pour avis après dix ans d'expérience (Darnanville, *Act. jur. dr. adm.* 2001, p. 416) ; et après vingt ans (L. Calandri, « L'avis juridictionnel du Conseil d'État et le principe d'impartialité ; chronique d'une incompatibilité annoncée ? », *JCP* 2007.I, n° 114). – On rappellera que le système de la saisine « pour avis » a été étendu à la Cour de cassation par la loi du 15 mai 1991 (*supra*, n°s 229 et s.).

23. Cons. État, 7 févr. 1947, *d'Aillières*, *JCP* 1947, II. 3508, note G. Morange, *RDP* 1947.68, concl. Odent et note Waline. Sur cette question et l'évolution du recours en cassation en matière administrative, cf. R. Chapus, 13e éd., n°s 1400 et s.

pour libérer le Conseil d'État des affaires qui auparavant étaient portées devant lui au second degré (*supra*, nº 281). Une telle réforme eût été en effet plus nuisible qu'utile si, après avoir créé un nouveau degré de juridiction, des mesures n'avaient pas été prises pour éviter que, par le jeu d'un pourvoi systématique, ces mêmes affaires ne refluent à nouveau vers le Conseil d'État, mais cette fois par la voie du recours en cassation. De là, la nécessité d'un « filtrage ». Et il semble que devant le Conseil d'État cette innovation ait été couronnée de succès, le taux d'admission ne s'élevant qu'à environ 35 %. – Sur la procédure applicable : art. R. 822-1 à 6 C. just. adm.

On rappellera simplement que, sur ce point précis, une procédure de non-admission quelque peu comparable a été introduite devant la Cour de cassation par la loi du 25 juin 2001 (*supra*, nº 250).

b) Particularité ensuite quant aux *moyens de cassation*. Le Conseil d'État, comme toute juridiction de cassation, ne peut connaître que des moyens de droit : sur ce point, on retrouve un principe identique à celui qui régit le pourvoi devant la Cour de cassation (*supra*, nº 223), à cette nuance près toutefois que les moyens de cassation devant le Conseil d'État s'apparentent souvent à ceux du recours pour excès de pouvoir[24].

c) Enfin, une ultime particularité concerne les *suites de la cassation*. En règle générale, le propre d'une cassation est d'entraîner le renvoi de l'affaire devant une autre juridiction de même nature que celle dont la décision a été cassée, pour qu'elle soit jugée au fond une nouvelle fois (*supra*, nºs 224 et s.). En matière administrative, le problème est à la fois plus complexe et plus simple. D'un côté, le renvoi peut se heurter à des difficultés pratiques qui tiennent à ce que certaines juridictions du fond (notamment les juridictions administratives à compétence spéciale, *infra*, nºs 292 et s.) n'existent qu'à l'état d'unité et ne comportent qu'une seule formation. D'un autre côté, le renvoi à une autre juridiction du fond s'impose, en matière administrative, avec une moindre évidence du fait que le Conseil d'État a lui-même vocation à être juge du fond au premier et au second degré (*supra*, nºs 288 à 291).

Ces raisons permettent de mieux comprendre l'extrême souplesse des solutions offertes au Conseil d'État qui prononce l'annulation d'une décision ayant statué en dernier ressort (art. L. 821-2 C. just. adm.). Il peut, selon la solution classique, renvoyer l'affaire devant une autre juridiction de même nature. Mais il peut aussi renvoyer l'affaire devant la même juridiction, laquelle doit statuer en principe dans une autre formation, sauf impossibilité tenant à la nature même de la juridiction[25]. Enfin (et c'est ici la solution la plus originale), le Conseil d'État peut aussi « régler l'affaire au fond si l'intérêt d'une bonne administration de la justice le justifie » ; il en a même l'obligation si « l'affaire fait l'objet d'un deuxième pourvoi en cassation » (art. L. 821-2 C. just. adm.). Autrement dit, le Conseil d'État a le pouvoir de statuer directement au fond. La solution est certes inhabituelle pour une juridiction de cassation. Mais elle a le mérite d'éviter les frais et les lenteurs et de permettre au Conseil d'État de conserver la maîtrise sur certaines questions (sur l'évaluation des indemnités, par exemple) (cpr. avec la cassation dans l'ordre judiciaire, *supra*, nº 228).

24. Sur les moyens de cassation, cf. R. Chapus, 13e éd., nºs 1420 et s.

25. On vise ici le cas où la décision cassée émanerait d'une juridiction administrative à compétence spéciale *unique en France* et ne comportant qu'*une seule formation de jugement*.

À la lumière de ces explications, on ne saurait trop souligner le rôle important que joue le Conseil d'État en tant que juge de cassation. Grâce au pouvoir qui lui appartient de censurer éventuellement toutes les décisions juridictionnelles rendues en dernier ressort, de quelque juridiction qu'elles émanent, il parvient à exercer un contrôle potentiel sur l'ensemble du contentieux administratif, même sur celui qui lui échappe au premier et au second degré. Et c'est ainsi que, malgré l'évolution moderne qui tend à régionaliser le contentieux administratif (*supra*, n° 256), l'homogénéité de la jurisprudence peut être sauvegardée.

SECTION III — JURIDICTIONS ADMINISTRATIVES À COMPÉTENCE SPÉCIALE

292 **Leur multiplicité.** – À côté du Conseil d'État, des tribunaux administratifs et des cours administratives d'appel, il existe beaucoup d'autres juridictions administratives dont la compétence se limite à des domaines très particuliers et que, pour cette raison, l'on appelle communément des « juridictions administratives à compétence spéciale ». Ces juridictions sont extrêmement nombreuses. On a parfois cherché à en dresser l'inventaire : il est notable d'observer que les listes proposées diffèrent selon les auteurs[26].

Quelques exemples, qui n'ont pas la prétention d'être exhaustifs, illustreront l'ampleur de cette constellation. Parmi les juridictions les plus connues, on citera notamment : la Cour des comptes (*infra*, n° 294), la Cour de discipline budgétaire et financière (*infra*, n° 296), l'Autorité de la concurrence, le Conseil supérieur de l'éducation nationale, le Conseil supérieur de l'audiovisuel, les divers conseils régionaux ou nationaux de certains ordres professionnels (Conseil national de l'ordre des médecins, Conseil national de l'ordre des architectes, etc.). Il est inutile d'aller plus loin. Selon l'excellente expression de Auby et Drago, on assiste là à une véritable *« prolifération pathologique »*[27].

Ce phénomène peut trouver son explication dans la diversité des tâches administratives, amplifiée par l'intervention croissante de la puissance publique dans les secteurs économiques et sociaux les plus variés. On peut penser en effet que, pour trancher les difficultés qui risquent de surgir dans ces domaines très spécialisés, il est nécessaire de constituer des juridictions composées de façon originale et, sinon toujours du moins assez souvent, avec un personnel d'emprunt appartenant au secteur concerné. Il n'en reste pas moins vrai que cette situation peut présenter des inconvénients. D'abord, elle pose parfois de très sérieux problèmes de compétence dont il n'est pas toujours facile de trouver la solution. Ensuite et surtout, d'un point de vue plus général, il en résulte une dispersion de la fonction juridictionnelle qui risquerait de nuire à la cohésion du contentieux administratif si ces juridictions

26. On consultera notamment : R. Odent, *Contentieux administratif*, 1970-1971, p. 694-698 ; R. Chapus, in *Mélanges Eisenmann*, 1975, p. 295 et s.
27. *Traité de contentieux administratif*, 3ᵉ éd., t. 1, n° 271.

n'étaient pas soumises, à l'échelon suprême, au contrôle du Conseil d'État par la voie de l'appel ou de la cassation, selon les cas (*infra*, nº 299).

À travers cette diversité, on découvre néanmoins un premier ensemble de juridictions fortement structurées : il s'agit des juridictions, dites financières, que l'on examinera en premier lieu (§ 1), après quoi seront présentées des généralités sur les diverses autres juridictions administratives à compétence spéciale (§ 2).

§ 1. JURIDICTIONS FINANCIÈRES

293 **Leur importance. –** Toute collectivité publique (État, département, commune, établissement public, etc.) brasse des sommes d'argent considérables dont la perception (s'il s'agit des impôts), l'affectation, l'utilisation sont minutieusement réglementées par des textes, et en ce qui concerne l'État par exemple, au moyen d'une loi – dite « loi de finances » – votée chaque année par le Parlement. Il est essentiel que les règles ainsi tracées soient scrupuleusement observées, que les sommes dues soient régulièrement recouvrées, que les dépenses soient ordonnées et payées dans des conditions régulières, que les crédits ne soient pas détournés de leur affectation, etc. En un mot, il est indispensable de surveiller la bonne utilisation des deniers publics conformément à la loi.

À cette fin, ont été instituées des juridictions dites « financières » qui sont de véritables juridictions administratives ayant pour vocation propre de contrôler les comptes de la Nation. Pendant longtemps, ces juridictions ont été régies par des textes dispersés. De nos jours, elles sont regroupées dans un code spécial que l'on appelle le *« Code des juridictions financières »*. C'est à la lumière de ces textes que l'on présentera, dans leurs grandes lignes : la Cour des comptes (I), les chambres régionales (ou territoriales) des comptes (II) et, enfin, la Cour de discipline budgétaire et financière (III).

294 **I. Cour des comptes. –** Cette juridiction, qui a pour ancêtre lointain, les « chambres des comptes » de l'Ancien Régime, a été créée dans ses structures actuelles en 1807. Elle siège à Paris (rue Cambon)[28].

a) Ses attributions. – Un peu à la manière du Conseil d'État, les attributions de la Cour des comptes se présentent sous un double aspect.

Elle a d'abord une *compétence juridictionnelle*, en ce sens qu'elle est appelée à vérifier et à juger les comptes des « comptables publics » de l'État (trésoriers payeurs généraux, receveurs des finances, etc.) qui sont chargés d'encaisser les sommes dont l'État est créancier et de payer celles dont il est débiteur (art. L. 131-2 C. jur. fin.). À cette fin, elle dispose de pouvoirs très étendus, pouvant même aller jusqu'à prononcer des amendes à l'encontre des comptables qui ne déféreraient pas aux injonctions de produire certaines pièces ou ne fourniraient pas les explications requises (art. L. 131-5 à L. 131-12 C. jur. fin.). La Cour se comporte alors comme une véritable juridiction : elle rend des arrêts, de « décharge » ou de « quitus » si la gestion a été régulière, ou au contraire, des arrêts de « débet »

28. Pour une vue plus complète sur la Cour des comptes, on pourra consulter le livre de D. Migaud, *La Cour des comptes*, préf. F. Hollande, La documentation française, 2014.

dans l'hypothèse inverse, auquel cas le comptable public pourrait être tenu de payer la différence sur ses propres deniers. Les décisions rendues à ce titre peuvent être déférées au Conseil d'État par la voie de la cassation (*supra*, n° 291).

En outre, la Cour des comptes exerce des attributions qui, pour n'être pas juridictionnelles, n'en sont pas moins importantes. Ainsi que le précise l'article L. 132-0-2 C. jur. fin., elle « assiste le Parlement et le Gouvernement dans le contrôle de l'exécution des lois de finances ». À cette fin, elle vérifie la bonne exécution du budget, elle assure la vérification des comptes et surveille la gestion des entreprises publiques (établissements publics de l'État, sociétés nationales, etc.) ainsi que des organismes bénéficiant de concours financiers publics (art. L. 133-1 à L. 133-5 C. jur. fin.) ; elle exerce de même un contrôle sur certains organismes de la sécurité sociale (art. L. 134-1 C. jur. fin.). Enfin, par des missions d'inspection, elle surveille l'efficacité de la gestion financière des administrations, des collectivités et des entreprises publiques : les observations recueillies sont consignées dans un rapport annuel largement diffusé et très souvent commenté dans la presse (art. L. 132-8 C. jur. fin.).

b) Sa composition. – Pour exercer ces différentes attributions, la Cour des comptes comprend un personnel important, généralement recruté par la filière de l'ENA et parmi les inspecteurs des finances (*infra*, n° 364). Les membres de la Cour des comptes ont la qualité de magistrats.

Ils forment un corps hiérarchisé, un peu comparable au Conseil d'État : au bas de la hiérarchie, on trouve des *auditeurs* (qui est le premier grade auquel on accède lorsque l'on sort de l'ENA) ; ensuite, à l'échelon supérieur, des *conseillers référendaires* et enfin, au sommet, des *conseillers maîtres*. La Cour des comptes est placée sous l'autorité d'un *premier président*. Elle est divisée en sept chambres, ayant chacune à sa tête un président de chambre. Tous ces magistrats, qui sont appelés à juger, bénéficient de l'inamovibilité (art. L. 120-1 C. jur. fin.) ; ce qui, dans l'ordre administratif, constitue une particularité remarquable (*infra*, n° 371).

On notera enfin que, à la différence de toutes les autres juridictions administratives, la Cour des comptes comporte un parquet qui exerce les fonctions du ministère public, lequel est dirigé par un haut magistrat, qui porte le titre de *procureur général*, lui-même assisté par des avocats généraux.

295 **II. Chambres régionales (ou territoriales) des comptes. –** Le contrôle des comptes des collectivités locales (régions, départements, communes) a toujours fait problème. La Cour des comptes, déjà surchargée, pouvait difficilement assumer une telle mission, d'autant plus lourde que les collectivités locales et les établissements publics qui en dépendent manient des budgets sans cesse plus importants. Différents palliatifs avaient été imaginés qui relèvent aujourd'hui du passé[29]. La loi de décentralisation du 2 mars 1982 devait conduire à repenser le problème et à mettre en place localement des organes de contrôle indépendants, d'autant plus nécessaires que les collectivités locales (notamment les communes et les régions) en prennent parfois à leur aise avec les règles d'une saine gestion financière. C'est

29. Dès 1935, avait été organisé un système de contrôle qui consistait à soumettre les comptes des collectivités territoriales aux trésoriers-payeurs généraux, lesquels ne les transmettaient à la Cour des comptes que si des irrégularités apparaissaient : c'est ce que l'on appelait l'*apurement administratif des comptes*.

dans ces conditions que furent instituées les chambres régionales des comptes[30]. Elles sont aujourd'hui réglementées par les articles L. 210-1 à L. 274-3 C. jur. fin.

a) Leurs attributions. – Dans les mêmes conditions que la Cour des comptes sur le plan national, il leur appartient d'abord de juger, dans leur ressort, « l'ensemble des comptes des comptables publics des collectivités territoriales et de leurs établissements publics » (art. L. 211-1 C. jur. fin.). Elles procèdent alors comme la Cour des comptes en rendant soit des décisions de décharge, soit des décisions de débet[31]. En outre, elles exercent un contrôle de gestion, en s'assurant de « l'emploi régulier des crédits, fonds et valeurs » (art. L. 211-3 C. jur. fin.) ; ce qui revient à dire qu'elles doivent vérifier non pas l'opportunité de la dépense, mais si les crédits n'ont pas été détournés de leur affectation publique. Enfin, – et ceci va bien au-delà de ce que peut faire la Cour des comptes –, elles exercent un contrôle budgétaire sur les collectivités locales, en ce sens qu'elles peuvent proposer au préfet les mesures nécessaires afin que le budget comporte des crédits suffisants pour faire face aux dépenses.

b) Leur organisation. – Toute chambre régionale des comptes comprend au moins un président et deux assesseurs (art. L. 212-2 C. jur. fin.). Ils ont tous la qualité de magistrat, et dans les mêmes conditions que les membres de la Cour des comptes, ils sont inamovibles (art. L. 220-1 C. jur. fin.) ; ce qui est d'autant plus utile ici qu'ils peuvent être l'objet de pressions de la part de puissants élus locaux dont les comptes seraient critiqués. Cela dit, on ne manquera pas de souligner la *dépendance de ces juridictions à l'égard de la Cour des comptes* ; de là d'ailleurs l'expression moins prestigieuse de « chambres régionales » qui les font apparaître en réalité comme des antennes locales de la Cour des comptes.

D'abord, la fonction de président est réservée à un conseiller maître ou à un conseiller référendaire de la Cour des comptes (art. L. 212-3 C. jur. fin.). Et par ailleurs, les assesseurs peuvent être des magistrats de la Cour des comptes, détachés dans une chambre régionale.

Ensuite, le ministère public est exercé par un ou plusieurs commissaires du gouvernement, choisis parmi les magistrats de la chambre, qui ne sont que les correspondants du procureur général près la Cour des comptes (art. L. 212-5 C. jur. fin.).

Enfin, les décisions juridictionnelles rendues par les chambres régionales peuvent être déférées à la Cour des comptes par la voie de l'appel (art. L. 242-6 C. jur. fin.).

L'expérience prouve que cette régionalisation a permis un contrôle plus efficace sur la gestion financière des collectivités territoriales et de leurs établissements publics.

296 **III. Cour de discipline budgétaire et financière[32].** – Comme son nom l'indique, cette juridiction, instituée par une loi du 25 septembre 1948, a une vocation essentiellement disciplinaire : elle a pour mission de sanctionner les agents publics qui, ayant le pouvoir de gérer les crédits budgétaires dont ils disposent (et que l'on appelle les « ordonnateurs »), auraient gravement enfreint certaines des règles essentielles du droit budgétaire. Les pouvoirs de la Cour sont toutefois relativement limités en ce sens que, d'une part, les ministres et les élus locaux échappent à cette

30. Il existe, actuellement 17 chambres régionales (et territoriales) des comptes.

31. Sous réserve de certaines dispositions particulières qui s'apparentent à l'ancien apurement administratif des comptes (v. l'art. L. 211-2, C. jur. fin.).

32. J. Fabre, « La Cour de discipline budgétaire et financière », *Rev. franç. dr. adm.* 1970.429.

juridiction[33], et que d'autre part, elle ne peut infliger qu'une peine d'amende, laquelle ne doit pas excéder le montant du traitement ou salaire brut annuel de l'intéressé (art. L. 313-1 C. jur. fin.)[34].

La Cour de discipline budgétaire et financière a pour particularité de n'avoir aucun personnel propre. Outre le président et le vice-président de la Cour des comptes, elle est composée de dix membres désignés, à parts égales, parmi les conseillers d'État et les conseillers maîtres de la Cour des comptes (art. L. 311-2 C. jur. fin.). Le ministère public est exercé par le procureur général près la Cour des comptes et par des magistrats qui le représentent ou l'assistent (art. L. 311-4 C. jur. fin.).

Cette juridiction disciplinaire ne peut être saisie que par certaines personnes limitativement énumérées : le président de l'Assemblée nationale et celui du Sénat, un membre du gouvernement, la Cour des comptes elle-même, une chambre régionale des comptes ou enfin le ministère public en la personne du procureur général près la Cour des comptes.

En fait, la Cour de discipline budgétaire et financière a une activité réduite ; et quand elle est saisie, c'est le plus souvent à l'initiative de la Cour des comptes elle-même qui, ayant découvert une faute grave, entend la faire sanctionner disciplinairement.

§ 2. GÉNÉRALITÉS SUR LES AUTRES JURIDICTIONS ADMINISTRATIVES À COMPÉTENCE SPÉCIALE

297 **Leur diversité[35]. –** Si l'on met à part les juridictions financières dont il vient d'être question, il est extrêmement difficile (et d'ailleurs sans intérêt) de décrire longuement l'organisation des autres juridictions administratives à compétence spéciale, tant leur diversité est grande : tout au plus peut-on s'efforcer d'en dégager les caractères spécifiques (A).

Mais à l'extrême, cette diversité conduit parfois à se demander si, face à certains organismes administratifs, on se trouve encore en présence d'une véritable juridiction au sens précis du terme ; ce qui oblige à élucider la notion de juridiction administrative (B).

A. CARACTÈRES SPÉCIFIQUES

298 **Composition : diversité du personnel. –** Généralement, les juridictions administratives à compétence spéciale n'ont pas de personnel propre : elles fonctionnent avec un *personnel d'emprunt* qui, occasionnellement, siège au sein de ces juridictions.

33. On se souviendra que les ministres qui ont commis une faute dans l'exercice de leurs fonctions peuvent être poursuivis devant la Cour de justice de la République (*supra*, n° 213).

34. En outre la décision peut être publiée au *Journal officiel*, afin d'ajouter à la sanction pécuniaire une sorte de flétrissure morale aux yeux de l'opinion (à titre d'exemples : Cour disc. budg. fin., 28 avr. 1987, *JO* 1987, p. 13234 ; 17 nov. 1987, *JO* 1988, p. 754).

35. Chapus, 13ᵉ éd., n°s 95 et s.

Souvent, il est fait appel à des magistrats d'autres juridictions : à des conseillers d'État, à des juges des tribunaux administratifs et, parfois même, à des magistrats de l'ordre judiciaire[36].

Dans la plupart des cas, il est également fait appel à des personnalités extérieures : à des membres de la profession, à des représentants d'un groupement ou à des fonctionnaires par exemple, désignés selon des modalités très diverses[37]. Tantôt ce personnel d'emprunt siège aux côtés des magistrats, en nombre minoritaire[38] ou majoritaire[39]. Tantôt au contraire, la juridiction ne comprend aucun magistrat et n'est composée que de personnalités extérieures, soit d'origines différentes de façon à ménager un équilibre entre des tendances qui pourraient s'affronter[40], soit de façon homogène, auquel cas la juridiction prend un caractère corporatif plus ou moins marqué[41].

299 **Structures. –** La même diversité se retrouve en ce qui concerne les structures et l'insertion de ces juridictions au sein de l'ordre administratif.

Certaines d'entre elles n'existent qu'au *premier degré*. Dans ce cas, l'appel est porté devant le Conseil d'État (*supra*, n° 290).

Mais en d'autres circonstances, elles constituent un *ensemble hiérarchisé à deux degrés*, en ce sens qu'elles ont leur propre juridiction d'appel. Par exemple : toute décision rendue par la section disciplinaire d'un conseil de l'université est déférée en appel, non point au Conseil d'État, mais au Conseil supérieur de l'éducation nationale qui est une autre juridiction administrative spéciale, appelée à statuer au second degré. Autre exemple, fréquent lorsqu'il s'agit des ordres professionnels : en ce qui concerne les architectes, il existe, au premier degré, des chambres régionales de discipline et, au second degré, une Chambre nationale de discipline.

De toute manière, en règle générale et sauf quelques très rares exceptions présentées comme des curiosités[42], *aucune juridiction n'échappe au contrôle du Conseil d'État*. La seule différence est que, dans le premier cas, le Conseil d'État peut être saisi par la voie de l'appel, alors que, dans le second cas, il ne peut l'être que par la voie de la cassation. Il est bon qu'il en soit ainsi : grâce à ce principe, le

36. Exemples : la *Commission centrale d'aide sociale* est composée de 2 magistrats et de 2 fonctionnaires ou personnes qualifiées en cette matière : la *Chambre nationale de discipline de l'ordre des architectes* comprend un conseiller d'État, un conseiller à la Cour de cassation et un conseiller de la Cour des comptes qui siègent avec 2 architectes.

37. La présence de fonctionnaires occupant par ailleurs des responsabilités administratives peut poser d'assez sérieux problèmes au regard de l'impartialité requise (Levoyer, note *JCP* 2003.I.119, p. 499).

38. Exemple : la *Chambre nationale de discipline des architectes* comprend 3 magistrats (un conseiller d'État, un conseiller à la Cour de cassation et un conseiller à la Cour des comptes) et seulement 2 architectes.

39. Exemple : les *commissions départementales d'aide sociale* comprennent un magistrat de l'ordre judiciaire, 3 conseillers généraux et 3 fonctionnaires du ministère des Finances. – Autre exemple : les *commissions du contentieux des rapatriés* comprennent, sous la présidence d'un magistrat de l'ordre judiciaire, un rapatrié et un fonctionnaire.

40. Exemple : les *sections disciplinaires des conseils d'université* composées de membres du corps enseignant et d'étudiants.

41. Exemple : les *conseils régionaux de l'ordre des médecins*, composés uniquement de médecins.

42. On cite notamment le cas du « Conseil des prises » (en matière maritime) où le Conseil d'État se borne simplement, s'il est saisi d'un appel, à être le conseil du gouvernement à qui la décision appartient.

Conseil d'État peut assurer une certaine uniformisation et conjurer le risque d'une dispersion juridictionnelle de nature à compromettre la cohésion de la jurisprudence administrative.

B. LA NOTION DE JURIDICTION ADMINISTRATIVE

300 **Position du problème. –** La question la plus délicate consiste à déterminer, parmi toutes les commissions et tous les conseils qui, sous des noms variés, prolifèrent au sein de l'administration, quels sont les organismes qui méritent d'être considérés comme des juridictions administratives. S'il est vrai, en effet, que certains d'entre eux peuvent être considérés comme de véritables juridictions qui, à ce titre, sont appelées à rendre des jugements, il y en a quantité d'autres dont la seule mission est d'étudier un dossier, de préparer ou prendre au besoin certaines décisions qui ont un caractère strictement administratif ; ce ne sont plus alors des « juridictions administratives », mais de simples « autorités administratives »[43].

Prenons un exemple qui illustrera la difficulté. Il existe au sein de chaque université de multiples conseils et commissions (conseil de l'université, commission des bourses, commission de la pédagogie, commission des programmes, commission des équivalences, etc.) dont le seul rôle est de préparer ou de prendre des décisions administratives ; il est évident que ce ne sont pas des « juridictions » et que les décisions prises ne sont pas des jugements. En revanche, au sein de l'université, il existe une section disciplinaire ; or, lorsque cet organe prononce une sanction ou relaxe un étudiant poursuivi, il se comporte incontestablement comme une véritable juridiction et sa décision a la valeur d'un jugement ayant autorité de chose jugée.

On aperçoit alors la difficulté : en présence de cette constellation d'organismes divers qui pullulent au sein de l'administration, en fonction de quel critère pourra-t-on dire d'un organe qu'il cesse d'être une simple « autorité administrative » pour accéder au rang d'une véritable « juridiction administrative » ? Quelle est la clé qui permettra de dire avec certitude, en présence d'un organe donné, qu'il est ou non une juridiction ?

Il y a lieu d'observer que ce problème est spécifique à l'ordre administratif. Au sein de l'ordre judiciaire, la question ne s'est que très rarement posée pour la simple raison que les organes de l'ordre judiciaire ne sont pas issus de l'administration et que leur soumission à la Cour de cassation suffit à attester leur caractère juridictionnel. Au sein de l'ordre administratif, la situation est différente. *La fonction juridictionnelle s'est détachée progressivement de l'administration active ;* et s'il est vrai que pour certains de ces organes, l'évolution est aujourd'hui achevée (tels, le Conseil d'État, les tribunaux administratifs ou la Cour des comptes), pour d'autres au contraire, l'évolution reste encore à l'état embryonnaire ; de là des hésitations et des doutes qui donnent toute son importance au problème.

43. R. Chapus, « Qu'est-ce qu'une juridiction ? », in *Mélanges Eisenmann*, p. 265. – À titre d'illustration, sur ce que l'on appelle les « autorités administratives indépendantes », cf. le Rapport public 2001 du Conseil d'État, La Documentation française, Études et Documents, n° 52 (commenté au *JCP* 2001, p. 633). – Voir également au sujet de la sécurité sociale : Cass. soc., 12 juil. 2001, *Bull. civ.* V, n° 269 (la commission de recours amiable n'est pas une juridiction mais une émanation du conseil d'administration de l'organisme de sécurité sociale chargée de se prononcer sur les recours gracieux).

301 **Intérêts pratiques. –** La question ainsi posée présente des intérêts pratiques considérables qui tiennent au fait que *le régime juridique des jugements prononcés par une véritable juridiction n'est pas le même que celui d'un acte administratif émanant d'une simple autorité administrative.*

D'une part, les *conditions d'élaboration* ne sont pas identiques. Un jugement ne peut être rendu qu'après un débat contradictoire (*infra*, n°s 575 et s.) et un délibéré secret (*infra*, n° 590) ; il doit toujours être motivé et le nom de chacun des juges doit y figurer. En revanche, sous réserve de quelques nuances, aucune exigence semblable n'est requise lorsqu'il s'agit d'une décision rendue par une autorité administrative[44].

D'autre part et surtout, les jugements ont *autorité de chose jugée*. Sans doute, peuvent-ils être remis en cause par l'exercice d'une voie de recours (appel, recours en cassation, recours en révision, etc.) ; mais dans des conditions très strictes, notamment au point de vue des délais ; et en tout cas, lorsque le jugement n'est plus susceptible d'aucun recours, il a « force de vérité légale » ; ce qui signifie que personne ne peut plus contester ce qui a été jugé et que le juge lui-même ne peut même pas revenir sur sa décision. Au contraire, lorsqu'il s'agit d'un acte administratif, celui-ci peut être modifié ou rétracté par l'autorité qui a pris la décision (recours gracieux) ou par une autorité supérieure (recours hiérarchique)[45].

Enfin, les jugements ont toujours *force exécutoire* : ils peuvent donc de plein droit (après signification) donner lieu à une exécution forcée si la partie condamnée n'exécute pas le jugement. Les décisions administratives ne sont certes pas dépourvues de toute force exécutoire, mais seulement sous certaines conditions[46].

302 **Critères de la juridiction : vue d'ensemble. –** Pour la clarté des explications ultérieures, commençons par les certitudes : si l'organe considéré a été institué par une loi et si cette loi décide qu'il s'agit d'une juridiction, il n'y a aucun problème puisque la qualification est imposée par le texte qui a institué cet organe. Parfois, cette qualification est expresse : ainsi en est-il lorsque le mot « juridiction » est formellement utilisé[47]. En d'autres circonstances, la qualification n'est qu'implicite et résulte indirectement de certaines indications figurant dans la loi : s'il est dit, par exemple, que l'organe créé rendra des « jugements »[48] ou des décisions ayant « autorité de chose jugée », on doit en déduire que le législateur a entendu instituer une véritable juridiction.

En réalité, les hésitations apparaissent dans les hypothèses fort nombreuses où le texte qui institue un organisme déterminé ne fournit aucune précision sur la nature de cet organisme et des décisions qu'il rendra. C'est alors que l'on est conduit, pour déterminer s'il s'agit d'une véritable juridiction, à rechercher quelles

44. À titre d'exemple, au sujet de la nécessité d'un procès équitable : Cass. crim., 16 mai 2001, *D.* 2001, p. 2000 (commission des infractions fiscales).

45. G. Vedel et P. Delvolvé, 12e éd., t. 1, p. 305.

46. G. Vedel et P. Delvolvé, 12e éd., t. 1, p. 320.

47. Exemples : les *sections disciplinaires des conseils d'Université* (art. 38, de la loi du 12 nov. 1968 qui précise que la section disciplinaire statue « en matière juridictionnelle »).

48. Exemple : les *conseils régionaux de l'ordre des médecins* ; la *section disciplinaire des conseils d'Université* (art. 38, al. 3, loi du 12 nov. 1968).

sont les conditions requises pour que cette qualification puisse lui être appliquée[49].

En l'état actuel du droit positif, deux conditions paraissent exigées : il faut que, d'une part, l'organe ait été institué par une loi (I), et que, d'autre part, il présente tous les traits spécifiques d'une juridiction (II).

303 **I. Institution par une loi**. – Il a toujours été admis que la création d'une juridiction appartient au domaine réservé de la loi[50]. Il en résulte que si un organisme a été institué par le pouvoir réglementaire (par un décret) ou par l'administration elle-même (au moyen d'un simple arrêté), sans qu'une loi ait prévu cette création, il ne peut en aucun cas être considéré comme une juridiction : tout au plus s'agit-il d'une « autorité administrative ». Et si néanmoins, le décret ou l'arrêté instituant cet organisme sans la moindre caution législative devait lui attribuer la nature d'une juridiction, cette création ne serait pas entachée de nullité, mais les décisions prises par cet organisme seraient dépourvues de tous les effets qui s'attachent aux jugements.

On a pu se demander, il est vrai, si ce principe très simple n'avait pas été remis en cause par la disposition de l'article 34 de la Constitution et si désormais un simple décret ne pourrait pas instituer un organe juridictionnel. Le doute est venu du fait que, aux termes de ce texte, seule relève du domaine législatif, *« la création de nouveaux ordres de juridiction »*. Mais le Conseil constitutionnel a décidé que par « nouveaux ordres de juridiction » dont la création est réservée au domaine législatif, il faut entendre toute juridiction originale, même si celle-ci ne constitue pas un ordre autonome et distinct[51]. Par exemple, il a été décidé que toute modification apportée au tribunal pour enfants doit être considérée comme emportant création d'un ordre de juridiction échappant de ce fait au pouvoir réglementaire[52]. Sans doute, le Conseil constitutionnel ne s'est-il prononcé que sur des hypothèses qui intéressaient les juridictions de l'ordre judiciaire. Mais ces solutions sont transposables à l'ordre administratif ; et d'ailleurs le Conseil d'État s'est rangé à cette manière de voir[53].

On peut donc en déduire que, comme par le passé, seule la loi peut créer une juridiction administrative nouvelle[54].

304 **II. Traits spécifiques d'une juridiction.** – Pour qu'un organisme puisse être considéré comme une véritable juridiction, il ne suffit pas qu'il ait été institué par une loi : cette condition nécessaire n'est pas suffisante. Encore faut-il qu'il réunisse certains des éléments caractéristiques par quoi se distingue une juridiction.

a) D'abord, un *élément matériel* tenant à la nature de sa mission. Un organe créé par la loi n'est véritablement une juridiction que s'il a pour objet de *trancher définitivement des contestations selon les règles du droit* : s'il n'est qu'un simple « donneur d'avis » ou s'il lui appartient de statuer en fonction de considérations de

49. À titre d'exemple, à propos du *Conseil supérieur de l'Électricité et du Gaz de France*, cf. Cons. État, 27 mai 1955, *DS* 1956.308, et la chronique de J. de Soto, *D.* 1956, chron., p. 45.

50. Cons. État, 2 juin 1911, *Pressensé*, *D.* 1911.3.117 ; Cons. État, 25 juill. 1952, *Gingold*, *D.* 1953.187, concl. com. gouv. Guionin.

51. Cons. const., 18 juill. 1961, *D.* 196.541, note Léo Hamon ; Cons. const., 21 déc. 1964, *D.* 1965.641, note L. Hamon.

52. Cons. const., 21 déc. 1964, préc.

53. Cons. État, 13 juill. 1962, Conseil national de l'ordre des médecins, *RDP* 1962.739, concl. Braibant ; Cons. État., 30 juin 1967, Caisse de compensation de l'Organic, *Rec. Lebon*, p. 286.

54. Sur cette controverse, on pourra consulter : G. Vedel et P. Delvolvé, 12e éd., t. 2, p. 22 ; R. Chapus, 13e éd., nos 110 et s. ; L. Hamon, notes *D.* 1961.541 et *D.* 1965.641.

pure opportunité, on doit en déduire que cet organe est une simple autorité administrative[55].

b) Ensuite, un *élément organique*. En raison de sa gravité, l'œuvre juridictionnelle est entourée d'un certain nombre de garanties dont l'existence donne à penser que le législateur a voulu créer une véritable juridiction, mais dont, en revanche, l'absence laisse présumer que l'organe considéré n'est qu'une simple autorité administrative. Dans cette perspective, on sera conduit à s'attacher à des garanties comme par exemple : l'indépendance des membres qui composent l'organe institué, la présence de juges, la règle de la collégialité (*infra*, n° 509), le principe de la contradiction, la motivation obligatoire de la décision, etc. Si ces garanties fondamentales font défaut, on sera porté à considérer qu'il ne s'agit pas d'une véritable juridiction et que les décisions prises ne sont pas des jugements. Comme a pu l'écrire Jean de Soto, « ... l'autorité de la chose jugée ne se conçoit que si le juge réunit toutes les conditions pour être un bon juge »[56].

On pressent aisément les incertitudes auxquelles peut donner lieu la mise en œuvre de ces divers éléments. La difficulté vient en effet de ce que les caractères énumérés ne se trouvent pas toujours réunis en même temps : souvent certains existent, mais sont contredits par d'autres. De là, à défaut d'indication précise dans la loi, la recherche hésitante du « caractère dominant ». Pour cette raison, la notion de juridiction a fait naître une abondante jurisprudence, souvent difficile à analyser et dont on a pu dire qu'elle présentait un « caractère impressionniste ».

55. Cons. État, 12 déc. 1953, De Bayo, *Act. jur. dr. adm.* 1954.2.138, note J. de Soto.
56. *D.* 1956, chron. 48.

CHAPITRE III
JURIDICTIONS INTERNATIONALES ET JURIDICTIONS DE L'UNION EUROPÉENNE

305 **Généralités. –** Cela fait longtemps déjà qu'il n'est plus permis d'ignorer certaines juridictions qui, sans être rattachées à une souveraineté étatique déterminée, ont néanmoins le pouvoir de rendre des décisions ou d'émettre des avis susceptibles d'avoir des incidences directes, et parfois contraignantes, dans l'ordre juridique français. À titre d'exemple et pour illustrer ce qui vient d'être dit, on citera le cas de la Cour de justice de l'Union européenne qui, à l'occasion d'un litige pendant devant une juridiction française, est compétente pour rendre une décision qui s'imposera au juge français et aux parties en cause, avec toute l'autorité d'une décision de justice (*infra*, n° 324).

On ne confondra pas les juridictions internationales et européennes dont il sera question dans les pages à venir, avec les juridictions étrangères qui dépendent d'une souveraineté étatique et qui peuvent être appelées à statuer sur les litiges internationaux entre des personnes privées. Il peut arriver qu'un tribunal étranger condamne un débiteur français à payer une somme d'argent à un créancier domicilié dans un autre pays. Rien ne s'oppose à ce que ce jugement soit exécuté en France, à condition d'avoir reçu l'*exequatur* délivré par un juge français qui vérifiera notamment si l'ordre public ne fait pas obstacle à son exécution en France[1]. La justice française a toujours reconnu l'autorité des décisions rendues par des juges étrangers ; tout au plus réserve-t-elle son *imperium* qui seul permet l'exécution en France d'un jugement rendu par une juridiction étrangère. C'est là un des problèmes classiques du droit international privé qui, plus tard, fera l'objet d'un enseignement distinct. Pour l'instant, la question n'est pas là.

En réalité, quand on parle d'une juridiction internationale ou européenne, on vise une situation tout à fait différente et originale par bien des aspects.

a) À la différence d'une juridiction étrangère, qui par définition est rattachée à un État déterminé, *la juridiction internationale ou européenne ne dépend d'aucune*

1. Sous réserve des règles particulières de coopération judiciaire en matière civile entre les États membres de l'Union européenne, notamment celles issues du règlement (UE) n° 1215/2012 du 12 déc. 2012 concernant la compétence judiciaire, la reconnaissance et l'exécution des décisions en matière civile et commerciale.

souveraineté étatique. Le meilleur exemple en est donné par la Cour internationale de justice de La Haye chargée de trancher les différends entre des puissances étrangères (*infra*, n°s 309 et s.) ; elle n'est l'émanation d'aucun État en particulier ; elle n'est pas plus française, qu'elle n'est allemande, belge ou espagnole : elle est « internationale »[2].

b) Pour cette raison, une juridiction internationale ou européenne est généralement *composée de juges appartenant à des pays différents*, afin de réaliser dans sa composition un brassage des nationalités et des différents systèmes juridiques nationaux (*infra*, n°s 310, 315 et 319).

c) Et malgré cela, *les décisions rendues peuvent faire autorité en France* (comme dans d'autres pays). Sans doute, à défaut d'un pouvoir exécutif international supérieur à chacun des exécutifs nationaux, leur exécution dans le pays concerné peut-elle faire problème (*infra*, n°s 312 et 317). Mais elles constituent néanmoins de véritables décisions juridictionnelles ; et c'est la raison pour laquelle un juriste français se doit aujourd'hui d'en connaître l'existence.

306 **Fondement conventionnel. –** L'idée d'une justice ne dépendant d'aucun ordre juridique étatique peut sembler paradoxale. Il a été dit précédemment que la justice est l'un des attributs essentiels de la souveraineté, incarnée par l'État qui en détient le monopole (*supra*, n°s 60 et s.). Comment dès lors peut-on admettre qu'une juridiction qui échappe à toute souveraineté étatique puisse être appelée à rendre des décisions de justice, au nom d'un monde inorganisé, composé d'une juxtaposition d'États souverains, souvent jaloux de leur propre souveraineté ? De qui les juges peuvent-ils tenir un tel pouvoir, s'ils ne le tiennent pas d'un État déterminé ?

En réalité, le paradoxe ne peut être surmonté que par une meilleure prise de conscience de ce que l'on appelle aujourd'hui, d'un terme très ambigu, la « société internationale », et des solidarités qu'implique notre monde actuel. La pacification des rapports entre les peuples exige que chacun des États souverains accepte de limiter sa propre souveraineté pour construire en commun des institutions ayant une vocation supranationale, et des institutions judiciaires en particulier. Mais pour sauvegarder les souverainetés étatiques, une telle organisation ne peut se concevoir que dans un cadre conventionnel qui n'est pas sans faire penser à l'arbitrage (*supra*, n°s 65 et s.) : *chaque État consent à abdiquer une parcelle de sa souveraineté en reconnaissant l'autorité des décisions qui seront rendues par la juridiction ainsi constituée*. En un mot, les juges ne tiennent plus leur pouvoir d'une délégation de leur propre État : ils le tiennent d'un accord entre les États concernés.

Dans cette perspective, les desseins peuvent être plus ou moins ambitieux.

a) De façon très modeste, l'arrangement peut se limiter à un cas particulier. Un collège arbitral est alors désigné d'un commun accord entre les États intéressés, avec pour mission de résoudre un différend précis pour lequel il a été constitué. Le siècle dernier en a offert quelques exemples[3].

2. Étymologiquement, il serait plus exact de dire *« a-nationale »* ou *« supra-nationale »*.

3. Ainsi en 1872, l'affaire dite de l'*Alabama* : différend entre les USA et la Grande-Bretagne, au sujet d'un navire construit par la Grande-Bretagne au cours de la guerre de Sécession et qui avait capturé des navires appartenant aux Nordistes.

b) Mais la notion même de juridiction implique une certaine continuité : elle ne se conçoit que si les États se concertent avant tout litige pour institutionnaliser de façon permanente un corps de juges appelé à statuer sur tous les différends qui pourraient survenir. À partir de là, de multiples variantes sont alors possibles, au gré des accords conclus et des abandons de souveraineté auxquels les États veulent bien consentir.

La formule la plus simple est celle des accords, dits de coopération, ayant uniquement pour objet (ce qui est déjà considérable) de mettre en place une juridiction dont la seule mission est de parvenir à un règlement juridictionnel d'éventuels conflits qui pourraient mettre en cause le comportement des États contractants ou de leurs ressortissants. On dit alors qu'il s'agit d'une *juridiction internationale* (section 1).

Mais on peut imaginer une étape plus contraignante où la juridiction s'insère dans des accords, dits d'intégration, dont l'objectif est de parvenir à réaliser une véritable communauté entre plusieurs États. La juridiction créée devient alors l'un des piliers d'un nouvel ordre juridique en voie de formation. Dans ce cas, les abandons de souveraineté sont fatalement plus étendus ; et pour cette raison de tels accords ne sont concevables qu'à l'intérieur d'un cercle d'États plus restreint, au sein desquels règne une confiance réciproque et qui partagent entre eux un certain nombre de principes communs. L'exemple-type est celui des *juridictions de l'Union européenne* (section 2).

SECTION I — JURIDICTIONS INTERNATIONALES

307 **Énumération. –** Les juridictions internationales à caractère permanent actuellement instituées sont au nombre de trois : d'une part, la *Cour internationale de justice*, chargée de trancher les différends entre des États souverains (§ 1), d'autre part, la *Cour européenne des droits de l'homme* qui a pour mission de constater les atteintes portées à ces droits (§ 2), et enfin une troisième juridiction internationale à vocation pénale, plus récemment instituée, la *Cour pénale internationale* (§ 3).

308 **Condition générale : acceptation de leur juridiction obligatoire. –** Avant d'examiner chacune de ces juridictions, une observation importante doit être faite. Contrairement à ce que l'on pourrait penser, la compétence d'une juridiction internationale ne s'impose pas aux États par le seul fait qu'elle a été instituée : il faut en outre qu'ils aient formellement accepté le caractère obligatoire de sa juridiction. Ce qui revient à dire qu'une juridiction internationale ne peut exercer son pouvoir de « dire le droit » qu'à l'égard des États qui ont accepté de se faire juger par elle.

Cette acceptation peut se manifester sous deux formes :

a) Au cas par cas : lorsqu'un différend surgit, les deux États concernés se mettent d'accord pour reconnaître le caractère obligatoire de la juridiction relativement au litige particulier qui les oppose, au moyen d'un acte que l'on appelle un *« compromis »*.

b) Mais, dans une vision plus « internationaliste », les États peuvent aussi, sous la forme d'une déclaration générale, reconnaître par avance son caractère obligatoire, quel que soit le litige à venir. C'est ce que l'on appelle, dans le jargon diplomatique, la *« clause facultative de juridiction obligatoire »*, étant précisé que l'État qui a donné une acceptation générale peut toujours ensuite la rétracter ou en restreindre le domaine[4].

Comme on peut le constater, on retrouve avec les juridictions internationales tous les traits caractéristiques de l'arbitrage (*supra*, n° 65), beaucoup plus que ceux d'une juridiction dont le pouvoir de juger s'imposerait à tous, de plein droit, comme c'est le cas en droit interne. Au fond, la juridiction internationale est un cadre institutionnel que l'on offre aux États qui veulent bien s'en servir.

§ 1. COUR INTERNATIONALE DE JUSTICE

309 **Organe judiciaire principal des Nations unies. –** La Cour internationale de justice – qui siège à La Haye[5] – a pour mission, sinon exclusive du moins essentielle, de se prononcer sur les différends de nature juridique qui peuvent surgir entre des puissances étrangères : par exemple, une contestation sur la délimitation de leurs frontières, ou un litige sur l'utilisation des eaux territoriales[6]. Au lieu d'en venir aux armes, comme ce fut le cas trop souvent dans les siècles passés, la sagesse veut que les États en réfèrent à une juridiction internationale dont l'impartialité n'est contestée par personne et qui tranchera en droit le différend qui les oppose.

Il n'est pas surprenant que cette idée ait pris naissance au lendemain de la Première Guerre mondiale, à l'issue d'un conflit qui avait laissé le monde exsangue et mis en évidence la tragique vanité des armes. Dans le sillage de la Société des Nations (SDN), une juridiction internationale avait été instituée, en 1922, sous le nom de « Cour permanente de justice internationale ». Mais à la fin de la Seconde Guerre mondiale, la SDN ayant disparu, cette juridiction fut remplacée par une autre qui, s'inspirant des mêmes principes et souvent des mêmes textes, fut placée sous les auspices de l'Organisation des Nations unies (ONU) et prit le nom de « Cour internationale de justice ».

Elle est aujourd'hui, comme le souligne l'article 92 de la charte de l'ONU, « l'organe judiciaire principal des Nations unies ». C'est la raison pour laquelle elle est régie par cette charte (art. 92 à 96) et par un statut qui en fait partie

4. Ce fut le cas de la France en ce qui concerne la Cour internationale de justice : après avoir souscrit à la clause facultative de juridiction obligatoire, elle y a renoncé en 1974 –, tout au moins pour les litiges relatifs à la défense nationale –, à la suite de l'affaire des *Essais nucléaires français dans le Pacifique*. Désormais, par conséquent, pour les litiges de cette nature, elle ne pourrait être attraite devant la Cour que sur compromis. Il semble que ce soit aussi le cas de certains États, membres de l'ONU.

5. C'est pourquoi on la désigne couramment en parlant de la *« Cour internationale de La Haye »*.

6. À titre d'exemples : Différend relatif à des droits de navigation et des droits connexes (*Costa Rica c. Nicaragua*) – Délimitation maritime de la mer Noire (*Roumanie c. Ukraine*, 2006) – Différend frontalier (*Bénin c. Niger*, 2005).

intégrante (art. 92 de la charte). Tous les États, membres de l'ONU, sont « *ipso facto* parties au statut de la Cour » (art. 93 de la charte)[7].

310 **Composition. –** La Cour est composée de *15 membres*, élus par l'Assemblée générale et le Conseil de sécurité de l'ONU, sur des listes présentées, pour chacun des pays, par des personnalités indépendantes (art. 3 et 4 du statut). Afin de conférer à cette juridiction un caractère réellement international, le choix des juges doit être dicté par le souci d'assurer, « dans l'ensemble, la représentation des grandes formes de civilisation et des principaux systèmes juridiques du monde » (art. 9 du statut) ; en outre, la Cour ne peut comprendre plus d'un membre ressortissant du même État (art. 3 du statut)[8].

Lorsqu'un différend met en cause un État dont aucun membre de la Cour n'est un de ses ressortissants, elle peut s'adjoindre un juge *ad hoc* désigné par cet État. Cette disposition curieuse laisse transparaître un relent d'arbitrage. Elle est révélatrice de la difficulté que l'on éprouve à se dégager de l'idée très pernicieuse qu'un juge pourrait être le porte-parole d'une partie ! Mais c'est la rançon inévitable pour apaiser les susceptibilités au sein d'une société internationale qui, par-delà les souverainetés étatiques, cherche encore ses institutions.

La durée du mandat est de neuf ans, renouvelable (art. 13 du statut). Mais afin d'assurer une certaine continuité, la Cour est renouvelée par tiers tous les trois ans. Le président et son vice-président sont élus par la Cour pour une durée de trois ans : ils sont rééligibles.

Le statut des juges de la Cour est commandé par la nécessité de garantir à ses membres la plus totale indépendance, afin de soustraire chacun d'eux à toute pression extérieure, et spécialement à celle de l'État dont il est le national. Non seulement les membres de la Cour sont inamovibles, mais ils bénéficient en outre de toutes les immunités diplomatiques et des privilèges qui s'y attachent. Enfin, la qualité de juge est incompatible avec toute fonction politique ou administrative, et « toute occupation de caractère professionnel » (art. 16 du statut).

311 **Attributions. –** Aux termes de l'article 38 de son statut, la Cour internationale de justice a pour « mission de régler conformément au droit international les différends qui lui sont soumis » ; et de leur donner une solution par application des conventions internationales, de la coutume internationale, des principes généraux du droit reconnus par les nations civilisées, et même, si les États concernés en sont d'accord, par référence à l'équité. La Cour n'est donc pas un simple lieu de concertation diplomatique : elle se comporte comme une véritable juridiction qui exerce une fonction contentieuse et rend des arrêts.

En marge de cette fonction contentieuse, la Cour a également des attributions consultatives qui sont loin d'être négligeables : notamment, l'Assemblée générale ou le Conseil de sécurité des Nations unies peuvent lui demander un avis consultatif sur toute question juridique (art. 92 de la charte). Enfin, elle peut être appelée à

7. Les États qui ne sont pas membres de l'ONU peuvent adhérer au statut de la Cour : c'est le cas de la Suisse.

8. La Cour internationale de justice est composée de la manière suivante : 5 membres de l'Afrique et de l'Asie ; 2 membres de l'Amérique latine ; 1 membre de l'Europe centrale ; 2 membres de l'Europe occidentale ; et enfin, 5 membres appartenant aux États membres permanents du Conseil de sécurité (USA, Russie, Royaume-Uni, France et Chine).

donner un avis, mais qui cette fois est obligatoire, sur les décisions prises par le Tribunal administratif des Nations unies, au sujet des fonctionnaires internationaux.

312 **Particularités de sa fonction contentieuse.** – S'il est vrai que la Cour internationale de justice est une véritable juridiction, elle se singularise en revanche par une série de particularités qui en émoussent assez sensiblement l'efficacité, et qui s'expliquent par le fait qu'elle est souvent appelée à statuer sur des litiges à caractère hautement politique.

a) D'abord, elle ne peut être saisie que par les *États*, auxquels il faut assimiler l'ONU : un simple particulier ne peut pas saisir la Cour internationale de justice. Toutefois si un particulier devait être lésé par le comportement d'un État étranger (par exemple, un « frontalier »), rien ne s'opposerait à ce que l'État dont il est le ressortissant prenne lui-même l'initiative de porter l'affaire devant la Cour.

b) Ensuite, comme pour toute juridiction internationale, *sa compétence doit avoir été acceptée* par les États en cause (*supra*, n° 308).

c) Enfin, il ne faut pas se méprendre sur la *portée des arrêts de la Cour*. Certes ils disent le droit. Mais à défaut d'un exécutif international réellement efficace, si l'État n'exécute pas spontanément la condamnation prononcée contre lui et persiste à se dérober à ses obligations, les moyens de contrainte deviennent très problématiques. Tout au plus, l'État bénéficiaire de l'arrêt peut-il recourir au Conseil de sécurité, lequel, « s'il le juge nécessaire, peut faire des recommandations ou décider des mesures à prendre pour faire exécuter l'arrêt » (art. 96 de la charte). Disons que l'on en revient pratiquement à l'épreuve de force par des moyens indirects de coercition, dont l'embargo est l'exemple-type.

§ 2. COUR EUROPÉENNE DES DROITS DE L'HOMME

313 **Convention européenne des droits de l'homme.** – Dans le prolongement de la Déclaration universelle des droits de l'homme, adoptée par l'Assemblée générale des Nations unies le 10 décembre 1948, des conventions ont été conclues régionalement entre plusieurs États pour s'engager entre eux à garantir certaines libertés fondamentales inhérentes au respect et à la dignité humaine : le droit à la vie, la prohibition de l'esclavage, l'interdiction des tortures, la liberté de penser, la liberté d'expression, le droit à un procès équitable, etc. Une convention de cette nature a été signée à Rome, le 4 novembre 1950, entre les États membres du Conseil de l'Europe (à l'époque)[9]. Cette convention, – dite « *Convention de sauvegarde des droits de l'homme et des libertés fondamentales* », et plus communément appelée « *Convention européenne des droits de l'homme* » –, a été étendue depuis lors à tous les États qui, même s'ils ne font pas partie de l'Union

9. Une convention a également été conclue entre certains États du continent américain : il s'agit de la convention américaine de San José, signée en 1969. Une autre convention similaire dite « Charte africaine des droits de l'homme et des peuples », a été signée en 1979, entre les pays d'Afrique, sous les auspices de l'Organisation de l'unité africaine (OUA).

européenne, ont été admis au Conseil de l'Europe, soit actuellement 47 États[10]. L'objectif recherché est d'organiser une véritable protection internationale des droits de l'homme, et par-delà cette protection, d'instaurer au sein des démocraties européennes une sorte de droit commun des droits et des libertés.

Le lieu n'est pas d'analyser le contenu des droits protégés[11]. Mais il est important de souligner que cette convention ne se limite pas à un catalogue académique de bonnes intentions. Son efficacité pratique est garantie de deux manières :

a) D'abord, par le fait que les dispositions de cette convention sont d'application directe dans chacun des pays signataires, et en France notamment où, devant les tribunaux, il peut être fait état des dispositions de la Convention[12].

b) Ensuite, par la mise en place d'une juridiction internationale, – que l'on appelle la *Cour européenne des droits de l'homme*, dont le siège est fixé à Strasbourg –, laquelle a pour mission de constater les atteintes aux droits de l'homme reconnus par la Convention et, le cas échéant, d'attribuer à la victime, une réparation appropriée[13]. Cette juridiction mérite que l'on y insiste davantage en raison, non seulement de son importance sur le plan de l'éthique internationale, mais aussi de l'abondant contentieux dont elle est saisie et des particularités qui sont les siennes.

314 **Son particularisme : recours interétatiques et recours individuels. –** La Cour peut être saisie sur une plainte formée par un État contre un autre État auquel il est reproché d'avoir commis des violations aux droits de l'homme ou de les avoir tolérées ; ce qui revient à dire qu'un État souverain risque d'être mis en position d'accusé sur la scène internationale par un autre État : c'est ce que l'on appelle un « recours interétatique ».

Mais il y a plus : la procédure peut également être engagée par le moyen d'un *recours individuel* ouvert à « toute personne physique, toute organisation non

10. On se gardera de confondre le *Conseil de l'Europe*, qui réunit la quasi-totalité des pays européens, avec l'*Union européenne* qui forme un cercle plus restreint, actuellement limité à 28 États, et qui a pour objectif de réaliser un marché commun dans le cadre d'une intégration européenne (*infra*, n°s 320 et s.). Ainsi par exemple, la Russie, l'Ukraine et l'Albanie font partie du Conseil de l'Europe, mais non de l'Union européenne. De même, on ne confondra pas l'*Assemblée parlementaire du Conseil de l'Europe* (composée de membres désignés par les Parlements de chaque pays), qui est l'assemblée consultative du Conseil de l'Europe, avec le *Parlement européen* (élu au suffrage universel) qui est le Parlement de l'Union européenne. Les deux Assemblées siègent dans la même ville (à Strasbourg), mais elles sont substantiellement différentes.

11. On trouvera sur cette convention des développements très complets dans l'ouvrage de F. Sudre, *La convention européenne des droits de l'homme*, PUF, coll. « Que sais-je ? », et dans celui de M. Cohen-Jonathan, *La Convention européenne des droits de l'homme*, Economica, 1989.

12. Il arrive souvent que, devant les tribunaux français et la Cour de cassation en particulier, soient invoquées les dispositions de l'article 6 de la Convention européenne des droits de l'homme qui prévoit que « *toute personne a droit à ce que sa cause soit entendue équitablement, publiquement et dans un délai raisonnable par un tribunal indépendant et impartial...* » – Gouron-Mazel, « La Cour de cassation face à la Convention européenne des droits de l'homme », *JCP* 1996.I.3937 ; *adde*, le discours prononcé par le procureur général Burgelin à la séance de rentrée de la Cour de cassation, le 11 janv. 2002, in *Rapport de la Cour de cassation pour 2001*, p. 49.

13. À l'imitation de la Cour européenne de Strasbourg, a été instituée, en 1998, une « Cour africaine des droits de l'homme et des peuples » chargée de constater la violation des droits de l'homme en Afrique. On ignore malheureusement si elle a rendu beaucoup de décisions !

gouvernementale ou tout groupe de particuliers » qui se prétendrait victime de la violation d'un droit reconnu par la convention (art. 34)[14]. Et c'est ainsi que le ressortissant d'un État, partie à la Convention, qui aurait épuisé dans son propre pays tous les recours à sa disposition, peut très bien mettre en cause devant cette juridiction l'État dont il est le propre national.

Cette dernière disposition, très novatrice sur le plan international, renforce considérablement l'efficacité de la Convention. Mais on devine aisément les réserves qu'elle a pu susciter de la part de certains États qui, à des périodes difficiles de leur histoire, peuvent juger bon de mettre en sommeil certains droits (on pense notamment à la liberté d'expression). Aussi bien, beaucoup d'États ont-ils tardé à ratifier la Convention, ou tout au moins à reconnaître la juridiction obligatoire de la Cour européenne des droits de l'homme[15]. Désormais, ce n'est plus le cas. Tous les États membres du Conseil de l'Europe ont reconnu la juridiction obligatoire de la Cour, aussi bien pour les recours interétatiques que pour les recours individuels ; et c'est une excellente chose.

Mais on doit reconnaître toutefois que le volume croissant des recours individuels pose un sérieux problème, dans la mesure où ils submergent la Cour et entraînent de ce fait un certain engorgement qui est la cause de retards assez considérables. Certes beaucoup d'entre eux sont irrecevables. Il reste que Cour est au bord de l'asphyxie. Cette situation ne laisse pas d'être préoccupante et conduit à s'interroger sur les moyens qu'il y aurait lieu d'envisager sans compromettre pour autant le principe des recours individuels[16]. À cet égard, deux protocoles additionnels à la Convention – numéros 15 et 16 – ont été adoptés en 2013 en vue de faire face à ces difficultés. Ils prévoient notamment la consécration du principe de subsidiarité (du contrôle par la Cour de Strasbourg) et, corrélativement, celle de la marge d'appréciation des États. Le délai de saisine de la Cour est également réduit (de 6 à 4 mois). En outre, la saisine pour avis est consacrée. Ces protocoles ne sont pas encore entrés en vigueur[17].

315 **Composition de la Cour. –** La Cour européenne des droits de l'homme est composée d'un nombre de juges égal à celui des parties contractantes à la convention (art. 20) ; ce qui revient à dire que, pour l'instant, elle est composée de 47 membres.

Les juges sont désignés par l'Assemblée parlementaire du Conseil de l'Europe sur des listes de trois candidats présentés par chaque pays. Ils « doivent jouir de la plus haute considération morale et réunir les conditions requises pour l'exercice de hautes fonctions judiciaires ou être jurisconsultes possédant une compétence

14. À condition qu'il justifie d'un intérêt personnel : CEDH, 16 mai 2002, *D.* 2003, somm. 523.

15. La France n'a ratifié la Convention qu'en 1974 ; et il a fallu attendre 1981 pour qu'elle accepte la juridiction de la Cour sur les recours individuels.

16. F. Benoît-Rohmer, « *Il faut sauver le recours individuel* », *D.* 2003, chron., p. 2584 ; N. Fricero, « Étude des méthodes de travail de la Cour européenne des droits de l'homme : propositions pour un sauvetage immédiat de la Cour européenne », *Procédures* 2006 (mai), Études n° 7, p. 6 ; G. Gonzalez, « Rêveries aquatiques sur le devenir de la Convention européenne des droits de l'homme », *JCP* 2012, p. 943 et s.

17. V. N. Fricero, « Procédure devant la Cour européenne des droits de l'homme : du protocole n° 15 au protocole n° 16 », *Procédures* 2013, alerte 46.

notoire » (art. 21). Les candidats doivent avoir moins de 65 ans, et ils doivent cesser leurs fonctions à 70 ans.

Ils sont nommés pour un mandat de neuf ans, non renouvelable. La Cour se renouvelle par tiers tous les trois ans.

Les juges siègent à titre individuel, et ils ne peuvent exercer aucune fonction incompatible avec les exigences d'indépendance, d'impartialité ou de disponibilité requise par une activité exercée à plein-temps (art. 21). Ils bénéficient pendant la durée de leurs fonctions des privilèges et immunités attachés à la qualité de membres du Conseil de l'Europe. Le juge qui cesse de remplir les conditions requises peut être relevé de ses fonctions, mais uniquement sur la décision des autres juges, à la majorité des deux tiers (art. 24).

Peuvent également être nommés des conseillers référendaires dont la mission n'est pas exactement précisée mais qui, selon toute vraisemblance, sont destinés à assister les juges dans l'exercice de leurs fonctions.

En revanche, il n'y a *aucun avocat général* pour exercer le ministère public.

316 **Les différentes formations de la Cour. –** Les structures et le fonctionnement de la Cour sont relativement complexes : de toute évidence, la réglementation a été le résultat d'un compromis diplomatique qui, comme tout compromis, ne brille pas toujours par une parfaite cohérence[18]. Sans entrer dans les détails de cette organisation originale, on retiendra que la Cour comporte quatre formations distinctes[19].

I. – Formation à juge unique[20]

La formation à juge unique est un organe de filtrage dont la compétence est limitée à la prise des décisions d'irrecevabilité ou de décisions ayant pour objet de rayer la demande du rôle « lorsqu'une telle décision peut être prise sans examen complémentaire » (art. 27). En un mot, le juge prendra une telle décision dans les affaires parfaitement claires, pour lesquelles une décision s'impose d'emblée.

II. – Comité de trois juges

Le rôle essentiel de ce comité est d'opérer un autre filtrage et d'éliminer les requêtes qui ne rempliraient pas les conditions requises par l'article 35 (non-épuisement des voies de recours internes, requêtes anonymes, requêtes manifestement mal fondées ou abusives).

III. – Chambre de sept juges

Cette chambre, – dont la composition n'est pas fixée par les textes, sinon qu'elle doit obligatoirement comporter un juge siégeant au titre de l'État en litige, – est appelée à jouer un rôle fondamental. D'abord, elle statue sur la recevabilité des recours, aussi bien sur la recevabilité des recours individuels que des recours interétatiques qui sont directement portés devant elle. Si elle retient la requête il lui appartient alors de vérifier les faits allégués et d'instruire contradictoirement l'affaire au fond. Mais dans cette perspective, elle exerce une double fonction :

a) D'abord, une *fonction conciliatrice*. Elle doit se mettre à la disposition des intéressés en vue de parvenir à un règlement amiable s'inspirant du respect des

18. Sur les critiques, cf. F. Sudre, *op. cit.*, *JCP* 1995.I.3849, spéc. n°s 41 et s.

19. B. Stirn, Cl. Waquet, V. Berger, E. Belliard, « Le droit au recours et la procédure devant la CEDH », *D.* 2010, p. 2603.

20. Cette formation a été introduite par un protocole 14 *bis*.

droits de l'homme (art. 38). On devine l'idée : avant d'en arriver à une solution juridictionnelle qui pourrait blesser les susceptibilités nationales, la Cour doit offrir son autorité pour tenter d'obtenir de l'État visé qu'il accepte de prendre les mesures nécessaires afin de faire cesser la violence qui a été relevée.

b) Ensuite, à défaut de règlement amiable, une *fonction juridictionnelle* : si elle ne décide pas de renvoyer l'affaire à la Grande Chambre dans les conditions qui seront indiquées, elle statue contradictoirement sur la requête dont elle a été saisie, en audience publique (art. 40), sous la forme d'un arrêt.

On a pu se demander si ces deux fonctions sont parfaitement compatibles : si la chambre suggère d'abord une solution amiable qui n'aboutit pas, ne risque-t-on pas d'y voir un pré-jugement[21] ?

IV. – Grande Chambre

Au sommet figure la Grande Chambre composée de 17 juges. Elle est appelée à jouer un rôle comparable à celui d'une juridiction d'appel, mais avec des particularités qui ajoutent à la curiosité. Elle peut en effet être saisie de deux manières différentes :

— ou bien par la chambre des sept juges qui, lorsqu'il s'agit d'une question de principe, peut s'abstenir de statuer et renvoyer l'affaire à la grande chambre qui se prononcera directement sur le fond ;

— ou bien, sur la demande d'une partie qui, une fois l'arrêt rendu par la chambre des sept juges, peut, dans les trois mois de la décision, déférer celle-ci à la Grande Chambre pour « réexamen » de l'affaire. Cette faculté fait penser à un appel, à cette nuance près toutefois que ce recours est l'objet d'un filtrage de la part d'un collège de cinq juges qui n'admettra le recours à la Grande Chambre que « si l'affaire soulève une question grave relative à l'interprétation ou à l'application de la Convention » ou encore « une question grave de caractère général » (art. 43).

On ajoutera pour terminer sur ce point que la composition de la Grande Chambre varie selon chaque affaire : pour chacune d'elles, les juges sont tirés au sort, mais lorsqu'elle est saisie sur « réexamen », elle ne peut comprendre aucun des juges qui eurent à statuer dans la chambre des sept juges, à l'exception du président de cette chambre et du juge ayant siégé au titre l'État partie au litige (art. 27, al. 3). Comme on peut le constater, la composition et le rôle de la Grande Chambre présentent une originalité très marquée qui échappe finalement à tous les schémas habituels.

317 **Les arrêts de la Cour : leur portée. –** Les arrêts rendus par la Cour, y compris les arrêts de recevabilité ou d'irrecevabilité, doivent être motivés (art. 45). Toutefois, le juge qui n'approuve pas la solution retenue peut exprimer sa dissidence (art. 45 § 2)[22].

S'il y a eu manquement à l'un des droits reconnus par la Convention, sa violation est constatée dans un arrêt que l'on appelle un « *arrêt déclaratoire* ». Il est définitif s'il a été prononcé par la Grande Chambre, ou si, ayant été rendu par la

21. F. Sudre, *op. et loc. cit.* spéc. n° 27.

22. C'est là, on le verra, une solution typiquement anglo-saxonne (*infra*, n° 590) qui a d'ailleurs été adoptée par d'autres pays (ainsi par la Cour constitutionnelle allemande de Karlsruhe).

chambre des sept juges, aucun réexamen n'a été demandé dans le délai imparti. Cet arrêt a autorité de chose jugée. Mais quelles en sont les conséquences pratiques ?

L'article 46 de la Convention décide que « les Hautes Parties contractantes (c'est-à-dire, les États) s'engagent à se conformer aux décisions de la Cour dans les litiges auxquels elles sont parties » ; ce qui signifie concrètement que l'État visé est tenu de prendre les dispositions nécessaires pour que cesse la violation qui a été constatée et pour en faire disparaître les conséquences. Mais en raison de la souveraineté de chaque État, la portée de l'arrêt ne va pas au-delà : notamment, il n'invalide pas l'acte qui est à l'origine de la violation, et il n'a pas davantage force exécutoire dans l'État qui est en cause[23]. En un mot, l'État visé choisit librement les mesures qui lui paraissent nécessaires pour supprimer l'atteinte aux droits de l'homme qui lui a été reprochée. Et dans le cas où les circonstances ne permettraient pas d'effacer complètement les conséquences de cette violation, la Cour peut accorder à la partie lésée une « satisfaction équitable », c'est-à-dire pratiquement des dommages-intérêts à l'encontre de l'État (art. 41), lesquels peuvent être d'un montant assez élevé[24].

Toutes ces dispositions, qui cherchent à affirmer l'autorité des arrêts rendus par la Cour sans heurter de front la souveraineté de chaque État, peuvent paraître précaires. En réalité, il faut savoir que le Comité des ministres du Conseil de l'Europe est chargé de surveiller l'exécution des arrêts de la Cour (art. 46), et que l'État qui s'y déroberait s'exposerait à une grave censure morale sur le plan des relations internationales[25]. De son côté, la Cour elle-même s'est arrogé le pouvoir de surveiller l'exécution de ses propres arrêts[26]. Enfin, du côté des États, ont été mises en place des voies de recours internes pouvant être exercées après une condamnation par la Cour européenne des droits de l'homme. Il s'agit en France du réexamen en matière pénale et en matière d'état des personnes[27].

§ 3. COUR PÉNALE INTERNATIONALE

318 **Généralités sur la répression internationale. –** La répression pénale a toujours été considérée comme relevant du domaine exclusif de chaque État, celui qui, en d'autres termes, se prête le moins bien à la constitution de juridictions internationales, dans la mesure où la répression débouche le plus souvent sur une coercition physique dont on conçoit mal qu'elle puisse être exercée au nom

23. Notamment il ne provoque pas un nouvel examen du jugement national qui aurait été rendu au mépris des dispositions de la Convention : Cons. État, 11 févr. 2004, *D.* 2004, IR 676 ; Cass. soc., 30 sept. 2005, *D.* 2005, p. 2800, note crit. P.-Y. Gautier ; *adde* P.-Y. Gautier, *D.* 2012, p. 2952.

24. CEDH, 3 oct. 2006, requête n° 44404/02, aff. *Cour c. France* ; J.-F. Flauss, « Réquisitoire contre la mercantilisation excessive du contentieux de la réparation devant la Cour européenne des droits de l'homme (à propos de l'arrêt *Beyeler c. Italie* du 28 mai 2002) », *D.* 2003, chron. 227 et s.

25. N. Fricero, « L'exécution des arrêts de la cour », *Procédures* 2009 (juin), n° 193. ; K. Blay-Grabarczyk, « Des progrès significatifs dans l'exécution des arrêts de la Cour EDH » (rapport annuel 2013), *JCP* 2014, n° 442, p. 713.

26. CEDH, 4 oct. 2007, *JCP* 2008.I.110, note F. Sudre ; L. Sermet, « La surveillance de l'exécution des arrêts de la Cour européenne des droits de l'homme, entre ombre et lumière », *JCP* 2008, act. n° 281.

27. V. *infra*, n° 620.

d'une autre autorité que le souverain du pays où l'infraction a été commise. Pour cette raison, le droit pénal a toujours été marqué d'une empreinte nationaliste très accentuée.

Cette vision traditionnelle est en passe d'évoluer. Les dramatiques conflits entre États qui ont ensanglanté le monde tout au long du XXe et le début du XXIe siècle, et plus encore peut-être l'horreur des crimes à caractère collectif qui ont accompagné ces conflits, ont tellement indigné la conscience humaine que l'on en est arrivé à penser que des crimes commis à l'initiative des dirigeants de certains États (crime de guerre, génocide) ne pouvaient pas rester impunis.

C'est dans ces conditions que, au lendemain de la Seconde Guerre mondiale, a été constitué le *Tribunal de Nuremberg*, c'est-à-dire un tribunal pénal à caractère international, composé de juges appartenant aux Nations alliées, ayant pour mission de juger les criminels de guerre nazis. Plus près de nous, les tragiques événements qui ont eu lieu au Rwanda et dans la péninsule balkanique ont, eux aussi, apporté leur lot d'horreurs, souvent à caractère racial. Et pour réprimer les crimes des dirigeants qui en avaient été les instigateurs ou les complices, l'ONU a décidé la création de nouvelles juridictions pénales internationales ayant leur siège à La Haye : un Tribunal pour le Rwanda, et un autre pour les Balkans que l'on a appelé le *Tribunal pénal international pour la Yougoslavie* (TPY).

Mais on observera que toutes ces juridictions ont été constituées pour réprimer les crimes commis à l'occasion de conflits particuliers. Autrement dit, elles apparaissent comme des juridictions *ad hoc* à compétence localisée et, de ce fait, à caractère temporaire. Aujourd'hui, on veut aller plus loin. Et comme malheureusement, les passions guerrières ne tarissent pas, l'ONU a jugé utile d'instituer une juridiction pénale internationale, cette fois à caractère permanent, que l'on appelle la Cour pénale internationale.

319 **Organisation et attributions[28].** – Dans le cadre d'une conférence diplomatique organisée par les Nations unies, qui s'est tenue à Rome le 17 juillet 1998, 120 États (contre 7) ont adopté le principe de la création d'une *Cour pénale internationale* compétente pour réprimer les crimes de génocide, les crimes contre l'humanité et les crimes de guerre. Ainsi, pour la première fois, a-t-on prévu la mise en place d'une juridiction pénale internationale à *caractère permanent*. Là est l'innovation.

Après que le statut de Rome a obtenu les ratifications nécessaires de la part des États signataires, cette Cour a désormais une existence légale depuis 1er juillet 2002. Elle a son siège à La Haye[29]. D'ores et déjà, une loi française n° 2002-268 du 26 février 2002, dont la plupart des dispositions ont été insérées dans le Code de procédure pénale (art. 627 à 627-20 C. pr. pén.), a édicté une série de règles concernant la coopération avec la Cour pénale internationale et l'exécution en France des peines prononcées par cette Cour.

a) Sa composition. – La Cour est composée de 18 juges de nationalités différentes, élus par les États ayant adhéré à la convention. Dans ce choix, il doit être tenu

28. R. Martin, « La Cour pénale internationale : quel avenir pour une illusion ? », *D.* 1998, chron. 337 ; Antonio Cassese, « La justice pénale internationale » (interview), *D.* 2001, p. 2758.

29. Son statut a été publié en France par le décret n° 2002-925 du 6 juin 2002 (*JO* 11 juin 2002, p. 10327).

compte de la représentation des principaux systèmes juridiques du monde, d'une représentation géographique équitable et d'une représentation également équitable des hommes et des femmes[30].

Le procureur chargé d'engager les poursuites est élu pour neuf ans par les États parties à la convention de Rome.

b) Sa compétence. – À la différence de la Cour internationale de justice, elle est compétente, non pas pour connaître des différends opposant les États, mais pour juger les individus. Dans cette mesure, sa compétence s'étend aux crimes de génocide (art. 6), aux crimes contre l'humanité (art. 7) et aux crimes de guerre (art. 8). La Cour peut exercer ses fonctions et ses pouvoirs sur le territoire de tout État partie à la convention de Rome. Toutefois sa compétence est subsidiaire, en ce sens qu'elle est un organe complémentaire appelé à n'exercer ses pouvoirs que dans les cas où les États nationaux sont dans l'incapacité ou ne manifestent pas la volonté de poursuivre eux-mêmes les responsables.

Cela dit, il ne faut pas s'y tromper : nous sommes ici en présence d'une réalisation à la fois noble et ambitieuse. Les crimes relevant de la compétence de la Cour (génocide, crime de guerre, crime contre l'humanité) ne sont pas faciles à définir ; et d'autant moins qu'ils concernent des dirigeants ayant eu, de près ou de loin, des responsabilités politiques qu'ils utilisent comme une sorte de paravent. Bref, c'est toute une vision nouvelle de la science pénale qui reste à découvrir ; ce qui, il faut bien le reconnaître, ne va pas sans soulever de graves difficultés, alors surtout que certains grands pays ont refusé de souscrire à la création de cette juridiction[31]. Seul l'avenir dira si le droit pénal est apte à intervenir de façon efficace dans un domaine aussi sensible que celui de la politique internationale.

SECTION II — JURIDICTIONS DE L'UNION EUROPÉENNE

320 **Juridictions d'un nouvel ordre juridique. –** Nul n'ignore qu'à ce jour, vingt-huit États d'Europe forment entre eux une entité que l'on appelle l'Union européenne[32]. Cette entité a ses propres institutions : son Conseil européen (formé des représentants des États membres), la Commission (sorte d'exécutif qui siège à Bruxelles et qui exprime les vues de l'Union européenne),

30. La répartition géographique est la suivante : États d'Afrique : 3 ; États d'Asie : 3 ; États d'Europe orientale : 1 ; États d'Amérique latine et Caraïbes : 4 ; États d'Europe occidentale et autres États : 7.

31. On citera notamment, les États-Unis, la Chine et Israël. La Russie a demandé son retrait au mois de novembre 2016.

32. L'élan a été donné par 6 États, que l'on a pris l'habitude d'appeler les « États fondateurs » (Allemagne, Belgique, France, Luxembourg, Italie et Pays-Bas). Ensuite, le cercle s'est élargi par l'adhésion d'autres États européens : le Royaume-Uni, le Danemark et l'Irlande (Europe des 9) ; la Grèce (Europe des 10), l'Espagne et le Portugal (Europe des 12), l'Autriche, la Finlande et la Suède (Europe des 15). Depuis le 1er mai 2004, dix autres États ont rejoint l'Union européenne : Chypre, l'Estonie, la Hongrie, la Lettonie, la Lituanie, Malte, la Pologne, la Slovaquie, la Slovénie, la République tchèque (Europe des 25), puis, plus récemment, la Roumanie et la Bulgarie (Europe des 27), enfin, en 2013, la Croatie (Europe des 28).

le Parlement européen de Strasbourg et enfin un pouvoir judiciaire exercé par des juridictions localisées à Luxembourg, dont la plus importante est la *Cour de justice de l'Union européenne*[33], à laquelle a été adjoint le *Tribunal de l'Union européenne.*

Les juridictions de l'Union européenne ont leur origine dans les traités de base conclus entre les six États fondateurs, à une époque où l'on cherchait à mettre en place des institutions communes à vocation essentiellement économique : la convention de Paris du 18 avril 1951 qui créa la Communauté économique du charbon et de l'acier (CECA), et les deux traités de Rome du 25 mars 1957 qui instituèrent la Communauté européenne de l'énergie atomique (EURATOM) et la Communauté économique européenne (CEE, encore appelée « Marché commun »). Afin de résoudre les difficultés que pourrait soulever l'application de ces traités, il avait été prévu d'instituer une juridiction unique, commune aux trois Communautés, qui pendant longtemps a porté le nom de « Cour de justice des Communautés européennes ». Aujourd'hui, la Cour de justice n'est plus le seul organe judiciaire (*infra*, n° suivant). Et en outre, depuis le traité de Lisbonne du 13 décembre 2007 (entré en vigueur le 1er décembre 2009), elle a pris le nom de « Cour de justice de l'Union européenne ».

Ces juridictions ne dépendent d'aucun État souverain en particulier. Mais ce ne sont pas pour autant des juridictions internationales, au sens classique du terme (*supra*, nos 307 et s.). Elles s'en distinguent fondamentalement en ce qu'elles s'intègrent au sein d'un ordre juridique nouveau, qui a déjà certains de ses organes (Parlement européen, Commission européenne, etc.), et qui surtout a ses propres normes dont l'ensemble forme ce que l'on a pris l'habitude d'appeler le « droit européen » (ou encore le « droit de l'Union européenne »). Pour veiller à son application, il fallait instituer, comme dans toute société organisée, un véritable pouvoir judiciaire au sein de cet ordre juridique en formation. C'est ce qui a pu faire dire très justement que les juridictions de l'Union européenne apparaissaient, non pas comme des juridictions internationales, mais comme des juridictions internes, spécifiques à cette entité nouvelle que constitue l'Union européenne[34].

Il en résulte d'importantes conséquences pratiques.

a) D'abord, leur compétence n'a pas besoin d'être acceptée pour être obligatoire. Le seul fait pour un État d'adhérer à l'Union européenne emporte de plein droit et sans convention spéciale, reconnaissance des pouvoirs de juridiction qui lui sont attribués.

b) Ensuite, l'accès à ces juridictions n'est pas exclusivement réservé aux États : les personnes physiques ou morales y ont un accès direct en cas de litiges avec les institutions de la communauté.

c) Enfin et surtout, les décisions rendues par ces juridictions n'ont pas seulement force de chose jugée : elles ont aussi force exécutoire sur le territoire de tous les États membres de l'Union européenne ; et cela, sans aucun *exequatur* préalable (art. 280 TFUE)[35].

33. Sur la procédure devant ces juridictions, voir l'excellent ouvrage de MM. Wathelet et Wildemeersch, *Contentieux européen*, éd. Larcier, 2010.

34. G. Isaac, *op. cit.*, p. 205 ; J. Boulouis, *op. cit.*, nos 470 et s.

35. Tout au plus exige-t-on une simple *vérification d'authenticité*. Ce qui est assez normal. S'il est demandé d'exécuter une décision présentée comme émanant de la Cour de justice de Luxembourg, il faut être sûr qu'elle a bien été rendue par cette juridiction. De là un contrôle d'authenticité qui consiste pour

Comme on peut le constater, les juridictions de l'Union européenne sont très différentes des juridictions internationales, en ce sens qu'elles sont l'expression d'un véritable pouvoir judiciaire européen.

321 **Organisation du pouvoir judiciaire européen. –** À l'origine, l'unique organe était la Cour de justice des Communautés européennes. Mais à mesure que l'Union européenne s'est étendue à de nouveaux États, le volume des affaires devenait trop important. On aurait pu concevoir une diversification des juridictions par matières, comme c'est le cas dans le droit interne de la plupart des pays[36]. Le souci de conserver au droit communautaire une interprétation homogène a fait préférer une autre solution, plus curieuse, consistant à décharger la Cour de justice d'un certain nombre d'affaires, en lui « adjoignant » un tribunal destiné à l'assister, et le cas échéant, des tribunaux spécialisés qui sont dans sa dépendance.

C'est ainsi que les juridictions de l'Union européennes regroupent deux organes juridictionnels : la *Cour de justice de l'Union européenne* (§ 1), et le *Tribunal de l'Union européenne*, auquel peuvent se trouver adjoints des tribunaux spécialisés (§ 2).

L'élargissement de l'Union européenne entraînera d'autres problèmes[37]. Non seulement la Cour de justice risque d'être submergée par le nombre des d'affaires, mais, par ailleurs, le siège de cette juridiction à Luxembourg peut faire difficulté dans la mesure où elle est désormais géographiquement excentrée, et donc fort éloignée de la localisation de certains litiges. C'est ainsi que l'idée a été avancée de régionaliser cette juridiction européenne, en instituant un premier degré de proximité. Mais cette suggestion risque de nuire à l'homogénéité de sa jurisprudence, et pour l'instant il n'en est pas question.

En bref, il est bien certain que cette organisation juridictionnelle, conçue et organisée à une époque où la Communauté ne regroupait que six États géographiquement proches, est de nature à soulever certains problèmes.

§ 1. COUR DE JUSTICE DE L'UNION EUROPÉENNE

322 **Composition et statut de ses membres. –** La Cour de justice est composée d'un juge pour chacun des États membres (soit aujourd'hui : 28 membres).

La Cour comporte en outre *8 avocats généraux*, dont le rôle est non point de juger, mais, selon l'article 252 du traité de l'Union européenne (TFUE), de « présenter publiquement, en toute impartialité et toute indépendance, des conclusions motivées sur les affaires qui, conformément au statut de la Cour de justice, requièrent son intervention ». Ils exercent ce que l'on appellerait, en droit interne, le ministère public (*infra*, n° 510). Mais ils présentent cette particularité remarquable d'échapper à toute subordination hiérarchique. De ce point de vue, ils sont dans une situation comparable à celle d'un rapporteur public auprès des juridictions administratives françaises (*infra*, n°s 521 et s.).

---

l'autorité nationale, non point à donner force exécutoire à la décision, mais à vérifier et à garantir l'origine de celle-ci.

36. G. Isaac, *op. cit.*, p. 213.

37. Sur ce point, voir F. Hamon, « La réforme du système juridictionnel communautaire », *D.* 1997, chron. 7.

Les juges et les avocats généraux sont soumis à un statut identique, commandé par la nécessité de préserver leur indépendance, spécialement à l'égard de l'État dont ils sont les nationaux.

a) Ils sont désignés d'un commun accord entre les États membres, parmi « les personnalités offrant toutes garanties d'indépendance et qui réunissent les conditions requises pour l'exercice, dans leurs pays respectifs, des plus hautes fonctions juridictionnelles, ou qui sont des jurisconsultes possédant des compétences notoires ». La durée de leur mandat est de 6 ans, avec renouvellement par moitié, tous les 3 ans (art. 253 TFUE). Le mandat est renouvelable.

b) Pour mieux garantir leur indépendance, les membres de la Cour de justice bénéficient de privilèges et immunités (art. 3 du Protocole n° 3). Ils ne peuvent exercer aucune fonction publique ou administrative, ni même exercer aucune autre activité professionnelle, rémunérée ou non, sauf dérogation exceptionnelle (art. 6 du protocole n° 3)[38].

c) Les membres de la Cour ne peuvent être relevés de leur fonction que si, « au jugement unanime des juges et des avocats généraux, ils ont cessé de répondre aux conditions requises ou de satisfaire aux obligations de leur charge » (art. 6 du statut de la Cour).

323 **Organisation de la Cour. –** Le président de la Cour est désigné par les juges eux-mêmes, pour un mandat de trois ans renouvelable (art. 253 TFUE). Il est responsable du bon fonctionnement de la Cour ; il préside les audiences et les délibérations.

La Cour peut adopter plusieurs formations. En principe, elle siège en « chambre » de 3 ou 5 membres ou en « grande chambre » de 13 juges sous la présidence du président de la Cour. Enfin, pour les affaires graves et complexes, elle peut également siéger en assemblée plénière. Les décisions sont prises à la majorité des voix, sans possibilité d'exprimer une « dissidence ».

Le greffier, qui est appelé à jouer un rôle important, est désigné par la Cour, pour une durée de 6 ans (art. 253 TFUE).

324 **Sa fonction régulatrice. –** La Cour de justice est compétente en de nombreux domaines. Mais sa mission essentielle est d'être la *juridiction régulatrice du droit communautaire*.

Pour en comprendre l'utilité, il faut savoir que le droit européen a la primauté sur le droit national de chacun des États membres de l'Union européenne et qu'il est d'application directe devant les juridictions nationales de chacun d'eux. Par exemple, à l'occasion d'une affaire dont il est saisi, un juge de Toulouse, celui de Madrid ou celui de Francfort peut être appelé, pour trancher le litige qui lui est soumis, à interpréter un texte de droit européen ou à faire application d'un acte émanant d'une institution de l'Union. En d'autres termes, chaque juge national est juge de droit commun de la norme communautaire, comme il l'est de son propre droit national.

38. Ainsi, par dérogation au principe posé, un juge ou un avocat général de la Cour pourrait être chargé d'un enseignement dans nos facultés de droit.

Mais le risque est alors celui de la dispersion : si chaque juge national doit interpréter une même disposition communautaire, en lui donnant des sens différents, – ce qui est d'autant plus à craindre que les concepts juridiques sont loin d'être les mêmes à travers les pays européens, – ne peut-on pas redouter un dangereux éclatement de la jurisprudence ? On conviendra qu'il serait illogique et néfaste pour la cohésion juridique de l'Union, qu'à partir d'une même disposition communautaire, les justiciables soient jugés différemment à Paris, à Londres ou à Athènes. Pour éviter cette dispersion, il a donc paru nécessaire de confier à la Cour de justice le soin d'interpréter à l'échelon suprême les dispositions du droit communautaire, dans toute la mesure où ces questions constituent un préalable (on dit, une « question préjudicielle ») au jugement des affaires dont un juge national est saisi.

Par son but, la Cour de justice joue, à l'échelon de l'Union européenne, un rôle quelque peu comparable à celui de la Cour de cassation française, dans la mesure où sa mission essentielle est d'unifier l'interprétation jurisprudentielle du droit communautaire (*supra*, nº 219). Mais elle s'en distingue fondamentalement par la technique utilisée, qui est celle du *renvoi préjudiciel* de l'article 267 du traité.

Toute juridiction de l'un des pays de l'Union peut saisir la Cour, à tout moment du procès[39]. Toutefois, elle ne peut l'être que par un juge national et non point directement par les parties en cause[40]. Si donc, pour trancher le litige dont il est saisi, le juge national doit prendre parti sur l'interprétation d'un texte communautaire ou sur la validité d'un acte émanant d'une institution de l'Union, il peut, – et même parfois, il « doit »[41] – renvoyer la question à la Cour de justice et surseoir à statuer sur le litige qui lui est soumis en attendant la réponse de la Cour[42].

Cela dit, il ne faut pas se méprendre sur le rôle de la Cour de justice. Elle ne tranche pas le litige : la solution du procès ne relève toujours que de la seule compétence du juge national. La Cour de justice se borne simplement à statuer sur la question de droit européen qui lui a été posée. Selon la formule traditionnelle : « *la Cour dit pour droit* ». Ensuite, une fois tranchée la question de droit, l'affaire reviendra devant la juridiction nationale qui devra tirer les conséquences concrètes de la réponse donnée par la Cour de justice, laquelle s'imposera avec autorité de chose jugée à toutes les juridictions de l'Union européenne saisies d'un même problème.

§ 2. TRIBUNAL DE L'UNION EUROPÉENNE

325 **Tribunal « adjoint » à la Cour de justice. –** Pendant longtemps, la Cour de justice est restée l'unique juridiction chargée de tout le contentieux relatif aux Communautés européennes. Mais avec l'extension géographique

39. Même lorsque l'affaire est pendante devant la Cour de cassation qui peut elle-même renvoyer la question posée à la Cour de justice de l'Union européenne : Cass. 1re civ., 20 janv. 2004, *Juris-Data* nº 2004-021841.

40. Sur la nécessité que l'organe qui saisit la Cour soit une juridiction : CJCE, 29 nov. 2001, *JCP* 2002. II.10160, note Pertek.

41. Sur cette nuance, cf. J. Boulouis, *op. cit.*, nos 485 et s., p. 281.

42. La durée moyenne des procédures, et donc la durée du sursis, est environ de 15 mois.

de l'Union européenne et le développement croissant des activités communautaires, la Cour était submergée ; au point qu'il fallait attendre de longs mois pour obtenir un arrêt. C'est dans ces conditions que, pour décharger la Cour de justice et lui « permettre de concentrer son activité sur la tâche primordiale qui est d'assurer l'interprétation uniforme du droit communautaire »[43], il a été décidé en 1988, d'adjoindre à la Cour, un autre organe que l'on a appelé à l'époque, le « Tribunal de première instance des Communautés » et qui, depuis la mise en application du traité de Lisbonne (en décembre 2009), s'appelle tout simplement le « Tribunal ».

Cette technique de « l'adjonction » peut surprendre. Elle laisse entendre que le Tribunal est placé dans la dépendance de la Cour de justice. Et de fait, il en a le même siège, à Luxembourg. Sa compétence est complémentaire de celle de la Cour, en ce sens qu'il est appelé à recueillir certaines des attributions initialement dévolues à la Cour de justice. Enfin et surtout, les décisions rendues par le Tribunal peuvent toujours être portées devant la Cour de justice, au moyen d'un pourvoi limité aux questions de droit. Autrement dit, le Tribunal a été conçu pour résorber le « trop-plein » de la Cour, sous le contrôle immédiat de celle-ci par la voie d'un éventuel pourvoi.

Il reste que le Tribunal est une véritable juridiction, composée d'un personnel qui lui est propre, dont les attributions sont nettement définies et qui fait œuvre juridictionnelle en son nom propre.

326 **Composition. –** Le Tribunal est composé de juges dont le nombre est fixé par le statut de la Cour.

Ils sont désignés, comme les juges de la Cour, pour un mandat de six ans renouvelable, parmi les personnes qui « offrent toutes les garanties d'indépendance et possèdent la capacité requise pour l'exercice de telles fonctions » (cf. l'exposé des motifs de la décision du 24 oct. 1988). Les juges composant le Tribunal sont renouvelés par moitié tous les trois ans. On retrouve en un mot, à quelques nuances près, les mêmes règles que pour la composition de la Cour de justice (*supra*, n° 322). Le président du Tribunal est désigné par les juges pour une durée de trois ans, renouvelable.

Les membres du Tribunal bénéficient des mêmes immunités et privilèges que les membres de la Cour et sont soumis aux mêmes incompatibilités (*supra*, n° 322).

En revanche, l'organisation du ministère public est différente. Il n'y a pas d'avocats généraux à demeure : pour chaque affaire un avocat général peut être désigné parmi les juges du Tribunal, étant précisé que l'avocat général ainsi désigné ne peut pas prendre part au jugement de l'affaire[44].

327 **Attributions. –** La compétence du Tribunal de première instance est limitativement énumérée (art. 225 TFUE). Ainsi, par exemple, il contrôle la légalité des actes du Conseil et de la Commission ; il statue sur les litiges entre l'Union et ses agents ainsi que sur les litiges relatifs aux contrats passés par les organes de l'Union.

À travers cette énumération, on pressent l'amorce d'une juridiction administrative européenne, née d'un démantèlement d'une Cour de justice submergée

43. La formule citée est extraite de l'exposé des motifs de la décision du 24 oct. 1988.
44. Il semble qu'un avocat général soit assez rarement désigné.

d'affaires, comme autrefois avait pu l'être le Conseil d'État français lorsque, en 1953, furent institués les tribunaux administratifs (*supra*, nº 276). De là peut-être cette idée que le Tribunal est « adjoint » à la Cour de justice, qui conserve toujours un droit de regard sur les décisions du Tribunal par le moyen d'un pourvoi limité aux questions de droit.

328 **Tribunaux spécialisés adjoints au tribunal. –** Aux termes de l'article 257 du traité, le Parlement européen et le Conseil peuvent créer des tribunaux spécialisés adjoints au Tribunal. Pour l'instant, il n'en a été créé qu'un seul : le Tribunal de la fonction publique, compétent en première instance pour statuer sur les litiges entre l'Union et ses agents, y compris sur les litiges entre tout organe ou organisme et son personnel. Mais ce tribunal a été supprimé en 2016[45].

45. V. J. Pertek, « Une nouvelle architecture du système juridictionnel. À propos du rapport 2016 de la CJUE », *JCP* 2017, 633.

TROISIÈME PARTIE
LE PERSONNEL JUDICIAIRE

329 Pour que les juridictions puissent effectivement fonctionner et que la justice soit rendue, un personnel abondant et varié est indispensable que l'on appelle, d'un terme générique, le « personnel judiciaire ».

Il se répartit en deux catégories bien distinctes.

D'emblée, on pense aux *magistrats*. Ils occupent en effet une place éminente : ce sont eux qui sont investis du redoutable pouvoir de juger ou encore, s'il s'agit du ministère public, de défendre les intérêts de la loi devant les tribunaux.

Mais il ne faut pas oublier d'autres personnes que l'on a coutume d'appeler les *auxiliaires de justice* (les avocats, les greffiers et les huissiers de justice) qui, malgré ce terme modeste, apportent leur concours à l'administration de la justice de façon extrêmement efficace en apportant leur concours aux plaideurs et aussi parfois au juge lui-même.

On étudiera donc successivement :

Chapitre 1 : *Les magistrats et les juges.*

Chapitre 2 : *Les auxiliaires de justice.*

CHAPITRE I
MAGISTRATS ET JUGES

330 **Terminologie. –** La redondance du titre ne doit pas surprendre ; elle exige toutefois une explication. Le *juge* (du latin : *« judicem »*) est celui qui dit le droit, c'est-à-dire, celui qui est investi de la fonction de juger et prononce des jugements. Le *magistrat* (du latin : *« magister »*) désigne celui qui dispose d'un pouvoir, mais à cette nuance près que ce pouvoir n'est pas forcément celui de juger[1].

a) Dans l'*ordre judiciaire,* l'expression « magistrat » est très largement utilisée, pour deux raisons. D'abord parce que, nous l'avons constaté (*supra*, n°s 46 et s.), il y a en réalité deux catégories de magistrats : ceux qui jugent (magistrats du siège) et ceux dont le rôle est non point de juger mais de porter la parole au nom du ministère public (magistrats du parquet). Le mot « juge », pour les désigner tous, serait donc étymologiquement inexact, alors que le mot « magistrat » permet au contraire de désigner indifféremment les uns et les autres. À cette première raison s'en ajoute une seconde : tous, aussi bien les magistrats du siège que ceux du parquet, font partie d'un même corps que l'on a pris l'habitude d'appeler la « magistrature »[2]. Le mot magistrat symbolise donc mieux l'appartenance à ce corps que forme l'ordre judiciaire.

b) En revanche, dans *l'ordre administratif*, le mot « magistrat » est fort peu utilisé. Sinon à la Cour des comptes (*supra*, nº 294), on parle couramment des « juges ». Il est facile de comprendre pourquoi. Aucune des raisons précédemment indiquées ne se retrouve en matière administrative : le rapporteur public (on disait autrefois, le commissaire du gouvernement) qui porte la parole au nom du ministère public est choisi parmi les juges (*infra*, nº 522) ; et par ailleurs, nous verrons que, à l'exception des membres des tribunaux administratifs et des cours administratives d'appel qui forment un corps unique (*infra*, nº 365), chaque juridiction est dotée d'un personnel propre dont le statut lui est spécifique (*infra*, nº 363 et s.). Aussi bien, l'appartenance à un corps comme la magistrature est-elle un sentiment qui

1. Ainsi, pour désigner le maire d'une commune, on parle volontiers du « magistrat municipal ».
2. Il semble que ce mot soit d'origine relativement récente : il n'est apparu qu'au commencement du XVIIe siècle (Littré, vº *Magistrature).*

n'a guère pénétré les mentalités administratives. Et voilà pourquoi le contentieux administratif reste attaché à l'expression « juge ».

De toute manière, qu'il s'agisse des « juges » ou des « magistrats », ils participent tous à l'administration de la justice. Dans les explications à venir et sous réserve des remarques qui viennent d'être faites, on pourra donc tenir ces deux expressions pour équivalentes.

La distinction entre « juges » et « magistrats » se retrouve dans certains systèmes judiciaires étrangers (notamment en Angleterre et au Canada), mais avec une signification très différente. Le « juge » est investi d'une véritable juridiction de droit commun et lui seul a droit au titre d'Honorable (on dit un « Honorable juge »). Le « magistrat » n'a pas la même autorité, ni la même situation sociale : il correspond à ce que pouvait être autrefois le juge de paix de nos campagnes. La même distinction existe également en Espagne, mais avec encore une autre signification : le « magistrat » est un juge qui appartient à un tribunal collégial, tandis que le « juge », désigne celui qui siège comme juge unique.

331 **Sources législatives et réglementaires. –** Les textes qui fixent le statut des magistrats et des juges sont différents selon qu'il s'agit des magistrats de l'ordre judiciaire ou des juges de l'ordre administratif.

I. – Ordre judiciaire

Le texte fondamental est d'abord la Constitution elle-même qui, dans ses articles 64 et 65, pose un certain nombre de principes généraux. Indépendamment de ces textes, le corps de la magistrature est régi par *l'ordonnance n° 58-1270 du 22 décembre 1958*. Ce texte capital constitue la charte de la magistrature française. Il a l'immense mérite d'avoir rassemblé dans un document unique l'ensemble des dispositions qui figuraient autrefois dans des textes épars souvent difficiles à retrouver. Depuis lors, il a été modifié à maintes reprises. Mais de toute manière, ces modifications ayant été incorporées à l'ordonnance n° 58-1270 du 22 décembre 1958, c'est toujours elle qui, encore aujourd'hui, constitue le texte de référence.

L'ordonnance de 1958 maintes fois modifiée est d'*application générale*. Elle concerne en effet tous les magistrats de carrière de l'ordre judiciaire : les magistrats du siège comme ceux du ministère public, quelle que soit la juridiction à laquelle ils appartiennent (tribunaux d'instance, tribunaux de grande instance, cours d'appel, Cour de cassation)[3]. En revanche, les juges non professionnels (comme par exemple les juges des tribunaux de commerce et les conseillers prud'hommes) échappent aux dispositions de cette ordonnance : leur statut étant fixé par les textes qui régissent chacune des juridictions dont ils font partie.

II. – Ordre administratif

Pendant longtemps aucun texte d'ensemble n'a réglementé le statut des juges de l'ordre administratif, pour la raison qu'ils n'ont jamais formé un corps homogène : le personnel de chaque juridiction avait son propre statut. Les textes les plus importants étaient ceux relatifs au Conseil d'État (l'ordonnance n° 45-1708 du 31 juill. 1945 complétée par le décret n° 63-767 du 30 juill. 1963), et les dispositions concernant les tribunaux administratifs et cours administratives d'appel

3. Avant la réforme de 1958, les juges de paix formaient un corps spécial ayant son propre recrutement et son propre statut. Désormais, il n'en est plus ainsi : les juges d'instance appartiennent au corps judiciaire.

(notamment les lois n° 86-14 du 6 janv. 1986 et n° 87-1127 du 31 déc. 1987). Désormais, il n'en est plus ainsi.

a) Le personnel des *juridictions administratives à compétence générale*, – c'est-à-dire les membres du Conseil d'État, ainsi que les juges des tribunaux administratifs et des cours administratives d'appel –, est soumis aujourd'hui à des dispositions qui ont été regroupées dans le *Code de justice administrative*. Pour une large part, ce code n'a fait que reprendre la teneur des textes isolés antérieurs, et pour cette raison le régime statutaire des membres du Conseil d'État et celui des juges des tribunaux administratifs et cours administratives d'appel restent toujours très dissemblables. Disons que pour découvrir ces régimes, il suffit maintenant de compulser un seul document, l'essentiel étant de démêler cet écheveau pour retrouver les « dispositions statutaires » concernant les membres du Conseil d'État (art. L. 131-1 à L. 136-2 C. just. adm.) et ceux des tribunaux administratifs et des cours administratives d'appel (art. L. 231-1 à L. 236-3 C. just. adm.).

b) Le statut du personnel de la *Cour des comptes* est régi par les articles L. 120-1 à L. 123-17 du Code des juridictions financières.

c) Quant aux membres des *juridictions administratives à compétence spéciale*, leur régime statutaire est commandé par le statut de la juridiction elle-même. Et la diversité est telle qu'il est sans intérêt d'y insister (*supra*, n° 298 et s.).

332 **Plan. –** À la lumière des textes qui viennent d'être présentés, on étudiera successivement les règles concernant :

Section 1 – *Le recrutement et la nomination.*

Section 2 – *Les garanties d'indépendance.*

Section 3 – *Les droits et devoirs professionnels.*

SECTION I — RECRUTEMENT ET NOMINATION

333 **Importance et complexité du problème**. – L'exercice de la fonction judiciaire exige de nombreuses qualités très diverses : des connaissances techniques et pratiques, la connaissance des hommes, l'aptitude à comprendre leurs problèmes et, par-dessus tout, des qualités personnelles de sagesse, de bon sens, d'impartialité et d'indépendance. La mise en place d'un système idéal de recrutement permettant de déceler tant d'aptitudes réunies n'est pas chose facile. Il est cependant superflu de souligner l'importance d'un tel problème qui met en cause la qualité et la crédibilité de la justice.

La question est d'autant plus complexe que le système de recrutement est lié pour une très large part à la vie politique et sociale, aux traditions nationales et à la conception que l'on peut se faire de l'administration de la justice. Ce qui est bon pour un pays déterminé n'est pas nécessairement applicable dans un autre pays. Et ce qui était bon hier, ne l'est plus nécessairement aujourd'hui. Si l'on attache une très grande importance à la technicité juridique, on recrutera volontiers les juges par voie de concours ; si l'on recherche des magistrats ayant une grande expérience des problèmes pratiques, on ouvrira l'accès aux fonctions judiciaires à des personnes ayant déjà exercé une autre activité professionnelle ; et si l'on estime que la confiance du justiciable importe plus que les connaissances juridiques, une large place sera réservée à l'élection des juges. De là, une grande diversité dans les modes de recrutement.

Pour cette raison, il est indispensable de prendre d'abord conscience des différents modes de recrutement concevables (§ 1). S'attachant ensuite au droit positif moderne, on exposera les conditions de recrutement et de nomination des juges dans l'ordre judiciaire (§ 2) et dans l'ordre administratif (§ 3).

§ 1. GÉNÉRALITÉS SUR LES DIFFÉRENTS MODES DE RECRUTEMENT

334 **Distinction. –** En règle générale, les juges et les magistrats sont des fonctionnaires recrutés à un âge relativement jeune et qui sont appelés à faire tout ou partie de leur carrière dans la fonction judiciaire. De là, pour les désigner, l'expression courante de « juges de carrière » (A).

Mais on fait souvent appel à d'autres personnes qui, sans appartenir à la fonction publique, sont appelées à exercer occasionnellement des fonctions judiciaires pour une durée temporaire. Ce sont, en d'autres termes, des juges recrutés parmi les citoyens (B).

A. MAGISTRATS DE CARRIÈRE

335 **Ancien Régime : la vénalité des charges de judicature**. – On rappellera à titre rétrospectif que, dans l'ancienne France, la plupart des fonctions publiques étaient exercées sous la forme de « charges » achetées au roi moyennant finance. La magistrature de l'Ancien Régime n'avait pas échappé à la règle. Pour devenir juge, il fallait acheter une charge de judicature au roi : celle-ci faisait partie du patrimoine du titulaire de la charge et, à son décès, elle était transmise à ses héritiers[4].

Ce mode de recrutement, assez surprenant pour nos esprits modernes, avait le double avantage d'assurer aux juges une totale indépendance et de faire naître de solides traditions familiales : il est juste de constater que, grâce à ce système, la France a connu de grandes lignées de magistrats (Séguier, Lamoignon, d'Aguesseau). Mais ce mode de recrutement présentait de très sérieux inconvénients dans la mesure où, d'une part, il entretenait des préjugés de caste et où, d'autre part, le recrutement des juges était lié à des considérations de fortune qui n'étaient pas nécessairement la meilleure garantie au point de vue des connaissances. En réalité, un tel système se rattachait aux conceptions d'une époque où la notion de service public était encore mal dégagée et où le roi, pour se procurer de l'argent, concédait

4. Sur ce point, on pourra lire avec intérêt l'ouvrage de R. Mousnier, *La vénalité des offices sous Henti IV et Louis XIII*, Presses universitaires de France.

moyennant finance des missions d'intérêt général à de simples particuliers[5]. Il fut aboli à la Révolution française et, de nos jours, on ne saurait en parler autrement qu'au passé.

336 **Système moderne : nomination par le gouvernement**. – Partant de ce principe que la justice est un service public dont l'État a la responsabilité, il est normal que les juges de carrière soient des fonctionnaires, nommés comme tous les fonctionnaires de l'État par le gouvernement lui-même, et plus spécialement s'agissant des magistrats, par le président de la République[6].

Sans doute peut-on craindre que ce mode de recrutement ne donne prise à l'arbitraire, au favoritisme ou aux « recommandations ». Mais, à vrai dire, le risque peut être conjuré par l'aménagement de différents correctifs. On a parfois songé à la cooptation, c'est-à-dire, à un système qui consiste à limiter le choix du gouvernement aux seules personnes figurant sur une liste dressée par les juges en fonction. Mais ce système risque d'engendrer le népotisme et d'aboutir à la constitution d'une magistrature enfermée sur elle-même[7]. En dernière analyse, le correctif le plus sûr consiste à subordonner la nomination des magistrats à des conditions strictement définies par la loi, après vérification des aptitudes professionnelles par un organisme dont l'indépendance ne peut pas être suspectée.

Ce système est de loin le plus largement pratiqué dans la plupart des pays européens ; et notamment en Angleterre dont on cite souvent la justice comme un modèle d'indépendance. Le juge anglais est nommé par le gouvernement en place, parmi les avocats réputés, avec pour seule garantie la nécessité de prendre l'avis du barreau. Théoriquement, on ne peut concevoir un système plus dépendant du pouvoir exécutif. Mais il faut tenir compte des mœurs et des usages. Et de ce point de vue, l'expérience prouve que, quelle que soit l'orientation politique du gouvernement qui l'a désigné, le juge anglais, une fois investi de ses fonctions, oublie instantanément l'autorité qui l'a nommé pour ne plus penser qu'à sa charge éminente de juge et au fait qu'il est le détenteur d'un pouvoir autonome qui ne doit rien à personne. Le véritable exemple est peut-être là !

337 **Dualité du recrutement : le problème du « recrutement latéral » et du « tour extérieur ». –** La voie normale d'accès aux fonctions judiciaires est celle du concours ouvert à de jeunes candidats qui sortent des universités et qui, en principe, feront toute leur carrière dans la magistrature, depuis les emplois les plus modestes jusqu'aux plus hautes fonctions. Mais, à côté de cette filière normale, il en est une autre qui prend une certaine importance et qui consiste à intégrer dans le corps de la magistrature, judiciaire ou administrative, des personnes plus âgées ayant déjà exercé des activités professionnelles plus ou moins importantes dans divers secteurs de la vie juridique, économique ou sociale et qui, à un certain

5. Il en était de même pour le recouvrement des impôts et des taxes : on se souvient des « fermiers généraux » qui avaient suscité tant de critiques.

6. V. notamment C. Fillon, M. Boninchi, A. Lecompte, *Devenir juge. Mode de recrutement et crise des vocations de 1830 à nos jours*, PUF, coll. « Droit et justice », 2008.

7. Ce système a été longtemps pratiqué en Belgique, sinon pour la nomination directe, du moins pour l'accès à certaines fonctions. – Rapp. en France, un décret éphémère du 10 janv. 1935 qui fut abrogé quelques mois plus tard.

moment, souhaitent devenir juges. Par exemple : des avocats inscrits au barreau depuis plusieurs années, des fonctionnaires de l'administration active (directeurs de ministère, administration préfectorale, etc.), voire même, des personnalités du secteur privé. C'est ce que l'on a pris l'habitude d'appeler le « recrutement latéral » ou encore, mais plus spécialement au sein de l'ordre administratif, le « tour extérieur ».

I. – Ce mode de recrutement exceptionnel peut présenter de grands avantages.

D'abord, il apporte au sein du corps judiciaire une « aération extérieure » qui est loin d'être négligeable. Le danger qui guette la magistrature (comme d'ailleurs bien des corps de l'État) est de se couper du monde extérieur en s'enfermant dans les délices de l'exégèse. L'intégration d'un élément étranger, venu sur le tard avec une expérience pratique des réalités quotidiennes, peut être l'occasion d'une prise de conscience salutaire.

Ensuite, à cette première considération, s'ajoute un autre avantage de nature plus pragmatique : cette source de recrutement permet de faire face aux besoins en personnel exigés par l'augmentation constante de la masse contentieuse. La filière normale par la voie des concours ne permet pas toujours de répondre à la demande, en raison du risque d'abaisser dangereusement la qualité du recrutement et de privilégier certaines générations au détriment de celles qui suivront. Le recrutement latéral permet de « combler les vides ».

II. – Le principe du « tour extérieur » n'a jamais soulevé de sérieux problèmes au sein des juridictions de l'ordre administratif : il s'impose d'ailleurs comme une véritable nécessité si l'on considère que le juge administratif doit être constamment informé des impératifs de l'administration active (supra, n° 269). Finalement le seul problème consiste à assurer aux nominations une certaine transparence pour éviter le favoritisme (*infra*, n° 363).

En revanche, au sein des juridictions de l'ordre judiciaire, le « recrutement latéral » a parfois soulevé de vigoureuses objections qui tiennent au fait que le corps judiciaire est très fortement hiérarchisé. L'intégration d'éléments extérieurs provoque d'instinct un réflexe d'autodéfense qui peut s'expliquer par la crainte de voir accéder à des postes importants des personnalités dont le nombre risque ensuite de paralyser l'avancement des jeunes magistrats qui ont fait carrière dans la magistrature dès le début. L'ouvrier de la onzième heure n'a jamais cessé de provoquer l'irritation ! Sans doute, éviterait-on cet inconvénient en offrant aux nouveaux venus des postes modestes. Mais si l'on veut que ce recrutement soit de qualité, il faut qu'il soit suffisamment attractif ; et, pour qu'il le soit, il faut pouvoir offrir aux candidats une fonction en rapport avec leurs activités antérieures. Tout le dilemme est là. On verra que la loi du 25 février 1992, et plus encore la loi n° 95-64 du 19 janvier 1995, ont fait en ce sens une avancée significative (*infra*, n° 355).

B. JUGES TEMPORAIRES RECRUTÉS PARMI LES CITOYENS

338 **Participation des citoyens à l'administration de la justice[8]. –** Les citoyens sont appelés parfois à exercer temporairement la fonction de juger. La solution peut paraître curieuse, et pour cette raison elle mérite une particulière attention. Non seulement elle peut contribuer à ce que la justice soit mieux comprise, mais il est souvent utile d'introduire au sein des juridictions des personnes ayant une expérience des réalités quotidiennes et qui, tout en conservant leurs propres activités professionnelles, apporteront aux tribunaux pour un temps limité le fruit de leur expérience.

Le grave problème qui se pose en législation est celui de savoir comment recruter les citoyens qui seront temporairement investis du pouvoir de juger. Tout dépend de ce que l'on attend d'eux. Et là, un large éventail s'offre au législateur. Dans une première conception, on peut les faire intervenir dans les domaines où la technicité l'emporte, comme c'est le cas par exemple en matière commerciale. On peut aussi réunir au sein d'une même juridiction les représentants d'intérêts antagonistes dans un souci de conciliation, comme l'exemple en est offert avec les conseils de prud'hommes. Une autre analyse plus ambitieuse consiste à faire en sorte que, par la présence d'éléments extérieurs, la magistrature professionnelle s'ouvre sur des horizons que le juridisme risquerait d'éclipser. Mais le droit comparé révèle aussi que cette intrusion du citoyen dans les rouages judiciaires peut dissimuler d'autres objectifs plus préoccupants : les systèmes judiciaires des pays de l'Est européen ont offert jadis l'exemple de juridictions au sein desquelles siégeaient des assesseurs élus appelés à jouer un rôle de censeur afin de veiller à ce que la loi soit appliquée en lui donnant « toute sa véritable portée politique »[9]. C'est assez dire l'importance de l'objectif qui est recherché et, à travers lui, la manière dont il convient de désigner les citoyens choisis pour exercer occasionnellement la fonction de juger.

En droit français, il existe trois modes de recrutement : le tirage au sort (1), l'élection (2) et la nomination par l'autorité publique (3).

1. Tirage au sort

339 **Son fondement mystique. –** Le système le plus rudimentaire consiste à solliciter le hasard pour désigner les citoyens qui seront appelés à participer à la fonction de juger. Ce mode de recrutement historiquement le plus ancien a un fondement mystique : les citoyens désignés de cette manière le sont par le « doigt de Dieu ». De nos jours, l'explication s'est laïcisée : on ne parle plus de la providence, mais on considère que les citoyens choisis par l'effet du hasard sont les dépositaires de la souveraineté nationale. À travers eux, s'exprime l'opinion publique. De toute manière, quelle que soit l'explication retenue, l'idée demeure que le choix du

8. V. « Le peuple en justice », *Revue Histoire de la justice*, 2014 ; v. aussi « Regain ou déclin du jury en Europe », *Les cahiers de la justice* 2012/1, dossier, p. 13 et s.

9. Friedieff, « L'organisation du service public de la justice en URSS », *Bull. sol. lég. comp.* 1948, p. 435 et s. ; R. David et J.-N. Hasard, *Le droit soviétique*, t. I, p. 275 et s.

juge échappe à l'arbitraire de la volonté humaine pour dépendre des seuls caprices du hasard auquel chacun est libre de donner le sens que lui dictent ses convictions.

En droit français, ce mode de recrutement n'existe qu'en matière pénale : ce sont les jurés en matière criminelle et, jusqu'en 2013, les citoyens assesseurs en matière correctionnelle. Il est à noter que le fait d'avoir été désigné par le sort est un *devoir civique*, sanctionné par une peine d'amende de 3 750 € infligée à celui qui, sans motif légitime, ne répondrait pas à la convocation (art. 288 C. pr. pén.).

340 **a) Les jurés en matière criminelle. –** Il a été dit précédemment que la *cour d'assises* est composée de manière échevinale : aux côtés de trois magistrats de carrière, siège un jury composé de 6 jurés (en première instance), et de 9 jurés (en appel) qui délibèrent ensemble, tout à la fois sur les questions de fait et les questions de droit (*supra*, n° 200).

I.- Comment les jurés sont-ils désignés ?

Pour parvenir à désigner les jurés, plusieurs opérations successives sont indispensables qui font l'objet d'une réglementation minutieuse, édictée par les articles 255 à 267 C. pr. pén., dont on se bornera simplement à dégager les grandes lignes.

L'idée directrice consiste, à partir des listes électorales, à dresser différentes listes par des tirages au sort successifs

1°) D'abord, une *liste annuelle* (et donc, renouvelable d'année en année) est dressée dans chaque département. Le maire de chacune des communes tire au sort un certain nombre de noms ; le tout est centralisé au greffe de la juridiction où siège la cour d'assises. Là, une commission composée de magistrats procède à l'examen de cette liste – dite préparatoire – pour exclure les personnes qui tomberaient sous le coup d'une incapacité (par exemple : électeur âgé de moins de 23 ans) ou d'une incompatibilité (art. 256 C. pr. pén. mod. par la loi n° 2004-204 du 9 mars 2004 ; et art. 257 C. pr. pén.). Ensuite, il est procédé à un nouveau tirage au sort parmi les noms retenus pour obtenir ce que l'on appelle la liste annuelle définitive.

2°) À partir de là, trente jours avant l'ouverture des assises, il faut établir la *liste de session*, c'est-à-dire, la liste des personnes qui seraient susceptibles d'être jurés au cours de la session d'assises. Pour y parvenir, on tire au sort 35 noms dans la liste annuelle définitive.

3°) Reste enfin, la *liste de jugement* : pour chacune des affaires inscrites à la session, le président de la cour d'assises procède à un tirage au sort parmi les 35 noms, pour former la liste de session composée de 6 noms (en première instance) et 9 noms (en appel) qui sortent de l'urne : ils sont ainsi désignés comme jurés, sous réserve de la possibilité offerte tant au ministère public qu'à l'accusé d'exercer un droit de récusation en écartant certains noms de façon purement discrétionnaire.

II.- Que penser du système du jury ?

Le jury criminel est, en France, enraciné dans une longue tradition historique. Il fut introduit par la loi des 16 et 21 septembre 1791, à l'imitation de la justice anglaise et sous l'influence des philosophes, de Voltaire notamment qui avait été justement révolté par le fonctionnement de la justice criminelle sous l'Ancien Régime (affaire Calas) et qui avait découvert dans le jury à la manière anglaise un moyen de faire échapper la justice à toutes les pressions extérieures. À cause de cela, le jury s'est enrichi d'une densité symbolique qui nous porte à le considérer comme une garantie d'indépendance de la justice criminelle, à travers le mythe de la souveraineté nationale dont les jurés seraient les dépositaires. Pour cette raison, on y voit une certaine conception de la démocratie, et l'on comprend dès lors pourquoi le législateur n'a jamais osé supprimer le jury en matière criminelle, même si l'on ne se gêne pas parfois pour en dénoncer les insuffisances[10].

Car le système du jury a aussi ses détracteurs. Il a d'abord, souligne-t-on, le grave inconvénient de rendre la justice impressionnable : les jurés sont facilement influencés par l'éloquence des avocats, par leurs réparties et par les incidents d'audience, beaucoup plus que ne le sont les magistrats de carrière ; de là, une justice dont les décisions sont très inégales selon les circonstances. On a souvent constaté en matière criminelle que la sévérité ou l'indulgence des arrêts variait selon les sessions d'assises et aussi suivant les lieux. Enfin, il est facile de faire observer que le système du jury n'offre pas toujours des garanties suffisantes, en ce qui concerne notamment l'aptitude à juger[11]. De toute manière, un tel système a ses limites : il n'est concevable que dans la mesure où les questions de fait occupent une place prépondérante ; le jury n'a plus sa place lorsque les questions de droit peuvent être décisives, et c'est la raison pour laquelle il est totalement exclu en matière civile et commerciale.

341 **b) Les « citoyens-assesseurs » : suppression. –** Il a été dit qu'une loi du 10 août 2011 avait prévu, pour le jugement de certains délits, que le tribunal correctionnel devait se constituer en « formation citoyenne » comprenant, en plus des trois juges de carrière, deux « citoyens-assesseurs » désignés par le sort (*supra*, n° 193). Mais cette « formation citoyenne » a été supprimée en 2013.

2. Élection des juges

342 **Utilité de ce mode de recrutement. –** Le système de l'élection des juges est assez largement répandu dans de nombreux pays : par exemple, aux États-Unis, en Suisse et aussi en France. On sait notamment que les tribunaux de commerce sont composés uniquement de juges élus par les commerçants (*supra*, n°s 126 et s.). On citera également les tribunaux paritaires des baux ruraux, qui présentent cette particularité d'être composés d'un juge de carrière dont les assesseurs sont des juges élus par les bailleurs et les fermiers (*supra*, n° 156). L'élection des juges ne se limite pas à certaines juridictions de l'ordre judiciaire. On a pu constater qu'un bon nombre de juridictions administratives à compétence spéciale ont en tout ou en partie une base élective (*supra*, n°s 298 et s.). Tel est le cas notamment de certains ordres professionnels (avocats, médecins, architectes, etc.).

De solides raisons peuvent justifier ce mode de recrutement. D'abord, dans les domaines où la technicité est très marquée par des usages, des pratiques ou des conventions collectives, les personnes qui appartiennent à la collectivité concernée sont mieux placées pour juger la portée des règles applicables. En outre, dans les matières où la conciliation est particulièrement souhaitée, on peut penser que des

10. F. Lombard, *Les jurés : justice représentative et représentation de la justice*, L'Harmattan, 1993.

11. On citera à cet égard la phrase un peu féroce d'un auteur américain (Kuhn, *Principes de droit anglo-américain, droit privé et procédure*, p. 96) : « Il n'y a pas de sélection du fait de l'élection des jurés. Fréquemment, des individus à l'intelligence bornée ont à juger des cas qu'ils sont absolument incapables de comprendre. Aucun système d'administration des preuves, si finement conçu qu'il soit, ne peut transformer en quelques instants douze fous en douze sages ». Mais on soulignera qu'aux États-Unis, le système du jury, même en matière civile, est inscrit dans la Constitution.

juges qui ont la confiance des justiciables seront mieux à même de suggérer et de faire accepter des solutions de compromis. Enfin, dit-on, le recrutement par voie d'élection assure au juge une totale indépendance à l'égard du pouvoir exécutif ; c'est d'ailleurs la raison pour laquelle, pendant dix ans (entre 1790 et l'an VIII), le législateur révolutionnaire, imbu du principe de la séparation des pouvoirs poussé jusque dans ses plus extrêmes limites, avait décidé que tous les juges seraient élus.

343 **Ses risques. –** Il est juste d'ajouter maintenant que le système de l'élection ne va pas sans problème. On entend dire parfois que l'élection ne garantit pas la compétence de l'élu. C'est évident, encore que beaucoup de juges élus aient montré leurs éminentes qualités. Mais à partir du moment où il semble opportun de faire appel à des juges qui sont censés représenter une catégorie de justiciables, il faut bien se résigner à courir ce risque. En réalité, les véritables problèmes sont ailleurs.

a) D'abord, il y aurait peut-être beaucoup à dire sur l'indépendance des juges : elle existe certainement à l'égard du pouvoir exécutif, mais existe-t-elle toujours à l'égard des groupes socio-professionnels dont ils sont les élus ? Sur ce point, il est permis d'exprimer un certain scepticisme.

b) Ensuite, il faut prendre garde au risque de politisation. Dans un pays comme la France, où la moindre consultation électorale prend une coloration politique et où les candidats se présentent nantis d'une étiquette, il est à craindre que la politique ne fasse son entrée dans les prétoires et que les tribunaux deviennent une tribune pour les idéologies les plus diverses.

c) Enfin, un autre grave problème est celui de l'absentéisme des électeurs et aussi parfois des élus. Ce genre d'élection ne mobilise pas les foules ; de telle sorte que, bien souvent, le juge est l'élu d'une minorité de faveur influente ; ce qui n'est jamais sain. Cette considération explique d'ailleurs la réforme intervenue en 1961 (au sujet de l'élection des juges des tribunaux de commerce), qui, pour remédier à cet inconvénient, a cru devoir organiser une élection à deux degrés (*supra*, n° 128). C'est ce qui explique également la suppression des élections prud'-homales (v. *supra*, n° 147).

Pour toutes ces raisons, l'élection des juges reste en France un système de recrutement exceptionnel. À la différence de certains pays étrangers, l'élection des juges ne se rencontre en France que dans les domaines limités où le souci de conciliation et la technicité professionnelle de la matière rendent nécessaire la présence de juges issus de la profession elle-même.

3. Nomination par l'autorité publique

344 **Les correctifs. –** Les juges émanant de la société civile sont parfois désignés par l'autorité publique. On citera le cas du tribunal des affaires de sécurité sociale (*supra*, n° 161 et 162), et des tribunaux pour enfants (*supra*, n° 208), de même que celui de certaines juridictions administratives à compétence spéciale (*supra*, n° 298).

On peut évidemment redouter que ce mode de désignation n'infléchisse la sérénité de la juridiction dans un sens voulu par l'autorité chargée de la nomination. En fait, le risque est atténué par le jeu de correctifs assez complexes édictés par la loi qui pose des conditions très strictes (d'âge et de compétence), ou qui désigne « ès qualités » la personne appelée à siéger, ou encore qui confie le pouvoir de désignation à un président de tribunal ou à un premier président de cour d'appel. Souvent même, dans l'ordre judiciaire notamment, la désignation par l'autorité compétente ne peut avoir lieu que sur proposition d'une liste de noms.

Par exemple, on a vu précédemment que les assesseurs appelés à siéger au tribunal des affaires de sécurité sociale sont désignés par le premier président de la cour d'appel, mais sur une liste présentée par les organisations professionnelles les plus représentatives, après avis de l'inspecteur du travail (*supra*, n° 161). De même, si les assesseurs qui doivent siéger au tribunal pour enfants sont nommés par le garde des Sceaux, ils le sont uniquement sur proposition du premier président de la cour d'appel (*supra*, n° 208).

§ 2. RECRUTEMENT ET NOMINATION DES MAGISTRATS DE CARRIÈRE DE L'ORDRE JUDICIAIRE

345 **Situation antérieure à 1958. –** Pendant longtemps, le recrutement et surtout la formation des futurs magistrats de carrière ont très sérieusement laissé à désirer[12]. Il a fallu attendre 1908 pour que soit institué un examen professionnel d'entrée dans la magistrature (décr. du 13 février 1908) : jusque-là, la licence en droit suffisait. La présentation à cet examen (qui en fait était devenu un concours) avait peu à peu été subordonnée à un stage préalable soit au parquet, soit dans une étude d'avoué. Mais la formation pratique du futur magistrat était totalement inorganisée en dépit de quelques essais fragmentaires qui avaient été tentés.

Les conséquences de cette inorganisation étaient graves. Les futurs magistrats entraient dans la fonction judiciaire sans aucune formation pratique véritable. Et par ailleurs on avait pu constater une très nette désaffection des jeunes pour la magistrature, désaffection qui avait sans doute pour cause première la modicité des traitements de début, mais qui s'expliquait aussi par le fait que rien n'avait été prévu pour la formation professionnelle des jeunes licenciés qui sortaient des facultés.

Ce fut un des mérites essentiels du législateur de 1958 d'avoir porté remède à cette situation en organisant de façon cohérente les conditions générales d'accès à la magistrature et la formation professionnelle des futurs magistrats, grâce à la création de l'École nationale de la magistrature (*infra*, n° 348).

346 **Conditions générales pour accéder à la magistrature : vue d'ensemble. –** Les conditions requises sont fixées aujourd'hui par l'article 16 de l'ordonnance de 1958.

a) Certaines conditions sont de portée générale et correspondent dans l'ensemble aux conditions requises pour entrer dans la fonction publique. Il faut d'abord être de nationalité française (art. 16-2°), jouir de ses droits civils et civiques et être de bonne moralité (art. 16-3°). Il faut en outre se trouver dans une position

12. Sur les hésitations relatives au recrutement des magistrats au XIXe siècle et, plus spécialement, au sujet des difficultés pour faire admettre le recrutement par la voie d'un concours, cf. J. Krynen, *op. cit.*, t. II, p. 87 et s.

régulière au regard du Code du service national (art. 16-4°). Il faut enfin réunir les conditions d'aptitude physique nécessaires à l'exercice des fonctions de magistrat et être reconnu indemne ou définitivement guéri de toute affection donnant droit à un congé de longue durée (art. 16-5°).

b) Il s'y ajoute enfin des conditions relatives aux *connaissances acquises*. En principe, l'article 16-1° de l'ordonnance de 1958 exige du candidat qu'il soit titulaire d'un diplôme sanctionnant une formation d'une durée au moins égale à quatre années d'études après le baccalauréat. Mais cela dit, deux observations peuvent être faites à ce sujet :

— D'abord, le texte n'exige pas un diplôme en droit et par ailleurs l'article 16 ouvre la voie à des équivalences[13]. Cette disposition, qui peut paraître surprenante pour des magistrats qui feront application du droit français, a été retenue pour élargir les bases de recrutement.

— Ensuite, cette exigence relative aux diplômes n'a pas une portée générale. On verra en effet que, dans certains cas, les candidats en sont dispensés si, par ailleurs, ils remplissent d'autres conditions. Tout dépend finalement des voies d'accès qui sont extrêmement nombreuses.

347 **Diversité des voies d'accès. –** La voie d'accès normale à la magistrature est celle de l'École nationale de la magistrature (ENM). Mais depuis quelques années, et en grande partie sous la pression des nécessités pratiques, les voies d'accès se sont très largement diversifiées afin d'élargir les bases de recrutement ; de telle sorte que, à côté du recrutement habituel par l'École nationale de la magistrature (A), une assez large place est faite au recrutement latéral par intégration directe à un poste (B), étant précisé toutefois que, dans tous les cas, les règles relatives à la nomination elle-même sont identiques (C).

A. RECRUTEMENT PAR L'ÉCOLE NATIONALE DE LA MAGISTRATURE

348 **École nationale de la magistrature. –** En vue d'améliorer le recrutement et la formation des futurs magistrats, l'ordonnance n° 58-1270 du 22 décembre 1958 avait créé le « Centre national d'études judiciaires » (CNEJ) qui, depuis la loi n° 70-642 du 17 juillet 1970, est devenu « l'École nationale de la magistrature ».

L'ENM est un établissement public à caractère administratif placé sous la tutelle du garde des Sceaux. Elle a son siège à Bordeaux[14]. Son organisation et son fonctionnement sont actuellement réglementés par le décret n° 72-355 du 4 mai 1972 (modifié à maintes reprises).

13. Ainsi la loi ne fait pas de distinction selon qu'il s'agit d'un diplôme national, d'un diplôme reconnu par l'État ou « délivré par un État membre de l'Union européenne et considéré comme équivalent par le ministre de la Justice après avis d'une commission dans les conditions prévues par un décret en Conseil d'État ». Ce peut être également un diplôme délivré par un Institut d'études politiques ou un certificat attestant la qualité d'ancien élève d'une École normale supérieure.

14. L'ENM a également une annexe à Paris où sont effectués certains travaux en cours de scolarité et où se tiennent des réunions d'étude.

L'objet premier de l'ENM, ainsi que le précise l'article 14 de l'ordonnance de 1958, est d'assurer la formation professionnelle des futurs magistrats que l'on appelle des *« auditeurs de justice »*. Mais, depuis lors, la loi du 17 juillet 1970 lui a également confié la charge de pourvoir à la « formation continue » des magistrats en fonction. À cette fin, l'ENM organise périodiquement des sessions de formation auxquelles les magistrats doivent participer.

Cette dernière mission est importante. La science du droit évolue sans cesse et de plus en plus rapidement. Les juristes, et les magistrats en particulier, ont constamment besoin de rajeunir leurs connaissances. C'est une obligation professionnelle, réglementée par les articles 50 à 51-3 du décret du 4 mai 1972.

On précisera successivement les conditions d'admission à l'ENM et le statut de l'auditeur de justice.

1. Conditions d'admission à l'École nationale de la magistrature

349 **Vue d'ensemble. –** Pour être admis à l'École nationale de la magistrature, il faut d'abord et en tout premier lieu remplir les conditions prescrites par l'article 16 de l'ordonnance de 1958 pour être magistrat (*supra*, n° 346) ; ce qui se comprend aisément du fait que l'auditeur de justice admis à l'ENM fait déjà partie du corps judiciaire (*infra*, n° 354). Sauf à rappeler, en ce qui concerne les diplômes requis, que des assouplissements ont été prévus au bénéfice de certaines voies d'accès.

Comment est-on admis à l'ENM ? Aux termes de l'article 15 de l'ordonnance n° 58-1270 du 22 décembre 1970, on peut y entrer de deux manières différentes : sur concours (I) ou sur titres (II).

350 **I. Recrutement sur concours. –** En réalité, il n'y a pas un concours, mais trois concours distincts qui sont soumis à des conditions d'accès différentes (ord. 22 déc. 1958, art. 17 ; et décret n° 72-355 du 4 mai 1972, art. 16 et s.).

a) Le premier concours, que l'on a l'habitude d'appeler le *« concours étudiants »*, est exclusivement réservé aux candidats qui, âgés de 31 ans au plus au 1er janvier de l'année du concours, remplissent les conditions précédemment exposées et qui, notamment, sont titulaires de l'un des diplômes exigés par l'article 16-1° de l'ordonnance de 1958 (*supra*, n° 346). Sur les épreuves de ce concours, cf. l'article 18 du décret du 4 mai 1972.

b) Le second concours, dit *« concours fonctionnaires »*, est ouvert aux personnes qui, sans être nécessairement titulaires de l'un des diplômes prévus par l'article 16-1° de l'ordonnance de 1958, ont la qualité de fonctionnaires de l'État ou des collectivités territoriales, ainsi qu'aux autres agents de l'État, des collectivités territoriales et de leurs établissements publics, justifiant au 1er janvier de l'année du concours de quatre années de service en ces qualités (art. 17, al. 1, 2°, ord. 22 déc. 1958). Le but de cette disposition est de favoriser la promotion interne au sein de la fonction publique.

c) Enfin, un troisième concours (nouveau depuis la réforme de 1992) est réservé aux personnes qui, durant huit ans, ont exercé une ou plusieurs activités professionnelles, un ou plusieurs mandats de membre d'une assemblée élue d'une collectivité territoriale (au sein d'un conseil général par exemple), ou encore des fonctions juridictionnelles à titre non professionnel (par exemple : les fonctions de juge d'un tribunal de commerce ou d'un conseil de prud'hommes) (art. 17-3°, ord. 22 déc. 1958). Aucun diplôme n'est exigé.

Ces trois concours sont de même niveau et la composition du jury est la même. Pour l'instant, ces concours ont une périodicité annuelle. Aucun candidat ne peut se présenter plus de trois fois.

351 **Statistiques. –** Au cours des dernières années, le nombre des candidats admis sur concours à l'ENM a été variable. Par exemple, concernant le premier concours, le nombre de candidats a été de 220 (en 2002), 228 (en 2003), 223 (en 2004) et 224 (en 2005). Mais ce chiffre a ensuite baissé : par exemple, le nombre était à peine de 80 en 2010. Il est remonté par la suite : il y a eu en effet 173 admis en 2015.

352 **II. Admission à l'ENM sur titres. –** Ce mode d'admission est destiné à des candidats ayant des titres suffisants pour justifier leur admission à l'ENM, *sans avoir à subir les épreuves du concours d'entrée.*

Les personnes qui peuvent bénéficier du recrutement sur titres sont énumérées à l'*article 18-1* de l'ordonnance du 22 décembre 1958. Peuvent être nommées directement auditeurs de justice les personnes que quatre années d'activité dans les domaines juridique, économique ou des sciences humaines et sociales qualifient pour l'exercice des fonctions judiciaires : 1° Si elles sont titulaires d'un diplôme sanctionnant une formation d'une durée au moins égale à quatre années d'études après le baccalauréat dans un domaine juridique ou justifiant d'une qualification reconnue au moins équivalente dans des conditions fixées par décret en Conseil d'État ; 2° Et si elles remplissent les autres conditions fixées aux 2° à 5° de l'article 16. Peuvent également être nommés dans les mêmes conditions : a) Les docteurs en droit qui possèdent, outre les diplômes requis pour le doctorat, un autre diplôme d'études supérieures ; b) Les docteurs en droit justifiant de trois années au moins d'exercice professionnel en qualité de juriste assistant ; c) Les personnes titulaires d'un diplôme sanctionnant une formation d'une durée au moins égale à cinq années d'études après le baccalauréat dans un domaine juridique ou justifiant d'une qualification reconnue au moins équivalente dans des conditions fixées par décret en Conseil d'État qui justifient de trois années au moins d'exercice professionnel en qualité de juriste assistant ; d) Les personnes ayant exercé des fonctions d'enseignement ou de recherche en droit dans un établissement public d'enseignement supérieur pendant trois ans après l'obtention d'un diplôme sanctionnant une formation d'une durée au moins égale à cinq années d'études après le baccalauréat dans un domaine juridique ou justifiant d'une qualification reconnue au moins équivalente dans des conditions fixées par décret en Conseil d'État. Les candidats, qui doivent être âgés de 31 ans au moins et de 40 ans au plus au 1er janvier de l'année en cours, sont nommés après avis de la commission d'avancement (*infra*, n° 377). Le nombre des candidats admis ne peut excéder le tiers du nombre des auditeurs issus des concours de la promotion à laquelle ils sont rattachés.

2. Statut des auditeurs de justice

353 **Formation professionnelle. –** Les auditeurs de justice reçoivent une formation professionnelle dont la durée est fixée à 31 mois (article 40 du décret du 4 mai 1972).

Le schéma général de la formation se présente actuellement de la manière suivante :

I. – Une première période, dite de *« formation générale »*, est destinée à familiariser les auditeurs de justice à la vie judiciaire et aux problèmes économiques et sociaux qu'ils seront appelés à connaître dans l'exercice de leurs fonctions. Cette première période se subdivise elle-même en plusieurs phases :

— un *stage de longue durée* qui s'effectue dans une administration, une entreprise, une collectivité territoriale, ou même éventuellement auprès d'institutions juridiques étrangères ou européennes ;

— une phase de *scolarité* à Bordeaux au cours de laquelle sont dispensés des enseignements sur les principes fondamentaux de l'institution judiciaire, l'éthique et la déontologie et, d'une manière plus générale, sur la culture judiciaire ;

— enfin et surtout dans un troisième temps, un *stage en juridiction*. Durant cette dernière phase, l'auditeur de justice participe à l'activité juridictionnelle du tribunal « sous la responsabilité des magistrats » (art. 19, ord. 22 déc. 1958). À ce titre, il peut : assister le juge d'instruction dans tous les actes d'information, assister les magistrats du ministère public, siéger en surnombre aux audiences et participer avec voix consultative aux délibérés des juridictions civiles et correctionnelles et présenter devant celles-ci des réquisitions ou des conclusions. L'auditeur de justice doit également effectuer un stage d'une durée minimum de 6 mois dans un cabinet d'avocat afin de lui offrir l'occasion d'être confronté aux responsabilités et aux obligations du défenseur : durant ce stage, il a la possibilité de plaider (loi n° 90-1259 du 31 déc. 1990, art. 63).

À l'issue de cette première période, les auditeurs de justice subissent un *examen de classement* destiné à vérifier leur aptitude aux fonctions judiciaires, les connaissances acquises et, aussi, à fixer un ordre de classement pour le choix des postes. Le jury émet une recommandation sur l'aptitude de chaque auditeur de justice à l'exercice d'un premier poste et, le cas échéant, des réserves sur les fonctions pouvant être exercées par lui (ord. 22 déc. 1958, art. 21).

II. – Une seconde période, dite de *« formation spécialisée »*, d'une durée de 6 mois, a pour objectif de préparer l'auditeur de justice à l'exercice de son premier poste, sous la forme de directions d'études, de séminaires et de conférences. Enfin, cette période se termine par un stage de pré-affection en juridiction, dans les fonctions qu'il sera appelé à occuper.

Lorsqu'il s'agit d'auditeurs de justice recrutés sur titres en application de l'article 18-1 de l'ordonnance de 1958 (*supra*, n° 352), le temps de la scolarité peut être réduit et, de plus, ils sont soumis à un régime de stages et d'études adapté à leur formation d'origine (art. 18-2, ord. 22 déc. 1958). En d'autres termes, du fait qu'ils proviennent de milieux différents avec un bagage intellectuel qui n'est pas toujours le même, ils bénéficient, pourrait-on dire, d'une « formation à la carte ».

354 **Intégration au corps judiciaire. –** Aux termes de l'article 1er de l'ordonnance n° 58-1270 du 22 décembre 1958, les auditeurs de justice appartiennent au corps judiciaire. Il en résulte un certain nombre de conséquences qui ne sont pas négligeables : ils perçoivent une rémunération[15] ; les années passées à l'ENM comptent pour l'ancienneté et les points de retraite ; en ce qui concerne la législation sociale, ils bénéficient des congés payés et sont assujettis à la sécurité sociale.

Plus spécialement au point de vue professionnel, les auditeurs de justice sont *assimilés à des magistrats* ; à cette nuance près qu'ils ne peuvent signer sous leur nom aucun acte juridictionnel. Mais sous cette réserve, ils bénéficient des mêmes immunités, ils sont soumis aux mêmes obligations (*infra*, nos 396 et s.), aux mêmes incompatibilités (*infra*, n° 401 et s.) et ils sont tenus au secret professionnel. D'ailleurs, dès leur entrée à l'ENM, les auditeurs de justice doivent prêter le serment suivant : « Je jure de garder le secret professionnel et de me conduire en tout comme un digne et loyal auditeur de justice » (art. 20, ord. 22 déc. 1958)[16].

15. La rémunération est fixée à l'indice majoré 359 ; ce qui correspond actuellement à un traitement brut mensuel d'environ 1 682 €.

16. « Je jure de garder *religieusement...* » a été supprimé par la loi organique n° 2016-1090 du 8 août 2016.

B. RECRUTEMENT LATÉRAL PAR INTÉGRATION DIRECTE À UN POSTE

355 **Intérêt de ce mode de recrutement. –** Dans certains cas exceptionnels, il est possible d'accéder directement à un poste de magistrat *sans devenir auditeur de justice à l'École nationale de la magistrature*. À vrai dire, cette faculté d'accès direct n'est pas une innovation : elle avait été prévue dès 1960. Mais en fait, elle était fort peu utilisée, d'abord parce qu'elle ne s'imposait pas de façon évidente (comme elle peut s'imposer au sein des juridictions administratives, *infra*, n° 362) et aussi parce que ce mode de recrutement a toujours suscité dans l'ordre judiciaire d'assez vives réticences (*supra*, n° 337).

Depuis quelques années, les perspectives ont changé : par l'effet de réformes successives, le recrutement latéral a pris un certain essor pour *remédier à la pénurie des effectifs*, sans élargir à l'excès le recrutement par la voie normale. Mais en même temps que le recrutement latéral cherche à s'acclimater, il se diversifie dans ses voies d'accès et dans ses effets. Aujourd'hui, sans avoir encore l'importance du tour extérieur au sein des juridictions administratives, le recrutement latéral par intégration directe se présente, dans l'ordre judiciaire, sous deux aspects différents selon que cette intégration a lieu à titre définitif (I) ou à titre simplement temporaire (II).

356 **I. Intégration à titre définitif. –** Ce mode de recrutement, qui permet d'entrer dans la magistrature pour y faire une nouvelle carrière, est réglementé aujourd'hui par les *articles 22 à 25-4* et *40* de l'ordonnance n° 58-1270 du 22 décembre 1958. Il serait superflu d'exposer les dispositions applicables dans tous leurs détails. Mais on retiendra les trois idées directrices qui commandent ce mode de recrutement.

a) D'une part, l'accès direct aux fonctions judiciaires n'est pas abandonné à la discrétion du gouvernement : seules peuvent en bénéficier les *personnes limitativement énumérées* aux articles 22, 23 et 40 de l'ordonnance de 1958 (mod. par les lois du 25 févr. 1992 et du 25 juin 2001).

Ainsi en est-il par exemple, des avocats, des avoués près les cours d'appel, des greffiers en chef et de certains fonctionnaires du ministère de la Justice (catégorie A), à condition d'être titulaire d'une maîtrise (ou d'un diplôme équivalent ; *supra*, n° 346) et d'avoir au moins sept années de service effectif en cette qualité.

À cette liste, il faut ajouter certaines personnalités exerçant déjà de hautes fonctions visées à l'article 40 de l'ordonnance de 1958 : les conseillers d'État en service ordinaire, les maîtres des requêtes au Conseil d'État ayant au moins dix ans de fonction, les professeurs des facultés de droit de l'État ayant enseigné pendant au moins dix ans, les avocats au Conseil d'État et à la Cour de cassation, membres ou anciens membres du conseil de l'ordre, ayant au moins vingt ans d'exercice de la profession, etc.

b) D'autre part, les personnes qui peuvent bénéficier d'une intégration directe accèdent à des *grades différents* selon la nature et la durée de leurs activités antérieures.

Pour prendre quelques exemples qui illustreront ce qui vient d'être dit, on citera le cas des personnes visées à l'article 22 de l'ordonnance de 1958 qui accèdent au second grade (professionnels ayant exercé pendant 7 ans), tandis que celles visées à l'article 23 peuvent accéder au premier grade (personnel justifiant de 15 années d'exercice professionnel). En outre, les personnes énumérées à l'article 40 de l'ordonnance de 1958 ont directement accès à des fonctions hors hiérarchie, c'est-à-dire aux plus hautes fonctions du corps judiciaire. C'est dans ces conditions que certains professeurs de nos facultés de droit sont parfois nommés directement conseillers à la Cour de cassation.

c) Toutes ces nominations sont évidemment soumises à un *contrôle* très rigoureux.

Avant son entrée en fonction, le candidat doit suivre un stage probatoire organisé par l'ENM, sauf dispense en raison de son expérience professionnelle antérieure. Le Directeur de l'École établit un bilan de la formation probatoire de chaque candidat (Ord., 22 déc. 1958, art. 21-1).

Chaque année, par cette filière, sont actuellement recrutés une moyenne de 10 à 30 magistrats.

357 **II. Intégration à titre temporaire. –** Le législateur moderne s'efforce d'ouvrir la magistrature sur le monde extérieur, en offrant à des personnes qualifiées par leurs activités professionnelles, la possibilité d'exercer des fonctions judiciaires pour une *durée limitée*. Ce mode de recrutement peut présenter des avantages pour tout le monde : non seulement pour l'intéressé qui, s'il en a la vocation, se trouvera associé à l'administration de la justice, mais aussi pour le corps judiciaire lui-même qui bénéficiera des fruits de l'expérience acquise par des personnes ayant exercé des responsabilités différentes.

La question n'est pourtant pas aussi simple. D'abord, il faut veiller de façon très attentive à la qualité intellectuelle et morale du nouveau venu. Ensuite et surtout, l'indépendance de la magistrature ne doit pas être compromise par un candidat qui a peut-être conservé des liens avec son ancien milieu professionnel et qui, du fait que sa fonction judiciaire est limitée dans le temps, peut légitimement se préoccuper de sa réinsertion lorsque cette fonction aura pris fin : aura-t-il, en un mot, l'indépendance d'esprit nécessaire ? Bref, ce problème peut susciter de légitimes hésitations.

On fait souvent le rapprochement avec le Conseil d'État et l'on cite volontiers le cas des conseillers d'État en service extraordinaire, désignés parmi des personnes venues de l'extérieur (*supra*, n° 262) et *infra* n° 363). Il est exact que ce mode de recrutement qui a toujours été pratiqué donne d'excellents résultats au Conseil d'État : pourquoi, dit-on, les juridictions de l'ordre judiciaire n'en bénéficieraient-elles pas ? À vrai dire, la comparaison n'est pas décisive, pour la raison très simple que les conseillers d'État en service extraordinaire ne peuvent être affectés qu'aux formations administratives du Conseil, à l'exclusion des formations contentieuses (*infra*, n° 363) : en d'autres termes, ils ne jugent jamais. Au sein de l'ordre judiciaire, la situation est tout à fait différente. La personne venue de l'extérieur sera nécessairement appelée à siéger dans des formations de jugement. Toute la différence est là, et elle est considérable.

Malgré les hésitations que l'on peut éprouver, plusieurs lois successives ont résolument consacré l'intégration à titre temporaire, en offrant plusieurs voies d'accès réglementées aujourd'hui par les articles 40-1 à 41-24 de l'ordonnance n° 58-1270 du 22 décembre 1958.

I. – Détachement judiciaire

On appelle ainsi la formule qui, pour un fonctionnaire, consiste à être « détaché » de son corps d'origine pour exercer temporairement des fonctions judiciaires. C'est aujourd'hui chose possible en application des articles 41 à 41-9 de l'ordonnance du 22 décembre 1958. Désormais un professeur, un fonctionnaire des finances ou un fonctionnaire des assemblées parlementaires, par exemple, peut être nommé juge d'un tribunal de grande instance ou conseiller à la cour d'appel, non point pour y faire une nouvelle carrière, mais pour une *durée limitée de cinq ans*, non renouvelable (art. 41-5).

Le détachement judiciaire est soumis à des conditions rigoureuses : peuvent en bénéficier « les membres des corps recrutés par la voie de l'École nationale d'administration et les professeurs et maîtres de conférences des universités », c'est-à-dire des personnes qui appartiennent à la fonction publique et dont le bagage intellectuel a déjà été éprouvé ; à quoi, de façon plus générale, il faut ajouter depuis une loi du 5 mars 2007, les fonctionnaires des assemblées parlementaires (art. 41).

II. – Magistrats « en service extraordinaire »

On désigne ainsi, à l'imitation de ce qui existe depuis longtemps au Conseil d'État (*infra*, n° 363), des personnes qui sont directement intégrées au corps de la magistrature pour exercer des fonctions judiciaires pendant une *durée limitée*. Par là, ce mode de recrutement s'apparente au détachement judiciaire. Mais il en diffère à un double point de vue.

D'une part, cette voie d'accès se limite à l'exercice des fonctions à la *Cour de cassation*[17]. Il est possible aujourd'hui d'être nommé directement conseiller ou avocat général à la Cour de cassation « en service extraordinaire », pour une durée de dix ans non renouvelable (art. 40-1 à 40-7, ord. 22 déc. 1958).

D'autre part, les personnes admises à bénéficier de ce mode de recrutement exceptionnel ne se limitent pas aux membres de la fonction publique : peuvent être nommées directement, « les personnes qui justifient d'au moins 20 années d'activité professionnelle et que leur compétence et leur activité qualifient particulièrement pour l'exercice de fonctions judiciaires à la Cour de cassation ». On ne manquera pas d'observer la formule extrêmement compréhensive utilisée par la loi. On pourrait facilement imaginer qu'un avocat, un juriste réputé ou même une personnalité du monde des affaires accède directement aux fonctions de conseiller en service extraordinaire à la Cour de cassation.

III. – Magistrats exerçant à titre temporaire

Cette nouvelle voie d'accès, créée par la loi du 19 janvier 1995 (qui a inséré dans l'ordonnance du 22 déc. 1958 les art. 41-10 à 41-16) est assurément la plus curieuse. Elle est ouverte à « tout membre ou ancien membre des professions libérales juridiques et judiciaires soumises à un statut législatif ou réglementaire ou dont le titre est protégé », justifiant d'au moins cinq années d'exercice professionnel, ainsi qu'aux personnes visées aux 1°, 2° et 3° de l'article 22[18]. Il faut être âgé d'au moins 35 ans et les fonctions exercées sont alors celles de *juge d'instance* ou d'assesseur dans les formations collégiales des *tribunaux de grande instance*, de juge du tribunal de police ou de juge chargé de valider les compositions pénales. Autrement dit, il s'agit d'un recrutement limité exclusivement aux juridictions de

17. Ce mode de recrutement avait été temporairement étendu aux cours d'appel par la loi n° 95-64 du 19 janv. 1995. Il est aujourd'hui abandonné.

18. 1° Les personnes remplissant les conditions prévues à l'article 16 et justifiant de sept années au moins d'exercice professionnel les qualifiant particulièrement pour exercer des fonctions judiciaires ; 2° Les directeurs des services de greffe judiciaires justifiant de sept années de services effectifs dans leur corps ; 3° Les fonctionnaires de catégorie A du ministère de la Justice ne remplissant pas les conditions prévues au 1° de l'article 16 et justifiant de sept années de services effectifs au moins en cette qualité.

première instance, pour une durée de cinq années renouvelable une fois, sachant que les magistrats exerçant à titre temporaire ne peuvent demeurer en fonction au-delà de l'âge de 75 ans.

Le plus original est que les personnes ainsi recrutées « *peuvent exercer une activité professionnelle concomitamment à leurs fonctions judiciaires...* » (art. 41-14). Autrement dit, on pourrait très bien imaginer le cas d'un avocat, d'un notaire ou d'un huissier de justice qui, tout en continuant d'exercer sa profession, accepterait de consacrer une partie de son temps à des fonctions judiciaires au sein d'un tribunal. Tout au plus, la loi a-t-elle prévu des incompatibilités particulières : notamment, l'intéressé ne peut pas « exercer des fonctions judiciaires dans le ressort du tribunal de grande instance où il a son domicile professionnel » et, par ailleurs, cette activité ne doit pas porter atteinte à la dignité de la fonction et à son indépendance.

On devine aisément le but recherché qui est d'inciter les auxiliaires de justice, en activité ou à la retraite, à venir en aide aux tribunaux surchargés, afin de combler les vides en personnel, sous la forme d'un temps partiel qui, précise l'article 41-11, ne doit pas excéder « le tiers des services du tribunal ». La formule n'en est pas moins audacieuse.

IV. – Juges de proximité

C'est en s'inspirant des dispositions de la loi du 19 janvier 1995 relative aux magistrats exerçant à titre temporaire (dont il vient d'être question) qu'ont été recrutés les juges de proximité. Pendant plusieurs années, chaque juge a tenu une juridiction autonome à juge unique que l'on a appelée la juridiction de proximité, compétente pour le jugement des petites affaires civiles inférieures ou égales à 4 000 €. Cette juridiction a été supprimée par la loi n° 2011-1862 du 11 décembre 2011, mais la suppression est devenue effective à compter du 1er juillet 2017.

C. NOMINATION

358 **Nomination et affectation. –** Les nouveaux magistrats sont nommés par décret du président de la République sur proposition du garde des Sceaux (art. 26, ord. 22 déc. 1958).

Plus spécialement en ce qui concerne les auditeurs de justice, ils choisissent leur affectation suivant leur rang de classement à l'examen de sortie, à l'exclusion des fonctions pour lesquelles le jury aurait formulé des réserves. En fonction des postes disponibles, ils sont affectés indifféremment au « siège » ou au « parquet ». La liste des propositions est soumise à la formation compétente du Conseil supérieur de la magistrature, qui pourrait émettre un avis défavorable à certaines affectations (ord. 22 déc. 1958, art. 26).

Au parquet, le poste de début est celui de substitut. Les auditeurs de justice affectés au siège se voient généralement proposer un poste de juge à un tribunal de grande instance (souvent pour exercer les fonctions de juge d'instruction ou de juge à un tribunal d'instance du ressort). Comme on peut le constater, dans la plupart des cas, les postes de début correspondent à des fonctions de juge unique (juge d'instruction ou juge d'instance) qui sont lourdes de responsabilité. On peut se demander si, pour parfaire la formation professionnelle des nouveaux magistrats, il ne serait pas préférable de les faire siéger d'abord au sein d'une formation collégiale. Autrefois, telle était la règle : notamment, pour exercer les fonctions de juge d'instance, il fallait avoir déjà deux ans d'ancienneté. Cette règle a été abandonnée en 1969. On ne peut que le regretter. La dramatique affaire d'Outreau a relancé le problème et souligné la nécessité de ne pas nommer à un poste de juge d'instruction un candidat qui, quels que soient ses mérites, n'a pas encore acquis une solide expérience judiciaire.

359 **Prestation de serment et installation. –** Pour que le nouveau magistrat soit en mesure d'exercer ses fonctions, deux ultimes formalités sont encore nécessaires : la prestation de serment et l'installation.

a) Tout magistrat nommé à son premier poste doit *prêter serment* devant la cour d'appel : un serment qui ne se confond pas avec celui qu'il a déjà prêté en tant qu'auditeur de justice (*supra*, n° 354) et qui est libellé de la manière suivante : « Je jure de bien et fidèlement remplir mes fonctions, de garder le secret des délibérations et de me conduire en tout comme un digne et loyal magistrat » (art. 6, ord. 22 déc. 1958). Procès-verbal est dressé de la prestation de serment. Cette formalité est obligatoire : tout acte judiciaire accompli par un magistrat qui n'aurait pas préalablement prêté serment serait entaché de nullité. On soulignera, en revanche, que la prestation de serment n'est requise qu'au moment de la nomination à un premier poste ; le magistrat qui change d'affectation n'est plus tenu de renouveler son serment.

b) Ensuite le magistrat doit être « installé » dans ses fonctions. La *cérémonie d'installation* a lieu à l'audience solennelle du tribunal (art. 7, ord. 22 déc. 1958). Il est introduit devant tous ses collègues : le greffier lit le décret de nomination et le procès-verbal de prestation de serment. Le président invite ensuite son nouveau collègue à prendre place parmi les membres du tribunal.

§ 3. RECRUTEMENT ET NOMINATION DES JUGES DE L'ORDRE ADMINISTRATIF

360 **Situation antérieure à 1945**. – Pendant longtemps, chaque juridiction administrative eut son propre mode de recrutement au moyen d'un concours particulier.

Le concours du Conseil d'État était l'un des plus prestigieux : il figurait parmi les grands concours de l'État (à côté de l'inspection des finances, des affaires étrangères, de l'agrégation des facultés de droit, etc.). Le jeune licencié en droit admis à ce concours entrait au Conseil d'État en qualité d'auditeur, pour y faire ensuite sa carrière. Le Conseil d'État tenait beaucoup à ce mode de recrutement particulier qui, la tradition aidant, était devenu en quelque sorte, un symbole d'indépendance de ce grand corps de l'État.

En ce qui concerne les conseils de préfecture, il faudra attendre 1926 pour que les conseillers, recrutés jusqu'alors de façon empirique, le soient enfin par voie de concours. Ce concours, spécifique lui aussi à cette juridiction, n'avait pas le prestige de celui du Conseil d'État ; et de loin, si l'on considère la place modeste de cette juridiction avant la création des tribunaux administratifs (*supra*, n° 275).

En un mot, la situation antérieure se caractérisait par la diversité des concours. Cette situation prit fin lorsque fut créée, en 1945, l'*École nationale d'administration* (ENA), avec précisément pour mission d'unifier les modes de recrutement dans la fonction publique et de parfaire la formation des futurs administrateurs civils.

Néanmoins, malgré l'élément d'unification que constitue l'ENA, il subsiste toujours pour chacune des juridictions administratives un certain particularisme qui tient au fait qu'elles ne forment pas un corps homogène comparable au « corps judiciaire ». Aussi bien, après avoir dégagé les principes (A) conviendra-t-il de préciser les règles de recrutement spécifiques aux juridictions administratives les plus importantes (B).

A. PRINCIPES DE RECRUTEMENT

361 **I. Recrutement normal par l'École nationale d'administration (ENA). –** De nos jours, l'ENA est la voie normale d'accès à la fonction publique : elle constitue la pépinière des futurs administrateurs civils et, parmi eux, des juges appelés à siéger dans les juridictions administratives, aussi bien au Conseil d'État que dans les tribunaux administratifs et cours administratives d'appel.

a) On entre à l'ENA sur concours. Mais en réalité, il existe trois types de concours, organisés chaque année, avec pour chacun des trois concours une option juridique ou économique.

D'abord, le concours dit *« externe »* qui est ouvert aux candidats qui sont titulaires d'un diplôme national de l'enseignement supérieur : maîtrise, diplôme d'un Institut d'études politiques ou de certaines grandes écoles[19]. C'est pratiquement le concours réservé aux étudiants.

Ensuite, le concours dit *« interne »* auquel peuvent se présenter fonctionnaires et agents de l'État, des collectivités territoriales et des établissements publics qui en dépendent et qui justifient de quatre années au moins de services publics (art. 15 du décret du 10 janv. 2002). Comme pour l'ENM, ce type de concours est destiné à favoriser la promotion interne au sein de la fonction publique.

Enfin, une loi nº 90-8 du 2 janvier 1990 a créé ce que l'on a coutume d'appeler le *« troisième concours »*. Il est ouvert aux personnes qui justifient de l'exercice durant huit années au total d'un ou plusieurs mandats de membre d'une assemblée élue d'une collectivité territoriale (art. 19 du décret du 10 janv. 2002).

Nul ne peut se présenter plus de trois fois aux différents concours de l'ENA.

b) Dès leur admission à l'ENA, les élèves accèdent à la qualité de *« fonctionnaire stagiaire »*, et perçoivent à ce titre une rémunération mensuelle[20].

La scolarité dure 24 mois. Elle comporte des stages qui peuvent avoir lieu dans une préfecture, une ambassade, auprès d'une administration étrangère ou encore dans une organisation internationale. Après le stage, commence dans les locaux de l'École, une période consacrée aux études. Le double objectif est de permettre une remise à niveau de l'ensemble des élèves et de développer, à travers divers enseignements, leur formation préalable aux principes qui guident l'action administrative. À l'issue de la scolarité, il est procédé à un classement final.

À ce point des explications, on est conduit à faire un rapprochement avec le recrutement des magistrats dans l'ordre judiciaire par la voie de l'ENM. En réalité, la similitude est trompeuse. Tandis que l'ENM prépare spécifiquement à la fonction judiciaire, l'ENA prépare à l'exercice de la fonction publique en général. À l'issue de l'examen de classement, les uns se dirigeront vers l'administration active, tandis que d'autres s'orienteront vers la juridiction administrative[21]. Le

19. La liste des équivalences est très étendue, cf. sur ce point l'arrêté du 7 avr. 1972.

20. La rémunération est fixée au niveau de l'indice majoré 359, soit environ 1 672 €.

21. Les corps auxquels peuvent être nommés les élèves à la sortie de l'ENA sont notamment : le Conseil d'État, la Cour des comptes, le Corps préfectoral, le Corps diplomatique ou consulaire, celui des tribunaux

choix dépend des postes disponibles et en principe du rang de classement à l'examen final. *En entrant à l'ENA nul ne peut être assuré qu'il sera juge :* il ne le saura qu'à l'issue de sa scolarité lorsque se fera la répartition des postes.

Plus encore : le rang de classement détermine le choix entre le Conseil d'État et les tribunaux administratifs. Ce n'est un mystère pour personne que le Conseil d'État est particulièrement recherché pour son prestige et les débouchés extérieurs qu'il peut offrir (*infra*, n° 403). Les mieux placés choisissent alors tout naturellement d'entrer au Conseil d'État où ils deviennent immédiatement auditeurs de deuxième classe, tandis que les élèves moins bien placés se voient offrir des postes de conseillers administratifs en province. Les différences de carrière se marquent dès la sortie de l'école.

On mesure alors toute la différence entre l'ENM et l'ENA. L'auditeur de justice de l'ENM est sûr d'être magistrat ; il sait aussi que, comme tous les auditeurs de sa promotion, il commencera par un poste modeste, mais avec une égale vocation à accéder aux plus hautes fonctions de la hiérarchie judiciaire. En revanche, le fonctionnaire stagiaire de l'ENA, s'il est certain d'exercer une fonction publique, ne sait pas encore laquelle ; et si un poste de juge administratif doit lui être proposé parmi d'autres, son profil de carrière sera très différent selon son rang de classement à la sortie de l'école. Finalement, la différence s'explique par le fait que le juge administratif exerce, non point une fonction autonome pour laquelle il a été spécialement formé, mais plus exactement une activité particulière au sein de l'administration.

362 **II. Recrutement latéral : importance du « tour extérieur ». –** Dans l'ordre administratif, le recrutement latéral, – encore appelé « tour extérieur » –, occupe une place extrêmement importante, beaucoup plus que dans la magistrature judiciaire où il suscite encore bien des réticences (*supra*, n° 337). Plusieurs raisons peuvent expliquer cette différence.

a) D'abord, on l'a souvent observé (*supra*, n° 269), un *« brassage »* entre l'administration active et la juridiction administrative s'impose comme une nécessité. Pour bien juger l'administration, il faut en connaître les servitudes. La présence, parmi les juges administratifs, d'un fonctionnaire qui a bien connu les difficultés de l'administration active pour les avoir vécues, est une source d'enrichissement au niveau du contentieux. On évite de la sorte que ne se creuse un fossé entre l'administration et son juge ; ce qui accroît l'autorité morale des décisions rendues et en facilite l'exécution.

b) En second lieu, cette osmose est facilitée par le fait que l'ordre administratif ne constitue pas un corps autonome structuré comme peut l'être la magistrature judiciaire. Psychologiquement, le fonctionnaire qui, après avoir exercé ses fonctions dans l'administration active, est appelé à siéger au sein d'une juridiction administrative n'est pas considéré comme un « corps étranger ».

c) Enfin, à toutes ces raisons s'ajoute une dernière considération d'ordre pratique qui tient à ce que le recrutement par la voie du concours de l'ENA ne peut pas fournir un nombre suffisant de juges pour faire face à la masse contentieuse

administratifs et cours administratives d'appel, l'Inspection générale des finances, l'Inspection générale des affaires sociales, le Corps des administrateurs civils, etc.

portée devant les tribunaux administratifs (*supra*, n° 272). De là, la nécessité d'un recrutement parallèle.

Reste à préciser comment, au sein de chacune des principales juridictions administratives, ces deux modes de recrutement se combinent.

B. RÈGLES SPÉCIFIQUES

363 **Recrutement au Conseil d'État.** – Au Conseil d'État, tous les auditeurs sont issus du concours de l'ENA. En revanche, le recrutement au « tour extérieur » concerne l'accès aux fonctions de maître des requêtes et de conseiller d'État.

a) En principe, les *maîtres des requêtes* sont choisis parmi les auditeurs de première classe. Mais jusqu'à concurrence du quart des postes à pourvoir, le gouvernement peut nommer directement à cette fonction des personnes ayant au moins 30 ans d'âge et justifiant de dix ans de services publics, tant civils que militaires (art. L. 133-4 C. just. adm.).

b) De même, s'il est vrai que les deux tiers au moins des emplois vacants de *conseillers d'État* sont réservés aux maîtres des requêtes ayant au moins douze années de service dans ce grade, le gouvernement peut désigner discrétionnairement jusqu'à concurrence du tiers, toute personnalité extérieure de son choix âgée de 45 ans accomplis (art. L. 133-3 C. just. adm.).

Toutefois, pour limiter un certain favoritisme d'inspiration politique, une loi n° 94-530 du 28 juin 1994 a décidé que les nominations au tour extérieur doivent être soumises pour avis au vice-président du Conseil d'État (art. 2). Sans doute, le gouvernement peut-il passer outre à cet avis, mais sur la demande de l'intéressé il doit lui être communiqué (art. L. 133-7 C. just. adm.).

On ne confondra pas les personnes ainsi désignées au tour extérieur qui accèdent directement au rang de conseiller d'État en service ordinaire, avec les *conseillers d'État en service extraordinaire* (art. L. 121-4 à 8 C. just. adm.). Ces derniers sont également des personnalités extérieures choisies en raison de leur qualification dans les différents domaines de l'activité nationale (art. L. 121-4 C. just. adm.). Mais ils n'appartiennent que temporairement au Conseil d'État : ils ne sont nommés que pour une durée de cinq ans. Et par ailleurs, ils ne siègent que dans les formations administratives : en aucun cas, ils ne participent aux travaux de la section du contentieux (art. L. 121-4, 3e al. C. just. adm.).

364 **Recrutement à la Cour des comptes.** – Le recrutement de la Cour des comptes présente de nombreuses analogies avec celui du Conseil d'État. Tous les auditeurs sont recrutés parmi les élèves de l'ENA. Mais, cela dit, il existe des règles particulières concernant les conditions de nomination des *conseillers référendaires* (art. L. 122-5 C. jur. fin.) et des *conseillers maîtres* (art. L. 122-3 C. jur. fin.).

Dans les mêmes conditions qu'au Conseil d'État, il y a également des *conseillers-maîtres en service extraordinaire* nommés temporairement pour quatre ans (art. L. 112-5 et L. 112-6 C. jur. fin.).

365 **Recrutement dans le corps des tribunaux administratifs et cours administratives d'appel.** – Depuis la réforme de 1987, qui a institué les cours administratives d'appel (*supra*, n° 281), les membres des tribunaux administratifs et cours

administratives d'appel forment un *corps unique*, dont la gestion est assurée par le vice-président du Conseil d'État (art. R. 231-3 C. just. adm.).

En principe, les membres de ce corps sont recrutés parmi les *élèves de l'École nationale d'administration* (art. L. 233-2 C. just. adm.) : l'ENA est en quelque sorte la filière normale d'accès. Mais le nombre croissant d'affaires soumises à ces juridictions, le développement rapide des tribunaux administratifs et surtout la mise en place des cours administratives d'appel ont créé des besoins en personnel qui ont obligé le législateur à organiser d'autres filières d'accès.

a) D'abord, le traditionnel *tour extérieur* qui, sous certaines conditions, permet à certains fonctionnaires et aux magistrats de l'ordre judiciaire d'accéder directement à ce corps, sans passer par l'ENA (sur les conditions d'accès au tour extérieur, cf. art. R. 233-4 et 4 C. just. adm.).

b) Ensuite un *recrutement direct*, par voie de concours externe (ouvert aux titulaires de l'un des diplômes exigés pour se présenter au premier concours d'entrée à l'École nationale d'administration) ou interne (ouvert aux fonctionnaires ainsi qu'aux magistrats de l'ordre judiciaire et autres agents publics civils ou militaires appartenant à un corps ou cadre d'emplois de la catégorie A ou assimilé et justifiant, au 31 décembre de l'année du concours, de quatre années de services publics effectifs) (art. L. 233-6 C. just. adm.).

c) Un recrutement par voie de *détachement* est également prévu (art. L. 233-5 C. just. adm.) pour les fonctionnaires appartenant à un corps recruté par la voie de l'École nationale d'administration, les magistrats de l'ordre judiciaire, les professeurs et maîtres de conférences titulaires des universités, les administrateurs des assemblées parlementaires, les administrateurs des postes et télécommunications et les fonctionnaires civils ou militaires de l'État, de la fonction publique territoriale ou de la fonction publique hospitalière appartenant à des corps ou à des cadres d'emplois de niveau équivalent à celui des tribunaux administratifs et des cours administratives d'appel.

d) Enfin, les conseillers en fonction atteints par l'âge de la retraite peuvent demander leur *maintien en surnombre* (art. L. 233-7 et 8 C. just. adm.).

SECTION II — GARANTIES D'INDÉPENDANCE

366 **Importance du problème. –** Le juge doit bénéficier d'une totale indépendance à l'égard de tous et, spécialement, à l'égard du pouvoir exécutif : l'indépendance est inhérente à la fonction de juge. S'agissant des juges temporaires recrutés parmi les citoyens par tirage au sort (*supra*, n° 339) ou par élection (*supra*, n° 342), le problème ne se pose pas : ils tirent de leur mode de recrutement le principe même de leur indépendance. Le problème est en revanche autrement plus grave lorsqu'il s'agit des juges de carrière qui sont intégrés à la fonction publique et ont un statut de fonctionnaire.

Il est indispensable de tenir le juge de carrière à l'abri des menaces et des brimades, à l'abri aussi des sollicitations ou des faveurs qui pourraient fausser son impartialité et, en tout cas, sa sérénité. Certes, il a souvent été fait observer que l'indépendance est avant tout affaire de caractère ; et l'histoire a d'ailleurs montré que, quels que soient les textes, les hommes de caractère savaient garder leur indépendance en dépit des menaces ou des sollicitations. Mais il est néanmoins indispensable que les textes fortifient les résolutions de chacun et que, en tout cas, ils ne les découragent point. De là, la nécessité d'édicter un ensemble de garanties suffisamment strictes pour protéger le juge.

Les garanties d'indépendance sont dominées par un principe essentiel qui semble les résumer toutes : *le principe de l'inamovibilité* (§ 1). Mais, en fait, la portée pratique de ce principe, qui d'ailleurs n'est pas d'application générale, est indirectement commandée par des règles légales qui en sont le complément indispensable et qui concernent, d'une part, *l'avancement* (§ 2), et d'autre part, la *discipline* (§ 3).

§ 1. PRINCIPE DE L'INAMOVIBILITÉ

367 **Définition. –** Dire d'un juge qu'il est inamovible signifie qu'il ne peut pas faire l'objet d'une mesure individuelle prise à son encontre par le gouvernement (révocation, suspension, déplacement, mise à la retraite prématurée), en dehors des cas et conditions prévus par la loi. On mesure aisément toute l'importance d'un tel principe qui est une garantie de bonne justice. Le juge perdrait en effet sa sérénité si, confronté aux pressions du pouvoir, il devait constamment redouter une mesure de déplacement, de suspension ou de révocation. Le principe de l'inamovibilité apparaît, en un mot, comme une protection contre un éventuel arbitraire de la part du pouvoir exécutif.

Compte tenu de l'importance de ce principe, on ne sera pas surpris de constater qu'il figure dans la Constitution elle-même, à son article 64.

Après avoir rappelé les vicissitudes historiques dont il fut l'objet (I), on précisera successivement son domaine (II) et sa portée (III).

368 **I. Vicissitudes historiques. –** Au cours de notre histoire judiciaire, le principe de l'inamovibilité a parfois connu des éclipses regrettables[22]. Sans entrer dans les détails, on se bornera simplement à souligner deux constantes révélatrices.

a) La reconnaissance du principe de l'inamovibilité est fonction du *caractère libéral ou autoritaire d'un régime politique*.

Les régimes qui se veulent libéraux et républicains l'affirment nettement, voire même souvent dans leur Constitution (exemples : la IIe République en 1848 ; la IVe République en 1946, art. 84 ; la Ve République en 1958, art. 64).

Au contraire, les régimes d'autorité ont tendance à exclure l'inamovibilité des magistrats du siège. Certains n'ont pas hésité à l'exclure purement et simplement : ce fut le cas du gouvernement de Vichy qui, par un acte dit loi du 17 juillet 1940, se réserva le pouvoir de relever les magistrats de leurs fonctions « nonobstant toutes dispositions législatives ou réglementaires contraires ». Mais

22. J. Krynen, *op. cit.*, t. II, p. 351 et s.

tous les régimes n'ont pas la même naïveté et la plupart des gouvernements autoritaires affirment la règle de l'inamovibilité, sauf ensuite à en limiter l'étendue ou la portée, soit en ne l'appliquant pas (exemple : le Premier Empire qui subordonnait l'inamovibilité des magistrats à des lettres d'institution qui ne furent jamais délivrées), soit en excluant certains magistrats du bénéfice de cette règle (exemple : la Charte de 1814 qui en excluait les magistrats nommés par l'empereur), soit en exigeant un serment politique de fidélité qui émoussait la valeur du principe (exemples : la Charte de 1830 et le Second Empire).

De toute manière, actuellement, on concevrait mal un régime politique, quelles que soient ses tendances réelles, qui se refuserait à consacrer dans les textes la règle de l'inamovibilité des magistrats du siège.

b) En revanche, il arrive souvent que, à l'occasion d'un *changement de régime politique*, le principe de l'inamovibilité soit écarté, tout au moins provisoirement. Le nouveau régime politique en place veut se donner le temps d'éliminer les magistrats suspects de complaisance à l'égard du régime politique antérieur ; et, afin de procéder à une épuration préalable, il suspend pour un temps la règle de l'inamovibilité. Cela n'est guère surprenant lorsque le nouveau régime est un régime autoritaire (exemples : le Premier et le Second Empire). Mais on peut constater qu'il en va de même lorsque le nouveau régime se veut libéral ; c'est ainsi que la IIIe République, par la loi du 30 août 1883, affirma le principe de l'inamovibilité pour l'avenir, mais n'hésita pas à en suspendre l'application pour une durée de trois mois, afin de pouvoir donner une « investiture républicaine à la magistrature ». De même, à une époque plus récente et aussi plus dramatique, une ordonnance en date du 10 septembre 1943, écarta provisoirement le principe de l'inamovibilité, lequel ne fut rétabli que par une ordonnance du 13 avril 1945, avec effet à compter du 15 mai de la même année ; ce qui permit, jusqu'à cette dernière date, de procéder à une « épuration » de la magistrature.

369 **II. Domaine d'application : les magistrats du siège de l'ordre judiciaire. –** En ce qui concerne les magistrats du siège de l'ordre judiciaire, le principe de l'inamovibilité est proclamé à deux reprises différentes : une première fois dans la Constitution elle-même à l'article 64, alinéa 4 (« Les magistrats du siège sont inamovibles ») et, une seconde fois, dans l'article 4 de l'ordonnance n° 58-1270 du 22 décembre 1958 qui répète la même formule et en tire la conséquence pratique que « ... le magistrat du siège ne peut recevoir, sans son consentement, une affectation nouvelle même en avancement ».

Le principe de l'inamovibilité s'applique donc à tous les magistrats du siège de l'ordre judiciaire : tous sont protégés, quels que soient la fonction exercée et le poste auquel ils sont affectés.

Mais est-ce suffisant ? En posant cette question, on pense tout naturellement à ceux que la formule de l'article 64 de la Constitution ne vise pas : les magistrats du ministère public (a) et les juges de l'ordre administratif (b).

370 **a) Exclusion des magistrats du ministère public. –** Il ressort clairement des textes précédemment cités, qui ne visent que les magistrats du siège, que ceux du ministère public sont implicitement exclus du bénéfice de cette garantie. Cette règle est la conséquence du fait que ces magistrats ne jugent pas et que, par ailleurs, ils sont des « agents du pouvoir exécutif auprès des tribunaux » : ils sont dans la dépendance du garde des Sceaux et de leur supérieur hiérarchique (*supra*, n° 47). Cette subordination inhérente à la fonction explique pourquoi les magistrats du parquet échappent au principe de l'inamovibilité.

La logique d'une telle solution, qui a pour effet de renforcer la subordination, ne saurait cependant faire oublier que les magistrats du parquet sont appelés parfois à prendre en conscience des décisions extrêmement graves. On ne saurait donc admettre qu'ils soient exposés arbitrairement à tous les caprices du pouvoir. C'est là, pour l'instant, un sujet extrêmement sensible. Cette considération donne toute son importance aux règles concernant l'avancement (*infra*, n°s 379 et 380) et la discipline (*infra*, n°s 391 et s.) des magistrats du parquet dont il sera question ultérieurement.

371 **b) Les juges de l'ordre administratif sont-ils inamovibles ? –** Une analyse rapide des textes pourrait donner à penser qu'ils échappent à cette garantie. Tout le monde, en effet, est d'accord pour admettre que la notion de « magistrats du siège » dont il est question à l'article 64 de la Constitution (*supra*, n° 369) ne concerne que les seuls magistrats du siège de l'ordre judiciaire, à l'exclusion des juges de l'ordre administratif. Et comme par ailleurs aucune des dispositions qui régissent les différentes juridictions administratives ne fait expressément référence à la notion d'inamovibilité, on est porté à en déduire que les juges de l'ordre administratif ne bénéficient pas de cette garantie fondamentale, si ce n'est les magistrats de la Cour des comptes pour lesquels un texte spécial affirme clairement leur inamovibilité (art. L. 120-1 C. jur. fin. ; *supra*, n° 294).

En droit, la solution surprend. À la différence des membres du parquet, les juges administratifs sont de véritables juges appelés à se prononcer sur des affaires graves qui souvent mettent en cause les intérêts de la puissance publique. Plus encore que les magistrats du siège de l'ordre judiciaire, ils sont exposés à rendre des décisions susceptibles d'indisposer les autorités publiques. En bonne logique, rien ne peut justifier l'absence de toute garantie.

Mais en fait, s'il est vrai que la notion d'inamovibilité n'apparaît pas formellement dans les textes, la réalité est très différente :

a) En ce qui concerne les *membres du Conseil d'État*, il est exact que jamais le gouvernement n'a voulu affirmer leur inamovibilité en droit. À plusieurs reprises, au cours du XIXe siècle, des propositions furent présentées tendant à consacrer le principe de l'inamovibilité au profit des membres du Conseil d'État[23] : jamais ces propositions n'ont abouti. Et encore récemment le nouveau Code de justice administrative s'est bien gardé d'évoquer la notion d'inamovibilité. L'argument généralement avancé est que les membres du Conseil d'État sont des « conseillers de l'exécutif ». La raison invoquée est discutable : ils le sont incontestablement au sein des formations administratives, mais ils ont cessé de l'être depuis 1872 lorsque, siégeant au sein d'une formation contentieuse, ils se comportent comme des juges (*supra*, n° 260). En dernière analyse, le seul véritable argument est qu'il serait difficile d'édicter un statut différent entre les membres d'un même corps selon la formation dans laquelle ils siègent.

Toutefois cette lacune, regrettable sur le plan des principes, ne tire guère à conséquence, car s'il est vrai que le principe de l'inamovibilité n'est pas affirmé dans un texte, il existe en vertu d'une *coutume séculaire* qui a autant de force, sinon plus, qu'une disposition législative. Il est d'ailleurs remarquable de constater

23. Rapport Dalloz à la séance de la Chambre des députés du 1er févr. 1840 (*Le Moniteur*, 24 juin 1840) ; *adde*, l'intervention de Gaslonde à la séance de l'Assemblée nationale du 3 mai 1872 (*JO* 4 mai 1872).

que, sauf circonstances très exceptionnelles, aucun gouvernement n'a osé porter atteinte à l'inamovibilité de fait dont bénéficient les membres du Conseil d'État. Finalement, dans les périodes de crise, les plus exposés à en pâtir individuellement sont les rapporteurs publics (autrefois, les commissaires du gouvernement) ; mais dans ce cas, le malaise est tel que le gouvernement hésite (*infra*, n° 523).

b) En revanche, s'agissant de juridictions comme les *tribunaux administratifs* et les *cours administratives d'appel*, qu'aucune tradition ne protège et qui connaissent d'un contentieux sans cesse plus abondant depuis la régionalisation de la justice administrative (*supra*, n° 256), une telle lacune devenait insupportable, surtout si l'on considère que certaines décisions peuvent avoir un retentissement politique (par exemple, le contentieux des élections municipales). La situation précaire des conseillers administratifs de ces juridictions avait souvent été critiquée ; et à juste titre[24].

Cette lacune est aujourd'hui comblée : elle l'a été initialement par une loi du 6 janvier 1986 dont la teneur a été reprise par l'article L. 231-3 C. just. adm. Sans doute, le mot « inamovibilité » n'apparaît-il pas. Mais la conséquence la plus fondamentale que l'on tire habituellement de l'inamovibilité est formellement inscrite dans ce texte où il est dit que : « lorsqu'ils exercent leurs fonctions de magistrat dans une juridiction administrative, les magistrats des tribunaux administratifs et des cours administratives d'appels ne peuvent recevoir, sans leur consentement, une affectation nouvelle, même en avancement ». De toute évidence, cette formule a été empruntée à l'article 4 de l'ordonnance n° 58-1270 du 22 décembre 1958 applicable aux magistrats de l'ordre judiciaire (*supra*, n° 369). Il est donc clair que, désormais, la garantie de l'inamovibilité est implicitement reconnue aux conseillers des tribunaux administratifs et des cours administratives d'appel. Le progrès est considérable. Dans l'esprit des justiciables, cette garantie d'indépendance ne peut que renforcer l'autorité de ces juridictions.

372 **III. Portée réelle du principe. –** Il ne faut pas se méprendre sur la portée réelle de ce principe qui a pour seul objectif de soustraire le juge à toute décision arbitraire d'un pouvoir exécutif dont les menaces ou les sollicitations pourraient compromettre son objectivité et sa sérénité dans l'exercice de ses fonctions de juge.

Dans cette mesure :

a) Le principe de l'inamovibilité n'est pas incompatible avec une *limitation de la durée des fonctions* dès lors que cette limitation est prévue par la loi. Il est bon de le souligner car, rompant avec une longue tradition, la loi n° 2001-539 du 25 juin 2001, a limité la durée de certaines fonctions judiciaires importantes dans le souci d'assurer une certaine mobilité. Ainsi par exemple, sont limitées à une durée de sept ans, les fonctions de président ou de procureur de la République au sein d'un

24. Cette question avait fait l'objet d'un assez vif débat au Sénat, à la session d'automne 1983 (cf. *Le Monde*, 27 oct. 1983, p. 14). Mais il n'en était rien sorti de positif, sinon une déclaration d'intention dans la *loi du 11 janv. 1984* sur la fonction publique. On trouve en effet, dans l'article 9 de cette loi, une formule sans grande portée pratique où il est dit que *« la loi fixe les règles garantissant l'indépendance des membres des tribunaux administratifs »*. Cette formule annonçait la loi du 6 janv. 1986 qui devait être promulguée deux ans plus tard.

même tribunal de grande instance[25], de même que les fonctions de premier président ou du procureur général au sein d'une même cour d'appel[26]. Sont également limitées à une durée de dix ans, au sein d'un même tribunal, les fonctions de juge des libertés et de la détention, de juge d'instruction, de juge des enfants, de juge de l'application des peines ou de juge chargé du service d'un tribunal d'instance[27]. Bien évidemment, à l'expiration du délai, le juge ne cessera pas d'être juge, mais il devra changer de juridiction ou il sera appelé à d'autres fonctions, éventuellement aussi prestigieuses, sinon plus. Ce que la loi ne veut pas, c'est qu'un juge ayant exercé des fonctions d'autorité impliquant de lourdes responsabilités puisse le demeurer sa vie durant au sein d'une même juridiction. Le Conseil constitutionnel a estimé que ces dispositions n'étaient pas contraires au principe d'inamovibilité[28].

Dans le même ordre d'idées, un système de *remplacement temporaire* n'est pas contraire à la règle de l'inamovibilité. Il peut arriver en effet que, pour des raisons de maladie, pour maternité ou adoption ou du fait de la participation à des stages de formation, ou en raison des congés annuels, les effectifs d'un tribunal fondent brusquement au point d'en entraver le fonctionnement. Dans ce cas, l'article 3-1 de l'ordonnance n° 58-1270 du 22 déc. 1958 reconnaît aux premiers présidents de cours d'appel (pour les magistrats du siège) et aux procureurs généraux de cours d'appel (pour les magistrats du ministère public), le pouvoir d'affecter certains magistrats de leur ressort, pour une durée limitée, dans une juridiction déterminée en remplacement de ceux qui ne seraient plus mesure d'exercer temporairement leurs fonctions, leur rôle étant de venir en aide provisoirement à un tribunal en difficulté. Dans le jargon administratif, on les appelle des *« magistrats placés »*.

b) En réalité, ce qui fait problème c'est *l'organisation de la carrière du magistrat*. Tout le monde est bien d'accord pour admettre que la règle de l'inamovibilité ne saurait transformer les juges en une caste d'intouchables. Si une faute grave a été commise, il doit être possible de déplacer, de suspendre ou de révoquer le juge qui s'en est rendu coupable. Et même indépendamment de toute faute, il fallait prévoir le cas où l'état de santé du magistrat ne lui permettrait plus de remplir ses fonctions. Inversement, l'inamovibilité ne saurait interdire de récompenser les meilleurs magistrats. En un mot, la règle de l'inamovibilité est parfaitement compatible avec des mesures individuelles destinées à sanctionner les mauvais, à écarter ceux que la maladie ne permettrait pas de maintenir en fonction et à favoriser les bons, l'essentiel étant que ces mesures échappent à tout arbitraire et qu'elles soient prises dans le respect des conditions légales.

Mais on en arrive alors à penser que s'il est indispensable de proclamer le principe de l'inamovibilité, – s'y refuser serait le signe le plus sûr de l'arbitraire –, le seul fait d'en affirmer l'existence n'est pas, en soi, une garantie suffisante. L'histoire prouve que même les régimes les plus autoritaires n'ont pas hésité à se dire attachés à la règle de l'inamovibilité, sauf ensuite à en restreindre la portée pratique par des artifices juridiques plus ou moins habiles (*supra*, n° 368). En réalité, l'inamovibilité des juges est dénuée de toute efficacité concrète, si les règles légales

25. Article 3 de la loi du 25 juin 2001, ajoutant un article 28-2 à l'ordonnance n° 58-1270 du 22 déc. 1958.

26. Articles 4 et 6 de la loi du 25 juin 2001, complétant l'art. 37 de l'ordonnance n° 58-1270 du 22 déc. 1958, et ajoutant un art. 38-1 à cette même ordonnance.

27. Article 5 de la loi du 25 juin 2001, ajoutant un art. 28-3 à l'ordonnance n° 58-1270 du 22 déc. 1958.

28. Décision n° 2001-445 DC du 19 juin 2001 (*JO* 26 juin 2001).

relatives à l'avancement et à la discipline sont si imprécises qu'elles finissent par ne plus constituer aucun frein à l'arbitraire du pouvoir exécutif ; et il est alors vrai de dire que le principe de l'inamovibilité est un mythe qui risque d'être vidé de sa substance[29]. En d'autres termes, il ne sert à rien d'affirmer le principe dans l'abstrait : pour en apprécier la véritable portée, il faut nécessairement le confronter aux règles qui gouvernent le régime de l'avancement et celui de la discipline des juges.

§ 2. RÉGIME DE L'AVANCEMENT DES MAGISTRATS DE CARRIÈRE

373 **Hiérarchie : grade, fonction et degré de juridiction. –** Dans un système où l'exercice de la fonction judiciaire est une profession où l'on entre jeune pour y consacrer sa vie active jusqu'à l'âge de la retraite, il est naturel que la carrière s'échelonne à travers des grades de plus en plus élevés dans la hiérarchie, avec l'espoir d'occuper des fonctions plus prestigieuses que d'autres : quel est le juge d'un tribunal qui n'a jamais eu l'ambition tout à fait légitime de devenir un jour conseiller de cour d'appel ou conseiller à la Cour de cassation ? La perspective d'un avancement est inhérente à la notion de « carrière ». Il reste que l'espoir d'un avancement (ou la crainte d'un défaut d'avancement) est une grave préoccupation qui ne va pas sans provoquer parfois un certain malaise[30]. Il est donc indispensable de réglementer cette question de façon précise afin de prévenir tout arbitraire ou tout favoritisme qui pourrait nuire à la sérénité d'esprit des juges.

Encore faut-il éviter certaines confusions.

I – Grade et fonction : le problème de la mobilité

On ne confondra pas le *grade* et la *fonction*. Le « grade » est la position administrative qui exprime la place de l'intéressé dans la hiérarchie. Ainsi, dans l'ordre judiciaire, le jeune magistrat qui débute appartient au second grade et ensuite, après quelques années, il accédera au premier grade ; ce qui entraînera pour lui d'importantes conséquences, ne serait-ce qu'au sujet de son traitement. Au contraire, la « fonction » est le poste effectivement occupé par le juge (exemples : juge d'instruction, président de tribunal, conseiller de cour d'appel, etc.).

Les deux notions, il est vrai, sont assez fréquemment confondues par la règle qui veut que certaines « fonctions » ne puissent être exercées que si le juge est déjà parvenu à un certain « grade » : ainsi, dans l'ordre judiciaire, on ne peut exercer les fonctions de conseiller de cour d'appel à Paris ou à Versailles que si l'on appartient au premier grade (art. 4, décret du 7 janv. 1993). Et de même dans l'ordre administratif, la confusion est encore plus fréquente du fait que le grade s'identifie à la fonction elle-même (exemple : grade de président, *infra*, n° 383). Il n'en demeure pas moins qu'en bonne logique ces deux notions ne doivent pas être confondues.

29. Hébraud, *Justice 59, D.* 1959, chron. p. 77, spéc. p. 81

30. Pour éviter les problèmes d'avancement, on a parfois préconisé d'introduire le « grade unique » (à l'imitation de ce qui existe dans les systèmes judiciaires anglo-saxons où il n'y a ni carrière, ni avancement). Mais, dans le contexte français, est-ce bien réaliste ? De toute manière, l'attribution des fonctions, dont certaines sont plus prestigieuses que d'autres, n'évitera pas l'obligation de devoir procéder à une « sélection ».

Mais cela pose alors un sérieux problème qui est celui de la mobilité.

Du point de vue pratique, l'identification du grade et de la fonction favorise la mobilité dans la mesure où cette confusion a pour conséquence d'obliger le juge à abandonner ses fonctions s'il veut bénéficier d'un avancement de grade. Mais cette mutation peut se révéler gênante, notamment lorsqu'il s'agit d'un magistrat expérimenté qui exerce ses fonctions à la satisfaction de tous ou qui, pour des raisons personnelles, préfère « rester sur place » : il doit alors renoncer à un avancement de grade auquel il a droit s'il veut conserver sa fonction. Pour cette raison, et dans l'ordre judiciaire tout au moins, la loi organique n° 92-189 du 25 février 1992 s'était efforcée d'amorcer une dissociation entre le grade et la fonction.

La tendance actuelle est différente. Le maintien d'un magistrat dans les mêmes fonctions pendant de trop longues années peut aussi présenter des inconvénients, notamment lorsqu'il exerce des fonctions de juge unique (juge d'instruction, président de juridiction, etc.). À son corps défendant, il peut devenir la cible d'amitiés ou d'inimitiés locales de nature à entraver son indépendance d'esprit. La loi n° 2001-539 du 25 juin 2001 a été sensible à cet aspect du problème. Et elle en a tiré la conséquence en édictant des *règles de mobilité*. Ainsi, un magistrat ne peut être nommé aux fonctions de président d'un tribunal ou de procureur de la République dans la juridiction où il est affecté (ord. 22 déc. 1958, art. 2). Et dans le même ordre d'idées, on a vu précédemment que certaines fonctions ne peuvent être exercées que pendant une durée limitée (*supra*, n° précédent).

II. – Grade et degré de juridiction

On se gardera également de toute confusion avec le *degré de juridiction* qui n'exprime pas nécessairement un grade dans la hiérarchie : ce n'est pas parce qu'un magistrat exerce ses fonctions dans une cour d'appel qu'il est nécessairement d'un grade plus élevé que son collègue qui exerce les siennes dans un tribunal de grande instance : tout dépend de l'importance de la juridiction.

Par exemple, il est arrivé que le premier président d'une cour d'appel de province soit nommé aux fonctions de président du tribunal de grande instance de Paris ; malgré les apparences (passage du second au premier degré de juridiction), il ne faut pas en déduire que son grade a diminué ; ces deux fonctions sont réservées à des magistrats hors hiérarchie et par conséquent, en passant de la première présidence d'une cour d'appel de province à la présidence du tribunal de grande instance de Paris, il a sans doute changé de degré de juridiction mais il est resté « magistrat hors hiérarchie » (grade). Enfin, dernier exemple, on a vu un conseiller à la Cour de cassation être nommé premier président de la cour d'appel de Paris : son grade est resté le même (hors hiérarchie), seule sa fonction a changé.

374 **Choix ou ancienneté ? –** L'avancement peut se concevoir de deux manières différentes : au choix ou à l'ancienneté.

a) L'avancement *au choix* consiste, comme son nom l'indique, à opérer une sélection parmi les plus aptes. Ce système a l'avantage de déceler les meilleurs et de leur offrir la possibilité d'arriver relativement jeunes à des grades élevés pour occuper des fonctions importantes. Mais, par la force des choses, l'avancement au choix implique pour chaque magistrat la nécessité d'une évaluation de ses capacités par un supérieur et, par conséquent, un état de subordination psychologique qui, dans la magistrature, ne va pas sans poser certains problèmes. Il y a, dans l'activité du juge, une part irréductible qui n'appartient qu'à sa conscience et qui ne doit être faussée ni par la crainte d'une appréciation défavorable, ni par l'espoir d'une promotion attendue.

b) L'avancement *à l'ancienneté* consiste à promouvoir les intéressés à leur tour en suivant l'ordre d'ancienneté dans le grade, sans avoir égard aux qualités personnelles de chacun. Ce système présente les avantages et les inconvénients inverses du précédent. Le juge acquiert une souveraine liberté ; mais le corps judiciaire risque de sombrer dans une « grisaille » impersonnelle[31].

Quel est le système retenu, dans les textes et dans les faits ? Pour répondre à cette question, il convient ici encore de faire une distinction entre les magistrats de l'ordre judiciaire (A) et les juges de l'ordre administratif (B).

A. AVANCEMENT DANS L'ORDRE JUDICIAIRE

375 **Hiérarchie dans l'ordre judiciaire. –** Aux termes de l'article 2 de l'ordonnance du 22 décembre 1958, *« la hiérarchie du corps judiciaire comprend deux grades »*, le second (qui correspond à des emplois de début de carrière) étant d'un rang moins élevé que le premier auquel on n'accède qu'après un certain nombre d'années. En outre, au sommet de cette pyramide, il existe une catégorie particulière de magistrats auxquels sont réservées les plus hautes fonctions et que l'on appelle les magistrats « hors hiérarchie ».

En principe, l'avancement se fait *au choix*. Mais, pour éviter tout ce qui pourrait donner prise au favoritisme ou à une disgrâce injustifiée, des conditions très précises ont été posées qui varient très sensiblement selon qu'il s'agit du passage du second au premier grade, ou de l'accès à la « hors-hiérarchie ».

376 **I. Avancement des magistrats du second au premier grade. –** Pour accéder au premier grade, il faut d'abord justifier d'une certaine ancienneté (art. 15, décret du 7 janv. 1993). Mais là n'est pas l'essentiel : l'article 2 de l'ordonnance du 22 décembre 1958 pose en principe que « l'accès du second au premier grade est subordonné à l'inscription à un tableau d'avancement ». C'est ce tableau d'avancement qui constitue la pièce maîtresse sur laquelle il est nécessaire d'insister.

377 **a) Tableau d'avancement. –** Le tableau d'avancement est une liste établie chaque année sur laquelle sont inscrits par ordre alphabétique les magistrats dignes d'obtenir un avancement (décr. du 7 janv. 1993 : art. 22). Institué pour la première fois par un décret du 18 août 1906, il révèle publiquement les avancements proposés. Par la publicité qui lui est donnée, il constitue une garantie contre le favoritisme ou les brimades injustifiées.

Mais pour que cet objectif soit pleinement atteint, il ne suffit pas de dresser un tableau d'avancement ; encore faut-il savoir par qui il est élaboré et dans quelles conditions.

1) Par qui est-il élaboré ?

Cette question est essentielle : si l'on veut que le tableau d'avancement constitue une garantie contre tout arbitraire, il faut qu'il soit dressé par une autorité parfaitement indépendante. Ce pouvoir appartient aujourd'hui à un organisme que l'on appelle la *« commission d'avancement »*.

31. Dans le jargon administratif, on présente parfois l'avancement à l'ancienneté comme étant l'avancement « au tour de bête ».

La composition de cette commission a beaucoup changé au cours des dernières années, dans le sens d'une plus grande autonomie à l'égard de l'administration centrale du ministère de la Justice. Les magistrats ont toujours souhaité que la commission soit composée pour une large part de magistrats élus directement par eux-mêmes. Satisfaction leur a été donnée.

En vertu de l'article 35 de l'ordonnance du 22 décembre 1958, la commission d'avancement est composée de la manière suivante. Outre le doyen des présidents de chambre de la Cour de cassation, président, et le plus ancien des premiers avocats généraux à ladite Cour, vice-président, la commission comprend :

1° L'inspecteur général, chef de l'inspection générale de la justice ou, à défaut, l'inspecteur général de la justice et le directeur chargé des services judiciaires ou, à défaut, son représentant d'un rang au moins égal à celui de sous-directeur adjoint et ayant la qualité de magistrat ;

2° Deux magistrats hors hiérarchie de la Cour de cassation, un du siège et un du parquet, élus par l'ensemble des magistrats hors hiérarchie appartenant à ladite cour ;

3° Deux premiers présidents et deux procureurs généraux de cour d'appel, élus respectivement par l'ensemble des premiers présidents et l'ensemble des procureurs généraux de cour d'appel ;

4° Dix magistrats des cours et tribunaux, sept du premier grade et trois du second grade, élus par le collège des magistrats.

Comme on peut le constater, sur les 17 membres de cette commission, 14 tiennent leur pouvoir de l'élection. La commission d'avancement est donc réellement représentative.

2) Dans quelles conditions est-il élaboré et diffusé ? La « transparence »

La garantie d'une commission, si indépendante soit-elle, n'a jamais paru suffisante aux magistrats qui ont longtemps déploré la relative discrétion qui entoure, en amont, les éléments d'élaboration du tableau d'avancement, et en aval, sa diffusion. Ils demandaient en un mot, plus de *« transparence »*.

a) En amont d'abord : il est évident que la commission se prononce au vu du dossier individuel de chaque magistrat, à partir des « notes » qui lui ont été attribuées par ses supérieurs hiérarchiques et, en dernier ressort, par le premier président (ou le procureur général selon le cas) de la cour d'appel dont il dépend[32]. L'idée même d'une « notation » a toujours été assez mal ressentie. Aujourd'hui, on a supprimé le mot : depuis la loi du 25 février 1992, il n'est plus question que d'une *« évaluation de l'activité professionnelle »* de chaque magistrat, laquelle a lieu désormais tous les deux ans. Mais ce qui compte, ce n'est pas tant le changement de terminologie, que le fait d'avoir organisé une procédure contradictoire d'évaluation, assez lourde d'ailleurs, qui doit permettre à chaque magistrat concerné de discuter et de critiquer au besoin l'évaluation retenue par ses supérieurs (art. 12-1, ord. 22 déc. 1958 ; et art. 18 à 21, du décret n° 93-21 du 7 janv. 1993)[33].

b) En aval, le tableau d'avancement est évidemment communiqué à chaque magistrat concerné qui y figure. Mais en outre, il est affiché au siège de chaque juridiction, afin que le magistrat qui n'a pas été proposé pour un avancement puisse adresser à la commission d'avancement une demande d'inscription (décr. n° 93-21

32. Sur l'autorité chargée d'évaluer les magistrats, cf. l'art. 19 du décret n° 93-21 du 7 janv. 1993.

33. En droit comparé, cf. *L'évaluation individuelle du magistrat et de la qualité de la justice en Europe* (étude anonyme publiée dans les Annonces de la Seine, n° 33 du 19 mai 2005).

du 7 janv. 1993 : art. 24) ; en cas de refus, il peut présenter sa demande d'inscription au secrétariat de la commission d'avancement (art. 27 du même décret).

378 **b) Listes d'aptitude et de sélection. –** On ne confondra pas le tableau d'avancement dont il vient d'être question, avec les listes d'aptitude et de sélection qui sont destinées à proposer les magistrats ayant les qualités requises pour exercer certaines fonctions. Pour le comprendre, il faut se souvenir de la distinction entre le « grade » et la « fonction » (*supra*, n° 373) : certains magistrats qui méritent d'être promus à un grade supérieur, ne sont pas nécessairement aptes à exercer certaines fonctions délicates (par exemple : certains ont les qualités requises pour être président d'une juridiction, tandis que d'autres, tout aussi méritants, ne les ont peut-être pas).

Pour cette raison, le décret n° 93-21 du 7 janvier 1993 subordonne parfois l'accès à certaines fonctions à l'inscription sur une liste d'aptitude spéciale dressée par la commission d'avancement : par exemple, pour l'accès aux fonctions de président ou de procureur de la République d'un tribunal de grande instance (art. 3) ou à celles de conseiller référendaire à la Cour de cassation (art. 9).

Par souci de « transparence », le projet de nomination à une fonction du premier ou du second grade et la liste des candidats proposés à cette fonction doivent être communiqués, non seulement au Conseil supérieur de la magistrature, mais aussi aux chefs de la Cour de cassation et des cours d'appel qui doivent en assurer la diffusion auprès des magistrats en activité de leur juridiction (art. 27-1, al. 1, ord. 22 déc. 1958).

Tout candidat à la fonction peut formuler des observations.

379 **c) Décret de nomination. –** Toute promotion du second au premier grade, de même que toute nomination à une nouvelle fonction prend la forme d'un décret du président de la République, sur proposition du garde des Sceaux. Mais une consultation préalable du Conseil supérieur de la magistrature est nécessaire (*supra*, n° 52).

— En ce qui concerne les *magistrats du siège*, l'article 65 de la Constitution exige un « avis conforme » ; ce qui pratiquement signifie que le président de la République ne pourrait pas procéder à une nomination contre l'avis du Conseil. Et même s'agissant de la nomination aux fonctions de président d'un tribunal de grande instance, celle-ci ne peut intervenir que sur « proposition » du Conseil supérieur de la magistrature (art. 65, al. 5, de la Constitution ; ord. 22 déc. 1958, art. 28).

— Pour ce qui est des *magistrats du parquet*, la règle est infiniment moins contraignante, du fait même de leur subordination hiérarchique (*supra*, n° 47). En principe, l'article 65 de la Constitution n'exige qu'un simple « avis » qui n'a pas besoin d'être conforme et qui, par conséquent, ne lie pas le gouvernement (art. 65, al. 7, de la Constitution).

Cela dit, le décret de nomination n'est pas un acte discrétionnaire du président de la République : comme tout acte administratif, il pourrait faire l'objet d'un recours en annulation devant le Conseil d'État s'il apparaissait qu'une nomination est intervenue dans des conditions illégales.

380 **II. Magistrats hors hiérarchie. –** Pour accéder à un poste hors hiérarchie auquel sont réservées d'éminentes fonctions, énumérées à l'article 3 de l'ordonnance du 22 décembre 1970 et à l'article 2 du décret n° 93-21 du 7 janvier 1993[34], les règles applicables ne sont plus du tout les mêmes.

D'abord, aucun magistrat ne peut accéder à une fonction hors hiérarchie sans accomplir une période dite de « *mobilité statutaire* » d'une durée de deux ans, au cours de laquelle il exerce des fonctions différentes de celles normalement dévolues aux membres du corps judiciaire. Cette mobilité statutaire peut s'exercer auprès d'une administration française, d'une entreprise publique ou privée assurant des missions d'intérêt général, ou enfin auprès des institutions ou d'un service européen ou international (ord. 22 déc. 1958, art. 76-4). On veut par là que les magistrats appelés à exercer les plus hautes fonctions judiciaires se soient familiarisés avec des activités extrajudiciaires proches des réalités quotidiennes.

Ensuite et surtout, *la commission d'avancement n'intervient pas*. Les magistrats hors hiérarchie sont nommés par décret du président de la République, mais sous certaines conditions variables selon qu'il s'agit d'un magistrat du siège ou d'un magistrat du parquet.

a) S'agissant des *magistrats du siège*, leur nomination ne peut avoir lieu que sur un avis conforme du Conseil supérieur de la magistrature. Et même, pour certaines fonctions particulièrement importantes (conseiller à la Cour de cassation, premier président de cour d'appel et président d'un tribunal de grande instance classé hors hiérarchie), un simple avis même conforme ne suffit pas : l'article 65 de la Constitution exige une « proposition » du Conseil supérieur de la magistrature qui, de ce fait, a pour mission de sélectionner les candidats pour ensuite proposer le nom du candidat retenu.

b) En ce qui concerne les *magistrats du parquet*, la situation est tout à fait différente : un simple avis du Conseil supérieur de la magistrature suffit (Constitution : art. 65, al. 5) ; ce qui veut dire pratiquement qu'un procureur de la République d'un tribunal important peut être nommé, malgré un avis contraire du Conseil supérieur de la magistrature[35]. Il en est de même pour la nomination des procureurs généraux.

Mais en ce qui concerne ces derniers, cette règle constitue un relatif progrès. Jusqu'à une époque récente, les procureurs généraux étaient nommés en Conseil des ministres, sans que le Conseil supérieur de la magistrature soit consulté, pas même pour avis. Cette solution était très vivement critiquée dans la mesure où le choix était fatalement de nature politique. On insistait depuis longtemps pour que la nomination des procureurs généraux soit soumise préalablement à un avis du Conseil supérieur de la magistrature. Sur ce point, le souhait des magistrats du parquet

34. Conseiller à la Cour de cassation, premiers présidents et procureurs généraux des cours d'appel, présidents de chambre des cours d'appel et les avocats généraux, présidents et procureurs de la République de certains grands tribunaux de grande instance (Aix-en-Provence, Amiens, Angers, Avignon, Béthune, Bobigny, Bordeaux, Boulogne-sur-Mer, Caen, Clermont-Ferrand, Créteil, Dijon, Draguignan, Évreux, Évry, Fort-de-France, Grasse, Grenoble, Le Havre, Le Mans, Lille, Lyon, Marseille, Meaux, Melun, Metz, Montpellier, Mulhouse, Nancy, Nanterre, Nantes, Nice, Nîmes, Orléans, Paris, Perpignan, Pontoise, Rennes, Rouen, Saint-Denis-de-La-Réunion, Saint-Étienne, Strasbourg, Toulon, Toulouse, Tours, Valence, Valenciennes et Versailles) ; premier vice-président et procureur de la République adjoint des certains tribunaux de grande instance (Bobigny, Bordeaux, Créteil, Évry, Lille, Lyon, Marseille, Nanterre, Paris, Pontoise, Toulouse et Versailles).

35. Au cours des dernières années, il en a été ainsi dans plusieurs cas.

a été partiellement entendu. Par ailleurs, depuis la loi organique nº 2016-1090 du 8 août 2016, la nomination à un poste de procureur général n'est plus décidée en Conseil des ministres[36].

B. AVANCEMENT DANS L'ORDRE ADMINISTRATIF

381 **Particularité : diversité des corps. –** En règle générale, et comme dans l'ordre judiciaire, les nominations au grade supérieur se font *au choix*. Mais dans l'ordre administratif, le système des promotions est très différent du fait que le personnel des juridictions administratives ne forme pas un corps homogène et structuré comme la magistrature judiciaire. Il n'y a pas un « corps administratif » comme il y a un « corps judiciaire ». En réalité, les juridictions administratives forment des corps distincts ayant chacun sa propre hiérarchie et son propre système d'avancement à l'intérieur de ce corps. De là, la nécessité de les examiner séparément.

382 **Avancement au sein du Conseil d'État. –** Toutes les promotions à l'intérieur du Conseil d'État (accès au grade d'auditeur de première classe, de maître des requêtes et, enfin, de conseiller d'État) sont faites par décret du président de la République, sur proposition du garde des Sceaux (art. L. 133-3, 4 et 5 C. just. adm.). Mais les plus hautes personnalités du Conseil d'État conservent la maîtrise des promotions à travers un droit de présentation.

Il n'est établi aucun tableau d'avancement (art. R.* 134-2 C. just. adm.) : un tel tableau n'aurait guère de sens, et prendrait même une allure déplaisante, au sein d'un corps dont le nombre des membres est relativement restreint. En réalité, les présentations sont faites par le vice-président du Conseil d'État délibérant avec les présidents de section, tant pour le changement de classe des auditeurs (art. R.* 134-8 C. just. adm.), que pour la promotion d'auditeur à maître des requêtes (art. R.* 134-6 C. just. adm.), ou pour celle de maître des requêtes à conseiller d'État (art. R.* 134-4 C. just. adm.), à cette nuance près toutefois que, dans ce dernier cas, les promotions sont faites sur une liste de présentation qui doit comporter trois noms. En outre, les présentations doivent être soumises pour avis à la Commission supérieure du Conseil d'État (art. L. 132-2 C. just. adm.)[37].

Théoriquement, les promotions sont faites au choix (art. R.* 134-4). Mais il a toujours été dans les usages de faire les présentations dans l'ordre du tableau, c'est-à-dire en suivant la règle de l'ancienneté. Plus un corps est restreint et prestigieux, et plus il est difficile de se livrer à un choix en fonction des mérites de chacun. Il s'agit là d'une véritable coutume qui se justifie par le souci d'assurer aux membres du Conseil d'État une totale indépendance.

383 **Avancement au sein du corps des tribunaux administratifs et cours administratives d'appel. –** Il a été dit précédemment que le personnel de ces deux juridictions forme un corps unique et que ce corps a ses propres règles de recrutement (*supra*, nº 365) : il faut ajouter maintenant qu'il a ses propres grades et son propre système d'avancement, aujourd'hui réglementé par les articles L. 234-1 à 5, et R. 234-1 à 7 C. just. adm., avec pour cheville ouvrière le *Conseil supérieur des tribunaux administratifs et cours administratives d'appel* dont la composition

36. Art. 7 de la loi modifiant l'art. 1 de l'ordonnance nº 58-1136 du 28 nov. 1958.
37. V les art. L. 132-1 et R.* 132-1 et s. pour sa composition.

garantit l'indépendance (*supra*, n° 55) et dont le rôle est quelque peu comparable à celui du Conseil supérieur de la magistrature pour l'ordre judiciaire.

a) Ce corps comporte *trois grades* : conseiller, premier conseiller et président.

b) L'article L. 234-2 C. just. adm. pose en principe que « l'avancement des membres des tribunaux administratifs a lieu de grade à grade après inscription au tableau d'avancement ». Il s'ensuit que l'on ne peut accéder qu'à un grade immédiatement supérieur, et que toute promotion est subordonnée à une inscription au tableau d'avancement, lequel « est établi sur proposition du Conseil supérieur des tribunaux administratifs et cours administratives d'appel » (même texte). L'avancement se fait au choix. Pour accéder au grade de président, il faut compter huit années au moins de service effectif dans un emploi du corps des tribunaux administratifs (art. L. 234-2-2 C. just. adm.).

c) Enfin, sous certaines conditions, les membres de ce corps peuvent accéder au Conseil d'État (art. R. 133-3 à 9 C. just. adm.) : soit directement comme conseiller d'État soit comme maître des requêtes[38]. La nomination est faite sur proposition du vice-président du Conseil d'État délibérant avec les présidents de section (art. L. 133-8 C. just. adm.). Ces dispositions atténuent très heureusement un cloisonnement qui était regrettable, en même temps qu'elles soulignent la tutelle du Conseil d'État sur les juridictions de base.

§ 3. RÉGIME DISCIPLINAIRE DES MAGISTRATS DE CARRIÈRE

384 **Son importance. –** Lorsqu'un magistrat commet une faute dans l'exercice de ses fonctions, il est normal qu'il fasse l'objet d'une sanction disciplinaire : le principe de l'inamovibilité ne saurait avoir pour conséquence de tenir les magistrats et les juges à l'abri de toute sanction disciplinaire. Mais il ne faut pas non plus qu'ils fassent l'objet de mesures arbitraires attentatoires à leur indépendance. Ce qui est vrai pour tous les fonctionnaires, l'est bien davantage encore pour les magistrats et les juges dont la liberté de jugement ne doit en aucun cas être altérée par la menace d'une éventuelle sanction.

L'importance de cette question justifie les règles minutieuses édictées à ce sujet, lesquelles varient selon qu'il s'agit des magistrats de l'ordre judiciaire (A) ou des juges de l'ordre administratif (B).

A. RÉGIME DISCIPLINAIRE DES MAGISTRATS DE L'ORDRE JUDICIAIRE

385 **Vue d'ensemble. –** La discipline des magistrats de l'ordre judiciaire est réglementée par les articles 43 à 66 de l'ordonnance n° 58-1270 du 22 décembre 1958. Ces textes comportent d'abord des dispositions générales applicables à tous les magistrats, aussi bien aux magistrats du siège qu'à ceux du parquet (1°). Mais, compte tenu des fonctions très différentes qu'ils sont appelés à exercer, les

38. Art. L. 133-8, C. just. adm.

garanties disciplinaires ne sont pas exactement les mêmes : de là, des règles spécifiques concernant, d'une part, les magistrats du siège (2°) et, d'autre part, les magistrats du parquet (3°).

On ne confondra pas le régime disciplinaire dont il sera question, avec la situation très différente où, pour des *raisons de santé*, le magistrat n'est plus à même d'exercer ses fonctions et où, voulant ignorer son état, il ne prend pas lui-même les dispositions pour s'arrêter : une saine administration de la justice exige qu'on puisse l'y contraindre par l'octroi d'un congé de maladie et, en attendant, par une suspension immédiate de ses fonctions. Mais il ne faut pas non plus que la maladie devienne prétexte à une répression larvée pour écarter des magistrats qui déplaisent. De là la nécessité d'instaurer, sous le contrôle du Conseil supérieur de la magistrature, un régime de protection très strict, réglementé par l'article 69 de l'ordonnance du 22 décembre 1958[39].

1. Dispositions générales

386 Les dispositions communes à tous les magistrats de l'ordre judiciaire sont relatives à la notion de faute disciplinaire (I) et à la gamme des sanctions applicables (II).

387 **I. Faute disciplinaire. –** La faute disciplinaire est un manquement aux obligations professionnelles de nature à justifier des poursuites disciplinaires. Mais s'agissant des magistrats, cette notion doit être bien comprise.

On doit poser en règle générale qu'un juge ne commet aucune faute s'il apprécie les faits qu'il est chargé de juger d'une manière inexacte où s'il interprète la loi de façon incorrecte. Le *mauvais jugement ne constitue pas une faute professionnelle* : tout au plus la loi organise-t-elle des voies de recours pour remédier aux défaillances de cette nature. En un mot, la décision que prononce un juge est avant tout une affaire de conscience. Toutefois, cette règle de principe n'immunise pas le magistrat (pas plus le magistrat du siège que celui du parquet), contre d'éventuelles poursuites disciplinaires, tout au moins dans les cas les plus graves. Ainsi, depuis la loi du 5 mars 2007, le magistrat responsable du fonctionnement défectueux pour lequel l'État a été condamné peut faire l'objet de poursuites disciplinaires (ord. 22 déc. 1958, art. 48-1). Et de même, la loi du 22 juillet 2010 a décidé que constitue une faute disciplinaire « la violation grave et délibérée par un magistrat d'une règle de procédure constituant une garantie essentielle des droits des parties, constatée par une décision de justice devenue définitive » (ord. n° 58-1270 du 22 déc. 1958, art. 43)[40].

Cela dit, la notion de faute disciplinaire ne se limite pas aux seuls manquements aux obligations statutaires résultant strictement de la loi : elle s'étend en réalité à tous les *manquements de la vie privée* dans la mesure où ceux-ci seraient de nature à jeter le discrédit sur la fonction[41]. Cette extension résulte de la formule très

39. Le dossier est d'abord communiqué par le garde des Sceaux au Comité médical national. Mais en attendant son avis, le garde des Sceaux peut suspendre le magistrat, sur un avis conforme du Conseil supérieur de la magistrature ; ce qui signifie en clair que le garde des Sceaux est lié par l'avis du Conseil. La décision de suspension n'est pas rendue publique, et le magistrat ainsi suspendu perçoit l'intégralité de son traitement.

40. Cette solution est la conséquence du scandale provoqué par l'affaire d'Outreau.

41. Cons. État, 26 oct. 2005, *D.* 2006.IR.179.

compréhensive utilisée par l'article 43 de l'ordonnance n° 58-1270 du 22 décembre 1958 aux termes duquel « tout manquement par un magistrat aux devoirs de son état, à l'honneur, à la délicatesse ou à la dignité, constitue une faute disciplinaire ». Par exemple : on concevrait difficilement le maintien en fonction d'un juge dont la vie privée serait une source de scandale (habitudes d'ivresse, vie privée dissolue). Il n'y a pas lieu d'en être surpris. Le magistrat exerce une fonction d'autorité qui doit inspirer le respect et, dès lors, tout comportement qui risquerait d'y porter atteinte, fût-il de nature privée, constitue un manquement à ses devoirs de magistrat. Reste à savoir où se situe la limite. Il est en effet évident que toute la vie privée du magistrat n'appartient pas à la fonction : par exemple, une mésentente conjugale n'intéresse personne. Mais, sous cette réserve parfois difficile à délimiter, il est certain que les comportements de la vie privée ne peuvent pas échapper totalement à la notion de faute disciplinaire.

388 **II. Sanctions disciplinaires.** – L'article 45 de l'ordonnance n° 58-1270 du 22 décembre 1958 (modifié par la loi du 22 juill. 2010) énumère les sanctions qui peuvent être prononcées ; à savoir (par ordre de gravité selon l'importance de la faute) : 1) le blâme avec inscription au dossier ; 2) le déplacement d'office ; 3) le retrait de certaines fonctions ; 3 *bis*) l'interdiction d'être nommé ou désigné aux fonctions de juge unique pendant une durée maximum de 5 ans[42] ; 4) l'abaissement d'échelon ; 4 *bis*) l'exclusion temporaire de fonctions pour une durée maximum d'un an, avec privation totale ou partielle de traitement[43] ; 5) la rétrogradation ; 6) la mise à la retraite d'office ou l'admission à cesser ses fonctions ; enfin, 7) la révocation. Certaines de ces peines peuvent être assorties d'un déplacement d'office.

Ces sanctions, limitativement énumérées, ne doivent pas être confondues avec le simple *avertissement*, qui ne constitue pas à proprement parler une sanction disciplinaire. Il entre dans les pouvoirs des premiers présidents (en ce qui concerne les magistrats du siège) et des procureurs généraux (relativement aux membres du parquet) d'attirer l'attention des magistrats placés sous leurs ordres, sur tous les faits qui, sans constituer une faute disciplinaire, seraient de nature à perturber le bon fonctionnement du service (ord. n° 58-1270 du 22 déc. 1958 : art. 44)[44]. De même, ne constitue pas une sanction disciplinaire, *l'interdiction temporaire* qui, lorsqu'un magistrat fait, ou risque de faire, l'objet de poursuites pénales, consiste à lui interdire immédiatement d'exercer ses fonctions jusqu'à la décision définitive sur ces poursuites : il s'agit là d'une simple mesure d'attente qui ne préjuge en rien des suites qui pourront être données aux poursuites (art. 50, ord. n° 58-1270 du 22 déc. 1958)[45].

42. Sanction ajoutée par la loi n° 2007-287 du 5 mars 2007 (art. 15) lorsque, par son comportement, un magistrat a révélé son inaptitude à juger seul.
43. Cette sanction disciplinaire a été ajoutée par la loi n° 2001-539 du 25 juin 2001, dont l'art. 16 a modifié l'art. 45 de l'ordonnance n° 58-1270 du 22 déc. 1958.
44. Toutefois, sur la notion d'avertissement : Cons. État, 16 janv. 2006, *JCP* 2006.IV.1289, p. 284.
45. Cons. État, 6 nov. 2002, *JCP* 2003.IV.1922.

2. Dispositions spécifiques aux magistrats du siège

389 **Conseil supérieur de la magistrature, dans sa formation relative aux magistrats du siège. –** En faveur des magistrats du siège qui, par définition, sont appelés à juger et qui bénéficient à ce titre de l'inamovibilité (*supra*, n° 369), il est essentiel d'organiser un régime particulièrement protecteur qui les tienne rigoureusement à l'abri de toute mesure disciplinaire injustifiée de la part du pouvoir exécutif.

Pour cette raison, l'action disciplinaire est portée devant le Conseil supérieur de la magistrature, dans sa formation compétente à l'égard des magistrats du siège, qui est appelé à statuer comme *conseil de discipline* (art. 65, al. 2, de la Constitution). On en connaît la composition (*supra*, n° 51). La présidence est assurée par le premier président de la Cour de cassation, (art. 65, al. 6, de la Constitution).

Le Conseil supérieur de la magistrature est saisi par le garde des Sceaux qui dénonce les faits donnant lieu aux poursuites (art. 50-1, ord. 22 déc. 1958). Mais, il peut l'être également par le premier président de la cour d'appel dont dépend le juge poursuivi (ord. 22 déc. 1958, art. 50-2). En outre « tout justiciable qui estime qu'à l'occasion d'une procédure judiciaire le concernant le comportement adopté par un magistrat du siège dans l'exercice de ses fonctions est susceptible de recevoir une qualification disciplinaire peut saisir le Conseil supérieur de la magistrature » (ord. 22 déc. 1958, art. 50-3, ajouté par la loi du 22 juillet 2010). Toutefois dans ce dernier cas et pour éviter les abus, la recevabilité de la plainte est préalablement examinée par une commission d'admission. Le magistrat est cité. Il doit comparaître en personne. Il peut se faire assister soit par un avocat, soit par l'un de ses pairs. La procédure a été très minutieusement réglementée par les articles 51 à 58 de l'ordonnance n° 58-1270 du 22 décembre 1958 et par les articles 10 à 13 du décret n° 59-305 du 19 février 1959. En principe, l'audience est publique (ord. n° 58-1270 du 22 déc. 1958, art. 57). Toutes ces dispositions sont commandées par le souci d'organiser un véritable débat contradictoire et d'assurer la protection des droits du magistrat poursuivi, lequel notamment doit avoir communication de son dossier.

390 **Décision : autorité souveraine. –** Lorsqu'il est saisi en tant que conseil de discipline des magistrats du siège, le Conseil supérieur de la magistrature statue comme une véritable juridiction : sa décision présente donc tous les caractères d'un jugement ayant autorité de chose jugée.

Pour cette raison, la décision doit être *motivée* et *rendue publiquement* (art. 57, ord. 22 déc. 1958, mod. par la loi du 25 juin 2001). Mais surtout, elle *s'impose au garde des Sceaux* qui est chargé de l'exécuter, quelle que puisse être son opinion personnelle. Si, par exemple, la peine de révocation a été prononcée, le garde des Sceaux doit obligatoirement révoquer le magistrat poursuivi, même s'il estime que la sanction est trop sévère. Et inversement, si le Conseil a estimé qu'une simple peine de réprimande suffisait, le garde des Sceaux doit se borner à faire porter cette mention au dossier, sans aller au-delà, même s'il estime que les faits reprochés étaient de nature à devoir entraîner une sanction plus grave. Toutes ces conséquences résultent du fait que la décision est un véritable jugement qui s'impose à tous, y compris au ministre.

Un *recours est-il possible* ? De façon assez surprenante, le Conseil d'État s'est arrogé le droit de considérer que le Conseil supérieur de la magistrature est une « juridiction administrative » qui à ce titre relève de son contrôle[46]. Cette solution constitue une immixtion difficilement admissible de la haute juridiction administrative dans les rouages judiciaires à leur plus haut niveau[47].

On ajoutera simplement (ce qui tempère la gravité de cette immixtion), que le Conseil d'État n'intervient alors que comme juge de cassation (*supra*, nº 291) : par conséquent, son rôle n'est pas de juger l'affaire à nouveau pour rechercher si le magistrat poursuivi méritait ou non d'être sanctionné, mais simplement d'exercer un contrôle sur la légalité de la décision[48]. Il n'en reste pas moins vrai que, même dans cette limite, il est assez singulier qu'un organe, présidé par le premier président de la Cour de cassation et qui concerne la justice de l'ordre judiciaire ait, son niveau le plus élevé, puisse être censuré par le Conseil d'État.

3. Dispositions spécifiques aux magistrats du parquet

391 **Conseil supérieur de la magistrature, dans sa formation relative aux magistrats du parquet. –** Il a été dit précédemment que les magistrats du parquet, du fait même de leur subordination, ne bénéficient pas de l'inamovibilité (*supra*, nº 370). La logique d'un tel système conduirait à penser qu'ils peuvent faire l'objet d'une sanction disciplinaire sur la seule décision du garde des Sceaux qui est leur supérieur hiérarchique. Une telle solution ne serait pas sans danger. Les magistrats du ministère public sont souvent appelés à prendre des décisions graves qui peuvent déplaire. Il faut qu'ils puissent exercer leurs fonctions, avec toute la sérénité souhaitable, sans être exposés à la menace d'une sanction arbitraire.

Depuis la réforme réalisée par la loi constitutionnelle de 1993, qui a modifié l'article 65 de la Constitution, l'organe appelé à connaître des poursuites disciplinaires est le *Conseil supérieur de la magistrature*, dans sa formation compétente à l'égard des magistrats du parquet (art. 65, al. 7, de la Constitution), la présidence étant assurée par le procureur général près la Cour de cassation.

En principe, le Conseil est saisi par le garde des Sceaux. Il peut l'être également par le procureur général de la cour d'appel dont dépend le magistrat concerné (art. 63, ord. 22 déc. 1958). En outre, dans les mêmes conditions que pour les magistrats du siège, tout justiciable qui estime qu'à l'occasion d'une procédure judiciaire le concernant le comportement adopté par un magistrat du parquet dans l'exercice de ses fonctions est susceptible de recevoir une qualification disciplinaire peut saisir le Conseil supérieur de la magistrature ; et dans ce cas, la plainte est examinée par une commission d'admission des requêtes (art. 63, ord. 22 déc. 1998). La procédure est similaire à celle qui est suivie lorsqu'il s'agit d'un magistrat du siège (*supra*, nº 389) : le magistrat poursuivi bénéficie donc des mêmes garanties procédurales, et notamment l'audience est publique, en principe tout au moins (art. 65, ord. 22 déc. 1958).

Cela dit, il ne faut pas se méprendre sur le rôle que le Conseil supérieur de la magistrature est appelé à jouer en pareil cas (cf. nº suivant).

392 **Avis du Conseil supérieur de la magistrature et décision du garde des Sceaux. –** On ne manquera pas d'observer que, lorsqu'il siège dans cette formation, l'article 65, alinéa 8, de la Constitution s'abstient de présenter le Conseil supérieur de la magistrature, comme un « conseil de discipline » : l'expression, qui est utilisée

46. Cons. État, 12 juill. 1969, *aff. L'Étang, RDP* 1970.387, note Waline ; Cons. État, 14 mars 1975, *aff. Rousseau, JCP* 1976.II.18423, note Ph. Nérac.

47. J.-L. Bonnefoy, « Le juge administratif, juge de la situation du magistrat judiciaire », *JCP* 1978.I.2898.

48. Cons. État, 15 févr. 2006, *JCP* 2006.IV. nº 1542, p. 517.

lorsqu'il s'agit des magistrats du siège, n'apparaît plus lorsqu'il s'agit des magistrats du parquet. C'est que, en effet, le Conseil supérieur de la magistrature n'est plus ici une juridiction : il n'est qu'un simple organe consultatif chargé d'émettre un « avis motivé », sur la sanction disciplinaire que les faits reprochés paraissent devoir entraîner (art. 65, ord. 22 déc. 1958)[49]. En réalité, *la décision est prise par le garde des Sceaux lui-même*, au vu de l'avis qui a été émis par le Conseil supérieur de la magistrature.

Cette règle de principe est la suite naturelle de cette idée que les magistrats du parquet sont dans la dépendance hiérarchique du garde des Sceaux. Sur ce point, les révisions constitutionnelles de 1993 et de 2008 n'ont rien changé à la situation antérieure : elles l'ont même implicitement entérinée. Il convient d'en tirer les conséquences pratiques qui marquent toute la différence entre le régime disciplinaire des magistrats du siège et celui des magistrats du parquet.

a) D'une part, *le garde des Sceaux n'est pas lié par l'avis qui lui a été donné* : il peut prononcer une peine plus faible ou plus élevée que celle proposée par le Conseil supérieur de la magistrature, voire même considérer qu'il y a une faute, là où le Conseil supérieur n'en a vu aucune, ou inversement. Le garde des Sceaux ne pourrait même pas, *par avance*, décider qu'il s'estimera lié par la décision du Conseil supérieur de la magistrature, car ce faisant il renoncerait à exercer ses pouvoirs[50].

Mais compte tenu de l'autorité morale du Conseil supérieur de la magistrature, on peut penser que le garde des Sceaux évitera d'entrer en conflit ouvert avec lui.

On peut d'autant plus le penser que l'ordonnance de 1958, dans son article 66 (modifié par la loi n° 2010-830 du 22 juill. 2010), a prévu une procédure spéciale dans le cas où le garde des Sceaux envisagerait de prendre une sanction plus grave que celle proposée par le Conseil supérieur de la magistrature. En pareille hypothèse, le garde des Sceaux doit soumettre sa proposition au Conseil supérieur de la magistrature, lequel doit émettre un nouvel avis. Le garde des Sceaux n'est certes pas lié davantage. Mais ce nouvel avis est versé au dossier du magistrat intéressé. Si donc il devait apparaître qu'il a été l'objet d'une sévérité excessive de la part du garde des Sceaux, on le saurait à l'avenir.

b) D'autre part, la décision étant prise par le garde des Sceaux, c'est-à-dire par une autorité administrative et non point juridictionnelle, elle peut faire l'objet d'un *recours pour excès de pouvoir devant le Conseil d'État* exercé par le magistrat poursuivi[51].

Quelle est alors l'étendue des pouvoirs du Conseil d'État ? En pareil cas, il n'est pas saisi comme juge de cassation mais comme juge appelé à statuer en premier ressort ; et, par conséquent, son pouvoir s'étend à l'examen des faits pour rechercher éventuellement s'il n'y aurait pas eu un détournement de pouvoir de la part du garde des Sceaux.

49. Cons. État, 18 oct. 2000, *JCP* 2002.II.10011, note L. Lanoy (il en résulte que les dispositions de l'art. 6 de la Convention européenne des droits de l'homme ne sont pas applicables).

50. Cons. État, 12 janv. 2004, *D.* 2004, IR 997 : la jurisprudence du Conseil d'État a condamné ainsi une pratique qui, pour mieux souligner l'indépendance du parquet, avait conduit la Chancellerie à une certaine époque (entre 1997 et 2002), à dire ouvertement qu'elle se rangerait systématiquement à l'avis du Conseil supérieur de la magistrature. Il va sans dire que cette pratique appartient aujourd'hui au passé.

51. En revanche, si les poursuites ont été engagées sur la plainte d'un justiciable, celui-ci ne peut exercer aucun recours (ord. n° 58-1270, art. 66, al. 3).

En résumé, s'il est vrai que le régime disciplinaire des magistrats du parquet est techniquement différent de celui des magistrats du siège, on peut néanmoins constater qu'ils sont loin d'être démunis de toute protection. Il est bon qu'il en soit ainsi. Mais d'aucuns estiment que cette protection n'est pas encore suffisante et souhaiteraient que le régime disciplinaire des membres du parquet soit aligné sur celui des magistrats du siège. C'est ce que prévoit le projet de loi constitutionnelle de 2013 portant réforme du Conseil supérieur de la magistrature[52].

B. RÉGIME DISCIPLINAIRE DES JUGES ADMINISTRATIFS

393 **Idée générale : évolution vers un système de garanties spécifiques. –** Dans les textes, les garanties disciplinaires des juges de l'ordre administratif sont beaucoup moins strictes que celles dont bénéficient les magistrats de l'ordre judiciaire. Cette observation va de pair avec les hésitations du législateur à reconnaître aux juges administratifs le bénéfice de l'inamovibilité (*supra*, n° 371). Les juridictions administratives, on l'a souvent dit, sont issues de l'administration dont elles constituent une branche privilégiée ; et partant de là, on a longtemps pensé que les garanties disciplinaires dont bénéficient les fonctionnaires suffisaient à prémunir le juge administratif contre toute sanction arbitraire.

Les idées sur ce point commencent à évoluer. Avec l'intense développement du contentieux administratif, et sa régionalisation au profit de juridictions que nulle tradition ne protège encore (*supra*, n° 256), on s'est enfin rendu compte qu'il était indispensable d'accorder aux juges administratifs un régime de garanties disciplinaires spécifiques. Et s'il est vrai que les barrières de protection mises en place sont moins rigides que celles dont bénéficient les magistrats de l'ordre judiciaire, il n'en reste pas moins vrai que, depuis plusieurs années, un immense progrès a été réalisé sur ce point.

Encore faut-il faire une distinction. À la différence de la magistrature de l'ordre judiciaire qui forme un corps homogène, les juges de l'ordre administratif appartiennent à des corps distincts qui ont leurs règles propres. On est donc tout naturellement conduit à étudier séparément le régime disciplinaire des membres du Conseil d'État (a) et celui des juges appartenant au corps des tribunaux administratifs et cours administratives d'appel (b).

394 **a) Régime disciplinaire des membres du Conseil d'État. –** Il fut admis pendant longtemps que des mesures disciplinaires contre un membre du Conseil d'État pouvaient être prises par décret. À vrai dire, cette solution ne présentait guère d'inconvénient en raison de l'inamovibilité de fait dont les membres du Conseil d'État ont toujours bénéficié. Mais en 1960, la révocation d'un maître des requêtes pour faute commise dans l'exercice d'une fonction administrative suscita une très vive émotion[53]. Pour cette raison, le décret n° 63-767 du 30 juillet 1963 édicta un régime

52. V. également *supra*, n° 52.
53. Sur le côté anecdotique de cette affaire (dite « affaire Jacomet »), cf. *Livre jubilaire du Conseil d'État*, p. 900 et la note 1.

disciplinaire plus précis et surtout plus protecteur qui, dans ses grandes lignes, a été repris par le Code de justice administrative.

a) L'article L. 136-1 C. just. adm. énumère les sanctions disciplinaires qui peuvent être prises (par ordre de gravité) : l'avertissement ; le blâme ; l'abaissement d'échelon ; le retrait de certaines fonctions ; l'exclusion temporaire de toutes fonctions dans la limite de six mois ; la mise à la retraite d'office et la révocation[54].

b) La procédure disciplinaire repose sur une distinction selon la gravité de la sanction susceptible d'être prononcée (art. L. 136-4 C. just. adm.).

S'il s'agit d'un avertissement ou d'un blâme, la sanction est prononcée directement par le vice-président du Conseil d'État. Les autres sanctions sont prononcées par l'autorité investie du pouvoir de nomination sur proposition de la *Commission supérieure du Conseil d'État* (*supra*, n° 382).

395 **b) Régime disciplinaire des juges du corps des tribunaux administratifs et cours administratives d'appel. –** Les juges appartenant à ce corps ont été longtemps démunis de toute garantie particulière : sur le plan disciplinaire, ils ne bénéficiaient d'aucune autre garantie que celles accordées à tous les fonctionnaires. Cette situation précaire avait suscité maintes protestations. Elle était effectivement critiquable si l'on considère que les décisions que ces juges sont appelés à prononcer, le sont parfois dans un climat qui n'est pas exempt d'une certaine effervescence politique locale (on pense notamment au contentieux des élections municipales).

Cette lacune a été comblée par une loi du 6 janvier 1986 qui, la première, mit en place un régime disciplinaire particulier dont la teneur a été reprise dans les articles L. 236-1 et suivants C. just. adm.[55]. Désormais, la discipline des membres appartenant à ces deux juridictions est placée sous le contrôle du *Conseil supérieur des tribunaux administratifs et cours administratives d'appel*, dont la composition a été précédemment exposée (*supra*, n° 55).

Cet organe est appelé à jouer le rôle d'un conseil de discipline. Aux termes de l'article L. 236-4 C. just. adm., le Conseil ne peut être saisi que par le président du tribunal administratif ou de la cour administrative d'appel dont fait partie le membre du corps concerné ou par le président de la mission d'inspection des juridictions administratives (dont on rappellera qu'il est un conseiller d'État, *supra*, n° 55) : le droit de saisine est donc limité à des personnalités qui sont elles-mêmes des juges.

La procédure suivie devant le Conseil a été organisée à la manière d'une procédure juridictionnelle dans le respect du contradictoire (art. L. 236-5 C. just. adm.) : notamment, l'intéressé a droit à la communication intégrale de son dossier et il peut en outre se faire assister par un ou plusieurs défenseurs de son choix (par un avocat ou un autre juge par exemple). En outre, si l'urgence commande une mesure de suspension immédiate, celle-ci ne peut pas être rendue publique (art. L. 236-7 C. just. adm.).

La comparaison avec le Conseil supérieur de la magistrature statuant à l'égard des magistrats du siège (*supra*, n° 389), suggère une double remarque :

a) D'abord, jusqu'à l'ordonnance n° 2016-1366 du 13 octobre 2016, la loi ne spécifiait pas la gamme des mesures disciplinaires pouvant être prises. On pensait

54. V. également l'art. L. 136-2, C. just. adm.

55. Les articles L. 236-1, 2 et 3, C. just. adm. reproduisent textuellement l'ancien article 17 de la loi du 6 janv. 1986.

sans doute qu'il suffisait de se référer aux sanctions prévues par le statut de la fonction publique, auquel d'ailleurs renvoie de façon générale l'article L. 231-1 C. just. adm. Mais, désormais, l'article L. 236-1 énonce les sanctions disciplinaires qui peuvent être prononcées contre les juges.

b) Ensuite, le Conseil supérieur des tribunaux administratifs et cours administratives d'appel exerce lui-même le pouvoir disciplinaire, à l'instar du Conseil supérieur de la magistrature pour ce qui concerne les magistrats du siège. Mais il est toutefois prévu que le blâme et l'avertissement (les sanctions les moins graves) peuvent être prononcés par le président du Conseil supérieur (art. L. 236-3 C. just. adm.).

SECTION III — DROITS ET DEVOIRS PROFESSIONNELS

396 **Idée générale. –** L'éminence des fonctions et la gravité des décisions qui peuvent être prises par les juges impliquent, de leur part, des devoirs très particuliers qui vont au-delà des obligations incombant normalement à des fonctionnaires.

Sans doute, comme tous les fonctionnaires, sont-ils tenus de résider au lieu où ils exercent leurs fonctions (art. 13, ord. n° 58-1270 du 22 déc. 1958 et art. L. 231-9 C. just. adm.) et leur est-il fait interdiction de s'absenter sans une autorisation régulière et provisoire ; de même aussi sont-ils protégés contre les menaces et attaques de quelque nature que ce soit dont ils pourraient être l'objet dans l'exercice de leurs fonctions (art. 11, ord. n° 58-1270 du 22 déc. 1958). Mais dépassant les droits et obligations qui découlent du statut de la fonction publique, les juges sont tenus à des devoirs particuliers qui se rattachent à la nécessité de sauvegarder leur indépendance, leur objectivité et un esprit de détachement absolu qui caractérise l'exercice de la fonction judiciaire.

De là, certaines règles particulières concernant les *interdictions* (§ 1), les *incompatibilités* (§ 2) et les *incapacités de juger* dans certains cas (§ 3).

§ 1. INTERDICTIONS

397 La loi interdit aux juges et aux magistrats, sous peine de sanction disciplinaire, de se livrer à certaines activités qui seraient de nature à troubler le bon fonctionnement du service public de la justice.

398 **Grève. –** Aux termes de l'article 10, alinéa 3, de l'ordonnance n° 58-1270 du 22 décembre 1958 (qui est spécifique à l'ordre judiciaire) : « est interdite toute action concertée de nature à arrêter ou à entraver le fonctionnement des juridictions ». Les magistrats appartiennent donc à cette catégorie de fonctionnaires auxquels, par dérogation à la règle de principe, la grève est strictement défendue. En

fait, certaines « actions concertées » se produisent parfois ; mais toujours sous une forme symbolique (défilé dans les couloirs du Palais, heure d'audience différée).

On ne trouve aucun texte semblable en ce qui concerne les juges de l'ordre administratif. Sans doute a-t-il paru superflu de prescrire une telle interdiction aux membres du Conseil d'État et de la Cour des comptes. Il reste que l'on comprend mal pourquoi la magistrature judiciaire est spécifiquement visée. Peut-être faut-il y voir la survivance historique d'une vieille méfiance des pouvoirs publics à l'égard du corps judiciaire.

399 **Manifestations politiques. –** Cette interdiction doit être bien comprise. Comme tous les citoyens, les magistrats conservent intégralement leurs droits de nature politique. Cela va de soi : les magistrats ne sont pas des citoyens diminués. Notamment, ils peuvent participer aux élections politiques, en exerçant leur droit de vote.

Mais cela dit, la loi ne veut pas que le magistrat, *en cette qualité*, prenne des positions publiques de partisan dans le cadre d'une activité politique militante. En un mot, ce qui lui est interdit, c'est la « manifestation », la « démonstration » qui serait incompatible avec la réserve qu'impose sa fonction ; et cela, afin de conserver la neutralité politique qui sied à l'administration de la justice. Ce principe est formellement rappelé par l'article 10 de l'ordonnance n° 58-1270 du 22 décembre 1958 (en ce qui concerne les magistrats de l'ordre judiciaire) et par l'art. L. 131-2 C. just. adm. (en ce qui concerne les membres du Conseil d'État).

Dans cet ordre d'idées, l'article 10 de l'ordonnance n° 58-1270 du 22 décembre 1958 va plus loin : il interdit au corps judiciaire « toute délibération politique », ainsi que « toute manifestation d'hostilité au principe ou à la forme du Gouvernement de la République ». Il est curieux d'observer que, ici encore, cette interdiction est spécifique à la magistrature judiciaire et que l'on ne trouve nul texte similaire en ce qui concerne les juges de l'ordre administratif. Il faut croire que les pouvoirs publics n'ont jamais oublié le temps pourtant lointain où les anciens parlements avaient le dessein de s'ériger en un contre-pouvoir (*supra*, n° 22).

Est-ce à dire que la neutralité politique exigée par les textes est toujours parfaitement respectée ? Pendant un temps (vers les années 1970-1980), certains juges (spécialement dans l'ordre judiciaire) n'hésitèrent pas à afficher leurs opinions politiques de façon parfois ostensible ; et les pouvoirs publics ont feint de l'ignorer. Ce courant est aujourd'hui heureusement apaisé. Il est vrai que l'immixtion de la politique dans les palais de justice utilise le plus souvent le vecteur indirect de l'activité syndicale.

400 **Le problème des activités syndicales. –** Aucune disposition légale n'interdit aux magistrats d'adhérer à un syndicat. Et de fait, il existe plusieurs syndicats de magistrats. Mieux, depuis la loi organique n° 2016-1090 du 8 août 2016, le droit syndical est expressément reconnu par les textes (art. 10-1, ord. n° 58-1270 du 22 déc. 1958), non sans limites. En effet, s'il est énoncé que les organisations syndicales de magistrats désignent librement parmi leurs représentants les bénéficiaires de crédits de temps syndical, le texte ajoute que, lorsque la désignation se révèle incompatible avec la bonne administration de la justice, le garde des Sceaux, ministre de la Justice, motive son refus et invite l'organisation syndicale à porter son choix sur un autre magistrat. Le Conseil supérieur de la magistrature doit être

informé de cette décision[56].

Le souci de se grouper pour la défense des intérêts professionnels ne date pas d'aujourd'hui. Mais, pendant longtemps, les magistrats, soucieux d'éviter tout ce qui pouvait s'apparenter à une quelconque activité syndicale militante, préférèrent adopter la forme de l'association (Association de la magistrature ; Union fédérale des magistrats). Cette réserve a disparu sous la pression des circonstances. En 1968, certains magistrats constituèrent un syndicat politiquement engagé (*Syndicat national de la magistrature* : SNM) qui recruta principalement ses adhérents parmi les jeunes. Tout naturellement, les associations de jadis fusionnèrent pour former à leur tour un autre syndicat (*Union syndicale des magistrats* : USM). Il n'en fallait pas plus pour qu'à travers ces deux syndicats apparaissent des clivages politiques, au point d'ailleurs qu'un nouveau groupement a cru devoir se former en 1981 (*Association professionnelle des magistrats* : APM), dont l'objet, a-t-il été dit, serait de veiller au respect du principe de la neutralité politique de la justice mais qui, lui aussi, était politiquement marqué[57].

De leur côté, les juges administratifs ont formé le *Syndicat de la juridiction administrative* (SJA).

Le fait syndical est aujourd'hui indiscutable : la magistrature judiciaire aligne ses comportements sur ceux des salariés, révélant ainsi une évolution certaine dans les mentalités[58].

§ 2. INCOMPATIBILITÉS

401 **Vue d'ensemble. –** Il existe certaines activités qui, sans être interdites aux magistrats, paraissent incompatibles avec l'exercice simultané d'une fonction judiciaire. Lorsque le magistrat se trouve placé dans l'une de ces situations, il ne manque à aucun de ses devoirs, mais il doit choisir : ou renoncer à cette activité, ou cesser d'exercer ses fonctions de magistrat selon les techniques prévues par le statut de la fonction publique (détachement, délégation, mise en disponibilité), lesquelles sont spécialement réglementées dans les textes relatifs aux magistrats.

Une telle situation peut se produire d'abord lorsque l'état de santé du magistrat n'est plus compatible avec l'exercice de ses fonctions (ord. 22 déc. 1958, art. 69 ajouté par la loi du 5 mars 2007 : *supra*, n° 385).

Mais les cas les plus répandus sont liés soit à des activités professionnelles extérieures (A), soit à l'exercice d'un mandat politique (B).

56. Sur ce point, v. L. Cadiet, « La réforme du statut de la magistrature : mécompte ou acompte ? », *Procédures* 2016, Repère 9.

57. Sur ce point, cf. le compte rendu de la première assemblée générale de l'APM à Paris en 1983 (*Le Monde*, 7 déc. 1983).

58. Sur les problèmes soulevés par les activités syndicales dans la magistrature, cf. J. Davia, « Magistrature et liberté syndicale », *Dr. soc.* 1977-327 ; G. Masson, *L'indépendance des magistrats vis-à-vis du pouvoir politique de 1870 à nos jours*, thèse Paris 1975 ; Cons. État, 31 janv. 1975, 2 arrêts, *JCP* 1975. II.18099, note Albertini, spécialement § II ; Com. discipline du parquet, 10 févr. 1978, *D.* 1978.288. – *Adde*, la réponse ministérielle à la question n° 10364 du 12 juin 1974 ; « Faut-il craindre le syndicalisme judiciaire ? », *Les cahiers de la justice* 2016, dossier, p. 405 et s.

A. ACTIVITÉS PROFESSIONNELLES EXTÉRIEURES

402 **Le principe et sa portée. –** En règle générale, les magistrats et les membres des juridictions administratives ne peuvent exercer aucune activité professionnelle extérieure à leur fonction : ni une autre fonction publique, ni une activité professionnelle de nature privée (commerçant, industriel, salarié d'une entreprise).

Ce principe, qui va de soi, vaut pour tous les fonctionnaires en général. Mais il est rappelé de façon plus énergique en ce qui concerne les magistrats et les juges. Le but, en effet, n'est pas seulement de les obliger à être entièrement disponibles à leurs fonctions. S'agissant des juges et des magistrats, une autre préoccupation plus impérieuse encore justifie cette règle : *on veut éviter toute subordination extérieure qui risquerait d'entraver leur indépendance d'esprit et de compromettre leur liberté de jugement.*

Ainsi s'expliquent les dispositions de l'article 8 de l'ordonnance n° 58-1270 du 22 décembre 1958 qui, en ce qui concerne les *magistrats de l'ordre judiciaire*, pose en principe que « l'exercice des fonctions de magistrat est incompatible avec l'exercice de toutes fonctions publiques et de toute activité professionnelle ou salariée ».

Toutefois cette règle est écartée lorsqu'il s'agit des magistrats exerçant leurs fonctions à titre temporaire (*supra*, n° 357) et aussi des juges de proximité (*supra*, n°s 357) : ceux-ci peuvent en effet « exercer une activité professionnelle concomitamment à leurs fonctions judiciaires », sauf une activité d'agent public (si ce n'est celle de professeur ou de maître de conférences des universités) (art. 41-14 et 41-22 de l'ord. du 22 déc. 1958). Mais c'est à la condition que l'activité exercée « ne soit pas de nature à porter atteinte à la dignité de la fonction et à son indépendance ».

On ajoutera, cela va de soi, que cette incompatibilité ne vise pas davantage les juges des tribunaux de commerce et les conseillers prud'hommes qui conservent leurs activités professionnelles.

La même incompatibilité s'étend aux *membres du Conseil d'État*, en vertu de l'article L. 131-1 C. just. adm. qui prend soin de faire renvoi aux dispositions statutaires de la fonction publique.

Enfin plus spécialement au sujet des *juges appartenant au corps des tribunaux administratifs et cours administratives d'appel*, l'article L. 231-5 C. just. adm. précise de façon très stricte que nul ne peut être nommé membre de l'une de ces juridictions s'il exerce, – ou même « a exercé depuis moins de trois ans » –, une fonction de représentant de l'État dans une région ou dans un département ou de délégué de celui-ci dans un arrondissement (on vise ici les préfets et sous-préfets) relevant du ressort du tribunal (ou de la cour). La même incompatibilité s'applique également à ceux qui exercent ou ont exercé depuis moins de trois ans dans le ressort du tribunal (ou de la cour), une fonction de directeur régional ou départemental d'une administration publique de l'État ou de direction dans l'administration d'une collectivité territoriale. À travers ces formules un peu compliquées se dégage une idée très simple : s'agissant de juridictions qui sont appelées à juger des administrations, on ne veut pas que le juge exerce ou ait exercé au sein de celles-ci des fonctions importantes qui pourraient faire douter de son objectivité. On concevrait mal, par exemple, qu'un ancien préfet de la Côte-d'Or depuis moins de trois ans puisse devenir président du tribunal administratif de Dijon et juger des affaires concernant une administration dont il a été le chef. De là, une incompatibilité locale temporaire limitée aux juridictions dans le ressort desquelles se trouvent ces administrations.

Cela dit, dans la mesure où ces incompatibilités sont applicables, encore faut-il bien en comprendre la portée.

a) Elles n'interdisent pas les *travaux scientifiques, littéraires et artistiques* (art. 8, ord. n° 58-1270 du 22 décembre 1958 ; art. R.* 131-1 C. just. adm.). Un magistrat peut toujours prendre la plume ou le pinceau, même pour en tirer un profit, sans enfreindre la règle de l'incompatibilité. Les magistrats peuvent aussi, mais avec l'autorisation de leur chef de cour, exercer des *activités d'enseignement* dans la mesure, ajoutent toutefois les textes, où elles ne sont « pas de nature à porter atteinte à leur dignité ou à leur indépendance » (mêmes textes)[59]. Cette dernière réserve est importante : elle signifie que les magistrats ne peuvent pas enseigner n'importe quoi, n'importe où et dans n'importe quelles conditions.

b) Les activités d'*arbitrage* ont également retenu l'attention du législateur. C'est un fait que les magistrats étaient parfois sollicités pour être arbitres. Cette activité leur est désormais interdite, « sous réserve des cas prévus par les dispositions législatives en vigueur » (art. 8, al. 2, ord. n° 58-1270 du 22 déc. 1958, mod. par loi n° 2001-539 du 25 juin 2001).

403 **Détachement, délégation et mise en disponibilité. –** Il arrive parfois que des juges et des magistrats se voient proposer des emplois ou des activités qui n'entrent pas dans leurs fonctions habituelles. Disons tout de suite que les magistrats de l'ordre judiciaire et les juges des juridictions administratives peuvent participer à des travaux de commissions ou de conseils institués auprès des administrations et des établissements publics où leur avis est souvent précieux. Tout au plus doivent-ils obtenir l'agrément du vice-président du Conseil d'État (pour les membres de cette juridiction ; art. R. 137-1 C. just. adm.) ou l'autorisation du président de la juridiction à laquelle ils appartiennent (pour les juges des tribunaux administratifs et des cours administratives d'appel ; art. R. 237-1 et 2 C. just. adm.) ou encore, pour les magistrats de l'ordre judiciaire, le contreseing du garde des Sceaux (art. 12, ord. n° 58-1270 du 22 déc. 1958).

Mais cela dit, le problème devient plus complexe lorsque la mission envisagée est de longue durée et place le juge dans l'obligation de choisir entre l'exercice de sa fonction judiciaire et la fonction qui s'offre à lui (directeur d'un établissement public, ambassadeur, préfet, chargé de mission, etc.).

a) Dans la magistrature de l'ordre judiciaire, la situation était relativement rare[60]. Mais elle pourrait devenir plus fréquente à l'avenir depuis que la loi n° 92-189 du 25 février 1992 a expressément prévu la possibilité d'un détachement dans un autre corps (ord. 22 déc. 1958, art. 76-2, ajouté par la loi du 25 févr. 1992)[61]. La loi du 5 mars 2007 a même été plus loin. Elle impose désormais, pour accéder à un emploi hors hiérarchie, ce que le texte appelle une période de *« mobilité statutaire »*, contraignant ainsi le magistrat à abandonner pour un an ses activités juridictionnelles pour exercer des fonctions dans une entreprise publique ou

59. C'est ainsi que beaucoup de magistrats sont chargés de travaux dirigés et même parfois chargés d'enseignement dans les facultés de droit.

60. Il existe un cas traditionnel : le directeur des services juridiques de la SNCF est généralement un magistrat de l'ordre judiciaire hors hiérarchie (par exemple : un conseiller à la Cour de cassation). Ce poste est assez convoité.

61. Ainsi un magistrat de l'ordre judiciaire pourra désormais être détaché pour être intégré dans un corps recruté par la voie de l'ENA ou dans le corps des professeurs et maîtres de conférences de l'Université. – Un décret n° 93-549 du 26 mars 1993 énumère la liste des corps recrutés par la voie de l'École nationale d'administration auprès desquels les magistrats de l'ordre judiciaire peuvent être détachés.

privée (art. 76-4 et 5, ord. 22 déc. 1958)[62]. Il peut arriver enfin qu'un magistrat de l'ordre judiciaire se voie proposer un emploi dans le secteur privé. Dans tous ces cas, il va sans dire qu'il ne peut plus exercer sa fonction de magistrat et qu'il doit être mis en disponibilité[63].

L'intéressé doit en faire la demande au garde des Sceaux. Depuis la loi du 5 mars 2007, toute demande de mise en position de détachement ou de mise disponibilité doit être soumise pour avis au Conseil supérieur de la magistrature qui vérifiera si les nouvelles fonctions qui sont envisagées sont compatibles avec les fonctions que le magistrat a occupées au cours des trois dernières années (art. 20-1 de la loi organique du 5 févr. 1994 ; décr. du 7 janv. 1993, art. 36-1).

b) Les juridictions administratives, et spécialement le Conseil d'État, n'échappent pas au même phénomène. Il est assez fréquent que certains de ses membres profitent de la première occasion qui se présente pour obtenir des emplois, disons plus attractifs ! Cette fuite est assez préoccupante, au point qu'il a fallu poser des conditions pour éviter que le Conseil d'État ne devienne un « lieu de passage », en vue de l'accès à des fonctions sinon plus prestigieuses, du moins mieux rémunérées. Dans toute la mesure où un départ est possible, plusieurs « positions » s'offrent à l'intéressé pour lui permettre d'exercer une activité incompatible avec sa fonction, sans l'obliger à démissionner (V. notamment, art. R. 135-1 à 135-11 C. just. adm. et R. 235-1 et 2 C. just. adm.).

La position la plus simple est la *« délégation »* qui consiste, tout en restant dans son corps d'origine, à occuper une autre fonction publique dans laquelle l'intéressé a été délégué par une « mise à disposition » (art. R. 135-5 C. just. adm.). Autre position : le *« détachement »*. Le juge détaché pour exercer une autre activité est placé hors de son corps d'origine, tout en continuant à bénéficier dans ce corps de ses droits à l'avancement et à la retraite ; et à l'expiration de son détachement, il est obligatoirement réintégré dans son corps d'origine (art. R. 135-6 C. just. adm.). La *« mise en disponibilité »* (généralement pour convenances personnelles) marque une sorte de rupture temporaire : durant cette période, le fonctionnaire cesse de bénéficier de ses droits à l'avancement et les années ainsi passées ne sont pas décomptées pour ses droits à la retraite ; mais ensuite il peut être réintégré (art. R. 135-8 et s. C. just. adm.). Pendant son détachement, il reste tenu toutefois à certaines obligations à l'égard de son corps d'origine (pour les magistrats de l'ordre judiciaire, cf. art. 9-2, ord. 22 déc. 1958, ajouté par la loi n° 94-101 du 5 févr. 1994).

B. EXERCICE D'UN MANDAT POLITIQUE

404 **Problème. –** En tant que juristes appelés à constater chaque jour les imperfections éventuelles de nos lois, les magistrats et les juges seraient mieux placés que quiconque pour exercer un mandat politique, sur le plan national (député, sénateur) ou simplement local (conseiller général ou conseiller municipal)[64]. Il reste que la crainte des compromissions, des abus d'influence, d'une certaine politisation de la justice ou tout simplement la crainte que les servitudes de la vie politique ne fassent perdre au magistrat la sérénité indispensable au bon exercice de la fonction

62. Le législateur veut que, pour exercer les plus hautes fonctions judiciaires, le magistrat ait vécu directement au contact de la pratique et du monde des affaires.

63. Y. Benhamou, « "Pantouflage" des juges : un danger pour l'impartialité de l'État » *D.* 2001, p. 788.

64. Sur le cumul des fonctions qui était possible au XIXe siècle et dont le procureur général Dupin a été un exemple, cf. J. Krynen, *op. cit.*, t. II, p. 63-64.

judiciaire, ont obligé le législateur à édicter un réseau d'incompatibilités, variables selon qu'il s'agit d'un mandat national ou d'un mandat local.

405 **Mandat national (ou européen).** – L'exercice d'un *mandat parlementaire* de député ou de sénateur est rigoureusement incompatible avec l'exercice des fonctions de magistrat de l'ordre judiciaire (art. 9, ord. n° 58-1270 du 22 déc. 1958), de membre du Conseil d'État ou de juge des tribunaux administratifs et cours administratives d'appel (art. L. 231-5 C. just. adm. ; art. LO 151-1 C. élect.).

Cette incompatibilité a été étendue à l'exercice d'un mandat au Parlement européen (art. 9, ord. n° 58-1270 du 22 déc. 1958, mod. par loi n° 92-189 du 25 févr. 1992 ; art. L. 231-5 C. just. adm.), et même, s'agissant des magistrats de l'ordre judiciaire, au Conseil économique et social (art. 9, ord. n° 58-1270 du 22 déc. 1958, mod. par loi n° 80-844 du 29 oct. 1980).

Cette incompatibilité ne veut pas dire qu'il est interdit à un juge de briguer l'un de ces mandats (on a vu des juges devenir députés ou sénateurs). Mais s'il est élu, il doit alors choisir et s'il préfère exercer sa fonction élective, il devra cesser d'exercer ses fonctions judiciaires pendant le temps que durera son mandat : il sera mis en position de détachement. En outre, afin d'éviter toute confusion, il est précisé, pour les membres du Conseil d'État, que ceux-ci ne doivent en aucun cas, dans leur activité politique, se prévaloir de leur appartenance au Conseil d'État (art. L. 131-2 C. just. adm.).

Pour les magistrats de l'ordre judiciaire, une incompatibilité partielle s'étend également au magistrat dont le *conjoint* a été élu député ou sénateur : aux termes de l'article 9, alinéa 2, de l'ordonnance n° 58-1270 du 22 décembre 1958, « nul ne peut être nommé magistrat ou le demeurer dans une juridiction dans le ressort de laquelle se trouve tout ou partie du département dont son conjoint est député ou sénateur ». Si par exemple, le mari d'une femme qui exerce ses fonctions de magistrat au tribunal de Nevers a été élu député ou sénateur de la Nièvre, elle ne pourra pas continuer à exercer ses fonctions au sein de ce tribunal : elle sera nommée ailleurs. On veut éviter tout abus d'influence par personne interposée : il ne faut jamais suspecter la femme de César !

406 **Mandat régional, départemental ou municipal.** – En ce qui concerne les *magistrats de l'ordre judiciaire*, l'exercice d'un mandat de conseiller régional, de conseiller départemental, de conseiller municipal ou de conseiller d'arrondissement, de conseiller de Paris, de conseiller de la métropole de Lyon, de conseiller de l'assemblée de Corse, de conseiller de l'assemblée de Guyane ou de conseiller de l'assemblée de Martinique entraîne également une incompatibilité, mais celle-ci est localisée à la circonscription dont le magistrat est l'élu (art. 9, al. 3, ord. du 22 déc. 1958). Cela ne veut pas dire qu'un magistrat ne peut pas devenir conseiller municipal ou maire de sa commune ; beaucoup le sont et c'est souvent une très bonne chose. Mais pour éviter toute interférence entre les préoccupations électorales et l'exercice des fonctions judiciaires, on ne veut pas que le magistrat puisse exercer ses fonctions de juge dans le ressort où figure la circonscription dont il est l'élu. En revanche et du fait même du caractère local du mandat électif, cette incompatibilité ne concerne pas les conseillers à la Cour de cassation (art. 9, al. 5, ord. n° 58-1270 du 22 déc. 1958).

Les juges appartenant au corps des *tribunaux administratifs et des cours administratives d'appel* sont soumis à une incompatibilité de même nature : aux termes de l'article L. 231-5 C. just. adm., nul ne peut être nommé membre d'un tribunal administratif (ou d'une cour administrative d'appel), s'il exerce, dans le ressort de ce tribunal (ou de cette cour) « une fonction publique élective ».

Mais il y a plus : l'article L. 231-7 C. just. adm. vise spécialement les fonctions de *président d'un conseil régional* ou d'un *conseil général* pour les déclarer incompatibles avec l'exercice des fonctions de membre du corps des tribunaux administratifs et cours administratives d'appel. Bien qu'il s'agisse d'un mandat local (régional ou départemental), l'incompatibilité est générale, en ce sens que le juge qui est élu à ces fonctions présidentielles ne peut plus exercer ses fonctions de juge administratif en quelque lieu que ce soit (même en dehors de la région ou du département dont il est l'élu). Le législateur a pensé à juste raison que l'autorité qui s'attache aux fonctions de président d'un conseil régional ou d'un conseil général prenait inévitablement une dimension nationale et qu'il serait malsain qu'un président qui est appelé à jouer un rôle important dans l'administration active puisse exercer dans le même temps des fonctions juridictionnelles concernant celle-ci.

407 **Extension des incompatibilités dans le temps. –** Même après l'expiration d'un mandat électif (national ou régional), une incompatibilité subsiste : le juge qui a été l'élu d'une circonscription y a peut-être conservé des amitiés ou des inimitiés qui pourraient nuire à son objectivité de juge.

Pour cette raison, il ne peut être nommé juge ou le demeurer au sein d'une juridiction dans le ressort de laquelle il a exercé une fonction publique élective depuis moins de cinq ans s'il s'agit d'un magistrat de l'ordre judiciaire (art. 9, al. 4, ord. n° 58-1270 du 22 déc. 1958) ou depuis moins de trois ans s'il s'agit d'un membre du corps des tribunaux administratifs et cours administratives d'appel (art. L. 231-5 C. just. adm.)[65].

Dans l'ordre judiciaire, il en est de même s'il a fait simplement acte de candidature. Toute campagne électorale malheureuse peut laisser des traces. À cause de cela, dans les trois années qui suivent, il ne peut être nommé magistrat ou le demeurer au sein de la juridiction dans le ressort de laquelle il a fait acte de candidature à une fonction publique élective (art. 9, al. 4, ord. n° 58-1270 du 22 déc. 1958).

§ 3. INCAPACITÉS DE JUGER

408 **Devoir d'impartialité. –** Dans certains cas, les juges appelés à composer la juridiction ne peuvent pas exercer leurs fonctions parce qu'un doute risque de peser sur leur parfaite indépendance d'esprit et donc, indirectement, sur leur impartialité : ils sont alors frappés d'une véritable incapacité de juger.

65. Toutefois un représentant français au Parlement européen peut être nommé membre d'un tribunal administratif ou d'une cour administrative d'appel à l'issue de son mandat (art. L. 231-5, 1°, C. just. adm.).

Certaines de ces incapacités sont applicables de plein droit dans les cas spécifiés par la loi (I) ; d'autres, en revanche, peuvent résulter soit d'une récusation (II), soit d'un renvoi à une autre juridiction (III).

409 **I. Incapacités légales. –** Quel que soit le procès à juger, un magistrat est incapable d'exercer ses fonctions lorsqu'il existe un *lien de parenté ou d'alliance entre magistrats d'une même juridiction* (conjoints, parents et alliés jusqu'au degré d'oncle et de neveu inclusivement). Le principe est facile à justifier. Si par exemple deux frères faisaient partie d'une même juridiction, on pourrait craindre que l'un d'eux ne prenne un certain ascendant sur l'autre et que, du même coup, au moment du délibéré, la liberté du vote ne soit faussée[66].

Relativement à un procès déterminé, il y a également incapacité de juger lorsqu'il existe un *lien de parenté entre l'un des magistrats et l'avocat de l'une des parties en cause*, jusqu'au degré de neveu ou d'oncle inclusivement. Si par exemple, la femme ou le fils d'un magistrat plaidait pour l'une des parties devant son mari ou son père, il y aurait lieu de craindre que le magistrat n'ait plus la même indépendance d'esprit. L'inobservation de cette règle entraînerait la nullité du jugement.

Il est remarquable de constater que ces dispositions sont spécifiques aux juridictions de l'ordre judiciaire et qu'il n'existe aucun texte analogue pour les juridictions de l'ordre administratif. Mais on doit admettre que les mêmes règles sont applicables au titre des principes généraux du droit et de l'article 6-1 de la Convention européenne des droits de l'homme[67].

410 **II. Récusation. –** En dehors des cas précédemment cités, il peut arriver que l'un des plaideurs ait des raisons sérieuses de suspecter la parfaite indépendance d'esprit de l'un des juges. Si ce dernier en a lui-même conscience, il a le devoir de se retirer spontanément : on dit alors qu'il *« s'abstient »* ou qu'il *« se déporte »*. Mais s'il ne prend pas cette initiative, le plaideur qui a des raisons sérieuses de suspecter l'impartialité d'un juge déterminé dispose d'un moyen que l'on appelle la récusation et que l'on peut définir comme étant la procédure par laquelle un plaideur entend faire écarter du tribunal, pour le jugement de sa cause, un juge qui pourrait manquer d'impartialité[68].

L'idée directrice est qu'il s'agit là d'un moyen grave parce qu'il tend à suspecter l'objectivité d'un juge et la conscience qu'il peut avoir de ses devoirs professionnels. Aussi bien la loi a-t-elle réglementé les causes de récusation (art. L. 111-6 C. org. jud.)[69]. Mais les neuf cas, aujourd'hui énoncés, n'épuisent pas nécessairement l'exigence d'impartialité tirée de l'article 6-1 de la Convention européenne des droits de l'homme, ainsi que l'affirme un arrêt de la Cour de cassation de

66. La fréquence des *« couples de magistrats »* (surtout dans l'ordre judiciaire) a posé un problème. Il ne saurait être question de les affecter à des tribunaux différents. Dans ce cas une dispense est accordée. Mais, en aucun cas, les conjoints ne peuvent siéger ensemble pour le jugement d'une même cause.

67. Cons. État, 13 mars 1925, *Rec. Lebon*, p. 262.

68. Pour une étude approfondie, v. B. Bernabé, *La récusation des juges. Étude médiévale, moderne et contemporaine*, LGDJ, 2009.

69. Auparavant énoncées à l'art. 341 C. pr. civ.

1998[70]. Un justiciable peut donc se fonder sur une cause non expressément prévue, de sorte que l'ajout, par la loi J21 du 18 novembre 2016, de l'existence d'un conflit d'intérêts comme cause de récusation se révèle, du strict point de vue juridique, parfaitement inutile.

411 **III. Renvoi. –** Le renvoi présente un trait commun avec la récusation en ce sens que, dans les deux hypothèses, l'un des plaideurs redoute un manque d'indépendance de la part des juges qui seront appelés à statuer dans la cause. Mais, tandis que la récusation concerne un juge déterminé, en raison de circonstances qui sont propres à ce juge, la procédure de renvoi est utilisable lorsque la suspicion plane sur la *juridiction tout entière*. L'exemple classique est celui du renvoi pour cause de *suspicion légitime*, lorsqu'un plaideur a des raisons graves de penser que tous les membres de la juridiction n'ont peut-être pas une indépendance d'esprit suffisante (par exemple, pour le jugement d'une affaire qui aurait causé un certain émoi dans la région).

Dans ce cas, le plaideur demande à la juridiction hiérarchiquement supérieure d'ordonner le renvoi devant une autre juridiction[71]. Comme on peut le constater, le renvoi a pour conséquence de tenir en échec les règles de la compétence territoriale.

70. V. Cass. 1re civ., 28 avr. 1998, *Bull. civ.* I, n° 155.

71. En matière pénale, le renvoi ne peut être ordonné que par la chambre criminelle de la Cour de cassation (art. 662, C. pr. pén.).

CHAPITRE II
AUXILIAIRES DE JUSTICE

412 **Définition et rôle. –** Les auxiliaires de justice sont des personnes qui, sans être investies par l'État de la fonction de juger, sont appelées à participer à l'administration de la justice en apportant leur concours aux juges et aux parties : tels les avocats, les huissiers de justice, les greffiers, etc.

Cette définition fait apparaître deux traits caractéristiques qu'il importe de souligner.

a) En règle générale, les auxiliaires de justice ne sont pas des fonctionnaires : seuls les greffiers échappent à la règle depuis qu'une loi de 1965 a fonctionnarisé les greffes (*infra*, n° 478). Mais, ce cas mis à part, les auxiliaires de justice sont de simples particuliers qui sont étrangers à la fonction publique et n'ont aucun lien de dépendance avec l'État.

b) Il n'en demeure pas moins qu'ils participent à l'administration de la justice. Et de façon fort efficace.

On se prend parfois à rêver d'une justice sans intermédiaire où le justiciable se présenterait seul devant son juge. C'est là une illusion. La science du droit en général et le fonctionnement de la justice en particulier sont choses complexes. Il est indispensable que les plaideurs soient conseillés, assistés et parfois même représentés. Au reste, l'intérêt bien compris des plaideurs rejoint ici une saine administration de la justice. On imagine mal le temps que peut faire gagner au juge un dossier bien préparé par un mandataire de justice qui aura su discerner l'essentiel à travers un amas de faits inconsistants. Et par ailleurs, la présence d'un intermédiaire a souvent l'inestimable mérite d'apaiser les passions et de conserver au débat judiciaire la sérénité qui lui est indispensable. On peut certes discuter sur la dissémination des auxiliaires de la justice et sur le statut de certains d'entre eux, mais on peut difficilement contester le caractère irremplaçable de leurs fonctions.

413 **Diversité des fonctions et des professions : le « juridique » et le « judiciaire ». –** Quand on jette un regard d'ensemble sur la pléiade des auxiliaires de justice, on est tout de suite frappé par leur nombre et par la diversité de leurs fonctions : les uns assistent le juge (les greffiers), les autres conseillent et représentent les plaideurs

(les avocats) et certains même sont tout à la fois les auxiliaires du juge et les mandataires des parties (les huissiers de justice, les administrateurs judiciaires). En réalité, la multiplicité des professions qui gravitent dans le sillage de la justice est à l'image de la diversité des fonctions que les juristes sont appelés à exercer.

La vie du droit ne se limite pas en effet, comme d'aucuns le pensent, à deux brillantes plaidoiries suivies d'un jugement. Le procès n'est bien souvent que l'aboutissement d'une situation juridique qui a mal évolué parce que les précautions nécessaires n'ont pas été prises en temps utile ; parce qu'un contrat a été mal rédigé, parce que l'on en a mésestimé les implications, parce que des imprudences ont été commises, parce que la loi n'a pas été respectée comme elle aurait dû l'être, etc. Et l'on a souvent l'impression que bien des mécomptes eussent été évités si un juriste était intervenu plus tôt. En d'autres termes, il y a dans l'application du droit toute une phase pré-contentieuse, bien antérieure au procès, qui relève elle aussi de la science du juriste et que l'on a coutume d'appeler aujourd'hui le *« juridique »*, par opposition au *« judiciaire »* qui ne s'ouvre que lorsqu'un procès éclate et qu'un juge est saisi.

Est-ce à dire qu'il faille opposer de façon systématique le « juridique » au « judiciaire », comme s'ils appartenaient à des mondes différents, sous prétexte que l'esprit n'est pas le même : le premier étant tourné vers l'action, tandis que le second serait orienté vers la méditation rétrospective ? Et, partant de là, doit-on considérer que le seul rôle des auxiliaires de justice consiste à « soutenir le procès » et à faire exécuter un jugement ? Ce serait une erreur de le penser. En réalité, le « juridique » et le « judiciaire » sont intimement liés l'un à l'autre dans la mesure où le « juridique » tend à éviter le procès et où, pour en conjurer le risque, il faut toujours avoir à la pensée les moyens que pourrait invoquer en justice un adversaire virtuel. Voilà pourquoi, lorsque l'on parle des auxiliaires de justice, il ne faut pas négliger l'aspect pré-contentieux qui entre dans leurs fonctions ; tout en se persuadant qu'il y a une constante osmose entre le « juridique » et le « judiciaire ».

414 **Plan. –** La diversité des auxiliaires de justice et des fonctions qu'ils exercent rend malaisée la description de toutes les professions judiciaires. Le plus simple est de constater que, parmi les auxiliaires de justice, il y a deux grandes catégories qui apparaissent d'emblée : d'une part, les *avocats* qui exercent une profession libérale et indépendante (section 1), et d'autre part, les *officiers ministériels* (section 2).

Mais cette opposition n'épuise pas la liste de tous les auxiliaires de justice. Certains d'entre eux échappent à toute catégorisation : ils seront présentés pour terminer dans le groupe des *professions et activités judiciaires diverses* (section 3).

SECTION I AVOCATS

415 **Généralités**[1]. **–** L'imagerie populaire a toujours représenté l'avocat comme étant « l'homme de la parole » qui plaide à la barre pour la défense des intérêts de son client. Il faut dire d'ailleurs que la médiatisation des affaires pénales a largement contribué à fixer ce stéréotype en prenant pour modèle ce que l'on appelle parfois « l'avocat d'assises ». Cette image n'est certes pas totalement inexacte ; mais elle est très incomplète. L'avocat est aussi un homme de cabinet qui reçoit ses clients, leur donne des consultations, négocie des contrats, étudie les dossiers dont il a la charge et prépare la procédure au nom et pour le compte de son client[2].

L'évolution moderne a très sensiblement accentué cet aspect souvent ignoré de la mission de l'avocat. À notre époque, l'avocat joue un rôle très différent de celui qui était le sien dans les temps passés. Les importantes réformes intervenues depuis 1971 ont d'ailleurs eu pour ambition de créer une nouvelle profession d'avocat, différente par son style et par son rôle[3]. Pour mesurer l'ampleur de ces transformations, il faut commencer par prendre conscience de l'*évolution historique* de la profession (§ 1). Ensuite, à la lumière des textes du droit positif moderne, on étudiera successivement la *double fonction* de l'avocat (§ 2) et le *statut* de la profession (§ 3).

§ 1. ÉVOLUTION HISTORIQUE DE LA PROFESSION D'AVOCAT

416 **Origine de la profession. –** La profession d'avocat est sans nul doute la profession judiciaire la plus ancienne : elle remonte à l'époque romaine. Selon toute vraisemblance, elle a pour origine l'usage qui voulait que les patriciens protègent et défendent leur clientèle : le patricien était celui que l'on « appelait au secours » en cas de difficulté (*advocatus* ; d'où le nom d'avocat). Mais à mesure que le droit se compliqua, il devint nécessaire de faire appel à des spécialistes de la science du droit qui avaient l'habitude de la parole en matière juridique (les *« oratores »*), lesquels se constituèrent en corporations (en *« ordo »*) ; de là, l'expression « ordre d'avocats » utilisée pour désigner les groupements au sein desquels les avocats exercent leur profession.

1. Le nombre total des avocats sur l'ensemble de la France augmente constamment : en 2001, on en comptait 39 454, au 1er janv. 2011, ils étaient au nombre de 53 744 et au 1er janv. 2016, ils étaient 63 923. Sur cet ensemble, le barreau de Paris, en 2016, comptait à lui seul 26 792 avocats ; sur cette augmentation, v. H. Croze, « Tout et son contraire », *Procédures* 2014, Repère 1.

2. Sur la réglementation actuelle de la profession : H. Ader et A. Damien, *Règles de la profession d'avocat*, Dalloz-action, 15e éd., 2016-2017 ; J.-J. Taisne, *La déontologie de l'avocat*, Dalloz, 10e éd., 2017 ; B. Beignier et J. Villacèque, *Droit et déontologie de la profession d'avocat*, Gazette du Palais, 2e éd., 2016. – Pour avoir une vue d'ensemble sur ce qu'a été et ce qu'est aujourd'hui la profession d'avocat, voir les ouvrages d'A. Damien, *Les Avocats du temps passé, être avocat aujourd'hui* et *Le barreau quotidien*.

3. R. Martin, « Le devenir de la profession d'avocat », *JCP* 2005.I.178, p. 1941.

Il serait hors de propos d'exposer dans tous ses détails l'évolution de la profession au Moyen Âge. Mais il importe de souligner ce fait essentiel que constitua la *dispersion des fonctions* (A). Elle permet de mieux comprendre la genèse des réformes modernes qui tendent à une *restructuration de la profession* (B).

A. DISPERSION DES FONCTIONS

417 Au cours des siècles, les fonctions initiales de l'avocat s'éparpillèrent à la suite d'une spécialisation progressive, l'avocat se bornant le plus souvent à plaider, laissant ainsi à d'autres personnes le soin d'assumer des tâches plus spécialisées.

418 **Avocats et procureurs. –** Une première scission s'opéra, à la fin du XVᵉ siècle, entre, d'une part, les avocats qui se bornèrent à assurer la défense orale de leurs clients et, d'autre part, les procureurs (du latin : *« procuratio »* = commission) qui avaient spécialement pour fonction de diligenter la procédure écrite devant les tribunaux, en tant que représentants des parties au procès, au nom et pour le compte de celles-ci. Par l'effet de cette première spécialisation, était née une dualité qui subsistera longtemps entre l'avocat qui assiste son client par la parole et son procureur (on dira plus tard l'avoué) qui le représente dans l'accomplissement des actes écrits de la procédure. Et c'est ainsi que, dans l'ancien droit, chacune de ces professions a fini par constituer une corporation distincte.

L'une et l'autre furent supprimées à la Révolution dont on sait quelle était son hostilité à l'égard, tout à la fois, des corporations en général et des structures judiciaires de l'ancienne France, en particulier (décr. du 2-11 septembre 1790, art. 10 ; décr. du 29 janvier 1791 ; loi du 3 brumaire an II)[4]. Mais cela entraîna de tels désordres dans l'administration de la justice que Napoléon prit le parti de rétablir d'abord les procureurs qui, à partir de cette époque, prirent le nom d'avoués (loi du 27 ventôse an VIII), et les avocats ensuite (loi du 22 ventôse an XII). Ce ne fut certes pas sans une certaine réticence. L'indépendance des avocats a toujours été redoutée des pouvoirs politiques qui se veulent forts. On attribue à Napoléon cette formule célèbre : « tant que j'aurai l'épée au côté, je veux pouvoir couper la langue aux avocats qui s'en servent contre le gouvernement ». Mais il faut croire que la langue d'un avocat est plus solide que l'épée d'un général, car la profession d'avocat reconquit son autonomie, tandis que les avoués devenaient des officiers ministériels (loi du 28 avril 1816).

Ainsi, jusqu'à une époque très récente, se perpétua une scission profonde entre deux auxiliaires de justice, très proches par leurs origines et cependant très différents à un double titre : 1°) par leurs *fonctions* : les avocats ayant pour mission d'assister et de conseiller leurs clients par la parole, alors que les avoués avaient pour fonction celle de les représenter dans l'accomplissement des actes de la procédure ; et 2°) par leur *statut* : tandis que la profession d'avocat est toujours restée une profession libérale, les avoués étaient devenus des officiers ministériels titulaires de charges (*infra*, nº 456).

4. J. Krynen, *op. cit.*, t. II, p. 29.

419 **Agréés près des tribunaux de commerce. –** La profession d'agréé est née de ce fait que, devant les tribunaux de commerce, les parties sont libres de se faire assister et représenter par n'importe quel mandataire de leur choix : la règle est traditionnelle et elle subsiste encore de nos jours (art. 853 C. pr. civ.)[5]. Cette liberté n'est pas sans danger. Sans doute, dans bien des cas, les plaideurs choisissent-ils un avocat. Mais rien ne les y oblige. Et le risque est alors de voir se présenter devant les juridictions consulaires des agents d'affaires aux connaissances limitées, n'offrant pas toujours les garanties requises pour exercer correctement et honnêtement cette fonction. Pour conjurer ce risque, les tribunaux de commerce, spontanément et en marge de la loi, prirent l'habitude de recommander à la confiance des plaideurs certains mandataires dont ils garantissaient la compétence et la loyauté. Ils leur donnaient un « agrément » qui constituait en quelque sorte un « label » de qualité.

Ainsi est apparue dès le XVIIe siècle, une catégorie particulière d'auxiliaires de justice que l'on a pris l'habitude d'appeler les « agréés » (parce qu'ils avaient reçu un agrément du tribunal), dont la fonction spéciale était d'assister et de représenter les parties devant les tribunaux de commerce. Ils se groupèrent ensuite pour former une corporation et une véritable profession, distincte de la profession d'avocat.

Il fallut attendre longtemps avant que le législateur ne consacre dans les textes cette situation de fait. Ce fut l'œuvre d'une loi du 8 novembre 1941 qui, à la Libération, fut annulée et remplacée par une ordonnance du 2 novembre 1945, laquelle dota les agréés près les tribunaux de commerce d'un véritable statut légal.

420 **Conseils juridiques. –** On doit constater avec regret que les avocats ont souvent abandonné d'eux-mêmes certains secteurs importants de la vie des affaires. Trop étroitement liée à la conception traditionnelle qui voyait dans l'avocat l'homme du procès, la profession a laissé échapper certains des aspects modernes de la vie juridique, en ne réalisant pas que l'avocat peut avoir également une fonction extra-contentieuse consistant à donner des conseils en marge de tout litige (rédaction de contrats, élaboration des statuts de sociétés, etc.). La rigidité du statut de la profession d'avocat n'était pas seule en cause : cette désaffection avait aussi pour origine un certain état d'esprit trop exclusivement orienté vers les matières classiques donnant lieu à procès.

La consultation juridique étant parfaitement libre, – à l'époque, tout au moins (*infra*, n° 492) –, la place laissée inoccupée par les avocats devait tout naturellement être prise par des personnes qui, spontanément, s'attribuèrent le titre de *« Conseil juridique »* et donnèrent des consultations dans les domaines les plus variés. Beaucoup, il faut bien le dire, rendaient d'incontestables services : certains cabinets notamment avaient acquis une juste notoriété, en offrant à leur clientèle des informations précieuses dans des domaines très spécialisés, abandonnés par l'avocat traditionnel du XIXe siècle (on pense notamment au droit fiscal).

Mais cette situation n'allait pas non plus sans risque. En l'absence de toute réglementation et de toute discipline, on pouvait redouter que la clientèle, trompée par le titre de conseil juridique, n'accorde sa confiance à des personnes n'offrant aucune garantie. On vit même parfois des avocats radiés pour faits graves

5. V. également l'art. 18 C. pr. civ.

s'installer comme conseils juridiques. Et ce n'est pas trop dire qu'il fut une époque où ne régnait pas une très bonne entente entre les avocats et les conseils juridiques, considérés par les premiers comme des sortes de « braconniers ». Mais il est juste d'ajouter que cette situation n'aurait pas pris l'ampleur qui fut la sienne si les avocats de jadis n'avaient pas conçu leur rôle de façon trop étroite, comme devant se limiter à celui d'un « homme de la parole à la barre ».

B. VERS UNE RESTRUCTURATION DE LA PROFESSION

421 **Idée directrice. –** La dispersion des fonctions dont il vient d'être question trouve sans doute son explication dans l'histoire, mais elle est souvent déconcertante pour le plaideur et plus encore pour celui qui, en marge de tout procès, cherche à obtenir une consultation juridique : à qui s'adresser ? L'opinion publique comprend le rôle de l'avocat, mais plus difficilement celui de la constellation des auxiliaires de justice qui gravitent dans les milieux judiciaires. Au moment où, dans le cadre de l'Union européenne, les juristes français doivent faire face à une concurrence étrangère très sérieuse, il a paru nécessaire de procéder à une restructuration et, si possible, à une simplification des professions judiciaires en résorbant les dispersions héritées de l'histoire.

Mais comme toujours en pareil cas, si les projets affluent, ils se heurtent aussi à de très vives résistances aggravées souvent par des monopoles professionnels que chaque profession défend jalousement. Et voilà pourquoi les réformes se réalisèrent en plusieurs temps : une première fois en 1971, et une seconde fois en 1990 ; après quoi une ultime réforme est intervenue en 2004.

1. La réforme de 1971

422 **Sa genèse. –** L'idée d'une restructuration de la profession est apparue en 1968. À cette époque, deux grandes orientations se sont dégagées.

I. – Un premier projet de dimension modeste fut présenté qui tendait à réaliser la *fusion des professions d'avocat et d'avoué*.

L'idée était loin d'être nouvelle : dès 1902, une proposition en ce sens avait été présentée par Clémenceau. En faveur de cette réforme, bien des arguments avaient été avancés. On a dit parfois que cette dualité des fonctions était irrationnelle, qu'elle constituait une gêne pour les plaideurs, qu'elle compromettait une saine coordination de la défense et que surtout elle était un facteur de cherté de la justice[6]. À vrai dire, ces arguments n'étaient pas tous convaincants. En dernière analyse, l'argument le plus sérieux a été celui tiré d'une souhaitable uniformisation des législations européennes. C'est un fait que beaucoup de pays européens ont toujours ignoré cette dualité (par ex. : l'Allemagne) tandis que d'autres l'ont

6. La plupart de ces arguments ont été évoqués dans le « *Rapport Rueff-Armand* » en 1960. La conclusion avait été que « l'intervention d'un seul auxiliaire de la justice pour l'assistance et la représentation des parties offrirait l'avantage d'un gain de temps et d'une économie pour le justiciable ».

supprimée à une époque récente, notamment : la Belgique[7] et l'Italie[8] ; encore qu'il ne faille rien exagérer sur ce point, car la dualité subsiste toujours en Angleterre (distinction entre le « *barrister* » et le « *solicitor* »).

En réalité, les véritables raisons sont peut-être celles qui ne se disent pas. Par le fait des circonstances, il s'est trouvé que le nombre des avocats avait considérablement augmenté, tandis que celui des avoués titulaires de charges était resté pratiquement le même. Il en est résulté un déséquilibre qui a tenté bien des avocats dont le nombre de dossiers ne semblait pas être à la dimension de leur talent. De toute manière, dans la vie des institutions, il y a des pesanteurs irréversibles en présence desquelles les arguments, rationnels ou non, ne pèsent pas lourd. Et il faut dire d'ailleurs que les avoués eux-mêmes, constamment exposés à la menace d'une suppression, avaient fini par souhaiter qu'une réforme intervienne pour sortir d'une situation incertaine. Il est clair que vers les années 1965-1970, les esprits étaient mûrs pour la réalisation d'une réforme, longtemps différée en raison du prix de rachat des charges.

II. – Cette controverse traditionnelle fut relayée et largement dépassée lorsque, en juin 1968, René Capitant étant alors garde des Sceaux, la suggestion fut émise par un groupement d'avocats (l'Association nationale des avocats, dite ANA) de créer un nouveau type de juriste que, faute de mieux, l'on appela provisoirement l'*homme nouveau*.

L'objectif n'était plus seulement de fusionner les professions d'avocat et d'avoué, mais de créer une profession nouvelle qui devait préfigurer le juriste du XXIe siècle. Constatant que les professions judiciaires ou juridiques classiques étaient disséminées, l'ambition était alors de les rassembler toutes au sein d'une profession unique qui ne serait ni l'ancienne profession d'avocat, ni l'ancienne profession d'avoué, ni même celle d'agréé : dans la pensée du garde des Sceaux, la nouvelle profession ne serait l'héritière d'aucune des précédentes ; et c'est ainsi que, pour ne froisser personne, on appela provisoirement ce juriste attendu, « l'homme nouveau »[9].

Allant plus loin, il avait même été envisagé d'y inclure les conseils juridiques, afin d'intégrer les « bons » dans la nouvelle profession et d'en rejeter les « mauvais » ; et cela, en assortissant le tout d'une interdiction de donner des consultations à qui ne serait pas « homme nouveau » (ce qui impliquait la création d'un nouveau délit : le délit « d'exercice illégal du droit » comparable au délit d'exercice illégal de la médecine). L'homme nouveau devenait une sorte d'homme-orchestre, réalisant en sa personne l'unification des professions judiciaires et juridiques.

C'est ainsi que, vers les années 1969-1970, on se trouva en présence de deux projets, de dimensions très différentes : la simple fusion des professions d'avocat et

7. Au moment de la mise en vigueur du Code judiciaire belge de 1967.

8. En Italie, les avoués ont été supprimés, aussi bien en première instance qu'en appel, par une loi du 24 févr. 1997.

9. Cette idée que l'on croyait définitivement abandonnée a refait surface en 2008, sous l'impulsion des avocats et principalement du Conseil national des barreaux qui ont préconisé la création d'une « grande profession du droit » et la fusion des professions judiciaires (*JCP* 2008, act. n° 598). Cette suggestion a provoqué une vive réaction de la part des notaires qui, très justement, y ont vu une atteinte à leur autonomie (B. Reynis, « Bas les masques ! À propos de la délibération du Conseil national des barreaux des 18 et 19 juillet 2008 », *JCP* 2008, act. n° 552 et *D.* 2008, p. 2416).

d'avoué (que l'on appela la « petite réforme ») ou la création d'un « homme nouveau » (que l'on baptisa, par opposition, la « grande réforme »).

423 **Sa réalisation. –** La réalisation concrète de tous ces projets donna lieu à maintes vicissitudes.

Lorsque, en 1969, le président Pleven devint à son tour garde des Sceaux, il affirma son intention de persévérer dans la même voie que son prédécesseur et, à l'occasion d'un « tour de France » des différents barreaux, il fit savoir (dans un discours prononcé au XIXe Congrès des avoués à Dinard, en mai 1970) que son intention était de réaliser la « grande réforme ». L'ambition était généreuse, mais la réalisation malaisée. Certains groupements d'avocats manifestèrent alors de vives réticences à l'égard d'un projet qui avait été élaboré sans qu'ils aient été consultés.

C'est dans ces conditions que, dans le courant du printemps 1971, le gouvernement présenta un projet entièrement remanié, très en retrait par rapport au précédent, et que l'on appela par opposition, la « petite réforme ». Après avoir recueilli les observations des professions intéressées (avocats, avoués et agréés), le gouvernement déposa ce projet sur le bureau de l'Assemblée nationale. Il donna lieu à de très larges débats devant les deux assemblées et fut définitivement voté à la fin du mois de décembre 1971.

Ce texte devait devenir la *loi n° 71-1130 du 31 décembre 1971* portant réforme des professions judiciaires et juridiques.

424 **Loi du 31 décembre 1971 : sa portée. –** Cette loi fut un texte de compromis entre les deux thèses qui s'affrontèrent au cours des années précédentes (*supra*, n° 421).

a) Comme il fallait s'y attendre, la loi de 1971 réalisa *la fusion entre les avocats et les avoués de première instance* : par l'effet de cette réforme, les avoués de première instance ont disparu et sont devenus des avocats[10]. Le rôle de l'avocat en a été profondément modifié. Auparavant, l'avocat assistait simplement ses clients par ses conseils et par la plaidoirie, l'avoué quant à lui se chargeant d'accomplir les actes de la procédure au nom et pour le compte du plaideur. Désormais, l'avocat moderne ayant hérité des attributions des anciens avoués, il est devenu à son tour un mandataire, comme les avoués autrefois ; et c'est donc à lui qu'incombe désormais la charge de « faire la procédure ».

b) Dans cette fusion, la loi de 1971 inclut également les *agréés près les tribunaux de commerce*. Cette inclusion se fit sans difficulté, pour une double raison : d'abord, parce que leur nombre était limité (environ 140) et, ensuite, parce que les agréés n'étant pas des officiers ministériels, aucun problème d'indemnisation ne se posait à leur sujet. Désormais, par conséquent, il n'y a plus d'agréés auprès des

10. Pour y parvenir, il fallut résoudre un problème fort délicat : celui du *rachat des charges d'avoué*. Ceux-ci en effet étaient des officiers ministériels qui avaient acheté leur charge à un prédécesseur moyennant finance : cette charge constituait leur propriété (*infra*, n° 456 et s.). Il ne pouvait donc être question de les évincer sans les indemniser. Et si d'ailleurs, la fusion n'avait pas été réalisée plus tôt, c'était précisément parce que tous les gouvernements antérieurs avaient toujours reculé devant cette charge financière. La question fut résolue par la création d'un fonds d'indemnisation alimenté par une taxe parafiscale payée par les plaideurs eux-mêmes sur les actes de procédure accomplis.

tribunaux de commerce : ils sont devenus des avocats qui, souvent d'ailleurs par habitude, ont conservé une certaine spécialisation commerciale.

c) En revanche, la réforme de 1971 est restée très en retrait par rapport aux projets grandioses de la « grande réforme » ; et à cet égard, il est intéressant de relever que certains auxiliaires de justice ont échappé à cette loi.

Ce sont d'abord, les *avoués d'appel*. Il faut savoir, en effet, qu'il y avait auparavant deux catégories d'avoués qui appartenaient à deux compagnies distinctes : les « avoués de première instance », dont la mission était de représenter les parties devant les tribunaux de première instance (au premier degré), et les « avoués d'appel », dont la fonction se limitait exclusivement à la représentation des parties devant les cours d'appel (au second degré). Cela dit, la réforme de 1971 n'a touché que les avoués de première instance : les avoués d'appel y ont échappé. On sera amené à se demander pourquoi et à constater que, eux aussi, ont finalement disparu quarante ans plus tard (*infra*, n° 466).

Enfin, le législateur de 1971 a renoncé à intégrer les *conseils juridiques* dans la nouvelle profession d'avocat. Outre le peu d'enthousiasme des conseils juridiques, il semble que l'on se soit heurté à l'époque à une difficulté majeure tenant au fait que certains conseils juridiques sont en réalité des organismes (connus sous le nom de « fiduciaires ») aménagés d'une manière commerciale sous la forme de sociétés anonymes ; il était dès lors malaisé de les intégrer dans une profession d'avocat qui, à l'époque, était rebelle à toute forme d'activité commerciale. À défaut d'intégration, le législateur de 1971 s'est borné à édicter une réglementation destinée à moraliser la profession de conseil juridique, en contrôlant l'usage du titre qui fut officialisé (art. 54 à 66).

Comme on peut le constater, la réforme de 1971 est restée à mi-chemin des ambitions initiales. Il était donc inévitable que cette première étape en appelât une seconde.

2. La réforme de 1990

425 **Origine de cette seconde réforme. –** Si le législateur de 1971 avait renoncé à intégrer les conseils juridiques dans la nouvelle profession d'avocat, il n'avait pas renoncé pour autant à toute idée d'intégration. Un article 78 de la loi du 31 décembre 1971 avait même créé une commission dont l'objet était précisément de suggérer « les mesures propres à réaliser l'unification des professions d'avocat et de conseil juridique ». En réalité, cette commission n'eut qu'une activité végétative. Mais l'idée demeurait en germe.

Elle a été reprise vers 1986, sous la pression des nécessités. C'est un fait que les conseils juridiques ne sont plus aujourd'hui les « petits artisans » de jadis sur lesquels pesait une certaine suspicion. Après avoir obtenu en 1971 la reconnaissance de leur titre, ils se sont dotés progressivement d'une véritable organisation professionnelle et beaucoup de cabinets de conseils juridiques ont étendu leurs activités dans les domaines les plus variés, notamment sur le plan international, en se consacrant à la consultation et à l'élaboration des actes dans le domaine économique. Il devenait donc illogique de laisser subsister deux professions parallèles, sans courir le risque d'enfermer davantage encore la profession d'avocat dans un domaine spécifiquement judiciaire. La perspective d'un marché unique européen n'a pas été étrangère à cette prise de conscience. De plus en plus, s'installent sur le marché français des cabinets étrangers dotés de puissants moyens financiers qui risquent d'absorber une bonne part de l'activité juridique internationale[11]. Il était donc nécessaire de structurer plus fortement la profession d'avocat, en y associant la profession de conseil juridique.

C'est dans ces conditions que, sous l'impulsion d'un ancien bâtonnier du barreau de Paris[12], furent engagées des négociations avec les conseils juridiques pour tenter de réaliser une fusion entre les deux professions. Ces négociations devaient aboutir à l'élaboration de deux projets qui, après de sérieux débats au Parlement, sont devenus les *lois n°s 90-1258 et 90-1259 du 31 décembre 1990.*

426 **Lois nº 90-1258 et nº 90-1259 du 31 décembre 1990. –** Parachevant la réforme réalisée en 1971, l'essentiel de la loi nº 90-1259 du 31 décembre 1990 a été de réaliser la fusion entre la profession d'avocat et celle de conseil juridique : désormais, elles ne forment plus qu'une seule profession qui porte le titre d'avocat[13].

Pour mieux tenir compte de cette fusion, des habitudes de travail de chacune des professions fusionnées et aussi de la nécessité de donner une impulsion nouvelle à la profession d'avocat dans le domaine spécifiquement juridique, cette réforme a été accompagnée de nombreuses modifications qui seront présentées ultérieurement : les conditions d'accès à la profession se sont internationalisées (*infra*, nº 443), la formation professionnelle a été plus fortement structurée (*infra*, nº 445), un Conseil national du barreau a été institué (*infra*, nº 440) et certaines exigences de nature déontologique ont été assouplies.

Mais le plus novateur réside dans la mise en place, par une loi spéciale (la loi nº 90-1258 du 31 décembre 1990), d'un statut légal permettant l'exercice, sous forme de sociétés, des professions libérales soumises à un statut législatif ou réglementaire ou dont le titre est protégé. Il est désormais possible aux avocats de constituer des sociétés qui s'apparentent à des sociétés anonymes et que l'on appelle des *« sociétés d'exercice libéral »* (*infra*, nº 450). Rien même ne s'opposerait à ce que, dans l'avenir, des sociétés de cette nature soient constituées pour l'exercice en commun de plusieurs professions libérales : entre un avocat et un expert-comptable par exemple (art. 1er de la loi nº 90-1258). En un mot, le législateur a eu pour souci de permettre aux avocats de former de puissantes entreprises dotées de moyens financiers importants, de nature à pouvoir concurrencer les cabinets étrangers.

11. En 2016, on comptait 2 177 avocats étrangers (en majorité du Royaume Uni et de l'Allemagne), dont 1 106 de l'Union européenne.

12. Le bâtonnier Bigault du Grandrut qui avait été nommé délégué interministériel aux professions libérales.

13. Il avait été initialement question de prendre le titre d'avocat-conseil, pour mieux marquer l'idée d'une fusion, sans prééminence de l'une des professions sur l'autre. Mais les avocats ont insisté pour conserver, sans autre précision, le nom traditionnel d'avocat.

3. Les réformes ultérieures

427 **Idées directrices. –** Les textes régissant la profession d'avocat ont été remaniés une nouvelle fois par la loi n° 2004-130 du 11 février 2004[14]. À vrai dire, à la différence des réformes antérieures, celle de 2004 n'a pas modifié en profondeur la profession elle-même : elle a en plus exactement restructuré les cadres juridiques.

Son premier soin a été de mettre les dispositions légales en harmonie avec les directives européennes relatives à la liberté d'établissement des ressortissants étrangers membres d'un État de l'Union européenne qui souhaiteraient exercer en France la profession d'avocat. Depuis un certain temps déjà la France tardait à réaliser cette harmonisation, et plusieurs rappels à l'ordre émanant des institutions européennes avaient attiré l'attention sur cette nécessité. C'est aujourd'hui chose faite (*infra*, n° 443).

En outre, la loi du 11 février 2004 a modifié assez substantiellement certaines dispositions relatives notamment à la formation professionnelle (*infra*, n° 445), à l'obligation d'une formation continue (*infra*, n° 449), aux missions plus étendues du Centre national des barreaux (*infra*, n° 440), et au régime disciplinaire de la profession (*infra*, n°s 452 et s.).

Malgré l'importance de toutes ces réformes, les lois de 1990 et de 2004 se sont bornées simplement à modifier et à compléter, très profondément d'ailleurs, les textes de la loi du 31 décembre 1971. De sorte que *les références qui seront données ultérieurement, le seront à la loi n° 71-1130 du 31 décembre 1971* qui reste toujours le texte de référence, sous réserve des modifications qui lui ont été apportées par les lois de 1990 et de 2004.

En outre, la nouvelle législation a été complétée par d'assez nombreux décrets d'application dont le plus important est le décret n° 91-1197 du 27 novembre 1991. Depuis la réforme de 2004, plusieurs décrets ont été promulgués dont en particulier un décret du 24 mai 2005 sur la discipline des avocats[15], un autre décret du 12 juillet 2005 qui fixe un certain nombre de règles déontologiques[16] et un décret du 11 décembre 2009. Enfin, plus récemment, la loi Macron du 6 août 2015, l'ordonnance n° 2016-394 du 31 mars 2016 et plusieurs décrets du 5 mai 2017 sont venus à leur tour réformer certains aspects de la profession.

§ 2. LA DOUBLE FONCTION DE L'AVOCAT

428 L'avocat est investi d'une double fonction. D'abord, il assiste son client en l'aidant à défendre ses intérêts (A). Mais il est investi d'une autre fonction : il est le mandataire de son client, en ce sens qu'il accomplit en son nom les actes de la procédure qui sont nécessaires à la conduite du procès (B).

14. Sur les grandes lignes de cette réforme, cf. R. Martin, *JCP* 2004, act. n° 123, p. 373.
15. R. Martin, « Le décret du 24 mai 2005 relatif à la discipline des avocats », *Procédures* juill. 2005, p. 8.
16. R. Martin, « À propos du décret du 12 juillet 2005 sur la déontologie de l'avocat », *JCP* 2005, act., n° 502, p. 1729.

A. FONCTION D'ASSISTANCE

429 **Consultation. –** Pour l'avocat, la manière la plus simple d'assister son client est de lui donner des conseils sur les problèmes de droit, au moyen de consultations orales ou écrites.

La consultation sollicitée peut avoir des objets très variés. Ce peut être en vue d'un procès. Mais il est important de souligner que la consultation n'est pas liée nécessairement à l'existence d'un litige. Très souvent, les avocats donnent des consultations en dehors de tout contentieux ; ils peuvent rédiger des contrats, élaborer des statuts de société, donner leur avis sur des négociations en cours, etc. C'est là une fonction qui tend à se développer et qui, dans les années à venir, prendra vraisemblablement une importance accrue.

Dans l'exercice de cette fonction, l'avocat ne jouit d'aucun monopole spécifique. Sans doute, depuis la loi n° 90-1259 du 31 décembre 1990, la consultation n'est-elle plus entièrement libre : seules peuvent donner des consultations ou élaborer des actes juridiques, les personnes qui remplissent certaines conditions prévues par la loi (nous y reviendrons plus tard, *infra*, n° 493). L'avocat, bien évidemment, figure parmi ces personnes. Mais il partage cette prérogative avec d'autres qui, elles aussi, peuvent donner des consultations.

430 **Assistance aux mesures d'instruction et plaidoirie. –** Si un procès survient, l'avocat est appelé à assister son client de différentes manières. On pense tout de suite à la plaidoirie, le jour de l'audience. Mais il faut se garder de croire que c'est la seule forme d'assistance. Avant que l'affaire ne vienne à l'audience pour être jugée, elle doit être instruite : des témoins sont entendus, en matière pénale le mis en examen est interrogé, un expert réunit les parties pour un rendez-vous d'expertise, etc. Dans tous ces cas, l'avocat peut assister son client et même, en matière pénale, celui-ci peut refuser de répondre hors la présence de son avocat (art. 114 C. pr. pén.). En réalité, le mot « plaider » couramment utilisé est une expression très large qui désigne aussi bien la plaidoirie proprement dite au jour de l'audience que la participation aux mesures d'instruction.

Il convient d'ajouter que la plaidoirie proprement dite a considérablement évolué et qu'elle évoluera sans doute encore. L'art oratoire n'est plus aujourd'hui ce qu'il était au siècle dernier : le style pompeux et théâtral n'a plus guère de résonance, tout au moins devant les juridictions civiles, commerciales et administratives : à la belle envolée lyrique de jadis, nos esprits modernes préfèrent la construction logique et rigoureuse. Par ailleurs, le procès aujourd'hui ne se réduit plus à de brillants monologues au jour unique de l'audience : une affaire se plaide un peu chaque jour, à des rendez-vous d'expertise, aux audiences du juge rapporteur, au moment de l'audition des témoins lors d'une enquête, etc. Certes, il ne saurait être question de minimiser l'importance du débat oral dont la place est et doit rester essentielle. Mais en notre temps épris d'efficacité, il est nécessaire de comprendre que la plaidoirie ne peut plus être aujourd'hui ce qu'elle était jadis[17].

Cela étant dit :

a) Les avocats ont le droit de plaider « devant toutes les juridictions et organismes juridictionnels ou disciplinaires de quelque nature que ce soit » (L. 31 déc. 1971, art. 4) ; et il faut ajouter, en quelque lieu que ce soit, sans la moindre

17. Sur ce point, on lira les pages d'A. Damien, dans son ouvrage sur *Les avocats du temps passé*, p. 432 et s. ; *adde*, du même auteur, *Être avocat aujourd'hui*, p. 107 et s.

limitation territoriale (L. 31 déc. 1971, art. 5) : un avocat de Bordeaux peut plaider aussi bien à Paris, qu'à Lille ou à Marseille. Tout au plus faut-il réserver les juridictions suprêmes, – le Conseil d'État et la Cour de cassation –, où le droit de plaider est réservé à des avocats spécialisés qui seront présentés ultérieurement (*infra*, n° 464).

b) Dans cette mesure, les avocats ont le *monopole de la plaidoirie*, en ce sens que nulle autre personne n'est admise à plaider pour autrui devant les juridictions de droit commun. Ce monopole, il est vrai, n'est pas sans limite. D'une part, en matière civile, les parties à un procès peuvent toujours se présenter elles-mêmes à la barre pour plaider leur propre cause. D'autre part, devant les juridictions d'exception et afin de faciliter l'accès à la justice, les parties peuvent se faire assister par certaines personnes qui n'ont pas nécessairement la qualité d'avocat : par exemple, devant un conseil de prud'hommes, les parties peuvent demander au conjoint ou à un défenseur syndical de plaider leur cause.

B. FONCTION DE REPRÉSENTATION

431 **Mandat *ad litem*.** – Toute procédure implique une succession d'actes écrits qui obéissent à des règles précises. Les parties, à raison même de la technicité de ces actes, sont souvent incapables de les accomplir elles-mêmes. Il appartient à l'avocat de les accomplir au nom et pour le compte de son client, en sa qualité de mandataire : on dit que l'avocat est « mandataire *ad litem* » (c'est-à-dire en vue du procès). C'est à lui que revient la charge de prendre les initiatives nécessaires et de formaliser les actes requis pour la bonne marche du procès. Pour exprimer cette fonction, on dit aussi parfois que l'avocat a la charge de « postuler ».

À ce titre, l'avocat intervient, non plus pour assister son client en l'aidant de ses conseils, mais pour le représenter, c'est-à-dire pour agir en son nom. De ce fait, le plaideur se trouve engagé par tous les actes écrits de son avocat. Et inversement, l'avocat a toutes les responsabilités d'un mandataire : il doit rendre compte de son mandat et notamment, si un acte a été mal fait ou fait hors délai et si pour cette raison le procès est perdu, l'avocat engage sa propre responsabilité.

432 **Caractères spécifiques. –** Le mandat *ad litem* de l'avocat présente des particularités tout à fait remarquables qui le distinguent d'un simple mandat ordinaire : il est tout à la fois présumé et général.

a) Mandat présumé. Tandis que, normalement, tout mandataire doit présenter la procuration qui l'investit des pouvoirs d'agir au nom d'autrui, l'avocat n'a pas de procuration à produire[18] : dès que les pièces du procès lui ont été remises, il est présumé avoir reçu mandat de conduire la procédure à son terme. Cette situation facilite grandement la procédure, car ainsi l'adversaire est sûr que l'acte accompli par l'avocat engage son client, sans avoir à exiger la présentation d'une procuration.

b) Mandat général. Alors que, selon les règles du droit commun, le mandat est spécial, en ce sens qu'il est donné par le mandant pour un acte déterminé, le mandat

18. Sauf dans certains cas très exceptionnels où la gravité de l'acte est telle que la loi exige une procuration spéciale : par exemple, pour s'inscrire en faux contre un acte authentique.

ad litem de l'avocat est un mandat général qui permet à ce dernier d'accomplir tous les actes que requiert la procédure, depuis la demande jusqu'à la signification du jugement. Il est, comme son nom l'indique, un mandat *« ad litem »*, c'est-à-dire conféré à l'avocat en vue de conduire le litige à son terme.

Par sa généralité, un tel mandat est grave de conséquences, si l'on considère que tous les actes accomplis par l'avocat engagent son client. Un tel mandat implique donc des rapports de confiance et cela explique pourquoi il peut être révoqué.

433 **Domaine du mandat *ad litem*. –** En principe, l'avocat peut exercer sa fonction de représentation « devant toutes les juridictions et organismes juridictionnels ou disciplinaires » (L. 31 déc. 1971, art. 5, al. 1), ainsi que « devant les administrations publiques » (L. 31 déc. 1971, art. 6).

Parfois même la représentation par un avocat est obligatoire. Ainsi en est-il, en règle générale tout du moins, devant les tribunaux de grande instance, les cours d'appel et, en principe, devant les *juridictions administratives* (art. R. 431-2 C. just. adm.) : on dit que chaque partie doit « constituer avocat » lequel sera son mandataire *ad litem.*

Pendant longtemps, la représentation des parties devant les tribunaux de grande instance et les cours d'appel a relevé du monopole exclusif des avoués. Lorsque les avoués de première instance ont été supprimés par la loi n° 71-1130 du 31 décembre 1971 devant les tribunaux de grande instance, la fonction a été transférée aux avocats (*supra*, n° 424). Et devant les cours d'appel, les avocats ont hérité de la fonction en 2012, lorsque les avoués d'appel ont été supprimés à leur tour par la loi n° 2011-94 du 25 janvier 2011 (*infra*, n° 463).

434 **Limites du mandat *ad litem*. –** Le mandat *ad litem* de l'avocat comporte certaines limites.

a) Il faut d'abord tenir compte du monopole concurrent qui appartient à une catégorie d'avocat que l'on appelle « les avocats au Conseil d'État et à la Cour de cassation », qui, devant ces deux juridictions, sont les seuls à pouvoir représenter les parties (*infra*, n° 464).

b) Une seconde limite est d'ordre territorial. Les avocats, qui peuvent plaider en tous lieux, ne peuvent représenter les parties, postuler, que devant l'ensemble des tribunaux de grande instance du ressort de cour d'appel dans lequel ils ont établi leur résidence professionnelle et devant ladite cour d'appel. C'est ce que l'on appelle la *« territorialité de la postulation »* (L. 31 déc. 1971, art. 5)[19]. Avant la loi n° 2015-990 du 6 août 2015, les avocats pouvaient postuler uniquement devant le tribunal de grande instance de leur résidence professionnelle et devant la cour d'appel dont ce tribunal dépendait. Par exemple, un avocat inscrit au barreau de Toulouse pouvait, avant 2015, exercer ses fonctions de mandataire *ad litem* devant le tribunal de grande instance de Toulouse et la cour d'appel de Toulouse. Désormais, il peut être postulant également devant, par exemple, le tribunal de grande instance d'Albi ou celui de Mautauban.

19. Toutefois, par dérogation, les avocats inscrits au barreau de l'un des tribunaux de grande instance de Paris, Bobigny, Créteil et Nanterre peuvent postuler auprès de chacune de ces juridictions. Ils peuvent postuler auprès de la cour d'appel de Paris quand ils ont postulé devant l'un des tribunaux de grande instance de Paris, Bobigny et Créteil, et auprès de la cour d'appel de Versailles quand ils ont postulé devant le tribunal de grande instance de Nanterre.

Ce principe peut paraître rigoureux. En réalité, il se comprend mieux si l'on se souvient que le mandat *ad litem* est un mandat présumé et général, pour lequel l'avocat est dispensé de toute justification (*supra*, n° précédent). Si l'on veut éviter les abus, il est nécessaire que le juge soit en mesure de connaître celui qui se présente devant lui en qualité d'avocat ; et il ne peut vraiment le connaître que si l'avocat exerce sur place. Par ailleurs, devant les tribunaux de grande instance comme devant les cours d'appel, la postulation exige de l'avocat une disponibilité constante, afin de pouvoir répondre à toutes les convocations du juge ; ce qui ne serait pas le cas si, par exemple, un avocat de Lille pouvait être mandataire *ad litem* à Perpignan. Mais ce principe a pour conséquence pratique de réduire assez sensiblement l'avantage que l'on croyait tirer de la fusion des professions d'avocat et d'avoué, même si cela a été atténué à la suite de la loi du 6 août 2015. Si par exemple, pour plaider à Marseille, une partie choisit, comme elle en a le droit, un avocat du barreau de Paris, celui-ci pourra certes plaider à Marseille, mais, pour les besoins de la postulation, il lui faudra en outre faire le choix d'un avocat local que l'on appellera par opposition un « *avocat postulant* ».

Il est à noter cependant que la territorialité de la postulation ne s'applique pas devant la cour d'appel statuant en matière prud'homale, alors même que, depuis le 1er août 2016, la procédure applicable est la procédure écrite avec représentation obligatoire (art. R. 1461-2 C. trav.). En effet, selon la Cour de cassation[20], la loi a instauré une procédure spécifique de représentation obligatoire, les parties pouvant être représentées aussi bien par un avocat que par un défenseur syndical. Il en résulte que, si les parties font le choix d'un avocat, ce dernier peut postuler devant n'importe quelle cour d'appel.

§ 3. STATUT DE LA PROFESSION D'AVOCAT

435 **Profession libérale et indépendante. –** La profession d'avocat, décide l'article 1er de la loi n° 71-1130 du 31 décembre 1971, – modifié à plusieurs reprises[21] –, est une « profession libérale et indépendante ». Ce principe est fondamental. L'avocat exerce librement sa profession, comme il l'entend, sans être soumis à aucune autorité supérieure. Il faut qu'il en soit ainsi. L'avocat, pour assurer correctement la défense dont il est chargé, doit être en mesure de s'exprimer librement, sans avoir la hantise de ce qui pourrait plaire ou déplaire.

Mais cette liberté indispensable n'exclut pas certaines contraintes non moins nécessaires. Il y va du renom et de la crédibilité d'une profession qui ne peut pas admettre n'importe qui parmi les siens et qui doit pouvoir exclure ceux de ses membres qui la déshonoreraient. Aucune liberté ne peut exister sans un minimum de contraintes. Toute la difficulté consiste à édicter une réglementation compatible avec l'indépendance de l'avocat.

Cette réglementation figure aujourd'hui dans les dispositions de la loi n° 71-1130 du 31 décembre 1971, et dans le décret n° 91-1197 du 27 novembre 1991, qui ont posé certains principes essentiels. Après avoir présenté les cadres juridiques

20. Cass., avis, 5 mai 2017, nos 17-70004 et 17-70005 ; en ce sens, v. déjà une circulaire du 27 juill. 2016 ; v. les obs. critiques de C. Bléry, « Procédure prud'homale : pas de postulation en appel », *Dalloz actualité*, 10 mai 2017.

21. Pour cette raison, le texte de référence demeure toujours la loi du 31 déc. 1971, même si les modifications que cette loi a subies sont l'effet de textes ultérieurs.

de la profession (A), on exposera les conditions requises pour être avocat (B), les modalités d'exercice de la profession (C) et, enfin, les principes relatifs à la discipline (D).

A. CADRES JURIDIQUES DE LA PROFESSION D'AVOCAT

436 **« Ordres » ou « barreaux ». –** Pour concilier l'indépendance qui caractérise la profession d'avocat et la nécessité d'une réglementation, l'idée directrice a été de permettre à la profession de s'organiser elle-même, au sein de groupements que l'on appelle des *« ordres »* (du latin : *ordo*) ou encore des *« barreaux »* (pour évoquer la barre devant laquelle plaide l'avocat).

Chaque barreau constitue une *personne morale* qui a son patrimoine propre, qui peut recevoir des dons et des legs et percevoir des cotisations annuelles (art. 21 de la loi du 31 déc. 1971).

Mais il ne faudrait pas croire qu'il n'existe qu'un seul barreau pour l'ensemble de la France. En réalité, *il existe un barreau auprès de chaque tribunal de grande instance*. Chacun de ces barreaux constitue une personne morale distincte et autonome qui a son propre budget et sa propre organisation. Ainsi le barreau des avocats de Versailles est distinct de celui des avocats de Paris, de Lyon ou de Bordeaux. En d'autres termes, à la différence de beaucoup d'autres professions judiciaires, il existe une diversité de barreaux ayant chacun sa propre autonomie, avec une assemblée générale (1°), un conseil de l'ordre (2°) et un bâtonnier (3°). Toutefois, cette diversité a été corrigée par l'institution d'un organisme central que l'on appelle le Conseil national des barreaux (4°).

437 **I. Assemblée générale. –** L'assemblée générale est formée par la réunion de tous les avocats inscrits au barreau, ainsi que tous les avocats honoraires (L. 31 déc. 1971, art. 15, al. 2).

Les attributions de l'assemblée générale sont doubles : d'une part, elle procède à l'élection du bâtonnier et du conseil de l'ordre ; d'autre part, elle délibère à titre consultatif sur les questions intéressant la profession.

438 **II. Conseil de l'ordre. –** Chaque barreau est administré par un conseil de l'ordre, à condition qu'il comporte au moins huit avocats (L. 31 déc. 1971, art. 15 et 16)[22].

a) Le conseil de l'ordre, dont le nombre des membres varie selon l'importance de chaque barreau, est élu par l'assemblée générale (décr. du 27 nov. 1991, art. 4 et s.). À cette élection participent tous les avocats inscrits à ce barreau, y compris les avocats honoraires. La durée du mandat est de trois ans. Le conseil de l'ordre se renouvelle par tiers chaque année (art. 15 de la loi du 31 déc. 1971).

b) Le conseil de l'ordre est investi d'attributions extrêmement importantes qui font de lui un organe essentiel du barreau (L. 31 déc. 1971, art. 17, modifié par la loi du 11 févr. 2004). On retiendra notamment qu'il lui appartient de statuer sur les

22. É. Bonnet, « Aux Ordres avocats ! », *JCP* 2013, n° 405, p. 705.

demandes d'admission, dans les conditions qui seront indiquées ultérieurement (*infra*, n°s 447 et s.).

Le conseil de l'ordre a également d'autres attributions qui sont loin d'être négligeables. Notamment :

— il est chargé de « maintenir les principes de probité, de désintéressement, de modération et de confraternité » ;

— il doit veiller à ce que les avocats du barreau aient satisfait à l'obligation de formation continue (*infra*, n° 449) ;

— il vérifie la *comptabilité* des avocats ;

— il traite de toute question intéressant l'exercice de la profession, la défense des droits des avocats et la stricte observation de leurs devoirs ; ce qui signifie qu'il peut émettre des vœux au sujet de certaines dispositions qui pourraient paraître attentatoires aux droits des avocats ou à la bonne marche de la justice. C'est ce que l'on appelle parfois, d'un terme quelque peu archaïque, le *« droit de remontrance »* ;

— enfin, il est chargé de la *gestion du patrimoine* de l'ordre.

À travers cette énumération, on discerne tous les traits d'une organisation à caractère corporatif, dans la mesure notamment où le conseil de l'ordre contrôle le recrutement des avocats qui s'inscrivent à son barreau (*infra*, n° 447). Mais il faut dire tout de suite que les délibérations du conseil de l'ordre peuvent faire l'objet d'un recours devant la cour d'appel qui est ainsi appelée à exercer une sorte de tutelle judiciaire sur les décisions prises (*infra*, n°s 448 et 454).

439 **III. Bâtonnier et vice-bâtonnier. –** Le bâtonnier est le chef de l'ordre. Ce nom curieux est la survivance du temps où les avocats constituaient des confréries et où, dans les processions, le chef de l'ordre marchait en tête en portant la bannière, ou « bâton du saint », patron de la confrérie.

Le bâtonnier est élu par l'assemblée générale, parmi les avocats inscrits au tableau ayant déjà une certaine ancienneté. La durée du mandat est de deux ans (art. 15 de la loi du 31 déc. 1971 ; et art. 6 du décret du 27 nov. 1991).

Il n'est pas immédiatement rééligible, sauf dans les barreaux où le nombre des avocats est inférieur à trente, et où le bâtonnier peut exercer deux mandats successifs.

Les attributions du bâtonnier sont nombreuses et variées. Il a d'abord des *fonctions représentatives* : il représente l'ordre dans tous les actes de la vie civile (art. 21). En outre, il a des *fonctions administratives* : c'est lui qui convoque l'assemblée générale et la préside, ainsi que le conseil de l'ordre. À cela s'ajoutent des fonctions *disciplinaires et conciliatrices* : notamment si une faute a été commise par un avocat, il peut donner à son confrère un « avertissement paternel » ; et si un conflit surgit entre deux avocats, il aura la redoutable mission de l'arbitrer. Enfin, il a des fonctions *consultatives* : il arrive que dans certains grands barreaux, le bâtonnier soit sollicité de donner une consultation sur les problèmes qui intéressent la profession.

Depuis un décret du 14 octobre 2009, il est possible de désigner un vice-bâtonnier, élu en même temps et dans les mêmes conditions que le bâtonnier. Il devient membre du conseil de l'ordre. Le bâtonnier peut lui déléguer une partie de ses pouvoirs, ainsi que, pour un temps limité, en cas d'absence ou d'empêchement temporaire, lui déléguer la totalité de ses pouvoirs pour la durée de cette absence ou de cet empêchement.

440 **IV. Conseil national des barreaux. –** L'une des innovations majeures de la loi n° 90-1259 du 31 décembre 1990 a été d'instituer un Conseil national des barreaux chargé de représenter la profession d'avocat notamment auprès des pouvoirs publics (art. 21-1 de la loi du 31 déc. 1971 ; et art. 19 à 41 du décret du 27 nov. 1991). Cette création a comblé une fâcheuse lacune. On s'était souvent plaint de la dispersion des barreaux qui ne permettait pas à la profession d'avocat dans son ensemble de faire entendre une seule voix. Désormais, il existe un organe qui est l'interlocuteur naturel des pouvoirs publics pour tout ce qui concerne la profession d'avocat.

Le Conseil national des barreaux est un établissement d'utilité publique doté de la personnalité morale. Il est composé d'avocats élus dans des conditions assez complexes, afin d'être les représentants tout à la fois des autorités de chaque barreau et des avocats français dans leur ensemble.

Cet organe ne fait pas disparaître l'autonomie de chaque barreau : il apparaît plus exactement comme un organe fédérateur au sein de la profession d'avocat. Mais dans cette mesure, il dispose néanmoins d'importantes prérogatives qui vont en grandissant. Ainsi, sur le plan de la formation professionnelle, il assure une fonction de coordination entre les différents centres de formation régionaux : à ce titre, il définit les principes d'organisation de la formation et en harmonise les programmes. Enfin et surtout, la loi du 11 février 2004 lui a conféré le pouvoir « d'unifier par voie de dispositions générales les règles et usages de la profession d'avocat » ; ce qui revient à dire que le Conseil national des barreaux dispose désormais d'un pouvoir normatif qui lui permet d'édicter des dispositions ayant une portée nationale publiées au *Journal officiel* (décr. n° 2007-932 du 15 mai 2007). À ce titre, le Conseil national des barreaux, par une décision du 12 juillet 2007 (modifié à plusieurs reprises), a édicté un règlement intérieur national de la profession d'avocat. Il n'est pas douteux que cette dernière réforme émousse quelque peu l'autonomie traditionnelle de chaque barreau.

En 2014, une campagne avait été menée pour remplacer le Conseil national des barreaux et faire de la profession d'avocat un ordre national des barreaux[23].

B. CONDITIONS REQUISES POUR EXERCER LA PROFESSION D'AVOCAT

441 Pour être admis à exercer la profession d'avocat, il faut d'abord réunir certaines conditions légales d'accès (1°). Mais ce n'est pas suffisant : il faut en outre appartenir à un barreau (2°).

1. Conditions légales d'accès

442 **Vue d'ensemble. –** L'article 11 de la loi du 31 décembre 1971 subordonne l'accès au barreau à un certain nombre de conditions légales qui s'inspirent de l'idée que l'avocat est un auxiliaire de la justice qui sera appelé à participer indirectement

23. J. Castelain, « C'est aux jeunes avocats de dire ce que doit être la gouvernance de demain », *JCP* 2014, n° 606, p. 1042.

au fonctionnement du service public de la justice et qui, à ce titre, doit offrir de solides garanties.

Ces conditions se rattachent à trois ordres de considérations : la nationalité (I), la moralité du postulant (II), enfin ses connaissances et aptitudes professionnelles (III).

443 **I. Condition de nationalité. –** Traditionnellement, pour devenir avocat, il fallait avoir la nationalité française. Ce n'était pas là un réflexe de xénophobie : on voulait simplement sauvegarder l'indépendance de la profession en évitant qu'elle ne soit exercée par des personnes de nationalité étrangère exposées le cas échéant à la menace d'un arrêté d'expulsion qui aurait pu compromettre leur liberté de parole. Mais le développement des relations internationales, spécialement dans le cadre de l'Union européenne, devait inévitablement conduire à un très large assouplissement de cette condition de principe.

Désormais, tout « ressortissant d'un État membre de l'Union européenne peut exercer en France la profession d'avocat à titre permanent » ; et il peut l'exercer « sous son titre professionnel d'origine » dès lors du moins que ce titre figure sur une liste fixée par décret (art. 83 de la loi de 1971)[24]. Il en est de même du ressortissant d'un État n'appartenant pas à l'Union ou à l'Espace économique européen, à condition toutefois que cet État « accorde aux Français la faculté d'exercer sous les mêmes conditions l'activité professionnelle que l'intéressé se propose lui-même d'exercer en France... », c'est-à-dire sous condition de réciprocité (art. 11 de la loi du 31 déc. 1971)[25]. Enfin peut également s'inscrire à un barreau français celui qui a la qualité de réfugié ou d'apatride, dès lors que sa qualité est « reconnue par l'office français de protection des réfugiés et apatrides ».

On constatera donc une très nette orientation internationaliste surtout depuis la loi du 11 février 2004. Un Belge, un Italien ou un Allemand peut s'inscrire à un barreau français et exercer la profession en France avec son titre professionnel d'origine. Cette ouverture internationale ne va pas, il est vrai, sans poser certains problèmes auxquels se sont efforcés d'apporter une solution les articles 85 à 92 de la loi du 31 décembre 1971, notamment en ce qui concerne l'exercice de la profession en société (art. 87), le régime disciplinaire (art. 88) et enfin le contrôle des connaissances en droit français (*infra*, n° 445).

444 **II. Conditions de moralité. –** La profession d'avocat exige, pour la dignité de la profession et la garantie des justiciables, des conditions de moralité assez strictes. Il faut n'avoir été l'objet d'aucune condamnation pénale pour des « agissements contraires à l'honneur, à la probité ou aux bonnes mœurs ». Et dans le même ordre d'idées, ne peuvent accéder à un barreau ceux qui auraient été frappés d'une sanction disciplinaire ou administrative (radiation, révocation, destitution, retrait d'agrément ou d'autorisation), ou qui auraient fait l'objet d'une sanction en application des dispositions de la loi sur la sauvegarde, le redressement et la liquidation judiciaires des entreprises (ceux qui, par exemple, auraient été condamnés pour faillite personnelle).

24. Au tableau de l'ordre, il est inscrit toutefois sur une liste spéciale (art. 84 de la loi de 1971).
25. À cet égard, il faut tenir compte d'assez nombreuses conventions internationales.

445 **III. Conditions de connaissances : diplômes universitaires et formation professionnelle. –** Il est normal d'exiger de tout avocat des connaissances juridiques de nature universitaire. Aux termes de l'article 11 de la loi du 31 décembre 1971, il faut être titulaire « ... d'au moins une maîtrise en droit ou de titres ou diplômes reconnus comme équivalents pour l'exercice de la profession par arrêté conjoint du garde des Sceaux, ministre de la Justice, et du ministre chargé des universités ». On perçoit à travers cette disposition, la possibilité d'ouvrir la profession d'avocat à des personnes qui auraient acquis des connaissances juridiques par d'autres filières que la voie universitaire habituelle[26].

Mais cette exigence n'est pas la seule : il faut en outre être titulaire du *certificat d'aptitude à la profession d'avocat* (couramment dénommé : le « CAPA ») qui est destiné à sanctionner une formation professionnelle de nature pratique dispensée durant 18 mois par un *centre régional de formation professionnelle* auquel on accède par un examen d'entrée[27].

En principe, il existe un centre régional de formation professionnelle auprès de chaque cour d'appel, mais plusieurs centres peuvent se regrouper[28]. Chaque centre constitue un établissement d'utilité publique doté de la personnalité morale. Son rôle essentiel est d'assurer la formation théorique et pratique des futurs avocats en vue de la préparation au CAPA. Mais il a également une autre mission non moins importante qui est d'assurer la formation continue des avocats (L. du 31 déc. 1971, art. 13-6°), laquelle est obligatoire pour tous les avocats inscrits (L. 31 déc. 1971, art. 14-2 ; *infra*, n° 449). En un mot, la vocation fondamentale du centre régional de formation est d'être une institution d'enseignement à tous les niveaux de la profession.

26. Voir l'arrêté du 25 nov. 1998 fixant la liste des titres ou diplômes reconnus équivalents à la maîtrise en droit pour l'exercice de la profession d'avocat. L'équivalence du diplôme de l'Institut d'études politiques de Paris à la maîtrise en droit, par l'arrêté du 21 mars 2007, a suscité une assez vive controverse ; elle a donné lieu à un recours au Conseil d'État qui a été rejeté (CE, 23 juill. 2008, n° 306.321 et 306.366, *D.* 2008, act. jurisp., p. 2152, *JCP* 2008, act. n° 550).

27. Le CAPA n'est pas une création récente : il a été institué pour la première fois par une loi de 1941. Mais à cette époque, il s'agissait d'un diplôme destiné simplement à écarter ceux qui, de toute évidence, ne présentaient aucune aptitude pour exercer la profession d'avocat. L'expérience démontra que, conçu de cette manière, le CAPA ne constituait pas une garantie suffisante : il manquait essentiellement une formation pratique.

C'est la loi du 31 déc. 1971 qui, pour la première fois, institua des centres de formation professionnelle. Mais alors ils étaient destinés à prendre en charge la formation des avocats stagiaires après le CAPA. Les premiers résultats se révélèrent fort décevants : l'erreur avait été de penser que l'on pouvait organiser une formation pratique pour des avocats déjà engagés dans la profession. De toute évidence, une formation professionnelle de nature pratique devait se situer avant l'entrée dans la profession, et non après.

Le tournant a été pris en 1980. À cette époque, la formation professionnelle a été aménagée comme une année préparatoire à l'entrée au barreau, organisée sous les auspices des centres de formation professionnelle qui, à l'issue de cette année de préparation, délivrent le CAPA. La loi n° 90-1259 du 31 déc. 1990 a repris la même idée, mais en organisant de façon plus rationnelle la formation professionnelle et en définissant de manière plus précise les missions et le fonctionnement des Centres de formation professionnelle. La loi du 11 févr. 2004 a porté la période de formation à 18 mois.

28. Il appartient au garde des Sceaux de fixer le siège et le ressort de chaque centre (L. 31 déc. 1971, art. 13-I, mod. par la loi du 11 févr. 2004). – Le regroupement des centres a été largement utilisé, dans des conditions qui sont parfois un défi à la proximité géographique.

Le candidat se présente, à l'issue de la maîtrise (et parfois la même année), à l'*examen d'entrée à un centre régional de formation professionnelle*. Cet examen a essentiellement pour but de vérifier si le candidat présente un minimum d'aptitude pour exercer la profession d'avocat. Seuls sont dispensés de cet examen d'entrée les docteurs en droit (art. 12-1 de la loi de 1971).

Il est alors inscrit au centre de formation pour une scolarité d'une durée de 18 mois (art. 12 de la loi de 1971)[29]. Il n'est pas encore avocat : il est simplement « élève avocat ». Mais il peut effectuer un stage en juridiction et assister aux délibérés pour se familiariser avec le travail des juges[30]. Pour cette raison, tout candidat admis à un Centre doit, dès son admission, prêter un serment devant la cour d'appel, dans les termes suivants : « Je jure de conserver le secret de tous les faits et actes dont j'aurais eu connaissance en cours de stage » (L. 31 déc. 1971, art. 12-2).

Ensuite, à l'issue de sa scolarité, le candidat subit les épreuves du certificat d'aptitude à la profession d'avocat (CAPA).

À partir du moment où le barreau français s'ouvrait à des personnes de nationalité étrangère, il fallait nécessairement prévoir des dispositions spéciales pour le cas où l'intéressé ne serait pas titulaire de diplômes français. S'agissant des ressortissants d'un État de l'Union, des dispositions ont été prises pour l'application de la directive n° 89-48 du Conseil des Communautés du 21 décembre 1989 relative à l'équivalence des diplômes (art. 84 du décret du 27 nov. 1991).

2. Appartenance à un barreau

446 **Inscription à un ordre d'avocat. –** Nul ne peut porter le titre d'avocat, ni exercer la profession, s'il n'a pas été admis à un barreau. Selon la formule consacrée, le postulant doit donc demander son « inscription au tableau de l'ordre ». On ne veut pas que la profession puisse être galvaudée par des personnes sur lesquelles aucun barreau n'exercerait une surveillance disciplinaire.

La décision est prise par le conseil de l'ordre du barreau auprès duquel l'inscription est demandée (art. 93 et s. du décret du 27 nov. 1991). Et si la décision est favorable, avant tout exercice de la profession, le nouvel avocat doit prêter un nouveau serment libellé en ces termes : « Je jure, comme avocat, d'exercer mes fonctions avec dignité, conscience, indépendance, probité et humanité ».

Il reste que ce genre de décision prise par le conseil de l'ordre, d'admettre ou de refuser le postulant, soulève un double problème : quelle est exactement l'étendue des pouvoirs du conseil de l'ordre (a) ? et de quel recours sa décision est-elle susceptible (b) ?

447 **a) Pouvoirs du conseil de l'ordre. –** Le conseil de l'ordre a pour premier devoir de vérifier si le candidat remplit effectivement toutes les conditions exigées par la loi.

29. La formation est divisée en trois périodes de six mois (art. 57 à 58-I du décr. du 27 nov. 1991) : pendant les 6 premiers mois, l'enseignement est consacré à une formation commune de base (déontologie, statut de la profession, rédaction d'actes, procédure, plaidoirie) ; ensuite vient une nouvelle période ayant pour objet la réalisation d'un projet pédagogique ; enfin, la troisième et dernière période est consacrée à un stage auprès d'un avocat – R. Martin, « La formation professionnelle des avocats », *JCP* 2005, act. n° 42, p. 117 et s.

30. Cette assistance au délibéré exclut toute participation aux décisions prises par la juridiction : Cass. crim., 7 mai 2008, *JCP* 2008.I. n° 184, § 1 (pourvoi n° 08-81318).

Mais ce serait une erreur de penser que le pouvoir du conseil de l'ordre se limite à une simple vérification de la légalité. Sa mission va plus loin : il doit recueillir « tous renseignements sur la moralité du postulant ». Le conseil de l'ordre est donc conduit à porter son attention sur des éléments extra-légaux comme, par exemple, la probité, l'honorabilité, la dignité et les qualités morales du candidat. À la limite, rien n'interdirait au conseil de l'ordre de rejeter la demande d'un candidat qui, tout en remplissant les conditions exigées par la loi, ne présenterait pas les garanties morales suffisantes pour accéder à la profession d'avocat ; par exemple : un postulant connu pour ses habitudes d'intempérance ou dont la dignité aurait été compromise dans des affaires douteuses.

On comprend, certes, le pouvoir qui appartient au conseil de l'ordre. Mais il est juste de reconnaître que la notion de « moralité » peut ouvrir la voie à des appréciations très diverses[31]. De là, l'opportunité d'un éventuel recours.

448 **b) Recours contre la décision. –** Durant toute la première moitié du XIXe siècle, il fut admis comme une évidence que la décision du conseil de l'ordre était souveraine et donc non susceptible de recours : « les avocats, disait-on, sont maîtres de leur tableau ». Ce principe procédait de l'idée que nul ne peut être admis dans une corporation sans le consentement de ses chefs élus, lesquels sont seuls à même d'apprécier si le postulant offre des garanties suffisantes.

Cette conception risquait d'engendrer les plus graves abus : on pouvait craindre en effet que, sous couvert de moralité, certains refus ne trouvent leur origine dans des préjugés d'ordre politique, social ou confessionnel. Pour cette raison, la jurisprudence finit par admettre, dès le milieu du XIXe siècle, la possibilité d'un recours porté devant la cour d'appel[32]. Cette jurisprudence fut ensuite consacrée par tous les textes ultérieurs.

De nos jours, toute décision portant admission ou refus d'admission peut être déférée à la cour d'appel par l'intéressé lui-même ou par le procureur général (art. 20, loi du 31 déc. 1971). La cour a exactement les mêmes pouvoirs que le conseil de l'ordre : il lui appartient donc de vérifier le cas échéant les conditions de moralité invoquées par la décision du conseil.

449 **Suppression du stage, mais formation continue. –** Jusqu'à une époque récente, le postulant qui avait obtenu le CAPA devait demander son inscription sur la liste des stagiaires et effectuer un stage d'une durée de deux ans, avant de pouvoir être inscrit au tableau de l'ordre (que l'on appelait par opposition le « grand tableau »). Avec le temps, ce stage avait fini par perdre le plus clair de sa signification. Il se concevait à une époque où la formation professionnelle n'était pas rationnellement organisée : le stage auprès d'un « patron » tenait lieu de formation pratique. Mais à partir du moment où l'on se montrait plus rigoureux sur l'exigence d'une formation professionnelle soigneusement organisée, avant même

31. À titre d'exemple : Civ., 20 juin 1972, *D.* 1973.221 (cassation d'un arrêt de cour d'appel qui avait rejeté la demande d'admission au barreau d'un retraité de l'Université, au motif qu'il n'offrait pas des « garanties suffisantes de pondération et de maîtrise de soi... ; qu'il faisait montre d'une exaltation et d'un manque de contrôle » et que l'on pouvait redouter des incidents dans le prétoire « en suite de pulsions passionnelles incompatibles avec l'œuvre de justice »). – *Adde*, Paris, 29 juin 1988, *Gaz. Pal.* 1988.2.702.

32. Civ., 29 juill. 1867, *S.* 67.1.281.

l'entrée dans la profession, on pouvait penser qu'un stage ne présentait plus guère d'utilité, et d'autant moins d'ailleurs que l'avocat stagiaire avait fini par bénéficier des mêmes droits que l'avocat inscrit au grand tableau[33]. En réalité, l'attention devait se fixer davantage sur la mise en place d'une formation continue des avocats tout au long de leur carrière. Ce qui est vrai pour les magistrats (*supra*, n° 348), l'est tout autant pour les avocats : nous vivons à une époque où le droit évolue à une vitesse considérable et ce qui est important pour un juriste (comme d'ailleurs pour bien d'autres professions intellectuelles), c'est le maintien de ses connaissances à l'échelle des évolutions de notre temps.

La loi n° 2004-130 du 11 février 2004 en a tiré les conséquences. Le stage a été supprimé : après avoir obtenu le CAPA, le postulant demande directement son inscription au tableau de l'ordre pour entrer de plain-pied dans la profession. En revanche, outre l'allongement de la durée de la formation initiale, elle a posé le principe d'une formation continue obligatoire durant toute la carrière (L. 31 déc. 1971, art. 14-2). Cette formation continue est assurée par le centre régional de formation professionnelle dont c'est l'une des fonctions (L. 31 déc. 1971, art. 13-6°). Et de son côté, chaque conseil de l'ordre doit « veiller à ce que les avocats aient satisfait à l'obligation de formation continue » (L. 31 déc. 1971, art. 17-11°)[34].

Le décret n° 2004-1386 du 28 décembre 2004 a fixé les modalités de cette formation continue : ses dispositions ont été insérées dans les articles 85 et suivants du décret du 27 novembre 1991 : elle consiste essentiellement à participer aux actions de formation organisées par le Centre de formation professionnelle ou à assister à des colloques ou conférences à caractère juridique ayant un lien avec l'activité professionnelle des avocats. Chaque avocat doit y consacrer au moins 20 heures chaque année et en justifier par une déclaration faite à son conseil de l'ordre[35].

C. MODALITÉS D'EXERCICE DE LA PROFESSION

450 **Le cabinet, entreprise moderne d'une nature particulière**. – Pendant longtemps, – plus longtemps que dans les pays anglo-saxons et notamment aux États-Unis –, l'avocat français a exercé sa profession de façon individuelle et artisanale. L'avocat avait son cabinet dans sa propre demeure, et il y travaillait entouré simplement d'une secrétaire et, le cas échéant, d'un collaborateur. Cette conception procédait de l'idée que le cabinet d'avocat (comme celui du médecin) est un « lieu de confidences » qui exigeait entre l'avocat et son client des rapports de nature personnelle incompatibles avec une exploitation en forme d'entreprise.

Cette conception a aujourd'hui vécu. Quelque regret que l'on en puisse avoir, l'avocat isolé n'est plus en mesure de faire face à la complexité du droit moderne, à la nécessité d'une abondante documentation, à la rapidité des rapports d'affaires et surtout à la concurrence étrangère dans le domaine international. Le cabinet d'avocat tend à devenir une véritable entreprise. Sans doute, cette entreprise

33. Depuis longtemps, on n'exigeait plus du stagiaire qu'il se présente avec le titre « d'avocat stagiaire ». Après, le droit leur avait été reconnu de voter à l'élection des membres du conseil de l'ordre et du bâtonnier.

34. Sur la sanction en cas de manquement à cette obligation, CA Bordeaux, *JCP*.2009.I. n° 120, § 12.

35. Cons. État, 19 juin 2006, *D.* 2007, pan. p. 827 (cette obligation, qui n'est pas clairement sanctionnée, n'est pas contraire au droit communautaire).

présente-t-elle des particularités notables pour tenir compte des rapports de confiance rebelles à toute forme d'exploitation anonyme. Mais elle emprunte aujourd'hui certains des caractères de l'entreprise moderne, tant par ses *formes* (I) que par son *organisation interne* (II). L'un des apports essentiels de la réforme de 1990 a été précisément d'accompagner cette évolution.

I. – Par ses formes

La profession d'avocat peut toujours être exercée sous une forme individuelle[36]. Mais elle peut l'être également (et elle l'est le plus souvent) d'une autre manière :

a) La forme la plus simple est l'*association* (appelée parfois une « association de moyens ») : plusieurs avocats se groupent pour mettre en commun certains moyens, comme par exemple, un local, un secrétariat et une bibliothèque. Les dépenses inhérentes à cette organisation matérielle sont mises en commun. Mais chacun des membres de l'association est tenu des actes accomplis par l'un d'entre eux, au nom de l'association, à proportion de ses droits dans l'association. Chacun des membres de l'association répond, en outre, sur l'ensemble de son patrimoine, des actes professionnels qu'il accomplit à l'égard de ses clients (art. 124, al. 2, du décret du 27 nov. 1991)[37].

b) Le cabinet peut également prendre la forme d'une *société civile professionnelle* qui a pour objet l'exercice en commun de la profession (L. n° 66-879 du 29 nov. 1966). Le client a alors pour avocat, la « société » en tant que personne morale. La société comprend un capital social rémunéré par des parts. Et comme dans toute société, les dépenses et les rémunérations sont mises en commun et réparties en fonction du nombre des parts de chacun des avocats qui en sont membres. Toutefois, pour conserver à cette société un caractère personnel, chacun des avocats répond indéfiniment et solidairement des dettes sociales (art. 15) et, de plus, chacun d'eux répond personnellement sur son patrimoine des actes professionnels qu'il a accomplis (art. 16).

c) Allant plus loin, la loi n° 90-1258 du 31 décembre 1990 a créé un nouveau cadre juridique qui se rapproche ouvertement de la société commerciale : désormais les avocats peuvent se regrouper au sein de différents types de *sociétés pour l'exercice d'une profession libérale* (dites : « SEL ») qui empruntent, selon le cas, la forme d'une société à responsabilité limitée (SELARL), d'une société anonyme (SELAFA), d'une société par actions simplifiées (SELAS) ou d'une société en commandite par actions (SELCA). Ces sociétés ont pour trait caractéristique de pouvoir être constituées, sous certaines conditions, avec des capitaux détenus par des personnes étrangères à la profession (art. 1 et s. de la loi du 31 déc. 1990). Sans entrer dans des détails qui n'auraient pas leur place ici, on retiendra que le souci du législateur moderne a été de permettre aux cabinets d'avocats de se doter de structures financières puissantes pour faire face à la concurrence étrangère et établir au besoin des cabinets secondaires dans les pays étrangers (sur le décret d'application de la loi de 1990, cf. décret n° 93-492 du 25 mars 1993).

36. En 2016, cela représentait 36 % de l'effectif.

37. Sur le décret n° 2007-932 du 15 mai 2007 (qui, sur ce point, a modifié le décr. du 27 nov. 1991), voir J.-J. Caussain, « La nouvelle donne des associations d'avocats », *JCP* 2007.I, n° 177.

d) Par ailleurs, il peut être constitué entre avocats une *société en participation* (art. 22 et 23 de loi du 31 déc. 1990).

e) En outre, depuis la loi Macron du 6 août 2015, peuvent être créées des *sociétés de participations financières* ayant pour objet la détention de parts ou d'actions de SEL (art. 31-1 et 31-2 de la loi du 31 déc. 1990).

f) Enfin, depuis l'ordonnance nº 2016-394 du 31 mars 2016, il peut être instauré une *société pluri-professionnelle d'exercice*, pouvant revêtir toute forme sociale à l'exception de celles qui confèrent à leurs associés la qualité de commerçant, et ayant pour objet l'exercice en commun de plusieurs des professions d'avocat, d'avocat au Conseil d'État et à la Cour de cassation, de commissaire-priseur judiciaire, d'huissier de justice, de notaire, d'administrateur judiciaire, de mandataire judiciaire, de conseil en propriété industrielle et d'expert-comptable (art. 31-3 et s. de la loi du 31 déc. 1990)[38].

II. – Par son organisation interne

À mesure que le cabinet grandit, gravite nécessairement autour de lui un personnel plus ou moins important. Outre le personnel administratif recruté par le cabinet au moyen d'un contrat de travail (les secrétaires notamment), d'autres avocats peuvent, sans être titulaires du cabinet, participer à son fonctionnement ; et cela sous deux formes différentes :

a) en qualité de *collaborateur*, lequel peut avoir sa clientèle personnelle dans les conditions prévues au contrat de collaboration (décr. nº 2009-1244 du 11 déc. 2009).

b) en qualité de *salarié*. L'avocat salarié est rémunéré par le cabinet et ne peut avoir aucune clientèle personnelle : il est lié à celui-ci par un contrat de travail. L'avocat salarié est une innovation de la loi de 1990 qui suscita un grand émoi dans la mesure où la notion même de salariat a toujours paru incompatible avec l'indépendance nécessaire de l'avocat. Aussi bien s'agit-il d'un salariat de nature très particulière, en ce sens que l'avocat salarié bénéficie de l'indépendance que comporte son serment, et qu'il n'est soumis à un lien de subordination à l'égard de son employeur que pour la détermination des conditions de travail ; ce qui signifie en clair qu'il n'est dépendant du cabinet qui l'emploie que relativement aux conditions dans lesquelles il effectuera ses prestations de service ; en revanche, il pourrait fort bien refuser de traiter un dossier qui heurterait sa conscience.

451 **Droits et devoirs professionnels. –** Quels que soient la place et le rôle de l'avocat au sein du cabinet, chaque avocat, en cette seule qualité, bénéficie de certaines prérogatives et est tenu à certains devoirs particuliers destinés à sauvegarder l'indépendance et la dignité de la profession.

I. – Tout avocat est tenu au *secret professionnel* : ce qu'il a pu apprendre dans l'exercice de sa fonction ne doit jamais être divulgué. C'est pour tout avocat non seulement une obligation sanctionnée disciplinairement et pénalement (art. 226-13 C. pén.), mais également un droit, en ce sens que l'avocat peut refuser de témoigner en justice sur des faits dont il aurait eu connaissance dans l'exercice de sa

38. V. également les décrets nºs 2017-794 et 2017-801 du 5 mai 2017.

profession. C'est là une règle fondamentale : sans cette règle, le client pourrait hésiter à révéler certains faits à son avocat et l'efficacité de la défense risquerait d'en pâtir.

II. – Afin que la défense du client soit assurée librement et sans la moindre contrainte, il est essentiel de protéger l'avocat contre toutes les inquisitions ou menaces de poursuites, par le moyen d'un certain nombre d'*immunités*.

— *Immunité de la parole et des écrits*, ce qui signifie que les paroles prononcées par lui à la barre et les écrits qui sont en rapport avec la défense de son client ne tombent pas sous le coup de la loi pénale qui réprime l'injure, la diffamation ou les outrages (L. 29 juill. 1881, art. 41)[39].

— *Inviolabilité du cabinet* : aucune perquisition ne peut avoir lieu dans le cabinet d'un avocat pour découvrir des documents de nature à établir la culpabilité d'un client[40].

— *Inviolabilité de la correspondance* : les lettres échangées entre l'avocat et son client doivent demeurer secrètes ; elles ne peuvent faire l'objet d'aucune saisie, même lorsque la lettre dont il s'agit a été écrite par l'avocat à son client[41].

III. – Pour que l'avocat ne se trouve pas placé dans une situation qui serait de nature à compromettre son indépendance et faire douter de son désintéressement, certaines activités extérieures sont *incompatibles avec l'exercice de la profession*. Le décret du 27 novembre 1991 énumère ces incompatibilités.

Ainsi, l'exercice de la profession d'avocat est incompatible avec l'exercice d'une fonction publique, d'un emploi salarié, d'un négoce ou d'une fonction qui obligerait l'avocat à rendre des comptes. En revanche, l'avocat peut faire partie d'une société commerciale, à condition que sa participation n'entraîne pas pour lui une responsabilité *in infinitum* (art. 111 à 115).

Reste le problème des *activités politiques*. Beaucoup d'avocats sont militants politiques et nul ne saurait leur en faire reproche. Le problème est plus délicat lorsqu'ils exercent un mandat parlementaire (député ou sénateur). Une histoire, maintenant lointaine, a montré que ce cumul pouvait faire difficulté[42]. La règle admise est qu'il n'existe aucune incompatibilité de principe entre l'exercice de la profession d'avocat et un mandat parlementaire, à condition toutefois de ne pas plaider certaines affaires, contre l'État notamment (art. 117 à 122).

---

39. Sur le principe : Paris, 7 mars 2000, *D.* 2000, IR. 138. – Et sur les limites de cette immunité : Riom, 20 févr. 1947, *S.* 1947.2.87 ; Civ., 1er déc. 1952, *D.* 1953.89, Paris, 17 févr. 1965, *JCP* 1965.II.14161 ; Cass. 1re civ., 25 mai 2005, *D.* 2005.IR. 1589 ; *adde*, Blanchard, obs. *D.* 2006, panor. p. 272, et en droit européen, *D.* 2007, panor. p. 830 (sous CEDH, 15 déc. 2005).

40. Toutefois, s'il apparaissait que l'avocat s'est rendu coupable de certains faits délictueux, une perquisition pourrait être effectuée, mais par le juge d'instruction lui-même et en présence du bâtonnier qui pourrait faire écarter de la perquisition certains dossiers étrangers aux poursuites.

41. Il en est de même des correspondances échangées entre les avocats des parties (Cass. 1re civ., 4 févr. 2003, *D.* 2003, IR 601, *JCP* 2003.IV.10035, concl. av. gén. Ste Rose). Toutefois celles qui portent la mention « officielle » (L. 31 déc. 1971, art. 66-5) peuvent être produites devant les tribunaux sans qu'il y ait atteinte au secret professionnel.

42. Notamment, en 1934, plusieurs avocats parlementaires furent gravement compromis dans le scandale Stavisky. On admirera le discours prudent du bâtonnier de Saint-Auban qui, lors de la rentrée de la conférence du stage des avocats à la cour de Paris en 1933, évoqua dans un style fleuri le cas des avocats parlementaires dans les termes suivants : « *Ils courtisent deux grandes dames qui diffèrent un peu de physionomie et d'humeur : ils épousent à la fois la justice et la politique ; cette bigamie n'inquiète pas dès lors qu'ils ont le cœur assez large pour loger deux amours que leur sagesse concilie et deux fidélités sans que l'une nuise à l'autre* ». Le scandale Stavisky, qui éclatait quelques jours après ces propos, devait démontrer malheureusement que pour certains, ni le cœur ni la fidélité n'avaient résisté à cet écartèlement.

IV. – L'avocat se doit également de rester *indépendant à l'égard de son client* : la dignité de la profession interdit en effet que l'avocat épouse systématiquement et inconditionnellement les thèses dont il a la charge, comme si la cause qu'il défend était la sienne propre[43]. En réalité, il n'y a aucun lien de subordination entre l'avocat et son client ; et pour cette raison, l'avocat ne commettrait aucune faute s'il refusait de soutenir certains moyens suggérés par celui qu'il défend. Mais en pareil cas, si un conflit aigu doit surgir sur la manière de conduire l'affaire, l'avocat doit dire clairement à son client quelle est son opinion. Celui-ci peut alors reprendre le dossier à son avocat pour le confier à un autre ; et, de son côté, l'avocat peut décider de ne plus assurer la défense de son client.

V. – Enfin, l'avocat peut procéder au recouvrement de ses *honoraires* : l'équité veut en effet que l'avocat qui a fourni son travail reçoive une rémunération.

Le *montant des honoraires* de consultation, d'assistance, de conseil, de rédaction d'actes juridiques et de plaidoirie, est déterminé librement. Sous deux réserves toutefois : d'une part, la loi prohibe formellement que ce que l'on a coutume d'appeler le « *pacte de quota litis* » qui consiste à fixer un pourcentage convenu à l'avance sur le résultat à intervenir (L. 31 déc. 1971, art. 10), et d'autre part, les actes de procédure accomplis en tant que mandataire *ad litem* sont rémunérés en fonction d'un tarif fixé par décret.

Le *recouvrement des honoraires* (si le client ne paie pas) soulève en revanche un délicat problème. Jadis, une règle traditionnelle voulait que l'avocat ne pût jamais réclamer ses honoraires en justice parce que, disait-on, il serait inélégant pour un avocat d'exercer un recours en justice contre le client dont il a assuré la défense. Cet usage, quelle qu'en soit la noblesse, est aujourd'hui révolu. Il a disparu en même temps que la justice des notables. D'aucuns le regretteront peut être. Mais c'est un fait que, de nos jours, beaucoup d'avocats ne sont pas fortunés par naissance et qu'il serait injuste de ne pas les autoriser à recouvrer le prix de leurs efforts. Il reste que ce genre de procès est toujours fort désagréable pour tout le monde, à commencer par l'avocat lui-même qui s'expose à faire apprécier la valeur de son travail par le premier président de la cour d'appel. De là, une réglementation assez particulière qui passe d'abord par l'arbitrage du bâtonnier (art. 174 à 179 du décret du 27 nov. 1991).

D. DISCIPLINE

452 **Juridiction compétente : le Conseil régional de discipline. –** Afin de mieux sauvegarder l'indépendance de la profession, il est essentiel que l'avocat exposé à des poursuites disciplinaires soit jugé par ses pairs qui connaissent bien les difficultés de la profession et qui sont eux-mêmes parfaitement indépendants. Aussi bien, était-il traditionnellement admis que la juridiction la plus appropriée était le conseil de l'ordre du barreau auquel appartenait l'avocat poursuivi. Cette solution, il est vrai, n'avait pas que des avantages. Comme toute juridiction corporative, elle risquait d'être composée d'amis ou de concurrents ; ce qui pouvait laisser planer un certain manque d'objectivité, voire même souvent une grande gêne pour les membres du conseil surtout dans les petits barreaux où tout le monde se connaît à travers des liens d'amitié ou des humeurs d'inimitié.

43. C'est pourquoi on doit déplorer cette habitude de langage à relent commercial qui, lorsque l'avocat plaide ou se produit à la télévision, consiste à utiliser le « *nous* », comme s'il défendait une cause commune à son client et à lui-même.

Ainsi s'explique la petite révolution réalisée par la loi du 11 février 2004 qui, tout en sauvegardant l'idée d'une justice corporative, a décidé d'élargir à la région le ressort territorial de la juridiction disciplinaire. Le conseil de l'ordre de chaque barreau a cessé d'assumer cette fonction[44] : dans chaque ressort de cour d'appel, est institué un organe, appelé « conseil de discipline », composé d'avocats représentant chacun des barreaux relevant du ressort de la cour d'appel (L. du 31 déc. 1971).

Le souci a été d'assurer une représentation équitable de chaque barreau. À cette fin, l'article 22-1 de la loi du 31 décembre 1971 décide que chaque conseil de l'ordre doit désigner au moins un représentant, sans que, en revanche, un conseil de l'ordre puisse désigner plus de la moitié des membres du conseil de discipline. N'importe quel avocat ne peut pas être désigné : seuls peuvent être choisis pour représenter son barreau, les membres du conseil de l'ordre, autres que le bâtonnier en exercice[45], ainsi que les anciens bâtonniers et les anciens membres du conseil de l'ordre ayant quitté leur fonction depuis moins de huit ans. Le conseil de discipline élit son président. Pour rendre une décision, la formation de jugement doit comporter au moins 5 membres délibérant en nombre impair[46].

Pour faire face au nombre fatalement plus important d'affaires disciplinaires du fait de l'élargissement du ressort territorial, si le nombre des avocats du ressort de la cour d'appel excède 500, le conseil de discipline peut se constituer en plusieurs formations.

Le conseil de discipline est la seule juridiction disciplinaire du premier degré, même lorsque la faute qui est reprochée à un avocat est un délit d'audience.

On appelle « délit d'audience », une infraction qui a été commise à l'audience même (par exemple, des propos injurieux à l'adresse du tribunal). Pendant longtemps, le délit d'audience fut réprimé par la juridiction elle-même. Cette formule expéditive avait suscité maintes protestations, au demeurant fort légitimes. Elle fut très heureusement supprimée par la loi n° 82-506 du 15 juin 1982 : désormais, si un tel incident se produit, il appartient à la juridiction de saisir le procureur général qui, à son tour, saisira le conseil de discipline. Celui-ci a l'obligation de statuer dans les quinze jours, faute de quoi l'affaire serait portée directement devant la cour d'appel (art. 25).

453 **Particularités de la procédure disciplinaire. –** Outre le fait que l'infraction est jugée par le conseil de discipline, – « entre soi » pourrait-on dire –, le régime des manquements disciplinaires comporte des particularités importantes (art. 180 à 199 du décret du 27 nov. 1991).

a) D'abord quant à la *notion de faute disciplinaire*. On peut ici faire la même remarque qu'à propos des magistrats (*supra*, n° 387) : la faute disciplinaire s'entend non seulement de tout manquement aux obligations et devoirs professionnels qui résultent des lois, des usages et des règlements intérieurs, mais aussi de tous les faits qui, dans la vie privée ou publique de l'avocat, seraient de nature à constituer un manquement à la dignité, à l'honneur ou à la probité (art. 183 du décret du 27 nov. 1991).

44. Sauf le barreau de Paris. Compte tenu de son importance numérique (plus de 20 000 avocats), il est soumis à un régime spécial réglementé par l'article 22-2 de la loi de 1971 : c'est toujours le conseil de l'ordre du barreau de Paris qui siège comme conseil de discipline, lequel peut se constituer en plusieurs formations d'au moins 5 membres. Cette différence de régime avec les barreaux de province a été jugée conforme à la Constitution (Cons. const., 29 sept. 2011, *D.* 2011, p. 2347).

45. Le bâtonnier en exercice étant celui qui engage les poursuites, il ne peut être en même temps juge et partie.

46. Sur la composition du conseil de discipline, cf. les art. 180, 181 et 182 du décret du 27 nov. 1991.

b) Le conseil de discipline peut être saisi par le procureur général près la cour d'appel dans le ressort de laquelle il est institué ou par le bâtonnier dont relève l'avocat pris en faute (L. 31 déc. 1971). Il statue après une instruction contradictoire.

c) Les *sanctions disciplinaires* susceptibles d'être prononcées sont au nombre de quatre (par ordre de gravité) : l'avertissement, le blâme, l'interdiction temporaire qui ne doit pas excéder trois ans et enfin la radiation. L'avocat radié ne peut plus s'inscrire à aucun autre barreau (art. 184 du décret du 27 nov. 1991).

On ne confondra pas les peines disciplinaires qui viennent d'être énumérées avec la *suspension provisoire*. Lorsqu'un fait grave, donnant lieu à des poursuites pénales ou disciplinaires, est relevé contre un avocat, il est parfois opportun de lui interdire immédiatement d'exercer sa profession, en attendant que la juridiction disciplinaire se prononce. Mais il ne s'agit pas là d'une peine disciplinaire : c'est une simple mesure de sauvegarde qui ne préjuge en rien de sa culpabilité éventuelle. Et pour cette raison, l'article 24 de la loi du 31 décembre 1971 réserve cette possibilité au conseil de l'ordre du barreau auquel appartient l'avocat.

454 **Arrêté disciplinaire : les voies de recours. –** La décision du conseil de discipline, – que l'on appelle un « arrêté disciplinaire » –, est un véritable jugement ayant autorité de chose jugée. Pour cette raison, l'arrêté disciplinaire doit être motivé, quelle que soit la décision prise, même si l'avocat poursuivi est relaxé.

En revanche, à la différence des jugements, l'arrêté disciplinaire n'est pas prononcé publiquement : il est simplement notifié à l'avocat, au procureur général et au bâtonnier dans les huit jours ; le cas échéant, il est également notifié au plaignant dont la plainte a provoqué les poursuites.

L'arrêté disciplinaire peut faire l'objet d'un *recours*, lequel est porté devant la cour d'appel à l'initiative de l'avocat condamné, du procureur général ou du bâtonnier[47].

La cour d'appel statue en assemblée des chambres (*supra*, n° 174) et en chambre du conseil, sauf si l'intéressé demande un débat public (art. 16 du décret du 27 nov. 1491). L'opportunité d'un recours est indiscutable. Sans doute, au second degré, l'avocat sera-t-il privé de la juridiction de ses pairs puisque la cour d'appel est composée exclusivement de magistrats de carrière. Mais, la juridiction d'appel doit entendre le bâtonnier. De toute manière, il était impossible d'admettre qu'une décision de cette nature, rendue par une juridiction exclusivement professionnelle, puisse échapper à tout recours, surtout si l'on considère la gravité des conséquences qui peuvent en résulter.

SECTION II — OFFICIERS MINISTÉRIELS

455 **Définition. –** Sous ce terme très général, on désigne des personnes qui sont titulaires d'un office acquis avec l'agrément du gouvernement et qui exercent certaines fonctions à titre de monopole. Par exemple : les avocats au

47. Le délai d'appel est d'un mois (art. 197 du décr. du 27 nov. 1991, qui renvoie à l'art. 16 de ce même décret).

Conseil d'État et à la Cour de cassation, les huissiers de justice, les notaires, les commissaires-priseurs judiciaires.

Au point de vue de la terminologie, on ne confondra pas l'*officier ministériel* et l'*officier public*, lequel a spécifiquement pour fonction de dresser des actes publics ayant force authentique. Certains officiers ministériels sont en même temps officiers publics : par exemple, les notaires et les huissiers de justice[48]. Mais, en sens inverse, certains officiers publics (comme par exemple, le maire qui dresse les actes de l'état civil ou encore le greffier des tribunaux de grande instance) ne sont pas des officiers ministériels. C'est pourquoi il importe de ne pas confondre les deux expressions.

On se trouve ici en présence d'une situation très particulière qui nous a été léguée par l'histoire, et qui à l'heure actuelle, il faut bien le dire, est un sujet de curiosité. L'originalité de cette situation oblige à présenter d'abord un aperçu général sur les offices ministériels et, par conséquent, sur les règles communes à tous les officiers ministériels (§ 1). On étudiera ensuite la fonction et la condition juridique de chacun d'eux (§ 2).

§ 1. GÉNÉRALITÉS SUR LES OFFICES MINISTÉRIELS

456 **Patrimonialité des offices. –** Les officiers ministériels ne sont pas des fonctionnaires : ce sont des personnes privées qui ont acquis une « charge » à leur prédécesseur (moyennant finance ou à titre gratuit, selon les cas), laquelle peut être transmise ultérieurement à un successeur dans les mêmes conditions. Le gouvernement ne reste pas indifférent à ce genre d'opération. En raison de la participation de l'officier ministériel à une mission d'utilité publique, c'est le gouvernement qui investit l'officier ministériel des pouvoirs nécessaires pour l'exercice de sa fonction. Il reste que si le titre est conféré par le gouvernement, l'office représente une valeur patrimoniale souvent fort importante. Tel est le système dit de la « patrimonialité des offices ».

Seule l'histoire permet de comprendre la survivance d'un système pour le moins curieux à notre époque.

Il faut se souvenir que, sous l'Ancien Régime, les officiers ministériels, comme les juges autrefois (*supra*, n° 335), achetaient leur charge au roi. Ils étaient alors titulaires d'un bien, à l'époque réputé « immeuble » en raison de son importance, lequel était transmissible à leurs héritiers comme tout élément du patrimoine. Ce système était connu sous le nom de « vénalité et hérédité des charges »[49].

La Révolution française abolit ce système : les nominations furent réservées exclusivement au gouvernement qui désormais devait pourvoir à ces fonctions comme à tout emploi public. Mais tout relent de patrimonialité ne disparut pas pour autant. Le prédécesseur, parce qu'il était en possession des instruments de travail constitués par ses propres efforts (dossiers, registres, répertoires, bibliothèque), ne consentait à s'en dessaisir que moyennant un prix : pratiquement, le successeur était donc conduit à payer une certaine somme d'argent à celui qui lui transmettait la charge, et bien entendu une somme d'autant plus importante que les bénéfices espérés étaient plus substantiels.

Ce qui était une situation de pur fait devint malencontreusement une situation de droit, avec une *loi du 28 avril 1816* qui, dans son article 91, officialisa cette pratique. À cette époque, l'État,

48. Pour cette raison, on les appelle souvent des « officiers publics et ministériels ».

49. R. Mousnier, *La vénalité des offices sous Henri IV et Louis XIII*, PUF, 1971.

en mal de deniers, imagina de doubler le montant du cautionnement exigé des officiers ministériels[50]. Et en contrepartie, comme monnaie d'échange pour faire accepter ce sacrifice, il reconnut aux officiers ministériels le droit de présenter leur successeur à l'agrément du gouvernement lequel s'engageait en quelque sorte à prendre en considération la candidature présentée si, bien entendu, cette candidature remplissait les conditions requises par la loi. Ainsi, par l'effet de la loi de 1816, le *droit de présentation* devenait une valeur négociable ; car il va sans dire que le titulaire de la charge présentait à l'agrément du gouvernement celui qui, parmi tous les candidats éventuels, lui offrait le prix le plus élevé. L'office ministériel était redevenu en droit une valeur patrimoniale qui se vend, s'achète, se négocie ou qui se transmet par succession, à travers le droit de présentation.

On remarquera que ce système ne correspond plus exactement à ce qu'était, autrefois, la vénalité des charges de l'Ancien Régime. Sans doute, entre la « vénalité » et la « patrimonialité » des charges y a-t-il ce trait commun que l'office est un élément du patrimoine qui représente une valeur pécuniaire. Mais la différence est la suivante : avec le système de la « vénalité », la charge était concédée par le roi qui encaissait lui-même le prix ; au contraire, avec le système de la « patrimonialité » des temps modernes, l'État ne perçoit rien : la valeur patrimoniale réside simplement en un droit de présentation qui se négocie de prédécesseur à successeur et qui suppose toujours, à chaque transmission, l'agrément de l'État.

En dernière analyse, ce système original repose sur une *distinction entre le « titre » et la « finance »*. Le « titre », c'est le droit d'exercer la fonction, lequel est subordonné à une investiture personnelle délivrée par le gouvernement après un contrôle exercé sur les aptitudes et les qualités du postulant présenté : un contrôle pouvant aller jusqu'au refus d'agrément. Mais, comme le gouvernement s'interdit de nommer une personne de son choix autre que celle présentée par le titulaire de la charge, le droit de présentation constitue une valeur patrimoniale qui se négocie et que l'on appelle précisément la « finance »[51].

457 **Conséquences pratiques. –** La patrimonialité des offices entraîne des conséquences importantes : elle confère aux officiers ministériels un statut très particulier réglementé par l'ordonnance n° 45-1418 du 28 juin 1945. On insistera plus spécialement sur les particularités concernant : la transmission des offices (I), leur création et leur suppression (II), l'organisation professionnelle des officiers ministériels (III) et, enfin, leur régime disciplinaire (IV).

458 **I. Transmission des offices. –** L'office ministériel peut être transmis, – ou, plus exactement, le droit de présentation peut faire l'objet d'une cession –, soit à titre onéreux (moyennant finance), soit à titre gratuit, par donation, legs ou succession *ab intestat*[52]. Mais, ainsi qu'il a été dit précédemment (*supra*, n° 456), l'efficacité de cette transmission est subordonnée à l'agrément accordé par le gouvernement (c'est-à-dire, pratiquement par la Chancellerie), qui seul peut conférer l'investiture

50. Le mot *« cautionnement »* désigne ici la somme d'argent souvent fort importante que l'officier ministériel doit déposer à la Caisse des dépôts et consignations au moment de sa prise en charge pour garantir éventuellement sa responsabilité professionnelle.

51. Entre les années 1982 et 1984, les officiers ministériels ont craint très sérieusement que le gouvernement ne fasse disparaître le droit de présentation (cf. Réponse ministérielle à la question écrite n° 43305, *JO*, Déb. Ass. Nat. 9 avr. 1984, p. 1694, *JCP* 1984, IV. 299, v° Huissiers de justice). Il faut dire que certaines déclarations confuses, et parfois même contradictoires, ne pouvaient qu'alimenter les doutes.

52. Le cas est assez fréquent : souvent sur le papier à lettre de l'officier ministériel on lit la formule : « Me X..., successeur de son père ».

au successeur. D'ailleurs, les transmissions sont toujours réalisées sous la condition suspensive d'un agrément de la Chancellerie.

Quel est l'objet de ce contrôle ?

a) Il porte en tout premier lieu sur la *personnalité du successeur présenté*, et spécialement sur la réunion de toutes les conditions requises par la loi pour exercer la fonction.

Les conditions varient selon la fonction. Mais, dans l'ensemble et sous réserve de quelques particularités, les conditions généralement exigées sont les suivantes :

— être *français* et avoir la jouissance de ses droits civils et politiques. Toutefois, pour certaines professions, il suffit d'être « *ressortissant d'un État membre de l'Union européenne ou d'un autre État partie à l'accord sur l'Espace économique européen* » ;

— présenter des *garanties de moralité*. Le candidat ne doit avoir subi aucune condamnation pénale pour faits contraires à la probité, à la dignité ou aux bonnes mœurs ; il ne doit pas avoir fait l'objet d'un redressement ou d'une liquidation judiciaires, ni avoir été frappé d'une sanction disciplinaire comme la radiation (s'il était avocat), la destitution (s'il était officier ministériel antérieurement) ou la révocation (pour les fonctionnaires). Mais, en marge de ces conditions, la Chancellerie exerce un contrôle sur la moralité en général et, à cette fin notamment, elle exige un *certificat de moralité* délivré par la chambre de discipline de la profession à laquelle le candidat postule ;

— justifier de sa *compétence professionnelle* : les diplômes universitaires exigés varient selon les professions (généralement aujourd'hui, la maîtrise en droit) ; en outre, un stage professionnel préalable est toujours exigé ;

— être admis par le *tribunal de grande instance* ou la *cour* (selon les cas), c'est-à-dire, par la juridiction auprès de laquelle les fonctions seront exercées, laquelle vérifiera la moralité du postulant.

b) En principe, la Chancellerie exerce aussi un contrôle sur les *conditions de la cession* et, plus spécialement, lorsque celle-ci a lieu à titre onéreux, sur le *prix de cession*. Il ne faudrait pas en effet que le caractère excessif du prix demandé au successeur incite ce dernier à accroître le rendement de son office au détriment du justiciable. Si le prix paraît excessif, la Chancellerie peut en demander la réduction à un prix inférieur que l'on appelle couramment le « prix de chancellerie ».

Dans le mois qui suit la date où l'arrêté du garde des Sceaux l'a investi de ses fonctions, l'officier ministériel doit prêter serment.

459 **II. Création et suppression d'offices. –** Si l'intérêt général du service le justifie, le gouvernement peut toujours créer de nouveaux offices ou, au contraire, supprimer certains offices reconnus superflus : c'est en effet l'État qui, seul, dispose de la fonction[53].

Mais cette situation entraîne inévitablement des répercussions sur le plan patrimonial.

a) En cas de *création*, aucune négociation n'est concevable : c'est donc le gouvernement qui nomme la personne de son choix (après avis des chambres professionnelles). Mais cette création, du fait de la concurrence accrue, diminue la valeur des offices avoisinants : le nouveau titulaire doit donc verser une somme qui sera répartie par la Chancellerie entre les officiers ministériels atteints par cette mesure.

b) Inversement, la *suppression* d'un office fait disparaître la valeur que représente le droit de présentation : les officiers ministériels voisins qui vont bénéficier

53. Ainsi, sur les pourtours des grandes villes qui s'urbanisent rapidement, il a fallu créer de nouvelles charges d'huissiers de justice et de notaires.

d'un surcroît de clientèle participeront à l'indemnisation de l'officier ministériel dont la charge a disparu[54].

La loi n° 2015-990 du 6 août 2015 prévoit que l'Autorité de la concurrence rend au ministre de la Justice un avis sur la liberté d'installation des notaires, des huissiers de justice et des commissaires-priseurs judiciaires. Elle fait également toutes recommandations en vue d'améliorer l'accès aux offices publics ou ministériels pour renforcer la cohésion territoriale des prestations et augmenter de façon progressive le nombre d'offices sur le territoire (art. L. 462-4-1 C. com.).

460 **III. Organisation professionnelle. –** Les officiers ministériels sont intégrés dans des organismes à caractère corporatiste, propres à chacune des professions, qui sont la survivance du temps où, sous l'Ancien Régime, ils étaient constitués en corporations ou « compagnies »[55]. De nos jours, on les appelle des *« chambres »*[56].

Chacune des professions a sa propre organisation corporative. Mais dans l'ensemble, elles présentent toutes un trait commun qui différencie très nettement les « chambres » d'officiers ministériels, des « ordres » d'avocats. Alors que les ordres d'avocats sont dispersés, avec simplement un organe fédérateur à l'échelon national (le « Conseil national des barreaux », *supra*, n° 440), les « chambres » d'officiers ministériels sont très fortement structurées et hiérarchisées, avec en général à la base, des chambres départementales et régionales, et au sommet, une Chambre nationale.

461 **IV. Régime disciplinaire. –** Comme dans toute profession ayant de lourdes responsabilités, il est indispensable de sanctionner et, au besoin, d'évincer ceux qui se seraient rendus coupables de fautes professionnelles. Il y va de la dignité de la profession et de la confiance qu'elle doit inspirer.

Mais, s'agissant des officiers ministériels, le problème est nécessairement plus complexe. Pour sauvegarder leur indépendance, il est bon que la discipline soit assurée en principe par les chambres elles-mêmes, c'est-à-dire, par les élus de la profession (comme pour les avocats). Il est toutefois impossible de leur abandonner totalement la charge d'assurer la discipline, pour la raison que certaines sanctions graves qui ne permettent plus d'exercer la fonction (interdiction temporaire ou destitution, par exemple) entraînent inévitablement des incidences de nature patrimoniale, dans la mesure où le droit de présentation se trouve plus ou moins gravement atteint. Or, dès lors qu'une valeur patrimoniale est mise en cause, seul un tribunal peut en décider. De là, un système complexe réglementé par l'ordonnance n° 45-1418 du 28 juin 1945, profondément remaniée par la loi n° 73-546 du 25 juin 1973 et complétée par un décret d'application n° 73-1202 du 28 décembre 1973, spécialement consacré à la discipline des officiers ministériels.

54. En principe, un office ministériel n'est supprimé qu'en cas de décès ou de démission de son titulaire. – Sur les problèmes qui peuvent en résulter, cf. Cons. État, 12 févr. 1965, *D.* 1966.128, concl. com. gouv. Dutheillet de Lamothe, *JCP* 1965.II.14122, *Rev. trim. dr. civ.* 1965.405, obs. Hébraud.

55. Le mot subsiste encore de nos jours : on entend parler quelquefois de la « compagnie des notaires », etc.

56. Pour l'instant, on laissera de côté le cas des *avocats au Conseil d'État et à la Cour de cassation* qui, tout en étant des officiers ministériels, forment un « ordre », unique d'ailleurs par la force des choses ; à ce sujet, cf. *infra*, n° 466.

Par ordre de gravité, les *sanctions disciplinaires* qui peuvent être prononcées sont les suivantes : 1) le rappel à l'ordre ; 2) la censure simple ; 3) la censure devant la chambre assemblée ; 4) la défense de récidiver ; 5) l'interdiction temporaire et, enfin, 6) la destitution. Une peine complémentaire peut être prononcée : l'inéligibilité temporaire (10 ans maximum) aux chambres professionnelles.

En principe, la juridiction compétente pour se prononcer varie selon chaque profession. Mais sa compétence se limite aux peines les moins graves : le rappel à l'ordre, la censure simple et la censure devant la chambre assemblée (art. 9, ord. 28 juin 1945). Si une sanction plus importante paraît devoir être appliquée, la chambre doit transmettre le dossier au procureur de la République pour qu'il saisisse le *tribunal de grande instance* dans le ressort duquel l'officier ministériel exerce ses fonctions : lui seul est compétent pour prononcer la défense de récidiver, l'interdiction temporaire ou la destitution.

§ 2. FONCTIONS ET STATUTS PARTICULIERS DES DIFFÉRENTS OFFICIERS MINISTÉRIELS

462 **Officiers ministériels, auxiliaires de justice. –** Parmi les officiers ministériels, tous ne sont pas des auxiliaires de justice à proprement parler. Certains le sont incontestablement, dans la mesure où leur fonction essentielle consiste à participer à l'administration de la justice. Ainsi en est-il : des avocats au Conseil d'État et à la Cour de cassation, ainsi que des huissiers de justice. En revanche, les notaires et les commissaires-priseurs judiciaires ne participent que très occasionnellement à l'administration de la justice et d'une manière en quelque sorte épisodique : par exemple, les notaires, pour assurer la liquidation d'une succession litigieuse, et les commissaires-priseurs judiciaires, pour procéder à la vente forcée des biens saisis.

Après quelques explications sur la disparition des avoués près les cours d'appel, on exposera successivement quelles sont les fonctions exercées par chacun d'eux : les avocats au Conseil d'État et à la Cour de cassation (A), les huissiers de justice (B), les notaires (C) et les commissaires-priseurs judiciaires (D).

463 **Suppression des avoués auprès des cours d'appel** – Il a été dit précédemment que la fusion des avocats et des avoués, réalisée par la loi n° 71-1130 du 31 décembre 1971, avait été limitée uniquement au premier degré de juridiction (*supra*, n° 424) et avait laissé subsister les avoués à la cour[57]. Devant les cours d'appel, la représentation des parties restait le monopole exclusif de l'avoué à la cour qui était un officier ministériel titulaire d'une charge ayant pour mission de « postuler », c'est-à-dire d'accomplir les actes nécessaires à la conduite du procès devant la juridiction d'appel, en tant que mandataire *ad litem*, au nom et pour le compte de son client.

On peut évidemment se demander pourquoi, devant les cours appel, le monopole de la représentation par un avoué avait survécu, maintenant ainsi une dualité entre l'avocat et l'avoué qui avait disparu en première instance. À vrai dire, au moment de la réforme de 1971, le législateur avait pensé que la représentation devant les cours d'appel présentait une spécificité de nature à justifier une certaine spécialisation, ne serait-ce qu'en raison des incidents de toute nature qui exigent

57. En 2008, on comptait 433 avoués à la cour, regroupés en 231 offices.

l'intervention du mandataire de chaque plaideur. À quoi s'ajoutait une autre considération qui, pour être d'ordre pratique, n'en était pas moins importante : c'est le ressort géographique de certaines cours, souvent fort étendu sur plusieurs départements. Il est en effet indispensable que le mandataire des parties soit l'interlocuteur permanent du conseiller chargé d'instruire l'affaire et qu'il puisse répondre à tout instant aux convocations de ce dernier ; c'était le cas des avoués dont les études étaient généralement fixées à proximité du siège de la cour ; ce n'est pas forcément le cas de l'avocat dont le cabinet peut être situé dans un autre département éloigné de la métropole régionale[58]. Il est d'ailleurs juste d'ajouter que, pour cette raison précisément, les magistrats eux-mêmes n'ont pas été pour rien dans le maintien des avoués d'appel.

En réalité, la survie des avoués à la cour n'a jamais été un long fleuve tranquille. Les avocats notamment n'ont jamais dissimulé leur hostilité à une telle dualité. L'envolée des réformes judiciaires depuis 2007 devait consommer la disparition des avoués d'appel, sur la lancée d'un rapport Attali qui avait suggéré leur suppression par souci, a-t-il été dit, « de modernité, de simplification et d'économie ». Un projet en ce sens a donc été soumis aux assemblées parlementaires, avec, on s'en doute, un large débat, moins sur le principe même d'une suppression des avoués d'appel qui semblait acquise par lassitude, que sur l'indemnisation à laquelle leur qualité d'officiers ministériels titulaires d'une charge leur donnait droit. Pour cette raison, l'élaboration de la loi a pris beaucoup de retard ; et finalement la suppression des avoués près les cours d'appel a été décidée par une loi n° 2011-94 du 25 janvier 2011 qui est entrée en vigueur le 1er janvier 2012.

Depuis cette date, le monopole de la représentation des parties en matière civile appartient donc aux avocats, étant précisé toutefois qu'ils ne peuvent postuler que devant la cour d'appel dans le ressort de laquelle est fixé le barreau auquel ils appartiennent (sur la territorialité de la postulation, cf. *supra*, n° 434).

Reste à savoir l'économie qui en résultera pour les plaideurs. Constatons d'abord qu'une taxe est désormais payée par tout appelant dans les affaires pour lesquelles la représentation est obligatoire, afin d'alimenter le fonds d'indemnisation des anciens avoués, sauf en matière prud'homale[59]. Ensuite, les diligences dont se chargeaient les avoués devront de toute manière être rémunérées : elles donnaient lieu auparavant à des émoluments tarifés réglementairement qui entraient dans les dépens : elles sont désormais rémunérées sous la forme d'honoraires libres. Enfin, il est possible que, pour remédier à l'éloignement, les avocats dont le cabinet est situé dans un département excentré confient la charge de postuler à un confrère qui réside à proximité du siège de la cour, et finalement on retrouvera une dualité de fait entre « l'avocat plaidant » et « l'avocat postulant » (d'ailleurs, les anciens avoués devenus avocats bénéficient de la mention de spécialisation en procédure d'appel)[60]. À moins que la généralisation de la communication électronique n'abolisse les distances et ne permette de faire l'économie de cette pratique.

58. Prenons l'exemple d'une affaire plaidée en première instance par un avocat du barreau de Brest devant le tribunal de grande instance de cette ville. Si un appel est formé, il sera porté devant la cour d'appel de Rennes, à 250 km de distance. Le jour de l'audience, l'avocat pourra certes venir plaider devant la cour. Mais au cours de l'instruction, on conçoit mal qu'il puisse se rendre à Rennes à tout instant pour déposer une requête ou répondre aux convocations du conseiller instructeur.

59. Cette taxe est actuellement fixée à 225 €.

60. Reprenons l'exemple précédent : l'avocat de Brest assistera son client en plaidant l'affaire à Rennes le jour de l'audience ; mais pour ce qui est de la postulation, et des démarches répétées auprès de la cour, il en confiera le soin à un avocat de Rennes que l'on appellera « l'avocat postulant ».

A. AVOCATS AU CONSEIL D'ÉTAT ET À LA COUR DE CASSATION

464 **Fonctions. –** Les avocats au Conseil d'État et à la Cour de cassation sont des officiers ministériels titulaires d'une charge qui, devant les deux juridictions indifféremment, exercent tout à la fois les fonctions d'assistance et de mandataire *ad litem*[61].

a) En, tant que mandataires *ad litem*, ils ont la charge de postuler et de conclure. Ce mandat est à la fois présumé et général (*supra*, n° 432). Ils engagent donc leurs clients par les actes accomplis et ils encourent en contrepartie toutes les responsabilités d'un mandataire.

b) En revanche, ils s'apparentent aux avocats dans la mesure où, devant ces deux juridictions, ils sont appelés, sinon à plaider, du moins à présenter oralement des observations, sans être liés par les instructions de leurs clients. Enfin, toujours comme les avocats, leurs honoraires ne sont soumis à aucune tarification.

Toutes ces fonctions sont exercées à titre de *monopole* : aucun autre auxiliaire de justice ne pourrait les exercer devant ces juridictions, pas même un avocat. Ce monopole trouve sa justification dans le fait que les procédures devant les deux juridictions suprêmes sont d'une technicité très particulière, hautement spécialisée. En revanche (c'est là, la contrepartie de leur monopole), ils sont tenus de prêter leur ministère lorsqu'ils en sont requis.

On ajoutera, pour être complet, que ce monopole est limité par le fait que, pour faciliter l'accès à ces deux juridictions, le législateur admet qu'en certaines matières le ministère d'un avocat au Conseil d'État et à la Cour de cassation n'est pas obligatoire. Dans le contentieux privé, un décret n° 2004-836 du 20 août 2004 a considérablement restreint ces cas, et notamment en matière prud'homale le ministère d'un avocat aux Conseils a été rendu obligatoire. En revanche, on retiendra qu'en matière administrative, le recours pour excès de pouvoir peut être exercé librement par le requérant, même devant le Conseil d'État, sans le ministère d'un avocat aux Conseils (art. R. 432-2 C. just. adm.).

465 **Historique. –** Les avocats au Conseil d'État et à la Cour de cassation des temps modernes ont pour ancêtres lointains les avocats qui, dans l'ancienne France, avaient pour fonction d'assurer la défense des causes portées devant les Conseils du roi. À cette époque, la fonction était érigée en une charge achetée au roi ; et sans doute, est-ce la raison pour laquelle ils sont encore de nos jours des officiers ministériels.

Supprimés au moment de la Révolution française, ils durent leur résurrection à Napoléon qui, par un décret du 11 juin 1806 relatif au Conseil d'État, institua des avocats audit Conseil (art. 33) et qui, après avoir rétabli les avoués auprès du Tribunal de cassation, décida que « les avoués en la Cour de cassation » prendraient le titre d'avocats (décr. du 25 juin 1806). La fusion entre les avocats au Conseil d'État et ceux de la Cour de cassation était en marche. Elle fut consacrée au moment de la Restauration par une ordonnance du 10 septembre 1817 qui disposa, dans son article 1er, que « l'ordre des avocats en nos Conseils et le collège des avocats à la Cour de cassation » seront réunis « sous la dénomination d'ordre des avocats aux

61. En fait, il existe entre eux une certaine spécialisation : les uns étant plus portés à soutenir les recours devant le Conseil d'État, et les autres devant la Cour de cassation.

Conseils du roi et à la Cour de cassation » ; ainsi d'ailleurs s'explique l'expression *« avocats aux Conseils »* dont, par souci de commodité, on use encore couramment aujourd'hui pour désigner cette catégorie particulière d'avocats.

466 **Statut professionnel. –** Les avocats aux Conseils forment une compagnie très restreinte, le nombre des charges se limite en principe à soixante[62], mais avec la possibilité pour le garde des Sceaux d'en augmenter le nombre au vu de l'évolution du contentieux (décr. n° 2009-452 du 22 avr. 2009, art. 15). Juridiquement, ce sont des officiers ministériels titulaires d'une charge. Mais en réalité, l'ordonnance du 10 septembre 1817 (toujours en vigueur) et un décret n° 91-1125 du 28 octobre 1991, leur confèrent un statut très particulier qui s'apparente à celui des avocats.

a) Les conditions d'accès à la profession sont fixées aujourd'hui par le décret du 28 octobre 1991. En principe, il faut réunir toutes les conditions requises pour accéder à la profession d'avocat, à l'exception du CAPA (*supra*, n°s 442 et s.). En revanche, il faut avoir accompli un stage d'une année auprès d'un barreau, avoir subi un examen spécial et suivi trois années de formation organisée par la profession d'avocat au Conseil d'État et à la Cour de cassation.

b) À la différence des autres officiers ministériels, ils forment un *« ordre »* (l'ordre des avocats au Conseil d'État et à la Cour de cassation). À la tête de cet ordre, il y a, non point un bâtonnier, mais un *président*, élu pour trois ans par l'assemblée générale. Il est administré par un Conseil de l'ordre composé, outre le président, de quatorze membres élus pour trois ans (art. 8 de l'ord. du 10 sept. 1817).

Le Conseil de l'ordre a qualité pour élaborer le règlement intérieur et pour se prononcer sur tout ce qui intéresse les intérêts généraux de l'ordre. Il exerce également un pouvoir disciplinaire sur les membres de l'ordre (v. le décret n° 2002-76 du 11 janv. 2002). Sa décision peut faire l'objet d'un recours, dans le délai de deux mois, devant le Conseil d'État ou la Cour de cassation selon la nature des faits.

c) La profession peut être exercée en *société civile professionnelle*, actuellement régie par le décret n° 78-380 du 15 mars 1978, en *société d'exercice libéral* de la loi n° 90-1258 du 31 décembre 1990 (décr. n° 93-362 du 16 mars 1993 ; *supra*, n° 450) ou en *société pluri-professionnelle d'exercice* (art. 31-3 et s. de la loi du 31 déc. 1990 ; décr. nos 2017-794 et 2017-798 du 5 mai 2017).

d) L'avocat au Conseil d'État et à la Cour de cassation peut exercer sa profession en qualité de salarié d'une personne physique ou morale titulaire d'un office (art. 3-1 de l'ord. du 10 sept. 1817).

62. Compte tenu de ce que certaines charges sont exercées en société civile professionnelle (51 en 2017), les avocats admis à porter le titre sont en fait plus nombreux (119 en 2017).

B. HUISSIERS DE JUSTICE

467 **Attributions. –** Les huissiers de justice sont des officiers ministériels investis d'attributions nombreuses et variées, exercées les unes à titre de monopole et les autres hors monopole, dont les actes présentent cette particularité de faire foi jusqu'à inscription de faux[63].

a) À titre de *monopole*, les huissiers de justice ont la charge de signifier les actes de procédure, de procéder à l'exécution forcée des titres exécutoires, et notamment aux opérations de saisie ; ce qui représente une charge extrêmement lourde exigeant parfois un solide sang-froid. En outre, certains huissiers, que l'on appelle les *« huissiers-audienciers »*, sont spécialement chargés d'assurer le service intérieur du tribunal, c'est-à-dire, procéder à l'appel des causes, notifier les actes entre avocats et maintenir la police de l'audience sous le contrôle du président de la juridiction. Toutes ces fonctions sont exercées à titre de monopole ; et pour cette raison, les huissiers de justice sont tenus de prêter leur ministère lorsqu'ils en sont requis. En revanche, ils ne peuvent exercer leurs fonctions que dans le ressort territorial de la cour d'appel au sein duquel ils ont établi leur résidence professionnelle[64].

b) En *dehors de tout monopole*, c'est-à-dire, en concurrence éventuellement avec d'autres personnes, il entre dans les attributions des huissiers de justice de procéder au recouvrement amiable des créances, ainsi qu'à la prisée et aux ventes publiques de meubles et effets mobiliers (tout au moins lorsqu'il n'y a pas de commissaire-priseur judiciaire).

En outre, le ministère de l'huissier de justice est fréquemment sollicité pour procéder à des *constats*, soit sur la demande des particuliers, soit sur commission du tribunal : l'huissier procède alors à des constatations purement matérielles, exclusives de tout avis de fait ou de droit, mais qui peuvent ensuite être invoquées devant les tribunaux où elles font foi jusqu'à preuve contraire (ord. n° 45-2592 du 2 nov. 1945, art. 1er).

Enfin, l'huissier de justice peut aussi être désigné par le tribunal à titre habituel en qualité de liquidateur dans les procédures de liquidation lorsque ces procédures sont ouvertes à l'encontre de débiteurs n'employant aucun salarié et réalisant un chiffre d'affaires annuel hors taxes inférieur ou égal à 100 000 €, ou d'assistant du juge commis dans le cadre des procédures de rétablissement professionnel[65].

Dans l'opinion publique, l'huissier de justice est souvent un mal-aimé : il n'est jamais agréable de recevoir la visite d'un huissier de justice dans l'exercice de ses fonctions. Le caractère coercitif de ses attributions en est la cause. Mais on aurait tort toutefois de s'en tenir à cette appréciation superficielle. Le rôle social de l'huissier de justice, spécialement dans les milieux ruraux, est beaucoup plus important qu'on ne le suppose dans la mesure où il est souvent appelé à donner les premiers conseils et à servir en quelque sorte de « relais personnalisé » entre la justice et le justiciable.

---

63. En 2016, on comptait 3 268 huissiers de justice.

64. Règle issue de la loi Macron du 6 août 2015, entrée en vigueur le 1er janv. 2017 (v. art. 3 de l'ord. du 2 nov. 1945). Depuis un décret du 11 mai 2007, cette compétence territoriale s'étend au ressort du tribunal de grande instance (et, auparavant, au ressort du tribunal d'instance).

65. Art. L. 812-2 C. com.

468 **Historique et textes en vigueur. –** Les huissiers de justice ont une longue histoire. Ils existaient déjà sous l'Ancien Régime. Mais à cette époque, il y avait en réalité deux professions distinctes : les *sergents* qui signifiaient et faisaient exécuter les actes judiciaires et extrajudiciaires, et les *huissiers* proprement dits qui avaient pour fonction d'assurer le service des tribunaux et des audiences (qui tenaient l'*huis*, la porte ; d'où le nom d'huissier). Chose curieuse : ces deux professions traversèrent la Révolution française sans être supprimées. Ensuite, le législateur intermédiaire réunit ces deux fonctions en une seule pour constituer la profession d'huissier de justice telle que nous la connaissons aujourd'hui. Elle est réglementée de nos jours par l'ordonnance n° 45-2592 du 2 novembre 1945 (modifiée à plusieurs reprises). Ce texte fondamental a fait l'objet d'un décret d'application n° 56-222 du 29 février 1956 modifié et complété à son tour par de nombreux autres décrets[66].

Mais la profession d'huissier de justice est sur le point de disparaître. En effet, l'ordonnance 2016-728 du 2 juin 2016 faisant suite à la loi Macron du 6 août 2015 supprime cette profession ainsi que celle de commissaire-priseur judiciaire, et crée à la place celle de commissaire de justice, dont la naissance effective est prévue pour le 1er juillet 2022.

469 **Droits et devoirs professionnels. –** La fonction d'huissier de justice est une fonction protégée par la loi contre les usurpations, les injures et les outrages, lesquels constituent un délit pénal.

Mais l'huissier de justice est également astreint à des devoirs professionnels rigoureux et précis qui se justifient par le fait qu'il est détenteur d'une parcelle de l'autorité publique pouvant aller jusqu'à des épreuves de force sur les personnes et les biens. Pour cette raison, il est indispensable d'exercer sur leurs activités un contrôle vigilant et de veiller, plus encore que pour les autres officiers ministériels, à ce que rien ne puisse compromettre leur disponibilité, la dignité de leur fonction et leur indépendance.

a) Ainsi se comprend d'abord la *limitation territoriale* de leur ministère : en principe, sauf dérogations exceptionnelles, ils ne peuvent exercer leurs attributions que dans le ressort de la cour d'appel de leur résidence. On veut éviter par là que leur activité puisse échapper au contrôle d'un juge relativement proche.

b) Les huissiers de justice sont également soumis à des *interdictions* qui leur sont spécifiques.

Notamment :

— Interdiction d'instrumenter pour des proches parents (art. 1 *bis* A, ord. 2 nov. 1945 et art. 15 décr. du 29 févr. 1956) : on pourrait craindre que la parenté ne leur laisse plus l'indépendance d'esprit nécessaire ;

— Interdiction d'assister et de représenter les plaideurs devant les juridictions. La raison qui en est donnée est qu'il faut éviter que l'huissier de justice ne compromette son indépendance en assistant certains plaideurs contre lesquels il pourrait ensuite être tenu de procéder à une mesure d'exécution. Toutefois, à titre exceptionnel, on leur reconnaît le droit de représenter les parties devant les tribunaux paritaires des baux ruraux, et, depuis la loi n° 87-550 du 16 juillet 1987, devant les tribunaux de commerce.

66. Dont notamment : le décret n° 75-770 du 14 août 1975. Et plus récemment par les décrets n°s 2011-1172 et 2011-1173 du 26 sept. 2011 ainsi que par le décret n° 2016-1875 du 26 déc. 2016.

c) Dans le même ordre d'idées, le législateur a pris la précaution de réglementer les *activités accessoires*. La question est importante. Souvent, dans les campagnes notamment, l'huissier de justice peut être tenté d'ajouter à ses fonctions, certaines activités annexes en vue d'accroître la rentabilité de son office. Or, il est facile de comprendre que toutes les activités accessoires ne sont pas également compatibles avec les fonctions d'autorité qui sont les siennes si l'on veut sauvegarder la dignité et l'indépendance de la profession[67].

L'article 20 du décret n° 56-222 du 29 février 1956 (modifié par le décr. n° 2011-1173 du 23 sept. 2011) énumère limitativement les activités accessoires compatibles avec les fonctions d'huissier de justice : *administrateur d'immeubles*, *agent d'assurances* ou encore (depuis le décret de 2011), les activités de *médiateur conventionnel ou judiciaire*. On déduira de ces dispositions que toutes les autres activités accessoires sont incompatibles avec la fonction d'huissier de justice.

Toutefois, ils ne peuvent exercer ces activités qu'après en avoir informé la chambre régionale dont ils relèvent ainsi que le procureur général près la cour d'appel dans le ressort de laquelle est établi leur office. Et dans l'exercice de ces activités accessoires, l'huissier de justice ne peut pas faire état de son titre professionnel afin de ne pas impressionner abusivement les personnes avec lesquelles il serait en rapport[68], sauf toutefois lorsque l'huissier de justice exerce les fonctions de médiateur (art. 22). Cela dit, le procureur général, après avoir recueilli l'avis motivé de la chambre régionale, peut interdire à l'huissier de justice l'exercice de certaines activités accessoires lorsqu'elles nuisent à l'accomplissement de ses obligations professionnelles ou donnent lieu à des réclamations justifiées (art. 23).

d) En fait, le plus grave problème vient de ce que, par certains aspects, l'huissier de justice est aussi le *mandataire de son client* : quand il fait un acte de procédure, quand il le signifie ou quand il procède à des poursuites, il le fait au nom et pour le compte de celui qui a requis son ministère. Il en résulte que les actes accomplis par l'huissier de justice engagent son client et que, par ailleurs, il encourt toutes les responsabilités d'un mandataire, si l'acte accompli l'a été dans de mauvaises conditions ; notamment, il peut être condamné à des dommages-intérêts si, par sa faute, un acte vient à être déclaré nul.

Mais ce mandat est très particulier. On ne saurait admettre en effet que, lorsqu'il procède à une saisie notamment, sa qualité de mandataire place l'huissier de justice dans la dépendance du créancier qui a requis son ministère, au mépris des devoirs professionnels que doit lui imposer en toutes circonstances sa qualité d'auxiliaire de la justice détenteur d'une parcelle de l'autorité publique[69]. Toute l'ambiguïté du statut de l'huissier de justice est là ; et c'est pourquoi, dans un bon nombre de pays étrangers, ces fonctions sont confiées non pas à un auxiliaire de justice exerçant une profession libérale, mais à un officier judiciaire ayant la qualité de fonctionnaire.

On ajoutera enfin, pour terminer, que l'huissier de justice est tenu au *secret professionnel*.

67. Un décret de 1813 interdisait aux huissiers « de tenir auberge, cabaret, café, tabagie, billard, même sous le nom de leur femme ».

68. Voir également la Réponse ministérielle n° 5509 du 30 oct. 2007 qui souligne que la déontologie s'oppose à toute confusion entre les activités accessoires d'administrateur d'immeuble et celles d'huissier de justice (*Dr. et procéd.* 2008, p. 55).

69. À titre d'exemple : Cass. civ., 1er juill. 1992, *Bull. civ.* I, n° 194, p. 97 (l'huissier de justice a le devoir de vérifier lui-même le titre exécutoire que son client lui demande d'exécuter).

470 **Organisation de la profession. –** Plusieurs dispositions régissent l'organisation de la profession.

a) Le décret n° 75-770 du 14 août 1975 réglemente avec un luxe de détails les *conditions d'accès à la profession* : on retiendra simplement que, pour accéder aux fonctions d'huissier de justice, il faut (outre les conditions communes à tous les officiers ministériels, *supra*, n° 458) : être titulaire de la maîtrise en droit (depuis le décr. n° 94-299 du 12 avril 1994) ou d'un diplôme tenu pour équivalent[70], avoir accompli un stage professionnel qui est en principe de deux ans et avoir subi un examen professionnel (sauf certains aménagements prévus par l'art. 5-2 du décret du 14 août 1975).

b) Pour exercer leur profession, les huissiers de justice peuvent constituer une *société d'exercice libéral* (décr. n° 92-1448 du 31 déc. 1992), une *société civile professionnelle* qui devient titulaire de l'office, une *société à participations financières* (décr. n° 2012-403 du 23 mars 2012) ou former simplement une *société d'huissiers de justice*, au sein de laquelle chacun des huissiers reste titulaire de sa charge (décr. n° 69-1274 du 31 déc. 1969). Ils peuvent également créer une *société pluri-professionnelle d'exercice* (art. 31-3 et s. de la loi du 31 déc. 1990 ; décr. n°s 2017-794 et 2017-800 du 5 mai 2017). L'huissier de justice peut enfin exercer sa profession en qualité de salarié (art. 3 ter de l'ord. du 2 nov. 1945).

c) La profession d'huissier de justice est organisée de façon corporative sous la forme de chambres hiérarchisées (ord. 2 nov. 1945, art. 4 à 9 ; et décr. du 29 févr. 1956, art. 40-1 et s.).

À la base, des *chambres départementales* investies de nombreuses attributions : gestion d'une caisse de garantie que l'on appelle la « bourse commune » et dénonciation des infractions disciplinaires dont elle aurait connaissance (art. 6, ord. 2 nov. 1945).

Au-dessus, des *chambres régionales* dans le ressort de chaque cour d'appel : elles sont appelées à vérifier la comptabilité des études, à émettre des avis sur certaines questions professionnelles et surtout, depuis la loi n° 2010-1609 du 22 décembre 2010, chaque chambre régionale, siégeant en chambre de discipline, statue sur les infractions disciplinaires qui lui auraient été dénoncées par les chambres départementales de son ressort (ord. 2 nov. 1945, art. 7 et 7 *bis*)[71].

Enfin, au sommet, la *Chambre nationale des huissiers de justice* : elle est composée des délégués élus par l'ensemble des huissiers de justice relevant de chaque chambre régionale à raison d'un délégué par chambre (décr. du 29 févr. 1956, art. 67, mod. par le décr. n° 2011-1172 du 23 sept. 2011). La Chambre nationale n'a aucune fonction disciplinaire : elle représente l'ensemble de la profession auprès des pouvoirs publics (art. 8, ord. 2 nov. 1945) ; en outre, elle négocie les conventions et accords collectifs de travail et elle peut établir un règlement concernant les usages de la profession à l'échelon national.

C. NOTAIRES

471 **Fonctions. –** Le notaire est un officier public titulaire d'un office ministériel. Il exerce une des fonctions les plus anciennes qui a traversé les siècles de façon à peu près permanente[72].

a) La fonction essentielle du notaire est de dresser des actes qui présentent cette double particularité d'avoir force authentique et force exécutoire : parce que ce sont des actes authentiques, leur contenu ne peut être contesté que par une procédure

70. Sont également admis les candidats titulaires : d'un diplôme universitaire de technologie des carrières juridiques et judiciaires, d'un diplôme national sanctionnant un premier cycle d'études juridiques, du diplôme de l'école nationale de procédure de la chambre nationale des huissiers de justice ou de tous autres diplômes reconnus par arrêté du garde des Sceaux.

71. Sur le régime disciplinaire, v. N. Fricéro et G. Eid, « Le procès équitable devant la chambre de discipline des huissiers de justice », *Dr. et procéd.* 2013, p. 262 et s.

72. En 2017, le nombre des notaires était de 10 421.

extrêmement grave que l'on appelle la « procédure d'inscription de faux » ; et parce qu'ils ont force exécutoire (comme les jugements), ils peuvent donner lieu à exécution forcée sans autre formalité.

Ces actes sont conservés par le notaire qui les a dressés : à tout moment, les parties à l'acte peuvent demander que leur soit délivrée, soit une copie exécutoire (qui est une copie revêtue de la formule exécutoire), soit simplement une copie certifiée conforme.

b) Mais à cette fonction s'en ajoute une autre qui n'est pas moins importante et qui est une *fonction de conseil*. Le notaire ne se borne pas à tenir la plume. Il participe à l'élaboration intellectuelle de l'acte qu'il lui est demandé de dresser. Et tout naturellement, à cette occasion, il est conduit à suggérer des solutions, à préconiser certaines clauses, à mettre les parties en garde contre certains risques et donc à conseiller les parties dans leurs choix.

À tous ces points de vue, l'activité des notaires est considérable : elle s'étend non seulement à la vie des affaires (constitution et fusion de sociétés, opérations de crédit, achats et ventes d'immeubles, etc.), mais aussi à des actes concernant la vie privée (testaments, contrats de mariage, donations, etc.).

En principe, le ministère du notaire est *facultatif*. Il n'en est autrement que dans certains cas. D'abord lorsque, à titre exceptionnel, la loi exige que l'acte soit dressé par-devant notaire : il en est ainsi pour certains actes graves que l'on appelle des « actes solennels » (donation, contrat de mariage, constitution d'hypothèque). Ensuite, il peut arriver que le notaire soit commis par autorité de justice pour procéder à l'élaboration d'actes qui seront ultérieurement homologués par le tribunal : par exemple, à la suite d'un divorce ou d'une succession litigieuse, un notaire est souvent désigné pour procéder aux opérations de liquidation et de partage. C'est d'ailleurs par cet aspect que les notaires peuvent être occasionnellement des auxiliaires de justice.

De toute manière, l'intervention d'un notaire, même lorsqu'elle n'est pas requise par la loi, constitue une très précieuse garantie, pour la double raison que, d'une part, le notaire peut attirer l'attention des intéressés sur les erreurs à ne pas commettre et que, d'autre part, l'acte dressé bénéficie d'une autorité particulièrement importante.

Il va sans dire que, dans toutes ces activités, les notaires engagent leur responsabilité personnelle, laquelle est couverte par une « caisse de garantie ».

472 **Statut particulier des notaires. –** En tant qu'officiers ministériels, les notaires sont soumis à toutes les règles communes concernant les officiers ministériels en général (*supra*, n°s 456 et s.). Mais en ce qui concerne les notaires, des règles spéciales ont été édictées par une ancienne loi du 25 ventôse an XI (dont certaines dispositions subsistent encore) et surtout par l'ordonnance n° 45-2590 du 2 novembre 1945, modifiée plusieurs fois et complétée par de très nombreux décrets dont, en particulier, le décret d'application du 19 décembre 1945[73].

73. Parmi les autres décrets, on citera notamment : le décret n° 56-220 du 29 févr. 1956 (garantie professionnelle), le décret n° 67-868 du 2 oct. 1967 (sociétés civiles professionnelles), le décret n° 71-942 du 26 nov. 1971 (création, transfert et suppression des offices de notaire), le décret n° 73-609 du 5 juill. 1973, modifié par le décret n° 89-399 du 20 juin 1989 (conditions d'accès à la profession et formation professionnelle), le décret

a) Pour accéder à la profession de notaire, il faut être titulaire d'un master en droit ou d'un diplôme reconnu équivalent par arrêté conjoint du garde des Sceaux et du ministre chargé des universités, avoir reçu un enseignement professionnel dispensé par un centre de formation professionnelle auquel on accède par une sélection sur dossier suivie d'un entretien individuel (décr. du 5 juill. 1973). Ce centre assure, pendant une durée de trente et un mois, la préparation à un diplôme de notaire. Durant tout le cours de leur carrière, une formation professionnelle continue est obligatoire.

b) Comme tous les officiers ministériels aujourd'hui, les notaires peuvent exercer leurs fonctions : en *société d'exercice libéral* de la loi de 1990 (décr. n° 93-78 du 13 janv. 1993), en *société civile professionnelle*, la société étant alors titulaire de la charge, ou simplement en *société de notaires*, auquel cas chacun des associés reste titulaire de son propre office (décr. n° 67-868 du 2 oct. 1967). Les notaires peuvent également constituer une *société pluri-professionnelle d'exercice* (art. 1 *bis* A de l'ord. n° 45-2590 du 2 nov. 1945). Ils peuvent aussi exercer la profession de notaire en qualité de salarié (art. 1 ter).

c) L'organisation corporative de la profession est similaire à celle de tous les officiers ministériels en général. À la base, il y a des *chambres départementales* (conciliation des différends d'ordre professionnel, vérification de la comptabilité ; ord. 2 nov. 1945, art. 4, et décr. 19 déc. 1945, art. 1 à 29). Dans chaque ressort de cour d'appel, est institué un *conseil régional* : sa première fonction est d'émettre des avis et de contrôler la comptabilité des notaires ; en outre, depuis la loi du 11 février 2004, c'est lui qui siège en conseil de discipline pour prononcer ou proposer (selon les cas) des sanctions disciplinaires (ord. 2 nov. 1945, art. 5 et 5-1, et décr. 19 déc. 1945, art. 30 à 34)[74]. Enfin, à l'échelon national, se trouve le *Conseil supérieur du notariat*, qui représente l'ensemble de la profession auprès des pouvoirs publics et qui est chargé de souscrire un contrat d'assurance pour garantir la responsabilité civile professionnelle des notaires (ord. 2 nov. 1945, art. 6, et décr. 19 déc. 1945, art. 35 à 39).

D. COMMISSAIRES-PRISEURS JUDICIAIRES

473 **Fonctions. –** Le commissaire-priseur judiciaire est un officier ministériel dont la fonction consiste à *estimer la valeur* des biens meubles (on dit la *« prisée »* ; d'où le nom de commissaire-priseur) et à procéder à la *vente judiciaire aux enchères des meubles et autres effets mobiliers corporels*, à l'exclusion des ventes d'immeubles qui ont lieu à la barre du tribunal[75]. Généralement dans les grandes villes, ces ventes ont lieu dans des locaux spéciaux communément appelés « salle des ventes ».

Les ventes ainsi effectuées ne sont pas nécessairement liées à une affaire judiciaire : tout particulier peut demander à ce que l'un de ses biens meubles soit vendu aux enchères dans une salle des ventes sous la présidence d'un commissaire-priseur judiciaire. Mais celui-ci est appelé parfois à intervenir pour la mise en vente des biens meubles saisis par autorité de justice ; ce que l'on appelle alors une « vente judiciaire ». C'est en cela que le commissaire-priseur judiciaire peut être considéré comme un auxiliaire de justice.

n° 74-737 du 12 août 1974 (inspection des études de notaire) et le décret n° 2004-1304 du 26 nov. 2004 (relatif au fonctionnement des chambres de discipline)...

74. Toutefois, dans la région parisienne, la fonction disciplinaire est assurée par la chambre interdépartementale des notaires de Paris (ord. 45-2590 du 2 nov. 1945, art. 8).

75. Sur la notion de vente judiciaire réservée au monopole des commissaires priseurs judiciaires, cf. CA Paris, 8 mars 2005, *D.* 2005, p. 1404, note L. Mauger-Vielpeau.

Dans l'exercice de leurs fonctions, les commissaires-priseurs judiciaires bénéficient d'un *monopole*, tout au moins en ce qui concerne les ventes judiciaires de meubles dans la ville où se trouve situé le siège de leur office[76].

Les commissaires-priseurs judiciaires, à l'instar de l'huissier de justice, peuvent exercer les fonctions prévues à l'article L. 812-2 C. com. (v. *supra*, n° 467).

Cette profession aura disparu le 1er juillet 2022 au profit de celle de commissaire de justice (v. *supra*, n° 468).

474 **Statut particulier des commissaires-priseurs judiciaires. –** La profession est organisée par différents textes, dont les plus importants sont l'ordonnance du 28 juin 1816 et celle du 2 novembre 1945 (plusieurs fois modifiée) : ce dernier texte a été complété par un décret du 19 décembre 1945 (lui-même modifié à plusieurs reprises).

SECTION III PROFESSIONS ET ACTIVITÉS JUDICIAIRES DIVERSES

475 **Vue d'ensemble. –** À côté des avocats et des officiers ministériels dont il vient d'être question, il existe d'autres professions et activités judiciaires qui n'entrent dans aucune des deux catégories précédemment examinées, et qui se caractérisent moins par leur statut que par leur objet. Elles sont tout à la fois nombreuses et diversifiées. On citera en tout premier lieu celles qui ont pour objet l'*assistance du juge* (§ 1). Mais ce ne sont pas les seules : d'autres ont pour objet soit l'*administration des biens d'autrui* (§ 2), soit des *activités de consultation* (§ 3), soit enfin, des *activités conciliatrices* (§ 4).

§ 1. ASSISTANCE DU JUGE

476 **Sa nécessité. –** Il est trop évident que le juge, seul, pourrait difficilement assumer les charges qui sont les siennes s'il n'était pas assisté par des personnes susceptibles de l'aider dans l'exercice de ses fonctions. On pense d'emblée aux services du greffe sans lesquels un tribunal ne pourrait pas fonctionner (A). Mais il faut y ajouter d'autres personnes qui, de façon plus éphémère, peuvent être appelées à apporter leur concours au juge : les experts judiciaires (B), et aussi les assistants de justice (C).

76. Depuis une loi n° 2000-642 du 10 juill. 2000, les ventes volontaires de meubles peuvent être effectuées également par des sociétés de forme commerciale que l'on appelle les « sociétés de ventes volontaires de meubles ». Les commissaires-priseurs de jadis ont donc perdu le monopole de ces ventes volontaires, et c'est pour mieux les distinguer de ces sociétés à forme commerciale qu'on les appelle désormais des « commissaires-priseurs judiciaires » (Honlet et De Baecque, « La réforme des ventes volontaires de meubles aux enchères publiques », *D.* 2001, p. 141 et s.).

A. SERVICES DU GREFFE

477 **Attributions. –** Toute juridiction a besoin d'une infrastructure administrative pour faire face à la multitude des tâches matérielles qu'implique le fonctionnement d'une juridiction. L'ensemble des services administratifs forme ce que l'on appelle traditionnellement le « greffe »[77].

L'abondance du personnel est à l'image de l'importance et de la diversité des attributions du greffe.

a) La première des attributions d'un greffe est la mise en forme matérielle des décisions de justice et leur conservation dans les archives pour que, le moment venu, puisse être délivrée à qui le demandera une copie des jugements rendus.

b) Mais avant d'en venir au jugement, bien d'autres opérations sont indispensables : ouverture et tenue des dossiers, registres et répertoires, présence obligatoire à l'audience pour constater ce qui a été dit. En outre, dans certaines procédures que l'on a voulu rendre plus accessibles et moins onéreuses (procédure prud'homale, procédure devant les tribunaux administratifs), les greffes sont appelés à assumer des tâches supplémentaires dont se chargent habituellement les mandataires de justice : par exemple, la convocation des parties, les communications de pièces et, parfois même, la notification des jugements.

c) Enfin, le législateur confie aux greffes de nombreuses autres missions extrajudiciaires qui sont loin d'être négligeables : vérification et conservation des registres de l'état civil, réception de certaines déclarations (renonciation à succession, déclaration de surenchère), tenue du registre du commerce, inscription des nantissements sur les fonds de commerce, etc.

Dans une très large mesure, la bonne administration de la justice est liée au fonctionnement correct des greffes. On constate malheureusement que dans certains ressorts, il y aurait encore beaucoup à faire pour moderniser les conditions de travail et améliorer leur rendement.

Depuis la loi de modernisation de la justice du XXIe siècle du 18 novembre 2016, a été institué le service d'accueil unique du justiciable, dont la compétence s'étend au-delà de celle de la juridiction où il est implanté. Ce service a pour mission d'informer les personnes sur les procédures les concernant et de recevoir de leur part des actes afférents à ces procédures[78]. Il s'agit en somme de faciliter l'accès à la justice en simplifiant les démarches procédurales.

On présentera successivement l'organisation et le statut des greffes auprès des juridictions de l'ordre judiciaire (1°) et auprès des juridictions administratives (2°).

1. Greffe auprès des juridictions de l'ordre judiciaire

478 **Fonctionnarisation des greffes. –** Pendant longtemps, le greffier de chaque juridiction (sauf celui des conseils de prud'hommes) a été un officier ministériel,

77. L'expression « greffe » vient du vieux mot français « grefe » (du latin : *graphium*) qui désignait autrefois le poinçon à écrire. Si l'on en croit Littré (v° *Greffe*), « de la signification du poinçon à écrire, on est passé à celle du lieu où l'on écrit » et où « l'on conserve ce qui est écrit ».

78. V. l'art. L. 123-3 C. org. jud. et les art. R. 123-26 et s. (issus du décr. n° 2017-897 du 9 mai 2017), spéc. l'art. R. 123-28.

titulaire d'une charge acquise moyennant un certain prix : on l'appelait, pour cette raison, le *« greffier titulaire de charge »*. Il était le chef d'une véritable entreprise privée, rémunéré par les droits perçus à l'occasion de chacun des actes accomplis par le greffe. Il recrutait et rémunérait lui-même son personnel de secrétariat, communément appelé les « employés du greffe ».

Cette situation originale prit fin avec la réforme de 1965 : à cette époque, une *loi n° 65-1002 du 30 novembre 1965* décida la *« fonctionnarisation des greffes »*. Désormais, le « service des greffes est assuré par des fonctionnaires de l'État » (art. 1er), hormis devant les tribunaux de commerce (*infra*, n° 480). La conséquence la plus immédiate de cette réforme fut l'expropriation des anciens greffiers titulaires de charge qui perdirent leur droit de présentation (moyennant indemnisation) et devinrent des fonctionnaires nommés et payés par l'État. Quant aux employés du greffe, ils furent intégrés dans la fonction publique selon des modalités assez complexes.

À la suite de la réforme de 1965, de très nombreux textes sont intervenus pour fixer l'organisation des greffes et le statut du personnel.

479 **Organisation des greffes. –** Toute juridiction civile ou pénale comporte un greffe, placé sous la responsabilité d'un fonctionnaire que l'on appelle désormais un *« directeur de greffe »*, ayant le rang de greffier en chef (art. R. 123-3 C. org. jud.).

I. – Le directeur de greffe est investi d'importantes attributions.

a) Il assume d'abord des responsabilités administratives. Il lui revient d'organiser les services du greffe placés sous sa direction. Il est chargé de la gestion financière du tribunal (ou de la cour) : c'est lui qui prépare le budget et gère les crédits de fonctionnement de la juridiction (achat de matériel et de mobilier, entretien courant des locaux, etc.). En outre, il est dépositaire des minutes et des archives de la juridiction : c'est lui en particulier qui délivre les copies des décisions rendues par le tribunal (ou la cour).

Il exerce ces fonctions sous l'autorité et le contrôle hiérarchique du chef de la juridiction. Sans doute, le président d'un tribunal ne peut-il pas se substituer au directeur de greffe pour exercer les attributions qui sont les siennes. Mais il lui appartient de lui donner des « directives générales » que le directeur de greffe est chargé de mettre en œuvre.

b) Ensuite, le directeur de greffe a des attributions spécifiquement judiciaires extrêmement importantes. Il assure le service des audiences : à ce titre, il fait partie intégrante du tribunal en ce sens que celui-ci ne serait pas régulièrement constitué si le directeur de greffe (ou l'un de ses délégués) n'était pas présent pour attester ce qui se fait, se dit ou se décide au moment des débats. En un mot, « il tient la plume à l'audience », et en sa qualité d'officier public dont ses écrits ont force authentique.

II. – Pour exercer toutes ces fonctions, le directeur de greffe est assisté par des greffiers en chef et des greffiers qui sont tous des fonctionnaires de l'État. Il peut donner délégation à un greffier en chef de la même juridiction (art. R. 123-7 C. org. jud.). Notamment le service des audiences est généralement assuré par un greffier que l'on appelle un *« greffier de chambre »*.

III. – L'accomplissement des tâches matérielles est assuré par un important personnel, que l'on appelle les « *agents du greffe* ».

On ajoutera que le greffe des juridictions se charge, en principe, de l'ensemble des services administratifs du siège et du parquet. Toutefois, dans les juridictions importantes (à Paris, par exemple), les services administratifs du parquet sont assurés par un corps spécial de fonctionnaires qui forment ce que l'on appelle le *secrétariat du parquet*, dirigé par un ou plusieurs greffiers en chef.

480 **Cas particulier : les greffes des tribunaux de commerce. –** Pour des raisons assez mystérieuses, les greffes des tribunaux de commerce ont échappé à la fonctionnarisation décidée en 1965 (*supra*, n° 478). Devant les juridictions consulaires, les services du greffe sont donc toujours dirigés par un greffier qui, ainsi que le précise formellement l'art. L. 741-1 C. com., est un *« officier public et ministériel »*[79].

Ses fonctions s'apparentent à celles de tous les greffiers : il « assiste les membres du tribunal de commerce à l'audience » et sans sa présence, le tribunal ne serait pas régulièrement constitué ; il dirige, sous l'autorité du président et la surveillance du ministère public, l'ensemble des services du greffe ; il est dépositaire des minutes et des archives dont il assure la conservation ; il délivre les expéditions et les copies et a la garde de toutes sommes déposées au greffe ; enfin, il dresse les actes et procède aux formalités pour lesquelles compétence lui est attribuée (ex. : inscription des nantissements de fonds de commerce, tenue du registre du commerce, etc.).

Pour remplir toutes ces tâches, le greffier est assisté d'un personnel parfois important. Mais du fait même qu'il est officier ministériel titulaire d'une charge, il se comporte comme un « entrepreneur privé » : il recrute lui-même son personnel, il le rémunère et, en contrepartie, il perçoit directement des plaideurs, sur chacun des actes accomplis, des « émoluments » dont le montant est fixé par décret.

La profession de greffier auprès des tribunaux de commerce est représentée par un *Conseil national des greffiers* doté de la personnalité civile (art. R. 741-10). Il est chargé d'assurer la défense des intérêts collectifs de la profession. En outre, la formation disciplinaire du Conseil peut prononcer certaines peines (les plus légères : rappel à l'ordre, avertissement ou blâme) ; pour les peines plus élevées (interdiction temporaire ou destitution), la compétence appartient exclusivement au tribunal de grande instance (art. L. 743-4 à 11 C. com.).

2. Greffe auprès des juridictions administratives

481 **Particularités. –** Le service des greffes auprès des juridictions administratives a toujours été assuré par des *fonctionnaires* : les pesanteurs de l'histoire ont épargné ces juridictions, et dès lors il n'y avait aucune raison de ne pas confier le service des greffes à des fonctionnaires. Ceux-ci ont des tâches essentiellement administratives, mais qui sont néanmoins assez lourdes, si l'on considère que beaucoup de procédures n'impliquent pas le ministère obligatoire de l'avocat et que, de ce fait, il incombe aux greffes de recevoir les requêtes et de pourvoir aux communications de pièces.

79. Pour cette raison, on ne l'appelle pas ici « greffier en chef » mais « greffier, titulaire de charge ». – En 2017, on comptait 232 greffiers titulaires d'une charge.

a) Au *Conseil d'État*, la section du contentieux comporte un secrétaire (appelé « secrétaire du contentieux » ; art. R. 122-26 C. just. adm.), nommé par arrêté du premier ministre sur la présentation du vice-président du Conseil d'État et du président de la section du contentieux (art. R. 122-26, al. 2, C. just. adm.). En outre, pour chaque chambre, le secrétaire du contentieux est assisté d'un greffier en chef de chambre (art. R. 122-28 C. just. adm.).

b) Auprès de chaque *tribunal administratif* et de chacune des *cours administratives d'appel*, il existe un greffe placé sous la responsabilité d'un greffier en chef, assisté d'un ou de plusieurs greffiers (art. R. 226-1 à 6 C. just. adm.).

B. EXPERTS JUDICIAIRES

482 **Technicité des litiges. –** Les procès soulèvent fréquemment des questions de nature technique qui, pour être tranchées, exigent des connaissances spécialisées que le juge ne possède pas nécessairement. Par exemple : apprécier la valeur d'un immeuble, déterminer si un accusé est en état de démence, chiffrer le degré d'invalidité d'une victime d'accident, examiner des comptes et des bilans, etc. Pour être éclairé, le juge peut faire appel aux connaissances d'un technicien que l'on appelle parfois un « homme de l'art » : à un médecin, à un expert-comptable, à un architecte, etc.

La procédure la plus fréquemment utilisée consiste à ordonner une *expertise* : le technicien désigné (que l'on appelle alors un *« expert judiciaire »*) élaborera un rapport dans lequel il fera connaître son avis sur la question technique qui a fait l'objet de la mission. Le tribunal n'est certes pas obligé de suivre les conclusions de l'expert ; mais celles-ci peuvent utilement l'éclairer et lui permettre de mieux comprendre le problème technique pour en tirer ensuite les conséquences juridiques qui s'imposent. À ce titre, l'expert judiciaire est un auxiliaire du juge.

483 **La fonction d'expert judiciaire n'est pas une profession. –** Cette fonction est une fonction occasionnelle et non point une profession : le juge désigne tel technicien réputé pour son savoir dans une matière donnée à l'occasion d'une affaire déterminée. Voilà pourquoi être « expert auprès des tribunaux » n'est pas une profession ; c'est un titre et rien de plus. La confusion vient en fait de ce que, pour l'information des juges, les cours d'appel (au niveau régional) et la Cour de cassation (à l'échelon national) établissent des *listes d'experts*. Les noms des techniciens connus sont répertoriés par spécialité (géomètres, graphologues, médecins, experts-comptables, experts en pharmacologie, en balistique, etc.) et le juge puise dans ces listes le nom qui lui inspire confiance. Ce système a le double avantage de faciliter la tâche du juge qui cherche un nom et surtout d'opérer une sélection parmi les bons techniciens que la cour d'appel (ou la Cour de cassation) recommande au choix des juges. L'inscription sur ces listes est purement temporaire[80]. Et en outre l'expert qui commet une faute disciplinaire peut toujours être radié de la liste par

80. L'expert est d'abord inscrit sur la liste pour une période probatoire de 3 ans ; et ensuite pour une période de 5 ans renouvelable (Loi n° 71-498 du 29 juin 1971).

l'autorité qui l'a désigné (art. 5 à 6-3 de la loi du 29 juin 1971). Ces listes, en un mot, n'ont d'autre but que d'offrir une garantie de sérieux et de compétence.

Il ne faut donc pas se méprendre sur la portée de ces listes. Le fait d'être inscrit sur une liste d'experts ne confère *ni monopole, ni droit acquis : le juge désigne qui il veut* et, au besoin, une personne qui ne figurerait sur aucune liste, à condition dans ce cas d'exposer les raisons de son choix. C'est assez dire la liberté qui est laissée au juge et le caractère purement informatif des listes d'experts. À la limite, une personne inscrite sur une liste pourrait n'être jamais désignée, alors qu'une personne dont le nom n'y figure pas pourrait fort bien être choisie parce qu'elle inspire confiance au juge.

En réalité, l'illusion qu'être expert pourrait être une profession vient souvent des habitudes qui se créent au sein des juridictions et de la tendance de certains juges à désigner toujours les mêmes personnes ; ce qui apporte aux experts désignés une certaine « clientèle judiciaire » et leur donne l'impression d'être des professionnels de l'expertise. Mais ces habitudes ne sont génératrices d'aucun droit.

C. ASSISTANTS DE JUSTICE ET JURISTES ASSISTANTS

484 **Fausse innovation de 1995 et 2016.** – La loi n° 95-125 du 8 février 1995 (art. 20) a décidé d'instituer ce que le texte appelle des assistants de justice. Bien que la loi ne précise pas les fonctions qui sont les leurs, il y a tout lieu de penser que, comme le nom l'indique, leur tâche consiste à aider les magistrats dans l'accomplissement de leur mission.

À vrai dire, l'idée n'est pas nouvelle. Au moment de la grande réforme de 1958, un décret n° 59-84 du 7 janvier 1959 avait créé le corps des « attachés de justice » chargés d'exercer, sous le contrôle des chefs de juridiction, « toutes attributions non juridictionnelles impliquant soit un travail de gestion, soit un travail de rédaction à caractère juridique, soit un travail de recherche jurisprudentielle ou doctrinale ». Cette innovation, qui à l'époque fut accueillie avec un certain scepticisme, n'eut aucune suite[81].

Sous une appellation à peine différente, le législateur de 1995 a cherché à lui redonner vie pour faire face à l'encombrement croissant des tribunaux. L'idée en soi n'est pas mauvaise. C'est un fait que, de plus en plus, les magistrats sont submergés de tâches accessoires de nature matérielle qui les détournent de leur véritable fonction qui est celle de juger. Pour remédier à cette dispersion des activités, la solution qui vient tout naturellement à l'esprit consiste à offrir aux juges des collaborateurs auxiliaires qui les déchargeront d'un certain nombre de tâches matérielles.

Les missions qui peuvent être confiées aux « assistants de justice » figurent dans le décret n° 96-513 du 7 juin 1996, ultérieurement modifié par le décret n° 2008-1159 du 10 novembre 2008 : « ils apportent leur concours aux travaux préparatoires réalisés pour l'exercice de leurs attributions par les magistrats des tribunaux d'instance, des tribunaux de grande instance, des cours d'appel et de la Cour de cassation ainsi qu'aux activités de l'École nationale de la magistrature ». Ils peuvent également être

81. Hébraud, *Justice 59*, *D.* 1959, chron., p. 80 ; H. Solus et R. Perrot, *Droit judiciaire privé*, t. 1, n° 887.

nommés pour une durée de deux ans dans le corps des tribunaux administratifs et des cours administratives d'appel (art. R. 227-1 C. just. adm.).

La loi n° 2016-1547 du 18 novembre 2016 a créé *les juristes assistants* institués auprès des juridictions, plus spécialement auprès des magistrats des tribunaux d'instance, des tribunaux de grande instance et de première instance, des cours d'appel ainsi qu'à la Cour de cassation (art. L. 123-4 C. ord. jud.).

485 **Statut des assistants de justice et des juristes assistants. –** S'agissant des *assistants de justice,* l'article 20 de la loi du 8 février 1995 (modifié par la loi n° 2001-539 du 25 juin 2001) et son décret d'application n° 96-513 du 7 juin 1996, modifié par le décret n° 2008-1159 du 10 novembre 2008, se limitent à quelques indications de nature générale :

a) En ce qui concerne le recrutement : peuvent être nommées « les personnes titulaires d'un diplôme sanctionnant une formation juridique d'une durée au moins égale à quatre années d'études supérieures après le baccalauréat et que leur compétence qualifie particulièrement pour exercer ces fonctions ». Traduisons en clair que l'on peut recruter de cette manière, ceux qui sont au moins titulaires d'une *maîtrise en droit.*

b) Les fonctions d'assistant de justice ne peuvent être exercées concomitamment à une activité professionnelle qu'avec l'autorisation du chef de la juridiction à laquelle ils sont affectés (art. 3 du décret de 1996, modifié par le décret du 10 nov. 2008). De toute manière, leur mission est strictement temporaire : elle est limitée à une durée de 2 ans, renouvelable une fois. À la différence de l'attaché de justice, modèle 1959, qui formait un corps semi-administratif, avec possibilité d'accès à la magistrature après quinze ans, l'assistant de justice créé en 1995 a été conçu comme un personnel auxiliaire de passage.

Concernant les *juristes assistants*, l'article L. 123-4 C. org. jud. précise que peuvent être nommés en cette qualité les docteurs en droit ou les personnes titulaires d'un diplôme sanctionnant une formation juridique de cinq ans avec deux années d'expérience professionnelle dans le domaine juridique. Les juristes assistants sont nommés, à temps partiel ou à temps complet, pour une durée maximale de trois années, renouvelable une fois. Ils sont tenus au secret professionnel et peuvent accéder aux dossiers de procédure pour les tâches qui leur sont confiées.

§ 2. ADMINISTRATION DES BIENS D'AUTRUI

486 **Le problème : à qui peut-on confier la gestion des biens d'autrui ? –** Dans bien des cas, il est nécessaire de confier à un tiers le soin d'assurer temporairement la conservation, la gestion, voire même la liquidation des biens d'autrui. Ainsi, lorsque le règlement d'une succession donne lieu à un litige entre les héritiers, il est nécessaire qu'un tiers soit désigné pour administrer provisoirement la masse successorale en attendant le partage. De même, si une entreprise commerciale doit déposer son bilan, il faut qu'un tiers se substitue au commerçant défaillant pour gérer les actifs et répartir entre les créanciers les sommes disponibles. Autre exemple : en matière de société, si un conflit grave survient entre les associés, il est indispensable de confier la gestion de cette société à un

administrateur provisoire, afin que celle-ci puisse continuer à fonctionner en attendant le règlement du différend.

À qui peut-on confier une telle charge dont il est à peine besoin de souligner l'importance et aussi les graves responsabilités financières qui peuvent en découler ? Traditionnellement, la mission en revenait à des personnes que l'on appelait, selon les cas, des *administrateurs provisoires* (parce que leur mission était temporaire), ou des *administrateurs judiciaires* (lorsque la mission leur était confiée par un juge), ou bien des *liquidateurs* (en cas de dissolution de société), ou bien encore des *syndics* (dans le cas plus particulier où il s'agissait de gérer ou de liquider une entreprise commerciale ayant déposé son bilan).

Chose curieuse : pendant longtemps ces professions ne furent régies par aucun texte ; ce qui était extrêmement regrettable si l'on considère la nécessité de ne confier une telle charge qu'à des personnes de toute confiance. Cette lacune fut partiellement comblée par un décret n° 55-603 du 20 mai 1955 qui donna un statut légal aux syndics, liquidateurs et administrateurs judiciaires. Mais à partir de 1975, la crise économique, avec son cortège d'entreprises en difficulté, fit apparaître les insuffisances de cette législation. C'est dans ces conditions que le législateur entreprit de réformer ce statut par une loi n° 85-99 du 25 janvier 1985 relative aux administrateurs et aux mandataires judiciaires. C'était un immense progrès. Mais ce statut suscita à son tour d'assez vives critiques, en liaison avec les graves dysfonctionnements que certaines affaires relatives à la liquidation des entreprises en difficulté devaient mettre en lumière[82]. Pour cette raison, le législateur est intervenu à nouveau. Tout en conservant les grandes idées directrices qui avaient inspiré la loi de 1985, une loi n° 2003-7 du 3 janvier 2003 (complétée par le décret n° 2003-439 du 16 mai 2003), a élaboré un nouveau statut dont les dispositions plus contraignantes figurent aujourd'hui dans les *articles L. 811 et L. 812 C. com.*[83].

487 **Dualité des fonctions entre les « administrateurs judiciaires » et les « mandataires judiciaires »[84].** – L'idée maîtresse de la réforme de 1985, reprise en 2003, a été d'établir un cloisonnement entre les fonctions d'administrateur judiciaire et celles des anciens syndics, devenus aujourd'hui des mandataires judiciaires.

On avait constaté en effet que lorsqu'il s'agissait d'entreprises commerciales en difficulté, le syndic désigné par le tribunal était souvent placé dans une position ambiguë. Chargé d'assister l'entreprise en difficulté, son devoir était de tout mettre en œuvre pour essayer de la sauver et de la redresser ; mais le syndic était aussi le représentant des créanciers et il avait tout naturellement tendance à penser que, en ce domaine, plus on attend pour déclencher la liquidation finale et moins les créanciers peuvent espérer être payés. De là une contradiction interne dans sa propre mission qui le poussait à préférer la liquidation de l'entreprise plutôt que de prendre des risques pour son redressement. Il eût été malséant de leur en faire grief. Mais il

82. Cette situation a d'ailleurs contribué pour une large part à relancer les controverses sur la composition des tribunaux de commerce et l'opportunité d'un échevinage (*supra*, n° 138).

83. Ces textes ont été plusieurs fois modifiés par la suite.

84. Sur les réformes récentes concernant ces deux professions, v. B. Rolland, « Justice du XXIe siècle : renforcer l'indépendance et l'efficacité de l'action des administrateurs judiciaires et des mandataires judiciaires », *Procédures* 2017, Études 12.

était clair que la confusion entretenue dans les textes entre, d'une part, les fonctions d'administrateur chargé de prendre des initiatives pour dynamiser l'entreprise, et d'autre part, les fonctions de syndic, chargé de la liquider, était une source de mécomptes permanents tant les préoccupations étaient antinomiques. C'est pour mettre fin à cette ambiguïté que le législateur moderne (aussi bien celui de 1985 que celui de 2003) a pris le parti d'établir une distinction très nette entre deux catégories de fonctions : les fonctions d'administrateur judiciaire et celles de mandataire liquidateur[85].

a) Les *administrateurs judiciaires* sont définis par l'article L. 811-1 C. com. comme des « mandataires, personnes physiques ou morales[86], chargés par décision de justice d'administrer les biens d'autrui ou d'exercer des fonctions d'assistance ou de surveillance dans la gestion de ces biens ». On remarquera la formule très large de la loi. Compte tenu de la genèse du texte, on pense tout de suite à l'administrateur réputé qui, avec l'aide d'une équipe d'experts en matière économique ou bancaire, parviendra à sauver une entreprise qui risquerait de sombrer parce qu'elle était mal gérée. Mais il faut généraliser la nouvelle disposition légale. L'administrateur judiciaire est celui qui est chargé par le juge de gérer les biens d'autrui en quelque circonstance que ce soit (la gestion d'une tutelle ou d'une succession litigieuse, par exemple) ou d'exercer des fonctions de surveillance (comme cela arrive parfois en matière de société lorsque des groupes rivaux s'entre-déchirent).

b) Au contraire, les *mandataires judiciaires*, qui eux aussi peuvent être des personnes physiques ou morales, ont une mission bien délimitée : ils sont chargés par décision de justice, précise l'article L. 812-1 C. com., « de représenter les créanciers et de procéder à la liquidation d'une entreprise ». À travers ce texte, on retrouve le « syndic » d'autrefois. Voici par exemple une entreprise commerciale qui a fait de mauvaises affaires ; elle a dû déposer son bilan ; un mandataire judiciaire sera désigné pour assister ou représenter le commerçant en difficulté et assurer entre ses créanciers la répartition des actifs disponibles. C'est tout : sa mission ne va pas au-delà.

Compte tenu de cette dualité fondamentale, et du fait que les deux fonctions sont exclusives l'une de l'autre, en ce sens qu'une même personne ne peut pas les exercer cumulativement, on aurait pu penser que leurs statuts respectifs seraient très dissemblables. Il n'en est rien. Sans doute, le législateur, fidèle à son idée directrice, a-t-il consacré à chacun d'eux des textes formellement distincts : les articles L. 811 et suivants C. com. pour les administrateurs judiciaires, et les articles L. 812 et suivants C. com. pour les mandataires judiciaires. Mais quand on les analyse de plus près, on constate que, à certaines nuances près, ils se ressemblent comme des frères, tant en ce qui concerne les conditions d'accès aux fonctions, que leurs modalités d'exercice, et le régime disciplinaire qui leur est applicable.

85. En 2016, on comptait : 126 administrateurs judiciaires et 304 mandataires judiciaires.

86. La référence aux « personnes morales » a été ajoutée par la loi de 2003 pour tenir compte de ce que les administrateurs judiciaires peuvent se constituer en société.

488 **Conditions d'accès aux fonctions. –** Le législateur, soucieux d'assurer la crédibilité de ces fonctions, en limite l'accès aux seules personnes offrant de sérieuses garanties, tant en ce qui concerne l'aptitude professionnelle que l'honorabilité et la moralité du postulant, étant précisé que ces fonctions sont ouvertes, non seulement aux Français, mais également à « tout ressortissant d'un État membre de l'Union européenne ou d'un État partie à l'accord sur l'Espace économique européen »[87] ; et cela sans distinguer selon qu'il s'agit des fonctions d'administrateur (art. L. 811-5 C. com.) ou de mandataire (L. 812-3 C. com.).

En principe, l'accès à ces deux fonctions est subordonné à une condition essentielle : l'*inscription sur une liste* établie par une commission nationale qui s'assurera des conditions requises[88].

489 **Modalités d'exercice de ces fonctions. –** Les personnes admises à ces fonctions peuvent les exercer sur *l'ensemble du territoire national* : non seulement les administrateurs judiciaires, mais aussi les mandataires judiciaires (art. L. 812-7 C. com.). Par exemple, le tribunal de Rouen ayant ordonné la liquidation judiciaire d'une entreprise pourrait désigner un mandataire inscrit sur la liste dressée par la cour d'appel de Caen, d'Amiens... ou de Toulouse.

C'est là une innovation de la loi du 3 janvier 2003 : auparavant, seuls les administrateurs judiciaires avaient une vocation nationale, tandis que les mandataires judiciaires ne pouvaient exercer leurs fonctions que dans le ressort de la cour d'appel où ils avaient été désignés. Le législateur a voulu laisser une plus grande liberté de choix aux tribunaux pour stimuler la concurrence et éviter que ne se créent des monopoles de fait qui ne permettraient pas d'écarter certains mandataires dont un tribunal n'était pas satisfait : le tribunal peut désormais faire choix d'autres mandataires plus qualifiés résidant au besoin dans le ressort d'une autre cour d'appel.

En revanche, les modalités d'exercice sont gouvernées par deux règles impératives sur lesquelles il convient d'insister.

a) Une première règle, commune aux deux fonctions, pose en principe qu'elles sont *incompatibles avec l'exercice de toute autre profession, et avec toutes les activités à caractère commercial, exercées directement ou par personne interposée* (articles L. 811-10 et L. 812-8 C. com.). On veut éviter par là que la gestion des biens d'autrui ne soit entre les mains d'une personne dont les intérêts personnels pourraient interférer avec les devoirs qu'impose sa fonction. Une seule dérogation est prévue en faveur des administrateurs judiciaires uniquement (et non des mandataires judiciaires) : ils peuvent en même temps exercer la profession d'avocat, à condition bien entendu de ne pas être l'avocat de celui dont il doit gérer les biens (art. L. 811-10, al. 1, C. com.).

Toutefois, afin d'éviter que cette incompatibilité n'entrave certaines activités, les articles L. 811-10 et L. 812-8 prennent la précaution de viser formellement celles qui y échappent : consultation dans le domaine relevant de la qualification de l'intéressé, mandat de conciliateur, commissaire à l'exécution du plan, expert judiciaire, séquestre amiable ou judiciaire.

b) Une seconde règle, également commune aux deux fonctions, fait obligation, tant à l'administrateur qu'au mandataire désigné, *d'exécuter personnellement les*

87. Cette ouverture internationale est nouvelle depuis la loi du 3 janv. 2003.
88. V. les art. L. 811-2 et L. 812-2 C. com.

tâches qui leur incombent (art. L. 811-1, al. 2, et art. L. 812-1, al. 2, C. com.). On avait constaté en effet que parfois les administrateurs ou les mandataires désignés confiaient à des tiers le soin d'exécuter certaines tâches à leur place aux frais de celui dont ils avaient la charge d'administrer les biens. Le nouveau texte condamne formellement la sous-traitance. Sans doute, n'est-il pas exclu que, pour le bon accomplissement de la mission, il faille requérir le concours de tiers spécialisés (par exemple, d'un expert pour évaluer certains biens) : mais ce ne peut être qu'avec l'autorisation préalable du juge, et il est clairement dit que le tiers sera rétribué par l'administrateur ou le mandataire lui-même sur la rémunération qu'il perçoit.

490 **Régime disciplinaire. –** L'exercice des deux fonctions est soumis au même régime disciplinaire, lequel est minutieusement réglementé par les articles L. 811-11 à L. 811-15-1 C. com., spécialement écrits pour les administrateurs judiciaires, mais que l'article L. 812-9 déclare applicables aux mandataires judiciaires.

Sans entrer dans les détails, on notera que les intéressés sont placés sous la surveillance du ministère public et qu'ils sont soumis à des inspections à l'occasion desquelles ils sont tenus de fournir tous les documents et renseignements demandés (art. L. 811-11 C. com.).

La juridiction disciplinaire est la Commission nationale (celle qui correspond à la fonction de l'intéressé poursuivi), laquelle siège comme chambre de discipline (art. L. 811-12 et L. 812-9 C. com.).

La loi a pris la précaution d'énumérer limitativement les personnes qui peuvent engager l'action disciplinaire (art. L. 811-12 C. com. : garde des Sceaux, procureur général de la cour d'appel dans le ressort de laquelle les faits ont été commis, magistrat du parquet général désigné pour les inspections des administrateurs judiciaires pour les faits commis par les administrateurs ayant leur domicile professionnel dans les ressorts des cours d'appel pour lesquelles il est compétent, commissaire du gouvernement auprès de la commission nationale ou président du Conseil national des administrateurs et mandataires) ; et cela afin d'éviter les poursuites malveillantes exercées par les personnes dont l'intéressé avait mission de gérer les biens. Les sanctions disciplinaires applicables sont, par ordre de gravité : 1) l'avertissement, 2) le blâme, 3) l'interdiction temporaire pour une durée n'excédant pas cinq ans, et enfin, 4) la radiation de la liste (art. L. 811-12 C. com.). En outre, si l'intéressé fait l'objet d'une poursuite pénale ou disciplinaire, il peut, dans l'attente de la décision qui sera rendue, être suspendu provisoirement de l'exercice de ses fonctions par le tribunal de grande instance (art. L. 811-13 C. com.).

491 **Conseil national. –** On soulignera pour terminer que les deux professions sont représentées auprès des pouvoirs publics par un organisme commun qui porte le nom compliqué de « *Conseil national des administrateurs judiciaires et mandataires judiciaires* » (art. L. 814-2 C. com.). Ce Conseil est un établissement d'utilité publique, doté de la personnalité morale, chargé d'assurer la défense des intérêts collectifs de ces deux professions, d'organiser la formation professionnelle et de procéder à la surveillance des activités de leurs membres[89]. On a vu enfin que son président peut éventuellement engager des poursuites contre celui qui se serait rendu coupable d'une faute.

89. Sur les missions du Conseil national, cf. *JCP* 2005, p. 2150.

§ 3. ACTIVITÉS DE CONSULTATION ET DE RÉDACTION D'ACTES SOUS SEING PRIVÉ

492 **L'ancien régime de liberté : ses dangers. –** Jusqu'à une époque récente, n'importe qui pouvait « exercer le droit », sans la moindre exigence d'un quelconque diplôme : le premier venu pouvait donc donner des consultations ou rédiger des actes sous seing privé à qui le lui demandait. Cette situation, marquée du signe de la liberté la plus extrême, était un facteur d'insécurité redoutable pour ceux qui se confiaient à des personnes n'offrant aucune garantie ni scientifique ni même morale. Et parfois même, ce régime de liberté frisait le cynisme lorsque d'anciens auxiliaires de justice radiés de leur ordre s'improvisaient tranquillement donneurs de consultations.

Au moment de la réforme de la profession d'avocat, en 1971, le problème avait été évoqué et l'on avait songé à réglementer l'exercice du droit, comme est réglementé depuis longtemps l'exercice illégal de la médecine (*supra*, n° 422). Mais si l'on édicte une réglementation, il faut prévoir des sanctions contre ceux qui tenteraient d'y échapper. Et à cette époque, on y avait renoncé, provisoirement tout au moins, en raison de la difficulté que l'on éprouve à définir de façon précise le délit d'exercice illégal du droit, car bien rares sont les personnes qui occasionnellement ne sont pas invitées un jour ou l'autre à donner un avis sur une question juridique : l'architecte qui par exemple élabore les plans d'une construction n'est-il pas conduit à donner un avis de droit sur l'application des règlements d'urbanisme ?

Malgré sa difficulté, la question a été reprise au moment de l'élaboration de la réforme de 1990 sur les professions judiciaires et juridiques (*supra*, n° 425). Et cela spécialement sous la pression des avocats qui firent de la réglementation de l'exercice du droit une condition de leur adhésion à la fusion des professions d'avocat et de conseil juridique. Ce vœu a été entendu par le législateur de 1990. Désormais, les activités de consultation ne sont plus libres : elles sont étroitement réglementées par la loi.

493 **Conditions et sanctions. –** Depuis leur modification par la loi n° 90-1259 du 31 décembre 1990, sous un titre intitulé « Réglementation de la consultation en matière juridique et de la rédaction d'actes sous seing privé », les articles 54 à 66-6 de la loi n° 71-1130 du 31 décembre 1971[90] contiennent une série de dispositions qui ne permettent plus à n'importe qui de s'improviser « donneur de consultations »[91].

I. – Seules peuvent exercer des activités de consultation ou de rédaction d'acte sous seing privé, les personnes qui remplissent les conditions suivantes :

a) Il faut d'abord être titulaire d'une *licence en droit* ou, à défaut, justifier d'une compétence juridique appropriée à la consultation ou à la rédaction de l'acte (art. 54).

b) Il faut ensuite ne pas avoir été l'objet de certaines *condamnations* limitativement énumérées par l'article 54 : condamnations pénales pour agissements contraires à l'honneur, à la probité ou aux bonnes mœurs ; sanctions administratives ou

90. Eux-mêmes remaniés ultérieurement à plusieurs reprises.

91. A. Bénabent, « La réglementation de l'exercice du droit », *JCP* 1991.I.3490. – Cons. État, 3 juin 2002, *D.* 2002, IR 2169.

disciplinaires pour des agissements de même nature (destitution, radiation, révocation, retrait d'agrément ou d'autorisation) ; condamnation pour faillite personnelle ou autre sanction en application des dispositions légales sur la sauvegarde, le redressement et la liquidation judiciaires des entreprises.

c) Enfin, toutes ces conditions ne suffisent pas : il faut en outre figurer dans la *liste des personnes visées aux articles 56 à 66 de la loi n° 71-1130 du 31 décembre 1971*, modifiés par la loi n° 90-1259 du 31 décembre 1990. Cette liste donna lieu à des discussions assez serrées, avec les avocats notamment qui souhaitaient qu'elle fût moins étendue.

Y figurent tout naturellement les auxiliaires de justice qui, dans le cadre défini par leurs statuts respectifs, ont vocation à donner des consultations et qui sont réputés avoir la compétence requise : les avocats inscrits à un barreau français, les avocats au Conseil d'État et à la Cour de cassation, les notaires, les huissiers de justice, les commissaires-priseurs, les administrateurs judiciaires et les mandataires judiciaires (art. 56). Il faut également y ajouter les enseignants des disciplines juridiques dans un établissement d'enseignement supérieur (art. 57).

Viennent ensuite d'autres personnes, mais dont la faculté de donner des consultations est limitée à l'objet de leurs fonctions, tels les juristes d'entreprise (art. 58). La loi vise également les personnes qui exercent une activité professionnelle réglementée dans les limites autorisées par la réglementation qui leur est applicable (par exemple : les conseils en brevets d'invention) ; et même celles qui, sans exercer une activité professionnelle réglementée, justifient d'une qualification reconnue par l'État ou par un organisme public ou professionnel agréé (par exemple : les syndics de copropriété) (art. 59 et 60).

S'ajoutent enfin à cette liste différents organismes qui peuvent également, dans l'exercice de leur mission, donner des consultations juridiques : les associations et fondations reconnues d'utilité publique, les associations agréées de consommateurs, les associations ayant pour objet la protection de la nature ou l'amélioration du cadre de vie et du logement (art. 63), les syndicats et associations professionnels au profit des personnes dont la défense des intérêts est visée par leurs statuts (art. 64), les fédérations et confédérations de sociétés coopératives au profit de leurs membres (art. 65), et enfin, les organes de presse ou de communication audiovisuelle au profit de leurs lecteurs ou auditeurs, à condition toutefois que les consultations aient pour auteur un membre d'une profession juridique réglementée (art. 66).

II. – La méconnaissance de ces conditions est sanctionnée pénalement : quiconque donne des consultations juridiques ou rédige des actes sous seing privé sans remplir les conditions prévues par la loi s'expose à une peine d'amende de 15 000 € et à une peine d'un an d'emprisonnement (art. 66-2). Désormais, par conséquent, le délit d'exercice illégal du droit existe dans notre législation. Les frontières restent certes assez vagues[92]. Mais il était bon que le principe en soit posé.

§ 4. ACTIVITÉS CONCILIATRICES

494 **Importance de la conciliation. –** La recherche d'une solution transactionnelle est une préoccupation légitime. Tout le monde peut y trouver son compte : le justiciable d'abord qui évitera les frais d'un procès, et la justice ensuite

92. Sur un exemple de fraude, en matière de divorce par consentement mutuel : TGI Aix-en-Provence, ord. réf. 24 déc. 2013, n° 13/01542, *D.* 2014, p. 289.

dont on veut espérer qu'elle sera moins surchargée. La sagesse populaire n'enseigne-t-elle pas qu'un « mauvais arrangement vaut mieux qu'un bon procès » ?

Cette préoccupation prend de nos jours une importance grandissante, non pas parce que les hommes de notre époque sont plus vertueux qu'autrefois, mais tout simplement parce que le législateur cherche désespérément à décharger les tribunaux encombrés ; et cela dans tous les domaines[93] :

a) En matière pénale, qui semble pourtant la plus rebelle à toute idée contractuelle, une loi du 4 janvier 1993 (art. 6) a introduit ce que l'on a appelé la *« médiation pénale »*[94]. Ensuite une loi du 23 juin 1999 a organisé la *« composition pénale »* qui, si l'auteur de l'infraction se reconnaît coupable et accepte d'exécuter certaines mesures réparatrices proposées par le procureur de la République, aura pour effet de suspendre l'action publique et de l'éteindre après exécution de la peine. La loi n° 2004-204 du 9 mars 2004 a généralisé et considérablement étendu le domaine de la composition pénale, en ce qui concerne d'une part, les délits et contraventions qui peuvent donner lieu à cette procédure, et d'autre part, la possibilité offerte au procureur de la République de déléguer ses pouvoirs, au besoin à un officier de police judiciaire ou à un médiateur (art. 41-2 C. pr. pén.). Mais l'objectif est toujours le même : il est d'éviter des poursuites qui pourraient nuire au reclassement du coupable, s'il accepte de réparer le dommage causé à la victime et d'exécuter la peine qui lui est proposée. On espère, en un mot, une répression plus rapide sous une forme conventionnelle. Plus récemment, a notamment été instaurée la transaction pénale entre l'officier de police judiciaire et l'auteur des faits, sur autorisation du procureur de la République (art. 41-1-1 C. pr. pén.)[95].

b) Le souci d'assurer une conciliation transparaît également en matière administrative, notamment depuis la loi de modernisation de la justice du XXIe siècle du 18 novembre 2016 organisant la médiation devant et en dehors du juge[96].

c) Enfin, le contentieux privé n'échappe pas non plus à cette préoccupation : on peut même dire que le contentieux privé est le terrain d'excellence de la conciliation. Depuis longtemps, il est dit dans l'article 21 C. pr. civ. qu'il « entre dans la mission du juge de concilier les parties ». Mais si tout le monde est bien d'accord pour admettre que la solution transactionnelle est souvent la meilleure issue, la réalisation de ce vœu est en revanche beaucoup plus difficile. L'expérience prouve que le juge parvient assez rarement à remplir cette mission qui exige de sa part une grande disponibilité ; et par ailleurs le juge n'est pas toujours le mieux placé pour suggérer une solution de compromis qui, dans l'esprit des plaideurs, risquerait d'être interprétée comme une sorte de jugement anticipé[97]. Souvent, des personnalités extérieures ayant la confiance des parties et qui, si la conciliation échoue, ne seront pas appelées à faire acte d'autorité sont mieux à même de remplir cette

93. V. notamment L. Cadiet et Th. Clay, *Les modes alternatifs de règlement des conflits*, Dalloz, 2e éd., 2017.

94. G. Blanc, « La médiation pénale », *JCP* 1994.I.3760 ; E. Dreyer, « La médiation pénale, objet juridique mal identifié », *JCP* 2008.I., n° 131.

95. Loi no 2014-896 du 15 août 2014.

96. V. les art. L. 114-1 et L. 213-1 et s. C. just. adm. ; et sur ce point, v. S. Deygas, « "J21" : la médiation existe enfin en matière administrative », *Procédures* 2017, Études 8.

97. À titre d'exemple : Cass. 2e civ., 15 mars 2012, n° 11-01194, *JCP* 2012, p. 78.

mission. Pour cette raison, la tendance s'affirme actuellement de confier le soin de concilier les parties à des personnes privées qui ne sont pas des juges et dont la mission exclusive consiste à rechercher un terrain d'entente pour éviter l'épreuve contentieuse. Ces personnes sont le conciliateur de justice (A) et le médiateur (B), qui, d'ailleurs, n'interviennent pas uniquement dans le cadre d'une instance (C).

A. LE CONCILIATEUR DE JUSTICE

495 **Définition. –** On appelle ainsi une personne privée désignée par la loi qui a reçu la charge d'essayer de trouver une solution amiable au différend opposant des parties[98].

Cette institution, qui date de 1978, est née d'une constatation très simple : parmi les litiges portés devant les tribunaux, un bon nombre d'entre eux auraient peut-être trouvé une solution amiable si les parties s'étaient au moins rencontrées et, surtout, si une personne ayant une autorité suffisante les avait aidées à découvrir un terrain d'entente. Autrefois, avant la réforme de 1958, cette fonction était remplie par le juge de paix. On sait dans quelles conditions les justices de paix ont été supprimées pour être remplacées par les tribunaux d'instance (*supra*, n° 111). Or, c'est un fait que les tribunaux d'instance, surchargés de dossiers, ne remplissent plus cette fonction ; et cela d'autant moins qu'ils siègent en un lieu parfois fort éloigné du domicile des intéressés. De là, l'idée de combler cette lacune en offrant sur place le concours d'une personne qui, sans avoir la qualité de magistrat, est officiellement investie d'une mission de conciliation, cette mission étant exercée de façon bénévole et sur délégation du juge[99].

Après une expérience tentée dans quatre départements[100], l'institution fut généralisée à l'ensemble du territoire français par un décret du 20 mars 1978. Ce texte a été modifié à plusieurs reprises.

496 **Son statut. –** Le conciliateur de justice exerce une *mission officielle* dont le statut est réglementé par le décret n° 78-381 du 20 mars 1978.

Il est nommé par ordonnance du premier président de la cour d'appel, après avis du procureur général, sur proposition du juge d'instance. À l'issue de sa mission, le conciliateur de justice peut, dans les mêmes formes, être reconduit dans ses fonctions pour une période renouvelable de deux ans. Sa nomination est subordonnée à certaines conditions ; notamment, la personne désignée doit justifier d'une expérience en matière juridique d'au moins trois ans, et sa compétence et son activité doivent la qualifier particulièrement pour l'exercice de ces fonctions. En revanche, ne peuvent être chargés des fonctions de conciliateur de justice les officiers publics et ministériels et les personnes qui exercent, à quelque titre que ce soit, des activités judiciaires ou qui participent au fonctionnement du service de la justice.

98. Ruellan, « Le conciliateur civil, entre utopie et réalités », *JCP* 1990.I.3431 ; J.-P. Viennois, « L'amiable », *Rev. gén. procédures*, 1999, p. 471 ; Cl. Fournier, « Les conciliateurs de justice », *Gaz. Pal.* 1998, chron. 29.

99. Art. 129-2 et s. C. pr. civ.

100. Alpes-Maritimes, Gironde, Haute-Marne et Loire-Atlantique.

Cela dit, le conciliateur n'est *pas un magistrat*. Son seul rôle est de tenter de concilier les parties : à cette fin, il les entend, il s'efforce de rapprocher leurs points de vue, il peut même entendre des témoins. S'il parvient à une conciliation, même partielle, il constate l'accord des parties dans un procès-verbal ; mais, comme il n'est pas magistrat, ce procès-verbal est un simple document privé qui, pour acquérir force exécutoire, devra être soumis à l'homologation du juge. Si, en revanche, il ne parvient pas à concilier les parties, son rôle s'arrête là : il ne lui appartient pas de rendre un jugement, ni même de formuler un avis.

B. LE MÉDIATEUR

497 **Médiation judiciaire. –** Lorsque le juge a déjà été saisi d'un litige, l'esprit de conciliation ne doit pas cesser pour autant : tout doit être mis en œuvre pour rechercher une solution transactionnelle qui évitera d'avoir à trancher le litige autoritairement au moyen d'un jugement qui pourrait laisser subsister des traces d'amertume. Le juge peut toujours tenter de concilier les parties mais, pour les raisons précédemment indiquées (*supra*, n° 494), il n'est pas toujours le mieux placé pour remplir cette mission qui exige beaucoup de disponibilité. C'est dans ces conditions qu'une pratique s'est répandue, consistant pour le juge à désigner une personnalité extérieure reconnue par tous pour son autorité morale – que l'on a pris l'habitude d'appeler le « médiateur » –, dont la mission spécifique doit se limiter à rapprocher les parties pour rechercher avec elles une solution amiable au différend qui les oppose. Cette pratique a par la suite été consacrée par la loi n° 95-125 du 8 février 1995 et son décret d'application du 22 juillet 1996[101].

Si un accord mettant fin au litige est conclu, la partie qui souhaite donner à leur accord une force exécutoire, doit la soumettre à l'homologation du juge : leur accord produira ainsi les mêmes effets que ceux d'un jugement (art. 131-12 C. pr. civ.). En revanche, si la médiation échoue, le rôle du médiateur ne va pas au-delà : afin d'éviter tout risque de délégation de pouvoir, il est clairement indiqué que les constatations recueillies « ne peuvent être évoquées devant le juge saisi du litige qu'avec l'accord des parties », et qu'elles ne peuvent pas davantage être « utilisées dans une autre instance » (art. 131-14 C. pr. civ.). Ainsi, en cas de non-conciliation, les parties seront assurées que les concessions qu'elles étaient disposées à consentir en vue d'un accord ne se retourneront pas contre elles au moment des débats ultérieurs devant le juge. Enfin, il doit être ajouté que le médiateur est tenu à une obligation de secret à l'égard des tiers.

101. V. les art. 131-1 et s. C. pr. civ.

C. L'INTERVENTION DU CONCILIATEUR DE JUSTICE ET DU MÉDIATEUR EN DEHORS D'UNE INSTANCE JUDICIAIRE

498 **Modes amiables de règlement des différends conventionnels. –** Indépendamment de tout litige actuellement pendant devant un tribunal, les parties peuvent, et dans certains cas doivent[102], avant de saisir le juge, tenter de trouver une solution de compromis au différend qui les oppose. Elles peuvent alors faire appel à un conciliateur de justice (conciliation conventionnelle) ou à un médiateur (médiation conventionnelle). Mais elles peuvent aussi recourir à la procédure participative en étant assistées d'un avocat, voire même tenter de se concilier seules. Tous ces modes sont régis, depuis le décret n° 2012-66 du 20 janvier 2012, par les articles 1528 à 1567 C. pr. civ.

102. L'art. 4 de la loi J21 du 18 nov. 2016 prévoit que la saisine du tribunal d'instance par déclaration au greffe doit en principe, à peine d'irrecevabilité que le juge peut prononcer d'office, être précédée d'une tentative de conciliation menée par un conciliateur de justice.

QUATRIÈME PARTIE
LE FONCTIONNEMENT DES JURIDICTIONS

499 **Vue d'ensemble. –** Pour avoir une bonne connaissance des institutions judiciaires, il ne suffit pas de connaître les juridictions et le personnel judiciaire qui les animent, il faut encore savoir comment et dans quelles conditions elles peuvent rendre la justice, c'est-à-dire finalement comment elles fonctionnent.

À cette place, il ne saurait être question d'exposer dans tous leurs détails les règles de procédure qui feront l'objet d'enseignements distincts, tant en matière civile et commerciale, qu'en matière pénale et administrative. Mais du moins est-il nécessaire de connaître certains des principes qui caractérisent l'esprit et le fonctionnement des juridictions qui ont été présentées (à l'exclusion des juridictions internationales et européennes qui obéissent à des principes très particuliers, spécifiques à chacune d'elles : *supra*, n°s 305 et s.).

Ces principes concernent essentiellement :

Chapitre 1 : *La composition des juridictions.*

Chapitre 2 : *La compétence.*

Chapitre 3 : *Le procès.*

CHAPITRE I
PRINCIPES RELATIFS À LA COMPOSITION DES JURIDICTIONS

500 **Délimitation du problème. –** Par définition, les juridictions sont composées de juges dont les modalités de recrutement et le statut ont fait l'objet d'explications antérieures (*supra*, n°s 330 et s.).

Mais quand une affaire doit être jugée, la question qui se pose est celle de savoir si elle doit l'être par une formation composée de plusieurs juges ou si, au contraire, elle doit l'être par un juge unique (section 1).

En outre, on se gardera d'oublier que les juridictions ne sont pas composées seulement de magistrats appelés à juger : certains d'entre eux forment ce que l'on appelle le ministère public dont il conviendra de préciser l'organisation et les attributions (section 2).

SECTION I – LA FORMATION DE JUGEMENT : COLLÉGIALITÉ OU JUGE UNIQUE ?

501 **L'alternative. –** En législation, il est classique de se demander s'il est préférable que les jugements soient rendus par un juge unique comme en Angleterre, en Belgique ou au Canada par exemple, ou par un collège de trois juges (ou plus) statuant à la majorité, c'est-à-dire, collégialement[1].

On exposera d'abord les éléments de cette controverse (§ 1) et, ensuite, les solutions du droit positif français (§ 2).

1. Sur cette question, on pourra se reporter aux travaux du IXe colloque des Instituts d'études judiciaires qui s'est tenu à Nice, en 1974, sur le thème *« Les juges uniques en droit français »*, avec les rapports de MM. J. Vincent, G. Roujou de Boubée, H. Charles et J. Normand. – *Adde*, R. Perrot, « Le juge unique en droit français », *Rev. int. dr. comp.* 1977, p. 659 et s. – En raison de la profonde évolution qu'a connue ce problème, un nouveau colloque des Instituts d'études judiciaires s'est tenu, sur le même thème, à Toulon, en 1995.

§ 1. LA CONTROVERSE

502 **La controverse se limite au premier degré. –** Afin de dissiper les ambiguïtés, précisons tout de suite que la controverse se limite au premier degré de juridiction. Jusqu'à présent, on n'a guère douté de la nécessité de maintenir la collégialité au second degré. Il ne faut pas perdre de vue que les décisions rendues en appel le sont toujours en dernier ressort : il serait trop grave d'admettre qu'une affaire importante puisse être définitivement jugée par un juge unique.

On doit ajouter toutefois que, en raison de l'encombrement des cours d'appel, l'idée est parfois avancée qu'il conviendrait de faire juger certaines affaires par un conseiller unique. Pour l'instant, on s'en tient à la collégialité, sauf à ne faire entendre les plaidoiries que par un seul juge si les parties ne s'y opposent pas. Aller au-delà et permettre que des arrêts soient rendus sans un délibéré de trois juges constituerait une très sérieuse atteinte aux principes habituels.

À ce sujet, les enseignements du droit comparé sont révélateurs. En Angleterre et au Canada, c'est-à-dire dans des pays qui sont traditionnellement attachés au juge unique en première instance, la cour d'appel comporte toujours plusieurs juges. À cette nuance près toutefois que les juges d'appel sont admis à faire connaître éventuellement leur « opinion dissidente », dans la décision elle-même. Ce n'est donc pas une véritable collégialité, mais plus exactement une *pluralité de juges uniques*. La collégialité, au sens propre du terme, signifie en effet que la décision est rendue par la juridiction, considérée comme une entité ; ce qui implique par conséquent le secret du délibéré qui en est le complément naturel (*infra*, n° 593). Disons que, en appel, le système anglais est à mi-chemin entre le juge unique et la véritable collégialité. Mais retenons tout de même de ces propos qu'au second degré de juridiction, la décision reste l'œuvre de plusieurs juges.

Cela dit et pour s'en tenir désormais à la première instance, on doit constater que la collégialité a ses partisans, tandis que le système du juge unique a les siens.

503 **Arguments en faveur de la collégialité. –** Trois arguments sont généralement avancés.

a) D'abord, dit-on, la justice est *mieux éclairée*. La délibération provoque la discussion entre les juges sur la valeur des moyens invoqués de part et d'autre par les deux plaideurs, chaque juge bénéficiant ainsi des réflexions de ses collègues.

b) Ensuite, ajoute-t-on, la collégialité est une garantie de *justice plus impartiale*. Il est facile de souligner que, grâce à la collégialité, l'impartialité de chaque juge est garantie par le contrôle de ses collègues. Cette explication, injustement déshonorante pour le corps judiciaire, n'est certainement pas la bonne. La vérité est plus nuancée. C'est un fait que le meilleur des juges réagit avec son propre tempérament, en fonction du milieu social et intellectuel dans lequel il vit ou a vécu. À cause de cela, il est inconsciemment porteur de certaines attitudes d'esprit, voire même de certains préjugés involontaires qui risquent de fausser son raisonnement[2]. La collégialité a le mérite de brasser et de neutraliser les préjugés éventuels.

c) Enfin, le dernier argument consiste à soutenir que la collégialité est une garantie de *justice plus indépendante*. Lorsque la décision est rendue par un collège de juges, au nom de la juridiction tout entière, l'anonymat sauvegarde l'indépendance

2. Il n'est pas sans intérêt de rappeler qu'au siècle dernier, Adolphe Thiers souhaitait que tous les juges soient des propriétaires !

de chaque juge qui, au moment du délibéré, aura le sentiment d'être plus libre de sa décision dans la mesure où il ne se sentira pas directement exposé à la rancœur du plaideur condamné. À certaines périodes troublées, l'argument est loin d'être négligeable, notamment en matière pénale. On ajoutera, de surcroît, que l'anonymat inhérent à la collégialité favorise la critique doctrinale des décisions de justice : les auteurs sont en effet plus libres d'émettre des critiques lorsque celles-ci visent « le tribunal » et non point un juge déterminé qui pourrait se sentir personnellement atteint[3].

504 **Arguments en faveur du juge unique. –** Pour défendre la thèse du juge unique, plusieurs arguments sont présentés : tous n'ont pas la même valeur.

a) On entend dire parfois que le système du juge unique permettrait d'améliorer la *situation matérielle de chaque juge* : si le même travail était fait par un seul juge au lieu de trois, pourquoi ne pas tripler le traitement de chacun ? Il serait bien téméraire d'y croire. Mieux vaut ne pas nourrir d'illusions sur ce point.

b) Un argument plus sérieux est présenté : le système du juge unique, dit-on, *favorise le sens des responsabilités*. Il est exact qu'avec le juge unique, la décision sort de son anonymat, on sait qui l'a rendue, et l'on peut alors penser que le juge qui en est le signataire veillera plus attentivement à ce qu'elle soit irréprochable.

c) De toute manière, quelles que soient les préférences personnelles de chacun, l'argument essentiel en faveur du juge unique est la *nécessité de faire face à l'augmentation considérable de la « masse contentieuse »*. Les statistiques font apparaître une augmentation inquiétante du nombre des affaires ; et cela dans tous les contentieux. Le remède idéal consisterait à augmenter proportionnellement le nombre des juges. Comme il n'y faut guère songer dans un avenir immédiat, tant en raison des contraintes budgétaires que des difficultés d'un recrutement qui doit rester de qualité, tout naturellement on en vient à penser que le système du juge unique en première instance constitue le seul remède à la situation présente. Mais, comme on peut le constater, avec ce raisonnement, la résignation tient lieu ici d'argument.

505 **Conclusion : les contingences particulières. –** À vrai dire, il est impossible de prendre parti pour l'un ou l'autre des deux systèmes, sans s'attacher à deux considérations particulières qui pèsent d'un poids très lourd dans le débat.

D'abord, on ne saurait faire abstraction du *mode de recrutement des juges*. Le système du juge unique ne peut fonctionner correctement que si, au moment de son entrée en fonction, le juge a déjà une formation professionnelle consommée et une expérience suffisante pour être en mesure de statuer seul sur des problèmes complexes. En Angleterre et au Canada, la justice à juge unique ne soulève guère de difficulté parce que le juge est recruté vers l'âge de 45-50 ans parmi des praticiens ayant déjà une solide expérience de la vie judiciaire. Mais, dans des pays où le juge entre en fonction très jeune, peu de temps après avoir quitté l'université, on peut se demander si la collégialité n'est pas finalement le seul moyen de parfaire sa formation et de lui permettre d'acquérir l'expérience nécessaire. L'affaire pénale dite

3. Il est remarquable d'observer que les « notes d'arrêts », dont on connaît l'importance doctrinale, sont plus fréquentes dans les systèmes judiciaires soumis à la collégialité.

d'Outreau qui a mis en évidence la solitude d'un juge d'instruction propulsé d'emblée à des fonctions de juge unique dès sa sortie de l'École en a fait la dramatique illustration.

Une autre considération ne doit pas non plus être négligée : le système du juge unique implique de la part des citoyens un *grand respect pour la justice et pour les juges*, beaucoup plus que dans un système de collégialité qui dilue les responsabilités de chaque magistrat. Ainsi en Angleterre, où la personnalité même du juge est entourée d'un respect quasi mystique, le juge unique ne soulève pas de problème. Mais dans les pays où les passions sont vives et où l'esprit frondeur porte facilement à la critique, voire même à une certaine suspicion à l'égard de tout détenteur d'une autorité, le système de la collégialité offre au juge une plus grande sérénité.

La conclusion la plus claire est qu'il faut se garder de vouloir puiser à des sources étrangères des modèles qui, si respectables soient-ils, ne sont pas transposables. Et si, dans le contexte français, la nécessité impose de réserver une place au juge unique, il est prudent de ne pas en faire une règle générale et de ne l'introduire que dans certains cas précis et limités.

§ 2. LES SOLUTIONS DU DROIT POSITIF FRANÇAIS

506 **Solutions traditionnelles et évolution. –** En règle générale, les milieux judiciaires français (et plus encore les auxiliaires de justice) restent très attachés au principe de la collégialité. Cet état d'esprit repose sur une longue tradition qui s'explique par le mode de recrutement des juges (*supra*, nos 345 et s.) et aussi par la crainte d'un certain arbitraire. Voilà pourquoi le principe général de base a toujours été et demeure encore aujourd'hui le principe de la collégialité.

On doit constater toutefois que les dérogations à ce principe deviennent de plus en plus nombreuses, principalement au sein des juridictions de l'ordre judiciaire. Dans bien des cas, le juge unique tend à supplanter la formation collégiale pour des raisons très diverses. La raison majeure tient au fait que la collégialité est une « formule de luxe » si l'on considère la pénurie du personnel judiciaire comparée à l'augmentation constante du volume des affaires. Mais cette raison n'est pas la seule : l'expérience a montré que pour certaines affaires, un contact direct avec le juge est souvent salutaire (en matière de divorce ou d'autorité parentale, par exemple) et que ce contact s'établit mieux avec un juge unique qu'avec un tribunal qui statue majestueusement en formation collégiale.

Ce déclin de la collégialité n'a pas toutefois la même ampleur selon les contentieux : alors que le juge unique tend à se répandre devant les juridictions du contentieux privé (I) et à un moindre degré devant les juridictions pénales (II), la collégialité oppose une plus grande résistance devant les juridictions administratives (III).

507 **I. Juridictions du contentieux privé. –** Devant ces juridictions, le juge unique n'a jamais été un inconnu : on citera notamment le juge du tribunal d'instance (*supra*, n° 111) et le juge des référés (*supra*, n° 105). Mais c'est un fait que les réformes modernes tendent à amplifier une évolution grandissante vers le juge unique.

a) D'abord, plusieurs lois ont institué en divers domaines des *juges uniques à compétence spécialisée*. Ainsi en ce qui concerne les litiges familiaux, au premier rang desquels le divorce et la séparation de corps, il a été institué au sein de chaque tribunal de grande instance, un juge des affaires familiales qui statue à juge unique (art. L. 213-3 et s. C. org. jud.). On citera également le juge de l'expropriation, le juge de la mise en état et aussi le juge de l'exécution dont le rôle consiste à statuer sur tous les incidents auxquels peuvent donner lieu les mesures d'exécution forcée (art. L. 213-5 à 7 C. org. jud.).

b) Ensuite, le législateur décide parfois, au moyen d'une disposition spéciale, que dans une matière déterminée les litiges échapperont à la collégialité. On en trouve un exemple dans la loi n° 85-677 du 5 juillet 1985 relative aux *accidents de la circulation terrestre* : désormais, les procès concernant les accidents d'automobile, qui relèvent de la compétence des tribunaux de grande instance, sont jugés non plus par un collège de trois juges, mais par un juge unique (art. R. 212-8 C. org. jud.).

c) Enfin et surtout, indépendamment même des cas particuliers spécialement visés par un texte, il existe une disposition générale qui, devant les *tribunaux de grande instance*, permet au président de décider que l'affaire sera soustraite à la collégialité. En effet, depuis une loi n° 70-613 du 10 juillet 1970, « le président du tribunal de grande instance... peut décider qu'une affaire sera jugée par le tribunal de grande instance statuant à juge unique » (art. R. 212-9 C. org. jud.). Ainsi donc, si le président estime que l'affaire est simple, il peut toujours décider qu'elle sera jugée à juge unique.

Ce principe appelle toutefois deux correctifs qui en limitent sensiblement la portée.

D'une part, le renvoi au juge unique n'est qu'une *simple faculté* pour le président qui peut très bien ne pas renvoyer au juge unique et maintenir la collégialité.

D'autre part, à supposer que le président ait ordonné le renvoi au juge unique, *l'une des parties peut toujours demander que l'affaire soit jugée par un collège de trois juges*. La demande doit être formulée dans les quinze jours de la date à laquelle les parties en ont été informées (art. 804 C. pr. civ.). Cette réserve est importante. Il en résulte que le système du juge unique est subordonné à l'accord tacite des deux plaideurs : si l'un d'eux s'y refuse, la collégialité subsiste.

De toute évidence, cette disposition originale tend non pas à imposer, mais à « acclimater » dans l'esprit des plaideurs et des avocats, le système du juge unique devant les tribunaux de grande instance.

508 **II. Juridictions pénales. –** Les juridictions répressives n'ont jamais ignoré le juge unique. On citera l'exemple du juge d'instruction qui, depuis 1856 et jusqu'à une époque récente (*supra*, n° 186), a toujours été conçu comme une juridiction à juge unique. On citera également le tribunal de police qui, en matière de contravention, est également une juridiction à juge unique (*supra*, n° 192). En revanche, les juridictions de jugement en matière criminelle (cour d'assises) et en matière de délit (tribunal correctionnel) ont toujours été conçues comme des juridictions collégiales, en raison de la gravité des condamnations prononcées.

Or, voici que depuis quelques années on constate *un déclin de la collégialité, limitée* (cela va de soi) *au tribunal correctionnel*. L'évolution a commencé avec une loi du 29 décembre 1972 qui a décidé que, en matière correctionnelle, certaines infractions mineures seraient jugées à juge unique[4]. Ce n'était qu'un début. Un nouvel élan en ce sens a été donné par la loi nº 95-125 du 8 février 1995, puis d'autres lois, qui ont considérablement élargi la liste des infractions désormais soustraites à la collégialité et jugées par le tribunal correctionnel statuant à juge unique (v. la liste fournie par l'art. 398-1 C. pr. pén.). Il faut en chercher la raison dans la nécessité de faire face, avec un personnel judiciaire qui n'a guère augmenté, à une délinquance plus importante.

On assiste donc à une évolution comparable à celle déjà constatée devant les juridictions du contentieux privé (*supra*, nº précédent). Mais la technique utilisée est très différente. Ici, on ne laisse pas au président le soin d'apprécier si certaines affaires peuvent être soustraites ou non à la collégialité : c'est la loi qui impose obligatoirement, mais limitativement, les infractions qu'il estime devoir être jugées à juge unique.

Pour comprendre la différence, il faut rappeler que, en 1975, le législateur avait imaginé d'introduire, devant les juridictions pénales, une formule comparable à celle du tribunal de grande instance qui aurait laissé au président du tribunal correctionnel la possibilité de décider, à propos de chaque affaire, celles qui seraient soustraites à la collégialité. Cette loi souleva une très vive et très légitime émotion, dans la mesure où elle était de nature à introduire des discriminations injustifiées selon les délinquants : ce que l'on pouvait se permettre en matière civile risquait de devenir très arbitraire dans une matière aussi grave que la matière pénale. Aussi bien, le Conseil constitutionnel, par une décision du 23 juillet 1975[5], avait-il annulé cette loi. De ce fait, en 1995, le législateur ne pouvait pas procéder autrement que par le moyen d'une énumération légale.

En revanche, au niveau des juridictions d'instruction, depuis la loi du 5 mars 2007, on constate un retour en force de la collégialité, pour éviter l'isolement du juge d'instruction dont l'affaire d'Outreau a permis de mesurer les méfaits (*supra*, nº 186).

509 **III. Juridictions administratives. –** Traditionnellement, les juridictions administratives sont toujours restées très attachées à la collégialité : on en trouve la preuve dans l'article L. 3 C. just. adm. qui, encore aujourd'hui, pose en principe que « les jugements sont rendus en formation collégiale, sauf s'il en est autrement disposé par la loi »[6].

Il faut sans doute en chercher la raison dans une longue tradition historique. On se gardera d'oublier qu'à l'origine nos actuelles juridictions administratives n'étaient que des « commissions », de telle sorte que, de tout temps, la collégialité a été considérée comme inhérente à la notion de juridiction, par opposition à l'autorité administrative qui décide seule[7]. À quoi s'ajoute une autre raison d'ordre plus pragmatique qui tient à la nature même des litiges qui sont portés devant les juridictions administratives : par hypothèse, ils mettent en cause l'administration et, dès lors, seul un organisme collégial est de nature à garantir l'indépendance d'esprit de chacun des juges appelés à délibérer, en même temps d'ailleurs que l'autorité

4. À titre d'exemples : délits prévus par le Code rural en matière de chasse et de pêche ; infractions à la législation sur la coordination des transports, certaines infractions au Code de la route.

5. *D.* 1975.629, note L. Hamon et G. Levasseur.

6. Dans le même sens, en ce qui concerne les tribunaux administratifs et les cours administratives d'appel : art. L. 222-1, C. just. adm.

7. R. Odent, *Cours de contentieux administratif*, 1970-1971, p. 580.

morale de la décision, indispensable pour surmonter les résistances administratives à l'exécution forcée (*infra*, n°s 611 et s.). On a d'ailleurs constaté que, pour cette raison précisément, les juridictions administratives ont toujours la possibilité d'élargir la formation de jugement (*supra*, n°s 267, 279 et 287) ; ce qui montre bien toute l'importance de la collégialité, et même d'une « collégialité renforcée » lorsqu'il semble nécessaire d'accroître l'autorité de la décision et de sauvegarder la sérénité du juge administratif.

Il reste que, de nos jours, les juridictions administratives sont gagnées à leur tour par le juge unique, et pour la même raison que partout ailleurs : l'importance du contentieux administratif a rendu indispensable un abandon partiel de la collégialité[8]. Sans doute n'en est-il ainsi que dans les cas exceptionnels prévus par la loi. Mais ces cas sont devenus aujourd'hui extrêmement nombreux[9]. Ainsi, depuis une loi du 8 février 1995 suivie de nombreux décrets, certains litiges limitativement énumérés peuvent être tranchés à juge unique (v. la liste énoncée à l'art. R. 222-13 C. just. adm.), tandis que le président de la Section du contentieux et les présidents de sous-section du Conseil d'État, mais également les présidents de tribunal administratif et de cour administrative d'appel ont reçu le pouvoir de statuer sur un bon nombre d'incidents de procédure (art. R. 122-12 et art. R. 22-1 C. just. adm.)[10]. Enfin, il est important de souligner que, depuis la loi du 30 juin 2000, les présidents des tribunaux administratifs et des cours administratives d'appel, ainsi que le président de la Section du contentieux du Conseil d'État exercent les fonctions de juge des référés (art. L. 511-1 et s. C. just. adm.). C'est dire que, ici encore, le juge unique tend à grignoter la collégialité.

SECTION II — MINISTÈRE PUBLIC

510 **Généralités : origine et rôle du ministère public. –** Il a déjà été dit que les juridictions ne sont pas composées exclusivement de magistrats chargés de juger les affaires soumises au tribunal (*supra*, n° 46). À côté des juges proprement dits, il existe d'autres magistrats dont la fonction est, non point de juger, mais de veiller à la bonne application de la loi et au respect de l'ordre public, en présentant des observations à la formation de jugement et, au besoin (tout au moins devant les juridictions de l'ordre judiciaire), en saisissant lui-même la juridiction. On dit de ces magistrats qu'ils exercent le « ministère public ».

8. R. d'Haëm, *Le juge unique administratif*, thèse Paris II, 2001. *Adde*, les travaux du XXIe colloque des Instituts d'études judiciaires (Toulon, 1995) ayant pour thème « Les juges uniques, dispersion ou réorganisation du contentieux ? », spécialement l'étude de M. Paillet, *Le juge administratif, juge unique*, p. 93.

9. Ainsi, en l'an 2000, ont été jugées par un juge unique : devant les tribunaux administratifs, 56 % des demandes (dont un record de 73 % à Orléans) ; devant les cours administratives d'appel, 35 % des affaires ; et devant le Conseil d'État, 23 % (sur ces statistiques, voir R. d'Haëm, thèse précitée, p. 751 et s.).

10. Par exemple : les désistements, le rejet des requêtes ne relevant pas manifestement de la compétence des juridictions administratives, le rejet des requêtes manifestement irrecevables non susceptibles de régularisation, etc.

Le ministère public est une institution originale du droit judiciaire français qui de nos jours existe dans de très nombreux pays étrangers. Son origine remonte à l'Ancien Régime. Au Moyen Âge, lorsque le roi voulait défendre ses intérêts devant les tribunaux, il confiait cette mission à des procureurs (du latin : *procuratores* ; on dirait aujourd'hui, à des mandataires) qui n'étaient autres que des avocats ordinaires, lesquels, parmi leur clientèle, comptaient un client de choix : le roi lui-même. Mais, à partir du XIVᵉ siècle, à mesure que s'affermissait l'autorité royale, cette situation se modifia sous l'effet d'une double évolution.

a) D'une part, cette mission fut constituée en office vendu par le roi. Ainsi, les procureurs du roi devinrent de *véritables magistrats investis d'un office de judicature* ; et du même coup, ils cessèrent d'assister et de représenter leurs clients privés pour se consacrer exclusivement à la défense des intérêts du roi devant les tribunaux[11].

b) En même temps, leur mission se transforma. Parallèlement à leur fonction initiale qui était de défendre les intérêts du roi, s'en ajouta une seconde, connexe à la précédente, qui était de défendre les *intérêts généraux de la société* dont le roi avait la charge en tant que personne publique. Avec le déclin de la féodalité et la naissance des États modernes, la seconde fonction finit par l'emporter et par supplanter la première. Et c'est ainsi que les procureurs, devenus de véritables magistrats, cessèrent d'assurer la défense des intérêts personnels du roi pour se consacrer exclusivement à la sauvegarde, au nom du souverain, des intérêts généraux de la société devant les tribunaux.

Telle est aujourd'hui l'unique fonction du ministère public. *Son rôle n'est pas d'agir en justice au nom de l'État* : lorsque celui-ci veut saisir les tribunaux pour la défense de ses intérêts patrimoniaux (domaines, fiscalité, douane), il a recours à des avocats comme le ferait un simple particulier. La seule mission du ministère public est de *veiller au respect de l'ordre public, à la défense de l'intérêt social et à la bonne application de la loi*[12]. Il serait donc inexact de croire que le ministère public se comporte comme un représentant de l'État chargé de défendre systématiquement les intérêts de celui-ci. Il arrive même parfois (notamment devant les juridictions administratives) que le ministère public prenne la parole contre les souhaits du gouvernement ; et cela, au nom de ce qui lui paraît être la bonne application de la loi (*infra*, nº 523).

En tant que fonction, le ministère public existe devant toutes les juridictions. Mais son organisation et son rôle sont fondamentalement différents selon qu'il s'agit du ministère public auprès des *juridictions de l'ordre judiciaire* (§ 1) ou du ministère public auprès des *juridictions administratives* (§ 2).

11. C'est à partir de cette époque que les procureurs « montèrent » sur l'estrade, pour bien marquer leur qualité de magistrats, mais à une place séparée de la formation de jugement pour souligner la spécificité de leur fonction qui n'est pas celle de juger.

12. Cette fonction est excellemment résumée dans l'article 458, C. pr. pén. qui décide que : « le procureur de la République prend, au nom de la loi, les réquisitions tant écrites qu'orales qu'il croit convenables au bien de la justice ».

§ 1. MINISTÈRE PUBLIC AUPRÈS DES JURIDICTIONS DE L'ORDRE JUDICIAIRE

511 **Vue d'ensemble. –** Après avoir présenté des généralités sur l'organisation du ministère public auprès de toutes les juridictions de l'ordre judiciaire, aussi bien civiles que pénales (A), on étudiera, d'abord, ses attributions auprès des juridictions du contentieux privé (B) et, ensuite, auprès des juridictions pénales (C).

A. GÉNÉRALITÉS SUR L'ORGANISATION DU MINISTÈRE PUBLIC AUPRÈS DES JURIDICTIONS DE L'ORDRE JUDICIAIRE

512 **« Parquet ». –** Auprès des juridictions de l'ordre judiciaire, le ministère public est organisé de façon structurée et hiérarchisée. Cette organisation, qui comporte parfois de nombreux services à la tête desquels se trouve placé un « procureur », est communément appelée le *« parquet »*[13].

Un parquet n'existe pas auprès de toutes les juridictions : seules en sont pourvues les juridictions de droit commun (I), ce qui ne veut pas dire toutefois que le ministère public ne peut pas intervenir devant les autres juridictions (II). Après avoir précisé chacun de ces deux points, on exposera les caractères spécifiques du ministère public auprès des juridictions de l'ordre judiciaire (III).

513 **I. Juridictions pourvues d'un parquet. –** Seuls sont pourvus d'un parquet les tribunaux de grande instance, les cours d'appel et la Cour de cassation.

a) Tribunaux de grande instance. – Il existe un parquet auprès de chaque tribunal de grande instance. Le parquet est dirigé par un *procureur de la République*. En tant qu'il est le chef du parquet, c'est sous sa responsabilité que sont exercées les attributions du ministère public devant le tribunal.

Il est assisté d'un personnel plus ou moins important selon la dimension du tribunal. Son collaborateur le plus direct est le procureur de la République adjoint. Il est également assisté par des « vices-procureurs de la République »[14] et par d'autres magistrats qui portent le titre de « substituts ».

b) Cours d'appel. – Auprès de chaque cour d'appel, il y a un parquet, que l'on appelle le *« parquet général »*, qui est dirigé par un haut magistrat dans la hiérarchie judiciaire qui porte le titre de *« procureur général »*. Il a pour collaborateurs directs deux catégories de magistrats (ce qui est propre aux parquets près les cours d'appel) : d'une part, des *avocats généraux* dont le rôle est généralement de porter la parole à l'audience au nom du procureur général ; et d'autre part, des *substituts généraux* dont la fonction, plus spécifiquement administrative, consiste à assurer

13. L'origine du mot est controversée. Certains prétendent qu'il est la survivance du temps où le procureur du Roi n'était pas encore devenu un magistrat et où de ce fait, n'ayant pas sa place sur l'estrade, il exerçait ses fonctions sur le « parquet » de la salle d'audience. D'autres au contraire soutiennent que le mot « parquet » vient de ce que, dans les salles d'audience, les magistrats du ministère public sont isolés des magistrats du siège, à l'intérieur d'un « petit parc ».

14. Ils portaient auparavant le titre de « premiers substituts ».

le service intérieur du parquet. Mais, entre ces deux fonctions, il n'y a pas de cloisonnement absolu et, par exemple, un substitut général pourrait prendre la parole à l'audience. On ajoutera que, dans les cours importantes, le procureur général est directement assisté par un « premier avocat général » et un « premier substitut général ».

Le procureur général est le *chef du parquet*[15]. À ce titre, il dirige les services du parquet général et peut prendre la parole à toutes les audiences de la cour. Mais, en outre, il est le *chef du ministère public dans le ressort de la cour d'appel.* Ce qui revient à dire qu'il est le supérieur hiérarchique de tous les procureurs de la République (et des substituts) des tribunaux de grande instance du ressort de la cour d'appel dont il est le procureur général ; notamment, en cette qualité, il peut leur donner des ordres et il doit procéder à des inspections dans les différents parquets des tribunaux de grande instance du ressort de la cour.

c) Cour de cassation. – Il existe un parquet auprès de la Cour de cassation que l'on appelle également le *« parquet général »*. Il est dirigé par un très haut magistrat qui porte le titre de *« procureur général près la Cour de cassation »*[16]. Il est assisté par des *avocats généraux* qui sont ses subordonnés et dont le rôle consiste à émettre un avis à propos de chaque affaire ou à prendre la parole aux audiences de chacune des chambres de la Cour de cassation. En outre, le procureur général a pour collaborateur direct un haut magistrat que l'on appelle le « premier avocat général près la Cour de cassation ».

Le parquet de la Cour de cassation se singularise à un double titre :

D'une part, on remarquera qu'il n'y a pas de substitut à la Cour de cassation. La raison en est que le service administratif de la Cour de cassation est infiniment moins lourd que celui des cours d'appel : pour ses tâches administratives, le procureur général près la Cour de cassation est simplement assisté d'un secrétaire général (qui est magistrat).

D'autre part et surtout, s'il est vrai que le procureur général est le chef du parquet de la Cour de cassation, il n'a en revanche *aucune autorité directe sur les procureurs généraux près les cours d'appel, ni sur les procureurs de la République des tribunaux de première instance* : ces derniers dépendent, non point du procureur général de la Cour de cassation comme la hiérarchie judiciaire pourrait le donner à penser, mais directement du garde des Sceaux.

15. Le procureur général près la cour d'appel occupe dans la hiérarchie judiciaire une place comparable à celle du premier président qui est « chef de cour » en ce qui concerne les magistrats du siège (*supra*, n° 174). Toutefois, protocolairement, il est dans les usages de réserver la préséance au premier président.

16. On fera, au sujet du procureur général près la Cour de cassation, la même remarque que précédemment : il est, dans la hiérarchie judiciaire, l'homologue du premier président de la Cour de cassation.

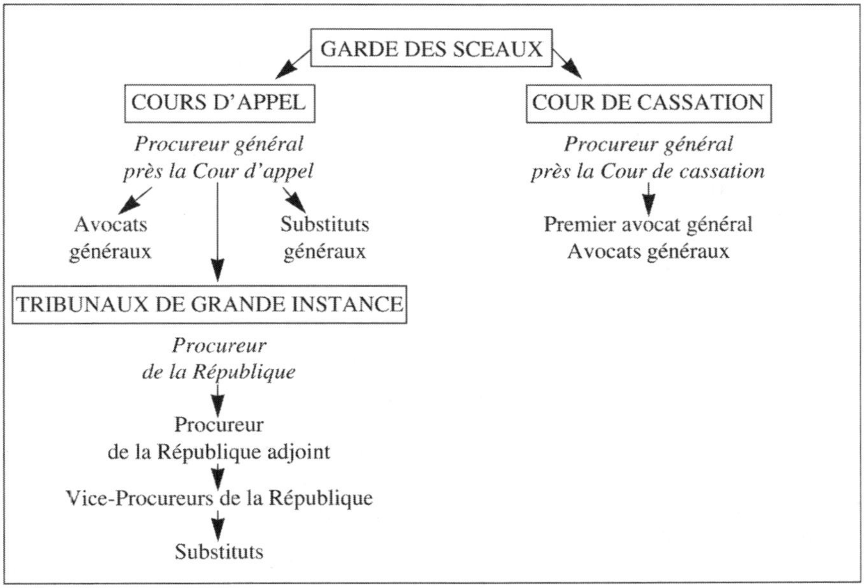

514 **II. Juridictions non pourvues d'un parquet. –** Il ressort des explications qui précèdent que beaucoup de juridictions de l'ordre judiciaire ne sont pas pourvues d'un parquet : tel est le cas d'un bon nombre de juridictions du contentieux privé (tribunaux d'instance, tribunaux de commerce, conseils de prud'hommes, tribunaux paritaires des baux ruraux, tribunaux des affaires de sécurité sociale) ainsi que des juridictions pénales. On pourrait s'en étonner. En réalité, cette lacune est comblée d'une autre manière et, s'il est vrai qu'il n'existe aucun parquet organisé auprès de ces juridictions, les attributions du ministère public peuvent néanmoins être exercées, tant auprès des juridictions du contentieux privé (a) que des juridictions pénales (b).

a) Juridictions du contentieux privé. – Pendant longtemps, le législateur a pensé que devant ces juridictions, dont certaines sont composées de juges élus, la présence d'un magistrat du ministère public serait inopportune : ne risquait-on pas de compromettre l'originalité de ces juridictions en faisant siéger un magistrat de carrière aux côtés de juges sur lesquels on pouvait craindre qu'il ne prît trop d'ascendant en raison de sa formation de juriste ? L'expérience a prouvé que cette absence pouvait être néfaste. Dans bien des cas, il est souhaitable qu'un magistrat du ministère public prenne connaissance de certains dossiers (en matière de procédures collectives notamment) et qu'il attire l'attention du tribunal sur des questions de fait ou de droit délicates à juger.

Cette lacune est aujourd'hui comblée. Désormais, depuis la loi n° 70-613 du 10 juillet 1970, « le procureur de la République peut, en toutes matières, exercer le ministère public devant toutes les juridictions du premier degré établies dans son ressort ». En d'autres termes, le ministère public peut exercer ses attributions (notamment, prendre la parole à l'audience) auprès de toutes les juridictions civiles, commerciales et sociales (art. L. 122-2 C. org. jud.) ; auprès des tribunaux de commerce notamment où le cas est assez fréquent[17].

b) Juridictions pénales. – Devant les juridictions pénales, la présence du ministère public n'est pas seulement souhaitable : elle est indispensable pour la raison très simple que l'action publique est exercée par le parquet (*infra*, n°s 519 et s.).

En réalité, devant les juridictions pénales qui ne sont que des formations particulières de certaines juridictions civiles dotées d'un parquet, cette lacune est plus apparente que réelle. Ainsi, devant le tribunal correctionnel, les attributions du ministère public sont exercées par le procureur de la République près le tribunal de grande instance.

Il existe également, depuis les lois n°s 2013-1115 et 2013-1117 du 6 décembre 2013, un procureur de la République financier près le tribunal de grande instance de Paris (cf l'art. 705 C. pr. pén.).

Le procureur de la République exerce également ses attributions devant le tribunal de police pour les contraventions de la 5e classe ne relevant pas de la procédure de l'amende forfaitaire. Dans les autres cas, ces attributions sont exercées par le commissaire de police sous le contrôle du procureur Mais ce dernier peut lui-même intervenir en toute matière s'il le juge à propos au lieu et place du commissaire de police (art. 45 C. proc. pén.). De même, devant la chambre de l'instruction et la chambre des appels correctionnels, qui ne sont que des formations particulières de la cour d'appel, les fonctions du ministère public sont exercées par le procureur général auprès de cette cour. Enfin, devant la cour d'assises, le ministère public est assuré par le procureur général près la cour d'appel (ou par l'un de ses avocats généraux) dans le ressort de laquelle se trouve située la cour d'assises.

515 **III. Caractères spécifiques du parquet.** – Auprès des juridictions de l'ordre judiciaire, le parquet constitue une organisation très fortement structurée. Sans doute, les fonctions du ministère public sont-elles exercées par des *magistrats*, recrutés comme les autres magistrats (*supra*, n°s 345 et s.) et qui appartiennent au corps unique de la magistrature, au point d'ailleurs que, durant sa carrière, un magistrat initialement affecté au parquet peut toujours demander à être affecté « au siège », ou inversement (art. 1-II, ord. n° 58-1270 du 22 déc. 1958). Mais cela étant dit, le parquet présente cette double particularité d'être une organisation hiérarchisée et indivisible.

a) Organisation hiérarchisée. – Les magistrats du ministère public sont des *agents du pouvoir exécutif auprès des tribunaux*. Ce principe est expressément rappelé dans l'article 5 de l'ordonnance n° 58-1270 du 22 décembre 1958, aux termes duquel, « les magistrats du parquet sont placés sous la direction et le contrôle de leurs chefs hiérarchiques et sous l'autorité du garde des Sceaux, ministre de la Justice ». Cette subordination hiérarchique se manifeste à plusieurs points de vue (outre l'absence d'inamovibilité des magistrats du ministère public dont il a été question précédemment, *supra*, n° 370).

17. Certains estiment toutefois que l'intervention du ministère public devant les juridictions consulaires devrait être plus systématique.

D'une part, chaque membre du parquet est dans la dépendance du garde des Sceaux, qui peut lui donner des ordres ou des défenses d'agir, à cette réserve près (qui est importante) que, en matière pénale, une loi du 25 juillet 2013 a ôté au garde des Sceaux (art. 30 C. pr. pén.) la possibilité de donner au parquet des instructions individuelles dans les affaires en cours. D'autre part, cette hiérarchie se retrouve à l'intérieur même de chaque parquet, en ce sens que chacun des magistrats du parquet est subordonné à son supérieur hiérarchique. À ce titre, un procureur général de cour d'appel peut donner des ordres à ses avocats généraux, à ses substituts généraux et même, d'une manière plus large, à tous les membres des parquets de première instance de son ressort (par exemple, à un procureur de la République près le tribunal de grande instance du ressort de la cour : art. 36 C. pr. pén.). On mesure par là toute la différence entre un magistrat du parquet et un magistrat du siège, lequel ne peut recevoir aucun ordre d'un magistrat qui lui est hiérarchiquement supérieur (*supra*, n° 87).

Ce principe de hiérarchie qui caractérise le parquet est tempéré néanmoins par deux règles importantes qui apparaissent comme d'indispensables correctifs.

D'abord, les procureurs généraux sont investis d'un *pouvoir propre* que ne détient pas le garde des Sceaux qui est cependant leur supérieur hiérarchique. Il en résulte alors cette double conséquence que le garde des Sceaux ne peut pas se substituer à un chef de parquet pour prendre la décision à sa place et que, en sens inverse, la décision prise par ce dernier produit tous ses effets de droit, alors même que le garde des Sceaux lui aurait intimé l'ordre de ne pas la prendre. Sans doute, commet-il une faute sur le plan disciplinaire ; mais c'est là un autre problème.

Ensuite, tout membre du parquet conserve sa liberté de parole. C'est ce que l'on exprime sous la forme d'un adage : *« la plume est serve, mais la parole est libre »* ; ce qui signifie que, si le magistrat du parquet est tenu de conclure dans le sens qui lui est indiqué, à l'audience il lui est loisible, en revanche, d'exprimer librement sa pensée (art. 5, ord. n° 58-1270 du 22 déc. 1958). Cette réserve s'explique par le fait que les membres du parquet sont des magistrats et qu'il est impossible de faire abstraction de leurs scrupules de conscience.

b) Organisation indivisible. – Les membres d'un même parquet forment un ensemble indivisible, en ce sens que chacun d'eux représente le parquet tout entier. La conséquence pratique en est qu'ils peuvent se remplacer mutuellement : ils sont en quelque sorte « interchangeables ». Si, par exemple, une affaire occupe plusieurs audiences, rien ne s'oppose à ce que M. X..., substitut, intervienne à une audience, et qu'à l'audience suivante, ce soit M. Y..., substitut, qui prenne la parole : de toute manière, c'est toujours le même ministère public qui s'exprime simplement par des voix différentes.

B. ATTRIBUTIONS DU MINISTÈRE PUBLIC AUPRÈS DES JURIDICTIONS DU CONTENTIEUX PRIVÉ

516 **Généralités.** – Chaque parquet est investi d'attributions extrêmement variées. Certaines d'entre elles ont un *caractère extrajudiciaire* (surveillance des greffes et des officiers ministériels du ressort, vérification des registres de l'état civil, protection des incapables, etc.), sur lesquelles il est superflu d'insister, mais qui font

mieux comprendre pourquoi le parquet est une structure administrative complexe, ramifiée en de nombreux services. Si l'on s'en tient exclusivement à ses *attributions spécifiquement judiciaires* auprès des juridictions civiles, commerciales et sociales, on constatera que le ministère public peut procéder de deux manières différentes : comme « partie jointe » ou comme « partie principale ».

517 **I. Le ministère public, « partie jointe ». –** Le ministère public est « partie jointe » lorsqu'il intervient dans un procès déjà engagé entre les parties, pour faire connaître objectivement son opinion et indiquer au tribunal la solution que, selon lui, devrait recevoir le procès : on dit qu'il prend des « réquisitions ». En un mot, il n'est ni demandeur ni défendeur : il se « joint » simplement à la cause qui est débattue pour dire ce qu'il en pense, *sans que d'ailleurs le tribunal soit obligé de suivre l'opinion qu'il exprime*.

En règle générale, – et sauf dans les cas exceptionnels où la communication du dossier au ministère public est obligatoire (en matière de faillite ou de filiation par exemple) –, il n'est jamais tenu de prendre des réquisitions. Mais s'il le fait, il peut : soit les présenter oralement à la fin de l'audience, soit par écrit au moyen de conclusions.

Cette prérogative ainsi reconnue au ministère public suscite parfois des réserves. Il a été soutenu qu'il est excessif de donner à un représentant du pouvoir exécutif la possibilité de formuler un avis dans des affaires qui intéressent au premier chef la vie privée ou l'intérêt des plaideurs.

De bonnes raisons peuvent cependant justifier une intervention du ministère public à l'audience. Certains procès font apparaître des questions de principe et il est alors conforme à la mission du ministère public de faire connaître son avis. De plus, après des plaidoiries parfois passionnées, il peut se révéler utile qu'une voix objective s'élève dans le prétoire pour situer le débat dans sa véritable perspective et pour faire apparaître, le cas échéant, des arguments auxquels les parties n'ont pas songé ou qu'elles n'ont pas voulu invoquer. En un mot, son intervention « valorise le débat », dans la mesure où elle peut apporter d'utiles éclaircissements ; au point d'ailleurs que, dans certaines affaires importantes qui posent des questions de principe, les conclusions du ministère public sont parfois reproduites dans les recueils de jurisprudence en même temps que l'arrêt lui-même.

518 **II. Le ministère public, « partie principale ». –** Le ministère public peut aussi intervenir devant les tribunaux comme « partie principale ». La situation est ici différente : le ministère public ne se borne plus à se joindre à un procès en cours ; il intervient pour déclencher lui-même le procès en qualité de demandeur, ou pour le subir à titre de défendeur. Autrement dit, il se présente comme une *véritable partie au procès* (d'où l'expression : « partie principale ») pour soutenir les intérêts de la collectivité, au nom de la société. Reste à savoir dans quelle mesure, le ministère public peut prendre une telle initiative.

a) Gravité de la question. – La question posée soulève un très grave problème. On comprend que le ministère public ait un tel pouvoir devant les juridictions pénales si l'on considère que la répression est le monopole de l'État. Mais, devant les juridictions du contentieux privé, le problème est très différent : par hypothèse, les questions débattues portent sur des litiges relatifs à des intérêts privés. Est-il normal qu'un magistrat qui est dans la dépendance du pouvoir exécutif (*supra*, n° 515) puisse s'immiscer au nom de la société dans des rapports d'intérêt privé, pour faire annuler un contrat ou contester une reconnaissance d'enfant naturel, contre le gré des intéressés eux-mêmes ? Si ces derniers sont satisfaits de la situation et ne prennent pas l'initiative de saisir les tribunaux, il peut sembler paradoxal de reconnaître au ministère public un tel pouvoir d'immixtion.

Disons tout de suite, pour la clarté des explications, que la loi reconnaît formellement ce pouvoir au ministère public dans certains cas particuliers, pour des raisons parfaitement légitimes : par exemple, en matière d'actes de l'état civil (art. 99 C. civ.), en matière d'absence (art. 122 C. civ.), lorsque la validité d'un mariage peut être contestée pour certaines causes graves (art. 184, 190 et 191 C. civ.) ou encore, dans un ordre d'idées très différent, en matière de sauvegarde, redressement et liquidation judiciaires d'une entreprise. Dans toutes ces hypothèses étroitement circonscrites, on peut admettre que le ministère public se porte partie principale.

Mais (et c'est tout le problème), peut-on lui reconnaître ce même pouvoir, *en dehors des cas spécifiés par la loi*, simplement au nom de l'ordre public, c'est-à-dire, en se référant à une notion dont les limites sont très incertaines et dont la fluidité risquerait d'ouvrir la voie à des immixtions abusives ?

b) Solutions du droit positif. – Pendant longtemps, la question fut âprement controversée en raison de l'ambiguïté d'un texte (l'art. 46 de la loi du 20 avril 1810), aujourd'hui abrogé[18]. La jurisprudence avait fini par admettre que le ministère public pouvait agir à titre principal, si du moins l'ordre public était « directement et principalement intéressé ». De nos jours, la question ne se discute plus. Un texte formel, – l'article 423 C. pr. civ. –, décide clairement que le ministère public « peut agir pour la défense de l'ordre public à l'occasion de faits qui portent atteinte à celui-ci ». Désormais par conséquent, il n'est même plus nécessaire que l'ordre public soit « directement et principalement intéressé » : toutes les fois que l'ordre public est en cause, le ministère public peut se porter partie principale, alors même que cette action contrarierait des intérêts privés.

18. Cette question donna lieu à un arrêt célèbre, l'arrêt *Honoré Bodin*, rendu par la Cour de cassation le 17 déc. 1913 (*S* 1914.1.153, note Ruben de Couderc, *D.* 1914.1.26, note Binet, *Rev. trim. dr. civ.* 1915.207, obs. Japiot). En l'espèce, un dénommé Honoré Bodin, qui vivait en Cochinchine, avait reconnu des enfants naturels moyennant quelques piastres ; et cela afin de leur conférer la citoyenneté française en dehors de tout contrôle de la part de l'administration. Comme à l'époque il tendait à avoir quelques imitateurs, le parquet voulut mettre fin à cette pratique et il prit l'initiative d'agir en justice pour faire annuler les reconnaissances mensongères. Dans le cas d'espèce, la demande fut rejetée. Mais ce qui est intéressant, c'est moins la solution consacrée que le motif retenu par la Cour de cassation qui posa en principe que le ministère public peut intervenir par voie d'action principale dans les circonstances où *« l'ordre public est directement et principalement intéressé à l'occasion de faits qui lui portent une grave atteinte, sans léser aucun intérêt rival »*. Dans le cas présent, la Cour de cassation estima que la question « intéressait moins l'ordre public que le repos et l'honneur des familles » (ce qui pouvait se discuter) ; que l'ordre public n'était donc pas « directement et principalement » intéressé, et c'est pourquoi la demande du ministère public fut rejetée en l'espèce. Mais, à travers cette motivation, on pouvait en déduire que le ministère public avait le droit de se porter partie principale, même en dehors des cas spécifiés par la loi, toutes les fois que l'ordre public était en cause, à condition qu'il soit « directement et principalement » intéressé. – En ce sens, cf. de nombreux arrêts ultérieurs : Cass. civ., 10 juin 1953, *JCP* 1953.II.7823, note J. Savatier ; Cass. civ., 29 mars 1955, *D.* 1955.429 ; v. toutefois en faveur de la thèse restrictive : Trib. civ. Seine, 3 févr. 1948, *JCP* 1948.II.4616, note Desbois.

C. ATTRIBUTIONS DU MINISTÈRE PUBLIC AUPRÈS DES JURIDICTIONS PÉNALES

519 **Le ministère public, « partie principale » au procès pénal. –** Auprès des juridictions répressives, le ministère public a pour seule fonction d'exercer l'action publique, c'est-à-dire l'action qui est exercée au nom de la société, lésée par l'infraction, pour demander à la juridiction compétente l'application de la loi pénale à l'encontre de l'auteur de cette infraction, lequel se présente comme défendeur au procès. On dit parfois que le ministère public est « l'avocat de la société ». Il se comporte, en effet, comme un véritable demandeur au procès pénal. Dans le langage technique, on dira qu'il est « partie principale », parce qu'il est engagé dans le procès comme peut l'être une partie qui veut faire reconnaître ses droits.

Cette fonction confère au ministère public une double prérogative :

a) D'une part, il lui appartient de *mettre en mouvement l'action publique*, c'est-à-dire de déclencher les poursuites en saisissant la juridiction pénale, sans toutefois en avoir le monopole car il partage cette prérogative avec la victime de l'infraction (*infra*, n° 553).

b) D'autre part, lorsque l'action publique a été mise en mouvement (par le ministère public ou par la victime), il entre dans les attributions du parquet d'*exercer l'action publique* : en tant que partie au procès pénal, il lui appartient en effet d'accomplir les actes de procédure nécessaires, de prendre les réquisitions qui s'imposent et, au jour de l'audience, de soutenir l'accusation comme pourrait le faire l'avocat d'un demandeur. Cette prérogative lui appartient à titre de *monopole*. Il est bon de le souligner, car si l'action publique peut être mise en mouvement par le parquet ou par la victime lésée, l'exercice même de cette action relève en revanche des attributions exclusives du ministère public : la victime ne peut jamais exercer l'action publique, même lorsque c'est elle qui l'aurait mise en mouvement.

520 **Rôle du ministère public. –** Dans les limites qui viennent d'être tracées, il convient de ne pas se méprendre sur le rôle exact du ministère public en matière répressive. À cet égard, deux observations importantes doivent être faites.

a) D'abord, la fonction du ministère public ne doit *pas être confondue avec celle d'un juge*. Dès que les poursuites ont été engagées, il n'entre pas dans ses attributions de se prononcer sur l'innocence ou la culpabilité de la personne poursuivie. Cette mission incombe exclusivement à la juridiction de jugement. Il peut certes participer à l'instruction (en assistant, par exemple, à l'audition de la personne mise en examen et en formulant toutes les observations qui lui paraissent utiles), mais aucune de ses décisions ne peut avoir valeur de jugement.

Toutefois, dans le cas particulier où l'auteur du délit se reconnaît coupable des faits qui lui sont reprochés, la loi n° 2004-204 du 9 mars 2004 a institué une procédure spéciale, que l'on appelle le « *plaider coupable* » qui émousse assez sensiblement le rôle du juge au profit du procureur de la République.

Un mot d'explication sur cette procédure.

Il a été dit précédemment (*supra*, n° 494) que, dans le cadre d'une composition pénale, le procureur de la République (ou son délégué) a le pouvoir de proposer une peine qui, si elle est acceptée par le coupable et validée par une ordonnance du président du tribunal, évitera que soit exercée l'action publique.

Mais il y a plus : si le procureur de la République décide d'engager des poursuites, il peut encore proposer à l'auteur de l'infraction qui reconnaît sa culpabilité, une peine, qui, lorsqu'il s'agit d'un emprisonnement, « ne peut être supérieure à un an ni excéder la moitié de la peine encourue ». Et si, appâté par cette réduction de peine, le coupable accepte cette proposition, l'accord intervenu sera porté devant le président du tribunal correctionnel aux fins d'homologation, selon une procédure abrégée dite de « comparution sur reconnaissance préalable de culpabilité », étant précisé que, dans cette procédure, le président n'a d'autre rôle que de « vérifier la réalité des faits et leur qualification juridique » (art. 495-9 C. pr. pén.), ainsi que la justification de la peine « au regard des circonstances de l'infraction et de la personnalité de son auteur » (art. 495-11 C. pr. pén.). Telle est la procédure dite du « *plaider coupable* »[19].

Sans doute, dans tous ces cas, le juge est-il appelé à intervenir pour valider l'accord conclu. Il reste que, dans les faits, c'est le procureur de la République qui aura disposé de la peine qu'il convient d'appliquer. Et pour cette raison, cette procédure expéditive, d'origine anglo-saxonne, a provoqué un assez vif émoi dans les milieux judiciaires[20].

b) Seconde observation : *il ne faut pas considérer le ministère public comme l'adversaire systématique de la personne poursuivie.* L'opinion publique s'y trompe souvent qui s'imagine volontiers que le ministère public a pour fonction de charger le prévenu ou l'accusé, de lui découvrir tous les torts et de réclamer une application sévère de la loi. Il faut dire d'ailleurs que le schéma traditionnel du procès pénal, avec le ministère public dans le rôle du demandeur et « l'accusé » dans celui du défendeur, peut facilement accréditer cette idée[21]. La vérité est très différente. Le rôle du ministère public est de demander l'application de la loi, de façon très objective ; et cela en fonction des circonstances de l'espèce et de la personnalité de celui qui est poursuivi. À l'extrême, il ne serait donc pas impossible que le représentant du ministère public prenne la parole à l'audience pour demander une minoration de la peine, voire même la relaxe ou l'acquittement de celui qui est poursuivi[22].

À travers ces observations, on peut aisément se convaincre du rôle considérable que le ministère public est appelé à jouer devant les juridictions pénales, et plus encore depuis la loi du 9 mars 2004.

19. B. de Lamy, *D.* 2004, p. 1986 ; D. Charvet, « Réflexions autour du plaider coupable », *D.* 2004, chron. p. 2517.

20. P.-J. Delage, « La comparution sur reconnaissance préalable de culpabilité : quand la pratique ramène à la théorie », *D.* 2005, chron. p. 1970 ; et du même auteur, « Les obscures pratiques du plaider-coupable », *D.* 2007, p. 58 (sous Cass. crim., 4 oct. 2006).

21. L'expression *« accusateur public »*, utilisée parfois pour désigner le magistrat du parquet présent à l'audience, entretient d'ailleurs cette équivoque.

22. On l'a vu, il y a quelques années, à l'occasion d'un procès d'assises qui fit beaucoup de bruit : les débats ayant révélé que l'instruction (et notamment l'enquête de gendarmerie) laissait apparaître de sérieuses lacunes, l'avocat général qui siégeait a courageusement demandé l'acquittement de l'accusé ; ce qui fut décidé par la cour d'assises. Et encore plus récemment, dans l'affaire d'Outreau, qui venait en appel devant la cour de Paris, l'avocat général a pris la parole pour demander l'acquittement de certains des accusés. Enfin, dans une affaire où une femme qui subissait des violences conjugales avait tué son mari, l'avocat général a demandé son acquittement (cf. F. Rome, « Femmes toujours ! », *D.* 2012, éditorial du n° 13 du 29 mars 2012).

§ 2. MINISTÈRE PUBLIC AUPRÈS DES JURIDICTIONS ADMINISTRATIVES

521 **Rapporteur public. –** Auprès des juridictions administratives, le ministère public est exercé par un membre de la juridiction qui, jusqu'à une époque récente, s'appelait le « commissaire du gouvernement », et qui depuis le décret n° 2009-14 du 7 janvier 2009, porte le nom de « rapporteur public ». Son rôle exclusif est de faire connaître à la formation de jugement ce qu'il estime devoir être la bonne application de la loi.

Il existe un rapporteur public devant toutes les juridictions administratives, à cette réserve près toutefois que devant les juridictions administratives à compétence spéciale (*supra*, n° 292), sa situation, variable d'ailleurs selon les juridictions, est si particulière qu'elle pourra être négligée dans les développements qui vont suivre.

L'idée d'instituer auprès des juridictions administratives un juge chargé, non pas de juger, mais de donner sur chaque affaire un avis objectif, a une histoire relativement récente. Introduit en 1831 devant le Conseil d'État, et par une loi de 1862 devant les conseils de préfecture, celui que l'on appelait alors le « commissaire du gouvernement » avait été initialement conçu, à l'imitation des membres du parquet des juridictions de l'ordre judiciaire, pour être un agent du pouvoir exécutif, et donc le représentant de l'administration ; de là, le nom de « commissaire du gouvernement » qui, dans cette perspective, était tout à fait correct. Mais, dans les faits, cette conception initiale a été rapidement démentie et l'institution a évolué dans le sens d'une très grande indépendance, en raison sans doute de l'absence de toute structure hiérarchisée (*infra*, n°s 522 et 523)[23]. Il était évident que l'expression « commissaire du gouvernement » ne convenait plus, dans la mesure où elle incitait à se méprendre sur le véritable rôle de ce juge chargé d'exercer les fonctions d'un ministère public. C'est dans ces conditions que le décret n° 2009-14 du 7 janvier 2009 lui a donné le nom de « rapporteur public »[24].

522 **Absence de structure hiérarchisée. –** À la différence des magistrats du ministère public auprès des juridictions de l'ordre judiciaire, le rapporteur public n'est intégré à aucun corps hiérarchisé. Si ce n'est devant la Cour des comptes (*supra*, n° 294), *la notion même de « parquet » est totalement inconnue devant les juridictions administratives.*

23. Sur le commissaire du gouvernement auprès des juridictions administratives, on consultera encre avec intérêt les ouvrages classiques de G. Vedel et P. Delvolvé (12e éd., t. 2, p. 79-80) et de R. Chapus (13e éd., n° 1033). Pour une étude plus approfondie, au point de vue historique, T. Sauvel, « Les origines des commissaires du gouvernement auprès du Conseil d'État statuant au contentieux », *RDP* 1949, p. 5 et s., et dans la perspective du droit positif, R. Guillien, « Les commissaires du gouvernement près les juridictions administratives », *Rev. dr. publ.* 1955, p. 281 et s. ; O. Dupeyroux, « Le ministère public auprès des juridictions administratives », *Mélanges Mestre*, p. 179 et s. ; Bonichot et Abraham, « Le commissaire du gouvernement dans la juridiction administrative et la Convention européenne des droits de l'homme », *JCP* 1998.I.176.

24. M.-Ch. Rouault, « Ne dites plus “commissaire du gouvernement”, mais “rapporteur public” (à propos du décr. du 7 janv. 2009) », *JCP* 2009, act. n° 47. – Comme a pu le faire observer l'auteur de cette étude, il n'est pas sûr que l'expression soit bien choisie si l'on considère que le mot « rapporteur » est déjà utilisé, mais pour désigner le juge qui a instruit l'affaire, lequel présente un rapport secret et participe au délibéré (*infra*, n° 523). Aujourd'hui il faudra donc se garder de confondre le rapporteur « public » et le juge rapporteur dont les propos se perdent dans le « secret » du délibéré.

Comme on a pu l'écrire très justement, les commissaires du gouvernement autrefois, et les rapporteurs publics aujourd'hui n'ont *« d'existence qu'individuelle »*[25]. Ils sont désignés, parmi les membres de la juridiction à laquelle ils appartiennent, pour exercer ces fonctions à titre temporaire : au Conseil d'État, parmi les maîtres des requêtes (art. R. 122-5 C. just. adm.), et dans les tribunaux administratifs, parmi les conseillers composant le tribunal (art. R. 222-23 C. just. adm.).

Il en résulte cette conséquence importante que les rapporteurs publics *échappent à toute subordination* : n'appartenant à aucune organisation structurée, ils n'ont, en cette qualité, aucun supérieur hiérarchique ; ils ne reçoivent aucune directive et requièrent à l'audience en leur propre nom. C'est d'ailleurs ce qui explique la grande indépendance qu'ils ont pu conquérir, malgré les textes initiaux qui avaient institué les commissaires du gouvernement (*infra*, n° suivant).

Pour cette raison, il ne saurait être question de comparer un magistrat du parquet à un rapporteur public. Sans doute, l'un et l'autre exercent-ils le « ministère public ». Mais ils l'exercent dans des conditions très différentes.

523 **Rôle du rapporteur public. –** Devant les formations contentieuses du Conseil d'État ainsi que devant les tribunaux administratifs et cours administratives d'appel, le rapporteur public n'a pas pour fonction d'exercer un recours comme pourrait le faire le parquet devant une juridiction de l'ordre judiciaire. Le recours a été exercé par l'administré (ou par l'administration) ; la juridiction administrative est saisie ; en aucun cas, il n'appartient au rapporteur public de déclencher lui-même un procès. En réalité, sa seule fonction (qui est d'ailleurs importante) est de présenter des observations à la formation de jugement, à propos de l'affaire portée devant elle, pour lui indiquer quelle devrait être, selon lui, la solution conforme à une saine interprétation de la loi. En d'autres termes, le rapporteur public n'intervient jamais comme « partie principale » : il n'est ni demandeur ni défendeur ; il n'intervient que comme *« partie jointe »*, pour faire connaître son opinion de façon objective.

Ainsi défini, le rapporteur public exerce une fonction originale, en ce sens qu'il n'est ni un juge, ni un représentant de l'État.

a) Ce n'est *pas un juge*. Dans la mesure où il exerce le ministère public, le rapporteur public doit donc s'abstenir de participer au délibéré ; tout au plus peut-il, devant le Conseil d'État, y assister, à moins que l'une des parties ne s'y oppose (art. R. 733-3 C. just. adm., mod. par décr. n° 2009-14 du 7 janv. 2009)[26]. Mais il ne peut être présent au délibéré en tout état de cause devant le tribunal administratif et la cour administrative d'appel (art. R. 732-2 C. just. adm.).

Pour cette raison, sa fonction ne doit pas être confondue avec celle du *juge rapporteur*. On appelle ainsi un juge de la formation le jugement qui est spécialement chargé d'instruire l'affaire et qui, lorsque l'instruction est achevée, doit en faire rapport à ses collègues. En fait, leurs conclusions sont souvent assez proches

25. L'expression est empruntée à l'ouvrage de G. Vedel et P. Delvolvé, 12e éd., t. 2, p. 80.

26. Avant la réforme de 2006, la participation du commissaire du gouvernement au délibéré avait été jugée contraire au principe de l'égalité des armes par la Cour européenne des droits de l'homme dans son arrêt *Kress c/France* du 7 juin 2001 (*JCP* 2001.I.10578, note Sudre). La même Cour a jugé que la solution actuelle, devant le Conseil d'État, est compatible avec les conditions d'un procès équitable (arrêt *Étienne c. France* du 15 sept. 2009, *JCP* 2010, chron. n° 70, note Sudre).

de celles du rapporteur public. Mais le rôle de chacun d'eux se situe à des plans différents : le rapporteur est un juge qui prépare la décision et qui participera au délibéré, tandis que le rapporteur public n'intervient ni dans l'instruction, ni dans le jugement de l'affaire : il se borne simplement à formuler des observations et à prendre des conclusions que, d'ailleurs, la formation de jugement n'est jamais obligée de suivre. Et finalement, l'expérience prouve que ces deux fonctions se complètent assez bien.

b) Ce n'est *pas davantage un représentant de l'État*. Contrairement à ce que pouvait faire penser l'ancienne appellation de « commissaire du gouvernement », le rapporteur public n'est pas le porte-parole du gouvernement ou de l'administration qui peut se défendre elle-même ou faire valoir ses moyens par l'organe de ses propres avocats. En réalité, il ne défend personne, sinon les intérêts de la loi ; ce qui est très différent. Comme on le dit parfois, il est le « commissaire de la loi », ou encore, le « commissaire du droit »[27].

Ce rôle n'est certainement pas celui qui avait été initialement prévu par le législateur lorsque fut institué le commissaire du gouvernement en 1831 (au Conseil d'État) et en 1862 (devant les anciens conseils de préfecture) où sa mission avait été conçue comme celle d'un porte-parole du gouvernement (conformément à l'étymologie de son titre). Mais on a vu que, très vite, cette institution évolua. Et c'est ainsi que le rapporteur public, comme le commissaire du gouvernement autrefois, peut prendre des conclusions et suggérer des solutions qui vont à l'encontre des souhaits du gouvernement : par exemple, lorsqu'il conclut à l'illégalité d'un décret ou à la condamnation de l'administration. Et il est bon qu'il en soit ainsi, pour le prestige de la juridiction administrative.

Cette évolution, il est vrai, n'alla pas toujours sans heurt. On cite souvent l'exemple d'un commissaire du gouvernement (*Reverchon*) qui, en 1852, fut menacé de révocation parce qu'il n'avait pas soutenu le point de vue de l'État ; cette menace fit un tel scandale que le gouvernement n'insista pas. Plus près de nous, on peut également relever dans le même sens, un arrêt du Conseil d'État du 10 juillet 1957[28] qui, sur un recours formé par un commissaire du gouvernement relevé de ses fonctions pour n'avoir pas défendu les intérêts de l'administration, annula la décision au motif suivant :

> « Le commissaire du gouvernement près le conseil du contentieux, décida l'arrêt, n'est pas le représentant de l'administration ;... il a pour mission d'exposer au Conseil les questions que présente à ce sujet chaque recours contentieux et de faire connaître, en toute indépendance, son appréciation, qui doit être impartiale, sur les circonstances de fait de l'espèce et les règles de droit applicables, ainsi que son opinion sur les solutions qu'appelle, suivant sa conscience, le litige soumis à la juridiction ».

Cette motivation, qui vaut tout autant pour le rapporteur public d'aujourd'hui, définit très exactement quelle est sa fonction. Il est d'ailleurs notable d'observer qu'elle a été reprise à peu près textuellement dans l'article L. 7 du Code de justice administrative. Elle laisse pressentir le rôle considérable qu'il peut jouer devant les juridictions administratives. Souvent d'ailleurs, les conclusions prises par les

27. G. Vedel et P. Delvolvé, 12e éd., t. 2, p. 80 – Sur l'impartialité du Commissaire du gouvernement : Cons. État, 7 août 2008, n° 278769, *JCP* 2008, act. n° 539.

28. Arrêt *Gervaise, Rec. Lebon*, p. 466.

rapporteurs publics sont publiées dans les recueils de jurisprudence. À l'époque où on les appelait encore des commissaires du gouvernement, de grands noms ont illustré cette fonction : Laferrière, David, Romieu, Léon Blum, Pichat, Tardieu, Rivet, etc. De l'avis unanime, les conclusions des commissaires du gouvernement ont contribué très efficacement à l'élaboration du droit administratif moderne. Il n'est pas douteux que l'on pourra en dire autant des rapporteurs publics d'aujourd'hui.

CHAPITRE II
PRINCIPES RELATIFS À LA COMPÉTENCE

524 **Généralités. –** On a pu constater le nombre important et surtout la diversité des juridictions qui concourent à l'administration de la justice. La fonction juridictionnelle se fragmente en une multitude d'organes qui, loin d'être polyvalents, ne peuvent exercer cette fonction que dans un domaine délimité, propre à chacun d'eux, et que l'on appelle sa « compétence ».

La compétence peut donc se définir comme étant *l'étendue du pouvoir de juger qui appartient à chaque juridiction.* Au-delà de ces limites, on dira que la juridiction est incompétente pour connaître de la demande qui lui est soumise. Si par exemple, une demande en divorce devait être portée devant un tribunal de commerce ou un conseil de prud'hommes, il est bien évident que la juridiction saisie devrait se déclarer incompétente.

Le premier souci du plaideur qui veut engager un procès consiste à déterminer la juridiction compétente pour connaître de l'affaire. Parfois, le choix est facile. Mais en d'autres circonstances, cette détermination soulève des problèmes très délicats qui peuvent rendre hasardeux le choix de la juridiction qu'il y a lieu de saisir. À cette place, il ne saurait être question d'exposer les règles de compétence dans toute leur complexité. Mais, si l'on s'en tient uniquement aux principes généraux, on constate d'emblée que la détermination de la juridiction compétente est fonction de deux paramètres.

a) Il faut d'abord et en tout premier lieu, se demander quel est le type de juridiction qui doit connaître de l'affaire : doit-elle être portée devant un tribunal administratif, un tribunal de grande instance, un tribunal de commerce ou un tribunal correctionnel ? Cette première question oblige à délimiter ce que l'on appelle traditionnellement (sous réserve des controverses de terminologie sur ce point, *infra*, n° suivant), la *« compétence d'attribution »* ou encore la *« compétence matérielle »* de chaque type de juridiction, afin de déterminer quelle est celle qui est apte à connaître de la demande.

b) Mais la recherche ne s'arrête pas là : lorsque l'on sait devant quel type de juridiction l'affaire doit être portée, il faut ensuite rechercher, parmi toutes les juridictions de ce type, laquelle est territorialement compétente. Il faut, en d'autres termes, localiser le litige dans l'espace, afin de déterminer compte tenu du ressort territorial de chaque juridiction, laquelle est compétente pour connaître de l'affaire. C'est alors un problème de *« compétence territoriale »*.

Ces explications commandent le plan qui sera suivi.

SECTION I COMPÉTENCE D'ATTRIBUTION (OU COMPÉTENCE MATÉRIELLE)

525 **Définition et terminologie. –** La compétence d'attribution (ou compétence matérielle) de chaque type de juridiction est fonction de la nature des rapports juridiques en cause, de l'objet du litige et parfois même de l'importance quantitative du litige. Ainsi, le tribunal de commerce est compétent pour connaître des affaires de nature commerciale ; le tribunal administratif pour juger les contestations où se trouve impliquée une collectivité publique, etc.

La compétence des différentes juridictions a été sommairement exposée à propos de l'étude de chacune d'elles. Il est inutile d'y revenir ; et, par ailleurs, un examen détaillé des règles de compétence excéderait les limites de cet ouvrage. Mais encore faut-il s'expliquer sur la terminologie qui est utilisée en cette matière.

Pour désigner l'étendue du pouvoir de juger de chaque type de juridiction, on parle souvent de sa *« compétence matérielle »*, ou encore : *« ratione materiae »*, parce que le choix de la juridiction serait fonction de la matière à juger. Il est certes exact que, dans bien des cas, c'est la matière à juger (civile, commerciale, correctionnelle, etc.) qui détermine la juridiction compétente. Mais cette terminologie, qui échapperait à toute critique s'il en était toujours ainsi, est prise en défaut dans les cas où la compétence est déterminée par d'autres considérations que la matière à juger, par la valeur du litige notamment. Ainsi, ce qui détermine la compétence du tribunal d'instance par rapport au tribunal de grande instance, ce n'est pas la nature du litige qui est civile dans les deux cas : c'est le fait que le montant de la demande est inférieur ou égal à 10 000 € (*supra*, n° 111).

Pour cette raison, on préfère utiliser l'expression *« compétence d'attribution »*, parce que le pouvoir de juger qui appartient à chaque type de juridiction résulte du fait qu'il lui est « attribué » par la loi. Cette terminologie a le mérite d'être plus compréhensive. Mais, si cette expression est assez largement répandue devant les juridictions de l'ordre judiciaire, elle est en revanche utilisée devant les juridictions de l'ordre administratif dans un tout autre sens, pour désigner uniquement la compétence des juridictions qui, n'étant pas de droit commun, ne peuvent juger que les seules affaires pour lesquelles un texte spécial leur a expressément « attribué » compétence[1]. Et c'est ainsi que *la même expression n'a pas exactement le même sens selon les contentieux*. Ce qui est évidemment très regrettable.

1. C'est bien cette terminologie que paraît vouloir imposer le nouveau Code de l'organisation judiciaire (refondu en 2006) qui, pour viser les tribunaux de commerce et les conseils de prud'hommes (art. L. 261-1),

On a là l'exemple d'une controverse qui a pris souvent des proportions qu'elle ne mérite pas et qui provient de ce que les spécialistes de chaque matière ont forgé isolément leur propre vocabulaire. L'essentiel est d'en prendre conscience, afin de ne pas être déconcerté par ces différences de terminologie. C'est bien le cas de répéter avec Pascal, dans une de ses Provinciales : « Je ne dispute jamais du nom, pourvu qu'on m'avertisse du sens qu'on lui donne ».

526 **Juridictions de droit commun et juridictions d'exception. –** Le principe de cette distinction est apparemment très simple.

Certaines juridictions ont une compétence de principe pour connaître de tous les litiges, sans qu'il soit besoin d'une loi spéciale pour les investir du pouvoir de juger telle ou telle affaire : on les appelle des *« juridictions de droit commun »*. On dira, par exemple, que les tribunaux de grande instance, dans la matière du contentieux privé, et les tribunaux administratifs dans l'ordre des juridictions administratives, sont des juridictions de droit commun, parce qu'elles sont compétentes, dans leurs domaines respectifs, pour *juger de tous les litiges, aussi longtemps qu'un texte particulier ne leur a pas retiré la connaissance de telle ou telle catégorie d'affaires déterminée* pour en confier la compétence à une autre juridiction.

En revanche, d'autres juridictions ne connaissent que des seules affaires limitativement énumérées, pour lesquelles un texte spécial leur a expressément reconnu compétence : on les appelle alors des « *juridictions d'exception* », parce que leur compétence a un caractère exceptionnel et en quelque sorte dérogatoire au droit commun. Ainsi, le tribunal de commerce est une juridiction d'exception parce que sa compétence se limite aux seules affaires commerciales prévues par la loi qui a institué et organisé cette juridiction.

L'expression *« juridiction d'exception »*, traditionnellement utilisée dans l'ordre judiciaire, ne va pas non plus sans problème.

a) On observera d'abord que cette expression n'est guère utilisée dans le contentieux administratif : il a été dit que les juridictions qui n'ont de compétence que dans les cas prévus par la loi sont appelées plus volontiers des *« juridictions d'attribution »*, parce que leur compétence se limite à la connaissance des seuls cas pour lesquels elles ont reçu une « attribution » spéciale de compétence. Mais, sous cette différence de terminologie, l'idée reste la même : elle ne remet pas en cause le principe de la distinction.

b) De toute manière, on se gardera de considérer que les « juridictions d'exception » sont des juridictions de « seconde zone ». Il est d'autant plus utile de le souligner, que l'expression s'enrichit parfois d'une connotation péjorative. Cette impression provient pour une large part du fait que les juridictions pénales d'exception sont généralement créées pour faire face à des situations hors du commun, dans la perspective d'une répression accrue ; de là, une certaine méfiance à l'égard de ces juridictions : le droit pénal n'aime pas l'exceptionnel et il a raison (*supra*, n° 205). Mais allant plus loin et s'agissant même des juridictions du contentieux privé, certaines oreilles sensibles n'apprécient guère cette expression qui pourrait donner à penser que les juridictions d'exception sont des juridictions de moindre

les range dans un titre intitulé *« Autres juridictions d'attribution »* (art. L. 261-1). Comment s'en étonner ? cette refonte a été l'œuvre du Conseil d'État.

importance. Il faut dénoncer une telle susceptibilité que rien ne justifie. Sans doute, les juridictions d'exception ne bénéficient-elles pas de certaines prérogatives reconnues aux juridictions de droit commun ; et il est non moins exact que l'étendue de leur compétence est strictement limitée aux seuls cas prévus par la loi. Mais cela ne compromet en rien l'importance et l'autorité de ces juridictions. De toute manière, on ne peut pas nier que leur compétence a un caractère exceptionnel, au sens technique du terme. Et si le mot « exception » chagrine certains, ce n'est là, après tout, qu'une question de vocabulaire. Tant il est vrai que le langage judiciaire a lui aussi ses modes.

I. Quelles sont les juridictions de droit commun ? – Pour répondre à cette question, il faut considérer chacun des différents contentieux.

a) En *matière civile, commerciale et sociale* (c'est-à-dire dans la matière du contentieux privé), la juridiction de droit commun est, au premier degré, le *tribunal de grande instance*. Ce principe résulte expressément de l'article R. 211-3 C. org. jud., aux termes duquel « le tribunal de grande instance connaît (...) de toutes les affaires pour lesquelles compétence n'est pas attribuée expressément à une autre juridiction en raison de la nature de l'affaire ou du montant de la demande ». Au second degré, la juridiction de droit commun est la *cour d'appel*. Mais, comme elle est en principe l'unique juridiction du second degré (*supra*, n° 166), le fait de la présenter comme juridiction de droit commun ne tire guère à conséquence, sinon pour souligner qu'à défaut de texte contraire, elle attrait à elle tout le contentieux privé au second degré de juridiction.

b) En *matière pénale*, la situation est plus complexe du fait que la compétence d'attribution se détermine en fonction des différentes catégories d'infractions. Dès lors, il existe trois juridictions de droit commun qui ont été étudiées précédemment : le *tribunal de police* en matière de contravention, le *tribunal correctionnel* lorsqu'il s'agit d'un délit et, enfin, la *cour d'assises* compétente en matière criminelle.

c) Pendant longtemps, en *matière administrative*, la juridiction de droit commun a été le Conseil d'État. Ce n'est plus vrai aujourd'hui. Pour les raisons précédemment indiquées et sur lesquelles il n'y a pas lieu de revenir, la juridiction de droit commun est, au premier degré, le *tribunal administratif* (*supra*, n° 272) et, au second degré, la *cour administrative d'appel* (*supra*, n° 281). Le Conseil d'État n'est plus aujourd'hui qu'une juridiction d'exception (ou « d'attribution », selon le langage des spécialistes du droit public), sans que cette dénomination ait en quoi que ce soit diminué son importance.

II. Intérêts pratiques

Sans entrer dans les détails de cette question, on retiendra simplement les deux intérêts suivants.

a) Si un litige n'entre dans aucune des catégories qui régissent les juridictions d'exception (ou d'attribution), la compétence pour en connaître relève tout naturellement de la juridiction de droit commun. Celle-ci a, en quelque sorte, vocation à recueillir le « contentieux résiduel » ; et de la sorte, il n'y a aucun vide juridictionnel.

b) En ce qui concerne les juridictions d'exception, les textes qui leur attribuent spécialement compétence sont d'interprétation stricte. Dès lors en effet qu'ils dérogent au droit commun, ils ne sauraient être étendus au-delà des limites fixées par le législateur.

SECTION II COMPÉTENCE TERRITORIALE

527 **Importance de la question. –** Si l'on met à part les juridictions suprêmes – la Cour de cassation et le Conseil d'État qui, parce qu'elles sont uniques, ne soulèvent aucun problème de compétence territoriale – chaque juridiction ne peut exercer son pouvoir de juger qu'à l'intérieur d'une circonscription géographique que l'on appelle son *« ressort territorial »* : au-delà des limites de ce ressort, elle est incompétente. Aussi bien, lorsque l'on connaît la nature de la juridiction qui doit se prononcer (*supra*, n°s 525 et s.), est-il nécessaire de localiser l'affaire dans l'espace pour déterminer, parmi toutes les tribunaux de même nature (parmi tous les tribunaux de grande instance, parmi tous les tribunaux administratifs, etc.), quelle est celui qui est territorialement compétent pour juger cette affaire : celui de Lyon, de Toulouse ou de Grenoble ?

On pourrait être tenté de penser que les problèmes concernant la compétence territoriale sont d'importance secondaire : après tout, quel inconvénient y a-t-il à plaider devant le tribunal de commerce de Paris plutôt que devant celui de Bordeaux ou de Marseille ? Pourtant, du point de vue pratique, cette question est loin d'être négligeable : le fait d'être obligé de plaider loin de son domicile entraîne fatalement une gêne et aussi des frais de déplacement qui donnent toute son importance à la détermination du tribunal territorialement compétent.

Cela dit, trois questions seront examinées : des généralités sur la carte judiciaire (§ 1), la détermination des chefs de compétence (§ 2) et enfin, le caractère des règles relatives à la compétence territoriale (§ 3).

§ 1. LA CARTE JUDICIAIRE

528 **Ressort territorial. –** Le ressort territorial de chaque juridiction est déterminé par la carte judiciaire qui délimite son périmètre géographique. Et il est évident que toute modification de la carte judiciaire qui crée ou supprime des tribunaux a pour conséquence de restreindre (en cas de création) ou d'étendre (en cas de suppression) la compétence territoriale des juridictions voisines de même nature qui subsistent[2].

En fait, toute réforme qui, par souci d'économie, tend à restreindre le nombre des tribunaux pour ne laisser subsister que de grandes unités judiciaires ayant une compétence territoriale plus étendue, présente l'inconvénient d'éloigner la justice du justiciable en l'obligeant à parcourir une plus longue distance pour trouver un juge. Aussi bien, ce genre de réforme est-il généralement assez mal accueilli dans les milieux judiciaires et chez les élus d'une ville dont le tribunal a été supprimé. Mais, dit-on, outre que les moyens de communication sont autrement plus commodes qu'ils ne l'étaient autrefois, la constitution de grandes unités devrait permettre une modernisation des services judiciaires avec un plus large emploi de

2. Sur l'application dans le temps des lois qui suppriment des juridictions, v. la loi n° 2010-1234 du 20 oct. 2010.

l'informatique ; et de ce fait un gain de temps appréciable. C'est tout au moins ce que laisse espérer le discours officiel.

529 **Spécialisation des juridictions : juridictions à compétence étendue et « pôles ». –** Depuis quelques années, on constate un phénomène nouveau qui est la spécialisation territoriale de certaines juridictions, en ce sens que parmi tous les tribunaux de même nature (parmi tous les tribunaux de grande instance, parmi tous les tribunaux de commerce, etc.), la compétence en certaines matières est réservée à certains d'entre eux seulement, présumés mieux outillés que les autres et dotés d'un personnel plus expérimenté en ces matières. Ils sont dotés de ce que l'on a pris l'habitude d'appeler un « pôle » (pôle financier, pôle antiterroriste, pôle de l'instruction), tandis que d'autres tribunaux de même nature en sont dépourvus. Et c'est ainsi que, relativement à ces matières, ces tribunaux ont une compétence territoriale exceptionnellement étendue, au détriment des juridictions voisines de même nature qui ne bénéficient pas d'un pôle spécialisé.

Par exemple :

En matière de *brevet d'invention* ou pour le jugement des contestations sur la *nationalité*, le jugement des affaires de cette nature est réservé à certains tribunaux seulement. De même, les *procédures collectives* ne peuvent pas être jugées par n'importe quel tribunal de commerce (v. déjà *supra*, n° 138). Il en est de même au sujet des litiges relatifs à la *propriété intellectuelle* (décr. n° 2009-1204 et 1205 du 9 oct. 2009). Par ailleurs, un décret n° 2009-1384 du 11 novembre 2009 a réservé à certains tribunaux de commerce (Marseille, Bordeaux, Lille, Fort de France, Lyon, Nancy, Paris et Rennes) le contentieux des *pratiques restrictives à la concurrence*.

Ce phénomène de spécialisation a pris une grande extension en matière pénale. Ainsi, depuis une loi du 6 août 1975, il existe dans le ressort de chaque cour d'appel, un tribunal correctionnel qui a spécialement compétence pour instruire et juger certaines *infractions de nature économique* ou financière (par exemple, les infractions en matière fiscale, ou encore en matière de douane ou de banque (art. 704 C. pr. pén.). Par hypothèse, il s'agit là d'affaires complexes, pour le jugement desquelles des connaissances spécialisées sont indispensables. On dit de ces tribunaux qu'ils ont un « pôle financier ».

Dans le même ordre d'idées, afin de lutter plus efficacement contre la *criminalité organisée*, la loi n° 2004-204 du 9 mars 2004 portant adaptation de la justice aux évolutions de la criminalité, a prévu la possibilité de créer des tribunaux correctionnels à compétence étendue (art. 706-75 C. pr. pén.).

Enfin, toujours en matière pénale, cette spécialisation a été généralisée, tout au moins au niveau de l'instruction, pour tous les crimes et les délits particulièrement complexes. Ainsi qu'il a été dit précédemment (*supra*, n° 186), la loi n° 2007-291 du 5 mars 2007, complétée par le décret n° 2009-313 du 20 mars 2009, a créé des « *pôles de l'instruction* » auprès de certains tribunaux de grande instance spécialement désignés.

Une telle évolution peut se comprendre. Certaines affaires graves et complexes peuvent difficilement être examinées par des juridictions dispersées à travers toute la France : elles gagnent à être traitées par des magistrats spécialisés, connaissant bien les problèmes dont ils sont saisis et qui, rassemblés dans un pôle déterminé, sont à même de mettre leurs sources d'information et leur expérience au service de leurs collègues, pour le cas échéant statuer collégialement. On veut espérer que, de la sorte, la justice y gagnera en efficacité et en rapidité. La crainte est que cette évolution ne devienne un terrain propice aux incidents de compétence[3].

3. À titre d'exemple : CA Rennes, 13 déc. 2011, *JCP* 2012, p. 366, note C. Bléry et Ch. Alleaume.

Cela dit, la portée de cette concentration au profit de certains tribunaux peut être plus ou moins poussée. En règle générale, c'est l'affaire elle-même qui est déportée au profit de la juridiction spécialisée, en ce sens que c'est elle qui aura seule compétence tout à la fois pour l'instruire et la juger. Mais tel n'est pas toujours le cas. Et par exemple, s'agissant des pôles de l'instruction en matière pénale (*supra*, nº 186), cette extension de la compétence territoriale ne concerne que l'instruction de l'affaire, et nullement la juridiction de jugement qui reste compétente selon les règles habituelles du droit commun.

§ 2. DÉTERMINATION DES CHEFS DE COMPÉTENCE

530 **Vue d'ensemble. –** Précisons tout de suite, pour n'y plus revenir, que le problème de la détermination de la juridiction territorialement compétente ne se pose qu'en *première instance*. Au second degré de juridiction, la compétence territoriale cesse de faire problème du fait que la juridiction d'appel compétente est celle dans le ressort de laquelle se trouve situé le tribunal qui a rendu le jugement attaqué.

Cela étant dit, en première instance, le problème consiste à déterminer à l'intérieur de quel ressort territorial se situe le fait ou l'acte qui fixe la compétence ; ce que l'on a coutume d'appeler le « *chef de compétence* ». Sous le bénéfice de cette remarque, on constatera que les chefs de compétence varient selon les juridictions, pour des raisons qu'il conviendra de préciser, d'abord, devant les juridictions du contentieux privé (I), ensuite, devant les juridictions pénales (II) et, enfin, devant les juridictions de l'ordre administratif (III).

531 **I. Juridictions du contentieux privé. –** En principe, le tribunal compétent est celui dans le ressort duquel se trouve située *la demeure du défendeur* (art. 42 C. pr. civ.). Si, par exemple, un demandeur habite Paris et que son adversaire est domicilié à Marseille, la demande devra être portée devant le tribunal de Marseille. Cette solution se justifie rationnellement : celui qui, par sa demande, prend l'initiative de contester une situation apparente doit prendre sur lui les inconvénients et les charges du déplacement. S'il en était autrement, tout titulaire d'une situation établie, même solidement acquise, serait constamment exposé au risque d'être obligé d'aller plaider loin de chez lui pour répondre aux demandes les plus fantaisistes. Ce principe est d'ailleurs à rapprocher d'une autre règle traditionnelle selon laquelle la charge de la preuve incombe au demandeur.

Cette règle comporte toutefois d'assez nombreuses dérogations qu'il serait superflu d'exposer à cette place. On en retiendra simplement les orientations à la lumière des articles 45 et 46 du Code de procédure civile.

a) Certaines « dérogations » trouvent leur justification dans le souci de *centraliser le contentieux* en un lieu déterminé où, très souvent, l'administration des preuves sera plus facile. Par exemple, en matière successorale, le tribunal compétent est celui où se trouve situé le lieu d'ouverture de la succession (dernier domicile du défunt) ; en matière immobilière, la compétence appartient au tribunal du lieu de la situation de l'immeuble ; en matière prud'homale, le conseil du lieu où se trouve situé l'établissement, en principe tout au moins (art. R. 1412-1 C. trav.), etc.

b) En d'autres circonstances, on voit apparaître le souci de *protéger certains plaideurs*. Ainsi, en matière de responsabilité délictuelle ou quasi délictuelle, il est possible à la victime de saisir le tribunal du lieu de l'accident (art. 46 C. pr. civ.). Il s'agit là, non pas d'une dérogation *stricto sensu*, mais d'une option de compétence. Par ailleurs, aux termes de l'article R. 114-1 C. ass., le tribunal territorialement compétent est toujours celui de l'assuré, même s'il est demandeur au procès.

Comme on peut le constater, ce n'est pas toujours la localisation de la demeure du défendeur qui détermine la compétence territoriale.

532 **II. Juridictions pénales. –** En règle générale, la juridiction compétente est celle du *lieu de l'infraction*. C'est elle en effet qui est le mieux à même de procéder aux mesures d'instruction nécessaires : si une enquête doit être effectuée ou si une descente sur les lieux se révèle indispensable, il est plus commode d'en confier le soin à la juridiction dans le ressort de laquelle se trouve situé le lieu où l'infraction a été commise.

Cela dit, s'il est vrai que la compétence du tribunal du lieu de l'infraction est toujours intégralement applicable en matière de contravention, ce principe comporte en revanche un certain nombre de nuances souvent importantes en matière correctionnelle (a) et aussi en matière criminelle (b).

533 **a) Compétence territoriale en matière correctionnelle. –** Aux termes de l'article 382 du Code de procédure pénale, le tribunal compétent peut être soit celui du *lieu de l'infraction* (c'est la règle générale), soit le tribunal de la *résidence du prévenu*, soit le tribunal du *lieu de son arrestation* (ou de sa *détention*)[4]. En cette matière, par conséquent, la loi offre un éventail de compétence entre plusieurs tribunaux correctionnels : par exemple, l'auteur d'un vol commis à Paris, qui réside à Brest et est arrêté à Toulouse, pourra être jugé par le tribunal correctionnel de l'une de ces trois villes.

Le choix appartient au parquet en fonction des commodités de la poursuite. Souvent, il sera inspiré par le souci d'éviter les transports inutiles qui sont onéreux et toujours désagréables : dans l'exemple choisi, il sera peut-être préférable de juger le prévenu à Toulouse plutôt que de lui offrir un voyage de retour vers Paris. Mais cette préoccupation n'exclut pas la nécessité de conduire les débats dans de bonnes conditions ; et si, par exemple, il paraissait utile d'entendre de nombreux témoins au lieu de l'infraction ou au lieu de la demeure habituelle du prévenu, le parquet choisirait le tribunal correctionnel dans le ressort duquel se trouve situé l'un de ces lieux.

534 **b) Compétence territoriale en matière criminelle. –** Une affaire criminelle est instruite par le pôle d'instruction dans le ressort duquel le crime a eu lieu (*supra*, n° 186). La cour d'assises étant une juridiction départementale, le jugement de l'affaire est généralement renvoyé à la cour d'assises du département où le crime a été commis.

Cela étant dit, il faut tenir compte de ce que la cour d'assises est une juridiction composée de jurés, c'est-à-dire de simples citoyens qui risquent d'être influencés par les remous que le crime a provoqués dans la région. Dans certains cas, il peut

4. Le lieu de la détention a été ajouté par la loi n° 2004-204 du 9 mars 2004. On vise ici le cas où le délinquant aurait été mis en détention provisoire à la suite d'une autre infraction.

donc paraître préférable de renvoyer le dossier devant une autre cour d'assises dont la composition sera présumée plus neutre.

535 **III. Juridictions administratives. –** Tout problème de compétence territoriale étant nécessairement exclu lorsque le Conseil d'État est saisi en premier ressort, la seule question qui pratiquement mérite d'être étudiée est celle de la compétence territoriale des tribunaux administratifs[5].

En principe, le tribunal compétent est celui dans le *ressort duquel a légalement son siège l'autorité qui a pris la décision attaquée* (art. R. 312-1 C. just. adm.). Si, par exemple, la décision administrative attaquée a été prise par le préfet du Loiret, le tribunal administratif compétent sera celui d'Orléans dans le ressort duquel siège l'auteur de la décision contestée. En fait, l'administration étant souvent la partie défenderesse, cette règle de principe du contentieux administratif rejoint pratiquement celle du contentieux privé (*supra*, n° 531). Mais cette coïncidence est purement fortuite, car ce qui compte c'est moins le souci de protéger la partie défenderesse que de centraliser le contentieux au lieu où la décision a été prise. Le tribunal de ce lieu sera mieux à même d'instruire l'affaire : étant sur place, les transmissions de dossiers avec l'administration en cause seront plus faciles.

Cette règle de principe, si rationnelle soit-elle, a toutefois le redoutable inconvénient de concentrer tout le contentieux de l'État devant le tribunal administratif de Paris, puisque les autorités de l'État (les ministères et les administrations centrales) ont leur siège à Paris. Si l'on devait appliquer cette règle à la lettre sans le moindre correctif, ce tribunal risquerait d'être submergé par les dossiers, tandis que l'activité des tribunaux administratifs de province se limiterait à celle du contentieux local. Il était indispensable d'éviter un tel déséquilibre.

Ainsi s'expliquent les très nombreuses dérogations apportées à la règle de principe qui figurent dans les articles R. 312-6 à R. 312-17 C. just. adm. On se bornera simplement à citer quelques exemples qui illustreront cet effort de déconcentration de la justice administrative. Ainsi, est territorialement compétent : lorsqu'il s'agit d'un litige individuel intéressant un fonctionnaire, le tribunal administratif du lieu de son affectation (art. R. 312-12 C. just. adm.)[6] ; en matière d'élection, celui dans le ressort duquel est situé le siège de l'assemblée (art. R. 312-9 C. just. adm.) ; lorsqu'il s'agit d'un litige concernant un immeuble (expropriation, urbanisme, permis de construire, réquisition), le tribunal administratif du lieu de la situation de l'immeuble (art. R. 312-7 C. just. adm.) ; en matière de pension, celui dans le ressort duquel le demandeur a sa résidence (art. R. 312-13 C. just. adm.), etc.

Ces diverses solutions dérogatoires, réglementées avec une extrême minutie, forment un ensemble assez disparate. De toute manière, à défaut de dérogation dans un texte formel, la règle de principe de l'article R. 312-1 C. just. adm. doit s'appliquer.

5. Pour un examen plus approfondi de cette question, voir R. Chapus, 13e éd., nos 409 et s.

6. Si, par exemple, un fonctionnaire de l'État exerçant ses fonctions à Toulon (Var) vient à faire l'objet d'une mesure de révocation, l'affaire sera portée, non pas devant le tribunal administratif de Paris (siège de l'autorité qui a pris la décision), mais devant le tribunal administratif de Toulon (dans le ressort duquel se trouve situé le lieu de l'affectation).

§ 3. CARACTÈRE DES RÈGLES RELATIVES À LA COMPÉTENCE TERRITORIALE

536 **Position du problème : ordre public ou intérêt privé ? –** Il est classique de se demander si les règles édictées par le législateur pour déterminer la compétence territoriale de chaque juridiction sont des règles d'intérêt privé ou des règles d'ordre public. L'un des enjeux pratiques de la question est de savoir s'il est permis aux intéressés de déroger aux règles légales par un accord passé entre eux ; et de convenir par exemple que le litige sera jugé à Lyon, alors que les textes désignent Paris ?

Si l'on considère que les règles de la compétence territoriale sont édictées dans l'intérêt privé des parties, pour leur commodité personnelle, rien ne s'y oppose. Mais on peut également penser que des considérations d'ordre public ne sont pas étrangères aux règles fixées par le législateur. Le souci d'éviter l'encombrement de certaines juridictions et le souci d'assurer l'instruction dans de meilleures conditions sont des raisons qui intéressent au premier chef la bonne administration de la justice. Et si l'on raisonne ainsi, on est alors conduit à décider que les règles légales s'imposent impérativement ; que les parties ne peuvent pas y échapper et que le tribunal qui serait saisi d'une demande, alors qu'il n'est pas légalement compétent pour en connaître, aurait la faculté de relever d'office son incompétence territoriale.

À vrai dire, pour répondre à la question posée, il convient, ici encore, de distinguer selon que le tribunal compétent est une juridiction administrative (I), une juridiction pénale (II) ou une juridiction civile ou commerciale (III).

537 **I. En matière administrative. –** Il ressort clairement des articles R. 312-2 et R. 322-2 C. just. adm. que les règles de la compétence territoriale sont *d'ordre public*. On le comprend aisément. Les raisons qui ont dicté les choix du législateur en cette matière s'inspirent moins du souci de ménager les intérêts des parties en cause que de permettre un meilleur fonctionnement de la justice administrative en évitant notamment un engorgement du tribunal administratif de Paris (*supra*, n° 535).

Il en résulte que les accords entre les parties sur ce point sont dépourvus de toute valeur, et que le tribunal administratif qui n'est pas celui que désigne la loi est tenu de relever d'office son incompétence (sauf en quelques rares matières : marchés publics, contrats ou concessions, art. R. 312-11, al. 2, C. just. adm.).

538 **II. En matière pénale. –** Il est unanimement admis que les règles de la compétence territoriale sont d'*ordre public*. Comment pourrait-il en être autrement ? De même qu'en matière administrative, et plus encore peut-être, l'objectif essentiel des règles de la compétence territoriale en matière pénale est d'assurer le bon fonctionnement de la justice répressive.

Pour cette raison, et sans même évoquer l'éventualité d'un accord entre les parties au procès pénal dont on voit mal comment il pourrait se réaliser dans les faits, on doit poser en principe que nul ne peut renoncer à se prévaloir des règles légales concernant la compétence territoriale et que, de surcroît, le juge pénal peut toujours relever d'office son incompétence.

539 **III. En matière civile, commerciale et sociale. –** On a longtemps pensé que les règles relatives à la compétence territoriale des juridictions statuant en matière civile, commerciale et sociale avaient essentiellement pour objectif la commodité des parties ; qu'elles étaient, en quelque sorte, supplétives de volonté et que, dès lors, les parties pouvaient toujours convenir entre elles d'attribuer compétence territoriale à une juridiction de même nature siégeant dans une autre ville ; et cela, au moyen d'une clause communément appelée une *« clause attributive de compétence »* (par exemple : « pour tout litige né du présent contrat, le tribunal compétent sera le tribunal de commerce de X... »).

De nos jours, ce n'est plus entièrement vrai. Le législateur a fini par prendre conscience du fait que certains plaideurs n'ayant pas l'expérience des affaires risquaient d'accepter des clauses qui déplaçaient abusivement la compétence territoriale en un autre lieu ; et bien entendu, en un lieu choisi par la partie économiquement la plus forte qui imposerait de la sorte le tribunal de son propre siège social. Notamment, l'expérience révéla que certaines entreprises importantes jouaient parfois sur la possibilité d'insérer de semblables clauses pour obliger leurs clients à se déplacer en cas de litige, avec le secret espoir que cette gêne les dissuaderait de défendre leurs droits en justice.

Pour cette raison, l'évolution du droit positif moderne tend, sinon à prohiber ce genre de clause, du moins à en restreindre très sensiblement le domaine. Désormais, les clauses de cette nature ne sont valables que si elles sont conclues « entre commerçants, agissant en cette qualité », et si elles figurent « dans l'acte d'engagement lui-même en caractères apparents » (art. 48 C. pr. civ.).

Comme on peut le constater, les clauses attributives de compétence territoriale ne sont pas absolument interdites. Mais *leur validité est limitée aux rapports entre commerçants* dont on présume, à tort ou à raison, qu'ils sont suffisamment avertis pour mesurer exactement la portée des clauses auxquelles ils souscrivent. En revanche, si l'une des parties à un contrat n'a pas la qualité de commerçant (s'il s'agit par exemple d'un contrat passé entre un commerçant et un simple particulier), toute clause attributive de compétence qui y figurerait serait réputée non écrite, c'est-à-dire dépourvue de tout effet de droit ; et si néanmoins, le tribunal illégalement choisi venait à être saisi, il devrait, en cas de défaut du défendeur, se déclarer d'office incompétent (art. 93 C. pr. civ.). À travers ces nouvelles dispositions, on devine aisément le souci de protéger le consommateur.

De nos jours, il est donc inexact de dire, comme on l'affirmait autrefois, que les règles de la compétence territoriale sont d'intérêt privé : elles ne le sont exclusivement que dans les rapports entre commerçants ; et pour le reste, elles sont devenues d'ordre public.

CHAPITRE III
PRINCIPES RELATIFS AU PROCÈS

540 **Définition. –** La fonction essentielle d'une juridiction consiste à trancher ce que l'on appelle communément un procès. Le mot « procès » évoque l'idée d'un combat entre deux (ou plusieurs) parties qui s'affrontent devant un tribunal avec, d'un côté, un demandeur qui a pris l'initiative de saisir la juridiction compétente en formulant une prétention, et de l'autre, un défendeur qui y résiste. L'objet de ce combat est d'obtenir du juge qu'il tranche la contestation au moyen d'un acte solennel que l'on appelle un jugement. Mais pour y parvenir, il faut accomplir une succession d'actes qui achemineront l'instance vers son dénouement. De là d'ailleurs, l'étymologie du mot « procès » qui vient du latin *« procedere »* (avancer vers... sous-entendu, vers le jugement).

Tout procès gravite autour de trois grands axes dont les principes généraux seront présentés successivement :

Section 1 : *L'action en justice.*

Section 2 : *L'instance.*

Section 3 : *Le jugement.*

SECTION I L'ACTION EN JUSTICE

541 **Terminologie : « action » et « recours ». –** Toute personne qui s'estime lésée dans ses intérêts par le comportement d'autrui a la possibilité de saisir la juridiction compétente pour obtenir qu'il soit mis fin à ce trouble : on dit de cette personne qu'elle dispose d'une *action en justice.*

Cette expression est un terme générique couramment utilisé devant les juridictions de l'ordre judiciaire. En revanche devant les juridictions administratives, l'action en justice s'appelle plus spécifiquement un *« recours »* : on dira par exemple d'un administré qui demande l'annulation d'un acte administratif illégal qu'il exerce, non pas une action en justice, mais un « recours pour excès de pouvoir ».

Devant une juridiction du premier degré, ce langage peut paraître curieux, car étymologiquement, la notion même de recours évoque l'idée d'une décision antérieure contre laquelle on proteste. On dira par exemple de l'appel qu'il est une « voie de recours ». En matière administrative la terminologie est différente, et ce n'est peut-être pas le fait du hasard. Elle s'explique en réalité par la structure très particulière du contentieux administratif qui s'analyse en une « critique » contre un acte préalable de l'administration (*infra*, n° 549). Une autorité administrative ayant pris une décision, l'action de l'administré consiste à critiquer et à remettre en cause cette décision en portant sa contestation devant le juge administratif. Ainsi est apparue la notion de « recours » qui, dans le contentieux administratif, est beaucoup plus évocatrice que celle d'action en justice. Mais on prendra garde à cette différence de langage entre le contentieux privé et le contentieux administratif, en se souvenant que, devant les juridictions de l'ordre judiciaire, le mot « recours » est utilisé exclusivement pour désigner les « voies de recours » par lesquelles on critique une décision de justice antérieure (*infra*, n°s 615 et s.), alors que, dans le contentieux administratif, le mot « recours » est utilisé, dès le premier degré de juridiction, pour désigner l'action en justice.

Sous le bénéfice de cette remarque de terminologie, on présentera d'abord des généralités sur l'action en justice (§ 1). On examinera ensuite les modalités de mise en œuvre de l'action en justice, sous ses deux aspects, à savoir : d'un côté, la demande en justice (§ 2), et de l'autre, la défense en justice (§ 3).

§ 1. GÉNÉRALITÉS SUR L'ACTION EN JUSTICE

542 **Pouvoir légal. –** L'action en justice (ou le recours, en matière administrative) se définit comme étant un *pouvoir légal par lequel une personne peut saisir un organe juridictionnel pour l'obliger à l'entendre sur le fond du droit et à dire si sa prétention est bien ou mal fondée*. Ainsi définie, l'action en justice est un peu comparable à une liberté publique reconnue par la loi, comme la contrepartie nécessaire du principe fondamental qui veut que, dans une société civilisée, nul ne puisse se faire justice à soi-même. Un tel principe ne peut en effet se concevoir que si la loi reconnaît à chacun la possibilité de saisir un juge pour qu'il dise lequel des deux adversaires a raison.

Il résulte de cette définition que l'action en justice (ou le recours) est une voie de droit qui se caractérise par son objet (I), par son but (II) et par son fondement (III).

543 **I. Son objet. –** Il ne suffit pas de dire que l'action en justice tend à présenter une demande à un juge : encore faut-il ajouter qu'elle a pour objet propre de saisir un juge afin de *l'obliger à entendre les parties sur le fond* et à statuer sur la prétention dont il a été saisi, sous peine de déni de justice. En un mot, l'action en justice se caractérise par l'obligation qu'elle engendre à la charge du juge.

La précision est importante. Il est clair, en effet, que n'importe quel fantaisiste peut toujours porter une demande devant un juge ; et lui demander par exemple de faire cesser une émission de télévision qui blesse ses sentiments[1]. Nul n'a jamais

1. Ce n'est pas une hypothèse d'école : la question donna lieu à un jugement du tribunal de grande instance de Toulouse, le 21 déc. 1964 (*D.* 1965.401, note Ch. Debbasch).

interdit à personne le libre accès à un tribunal pour lui demander n'importe quoi ; mais une chose est de présenter une demande au tribunal, autre chose est d'obliger le juge à y répondre en statuant sur le fond de la prétention. Et précisément, cette obligation n'existe que si la demande est la mise en œuvre d'une action en justice au profit de celui qui la présente : faute d'action, le juge n'est pas « saisi » du litige au fond et n'a donc pas l'obligation de statuer sur la demande qui lui a été présentée.

On verra ultérieurement toute l'importance de cette remarque à propos de la recevabilité de la demande (*infra*, n°s 558 et s.).

544 **II. Son but. –** L'action en justice a pour but de saisir un organe juridictionnel pour obtenir de lui un *jugement*, c'est-à-dire un acte solennel qui fixera le droit de chacune des parties avec autorité de chose jugée et qui, après l'expiration des délais prescrits pour l'exercice des voies de recours, deviendra irrévocable.

La remarque prend toute son importance dans le contentieux administratif où l'on distingue deux sortes de recours : les recours administratifs et les recours contentieux :

a) Les *recours administratifs* sont des recours portés devant une autorité administrative qui prendra une décision n'ayant pas autorité de chose jugée. C'est par exemple, le recours gracieux par lequel on demande à l'autorité qui a pris la décision de bien vouloir la rétracter ou la modifier. C'est aussi le recours hiérarchique qui consiste à saisir une autorité administrative supérieure pour lui demander de corriger la décision qui a été prise par l'autorité qui lui est subordonnée. Dans toutes ces hypothèses, les recours dont il s'agit n'ont pas la nature d'une action en justice puisqu'ils ne sont pas portés devant une juridiction et que la décision prise ne sera pas un jugement ayant autorité de chose jugée.

b) En réalité, seuls présentent la nature d'une action en justice ce que l'on appelle les *recours contentieux* portés devant un juge administratif, comme par exemple, le recours pour excès de pouvoir qui tend à faire annuler un acte (recours en annulation), ou encore le recours de pleine juridiction qui a pour objet d'obtenir une indemnisation. Dans tous ces cas, il s'agit bien alors d'un recours qui saisit une juridiction administrative, laquelle rendra un jugement ayant autorité de chose jugée, en se conformant à la règle de droit. Et voilà pourquoi, en matière administrative, seuls les recours contentieux apparaissent vraiment comme ayant la nature d'une action en justice.

545 **III. Son fondement. –** Quelle est exactement la fonction de l'action en justice ? Dans quelle perspective nous est-elle donnée ? Sur ce point, deux réponses sont concevables qui sont loin d'être dénuées d'intérêts pratiques (cf. au sujet de la condition d'intérêt, *infra*, n° 546).

On peut d'abord penser qu'elle a pour fondement de permettre à tout intéressé de veiller à ce que la règle de droit soit scrupuleusement observée. Cette conception, dite *« objective »*, a pour résultat d'ouvrir largement l'action en justice, sans autre limite que l'intérêt plus ou moins nuancé que peut avoir un citoyen à obtenir que le droit objectif de son pays soit correctement appliqué. À la limite extrême, une telle analyse conduit à admettre ce que l'on appelle l'*action populaire*, ouverte à tout citoyen, en tant que citoyen, afin que, devant les tribunaux, il puisse se faire le défenseur de la règle de droit considérée de façon abstraite.

Mais, dans une perspective plus modeste, on peut estimer qu'il n'appartient pas à n'importe quel citoyen de voler au secours de la légalité outragée : l'intervention du juge ne se conçoit que pour assurer la sanction de nos droits subjectifs dont, à tort ou à raison, une personne se prétend titulaire. Par opposition, on dira alors que l'action en justice a un fondement *« subjectif »* ; ce qui signifie qu'elle a pour seule fonction d'assurer la sauvegarde de nos propres intérêts personnels, et non point la défense de la légalité en général.

Le choix entre les deux systèmes n'est pas indifférent : il commande en effet les conditions mêmes de l'action en justice.

546 **Conditions de l'action en justice. –** Compte tenu de ce qui vient d'être exposé, à quelles conditions une personne peut-elle se dire titulaire d'une action en justice lui conférant le pouvoir d'exiger du juge qu'il statue sur sa prétention ?

I. – Il y a tout de suite deux erreurs à ne pas commettre.

D'abord, le pouvoir de saisir les tribunaux n'existe pas seulement dans les cas où la loi a prévu une action spéciale en lui donnant un nom particulier : l'action en justice est une voie de droit générale qui n'est pas subordonnée au fait qu'elle a été prévue par la loi[2].

Ensuite et surtout, l'action en justice n'est pas davantage subordonnée à l'existence effective d'un droit. Il est d'autant plus utile de le souligner que l'on va répétant un adage qui prête à confusion : « *pas de droit, pas d'action* », qui pourrait laisser supposer que l'on ne peut agir en justice que si l'on se prévaut d'un droit subjectif d'ores et déjà établi[3]. La réalité quotidienne démontre l'absurdité d'un tel adage s'il doit être pris au pied de la lettre : un bon nombre de demandes sont rejetées chaque jour par nos tribunaux, révélant ainsi que l'action a été exercée par des personnes qui se croyaient titulaires d'un droit, alors qu'elles en étaient dépourvues. Et pourtant, une action a bien été exercée puisque le tribunal a statué au fond ! En réalité, c'est le tribunal qui, une fois saisi, dira si le droit existe ou non[4].

II. – Cela dit, la condition fondamentale réside dans l'existence d'un intérêt : « *pas d'intérêt, pas d'action* », dit un vieux brocard sans cesse répété. Les tribunaux

2. On pourrait s'y tromper. Certaines actions en justice portent en effet un nom particulier correspondant à un droit déterminé. Ainsi, on parle volontiers de l'action « en revendication » dont l'objet propre est de sanctionner le droit de propriété ; ou de l'action « en responsabilité civile » pour désigner l'action qui appartient à la victime d'un accident en vue d'obtenir des dommages-intérêts ; ou encore, de l'action « en nullité », pour faire constater le défaut de validité d'un acte juridique. Cette terminologie pourrait faire croire que, comme en droit romain, il existe un catalogue d'actions, le pouvoir de saisir une juridiction n'existant que dans les cas spécifiés par la loi. En réalité, rien ne serait plus inexact. Si certaines actions portent un nom déterminé, c'est uniquement pour des raisons de commodité pratique. De même que le fait de donner un nom à certains contrats (contrat de vente, contrat de donation, contrat de louage de services, etc.) n'exclut pas la possibilité de passer des contrats innomés qui ne rentrent dans aucune catégorie spécialement prévue par la loi, de même en matière judiciaire, à côté des actions qui ont reçu dans le langage du Palais un nom déterminé, il peut y avoir bien d'autres actions en justice qui ne portent aucun nom.

3. Sur l'ambiguïté de cette formule liée à l'évolution du concept d'action, cf. H. Solus et R. Perrot, *Droit judiciaire privé*, t. I, n°s 95 et 96.

4. Exemples : Cass. 2e civ., 6 mai 2004, *Bull. civ.* II, n° 205, *JCP* 2004.IV.2301, *Juris-Data* n° 2004-023622 ; Cass. 2e civ., 13 janv. 2005, *Bull. civ.* II, n° 3.

ne sont pas institués pour donner des consultations purement théoriques ou pour délibérer sur des questions académiques : si de toute évidence, la question soumise au juge ne présente aucun intérêt pour celui qui la pose, l'action fait défaut[5]. Mais en réalité, ce qui compte c'est moins l'existence d'un intérêt (quel est le fou qui s'amuserait à saisir le juge s'il n'y avait aucun intérêt ?) que la personnalisation de cet intérêt. Et c'est alors qu'apparaissent des nuances selon le fondement que l'on attribue à l'action en justice (*supra*, n° précédent).

a) Si l'on adopte une conception subjective, – ce qui est le cas dans le *contentieux privé* ou lorsqu'il s'agit d'un *recours de pleine juridiction* en matière administrative –, on se montrera très strict sur l'intérêt requis et l'on exigera un intérêt direct et personnel : il n'y aura d'action que si le comportement de l'adversaire porte une atteinte directe aux intérêts personnels du demandeur.

b) En revanche, dans une conception objective, où l'on considère que l'action a pour fondement la sauvegarde de la légalité en général, la notion d'intérêt sera très largement entendue ; ce qui est le cas du *recours pour excès de pouvoir* destiné à censurer les illégalités commises par l'administration. Sans doute, ne va-t-on pas jusqu'à reconnaître à tout citoyen, en cette seule qualité, la possibilité d'exercer un recours : admettre une telle solution aboutirait à consacrer l'action populaire[6]. Mais dans cette limite, le seul fait d'appartenir à un groupe visé par l'acte administratif litigieux confère un intérêt suffisant pour exercer un recours en annulation.

Quelques exemples illustreront concrètement cet élargissement de la notion d'intérêt.

Le premier exemple est emprunté à un arrêt du Conseil d'État, rendu dans une hypothèse quelque peu folklorique[7]. Au cours de la Première Guerre mondiale, le préfet maritime de Toulon avait pris des mesures assez sévères contre les prostituées de la ville. Deux d'entre elles exercèrent un recours pour excès de pouvoir contre cette décision. Le pouvaient-elles alors que, n'ayant fait l'objet d'aucune sanction particulière, elles n'avaient aucun intérêt direct et personnel ? Le Conseil d'État leur a néanmoins reconnu un intérêt pour agir, au motif qu'elles appartenaient à la catégorie des « filles galantes » visée par le texte du préfet maritime. En revanche, pour continuer sur le même exemple, les « filles galantes » de Lyon ou de Paris, du fait même qu'elles n'appartenaient pas au groupe visé par l'arrêté, n'auraient certainement pas pu exercer un recours : celui-ci eût été déclaré irrecevable pour défaut d'intérêt.

Autre exemple : un arrêté municipal réglemente le stationnement dans une rue ; chacun des habitants de cette rue peut exercer un recours en annulation, même si cela ne le gêne pas personnellement parce qu'il dispose d'un garage ; mais en revanche, les habitants d'une rue voisine ne le pourront pas[8].

Dernier exemple : un agent public est nommé dans des conditions illégales à un poste déterminé ; chacun des collègues de cet agent qui auraient pu prétendre à ce poste a un intérêt suffisant pour exercer un recours en annulation, mais non point ceux de ses collègues qui, de toute manière, n'auraient pas pu accéder à ce poste[9].

5. Un exemple emprunté au contentieux privé, illustrera cette condition : un héritier non réservataire ne peut pas demander la nullité d'un testament si un testament antérieur non contesté l'a déjà écarté de la succession puisque, de toute manière, à supposer même que le testament litigieux soit déclaré nul, il a perdu toute vocation successorale (Req. 10 juill. 1883, *S.* 1884.I.377).

6. Cons. État, 11 févr. 1949, *Rec. Lebon*, p. 74 : le citoyen qui demande la nullité d'un acte administratif avec pour seul souci celui de faire respecter la légalité n'est pas recevable en son recours.

7. Cons. État, 28 févr. 1919, *dames Dol et Laurent*, *Rec. Lebon*, p. 208.

8. Cons. État, 14 mai 1954, *Geuger*, *Rec. Lebon*, p. 274.

9. Cons. État, 18 nov. 1964, *Caisse des marchés de l'État*, *Rec. Lebon*, p. 554.

Comme on peut le constater, la condition d'intérêt n'est jamais exclue, dans aucun contentieux. Mais elle est conçue de façon beaucoup plus compréhensive lorsqu'il s'agit d'un contentieux objectif que dans les cas où le contentieux a un fondement subjectif.

§ 2. DEMANDE EN JUSTICE

547 **Définition : « action » et « demande ». –** On appelle demande en justice, l'acte de procédure par lequel s'exerce l'action en justice : c'est, par exemple, l'assignation que signifie le demandeur à son adversaire ou encore la requête qui est formée devant un tribunal administratif ou le Conseil d'État.

a) Ainsi définie, *la demande en justice ne doit pas être confondue avec l'action en justice*. Tandis que l'action est le pouvoir de saisir un tribunal, la demande en justice est l'acte de procédure par lequel s'exerce effectivement ce pouvoir ; ou encore, pour reprendre l'expression imagée de Morel, « la demande en justice est l'acte d'ouverture des hostilités ».

Cette distinction, il est vrai, n'apparaît pas toujours clairement dans la terminologie courante où l'on confond assez fréquemment l'action et la demande. Ainsi, on entend dire parfois que « l'action » est irrecevable. Ce langage est inexact. L'action existe ou elle n'existe pas ; ce qui est recevable ou irrecevable, ce n'est pas l'action, c'est la demande.

Sans doute, cette habitude de langage s'explique-t-elle par le fait que l'action se manifeste concrètement par la demande elle-même au point de se confondre avec elle. Il est pourtant utile d'éviter cette confusion, car la demande en justice opère une transformation dans la situation juridique du titulaire de l'action, en ce sens qu'elle produit des effets qui lui sont propres : notamment, elle interrompt la prescription, elle vaut mise en demeure et fait courir les intérêts légaux. Pour toutes ces raisons, la demande en justice apparaît comme une notion distincte de l'action.

b) De même, il ne faut pas confondre la demande en justice qui est un acte de procédure, avec *l'objet même de cette demande*. Le mot « demande » est en effet un mot à double sens qui désigne, tout à la fois, l'acte de procédure par lequel on saisit le tribunal et la prétention qui s'y trouve exprimée. Lorsque, par exemple, un plaideur dit qu'il « demande » la nullité d'un contrat ou 70 000 € de dommages-intérêts, le mot « demande » désigne non pas l'acte par lequel il saisit le tribunal, mais ce sur quoi porte sa prétention. Pour échapper à cette ambiguïté, les textes modernes s'efforcent d'utiliser le mot *« demande en justice »*, pour désigner l'acte de procédure lui-même, et celui de *« prétention »* pour désigner l'objet de la demande. Mais cette terminologie nouvelle n'a pas encore pénétré dans le langage judiciaire quotidien.

Après avoir présenté la forme et le contenu de la demande en justice (A), il conviendra d'insister sur ses caractères spécifiques (B) et enfin sur l'important problème de sa recevabilité (C).

A. FORME ET CONTENU DE LA DEMANDE EN JUSTICE

548 **Importance pratique. –** La question est importante : il s'agit de savoir comment matériellement un tribunal peut être saisi ou, en d'autres termes, quelles sont les démarches procédurales qu'il y a lieu d'accomplir pour commencer un procès.

La réponse n'est pas uniforme. Chacun des contentieux a en effet ses propres règles pour des raisons qu'il conviendra d'expliquer, en commençant par le plus simple qui est l'introduction de la demande devant les juridictions administratives.

549 **I. Devant les juridictions administratives : la « requête introductive ». –** Les juridictions administratives sont saisies au moyen d'une « *requête* », c'est-à-dire d'un acte émanant du demandeur, – que l'on appelle généralement pour cette raison, le « *requérant* », et qui est déposée directement au greffe de la juridiction compétente[10].

La requête, rédigée sur papier libre, doit contenir, outre l'identité du requérant, deux mentions essentielles qui exigent une explication (art. R. 411-1 et s. C. just. adm.).

a) La décision préalable. – La requête doit obligatoirement, sauf impossibilité justifiée, être accompagnée de la décision administrative contre laquelle le recours est exercé. Il faut se souvenir en effet que le contentieux administratif se présente en règle générale comme une contestation dirigée contre une décision de l'administration qui fait grief au requérant. Il est donc normal que celui-ci produise à l'appui de sa requête la décision contre laquelle il entend exercer son recours : c'est ce que l'on appelle la *règle de la décision préalable* (art. R. 412-1 C. just. adm.)[11].

S'il s'agit d'un recours pour excès de pouvoir contre un acte réglementaire (un décret ou un arrêté municipal, par exemple), il est extrêmement simple de produire cet acte puisqu'il a été publié.

La situation est plus complexe lorsqu'il s'agit d'un recours de pleine juridiction : lorsque par exemple, un citoyen demande à être indemnisé par l'administration en raison du fonctionnement défectueux d'un service public. Dans ce cas, avant de former la requête, il doit commencer par *provoquer la décision de l'administration*, pour l'inviter à prendre position : ou bien l'administration défère spontanément à la demande de l'administré (et il n'y a plus de litige) ; ou bien, elle s'y refuse, et c'est alors contre la décision de refus que le recours sera exercé, étant précisé que le défaut de réponse de l'administration dans un délai de deux mois équivaut à un refus implicite (art. R. 421-2 C. just. adm.)[12].

10. En principe, la requête doit être signée : devant le Conseil d'État, par un avocat au Conseil d'État et à la Cour de cassation (art. R. 432-1, C. just. adm.) et, devant les tribunaux administratifs, soit par un avocat aux Conseils, soit par un avocat inscrit au barreau (art. R. 431-2, C. just. adm.). Mais cette règle de principe comporte de très nombreuses dérogations où la requête peut être présentée par le requérant lui-même sous sa seule signature (cf. art. R. 431-3 et 432-2, C. just. adm.). Parmi ces dérogations, on retiendra spécialement que *le recours pour excès de pouvoir est dispensé du ministère d'avocat.*

11. Sur cette règle fondamentale du contentieux administratif : G. Vedel et P. Delvolvé, 12ᵉ éd., t. 2, p. 151 et s. ; R. Chapus, 13ᵉ éd., nᵒˢ 629 et s.

12. Auparavant, le délai était de quatre mois.

b) La motivation. – Le requérant doit exposer de façon précise les moyens de fait et de droit invoqués par lui pour justifier sa prétention (art. R. 411-1 C. just. adm.). Sans doute, à ce stade initial de la procédure n'exige-t-on qu'une « motivation sommaire » : ultérieurement, les parties développeront leurs moyens de façon plus consistante dans des actes que l'on appelle des « mémoires ». Mais d'ores et déjà, on veut que le requérant fixe l'essentiel de son argumentation, pour que l'administration soit à même d'apprécier s'il est opportun de résister à la demande de son adversaire et, si oui, pour savoir comment organiser sa propre défense.

Ensuite, les services du greffe se chargeront d'organiser la comparution des parties en notifiant la requête au défendeur et en invitant ce dernier à fournir ses explications dans un délai déterminé.

550 **II. Devant les juridictions du contentieux privé : l'assignation. –** L'exercice de l'action en justice devant les juridictions civiles et commerciales est apparemment plus complexe. En effet, le procès commence en principe par un acte d'huissier de justice qui est signifié à l'adversaire et que l'on appelle une « *assignation* » (parce que le demandeur assigne, c'est-à-dire « fait signe » à son adversaire d'avoir à comparaître devant le tribunal).

Cet acte doit contenir l'identité du demandeur, celle du défendeur, l'identité et la signature de l'huissier de justice et enfin, ce qui est important, l'objet de la demande, c'est-à-dire, la prétention. Dans les mêmes conditions et pour les mêmes raisons que devant les juridictions administratives, l'assignation doit contenir une motivation sommaire pour que l'adversaire soit exactement informé des moyens de fait et de droit qui lui seront opposés. Enfin, l'objet même de la demande est formulé dans une partie finale de l'assignation que l'on appelle le « dispositif ».

On remarquera que l'*assignation ne saisit pas le tribunal*. En réalité, *il s'agit uniquement d'un acte signifié par le demandeur au défendeur, sans la moindre intervention de la juridiction compétente*. Pour que le tribunal compétent soit effectivement saisi, il faudra ensuite « *enrôler l'affaire* », c'est-à-dire l'inscrire au rôle du tribunal en déposant simplement une copie de l'assignation au greffe de la juridiction compétente. En d'autres termes, la demande est formée en deux temps : une assignation à l'adversaire suivie d'un enrôlement au greffe.

a) On peut se demander pourquoi le contentieux privé adopte cette forme compliquée ? Pourquoi ne pas saisir directement le tribunal, comme en matière administrative, par un simple dépôt de la demande au greffe ?

La réponse est simple : elle tient au fait que la structure du contentieux privé est très différente. Avant de saisir le tribunal, il est indispensable de formaliser le contentieux, afin de savoir en quoi les prétentions du demandeur s'opposent à celles de son adversaire. En un mot, il est nécessaire de provoquer une prise de position de la part du défendeur pour délimiter de façon précise quel sera l'objet du litige soumis au juge. C'est très exactement ce à quoi tend l'assignation : le demandeur fait connaître ses prétentions, et si l'adversaire n'y défère pas spontanément, l'objet du litige dont le tribunal sera saisi est circonscrit.

Finalement, on retrouve sous une autre forme le même schéma que devant les juridictions administratives : l'assignation est un peu comparable à la réclamation par laquelle l'administré provoque la décision préalable de l'administration (*supra*, n° précédent). La seule différence réside en ceci que l'assignation du contentieux privé fait déjà partie intégrante du procès, alors que, dans le contentieux administratif, la réclamation de l'administré lui est antérieure.

b) Il reste que le système de l'assignation signifiée préalablement au défendeur est souvent mal compris du plaideur pour qui le recours à la justice consiste d'abord et surtout à saisir un tribunal. Pour cette raison, et souvent par souci d'économie, le législateur moderne a organisé quelques cas de *saisine directe* qui consiste à introduire la demande par simple déclaration au greffe. Il en est ainsi devant les tribunaux d'instance (art. 829 C. pr. civ.), les conseils de prud'hommes (art. R. 1452-2 C. trav.) et les tribunaux paritaires des baux ruraux (art. 885 C. pr. civ.), c'est-à-dire dans des cas où il s'agit d'affaires relativement simples. Mais ce procédé reste exceptionnel.

551 **III. Devant les juridictions pénales. –** Pour comprendre les modalités de la demande en matière répressive, il faut avoir présent à l'esprit qu'une même infraction pénale peut engendrer deux sortes de trouble. D'abord, un trouble à la société en général qui sera sanctionné par l'application d'une peine : à cette fin, le ministère public exercera une action en justice qui, dans ce cas, prend le nom particulier d'*action publique,* parce que précisément elle est exercée par le ministère public au nom de la collectivité. Mais l'infraction peut aussi être la cause d'un dommage subi personnellement par la victime (par celui qui a subi le vol, par le fils de la personne assassinée, etc.) qui dispose d'une action appelée, par opposition, l'*action civile* parce que son seul but est de permettre à la victime, sur le plan de ses intérêts particuliers, d'obtenir la réparation du dommage qu'elle a subi.

Par qui et comment les poursuites seront-elles déclenchées ? En principe, par le ministère public *(a).* Mais elles peuvent l'être aussi par la victime elle-même *(b).*

552 **a) Action du ministère public. –** Le ministère public, informé de l'infraction soit par une plainte, soit par la police, est en quelque sorte le « demandeur » au procès pénal. Si la plainte n'est pas fondée ou ne peut donner lieu à aucune poursuite pénale, le procureur procède à ce que l'on appelle un « classement sas suite ». Si, en revanche, les faits lui semblent punissables, il lui appartient de mettre en œuvre l'action publique ; et il dispose alors de plusieurs moyens.

1) Si l'affaire peut être jugée sans instruction préalable, rien ne s'oppose à ce qu'il cite directement l'auteur de l'infraction devant la juridiction de jugement (tribunal de police ou tribunal correctionnel). Le moyen le plus simple consiste à lui adresser un *avertissement* d'avoir à se présenter devant le tribunal compétent à une date déterminée. Mais ce moyen, à la fois simple et économique, ne peut être utilisé que si la personne poursuivie accepte de comparaître au jour fixé. À défaut, le ministère public doit procéder par voie de *citation directe* : ce procédé contraignant consiste à lui faire délivrer une assignation par un huissier de justice, dans laquelle doit figurer en particulier une énonciation précise des faits sur lesquels la poursuite est fondée et des textes qui les répriment, afin que la personne poursuivie soit en mesure de préparer sa défense.

2) Si en revanche une instruction est nécessaire (en matière criminelle ou même éventuellement en matière de délit correctionnel), aucun des moyens précédents ne peut être utilisé : les poursuites sont alors déclenchées par un acte que l'on appelle un « *réquisitoire introductif* » ou encore un « *réquisitoire à fin d'informer* ».

Par cet acte, qui émane du procureur de la République, le chef du parquet requiert le juge d'instruction d'ouvrir une information (d'où le nom donné à cet acte). Ce réquisitoire doit être daté et signé du procureur de la République (ou de son substitut), et surtout il doit contenir une relation précise des faits sur lesquels l'instruction devra porter. Si l'auteur de l'infraction est connu, le nom de celui-ci est indiqué et l'on dit alors que le réquisitoire est nominatif. Si, au contraire, on ignore encore pour l'instant qui a commis l'infraction, le réquisitoire est délivré « contre X... ».

De toute manière, la délivrance du réquisitoire a pour effet d'introduire les poursuites (de là, l'expression : « réquisitoire introductif »).

553 **b) Action de la victime. –** Le problème doit être clairement posé : pour obtenir réparation du dommage subi, la victime peut toujours exercer l'action civile afin de demander des dommages-intérêts. Mais la victime peut-elle déclencher elle-même l'action publique ? C'est-à-dire l'action qui sera portée devant la juridiction pénale pour obtenir le châtiment du coupable ?

En législation, on peut très sérieusement hésiter. Dans la mesure où l'action publique tend à obtenir le châtiment du coupable, lui permettre d'exercer une telle action s'apparente à une vengeance privée que nos sociétés modernes peuvent difficilement tolérer. Et pourtant, il est permis à la victime de mettre en mouvement l'action publique devant une juridiction répressive, et cela pour deux raisons faciles à comprendre. D'abord, nous verrons que le ministère public n'est pas tenu de mettre en mouvement l'action publique : il lui appartient d'apprécier l'opportunité des poursuites (*infra*, n° 557) ; et dans ces conditions, on peut comprendre que la victime ait le souci de saisir elle-même la juridiction pénale. Ensuite, il faut savoir que la victime ne peut faire juger son action civile devant la juridiction répressive, que si l'action publique a été mise en mouvement ; dès lors, si le ministère public n'a pas jugé bon d'engager des poursuites pénales, il faut permettre à la victime de le faire elle-même. Ce sont les deux raisons pour lesquelles la victime peut déclencher l'action publique.

Comment la victime doit-elle procéder ? Si une instruction n'est pas nécessaire, la victime peut procéder par voie de *citation directe*, c'est-à-dire faire citer l'auteur de l'infraction devant la juridiction pénale compétente par un acte d'huissier de justice qui fera mention du préjudice subi et lui fera sommation de comparaître devant cette juridiction à une date déterminée. Si, au contraire, une instruction est nécessaire (en matière criminelle notamment), la victime met en mouvement l'action publique au moyen d'une *plainte avec constitution de partie civile* adressée directement au doyen des juges d'instruction.

L'expérience a montré toutefois que ce droit offert à la victime peut engendrer des abus (plaintes fantaisistes, plaintes vindicatives, plaintes destinées à justifier un sursis à statuer, etc.). Pour éviter ces abus, une loi du 5 mars 2007 (modifiant l'art. 85 C. pr. pén.) a conféré à la constitution de partie civile un *caractère subsidiaire*, en ce sens que, sauf pour les crimes et certains délits, elle n'est recevable que si préalablement la victime a déposé une plainte auprès du ministère public, et si celui-ci a soit décidé un classement sans suite, soit n'y a pas répondu dans un délai de trois mois[13].

De toute manière, il ne faut pas se méprendre sur la *portée* du droit ainsi reconnu à la victime. Il a certes pour effet de saisir la juridiction pénale d'une action en réparation que la victime exercera elle-même. En revanche, s'agissant de l'action publique, la victime a pour seul pouvoir de mettre cette action en mouvement. Les prérogatives de la victime ne vont pas au-delà et, notamment, l'exercice des poursuites pénales lui échappe. Il faut se souvenir, en effet, que le monopole des poursuites pénales appartient au ministère public qui seul soutiendra l'accusation (*supra*, n° 519), dans la mesure bien entendu où il estimera que celle-ci paraît fondée.

B. CARACTÈRES DE LA DEMANDE EN JUSTICE

554 **I. Caractère libre. –** En principe, celui qui forme une demande en justice n'engage pas sa responsabilité civile, même en cas d'échec : le fait de perdre son procès ne constitue pas une faute. Certes, le plaideur qui échoue est exposé à devoir supporter les frais du procès (*supra*, n° 73). Mais son adversaire ne peut pas lui réclamer en plus des dommages-intérêts à raison du trouble que lui aurait causé le procès. Le demandeur bénéficie en quelque sorte d'une immunité, constamment rappelée par la jurisprudence[14].

Un tel principe se justifie. En toute bonne foi, un plaideur peut se méprendre sur l'étendue exacte de ses droits : l'interprétation de la règle juridique est souvent délicate, l'appréciation des circonstances de fait est parfois divinatoire, elle est fonction de toute une série d'impondérables difficiles à apprécier, au point que, dans bien des cas, il est malaisé de prévoir quelle sera l'issue d'un procès. Si la crainte d'une condamnation à des dommages-intérêts devait systématiquement peser sur celui qui risque de perdre son procès, les plus timorés ou les moins argentés hésiteraient à défendre leurs droits en justice.

Ce principe comporte toutefois, sinon une dérogation du moins une atténuation très remarquable dans la mesure où une condamnation à des dommages-intérêts peut néanmoins être prononcée contre celui qui exerce à tort une action en justice (ou qui y défend) dans l'*intention de nuire* ou même de façon simplement *téméraire*. On retrouve ici l'application d'une théorie plus générale, bien connue en droit civil, que l'on appelle la théorie de l'abus des droits.

Ainsi, devant les juridictions répressives, l'auteur d'une plainte avec constitution de partie civile peut être condamné à des dommages-intérêts au profit de celui qui a été mis en examen, si cette plainte se termine par un non-lieu (art. 91 C. pr. pén.).

Devant les juridictions civiles et commerciales, la jurisprudence offre de nombreux exemples : on citera notamment le cas du plaideur qui exerce inconsidérément une action en justice dans un

13. Mathias, « Action pénale privée, cent ans de sollicitude », *Procédures* 2007 (mai), études n° 6 ; S. Detraz, « Le nouveau dispositif de recevabilité de la plainte avec constitution de partie civile », *JCP* 2008.I. doctrine n° 111.

14. Civ., 7 janv. 1955, *Gaz. Pal.* 1955.1.182 ; Civ., 13 nov. 1961, *JCP* 1961.II.12446 ; Cass. com., 26 janv. 1990, *Bull. civ.* IV, n° 195, p. 133 ; Cass. com., 4 oct. 1990, *Bull. civ.* IV, n° 228, p. 158.

dessein vexatoire[15], ou qui multiplie les moyens de procédure en vue de retarder l'issue d'un procès qu'il sait perdu d'avance[16].

Mais on constatera (et la remarque est essentielle) que la faute ne consiste pas à perdre son procès. En réalité, ce qui est sanctionné par une condamnation à des dommages-intérêts, c'est l'intention malicieuse ou vexatoire qui a incité le demandeur à saisir les tribunaux de façon téméraire ou à résister sans la moindre raison. D'où il résulte que celui qui prétend obtenir des dommages-intérêts doit établir, à la charge de son adversaire, l'existence d'une faute indépendante du seul exercice de l'action. Au reste, s'il devait en être autrement, le principe de liberté qui caractérise l'exercice des actions en justice perdrait le plus clair de sa signification.

555 **II. Caractère facultatif.** – Dire de la demande qu'elle a un caractère facultatif, signifie que nul ne peut être contraint d'exercer une action contre son gré : elle est une simple faculté que son titulaire peut ne pas exercer s'il estime inopportun de saisir les tribunaux.

Ce principe paraît tellement naturel dans le contentieux administratif qu'il n'a jamais donné lieu à la moindre discussion. Il est également admis sans grande difficulté dans le contentieux privé (a). Il soulève en revanche une très sérieuse controverse en matière pénale (b).

556 **a) Contentieux privé.** – Dans les rapports de droit privé, entre particuliers, ce principe est facile à justifier. Chacun d'entre nous apprécie souverainement l'opportunité d'un procès et s'il préfère subir une violation de son droit plutôt que d'affronter les tracas d'un procès, nul ne saurait lui en faire reproche. Non seulement il peut avoir des motifs très légitimes d'éviter les aléas et les frais d'une procédure, mais il peut aussi conserver l'espoir d'une conciliation. Ce point de vue est particulièrement important dans la vie des affaires où le souci de ménager les relations commerciales ultérieures pèse souvent d'un poids très lourd sur l'opportunité d'un procès.

Et pourtant, sur le terrain des principes, cette faculté a parfois été contestée. Ihering notamment, dans un ouvrage célèbre intitulé *La lutte pour le droit*, a défendu l'idée que lorsqu'un droit a été méconnu, l'exercice de l'action en justice est un devoir envers soi-même et envers la société[17].

— Un devoir envers soi-même : « l'homme, écrit-il, doit combattre par tous les moyens dont il dispose, la mésestime du droit en sa personne ; car s'il la souffre, il laisse pénétrer dans sa vie un élément d'illégalité ; et c'est ce à quoi nul ne doit prêter la main ».

— Un devoir envers la société : le respect de la règle de droit, ajoute Ihering, n'est pleinement assuré que si chacun défend les prérogatives qui, personnellement, lui appartiennent ; si, par ignorance, par lâcheté ou par négligence, le titulaire d'un droit violé reste inactif, la règle de droit devient un rouage inerte qui ne fait plus son travail dans le « mécanisme du droit » (p. 54-55).

En soi, l'observation est tout à fait exacte. Un auteur français moderne, le doyen Georges Ripert, a lui-même souligné très justement que la règle de droit, à force d'être méconnue, finit par devenir une sorte de « bois mort »[18].

15. Cass. civ., 9 mai 1960, *Gaz. Pal.* 1960.II.156 ; Cass. com., 15 juin 1967, *Bull. civ.*, 1967.III, p. 238 ; Cass. 3e civ., 21 mars 2007, *JCP* 2007.IV, n° 1856.

16. Cass. civ., 28 nov. 1957, *Bull. civ.* 1957.II, p. 479.

17. Rudolf von Ihering fut un grand juriste allemand qui vécut de 1818 à 1892. L'ouvrage cité (*La lutte pour le droit*) fut publié en 1872.

18. G. Ripert, *Les forces créatrices du droit*, 1955, p. 364. – On en trouve un exemple avec la pratique de certaines *clauses abusives* dans les contrats concernant la petite consommation : si personne ne les dénonce à la justice, elles se perpétueront dans les faits et le droit ne sera pas respecté. À la longue, tout

En réalité, cette controverse doctrinale prend rapidement des dimensions politiques, car tout dépend de la conception que l'on se fait de la justice. Dans un système libéral, où le juge n'intervient que comme un arbitre des intérêts privés, le caractère facultatif de l'action en justice se conçoit parfaitement : le juge n'ayant pas pour rôle de faire respecter la légalité contre le gré des intérêts privés, chacun demeure libre de le saisir s'il l'estime opportun. Mais si l'on pense au contraire que la justice doit contribuer au respect de la légalité, en veillant à ce que la règle de droit soit scrupuleusement observée, on en déduira volontiers, comme le faisait Ihering, que l'exercice de l'action en justice est un devoir qui dépasse les intérêts privés de chacun d'entre nous.

Cette controverse n'est pas restée sans écho et, de nos jours, certains correctifs atténuent assez sensiblement, sinon la faculté qui appartient à chacun de renoncer à exercer l'action en justice dont il est titulaire, du moins certaines des conséquences néfastes qui pourraient en résulter.

a) On a vu précédemment que le ministère public peut agir comme partie principale, éventuellement contre le gré des intéressés, toutes les fois que l'ordre public est en cause (art. 423 C. pr. civ. ; *supra*, n° 518).

b) Par ailleurs et toujours dans la même perspective, il n'est pas sans intérêt d'observer que certains groupements, notamment les syndicats professionnels et certaines associations, ont le pouvoir d'agir en justice pour la défense des intérêts collectifs. Il arrive parfois qu'un syndicat professionnel saisisse les tribunaux pour obtenir le respect des dispositions d'une convention collective de travail ; et de même, certaines associations, comme les associations de consommateurs par exemple, ont reçu de la loi le pouvoir d'agir en justice pour la sauvegarde des intérêts généraux qu'elles sont censées représenter. Partant de cette idée que l'union fait la force, le groupement agira là où les simples particuliers, soucieux d'éviter les tracas et les frais, pourraient hésiter à agir eux-mêmes.

En outre, le droit français a plus récemment consacré l'action de groupe dans divers domaines : en matière de consommation (loi n° 2014-344 du 17 mars 2014), de lutte contre les discriminations, d'environnement, de santé et de protection des données personnelles (loi n° 2016-1547 du 18 nov. 2016)[19].

En résumé, le droit moderne met en place des correctifs destinés à prendre le « relais » des particuliers, afin d'éviter que, dans les cas les plus graves, la règle de droit ne dépérisse, faute d'action devant les tribunaux.

557 **b) Contentieux répressif : la règle de l'opportunité des poursuites. –** Il est curieux de constater que cette même faculté existe en matière pénale. En effet, aux termes de l'article 40 du Code de procédure pénale, « le procureur de la République reçoit les plaintes et les dénonciations et apprécie les suites à leur donner » ; ce qui signifie que le procureur de la République, à qui revient l'exercice de l'action publique, a toujours la possibilité soit d'engager des poursuites, soit d'opérer un « classement sans suite », c'est-à-dire de ne pas poursuivre devant les tribunaux l'auteur d'une infraction à la loi pénale, même si cette infraction paraît établie. Tel est le principe dit de l'*opportunité des poursuites*.

La loi n° 2004-204 du 9 mars 2004 a introduit une solution intermédiaire qui, si l'auteur de l'infraction reconnaît avoir commis un délit ou une contravention, consiste à lui proposer soit une peine d'amende, soit une peine d'emprisonnement ou encore l'une des mesures énumérées à l'article 41-2 C. pr. pén. (remise du permis de conduire, remise du permis de chasse, travail au profit d'une collectivité, etc.). Si l'auteur de l'infraction accepte les mesures proposées et les exécute, les poursuites ne sont pas engagées. C'est le système dit de la « composition pénale » (*supra*, n° 494).

---

se passera comme si elles n'avaient jamais été interdites et la loi sera bafouée, pour le plus grand profit des audacieux qui s'en moquent.

19. V. notamment H. Croze, « Un droit commun de l'action de groupe ? », *Procédures* 2017, Études 4.

I. – Le principe de l'opportunité de poursuites peut surprendre[20]. S'il est un domaine où l'ordre public est directement en cause, c'est bien celui de la répression pénale. Et si la règle de droit a paru tellement importante au législateur qu'il a cru devoir en assortir la violation de sanctions pénales, on comprend mal comment un procureur de la République peut renoncer à saisir les juridictions répressives. C'est d'ailleurs tellement vrai que d'assez nombreux systèmes judiciaires étrangers ignorent le principe de l'opportunité des poursuites : le Portugal et l'Allemagne, par exemple (art. 152 C. pén. allemand).

On explique généralement ce principe en insistant sur le rôle de la poursuite pénale et sur son exemplarité. Une poursuite engagée mal à propos peut être la source de sérieux inconvénients : si l'infraction est légère, si son auteur peut bénéficier de larges circonstances atténuantes, mieux vaut éviter le traumatisme que constitue sa comparution devant une juridiction répressive. En outre, il est des cas où certaines poursuites risquent de créer un malaise dans l'opinion et où, compte tenu du caractère de l'infraction, il peut être préférable de faire silence[21]. Enfin, on doit reconnaître qu'il y a souvent une part d'incertitude dans l'interprétation des faits et leur qualification ; s'il doit en résulter un doute sérieux sur le bien-fondé des poursuites, mieux vaut ne pas les engager. En un mot, le principe de l'opportunité des poursuites a pour lui le mérite de la souplesse. Telles sont les raisons généralement invoquées pour justifier un principe qui surprend, mais qui existe également dans d'autres pays, comme par exemple en Belgique.

II. – Ce principe, il est vrai comporte certaines atténuations qui corrigent ce que pourrait avoir d'arbitraire un refus de poursuivre opposé par un procureur de la République.

a) D'une part, on se gardera d'oublier que le procureur de la République est subordonné hiérarchiquement au procureur général près la cour d'appel qui peut toujours lui donner des instructions pour que des poursuites soient engagées (*supra*, n° 515)[22].

b) D'autre part et surtout, la victime de l'infraction peut, sinon exercer, du moins mettre en mouvement l'action publique en se portant partie civile, c'est-à-dire en saisissant la juridiction répressive d'une demande en réparation (*supra*, n° 556). En d'autres termes, la victime peut passer outre au refus du procureur de la République d'engager des poursuites, si du moins elle peut se prévaloir d'un préjudice personnel.

III. – Ces correctifs sont-ils suffisants ? Depuis quelques années, la question a pris des dimensions nouvelles en raison de certaines affaires, dites « sensibles », à connotation politique. Le principe de l'opportunité des poursuites, invoqué pour justifier certains « classements sans suite », a pu accréditer dans l'opinion le sentiment que des pressions politiques, par procureur interposé, n'étaient pas toujours

20. J. Leblois-Happe, « Plaidoyer pour la légalité des poursuites », *JCP* 2010, n° 168.

21. On l'avait constaté notamment à une époque où l'interruption volontaire de grossesse était encore sanctionnée pénalement ; vers les années 1970, les parquets ne poursuivaient pour ainsi dire plus. On pourrait ajouter aujourd'hui les faits d'euthanasie.

22. Notamment, contre la décision de classement sans suite, la personne qui a dénoncé les faits peut exercer un recours devant le procureur général (art. 40-3, C. pr. pén., ajouté par la loi n° 2004-204 du 9 mars 2004).

étrangères à certaines décisions de classement sans suite. Mais à vrai dire, ce qui est en cause, c'est moins peut-être le principe de l'opportunité des poursuites qui peut se justifier rationnellement, que sa conjonction avec la subordination des parquets au garde des Sceaux qui est une autorité politique (*supra*, n° 507). C'est la conjonction de ces deux principes qui fait problème et qui a donné toute son actualité aux graves questions concernant tout à la fois la pratique des directives individuelles, à laquelle il a été mis fin, et la situation statutaire des magistrats du ministère public (*supra*, n°s 47, 380 et 392).

C. RECEVABILITÉ DE LA DEMANDE EN JUSTICE

558 **Notion de recevabilité. –** Pour qu'une prétention puisse être jugée au fond, il ne suffit pas que la demande en ait été présentée au juge ; encore faut-il que celui-ci ait été « juridiquement saisi » de cette demande ; et il ne peut en être juridiquement saisi que si elle est recevable. La recevabilité est en quelque sorte le seuil qu'il faut franchir pour qu'un juge ait ensuite le pouvoir de se prononcer sur le fond d'une prétention.

La recevabilité d'une demande postule la réunion d'une double série de conditions :

1) Il faut d'abord que le demandeur ait le pouvoir d'agir en justice pour la défense de l'intérêt dont il se prévaut dans les conditions précédemment indiquées (*supra*, n° 546).

2) Il faut ensuite que la demande en justice soit intrinsèquement valable, en tant qu'acte juridique : qu'elle émane d'une personne capable, que sa forme et son contenu respectent les conditions prescrites par la loi (*supra*, n°s 548 et s.), et que, le cas échéant, elle ait été formée dans les délais impartis ; sinon, elle ne peut produire aucun effet, et de ce fait, elle ne peut pas saisir le juge.

Devant les *juridictions de l'ordre judiciaire*, l'exigence d'un délai est assez rare. Certes, on en trouve des exemples : ainsi, en matière de transport (un an) ou de rescision pour cause de lésion (2 ans). Mais d'une manière générale, ces cas restent exceptionnels. En revanche, dans le *contentieux administratif*, les délais sont extrêmement fréquents : notamment le délai pour exercer un recours est en principe de deux mois à compter de la publication ou de la notification de la décision attaquée (art. R. 421-2 et s. C. just. adm.).

Si l'une de ces conditions fait défaut, la demande sera déclarée irrecevable, et tout se passera comme si la prétention n'avait jamais été soumise au juge.

559 **Distinction entre la « recevabilité » et le « bien-fondé » de la demande. –** Il ressort de ce qui vient d'être dit que *la recevabilité de la demande en justice conditionne la vocation juridictionnelle du juge à examiner le fond*. Un exemple illustrera ce principe : imaginons un recours pour excès de pouvoir exercé plus de deux mois après la publication de la décision attaquée ; le juge doit déclarer le recours irrecevable, même s'il a le sentiment que ce recours est bien fondé et que l'acte litigieux est effectivement illégal. Pourquoi ? Tout simplement parce que la requête étant irrecevable le juge est réputé n'avoir jamais été saisi du recours.

Tout juge auquel une demande en justice est présentée doit donc commencer par examiner si elle est recevable. Et alors, de deux choses l'une :

— ou bien la demande est irrecevable (exemples : elle a été formée hors délai, le demandeur ne justifie d'aucun intérêt, etc.) ; le juge, constatant qu'il n'a pas été valablement saisi, doit alors rejeter la demande d'emblée, sans examiner le fond. On dit qu'il rend un jugement d'irrecevabilité ;

— ou bien, la demande est recevable et, dans ce cas, mais dans ce cas seulement, il a tout à la fois le pouvoir et le devoir de se prononcer sur le fond. Ainsi s'expliquent les formules que l'on rencontre très souvent dans les jugements : « le tribunal (...) déclare la demande recevable et bien fondée », ou encore, « (...) déclare la demande recevable mais mal fondée ». Ces formules traditionnelles mettent bien en évidence les deux questions que tout juge doit nécessairement se poser : d'abord, la demande est-elle recevable ? et ensuite, à supposer qu'elle soit recevable, est-elle bien ou mal fondée ?

§ 3. DÉFENSE EN JUSTICE

560 **Moyens à la disposition du défendeur. –** Jusqu'à présent, l'exercice de l'action en justice n'a été envisagé que du côté du demandeur qui a saisi le tribunal d'une prétention. Mais, comme le précise l'article 30 C. pr. civ., « pour l'adversaire, l'action est le droit de discuter le bien-fondé de cette prétention ». Or, il est très vraisemblable que le défendeur ne restera pas inactif et qu'il s'efforcera de tenir en échec la prétention du demandeur, peut-être même de soumettre à son tour au tribunal les prétentions qui sont les siennes.

À cette fin, le défendeur dispose de plusieurs moyens : la *défense au fond* (I), l'*exception de procédure* (II) et la *fin de non-recevoir* (III). Il peut aussi adopter une attitude plus résolument offensive, en formant ce que l'on appelle une *demande reconventionnelle* (IV).

Avant d'examiner ces différents moyens, précisons que chacun d'eux correspond à une définition bien précise. Il est essentiel de ne pas les confondre, car le régime juridique applicable est loin d'être identique ; de là, la nécessité absolue d'une terminologie précise et d'un vocabulaire sans faille.

561 **I. Défense au fond. –** On appelle « défense au fond », le moyen par lequel un défendeur s'efforce d'établir que la demande de son adversaire est mal fondée, soit parce que le droit allégué par le demandeur n'existe pas ou n'existe plus, soit parce qu'il n'a pas l'étendue que celui-ci lui attribue. En un mot, *le défendeur conteste le bien-fondé de la prétention de son adversaire*.

Si, par exemple, à un créancier qui demande en justice le paiement d'une dette, le défendeur réplique en soutenant que l'obligation a été exécutée par un paiement ou une compensation, le moyen invoqué par le défendeur s'appelle une défense au fond. De même, si le prétendu responsable d'un accident s'oppose à la demande de la victime en soutenant que les conditions de la responsabilité civile ne sont pas réunies (que, par exemple, il n'a commis aucune faute), le moyen de défense allégué est une défense au fond parce que le défendeur conteste l'existence du droit à réparation invoqué par le demandeur.

Ainsi définie, la défense au fond apparaît comme l'antithèse de la demande en justice. En d'autres termes, la demande en justice et la défense au fond se présentent comme les deux aspects, l'un positif et l'autre négatif, de la même question litigieuse. Il s'ensuit que les défenses au fond peuvent être invoquées *en tout état de cause*, jusqu'à la clôture des débats. Il est normal qu'il en soit ainsi : aussi longtemps que le demandeur peut faire valoir ses droits, le défendeur doit être en mesure de démontrer que les droits qu'on lui oppose n'existent pas ou n'existent plus.

Le vocabulaire courant n'échappe pas à toute ambiguïté. Très souvent le mot « défense » est utilisé, non pas seulement pour désigner le moyen par lequel le défendeur conteste le bien-fondé de la demande de son adversaire, mais d'une manière beaucoup plus générale pour désigner indistinctement tous les moyens dont un défendeur peut se servir pour résister à la demande dirigée contre lui, aussi bien les défenses au fond, *stricto sensu*, que les exceptions et les fins de non-recevoir. En ce sens, on dira par exemple d'un défendeur qu'il produit « ses défenses ».

Cette ambiguïté, révélatrice de la pauvreté du langage juridique, n'est pas très grave. D'abord, on remarquera que le mot « défense », lorsqu'il est pris dans son sens large, est généralement utilisé au pluriel. Ensuite et surtout, lorsqu'il est spécifiquement question du moyen par lequel le défendeur conteste le bien-fondé de la demande, on prend habituellement la précaution d'ajouter qu'il s'agit d'une défense *« au fond »*. Ainsi parvient-on à éviter les confusions.

562 **II. Exception de procédure. –** Dans son sens technique précis, l'exception de procédure désigne le moyen de défense par lequel le défendeur, *sans s'attaquer au fond du droit, demande l'ajournement de la discussion sur le fond de la demande.*

Ainsi, lorsque le demandeur invoque une exception d'incompétence, parce qu'il estime que le tribunal saisi ne serait pas compétent pour statuer sur le litige, le défendeur ne conteste pas le fond du droit, pour l'instant tout au moins ; il demande simplement que l'examen du fond soit différé afin qu'il soit statué préalablement sur la compétence. De même, si le défendeur prétend que l'assignation est entachée d'une irrégularité, ce moyen n'a d'autre objet que d'entraîner un ajournement de l'instance. Dans toutes ces hypothèses, le fond du droit n'est pas en cause ; le défendeur ne discute pas encore le bien-fondé de la demande ; cet examen est laissé provisoirement en suspens jusqu'au jour où le juge se sera prononcé sur l'exception.

À la différence des défenses au fond qui peuvent être présentées en tout état de cause, les exceptions, au sens précis et technique du terme, sont soumises à un régime plus strict. On le comprend aisément : l'exception étant un simple moyen de procédure dont l'objet est de différer le débat sur le fond, il est dans la nature des choses qu'elle soit invoquée préalablement, en obligeant le défendeur à ne pas attendre le dernier moment pour s'en prévaloir. Ainsi s'explique le régime rigoureux édicté par le législateur et qui se ramène essentiellement à cette idée que les exceptions doivent être invoquées *avant toute défense au fond* ; on dit qu'elles doivent être soulevées *in limine litis*, c'est-à-dire au seuil même du procès. Dès que les parties ont engagé le débat sur le fond, les exceptions antérieures sont irrecevables.

Dans le langage courant, il arrive assez souvent que le mot « exception » serve à désigner, non pas seulement une exception, au sens strict du terme, mais une véritable défense au fond. Ainsi, dans l'hypothèse où, à l'occasion d'un procès, le demandeur se prévaut d'un acte administratif, on dit volontiers du défendeur qui invoque l'illégalité de cet acte pour échapper à son application, qu'il soulève une *« exception d'illégalité »*. S'agit-il vraiment d'une « exception » au sens strict du terme ? On peut très sérieusement en douter. En réalité, le défendeur invoque ce moyen pour contester la prétention de son adversaire et la tenir en échec. Dès lors, il s'agit d'une véritable « défense au fond » et non point d'une « exception ». Au reste, on en trouve la preuve dans le fait que la prétendue « exception d'illégalité » dirigée contre l'acte administratif peut être invoquée en tout état de cause, sans être soumise à aucune condition de délai, au même titre qu'une défense au fond[23].

23. Sur l'exception d'illégalité, cf. G. Vedel et P. Delvolvé, t. 2, p. 175 ; Auby et Drago, 3e éd., t. I, n°s 798 et s., p. 945 et s.

563 **III. Fin de non-recevoir. –** La fin de non-recevoir est un moyen de défense par lequel le défendeur, *sans faire porter la contestation sur le droit allégué par son adversaire, soutient que le juge n'a pas le pouvoir d'examiner le fond de la demande parce que celle-ci est irrecevable* (*supra*, n°s 558 et 559). On citera par exemple : le défaut d'intérêt ou le moyen tiré de ce que la demande a été présentée hors du délai prescrit.

De cette définition, il résulte que les fins de non-recevoir se distinguent tout à la fois des défenses au fond et des exceptions de procédure.

a) Elles se distinguent des *défenses au fond* par leur objet. Lorsque le défendeur invoque une fin de non-recevoir, il conteste simplement la recevabilité de la demande et nullement son bien-fondé. En réalité, il oppose à la demande de son adversaire un obstacle anticipé qui, s'il est établi, rendra sans objet toute discussion sur le fond.

b) Mais d'un autre côté, les fins de non-recevoir se distinguent des *exceptions de procédure* qui suspendent simplement l'examen de la demande en attendant que le juge statue sur l'exception. Ici au contraire, si la fin de non-recevoir est admise, la demande est irrémédiablement rejetée. De ce point de vue, la fin de non-recevoir produit des effets autrement plus énergiques, en ce sens que le procès est définitivement perdu.

Comme les défenses au fond, les fins de non-recevoir peuvent être invoquées *en tout état de cause* ; et au besoin d'office par le juge si elles présentent un caractère d'ordre public (par exemple : le défaut d'intérêt, art. 125 C. pr. civ.).

564 **IV. Demande reconventionnelle. –** On appelle ainsi une demande incidente par laquelle le défendeur formule de son côté une prétention nouvelle. Si, par exemple, un débiteur assigné par son créancier en exécution d'une obligation contractuelle demande au juge de déclarer que le contrat est nul, et que, pour cette raison, il ne doit rien, on dira que le défendeur forme une « demande reconventionnelle » : du latin *reus-conventio*, c'est-à-dire la demande *(conventio)* du défendeur *(reus)*.

La demande reconventionnelle est d'un usage extrêmement fréquent, non point devant les juridictions répressives où elle n'a pas sa place, mais devant les juridictions du contentieux privé et du contentieux administratif de pleine juridiction. Exemple : un mari demande le divorce contre sa femme pour rupture de la vie commune et la femme, défenderesse, forme une demande reconventionnelle en invoquant la faute de son mari, pour obtenir que le divorce soit prononcé aux torts de ce dernier. Autre exemple : à la suite d'une collision entre deux automobilistes, l'un des conducteurs demande des dommages-intérêts en réparation du préjudice qu'il a subi, et l'autre conducteur, défendeur à l'instance, demande à son tour des dommages-intérêts pour la réparation de ses propres dommages. Troisième exemple : le défendeur qui estime que son adversaire a abusé de son droit en l'assignant devant les tribunaux, forme une demande reconventionnelle pour demander qu'il soit condamné à des dommages-intérêts. Enfin, dernier exemple, emprunté au contentieux administratif de pleine juridiction : un entrepreneur de travaux publics demande la condamnation du maître de l'ouvrage à la réparation du préjudice causé par la faute de ce dernier et le maître de l'ouvrage demande reconventionnellement la condamnation de l'entrepreneur à des pénalités de retard[24].

À travers la définition et les exemples qui viennent d'être donnés, il apparaît clairement que le défendeur ne se borne plus seulement à tenter d'obtenir le rejet des prétentions de son adversaire. Il fait plus. Il adopte une *attitude offensive*. Il attaque à son tour et se fait demandeur en formulant une prétention qu'il demande au tribunal de juger en même temps.

Ainsi définie, la demande reconventionnelle présente d'incontestables *avantages* qui tiennent à ce que les deux demandes (celle du demandeur, que l'on appelle par opposition, la « demande principale », et celle du défendeur) seront instruites et jugées en même temps, par la même juridiction. De la sorte, le juge ayant une vision globale sur le contentieux qui oppose les deux adversaires, on peut espérer que la justice sera mieux rendue. Il en résultera, en outre, un gain de temps et d'argent puisque l'on réunira deux procès en un seul.

Mais il ne faut pas se dissimuler non plus que les demandes reconventionnelles peuvent être la source de sérieux *inconvénients*, dans la mesure où elles compliquent la procédure et risquent de soulever des difficultés de compétence[25].

Néanmoins, les demandes reconventionnelles sont de nos jours d'un usage courant. Leur recevabilité est d'ailleurs consacrée par les textes modernes, tant dans le contentieux privé (art. 63 et s. C. pr. civ.) que devant les juridictions administratives (art. R. 631-1 C. just. adm.).

SECTION II — L'INSTANCE

565 **Généralités. –** La demande en justice a pour effet essentiel de faire naître, entre les parties, une situation juridique nouvelle de nature procédurale que l'on appelle l'instance. Étymologiquement, le mot évoque l'idée d'une attente et en la circonstance, l'attente d'un jugement qui tranchera la contestation soumise au juge.

Durant tout le temps que durera l'instance, – un temps qui peut être de l'ordre de plusieurs mois, voire parfois de plusieurs années –, l'affaire sera instruite : les preuves seront rassemblées de part et d'autre, chacun construira son argumentation, élaborera ses moyens de fait ou de droit pour tenter d'emporter la conviction du juge, communiquera ses propres pièces, examinera celles de son adversaire, etc. Bref, un intense travail intellectuel aura lieu pour que l'affaire soit mise en état d'être jugée.

24. Cons. État, 4 juin 1976, *Soc. toulousaine immobilière, Rec. Lebon*, p. 303. – Sur les demandes reconventionnelles en droit administratif, cf. R. Chapus, 13e éd., nos 898 et s.

25. Notamment lorsque, devant une juridiction d'exception (un tribunal de commerce par exemple), le défendeur forme une demande reconventionnelle qui, par son objet, relève de la compétence d'une autre juridiction (du tribunal de grande instance, par exemple).

Toutes ces initiatives ne sont pas abandonnées à la fantaisie de chacun. Afin de conserver au débat judiciaire toute sa dignité et sa loyauté, des règles précises, – que l'on a l'habitude d'appeler des « règles de procédure » –, régissent l'instruction du procès. À cette place, il serait évidemment hors de propos d'entrer dans le détail de ces textes. Mais du moins peut-on dégager les grandes orientations qui les inspirent et qui caractérisent notre système judiciaire.

Dans cette perspective, on étudiera, en forme d'alternative :

§ 1. *La procédure accusatoire et la procédure inquisitoire.*

§ 2. *La procédure écrite et la procédure orale.*

§ 3. *La procédure contradictoire et la procédure par défaut.*

§ 4. *La procédure publique et la procédure secrète.*

§ 1. PROCÉDURE ACCUSATOIRE ET PROCÉDURE INQUISITOIRE

566 **Rôle du juge. –** Il est essentiel de savoir quel est exactement le rôle du juge au sein de ce rapport triangulaire que forment le juge et les deux parties en cause. En législation, on peut en effet imaginer deux types de procédure opposés selon les pouvoirs dont le juge se trouve investi : une procédure de type accusatoire ou une procédure de type inquisitoire.

a) La procédure est dite *accusatoire* lorsque la loi abandonne l'instruction de l'affaire à la diligence des parties (ou à celle des hommes de loi qui sont chargés de les représenter). Dans ce système, le juge joue le rôle effacé d'un arbitre qui ne recherche pas lui-même la vérité. Ce sont les plaideurs qui, chacun de leur côté, procèdent à l'instruction de leur propre cause, qui rassemblent tous les éléments de preuve de nature à justifier leurs prétentions respectives et qui, le moment venu, demanderont au juge de les départager[26]. Dans une procédure de ce type, le juge ne prend aucune initiative ; il reste sur une prudente réserve en attendant que les parties lui apportent les éléments nécessaires pour se forger une conviction. En un mot, il reste neutre, à la manière d'un arbitre qui compte les points au cours d'un match de tennis : il est, selon l'excellente expression de Tissier, « une sorte d'automate auquel on apporte des matériaux en vue d'en tirer un jugement »[27].

Cette conception peut paraître curieuse. Elle procède de l'idée que « le procès est la chose des parties » et que le juge est simplement à leur disposition pour les entendre lorsque l'une d'elles le souhaitera, et pour désigner celle des deux qui l'aura convaincu.

b) On dit au contraire que la procédure est *inquisitoire* (ou encore *inquisitoriale*) lorsqu'il appartient au juge de diriger lui-même l'instruction en vue de découvrir la vérité[28]. C'est à lui que revient le soin d'ordonner toutes les mesures

26. De là vient le mot « accusatoire » : les parties s'accusent mutuellement et le juge choisit entre les thèses respectives qui lui sont présentées.

27. Tissier fut un éminent spécialiste de la procédure civile du début du XXe siècle.

28. Le mot « inquisitoire » (du latin : *inquisitio* = enquête) vient de ce que, dans ce type de procédure, la vérité est découverte à travers une inquisition rigoureuse, éventuellement contre la volonté des parties.

d'instruction nécessaires (enquête, audition des parties, expertise, etc.), de prendre toutes les initiatives qui s'imposent et d'apprécier le moment venu si l'affaire est suffisamment instruite pour être en état d'être jugée. En d'autres termes, il est un véritable maître d'œuvre doté des pouvoirs les plus étendus pour faire éclater la vérité, au besoin contre le gré des parties en cause. Ce type de procédure s'inspire de l'idée que la justice est un service public et que le juge, dès lors qu'il est saisi, n'a plus à se soucier de ce que veulent ou souhaitent les parties.

c) Chacun des deux systèmes ainsi présentés a ses avantages et ses inconvénients et il ne saurait être question d'adopter l'un ou l'autre de façon exclusive et absolue. Tout au plus peut-on déceler, selon les époques et à travers les enseignements du droit comparé, tantôt une dominante accusatoire et tantôt une dominante inquisitoire. Et cela, en fonction d'éléments faciles à déceler. Si l'on place au premier plan le caractère privé des intérêts en cause, la tendance accusatoire l'emporte parce que les plaideurs, qui sont maîtres de leurs droits, doivent l'être également du procès qui a pour objet d'en assurer le respect. Si l'on estime au contraire que les intérêts de la société doivent l'emporter sur les intérêts privés, si légitimes soient-ils, le juge est alors doté de pouvoirs étendus pour que la vérité triomphe, que les intéressés le veuillent ou non ; et tout naturellement la procédure tend à devenir inquisitoriale. À l'arrière-plan de ce choix, il y a nécessairement une option de nature politique sur le rôle du juge.

De toute manière, il est facile de deviner que les solutions ne peuvent pas être les mêmes selon les contentieux. Il est en effet normal, compte tenu de leurs objectifs propres, que les solutions du contentieux privé (I) ne soient pas identiques à celles du contentieux répressif (II) et du contentieux administratif (III).

567 **I. Contentieux privé : déclin de la procédure accusatoire. –** Les rédacteurs du Code de procédure civile de 1806 avaient nettement pris parti en faveur du système accusatoire : le juge ne devait jouer dans le déroulement de l'instance que le rôle d'un arbitre ; la direction du procès appartenait aux plaideurs, ou tout au moins à leurs mandataires (avocats et avoués à l'époque).

Cette conception était le reflet judiciaire d'une société libérale : au même titre que l'autonomie de la volonté en matière contractuelle, elle était la manifestation de ce libéralisme qui caractérisa le XIXe siècle, et qui avait pour souci de ne pas tolérer l'immixtion d'un agent de l'autorité, si indépendant soit-il, dans des rapports de droit privé, sinon lorsqu'on le lui demandait et uniquement dans cette mesure. Certes, la justice est un service public, mais, disait-on, elle doit rester exclusivement à la disposition des plaideurs, lesquels doivent conserver la liberté de conduire leur procès comme ils l'entendent, au mieux de leurs intérêts respectifs.

En droit privé, cette conception n'est pas extravagante. Les parties peuvent avoir des raisons légitimes de ne pas tout révéler à leur juge et si, par une sorte d'assentiment réciproque, elles estiment préférable de ne pas lui soumettre certaines questions litigieuses qu'elles ont peut-être l'espoir de régler à l'amiable, au nom de quoi, si l'ordre public n'est pas en cause, le juge imposerait-il sa vérité contre leur gré[29] ? Sans même aller si loin, les parties peuvent simplement vouloir différer le jugement de la cause et instaurer une sorte de trêve qu'elles estiment plus favorable à leurs intérêts ou à leurs rapports d'affaires : nul ne saurait leur en faire reproche et le juge serait mal venu, sous prétexte de juger rapidement, de ne pas respecter leurs desseins.

Cette conception, il est vrai, ne va pas sans inconvénient et, dès la fin du XIXe siècle, elle fut assez vivement critiquée. On fit observer, non sans raison, que cette sorte d'indifférence du juge (on disait plus exactement, sa « neutralité ») favorisait les manœuvres dilatoires, ralentissait abusivement le cours de la justice et, ce qui est plus grave, risquait de livrer l'un des plaideurs à la discrétion d'un adversaire moins scrupuleux ayant uniquement pour souci de retarder l'issue du procès. Sensibles à cette considération parfaitement exacte, beaucoup d'auteurs, encouragés par certaines expériences étrangères (notamment en Allemagne et en Autriche), préconisèrent l'adoption d'un système où l'instruction ne serait plus abandonnée à la seule discrétion des parties et où le juge serait doté de pouvoirs plus étendus afin de mieux surveiller l'instruction du procès.

a) Le déclin commença avec le décret-loi du 30 octobre 1935 qui institua devant les tribunaux civils (à l'époque) le « *juge chargé de suivre la procédure* » dont le rôle était d'exercer une sorte de tutelle sur l'instruction des affaires. Trente ans plus tard, le décret du 13 octobre 1965 fit disparaître le juge chargé de suivre la procédure pour le remplacer par un juge doté de pouvoirs plus étendus que l'on appelle aujourd'hui, le « *juge de la mise en état* », parce que sa fonction essentielle est de faire en sorte que l'affaire soit rapidement mise en état d'être jugée. Désormais *la conduite de la procédure n'est plus abandonnée comme autrefois à la discrétion des parties* : le juge moderne peut impartir des délais pour conclure, délivrer des injonctions aux parties d'avoir à communiquer ou à produire certaines pièces. En un mot, le « calendrier » de l'affaire appartient, non plus aux parties, mais au juge lui-même.

b) Toutefois, il ne faudrait pas en déduire (comme on l'entend dire parfois) que la procédure civile est devenue inquisitoriale. La vérité est plus nuancée. Aujourd'hui comme hier, ce sont les parties elles-mêmes qui déclenchent le procès (art. 1er C. pr. civ.), sous réserve des prérogatives reconnues au ministère public, partie principale (*supra*, no 518). Ce sont elles qui délimitent discrétionnairement l'étendue de leur litige (art. 4 et 5 C. pr. civ.) : le juge ne peut jamais accorder plus qu'il n'a été demandé, ni s'immiscer dans des questions que les parties ne lui auraient pas soumises, ni même fonder sa décision sur des faits qu'elles n'auraient pas versés aux débats (art. 7 C. pr. civ.). Enfin, les parties ont l'entière liberté de mettre fin à l'instance par une conciliation, une transaction, un désistement ou un acquiescement, sans que le juge puisse s'y opposer. À tous ces points de vue, la procédure civile est restée accusatoire.

Et il est bon qu'il en soit ainsi. Il ne faut jamais oublier que, dans la procédure civile, *la matière du litige porte sur des intérêts privés dont les parties ont la maîtrise*. Cette même maîtrise doit se retrouver au niveau du débat judiciaire. Autant il

29. Un simple exemple : si deux époux en instance de divorce préfèrent ne pas révéler quelques infidélités réciproques et s'en tenir à de vagues injures pour justifier leur demande, il n'appartient pas au juge de s'ériger en censeur de la vie privée des époux, même au nom de la vérité.

est normal d'investir le juge de pouvoirs importants pour vaincre l'obstination d'un plaideur qui multiplierait les moyens de chicane, autant il importe de veiller à ce que le juge civil ne devienne pas le pourvoyeur d'une vérité abstraite contre le gré des parties, comme si le procès civil était une institution d'État.

568 **II. Contentieux répressif : procédure inquisitoriale. –** Dans les sociétés antiques (dans la Grèce classique notamment), la procédure pénale présentait tous les traits d'une procédure accusatoire qui se déroulait à la manière d'un procès entre la victime et l'auteur de l'infraction. Il appartenait à la victime de rassembler ses preuves pour établir la culpabilité de la personne poursuivie ; et, après avoir entendu cette dernière, le juge tranchait. Cette manière de procéder correspondait alors à une conception vindicative de la justice pénale : la victime demandait au juge de lui accorder le droit de se venger et d'arbitrer l'étendue de cette vengeance. Le procès pénal n'était pas autre chose qu'un substitut civilisé de la loi du talion.

a) La situation changea au XIIIe siècle avec l'apparition des tribunaux de l'Inquisition institués pour lutter contre les hérétiques. Il n'était plus question pour le juge d'arbitrer une vengeance. Le dessein était plus ambitieux : il s'agissait d'extirper l'hérésie au nom d'une vérité supérieure, afin de maintenir les droits de l'Église et l'intégrité de la foi[30]. Progressivement, cette nouvelle conception de la procédure pénale gagna les juridictions laïques, pour une raison facile à comprendre. Avec la naissance des États modernes, l'idée est apparue que la répression devait être conçue, non plus comme une vengeance privée au profit de la victime, mais comme un châtiment infligé par la collectivité publique en raison du trouble causé à l'ordre social dont l'État, seul, a la responsabilité. Dans cette perspective, il était normal que le procès pénal cessât d'être un procès entre la victime et l'auteur de l'infraction, pour devenir une affaire d'État qui intéresse d'abord et surtout l'ordre public.

Aussi bien, depuis le XVe siècle, la procédure pénale n'a-t-elle jamais cessé d'être une procédure de type inquisitorial. Celle-ci est conduite par un juge d'instruction aux pouvoirs étendus dont la mission est de rechercher toute la vérité, en procédant à des interrogatoires, à des auditions de témoins et au besoin à des perquisitions (*supra*, n° 182 et s.). Le désistement de la victime ou une éventuelle transaction entre cette dernière et l'auteur de l'infraction ne peut en aucune manière entraver l'action publique. Dans la mesure où l'infraction constitue une offense à la collectivité publique, il ne peut pas dépendre de la victime ou de la personne poursuivie que la vérité soit ou non découverte. L'ordre public exige que le coupable soit châtié et l'innocent relaxé. On mesure par là toute la différence avec le procès civil.

b) Cela étant dit, le véritable problème est d'éviter les excès que pourrait engendrer une telle procédure. L'histoire a démontré en effet qu'une procédure de type inquisitorial en matière pénale peut ouvrir la voie aux pires abus, au nom de la « raison d'État ». Faut-il rappeler qu'il fut un temps où, dans l'ancienne France,

30. On trouvera une description de ce que fut l'Inquisition, dans le livre de Zoé Oldenbourg, *Le bûcher de Montségur*, spéc. p. 293 et s., avec en outre une analyse des procédures utilisées, p. 305 et s. – On lira également avec intérêt, une étude de J. Chiffoleau, intitulée « Enquête sur l'Inquisition » publiée dans la revue *Les collections de l'Histoire*, janv.-mars 2005, p. 68 et s.

l'information pénale était conduite à l'insu de l'inculpé, où les aveux étaient obtenus par la torture (contre laquelle des auteurs, comme Beccaria et Voltaire, s'élevèrent avec une grande vigueur) et où, de surcroît, les témoins étaient entendus sans que la personne poursuivie soit en mesure de les contredire, avec pour conséquence des erreurs judiciaires dont l'histoire a gardé le triste souvenir ? Il est clair que les intérêts de la société ont pour limite nécessaire l'indispensable respect de la personne humaine, et plus spécifiquement la sauvegarde de ce que l'on appelle aujourd'hui les *droits de la défense*, c'est-à-dire un certain nombre de prérogatives irréductibles qui relèvent autant du droit positif que du droit naturel.

Toute l'histoire de la procédure pénale moderne est celle d'une constante évolution pour renforcer et mieux préciser les droits de la défense. De nombreuses réformes sont intervenues en ce sens. Parmi les droits de la défense aujourd'hui tenus pour fondamentaux, on retiendra à titre d'exemples : la réglementation relative à la garde à vue et à la mise en détention provisoire, et aux perquisitions, les règles strictes concernant l'interrogatoire de la personne poursuivie, laquelle peut toujours communiquer librement avec son conseil, la mise à disposition du dossier avant tout interrogatoire, la présomption d'innocence, etc.

Il résulte de ces développements que la procédure inquisitoire est sans doute la mieux adaptée au procès pénal. Mais elle ne peut être tolérée qu'aux prix d'une constante surveillance des droits de la défense.

569 **III. Contentieux administratif : procédure inquisitoriale. –** Le contentieux administratif a toujours présenté un caractère inquisitorial qui se manifeste à plusieurs points de vue[31]. D'une part, la *direction du procès* appartient au juge. Dès le dépôt de la requête, c'est à son greffe que revient le soin de la communiquer au défendeur et d'inviter chacune des parties à produire leurs mémoires respectifs dans un délai déterminé. De même, c'est lui qui, le moment venu, appréciera si l'affaire est suffisamment instruite pour être jugée. D'autre part et surtout, le juge dispose de très larges pouvoirs en ce qui concerne l'*administration des preuves*. Non seulement, il peut ordonner toutes les mesures d'instruction qui lui paraissent utiles, mais il peut en outre contraindre les parties (et généralement l'administration) à produire les pièces et documents dont la production aux débats lui semble nécessaire, avec la menace d'en tirer une présomption défavorable en cas de refus.

De solides raisons peuvent expliquer le caractère inquisitorial de la procédure administrative que personne n'a jamais cherché à contester.

a) Il y a d'abord un certain *état d'esprit* qui tient à ce que le juge administratif est très proche de l'administration active dont souvent il est issu (*supra*, n° 361) ; à cause de cela, la mentalité de l'administrateur subsiste au sein des juridictions administratives.

b) Il faut dire, en second lieu, que le juge administratif y est d'autant plus enclin que par définition la *matière litigieuse concerne l'administration*, et donc des questions qui touchent à l'intérêt général. De ce fait, la recherche de la vérité se fait plus impérieuse, et le juge administratif est libéré des réticences que peut éprouver un juge de l'ordre judiciaire qui se prononce sur des intérêts privés (*supra*, n° 567).

31. R. Chapus, 13e éd., nos 958 et s.

c) Enfin, une dernière considération ne doit pas être oubliée : c'est le *caractère inégalitaire* du contentieux administratif. Devant les juridictions de l'ordre judiciaire, les parties en cause se présentent en principe à armes égales ; chacune d'elles produit ses preuves et le juge tranche. Devant les juridictions administratives, la situation est différente : très souvent, le demandeur se trouve aux prises avec une administration toute-puissante qui détient les dossiers, les pièces et les documents ; le demandeur, en un mot, est souvent un administré démuni. Tout naturellement, le juge administratif est alors porté à sortir de sa stricte neutralité pour compenser cette inégalité spécifique à ce contentieux. Ainsi s'expliquent les pouvoirs importants dont il dispose en ce qui concerne l'administration des preuves.

En dernière analyse, le caractère inquisitorial de la procédure administrative, loin d'être une sorte de privilège réservé à l'administration, apparaît au contraire comme une *meilleure protection de l'administré* dont les intérêts risqueraient d'être injustement compromis si le juge administratif n'était qu'un simple arbitre.

§ 2. PROCÉDURE ÉCRITE ET PROCÉDURE ORALE

570 **Généralités. –** Cette distinction repose sur l'importance respective de la parole et de l'écrit dans les différents contentieux[32]. On dit d'une procédure qu'elle est écrite, lorsque le juge ne peut être saisi des demandes et moyens des parties autrement que par des actes écrits que l'on appelle, selon le cas, des conclusions ou des mémoires.

À l'inverse, on dit d'une procédure qu'elle est orale lorsque les écritures sont superflues et que le juge statue en fonction des déclarations verbales des parties à la barre du tribunal.

Chacun de ces deux systèmes a ses mérites et ses inconvénients.

a) La *procédure écrite* a le mérite de la précision : grâce à l'écrit, on sait exactement ce dont le tribunal a été saisi ; et lorsqu'il s'agit d'un litige de nature technique (un examen des comptes, par exemple), la procédure écrite s'impose souvent comme une nécessité. Elle réalise en outre un gain de temps pour le tribunal qui échappera aux longues explications verbales répétitives. Elle évite enfin les effets de surprise du dernier moment, chacune des parties ayant le loisir d'examiner les écrits de son adversaire.

On lui reproche en revanche son caractère bureaucratique et impersonnel : elle est, pourrait-on dire, une « justice froide » qui risque de déshumaniser le litige.

b) La *procédure orale* présente les avantages et les inconvénients inverses. Elle pèche par son imprécision, au point qu'il est parfois difficile de savoir exactement sur quoi ont porté les débats et, indirectement, quelle est l'étendue de la chose jugée. Mais elle a le mérite de la simplicité. Lorsque la procédure doit s'exprimer dans des écrits, le concours d'un mandataire pour les rédiger (d'un avocat notamment) devient à peu près inévitable. Avec la procédure orale, on échappe à cette

32. Le XIVe colloque des Instituts d'études judiciaires qui s'est tenu à Reims, en 1982, avait pour thème « *La parole et l'écrit en droit judiciaire* » (les travaux de ce colloque ont été publiés, en 1985, par les Presses Universitaires de Reims).

nécessité, et c'est pourquoi elle est généralement présentée comme étant de nature à favoriser l'accès direct à la justice dans des conditions à la fois plus simples et moins onéreuses.

Cela dit, il serait vain de fixer son choix dans l'abstrait, de façon absolue. En réalité, aucun système de procédure n'est exclusivement oral ni exclusivement écrit : dans tous les contentieux la parole et l'écrit se combinent mutuellement, mais à des degrés différents. C'est précisément ce qu'il faut maintenant examiner.

571 **I. Contentieux privé.** – Les deux systèmes coexistent, dans des conditions variables selon les juridictions[33].

a) Devant les *juridictions de droit commun* (tribunal de grande instance et cour d'appel), la procédure est écrite, en ce sens que les parties doivent faire connaître leur argumentation, et le cas échéant leurs demandes nouvelles, dans des actes écrits que l'on appelle des « conclusions »[34] : une demande présentée oralement ne saisirait pas le juge. Mais toute oralité n'est pas exclue pour autant. À l'issue de l'instruction, se tient une audience consacrée aux plaidoiries, où chacune des parties plaide sa cause ; et c'est là souvent un moment capital où excellent les avocats.

Il faut savoir toutefois que, depuis un décret du 28 décembre 2005, les avocats peuvent renoncer au débat oral. Dans ce cas, l'oralité du procès civil aura vécu et le jugement sera finalement rendu sur les pièces du dossier. Sans doute cette solution suppose-t-elle l'accord unanime des parties (ou plus exactement de leurs avocats). Mais si on leur laisse entrevoir que l'affaire ne pourra pas venir à l'audience des plaidoiries avant de longs mois, il y a tout lieu de penser que, dans les affaires simples tout au moins, les parties pourront se laisser tenter par cette formule expéditive.

b) En revanche, devant les *juridictions d'exception*, la procédure est spécifiquement orale : non seulement les conclusions ne sont pas obligatoires, mais le tribunal peut toujours être saisi d'un moyen de fait ou de droit sous la forme d'une simple déclaration verbale à la barre. La raison est facile à deviner : le vœu du législateur étant que les plaideurs se présentent eux-mêmes, en personne, la nécessité de rédiger des écrits (ce qui implique un minimum de connaissances juridiques), irait à l'encontre de ce but et risquerait d'entraver le libre accès à une justice qui se veut économique et exempte de formalisme. Cependant, d'importants infléchissements ont été apportés au principe de l'oralité par le décret n° 2010-1165 du 10 octobre 2010 et, pour la procédure devant le conseil de prud'hommes, par le décret n° 2016-660 du 20 mai 2016.

c) Reste la *Cour de cassation* : devant cette haute juridiction, la procédure est essentiellement écrite. La Cour statue en effet sur des « mémoires » déposés par chacune des parties, et aucun moyen ne peut être pris en considération s'il n'a pas été invoqué par écrit. En fait, la Cour de cassation ne voit jamais les parties en personne : elle juge sur pièces. La procédure écrite est même poussée à son point

33. P. Hébraud, « L'élément écrit et l'élément oral dans la procédure civile », in *Études de droit contemporain*, p. 341 et s.

34. L'expression est curieuse. Elle date du temps où les parties échangeaient des écritures entre elles et où, quand tout avait été dit, elles faisaient connaître au tribunal leurs « conclusions » (au sens étymologique du terme). De nos jours, il n'en est plus ainsi : les parties déposent directement leurs écritures au greffe du tribunal, après les avoir signifiées à l'adversaire, et il n'est pas rare que celui-ci soit saisi de plusieurs jeux de « conclusions successives ».

extrême puisque les avocats aux conseils (qui ont rédigé les mémoires) ne plaident que très rarement ; et quand ils le font, c'est uniquement pour de brèves explications sur les moyens invoqués dans leurs mémoires. Il faut en chercher la raison dans le rôle très particulier de la Cour de cassation qui est juge du droit et non point juge du fait (*supra*, n°s 222 et s.) : à cause de cela les discussions revêtent un caractère de haute technicité juridique incompatible avec un débat exclusivement oral.

572 **II. Contentieux répressif. –** En matière pénale, l'élément écrit et l'élément oral coexistent également, mais de manière successive.

a) Dans tous les cas où il y a lieu de procéder à une *instruction préparatoire* (*supra*, n° 178), l'écrit occupe une place prépondérante pour la raison très simple que la fonction du juge d'instruction est de réunir tous les éléments d'un dossier qui ensuite seront utilisés par la formation de jugement au moment où elle devra prendre sa décision. Les témoignages recueillis, les déclarations de la personne mise en examen et, d'une manière plus générale, tous les actes de l'instruction sont donc nécessairement consignés dans des actes écrits, que l'on appelle des procès-verbaux ou des rapports.

Devant la chambre de l'instruction, la solution est plus nuancée. Le législateur moderne s'est efforcé d'atténuer le caractère écrit de l'instruction préparatoire, en y introduisant des éléments d'oralité. Ainsi, les avocats des parties peuvent présenter des observations orales sommaires (art. 199 C. pr. pén.). Sans doute, ne s'agit-il pas de plaidoiries ; mais du moins peuvent-ils être entendus afin de souligner éventuellement les contestations auxquelles l'instruction préparatoire aurait pu donner lieu. Ce qui constitue un indéniable progrès.

b) En revanche, devant les *juridictions de jugement*, le principe de l'oralité reprend toute sa suprématie : le prévenu (ou l'accusé) est interrogé à l'audience, les témoins sont entendus oralement sans qu'ils puissent s'aider d'aucune note[35], les experts exposent verbalement les conclusions de leur rapport (sauf exceptionnellement l'utilisation de certains documents techniques ; art. 168 C. pr. pén.). Enfin et surtout, les plaidoiries ont une importance essentielle : dans certaines affaires graves, elles peuvent durer plusieurs heures.

Plus spécialement devant la *cour d'assises*, le principe de l'oralité atteint son plus haut degré. Ainsi il est interdit à la cour d'emporter dans la salle des délibérations le dossier de l'affaire (art. 347 C. pr. pén.) ; tout au plus, s'il apparaît nécessaire de consulter une pièce, le président peut-il demander que le dossier soit communiqué à la cour, mais c'est alors en présence du ministère public ainsi que des avocats de l'accusé et de la partie civile.

À ce stade de la procédure, l'importance de l'oralité ne doit pas surprendre. Dans une affaire où se jouent l'honneur et la liberté d'un homme, on ne veut pas que la juridiction répressive statue simplement sur les pièces d'un dossier. Les réactions humaines et les réalités du drame ont une trop grande importance pour négliger délibérément tous les éléments qui peuvent résulter d'une confrontation verbale.

35. Toutefois le président peut exceptionnellement autoriser le témoin à s'aider de certains documents, même devant la cour d'assises (art. 331, C. pr. pén.).

573 **III. Contentieux administratif. –** Traditionnellement, la procédure administrative a toujours été considérée comme une procédure écrite, en ce sens que le juge administratif statue sur des actes écrits, appelés des « mémoires », déposés par chacune des parties intéressées. Aucun moyen ne peut être présenté oralement : ainsi que le répète constamment le Conseil d'État, *la juridiction administrative ne peut être saisie d'un moyen que sous la forme d'un mémoire écrit*[36].

Comment expliquer cette particularité ? On l'a parfois présentée comme une garantie de bonne justice, au motif qu'elle rend toute surprise impossible[37]. L'explication n'est pas suffisante. L'oralité peut, elle aussi, constituer une garantie de bonne justice : l'exemple des juridictions pénales en est la meilleure preuve. En réalité, la justification doit être recherchée dans la nature propre du contentieux administratif.

a) D'abord, il y a ce fait que les juridictions administratives sont issues de l'administration. Or, par définition, l'administration prend ses décisions au vu des pièces d'un dossier et rarement après avoir entendu les explications orales des intéressés[38].

b) Ensuite, la technicité même de ce contentieux incline à préférer l'écrit, à la fois plus sûr et plus précis. Les considérations humaines et personnelles (qui atteignent leur apogée dans le contentieux répressif) ne sont certes pas négligeables devant les juridictions administratives, mais elles sont loin d'avoir la même ampleur. Cette dernière observation est spécialement vraie dans le contentieux de l'excès de pouvoir où le recours est dirigé, moins contre un adversaire, que contre l'acte lui-même dont on demande l'annulation pour cause d'illégalité. Le « procès », dans la mesure où il est fait à l'acte beaucoup plus qu'à une personne, prend de ce fait un caractère impersonnel plus facilement compatible avec une procédure écrite.

Toutefois, depuis quelques années, on peut déceler l'émergence d'une certaine oralité qui est loin d'être négligeable et qu'il faut sans doute attribuer au fait que le caractère juridictionnel de la procédure administrative l'emporte sur le vieil esprit administratif du temps passé. Ainsi, après le prononcé des conclusions du rapporteur public, les parties (ou leurs avocats) peuvent prendre la parole à l'audience pour présenter des observations orales destinées simplement à commenter les mémoires déposés, sans rien y ajouter (art. R. 732-1 C. just. adm.). En un mot, l'oralité gagne du terrain.

§ 3. PROCÉDURE CONTRADICTOIRE ET PROCÉDURE PAR DÉFAUT

574 **Vue d'ensemble. –** Dans l'immense majorité des cas, les parties comparaissent devant leur juge et accomplissent les actes nécessaires pour que l'affaire puisse être mise en état d'être jugée : on dit que la procédure est contradictoire. Mais pour qu'il en soit ainsi, encore faut-il qu'ait été respecté le principe essentiel de la *contradiction*, sinon le jugement serait entaché de nullité (A).

36. Cons. État, 5 janv. 1962, Rietsch, *Rec. Lebon*, p. 11 ; Cons. État, 3 avr. 1981, Bourgade, *Rec. Lebon*, p. 181.

37. Laferrière, *Traité de la juridiction administrative et des recours contentieux*, t. I, p. 331. – Laferrière a été (avec Hauriou) l'un des grands théoriciens de la juridiction administrative au début du XXe siècle.

38. Cette idée transparaît à travers plusieurs arrêts du Conseil d'État : Cons. État, 27 avr. 1996, *Dionnet, Rec. Lebon*, p. 290 ; Cons. État, 6 févr. 1981, *Zmiro, Rec. Lebon*, p. 72.

Il peut arriver toutefois que l'une des parties – généralement le défendeur sinon toujours du moins le plus souvent –, ne se présente pas. Dans ce cas, on dit qu'il y a *défaut* ; ce qui soulève un problème très particulier sur lequel il conviendra d'insister (B).

A. PRINCIPE DE LA CONTRADICTION

575 **La contradiction, principe fondamental du droit.** – En principe, tout jugement est le résultat d'une confrontation entre chacune des parties en cause, lesquelles doivent être en mesure de discuter et de contredire les prétentions, les moyens et les arguments qui leur sont opposés. Ainsi le veut une administration de la justice saine et loyale. Si le juge était admis à se prononcer sur les seuls moyens invoqués par l'une des parties, sans que la possibilité ait été offerte à son adversaire de les contredire, il serait à craindre que la décision du juge ne soit faussée et, pour tout dire, orientée dans un sens favorable à celui qui a été entendu. Par définition, l'œuvre de justice est une œuvre de confrontation.

Ce principe est peut-être l'un des plus fondamentaux de tous[39]. Il est une garantie élémentaire de loyauté sans laquelle la justice ne serait qu'un simulacre. À ce titre, la contradiction a toujours été considérée comme une règle de droit naturel : déjà d'ailleurs Sénèque et Aristophane y faisaient allusion.

Pour cette raison, le principe de la contradiction est un principe de *portée générale*.

a) Il est applicable *devant toutes les juridictions*. Plusieurs textes y font référence : (art. 14 à 17 C. pr. civ. ; art. L. 5 C. just. adm.). Mais il ne fait aucun doute que le principe de la contradiction est une exigence fondamentale applicable au titre des principes généraux du droit, sans qu'il soit besoin d'un texte spécial pour en imposer l'obligation[40].

b) Ce principe est destiné à sauvegarder les intérêts de toutes les parties en cause : non seulement les intérêts du *défendeur*, mais également ceux du *demandeur*.

On a parfois tendance à l'oublier du fait que, pour exprimer ce principe, on parle souvent du *« respect des droits de la défense »* dont la formulation a été visiblement empruntée au contentieux répressif. Il est exact que dans le contexte inquisitorial qui caractérise ce contentieux (*supra*, n° 568), avec un demandeur qui est omniprésent en la personne du ministère public, le principe de la contradiction a essentiellement pour objectif de sauvegarder les intérêts du prévenu, (ou de l'accusé) qui joue le rôle de défendeur à l'action publique ; de là, une identification assez naturelle du principe de la contradiction au respect des droits de la défense. Mais, devant les juridictions du contentieux privé et du contentieux administratif, le schéma est différent et il faut alors se garder d'une assimilation qui pourrait devenir trompeuse dans la mesure où elle donnerait à penser que seul le défendeur doit être protégé. En réalité, *le principe de la contradiction protège indifféremment toutes les parties au procès, quelle que soit leur position à l'instance*. Et si, par exemple, un défendeur se prévaut d'un moyen de défense pour faire échec à la prétention du demandeur, le

39. V. M.-A. Frison-Roche, *Généralités sur le principe du contradictoire*, Th. dactyl., Paris II, 1988 ; L. Ascensi, *Du principe de la contradiction*, LGDJ, 2006 ; L. Miniato, *Le principe du contradictoire en droit processuel*, LGDJ, 2008.

40. Le Conseil d'État a rappelé cette exigence à plusieurs reprises, avant même que les textes n'y fassent expressément référence : Cons. État, 12 mai 1962, *Soc. La Huta, Rec. Lebon*, p. 313 ; Cons. État, 16 janv. 1976, *Gate Peyrimont*, Dreyfus, *Rec. Lebon*, p. 39 et s.

principe de la contradiction veut que ce dernier soit lui aussi à même d'y répondre. Alors, parlons si l'on veut du « respect des droits de la défense », mais à condition de bien préciser que, par « défense », il faut entendre toute partie à l'instance qui se voit opposer un moyen de nature à faire obstacle à sa prétention, fût-il demandeur. Voilà pourquoi il paraît plus simple et moins trompeur de parler, comme les textes eux-mêmes, du principe de la contradiction, dont le respect des droits de la défense est l'un des aspects.

c) Le principe de la contradiction s'impose enfin au *juge* lui-même qui non seulement a le devoir de veiller à ce que chacune des parties soit en mesure de répondre à son adversaire, mais qui, en outre, doit soumettre à la contradiction des parties tout moyen nouveau qu'il viendrait à découvrir (*infra*, n° 579).

En réalité, comme tout principe général qui prend l'allure d'une évidence, la difficulté majeure réside dans sa mise en œuvre, l'essentiel étant de savoir ce qui doit être fait pour qu'un tel principe soit respecté dans sa lettre et dans son esprit ; et cela aux différentes phases de la procédure : au moment de l'introduction de l'instance (I), au cours de l'instruction (II), lors des débats oraux (III) et, enfin, au moment de l'élaboration de la décision (IV).

576 **I. Introduction de l'instance. –** Le défendeur doit être régulièrement informé du procès dirigé contre lui pour être en mesure de se défendre. Devant quelque juridiction que ce soit, on ne saurait admettre qu'un procès puisse être engagé à l'insu du défendeur.

a) Il en résulte que le défendeur doit avoir été régulièrement « appelé » (rapp. art. 14 C. pr. civ.) : toute assignation ou convocation délivrée dans des conditions irrégulières, de nature à laisser planer un doute sur la connaissance que son destinataire a pu avoir du procès dirigé contre lui, est entachée de nullité.

b) Mais cette première condition ne suffit pas : encore faut-il que le défendeur ait été prévenu suffisamment à temps pour être à même d'organiser sa défense ; de là, l'exigence d'un délai minimum que l'on a coutume d'appeler un *« délai de comparution »* dont la durée est variable selon les contentieux. Ainsi, devant les juridictions civiles, commerciales et sociales, toute assignation ou convocation doit être délivrée en principe quinze jours au moins avant la date de l'audience : si ce délai n'était pas respecté (si par exemple, l'assignation était délivrée moins de quinze jours avant l'audience), les droits de la défense seraient compromis.

577 **II. Instruction. –** Durant cette phase de la procédure au cours de laquelle les preuves sont rassemblées en vue du jour où l'affaire sera appelée à l'audience pour être jugée, le principe de la contradiction impose certaines obligations.

a) Devant les *juridictions du contentieux privé* et devant les *juridictions administratives*, la question n'a jamais fait le moindre doute. En application de ce principe, les mesures d'instruction (enquête, expertise, etc.) doivent se dérouler en présence des parties et, en outre, les procès-verbaux, avis ou rapports doivent leur être communiqués (art. 15 C. pr. civ. ; art. R. 611-1 C. just. adm.). De même, les pièces, conclusions ou mémoires produits par chacune des parties doivent être communiqués à l'adversaire afin que celui-ci puisse les examiner et les critiquer ; et, bien entendu, toutes ces communications doivent avoir lieu en temps utile, pour que l'adversaire ne soit pas surpris au dernier moment[41].

41. Sur les modalités pratiques dans le contentieux administratif, cf. R. Chapus, 13e éd., nos 960 et s.

b) En revanche, *la contradiction au niveau de l'instruction pénale a toujours suscité des problèmes*. Cela peut paraître surprenant. On explique généralement cette singularité en soulignant que l'instruction du procès pénal est une phase extérieure au procès lui-même : à ce stade de la procédure, où le seul objectif est la recherche des preuves dans un contexte parfois difficile, n'est-il pas à craindre que la contradiction ne compromette cette recherche, alors que de toute manière un tel débat aura lieu devant la formation de jugement ?

Cette conception traditionnelle, généralement associée au caractère inquisitoire de la procédure pénale, a été vivement critiquée. Et de fait, il est hasardeux de prétendre que l'accusé (ou le prévenu) sera suffisamment protégé par la faculté qu'il aura de discuter plus tard, au moment où l'affaire viendra à l'audience, toutes les preuves qui auront été rassemblées contre lui. Dans bien des cas, les pièces de l'instruction pèsent d'un poids très lourd devant la formation de jugement et il est parfois bien tard pour en discuter la portée à l'audience.

Ces critiques ont été partiellement entendues par le législateur moderne qui s'est efforcé d'organiser une amorce de contradiction[42]. Ainsi, devant le juge d'instruction : si une expertise a été ordonnée, la personne poursuivie peut prendre connaissance des conclusions de l'expert et formuler toutes observations à leur sujet (art. 167 C. pr. pén.). Ajoutons, surtout, le droit d'accès au dossier et celui de demander des actes au juge (art. 81 et s. ; art. 114 et s. C. pr. pén.). Par ailleurs, devant la chambre de l'instruction, et depuis la réforme de la procédure pénale en 1958, les parties, avisées de la date de l'audience, sont admises à prendre communication du dossier, à déposer un mémoire et à présenter des observations (art. 197 et s. C. pr. pén.).

Comme on peut le constater, en matière pénale, la contradiction n'est plus totalement évincée de cette phase préparatoire.

578 **III. Débats oraux. –** Par définition, les débats oraux sont le lieu privilégié de la contradiction. Il en est ainsi dans tous les contentieux.

Le président, auquel appartient la police de l'audience, doit susciter et animer la contradiction en invitant les parties (ou leurs avocats) à s'expliquer sur certains points particuliers. De toute manière, il doit veiller à ce que chacune des parties ait pu s'expliquer également, sans privilégier l'une au détriment de l'autre.

Il peut arriver toutefois qu'après la clôture des débats l'une des parties éprouve le besoin de fournir de nouvelles explications au moyen d'une note écrite que l'on appelle une *« note en délibéré »* (parce qu'elle est remise au président du tribunal, après la clôture des débats, à un moment où l'affaire est en délibéré). Mais, dans ce cas, pour que le principe de la contradiction soit respecté, il est indispensable que la note soit communiquée à la partie adverse, afin que celle-ci puisse y répondre le cas échéant[43].

42. Levasseur, « Vers une procédure d'instruction contradictoire », *Rev. sc. crim.* 1959, p. 297 et s. ; Pradel, « La montée des droits du délinquant au cours de son procès », in *Mélanges Larguier*, p. 223.

43. Sur la note en délibéré dans le contentieux administratif : Cons. État, 12 juill. 2002, *D.* 2002, IR 2916.

579 **IV. Élaboration de la décision. –** À ce stade ultime de la procédure, le principe de la contradiction impose de nouvelles contraintes, spécialement au juge qui doit prendre garde aux éléments dont il peut faire état pour justifier sa décision.

D'abord, le tribunal ne peut pas fonder son jugement sur des pièces, documents, conclusions ou mémoires qui n'auraient pas été préalablement communiqués à toutes les parties en cause[44].

Ensuite, dans le même ordre d'idées, le juge ne peut pas davantage faire état d'éléments qui seraient parvenus à sa connaissance au moyen d'*investigations personnelles*, en marge des procédures légalement organisées. On en trouve des exemples dans tous les contentieux : dans le contentieux privé[45], dans le contentieux répressif[46] et dans le contentieux administratif[47]. Dans toutes ces hypothèses, ce qui est reproché au juge, c'est d'avoir fondé sa décision sur certains éléments qui n'avaient pas été soumis à la contradiction des parties.

Enfin, si le juge se propose de *relever d'office un moyen de droit*, – si par exemple, il entend faire état d'un texte que les parties n'ont pas pensé à invoquer –, il doit d'abord soumettre ce moyen à la contradiction des parties en les invitant à faire connaître leurs observations. On ne veut pas que le juge puisse rendre une décision fondée sur des moyens de droit dont les parties n'auraient pas eu connaissance et n'auraient pas été à même de contredire. Cette ultime conséquence du principe de la contradiction est aujourd'hui formellement consacrée devant les juridictions du contentieux privé, dans l'article 16 du Code de procédure civile[48], et devant les juridictions administratives, par l'article R. 611-7 C. just. adm.[49].

B. LE « DÉFAUT »

580 **Difficulté du problème. –** On dit d'une partie qu'elle fait défaut lorsqu'elle ne comparaît pas ou ne se fait pas représenter, ou encore, en matière administrative, lorsqu'elle ne défère pas aux injonctions du juge dans les délais fixés. Cette situation pose un très sérieux problème.

44. Cons. État, 13 déc. 1968, Ass. des propriétaires de Champigny-sur-Marne, *Act. jur. dr. adm.* 1969.180, note Homont, *RDP* 1969.512, note Waline (contentieux administratif) ; Cass. crim., 9 févr. 1982, *Bull. crim.* n° 47 (contentieux pénal) ; Cons. État, 23 févr. 1979, Arquin, *Rev. prat. dr. adm.* 1979, n° 139 (en matière disciplinaire : décision fondée sur un grief non communiqué à l'intéressé).

45. Cass. soc., 22 juin 1951, *Bull. civ.* 1951.IV, n° 515, p. 366 : à propos d'un litige sur l'évaluation d'un fermage, cet arrêt a censuré le jugement d'un tribunal paritaire de baux ruraux qui, pour justifier sa décision, avait fait état de ce que l'un des assesseurs connaissait personnellement les prix des baux agricoles de la région.

46. Cass. crim., 15 déc. 1970, *Gaz. Pal.* 1971.1.82 (information communiquée officieusement au tribunal par un commissaire de police).

47. Cons. État, 13 déc. 1968, précité.

48. Sur les tergiversations auxquelles ce texte donna lieu, cf. H. Solus et R. Perrot, *Droit judiciaire privé*, t. 3, n°s 118 et s. ; Cass. ch. mixte, 10 juill. 1981, *D.* 1981.637, *Rev. trim. dr. civ.* 1981.905, obs. R. Perrot.

49. Cette solution n'a été introduite dans le contentieux administratif que par un décret n° 92-77 du 22 janv. 1992. – Sur la jurisprudence antérieure du Conseil d'État, cf. Cons. État, 29 janv. 1958, *Vincent, Rec. Lebon*, p. 47 ; Chapus, 13e éd., n°s 962 et s.

D'un côté, il est clair que la mauvaise volonté d'une partie ne peut pas interrompre le cours de la justice : il serait trop facile de se dérober à un jugement que l'on redoute, simplement en faisant défaut.

Mais d'un autre côté, il faut se souvenir que toute bonne justice implique la contradiction : si le juge n'entend qu'un seul plaideur, il n'a de l'affaire qu'une vision tronquée et orientée dans un certain sens. On est tenté de répondre que c'est aux risques et périls du défaillant. La réponse est trop simple, car certains défauts n'ont pas toujours pour origine la mauvaise volonté de celui qui ne comparaît pas (par exemple : la maladie ou l'ignorance du procès).

En présence de ce dilemme, il n'est pas surprenant que les solutions aient évolué dans le temps, selon que l'on privilégie l'un ou l'autre de ces deux impératifs. L'histoire nous révèle que, pour résoudre cette difficulté, trois procédés ont été imaginés au cours des temps : ils seront présentés successivement.

581 **I. La contrainte. –** Historiquement, c'est le procédé le plus ancien. En droit romain, à une époque où le formalisme de la procédure rendait indispensable la présence des parties pour qu'un jugement puisse être rendu, le législateur n'hésitait pas à recourir à des moyens coercitifs, pour obliger les parties à se présenter devant leur juge, au besoin par la force[50]. Assez vite toutefois, ce procédé rudimentaire fit place à des moyens indirects de contrainte : telle l'autorisation donnée au demandeur comparant d'entrer en possession des biens de son adversaire réputé *indefensus*. De son côté, le droit canonique avait imaginé toute une gamme de sanctions pouvant aller jusqu'à l'excommunication, en raison de l'offense faite au juge par celui qui refusait de déférer à l'ordre de comparution.

À notre époque, tous ces procédés paraissent d'un autre âge. Et de fait, ils sont exclus aujourd'hui devant les juridictions civiles et commerciales, ainsi que devant les juridictions administratives. En revanche, ils subsistent toujours en matière pénale. La notion de « prise de corps » est inhérente à la justice répressive ; et l'on sait que le juge d'instruction a la possibilité de délivrer soit un mandat d'amener, soit un mandat d'arrêt pour contraindre le défaillant à se présenter devant la justice (*supra*, n° 182).

582 **II. Perte du procès par le défaillant. –** Un autre procédé consiste à *assimiler le défaut à un aveu*, en décidant par exemple que si le demandeur ne se présente pas, sa demande sera rejetée de plein droit, ou que, en sens inverse, si le défendeur fait défaut, la prétention de son adversaire sera automatiquement reconnue fondée. Après tout, si une partie ne comparaît pas ou ne présente pas ses moyens, n'est-ce pas la meilleure preuve qu'elle n'a rien à dire ?

a) Devant les juridictions administratives. – Reprenant une solution traditionnelle[51], les nouveaux textes du Code de justice administrative font produire au défaut de production des mémoires des conséquences particulièrement énergiques. Si le requérant n'a pas produit son mémoire dans le délai imparti et au plus tard avant la clôture de l'instruction, il est réputé s'être *désisté* de son recours

50. Le droit romain avait organisé une procédure, – dite de l'*obtorto collo* –, qui consistait à obtenir l'autorisation de traîner le défaillant « par le col » (d'où le nom donné à cette procédure) pour l'obliger à se présenter devant le juge.

51. Cons. État, 22 juill. 1936, *Farges, Rec. Lebon*, p. 833.

(art. R. 611-22, al. 2, et R. 612-5) ; ce qui veut dire concrètement, lorsque l'exercice du recours est enfermé dans un délai très bref, que l'acte qu'il a attaqué échappe désormais à toute critique. Et inversement, si la partie défenderesse n'a pas produit son mémoire en défense, elle est réputée avoir *acquiescé* à l'exactitude des faits allégués par le requérant (art. R. 612-6 C. just. adm.) ; avec cette conséquence pratique que la négligence d'une administration défenderesse suffit pour que les critiques dirigées par le requérant contre l'acte attaqué soient tenues pour exactes.

Ces différentes solutions méritent réflexion. Leur automatisme peut dans certains cas aboutir à des solutions fâcheuses. Si par exemple, un acte est entaché d'une illégalité grave, il est peu satisfaisant de le tenir pour valable simplement parce que le requérant qui l'avait attaqué n'a pas déposé son mémoire en temps utile. Et inversement, il est non moins singulier d'annuler un acte sur le seul fondement des allégations du requérant, au seul motif que l'administration n'a pas présenté ses observations. Aussi bien, la jurisprudence du Conseil d'État, parfaitement consciente de ces risques, s'est-elle efforcée d'en corriger l'automatisme. Il est admis aujourd'hui que la carence du requérant n'est assimilable à un désistement que si, du fait de l'absence de mémoire, le juge administratif se trouve dans l'impossibilité de statuer[52]. Et en sens inverse, il a été décidé que l'acquiescement présumé de la partie défenderesse ne concernait que la réalité des faits allégués par le requérant et qu'il n'entravait donc en aucune manière la liberté d'appréciation du juge quant aux conséquences de droit à en tirer[53]. Allant plus loin, il a même été admis que le juge administratif conservait en pareil cas le droit de vérifier si l'exactitude des faits n'était pas démentie par les pièces du dossier[54].

b) Devant les juridictions de l'ordre judiciaire. – La solution est totalement différente : *le défaut n'équivaut jamais ni à un désistement, ni à un acquiescement.* Il s'ensuit que la carence d'une partie ne dispense pas le juge d'instruire l'affaire avec le même scrupule que si le débat était contradictoire et de rechercher si la prétention dont il est saisi est tout à la fois recevable et bien fondée (art. 472 C. pr. civ.). À la limite, rien n'interdirait au juge de donner gain de cause à une partie défaillante ou, en matière pénale, de relaxer un prévenu qui n'a pas comparu. La jurisprudence de la Cour de cassation se montre très ferme sur ce point : elle censure impitoyablement toute décision qui donnerait systématiquement tort à la partie défaillante au seul motif que le défaut laisse présumer qu'elle n'avait aucun argument sérieux à faire valoir[55]. En d'autres termes, le défaut est dépouillé de toute idée de sanction. Cette conception libérale, qui peut surprendre, procède de l'idée qu'un défaut n'est pas nécessairement répréhensible et que, en tout cas, il serait injuste de faire porter la sanction sur le fond du droit.

Est-ce à dire que, dans les faits, ce principe est toujours parfaitement suivi ? Il est bien certain que le défaut risque d'indisposer le juge et de l'inciter à se montrer plus sévère à l'égard de la partie défaillante : l'essentiel pour le juge est d'être suffisamment habile pour ne pas le laisser transparaître dans les motifs de sa décision. Cette observation se vérifie principalement en matière

52. Cons. État, 6 janv. 1967, *JCP* 1967.II.15013.

53. Cons. État, 24 févr. 1954, *Mellon, Act. jur. dr. adm.* 1955.II.322, note Copper-Royer.

54. Cons. État, 2 nov. 1960, *Legros, Rec. Lebon*, tabl. p. 1092 ; Cons. État, 19 avr. 1985, *Fédération nationale des syndicats autonomes ens. sup., Rev. Lebon*, p. 104.

55. Cass. 2e civ., 1er oct. 2009, pourvoi n° 08-19489 ; Cass. 2e civ., 11 mai 2010, pourvoi n° 09-14191.

pénale où très souvent le juge condamne le défaillant assez lourdement, ne serait-ce que pour l'inciter à former opposition et à venir s'expliquer contradictoirement.

583 **III. Organisation d'une voie de recours spéciale : l'opposition. –** Si l'on tient la contradiction pour une garantie essentielle de bonne justice, ne conviendrait-il pas d'offrir au défaillant précédemment condamné la possibilité de revenir devant son juge pour lui demander d'examiner l'affaire à nouveau, et cette fois contradictoirement ? Tel est l'objet de cette voie de recours très particulière que l'on appelle l'*opposition*. Son nom est évocateur : le défaillant s'oppose, c'est-à-dire conteste le jugement par défaut, en soutenant que la décision eût été différente si le juge avait été informé des moyens dont il dispose. On peut donc définir l'opposition comme étant la voie de recours par laquelle un défaillant saisit le tribunal qui lui a donné tort pour lui demander de *rétracter* sa décision initiale et de *juger l'affaire une seconde fois* à la lumière des moyens qu'il lui présente.

a) Discussion en législation. – Cette sollicitude peut paraître curieuse : n'est-ce pas là offrir une prime injustifiée au défaillant ? En réalité, l'opposition se comprend mieux si l'on considère que le jugement est un acte grave et irrévocable, que la contradiction est une garantie essentielle et que, de surcroît, tous les défauts ne sont pas nécessairement répréhensibles. C'est dans cette perspective que le législateur du XIXe siècle avait réservé une très large place à l'opposition, ouverte à tout défaillant auquel faisait grief un jugement par défaut.

Un tel libéralisme n'est cependant pas sans risque : il est de nature, en effet, à encourager toutes les *manœuvres dilatoires*, et notamment celle qui consiste à faire délibérément défaut, avec la tranquille assurance de pouvoir former ultérieurement opposition. Avec un tel système, un défendeur de mauvaise foi qui sait devoir être condamné peut différer de quelques années l'issue d'un procès qu'il redoute. Une telle solution n'est pas satisfaisante. Autant il est normal de réserver la voie de l'opposition au défaillant de bonne foi qui a peut-être ignoré le procès ou qui n'a pas pu comparaître pour une raison de force majeure, autant il est excessif d'offrir le luxe d'un second procès à celui qui, de toute évidence, n'a d'autre objectif que de différer le jour où il sera condamné[56]. C'est dans cette direction que s'orientent aujourd'hui les solutions du droit positif.

b) Les solutions du droit passif : le déclin de l'opposition. – 1°) Il faut tout de suite mettre à part, les solutions propres à la *matière criminelle*. Si l'accusé fait défaut[57], l'arrêt est rendu malgré son absence (art. 379-2 C. pr. pén.). Mais s'il se présente ensuite ou s'il est arrêté ultérieurement, l'arrêt de condamnation tombe de plein droit[58], avec cette conséquence que la condamnation est non avenue et il sera jugé à nouveau (art. 379-4 C. pr. pén.). Le principe de la contradiction est ici

56. H. Solus, « Les préoccupations d'ordre psychologique du Code de procédure civile », in *Études juridiques offertes au doyen Julliot de la Morandière*, p. 517.

57. On disait autrefois qu'il était « *contumax* », et qu'il était jugé « par contumace ». Cette expression d'un autre âge a été supprimée par la loi n° 2004-204 du 9 mars 2004.

58. Autrefois, on disait qu'il y avait « *purge de la contumace* ».

tellement essentiel en raison de la gravité des condamnations prononcées, qu'un arrêt rendu par défaut n'est jamais définitif[59].

2°) Cela dit, devant les *juridictions de l'ordre judiciaire* (aussi bien devant les juridictions du contentieux privé que devant les juridictions répressives, en matière correctionnelle et contraventionnelle), l'opposition n'a pas disparu, mais son domaine d'application a été considérablement restreint. En règle générale, *il se limite aujourd'hui aux cas où la citation à comparaître n'aurait pas été délivrée à la personne même du défaillant*.

La nuance se comprend. Dans cette hypothèse (lorsque, par exemple, la citation n'a pas été remise à la personne même du défaillant), on peut redouter que le défendeur ne se soit pas présenté parce qu'il a ignoré le procès qui lui était fait : une opposition de sa part est alors légitime. Mais si au contraire, la citation a été délivrée à sa personne même, toute suspicion d'ignorance est levée, et dans ce cas l'opposition n'est pas admise car elle constituerait une faveur injustifiée[60].

3°) Le *contentieux administratif* adopte une solution différente. Partant de l'idée que l'opposition fait partie des règles générales de la procédure, elle est ouverte toutes les fois qu'un texte contraire n'en décide pas autrement[61] Il en résulte cette conséquence pratique qu'une opposition est toujours possible, non seulement lorsqu'un texte spécial le prévoit, – comme c'est le cas lorsqu'il s'agit d'un arrêt du Conseil d'État ou d'une cour administrative d'appel (art. 831-1 C. just. adm.) –, mais d'une manière plus générale, toutes les fois que la décision a été rendue par une juridiction administrative dont le statut n'écarte pas cette voie de recours[62].

Mais précisément, parmi les dispositions contraires, on relèvera l'article R. 831-6 C. just. adm. qui *exclut formellement l'opposition contre les jugements par défaut rendus par les tribunaux administratifs*. Le législateur a pensé que la faculté d'interjeter appel devant une cour administrative d'appel ou le Conseil d'État (selon le cas ; *supra*, n°s 281 ou 290) permettait toujours de revenir sur un jugement par défaut et constituait dès lors une garantie suffisante.

59. On remarquera que cette procédure n'est pas à proprement parler une voie de recours, puisqu'elle résulte non pas d'une procédure, mais du seul fait matériel de la présentation volontaire du condamné ou de son arrestation. Pour cette raison, tout rapprochement avec la procédure d'opposition serait inexact.

60. On ajoutera, pour être complet, qu'il y a des nuances en matière pénale. Ainsi, lorsque le jugement est susceptible d'appel (art. 473, C. pr. civ.). En revanche, lorsque le jugement émane d'un tribunal correctionnel, le défaillant qui aurait reçu la citation à personne peut encore former opposition s'il justifie d'un empêchement tenant à la force majeure (par exemple, une maladie ; art. 416, C. pr. pén.), tandis que celui qui n'aurait pas été cité à personne ne peut pas exercer cette voie de recours s'il est établi qu'il a eu effectivement connaissance de la citation, à moins qu'il ne justifie d'un empêchement légitime (art. 412, C. pr. pén.).

61. Cons. État, 12 oct. 1956, *Desseaux*, *D.* 1956.756, note Drago ; *RDP* 1957.115, Concl. com. gouv. Lasry.

62. Cons. État, 12 oct. 1956, précité (ainsi, dans le cas jugé par cet arrêt, la décision par défaut avait été rendue par la Commission de contrôle des banques : le texte instituant cette juridiction ne prévoit pas la faculté de former opposition et cependant il a été admis que cette voie de recours pouvait être exercée puisqu'elle n'était pas interdite).

§ 4. PROCÉDURE PUBLIQUE ET PROCÉDURE SECRÈTE

584 **Principe de la publicité de la justice**[63]. – Ce principe signifie que l'accès au prétoire doit être largement ouvert à toute personne, afin que « Monsieur le Public » (selon la formule de Balzac) soit en mesure d'exercer un contrôle virtuel sur la manière dont la justice est rendue. En principe, toute personne peut pénétrer dans une salle d'audience. Sans doute, y a-t-il des cas exceptionnels où le public est écarté. Mais, en affirmant ce principe, on veut simplement souligner par là que le secret en matière judiciaire doit rester un cas de figure très exceptionnel.

Ce principe, il est vrai, a parfois été critiqué. On a fait observer que le public est souvent un fantôme, notamment en matière civile. Si l'on en croit les confidences d'un magistrat, « devant le désert permanent qu'est la partie de la salle d'audience réservée au public, l'optique se modifie sensiblement... »[64]. Il a également été dit que l'on voit mal en quoi la présence de quelques personnes, peu expertes en droit, serait de nature à garantir la qualité de la justice.

Toutes ces observations ne sont pas dénuées de pertinence. Mais elles ne pèsent pas lourd au regard des graves principes que ce problème met en cause. En réalité, ce qui compte, c'est moins la présence hypothétique d'un public fantôme, que le refus de tout secret, de tout mystère, de toute clandestinité qui jetterait un doute sur l'œuvre de justice et sur l'impartialité du juge. Comme l'écrivait jadis un ancien auteur : « la justice doit être une œuvre de lumière et non de ténèbres »[65]. À cela, d'ailleurs, s'ajoute une autre considération qui est loin d'être négligeable. Nul n'ignore que la presse, quotidienne ou spécialisée, prend le relais d'un public inexistant pour relater les péripéties judiciaires de certaines affaires, parfois même en matière civile. Il y aurait sans doute beaucoup à dire sur le goût du scandale qui inspire certaines plumes. Mais c'est là une question de déontologie et, de toute manière, il est bon que le public sache comment sa justice est rendue. Si la justice n'était pas publique, pareille divulgation prendrait l'allure d'une indiscrétion coupable et le droit de critique en pâtirait.

L'histoire est là pour en témoigner. À travers les âges, la publicité de la justice est toujours apparue comme un dogme essentiel. À Rome, la justice était rendue sur le Forum. Et s'il est vrai qu'à certaines époques ce principe a parfois été écarté, la justice n'y a jamais gagné en prestige. On se souviendra notamment que le procès de Jeanne d'Arc se déroula à huis clos ; ce qui autorisa un canoniste normand (Jean Lohier) à récuser l'autorité du jugement « parce qu'il avait été traité en un lieu clos et fermé, où les assistants n'étaient pas en pleine et pure liberté de dire leur pleine et pure volonté ».

De nos jours, en tout cas, la publicité de la justice est considérée comme une règle fondamentale, inscrite d'ailleurs dans la Déclaration universelle des droits de l'homme : « toute personne, est-il dit, a droit à ce que sa cause soit entendue équitablement et publiquement par un juge indépendant et impartial ». Ce même principe a été repris à une époque plus récente dans la Convention européenne de

63. Sur le sujet, on pourra consulter les travaux du VIe colloque des Instituts d'études judiciaires (Toulouse, mai 1968) avec les rapports de MM. Auby (sur la procédure administrative), Perrot (sur la procédure civile), Vitu (sur la procédure pénale) et Dagot (rapport général de synthèse).

64. J.-Ch. Laurent, « Litiges familiaux et chambre du conseil », *JCP* 1955.I.1236.

65. Frain de Tremblaye, *Essai sur l'idée du parfait magistrat.*

sauvegarde des droits de l'homme (art. 6). C'est assez dire l'importance universelle qui s'attache à un tel principe.

585 **Portée du principe. –** Il est juste de reconnaître que le principe de la publicité ne s'impose pas de façon évidente à toutes les phases du procès. Lorsque, par exemple, les parties rédigent leur demande ou encore lorsque les juges délibèrent, on ne voit pas la garantie que pourrait offrir une large publicité. On en arrive même à penser qu'à certains moments du procès, le secret est de loin préférable si l'on veut que la justice y gagne en sérénité. Sur ce point, tout le monde est bien d'accord pour admettre que, dans ses différentes phases, la justice peut s'accommoder d'une part de secret.

La difficulté commence lorsqu'il s'agit de tracer la ligne de partage entre ce qui relève du secret et ce qui revient obligatoirement à la publicité. Pour mesurer cette difficulté, il convient alors d'examiner cette alternance nécessaire entre secret et publicité à travers les principales phases du procès : l'instruction (I), les débats (II), et enfin l'élaboration de la décision (III).

586 **I. L'instruction du procès. –** Au cours de cette phase préparatoire où les preuves sont rassemblées et où chacune des parties recherche ses moyens et construit son argumentation, la publicité ne s'impose en aucune manière. C'est là un travail de cabinet où souvent la réflexion se nourrit du silence. Parfois même une indiscrétion serait préjudiciable à la cause d'un plaideur qui entend réserver ses atouts sans donner l'éveil. En soi, un tel comportement n'est aucunement critiquable.

Devant les juridictions civiles, commerciales, sociales et administratives, ce principe n'a jamais suscité le moindre doute, tellement il est évident. En revanche, devant les juridictions pénales où l'instruction préparatoire constitue une phase nettement distincte ayant ses règles propres, la question du secret de l'instruction est très vivement controversée et provoque même, à l'heure actuelle, des remous assez sérieux. Il convient d'y insister plus spécialement.

587 **Le secret de l'instruction en matière pénale. –** En cette matière, la loi impose le secret. Ce principe est formellement inscrit dans l'article 11 du Code de procédure pénale aux termes duquel : « sauf dans les cas où la loi en dispose autrement, et sans préjudice des droits de la défense, la procédure au cours de l'enquête et de l'instruction est secrète » ; et ce même texte ajoute : « toute personne qui concourt à cette procédure est tenue au secret professionnel dans les conditions et sous les peines des articles 226-13 et 226-14 du Code pénal »[66]. On mesure toute l'importance que la loi attache à un tel principe sanctionné pénalement.

Et cependant cette solution est controversée[67]. Encore convient-il de ne pas se méprendre sur ce que l'on appelle le secret de l'instruction pénale. À l'égard de la personne mise en examen, il ne saurait être question d'un quelconque secret qui serait attentatoire aux droits de la défense et, de ce point de vue, absolument intolérable. En réalité, l'enjeu de la controverse est de savoir s'il est opportun ou non

66. Un an d'emprisonnement et 15 000 € d'amende.

67. Dematteis et Poulet-Gibod Leclerc, « Peut-on supprimer l'article 11 du Code de procédure pénale relatif au secret de l'instruction ? », *JCP* 2002.I.170.

de divulguer publiquement, par l'intermédiaire des médias ou autrement, ce qui se fait et ce qui se dit dans un cabinet d'instruction.

I. – Pour justifier le secret ainsi entendu, trois raisons sont généralement invoquées.

a) D'abord, l'*intérêt de la poursuite* : si le public était constamment informé des recherches, il serait à craindre que la personne mise en examen ne parvienne à rendre vains les efforts du juge d'instruction pour découvrir la vérité.

b) Il faut également tenir compte de *l'intérêt du suspect*. L'accusation peut frapper à tort ; il convient donc de mettre le suspect à l'abri de toute calomnie dont un non-lieu ultérieur ne parviendrait pas à effacer l'effet psychologique. La présomption d'innocence risquerait d'être gravement compromise si d'ores et déjà l'opinion publique devait être informée de tout ce qui se dit dans un cabinet d'instruction, à un moment où l'on en est encore qu'au stade de la recherche des preuves.

c) Enfin, ajoute-t-on, le *public* lui-même doit être protégé contre les abus d'une certaine presse qui cultive aisément le scandale et les affaires à sensation.

II. – Le principe du secret est cependant très vivement critiqué et a même donné lieu à certains comportements qui peuvent surprendre[68].

a) On se plaît d'abord à faire observer que le secret de l'instruction est *constamment méconnu*. Ce n'est que trop vrai : bien des confidences sont colportées, et il faut dire d'ailleurs que la mobilisation des moyens audiovisuels dès qu'une affaire prend une certaine importance ne facilite guère le respect du secret de l'instruction. Alors, dit-on, mieux vaudrait l'abolir plutôt que d'accepter hypocritement cette situation. À dire vrai, l'argument ne persuade pas. Ou le secret est bon ou il est mauvais ; et s'il est bon, ce n'est pas sa méconnaissance répétée qui doit en entraîner la disparition.

b) Le secret de l'instruction est également attaqué dans son principe même par certains avocats qui le considèrent comme *attentatoire aux droits de la défense* et qui souhaiteraient que l'instruction se fît au grand jour.

La suggestion est discutable. Sans doute y a-t-il peut-être un certain artifice à dissocier aussi nettement qu'on le fait actuellement l'instruction préparatoire (qui est secrète) et les débats devant la formation de jugement (qui sont publics). En réalité, le procès pénal commence dès l'instruction préparatoire et, souvent même, elle en constitue la phase la plus importante, dans la mesure où les éléments recueillis au cours de l'instruction présentent une importance décisive. Mais on doit reconnaître aussi que *l'abandon du secret pourrait entraîner de sérieux abus si l'opinion publique devait devenir le spectateur privilégié des recherches du juge d'instruction*. Le véritable problème, c'est moins l'information du public que son exploitation habile en vue de provoquer un mouvement d'opinion et d'exercer une pression sur le juge. Et qui ne voit alors à quelles surenchères serait livrée la justice si l'avocat d'une personne mise en examen devait commencer sa plaidoirie en sortant de chez le juge d'instruction, à travers des conférences de presse improvisées destinées à mobiliser l'opinion publique, ou si une campagne polémique devait se déclencher

68. Exemples : un juge d'instruction invite un journaliste à assister à l'interrogatoire d'un inculpé ; des avocats répondent devant les caméras de la télévision pour laisser entendre de façon plus ou moins discrète dans quel sens s'oriente l'enquête ; etc. Et plus près de nous, on sait que la publicité, parfois un peu tapageuse, de certaines « mises en examen » de personnalités connues ne va pas sans provoquer un certain malaise.

à partir des informations recueillies dans les cabinets d'instruction. Le véritable danger est là ; et malheureusement il n'est pas théorique[69].

c) Finalement, l'hésitation la plus sérieuse vient de ce que l'on a parfois le sentiment que l'instruction de certaines affaires, dites « sensibles », ne se poursuit sans entrave que parce que la presse en a révélé l'existence ou a mis en évidence certains dysfonctionnements qui provoquent la surprise. Il est certes déplorable que l'administration de la justice soit tributaire des pressions de l'opinion publique. Mais il arrive un moment où l'on en vient à penser que la révélation de certaines anomalies est peut-être une chose salutaire. C'est assez dire la complexité du problème.

III. – La tendance actuelle serait assez favorable à l'abandon du secret de l'instruction pénale, au motif souvent répété qu'il est extrêmement difficile d'empêcher les indiscrétions. Pour l'instant, le législateur moderne a choisi de mettre en place un dispositif de procédure pour corriger les méfaits résultant de certaines indiscrétions. Après avoir posé en principe que « chacun a droit au respect de la présomption d'innocence », l'article 9-1 du Code civil ouvre à toute personne mise en cause dans une procédure pénale, qui s'estimerait lésée par une indiscrétion de cette nature, la faculté de saisir le juge des référés pour obtenir immédiatement l'insertion d'un rectificatif dans la presse ou la diffusion d'un communiqué[70].

Cette parade est loin d'être négligeable. Mais elle est en fait assez peu utilisée. Bref le débat reste ouvert.

588 **II. Débats oraux : la publicité de l'audience et ses dérogations. –** Après de longs mois d'instruction, lorsque l'affaire paraît en état d'être jugée, elle est appelée à une audience pour donner lieu à un débat oral contradictoire. En règle générale, les débats sont publics. L'opinion est invitée en quelque sorte à devenir le témoin virtuel du respect des formes, de l'impartialité des juges et de la conduite régulière des débats. Chacun pourra ainsi se rendre compte de la manière dont la justice est rendue et dénoncer éventuellement les défaillances constatées. À ce titre, la publicité de l'audience est un « principe général du droit »[71].

69. La dramatique *affaire Villemin* (au cours du printemps et de l'été 1985, mais qui n'est pas terminée...) a bien montré les méfaits d'une information débridée qui n'a plus d'autre préoccupation que de « faire du tirage » : l'expérience a révélé que les droits de la défense risquent d'en pâtir sérieusement, tout autant que l'institution judiciaire. Et que dire des avocats qui commencent à plaider devant des caméras de la télévision en sortant du cabinet d'un juge d'instruction ! Cette pratique théâtrale est lamentable.

70. *Article 9-1 du Code civil :* « Chacun a droit au respect de la présomption d'innocence. Lorsqu'une personne est, avant toute condamnation, présentée publiquement comme coupable de faits faisant l'objet d'une enquête ou d'une instruction judiciaire, le juge peut, même en référé, sans préjudice de la réparation du dommage subi, prescrire toutes mesures, telles que l'insertion d'une rectification ou la diffusion d'un communiqué, aux fins de faire cesser l'atteinte à la présomption d'innocence, et ce aux frais de la personne, physique ou morale, responsable de cette atteinte. » – À titre d'exemple : Cass. Ass. plén., 21 déc. 2006, *Bull. civ.* Ass. plén. n° 15, *JCP* 2007, act. n° 15, p. 11.

71. Cons. État, 4 oct. 1974, *Dame David*, *Rec. Lebon*, p. 464, concl. Gentot, *D.* 1975.379, note Auby, *JCP* 1974.II.17967, note Drago. – Ce principe paraît d'ailleurs si naturel que la notion d'audience a fini par être associée à l'idée de publicité, au point que, pour constater que les débats ont eu lieu publiquement, il suffit de dire qu'ils ont eu lieu à l'audience, sans qu'il soit nécessaire de préciser que l'audience a été publique, tant cela va de soi (Civ., 30 mars 1960, *Bull. civ.* II, p. 148).

Ce principe comporte toutefois certaines dérogations ; et de ce point de vue, une distinction s'impose entre les juridictions de l'ordre judiciaire et les juridictions de l'ordre administratif.

a) Devant les juridictions de l'ordre judiciaire. – Le principe de la publicité des débats est inscrit dans les textes, aussi bien pour les juridictions civiles, commerciales et sociales (art. 433 C. pr. civ.), que pour les juridictions répressives où le principe est répété à plusieurs reprises, dans les articles 306 (cour d'assises), 400 (tribunal correctionnel), 512 (chambre des appels correctionnels) et 535 (tribunal de police) du Code de procédure pénale.

Toutefois, dans certains cas, l'admission du public à l'audience pourrait se révéler plus nuisible qu'utile. Des exigences supérieures de bienséance, de moralité, parfois même la nécessité d'éviter le scandale ou de protéger certains secrets relatifs aux intérêts fondamentaux de l'État, doivent permettre d'écarter exceptionnellement le principe de la publicité de l'audience.

1) Devant les *juridictions répressives*, une dérogation fut admise de tout temps : il s'agit de la faculté qui appartient à la juridiction saisie d'ordonner le *huis clos*. Mais cette mesure, exceptionnelle en tant qu'elle déroge au principe de la publicité des audiences, ne peut être admise que dans les cas très limités où la publicité serait dangereuse « pour l'ordre ou la sérénité des débats, la dignité de la personne ou les intérêts d'un tiers » (art. 400 C. pr. pén.).

2) Devant les *juridictions civiles, commerciales et sociales*, il peut arriver également que le principe de la publicité de l'audience soit exceptionnellement écarté. On dit alors que les débats se déroulent « *en chambre du conseil* », c'est-à-dire dans une pièce spécialement réservée aux magistrats où ceux-ci se retirent habituellement pour délibérer (pour « tenir conseil » ; d'où le nom donné à cette formation)[72].

Une affaire ne peut être débattue en chambre du conseil que dans les seuls cas où la loi le permet. Ces cas sont assez nombreux : on citera, par exemple, les affaires en matière de divorce et de séparation de corps (art. 248 C. civ.), de déchéance, retrait ou délégation de l'autorité parentale (art. 1208 C. pr. civ.), ainsi que les actions relatives à la filiation (art. 1149 C. pr. civ.), etc. Mais, par-delà ces cas particuliers, la loi reconnaît au juge la faculté de décider que les débats auront lieu en chambre du conseil toutes les fois qu'il doit en résulter une atteinte à la vie privée ou encore si toutes les parties au procès le demandent (art. 435 C. pr. civ.). Comme on peut le constater, le juge dispose, à travers ces formules extrêmement souples, d'un pouvoir d'appréciation assez étendu.

b) Devant les juridictions administratives. – L'article L. 6 du Code de justice administrative pose en principe que « *les débats ont lieu en audience publique* ». Mais il ne faut pas se méprendre sur la portée de ce principe qui ne concerne que les juridictions administratives à compétence générale, c'est-à-dire le Conseil d'État, les tribunaux administratifs et les cours administratives d'appel (les seules auxquelles s'applique le nouveau Code de justice administrative, art. L. 1 C. just. adm.).

---

72. Le mot « chambre » ne doit pas être pris à la lettre. Ce qu'il est convenu d'appeler la « chambre du conseil » n'est pas une chambre particulière du tribunal : elle désigne simplement la pièce où le tribunal peut se retirer à l'abri du public pour délibérer.

Implicitement s'en trouvent donc exclues les juridictions administratives à compétence spéciale (*supra*, n°s 292 et s.). En ce qui les concerne, on est ainsi conduit à revenir au principe traditionnel maintes fois affirmé par le Conseil d'État selon lequel « la publicité des audiences n'est exigée devant les juridictions administratives qu'à la condition qu'un texte législatif ou réglementaire impose l'observation de cette règle de procédure »[73]. Mais en fait, les dispositions légales ayant pour objet d'étendre le principe de la publicité des audiences aux juridictions administratives à compétence spéciale tendent à se multiplier, sous la pression, il faut bien le dire, de la Convention européenne des droits de l'homme : ainsi en est-il, pour ne prendre que ces quelques exemples, de la Cour des comptes et des chambres régionales des comptes (tout au moins pour certaines audiences) et aussi de diverses juridictions disciplinaires ordinales.

L'ultime résistance au principe de la publicité des audiences s'est principalement manifestée à propos du contentieux disciplinaire. Le Conseil d'État s'est longtemps montré résolument hostile à toute publicité des audiences, en dehors d'un texte spécial, afin d'éviter des divulgations qui pourraient porter atteinte à la dignité de la fonction[74]. Mais ici encore une évolution tend à se dessiner qui généraliserait la règle de la publicité des audiences à toutes les juridictions disciplinaires ordinales, dès lors que la personne poursuivie en fait la demande[75]. Finalement, comme a pu le faire observer René Chapus[76], le principe de la non-publicité des audiences n'a plus vocation à s'appliquer que de façon exceptionnelle, ce qui ajoute-t-il, « n'est pas tellement conforme à la vocation d'un principe ».

589 **Problème particulier : la diffusion et l'enregistrement des débats. –** De nos jours, par l'effet des procédés modernes de reproduction et de diffusion (presse, radio, etc.), la publicité de l'audience dépasse très largement l'enceinte du prétoire : le public est informé à domicile de ce qui se passe dans les tribunaux sans avoir besoin de se déplacer. Cette évolution, qui substitue à la publicité de l'audience une information largement diffusée, a fait surgir de nouveaux problèmes liés au fait qu'il devient alors indispensable de sauvegarder la dignité de la justice et le respect dû aux justiciables, sans pour autant compromettre le principe de la liberté de la presse.

Déjà, depuis plus d'un siècle, la loi du 29 juillet 1881 sur la presse a conféré aux tribunaux le pouvoir d'interdire le compte rendu de certains débats.

Mais le problème a pris une dimension nouvelle avec le développement (et surtout la miniaturisation) des moyens de reproduction audiovisuels : magnétophone, télévision, appareils photographiques miniaturisés, smartphones... À l'égard du public, la règle de principe est l'*interdiction absolue de tout enregistrement sonore ou visuel dans les salles d'audience*, sous peine de sanction pénale[77]. En revanche,

73. Cons. État, 25 juin 1948, *Brillaud, Rec. Lebon*, p. 292, *D.* 1949, somm. 21 ; Cons. État, 4 oct. 1967, *Wattebled, Rec. Lebon*, p. 351.

74. Cons. État, 27 oct. 1978, *Debout, Rec. Lebon*, p. 395, concl. Labetoulle, *D.* 1979, IR 96, obs. P. Delvolvé, *JCP* 1979.II.19259, note P. Schultz ; Cons. État, 14 janv. 1981, *Putot, Rec. Lebon*, p. 17 ; Cons. État, 8 févr. 1985, *Castet, JCP* 1985.II.20524, note Auby.

75. Cons. État, 14 févr. 1996, *Maubleu, Rec. Lebon* p. 34, concl. Sanson, *JCP* 1996.II.22669, note Lascombe et Vion.

76. *Droit du contentieux administratif*, 13e éd., n°s 1151 et s., spéc. n° 1160.

77. On tolère parfois la télévision, mais avant l'entrée des magistrats, c'est-à-dire avant que l'audience ne soit ouverte.

la justice ne pouvait pas se priver des services que peut rendre la technologie moderne, et à ce sujet deux précisions sont nécessaires :

a) D'une part, pour les besoins de la procédure, lors de certaines phases du procès pénal, et dans les conditions posées à l'article 706-71 C. pr. pén., il peut être fait usage de moyens de télécommunications. En outre, devant la cour d'assises, les débats font l'objet d'un enregistrement sonore lorsque la cour d'assises statue en appel. Lorsqu'elle statue en premier ressort, le président peut ordonner cet enregistrement. Tous ces enregistrements, on le remarquera, ne sont pas destinés à être divulgués publiquement : ils sont ensuite placés sous scellés et déposés au greffe (art. 308 C. pr. pén.).

b) D'autre part, une loi n° 85-699 du 11 juillet 1985 a décidé que, dans le cas particulier où un enregistrement peut présenter un intérêt pour la constitution d'archives historiques de la justice, « les audiences publiques devant les juridictions de l'ordre administratif ou judiciaire peuvent faire l'objet d'un enregistrement audiovisuel ou sonore... »[78].

Ce type d'enregistrement, destiné aux archives historiques, est très étroitement réglementé par la loi du 11 juillet 1985. Jusqu'à présent, des enregistrements de cette nature ont eu essentiellement pour objet les procès criminels liés aux séquelles de la Seconde Guerre mondiale et de l'Occupation (Barbie, Touvier, Papon), mais aussi, par exemple, le procès AZF à Toulouse.

590 **III. Élaboration de la décision : secret du délibéré. –** Après la clôture des débats, l'affaire est « mise en délibéré » : les juges composant la formation de jugement se retirent pour délibérer entre eux sur les mérites respectifs des prétentions qui leur sont soumises.

Le délibéré entre les juges est couvert par le *secret le plus absolu*. Il en est ainsi devant toutes les juridictions : aussi bien devant les juridictions de l'ordre judiciaire (art. 448 C. pr. civ.), que devant les juridictions de l'ordre administratif où le secret du délibéré a toujours été considéré comme un « principe général du droit public français »[79], aujourd'hui rappelé par l'article L. 8 C. just. adm.

Il en résulte plusieurs conséquences pratiques. D'une part, cela va sans dire, les juges doivent exprimer leur opinion en dehors de toute présence extérieure à la formation de jugement : ni les parties, ni les avocats, ni le ministère public, ni une personne quelconque ne peuvent assister au délibéré, pas même le greffier[80]. D'autre part, rien ne doit être divulgué de ce qui s'est dit au cours du délibéré : le législateur attache une telle importance à ce principe qu'il a cru devoir faire figurer dans la formule du serment, que tout magistrat de l'ordre judiciaire doit prêter avant son installation, l'obligation de « garder le secret des délibérations » (ord. n° 58-1270 du

78. R. Lindon, « La télévision à l'audience », *D.* 1985, chron. 81 ; Pradel, « Les techniques audiovisuelles : la justice et l'histoire », *D.* 1986, chron. 113.

79. Cons. État, 15 oct. 1965, *Mazel, JCP* 1966.II.14487.

80. Notamment la Cour européenne des droits de l'homme a très vivement condamné la pratique qui, devant les juridictions suprêmes, consiste à permettre au représentant du ministère public d'assister au délibéré, tant devant le Conseil d'État (CEDH, 7 juin 2001, *Kress c. France*, *D.* 2001, p. 2619, note R. Drago, *JCP* 2001.II.10578, note Sudre) que devant la Cour de cassation (CEDH, 8 juill. 2003, *D.* 2003, IR 2123 ; CEDH, 27 nov. 2003, *Slimane-Kaïd c. France*, *JCP* 2004.I.107, p. 182, note Sudre).

22 déc. 1958, art. 6). Enfin, rien dans le jugement ne doit laisser transparaître l'opinion individuelle de chacun des juges[81].

L'histoire révèle la nécessité d'un tel principe. Le secret du délibéré avait été supprimé au moment de la Révolution française à une époque où, les juges étant élus, on considérait que le justiciable devait être en mesure de vérifier si son juge était digne de la confiance dont il l'avait investi. Cette pratique entraîna de tels désordres que, très vite, il fallut rétablir la règle du secret.

La justification la plus évidente est la nécessité de *soustraire le juge à toute pression extérieure* qui pourrait altérer sa sérénité au moment de la décision : il ne doit redouter ni la rancune vindicative du plaideur condamné, ni les abus d'influence de nature politique ou amicale. Comme l'écrivait Merlin, « le juge n'a pas toujours le courage de déclarer hautement que tel homme qui a quelque influence, par la place qu'il occupe, par les richesses qu'il possède, par les créatures qu'il se fait, est un fripon ».

À cette première raison, s'en ajoute une seconde : on n'a peut-être pas suffisamment remarqué que le secret du délibéré est *inhérent à la notion de collégialité*. Dès lors que le jugement est l'œuvre du collège que constitue le tribunal, il est normal que l'opinion de chacun des juges qui le composent ne transparaisse pas. Si chaque juge pouvait exprimer son opinion, comme il est d'usage dans les procédures d'inspiration anglaise, en exprimant éventuellement une dissidence, le jugement serait l'œuvre d'une « pluralité de juges uniques » et non plus celui d'un véritable collège formant une entité autonome[82]. De ce point de vue, il n'est pas excessif de dire que la notion de collégialité implique nécessairement le secret du délibéré.

SECTION III — LE JUGEMENT

591 **Le jugement, acte solennel. –** Le jugement est l'acte par lequel la juridiction saisie se prononce sur les prétentions qui lui ont été soumises. Par cet acte, le juge « dit le droit » avec autorité de chose jugée, et ordonne en conséquence l'exécution des mesures qui en découlent logiquement. Pour cette

81. Cons. État, 17 nov. 1992, *Légillon, Rec. Lebon*, p. 848 ; Cons. État, 15 oct. 1965, *JCP* 1964, Mazel, précité ; *adde*, Cass. soc., 15 janv. 1964, éd. avoués, IV.4444 (mention du fait que le jugement a été rendu à la majorité de trois voix contre deux). – Cette règle du secret est parfois curieusement oubliée par certains annotateurs d'arrêts dont la signature fait apparaître qu'ils ont participé à l'élaboration du jugement. Pour justifier cette pratique, on entend dire qu'ils sont les mieux placés pour révéler ce que le tribunal a voulu décider. Il n'est pas sûr du tout que l'objectivité scientifique y trouve toujours son compte et, en tout cas, le secret du délibéré est ouvertement méconnu.

82. Ainsi, en Angleterre et au Canada, tout juge minoritaire au sein de la formation de jugement constituant la cour d'appel, peut exprimer son opinion personnelle dans une note que l'on appelle une *« dissidence »*. Cette pratique est également répandue dans d'autres pays : aux États-Unis, en Allemagne à la Cour constitutionnelle de Karlsruhe. On la retrouve aussi devant la Cour européenne des droits de l'homme (*supra*, n° 317). En revanche, elle n'a pas été retenue devant la Cour de justice de l'Union européenne.

raison, le jugement est un acte d'une extrême importance : non seulement il met fin au litige, mais il y met fin de façon solennelle à plus d'un titre.

I. Par sa forme écrite ou électronique

Tout jugement prend obligatoirement la forme d'un écrit signé du président de la formation de jugement et du greffier : un jugement oral n'aurait aucune existence légale. Mais, depuis un décret du 28 décembre 2012, le jugement peut prendre également la forme électronique.

II. Par son contenu motivé

Un jugement ne se limite pas à l'énonciation de la décision dans la partie finale du jugement que l'on appelle le « *dispositif* » : il doit en outre être motivé (art. 455 C. pr. civ. et art. L. 9 C. just. adm.). On veut que le tribunal explique le pourquoi de sa décision, et s'il ne le faisait pas (ou s'il le faisait de façon imprécise ou contradictoire), son jugement serait entaché de nullité. C'est là une garantie contre tout risque d'arbitraire. La rédaction des motifs oblige le juge à dépasser le stade des impressions et à éprouver la logique de son raisonnement, avec pour objectif de convaincre les parties en cause.

Lorsque le jugement est rendu collégialement, la motivation (de même que la décision) est celle du tribunal tout entier : on ne permet pas, comme cela est admis dans certains pays étrangers, que le juge minoritaire exprime sa « dissidence » en consignant son opinion personnelle (*supra*, n° 590).

On notera que l'obligation de motiver les décisions de justice date de la Révolution française : auparavant, sous l'Ancien Régime, cette obligation n'existait pas.

III. Par son prononcé en audience publique, sauf disposition contraire

En règle générale, un jugement contentieux, ou tout au moins son dispositif, doit être lu oralement à l'audience, même lorsque les débats ont eu lieu à huis clos ou en chambre du conseil : un jugement qui ne serait pas prononcé en audience publique n'aurait aucune existence légale (art. 450 C. pr. civ. et art. R. 741-1 C. just. adm.)[83].

Cette règle de principe est toutefois écartée devant les juridictions du contentieux privé, c'est-à-dire en matière civile, commerciale et sociale : depuis un décret du 20 août 2004, le président de la juridiction peut désormais aviser les parties, à l'issue des débats, que le jugement sera prononcé « par sa mise à disposition au greffe de la juridiction, à la date qu'il énonce » (art. 450, al. 2, C. pr. civ.). Ce n'est certes là qu'une simple faculté, mais en fait elle est largement suivie dans les juridictions dont le rôle est surchargé.

Il est trop évident que cette dérogation à un principe ancestral a été dictée par le souci économiser le temps des juges. On avait pu faire observer que cette exigence d'une lecture en audience publique constituait une perte de temps sans grande utilité réelle, surtout lorsque la lecture devait avoir lieu devant un public clairsemé... ou une salle vide !

Il reste que le principe du prononcé d'un jugement contentieux en audience publique, – qui demeure la règle impérative devant les juridictions pénales et les juridictions administratives – peut se justifier pour de bonnes raisons qui sont loin d'être négligeables.

83. Cass. com., 28 janv. 2003, *D.* 2003.553. Autrefois, il fallait ajouter les juridictions administratives à compétence spéciale où la pratique consistait généralement à notifier la décision à l'intéressé. Mais, un arrêt du Conseil d'État du 29 juill. 2002 (*D.* 2002, IR 3187), faisant référence à l'article 6 de la Convention européenne des droits d'homme, a décidé que la lecture publique de la décision était obligatoire.

a) D'abord, il est bon que les plaideurs aient le sentiment que le jugement est un *acte grave* qui ne se réduit pas à un simple document déposé furtivement au greffe. Plus spécialement en matière pénale, la condamnation prononcée solennellement et publiquement à l'audience assure en quelque sorte une fonction réparatrice à l'égard de la société qui a été offensée par l'infraction[84].

b) Ensuite, d'un point de vue plus général, le prononcé en audience publique manifeste par là que le jugement appartient désormais au *« domaine public »*. Le jugement une fois rendu n'est plus seulement une affaire entre particuliers ; il fait partie de l'ordonnancement général du droit.

c) Enfin, la lecture en audience publique marque visuellement l'instant précis à partir duquel le juge est *dessaisi*. Désormais, le droit est dit ; l'œuvre du juge est achevée et aucune modification n'est plus concevable.

Précisons également que, depuis la loi nº 2016-1321 du 7 octobre 2016, les décisions rendues par les juridictions judiciaires et administratives sont mises à la disposition du public à titre gratuit dans le respect de la vie privée des personnes concernées[85].

592 **Terminologie. –** Techniquement, le jugement qui tranche une contestation est un *acte juridictionnel*, parce que c'est l'acte par lequel le juge « dit le droit ». Mais en fait ce vocabulaire scientifique est assez rarement utilisé dans le langage courant où l'on préfère parler du « jugement ».

Il reste que ce mot n'est pas exempt de toute ambiguïté. Dans un sens extrêmement large, le mot « jugement » désigne tout acte par lequel un juge exerce son pouvoir de juger, c'est-à-dire finalement toute décision de justice. Étymologiquement, l'expression n'est pas inexacte ; c'est d'ailleurs en ce sens qu'elle est généralement utilisée dans les codes. Mais, sur cette acception générique, le vocabulaire judiciaire a greffé une terminologie plus spécifique qu'il importe de connaître.

a) Le mot *« jugement »* est utilisé dans un sens plus précis pour désigner les décisions de justice qui émanent d'une juridiction de première instance : on dira par exemple, un jugement du tribunal administratif ou un jugement du tribunal correctionnel.

b) Et cela, par opposition au mot *« arrêt »* qui s'applique plus spécialement aux décisions de justice rendues par une cour. Ainsi, la Cour de cassation, le Conseil d'État et les cours d'appel ne rendent pas des « jugements » : elles prononcent des « arrêts ».

c) Le mot *« ordonnance »* est d'un usage assez fréquent, pour désigner les décisions provisoires rendues par un juge unique : par exemple, on dira une ordonnance de référé ou une ordonnance du juge d'instruction.

d) Parfois, le mot *« décision »* est aussi utilisé : assez rarement devant les juridictions de l'ordre judiciaire (sinon pour désigner toute décision de justice, en général), mais beaucoup plus fréquemment dans le contentieux administratif où

84. A. Vitu, *La publicité de la justice* (colloque des IEJ à Toulouse, en 1968), p. 60.

85. V. art. L. 111-13 C. org. jud. et L. 10 C. just. adm. ; et sur ces dispositions, v. H. Croze, « Au nom du peuple français », *Procédures* 2017, Repère 6.

cette expression est assez répandue, surtout par les juridictions administratives à compétence spéciale[86].

e) Enfin, certaines décisions sont appelées des « *sentences* ». L'expression est courante en matière pénale : ce qui ne doit pas surprendre si l'on considère que le mot sentence a une connotation répressive ; et aussi en matière d'arbitrage où la décision rendue prend le nom de « sentence arbitrale » (*supra*, n° 65).

Cela dit, la terminologie oblige à pousser plus avant l'analyse, en s'efforçant de dégager la *notion d'acte juridictionnel* (§ 1) ; après quoi, on examinera les *effets généraux des jugements* (§ 2) et les *voies de recours* dont ils peuvent être l'objet (§ 3).

§ 1. LA NOTION D'ACTE JURIDICTIONNEL

593 **Importance et complexité du problème. –** Il est facile de poser en principe que toute décision qui « dit le droit » est un acte juridictionnel. Dans l'immense majorité des cas, cette affirmation ne soulève en effet aucun problème : le tribunal administratif qui annule un arrêté préfectoral, le tribunal correctionnel qui condamne ou relaxe un prévenu, le tribunal de grande instance qui condamne l'auteur d'un accident à des dommages-intérêts, disent effectivement le droit et, par conséquent, les décisions qu'ils rendent sont bien des actes juridictionnels.

Mais sous l'apparente simplicité de cette définition, se dissimule en réalité un problème infiniment plus complexe, car dans certains cas, en présence d'un acte déterminé qui revêt les apparences formelles d'un jugement, on peut très sérieusement s'interroger sur le point de savoir s'il s'agit réellement d'un acte juridictionnel. Lorsque, par exemple, un tribunal fixe une date d'audience ou lorsqu'un juge d'instruction donne commission rogatoire à un officier de police judiciaire pour entendre un témoin ou procéder à une perquisition, il ne « dit » pas le droit ; et de ce fait, on ne peut pas reconnaître à sa décision la valeur d'un acte juridictionnel, bien qu'elle émane d'un juge.

L'enjeu pratique est important, en raison des effets propres qui sont attachés à l'acte juridictionnel : on sait déjà qu'il ne se conçoit pas sans une contradiction préalable (*supra*, n°s 575 et s.) et qu'il doit être motivé (*supra*, n° 591) ; on verra que, une fois rendu, il bénéficie de l'autorité de la chose jugée (*infra*, n°s 598 et s.) et qu'il ne peut être modifié que dans le cadre très strict des voies de recours (*infra*, n°s 615 et s.). De là, la nécessité de définir exactement la notion d'acte juridictionnel, afin de savoir à quoi il se reconnaît.

Sur ce problème, les controverses n'ont jamais cessé et ne cesseront sans doute jamais, chaque auteur apportant une touche personnelle qui souvent affine le débat, mais qui souvent aussi le fait rebondir sans vraiment le résoudre. Dans cet ouvrage destiné simplement à faciliter la compréhension des notions fondamentales de la vie judiciaire, il ne saurait être question d'ajouter une théorie de plus à toutes celles qui

86. Peut-être faut-il voir dans cette expression la survivance d'une époque où la distinction entre l'autorité administrative (qui prend des décisions) et la juridiction administrative était encore mal dégagée. Le vocabulaire se nourrit d'histoire et parfois s'en dégage mal.

depuis plus d'un siècle ont été brillamment développées[87]. Mais du moins doit-on poser en principe qu'un acte juridictionnel suppose la réunion de deux conditions : il faut d'abord qu'il émane d'une juridiction, et il faut ensuite qu'il ait tranché en droit un litige entre deux (ou plusieurs) adversaires.

594 **Première condition : l'acte juridictionnel est celui qui émane d'une juridiction. –** Il est évident que seul peut être considéré comme un acte juridictionnel, celui qui émane d'un organe investi du *pouvoir de juger*, c'est-à-dire du pouvoir de révéler le droit dans un cas concret. L'acte signé par un ministre, un préfet ou un maire n'est pas un acte juridictionnel, parce qu'il est l'œuvre d'une autorité administrative qui n'a pas reçu de la loi le pouvoir de juger. Un tel principe n'est guère discutable. On ne saurait en effet attribuer une valeur juridictionnelle, avec autorité de chose jugée, à un acte qui n'émanerait pas d'une juridiction régulièrement instituée par la loi.

Mais on est alors renvoyé à la question de savoir si la décision émane bien d'une véritable juridiction.

a) Dans l'*ordre judiciaire*, la question n'a jamais soulevé de problème. On sait que, par le poids de l'histoire, les juridictions de cet ordre forment un ensemble très structuré. Il est donc relativement aisé de cataloguer quelles sont les juridictions ; et en tout cas, il n'y a aucun risque de confusion avec une autorité administrative[88].

b) Dans l'*ordre administratif*, la situation est très différente. Entre l'administration active et la juridiction administrative, les rapports sont extrêmement étroits. Et s'il est vrai que certaines juridictions ont acquis aujourd'hui une autonomie qui ne laisse aucun doute sur leur caractère véritablement juridictionnel (tels, le Conseil d'État, les tribunaux administratifs et les cours administratives d'appel), dans beaucoup d'autres cas, on peut sérieusement se demander si certains organes de l'administration ne sont que de simples autorités administratives ou si, au contraire, ce sont de véritables juridictions administratives à compétence spéciale. Cette question ayant été précédemment étudiée, il suffit de renvoyer sur ce point aux explications antérieures (*supra*, n°s 300 et s.).

Dans cette perspective, on est alors conduit à définir l'*acte juridictionnel* par opposition à l'*acte administratif*, selon la nature de l'organe dont il émane.

Si l'acte émane d'un organe qui n'est pas autre chose qu'une simple autorité administrative, on en déduira que cet acte ne peut en aucun cas être considéré comme un acte juridictionnel : tout au plus s'agit-il d'une décision administrative

87. À cette place, il est impossible de citer toutes les études consacrées à la question. On se bornera à mentionner les études synthétiques qui permettent d'avoir une vue d'ensemble sur le problème : Lampué, « La notion d'acte juridictionnel », *RDP* 1946, p. 38 ; J. De Soto, « La notion d'acte de juridiction », *D.* 1956, chron. 45 ; P. Hébraud, « L'acte juridictionnel et la classification des contentieux », *Recueil de l'Académie de législation de Toulouse*, t. XIX, p. 131 ; R. Chapus, « Qu'est-ce qu'une juridiction ? La réponse de la juridiction administrative », *Mélanges Eisenmann*, p. 263.

88. Il n'est pas certain que cette sérénité se perpétuera. Depuis un certain nombre d'années, le législateur prend l'habitude de confier aux cours d'appel la charge de statuer au second degré sur des décisions rendues par des organes dont la nature juridique exacte peut faire problème : par exemple, l'*Autorité de la concurrence*.

(qui n'a pas autorité de chose jugée et qui peut être rétractée), même si cette autorité s'est comportée apparemment comme aurait pu le faire un juge[89].

Un exemple, emprunté à un arrêt du Conseil d'État du 4 février 1955 (arrêt *Lods*), est particulièrement démonstratif[90]. Un préfet avait été saisi par un administré d'une demande tendant à faire annuler la délibération d'un conseil municipal ; ce qu'il fit. Sa décision avait-elle la valeur d'un acte juridictionnel ayant autorité de chose jugée ? Apparemment, on aurait pu le penser : le préfet n'avait-il pas tranché un litige comme aurait pu le faire un tribunal administratif ? Le Conseil d'État n'a pas admis ce raisonnement et a considéré que la décision du préfet était une simple décision administrative. Pourquoi ? Simplement parce que le préfet n'est pas un juge et qu'il n'était donc pas investi du pouvoir de juger, même si en fait sa démarche intellectuelle avait été identique à celle d'un juge.

Si, en revanche, la décision a été élaborée par un organe que l'on peut considérer comme une véritable juridiction administrative, il sera possible de reconnaître à sa décision la valeur d'un acte juridictionnel, avec toutes les conséquences qui en résultent (autorité de chose jugée, force exécutoire de plein droit, absence de réformation en dehors des voies de recours), dès lors du moins que cette décision satisfait par ailleurs à la seconde condition qui maintenant doit être étudiée.

595 **Seconde condition : l'acte juridictionnel est celui qui tranche en droit un litige entre deux adversaires. –** On doit constater que *toutes les décisions rendues par un juge ne sont pas nécessairement des actes juridictionnels*. On l'a déjà observé à propos de la décision d'un juge d'instruction qui donne commission rogatoire à un officier de police judiciaire (*supra*, n° 593). De même, lorsqu'un tribunal fixe une date d'audience, sa décision se présente peut-être formellement comme un jugement, mais ce n'est pas un acte juridictionnel au sens propre du terme, dans la mesure où le juge n'est pas appelé à dire le droit.

Devant les juridictions administratives, cette nuance ne présente qu'un intérêt limité, parce que les décisions non juridictionnelles sont relativement rares[91]. En revanche, devant les juridictions de l'ordre judiciaire, le problème présente un intérêt pratique considérable du fait que le juge est fréquemment appelé à intervenir pour statuer sur des demandes d'autorisation (exemples : une autorisation de saisie, une autorisation accordée à un administrateur légal ou à un tuteur de vendre certains immeubles appartenant à un enfant mineur), pour constater certaines déclarations de volonté (exemple : l'émancipation d'un mineur), pour homologuer certains actes graves (exemples : divorce par consentement mutuel, adoption, changement de régime matrimonial) ou pour donner acte aux parties d'un désistement ou d'un accord entre elles[92]. Tous ces actes ne peuvent pas être considérés comme des actes juridictionnels sous prétexte qu'ils émanent d'un juge. Entre un véritable jugement par lequel un tribunal condamne une partie et fait droit à la prétention de son

89. Seul fait exception à la règle un organe que l'on appelle le « Conseil des prises » (en matière maritime) qui présente cette particularité de rendre de véritables arrêts... signés par le président de la République. Mais cet exemple est toujours présenté comme une curiosité juridique.

90. *D.* 1955.616, note Auby.

91. On cite généralement le cas où le contribuable d'une commune veut plaider au nom de cette dernière et où, pour être investi de ce pouvoir, il doit obtenir préalablement l'autorisation du tribunal administratif (art. L. 2132-5 C. gén. des coll. territ.) : la décision par laquelle le tribunal administratif accorde ou refuse cette autorisation n'est certainement pas un acte juridictionnel.

92. Cass. 1re civ., 11 juin 2002, *Bull. civ.* I, n° 161, *Juris-Data*, n° 2002-014742 (jugement de donné-acte).

adversaire et la décision du juge qui accorde une autorisation ou homologue un acte, il y a une différence de nature évidente.

Mais où est la différence ? Et quel est le critère ? On répond généralement à cette question en disant que l'acte juridictionnel est celui par lequel le juge est appelé à trancher en droit une *contestation* formalisée par deux prétentions concurrentes : par exemple, le demandeur prétend qu'il est propriétaire d'une parcelle de terrain et son adversaire soutient le contraire ; le ministère public poursuit une personne estimée coupable de vol et celle-ci conteste toute participation aux faits délictueux, etc. Dans tous ces cas, le juge est appelé à départager les deux prétentions concurrentes, non point en se fondant sur des considérations d'opportunité, mais en faisant application de la règle de droit. Le jugement rendu dans ces conditions est alors un véritable acte juridictionnel que l'on appelle traditionnellement un «*jugement contentieux*» (parce qu'il tranche une contestation selon la règle de droit). Au contraire, la décision du juge qui homologue la convention par laquelle deux époux sont d'accord pour divorcer, ne rend pas un jugement contentieux puisque, par définition, il n'y a aucune contestation entre les parties.

La contestation tranchée conformément au droit apparaît donc comme étant le trait caractéristique de l'acte juridictionnel.

La notion de contestation, il est vrai, n'échappe pas à la critique. Cette notion pourrait en effet donner à penser qu'il n'y a d'acte juridictionnel que dans la mesure où la prétention d'une partie est effectivement contestée devant le juge par une dénégation formelle et contradictoire des éléments de fait ou de droit susceptibles de la justifier. Ce serait une erreur. Dans certains cas, la contestation est simplement latente ou implicite. Tel est le cas lorsque les intérêts d'une personne ont été lésés par l'attitude d'une autre qui, de façon négative, par simple inertie, résiste à la prétention qui lui est opposée : lorsque, par exemple, un défendeur fait défaut, ou encore, en matière pénale, lorsque le prévenu ne conteste pas la réalité des faits qui lui sont reprochés. Dans toutes ces hypothèses, il n'y a pas contestation au sens étymologique du terme, et cependant nul ne peut nier que l'acte du juge est un véritable jugement ayant une nature juridictionnelle.

Pour cette raison, à la notion de « contestation » qui peut prêter à équivoque, la doctrine moderne préfère substituer celle, plus compréhensive, de « *litige* ». Et l'on dira alors que l'acte juridictionnel est celui qui statue sur une *question litigieuse entre deux adversaires en faisant application de la règle de droit.*

596 **Conséquences : exclusion de certaines décisions. –** Il résulte de ce qui vient d'être dit que, à côté du « jugement contentieux » qui constitue l'acte juridictionnel par excellence, il y a d'autres décisions judiciaires qui ne paraissent pas devoir entrer dans la catégorie des actes juridictionnels, même si elles prennent la forme d'un jugement.

a) Ce sont d'abord les *actes d'administration judiciaire*. On appelle ainsi la décision par laquelle un juge prend une mesure destinée à assurer le bon fonctionnement du service de la justice. Par exemple : un tribunal décide que l'affaire sera appelée à l'audience un jour déterminé ou qu'un plaideur devra déposer ses conclusions avant telle date, etc. Dans tous ces cas, la décision du juge n'est certainement pas un acte juridictionnel. En réalité, elle a pour objet, non point de trancher le litige qui lui est soumis, mais beaucoup plus simplement de pourvoir à l'administration de la justice (de là, son nom) en prenant les mesures nécessaires pour être à même de statuer sur le fond de la demande. Il en résulte que les actes d'administration judiciaire n'ont pas autorité de chose jugée et ne peuvent faire l'objet d'aucun recours (art. 537 C. pr. civ.).

b) Il faut y ajouter les *décisions gracieuses*. Sous ce terme générique, on englobe les décisions au moyen desquelles le juge autorise certaines mesures (une saisie, par exemple), homologue des accords importants (adoption, divorce par consentement mutuel, changement de régime matrimonial) ou recueille certaines déclarations. Toutes ces décisions ont pour trait caractéristique de ne pas trancher un litige entre deux adversaires : le juge intervient simplement pour assurer un contrôle sur certaines opérations juridiques qui, pour l'instant tout au moins, ne soulèvent aucune contestation. À ce titre, la décision gracieuse se distingue très nettement du jugement contentieux et, pour cette raison, ne semble pas devoir être considérée comme un acte juridictionnel ayant autorité de chose jugée. La question est toutefois controversée[93].

§ 2. EFFETS GÉNÉRAUX DES JUGEMENTS

597 **Vue d'ensemble. –** Tout acte juridictionnel produit des effets particuliers qui varient selon l'objet même du litige : condamnation à des dommages-intérêts, annulation d'un acte administratif, condamnation à l'exécution d'un contrat, condamnation à telle peine, etc. Il est inutile d'insister sur la gamme infinie des décisions qui peuvent être prononcées. En revanche, tous les jugements, quel que soit l'objet de la décision, produisent certains effets généraux qui sont propres à l'acte juridictionnel et qui le différencient de l'acte administratif. Ces effets sont au nombre de trois :

1) D'abord, un effet de *dessaisissement* : en prononçant son jugement, le juge épuise son pouvoir de juridiction ; l'instance est éteinte, le litige lui échappe, il en est dessaisi. On exprime parfois cette règle au moyen d'une formule latine : *Lata sententia judex desinit esse judex* (lorsque la sentence est rendue, le juge cesse d'être juge). Il en résulte alors cette conséquence pratique que le juge ne peut plus revenir sur sa décision : il ne peut plus ni la modifier, ni la rétracter, même s'il s'apercevait qu'elle a été mal rendue. Tout au plus tolère-t-on les rectifications d'ordre purement matériel et, en matière civile et commerciale, la réparation des omissions qui auraient pu se glisser (art. 462 et 463 C. pr. civ.).

2) Ensuite, le jugement est couvert par une autorité particulière que l'on appelle l'*autorité de la chose jugée* (A).

3) Enfin, le jugement a de plein droit *force exécutoire* (B).

Ces deux derniers effets particulièrement importants seront étudiés successivement.

93. Certains auteurs soutiennent que la décision gracieuse serait un acte juridictionnel au motif que le juge, s'il ne tranche pas un litige entre deux adversaires, procède néanmoins à certaines *vérifications* qui le conduisent à « juger » une situation ; à « juger », par exemple, si l'adoption qui est soumise à son homologation est régulière ou non, si le changement de régime matrimonial sollicité par les époux ne lèse pas les intérêts de la famille, etc. (P. Hébraud, *D.* 1946, L. 343, col. 1, § I-A ; et du même auteur, ses observations à la *Rev. trim. dr. civ.* 1957.559 ; D. Tomasin, *Essai sur l'autorité de la chose jugée en matière civile*, n° 131, p. 105 et s.). La solution nous semble très discutable (H. Solus et R. Perrot, *Droit judiciaire privé*, t. 3, n° 1382). Elle l'est moins pour les auteurs ayant contribué à cette 16e édition.

A. AUTORITÉ DE LA CHOSE JUGÉE

598 **Principe. –** Dès son prononcé, le jugement contentieux a autorité de chose jugée ; ce qui signifie que la décision du juge est indiscutable. Sans doute aussi longtemps qu'une voie de recours peut être exercée, cette autorité est-elle encore précaire. Mais à l'expiration des délais impartis pour exercer un recours (délais généralement très brefs : *infra*, n° 615), la décision « passe en force de chose jugée ». Elle a désormais force de vérité légale. « *Res judicata pro veritate habetur* » : ce qui a été jugé est tenu pour être la vérité et ne peut plus être remis en cause de quelque manière que ce soit[94]. C'est là une des particularités essentielles du jugement ; ce par quoi il se distingue de l'acte administratif. Sans cette règle, les procès ne finiraient jamais.

Deux conséquences pratiques en découlent tout naturellement :

a) d'une part, le jugement constitue un véritable titre dont on peut toujours se prévaloir comme moyen de preuve ;

b) d'autre part, toute nouvelle demande qui tendrait à remettre en cause ce qui a été jugé se heurterait à une fin de non-recevoir tirée de l'autorité de la chose jugée (art. 1355 C. civ.)[95] ; on ne peut pas recommencer deux fois le même procès.

Cette règle de portée générale vaut pour tous les contentieux. Ainsi, en matière pénale, une personne poursuivie et jugée pour certains faits délictueux ne peut pas être poursuivie une seconde fois à raison des mêmes faits matériels (art. 368 C. pr. pén.) : tel est le sens de la maxime « *non bis in idem* ».

599 **Relativité de la chose jugée. –** Contrairement à ce que l'on pourrait penser, la « *vérité judiciaire* » n'est pas une vérité abstraite et objective : elle est une vérité contingente qui est fonction de ce qui a été débattu devant le juge et des éléments d'information qui ont été portés à sa connaissance relativement à la question litigieuse qui lui a été soumise : on dit que l'autorité de la chose jugée est relative.

Ce principe est posé par l'article 1355 du Code civil auquel tout le monde s'accorde à reconnaître une portée générale : « *L'autorité de la chose jugée, dit ce texte, n'a lieu qu'à l'égard de ce qui a fait l'objet du jugement. Il faut que la chose demandée soit la même ; que la demande soit fondée sur la même cause ; que la demande soit entre les mêmes parties, et formée par elles et contre elles en la même qualité* ». À lire ce texte, l'autorité de la chose jugée ne fait obstacle au renouvellement que des seules demandes qui, par rapport à la précédente, auraient

94. On ajoutera, pour être complet, que certains jugements échappent à cette règle : il s'agit des jugements dits *provisoires*. L'exemple le plus caractéristique est celui des ordonnances du juge d'instruction en matière pénale. Lorsque, par exemple, une ordonnance de non-lieu est rendue, elle l'est toujours en fonction des faits connus : si donc des charges nouvelles devaient apparaître ultérieurement, l'ordonnance de non-lieu ne s'opposerait pas à ce que les poursuites soient reprises, précisément parce que cette ordonnance a un caractère provisoire. Il n'en serait autrement que si l'ordonnance était motivée en droit. On peut trouver d'autres exemples en matière civile et commerciale : notamment, l'ordonnance de référé et les jugements qui statuent sur une pension alimentaire ou sur une garde d'enfant qui sont des décisions ayant un caractère provisoire. Mais, sous ces réserves, tout jugement définitif de nature contentieuse a autorité de chose jugée.

95. On dit parfois : « *exception de chose jugée* ». Mais ce langage n'est pas exact. Il s'agit en réalité d'une véritable fin de non-recevoir. Cette terminologie fait partie des incertitudes de vocabulaire dont il a été question précédemment (*supra*, n° 562).

même *objet*, même *cause* et mêmes *parties*. En d'autres termes, le jugement n'a force de vérité légale que relativement à l'affaire qui a été jugée : que l'une de ces trois identités fasse défaut, et l'autorité de la chose jugée ne peut plus être invoquée.

600 **a) Identité d'objet. –** Rien ne s'oppose à ce que, entre le même demandeur et le même défendeur, soit formée une nouvelle demande dont l'objet serait différent.

Exemple : Jacques a exercé contre Pierre une action en revendication pour faire reconnaître son droit de propriété sur un terrain déterminé ; il a été débouté ; il est possible à Jacques de former, toujours contre Pierre, une nouvelle demande portant sur un autre terrain. Allons plus loin : sur le même terrain, rien ne lui interdirait de réclamer non plus un droit de propriété, mais un simple droit d'usage ou d'usufruit. Dans tous ces cas, l'objet de la nouvelle demande est différent et, dès lors, l'autorité du premier jugement ne peut pas lui être opposée.

601 **b) Identité de cause. –** Traditionnellement, il a toujours été admis que, entre les mêmes parties et sur le même objet, une nouvelle demande pouvait être formée en s'appuyant sur une cause différente de celle invoquée précédemment : l'autorité de la chose jugée ne faisait pas obstacle à cette nouvelle demande.

Un exemple, emprunté au contentieux administratif, est très caractéristique : une demande de sursis d'incorporation avait été présentée à un conseil de révision (qui était une juridiction administrative) en vue de poursuivre des études secondaires : la demande avait été rejetée ; une nouvelle demande de sursis d'incorporation a pu être formée sans se heurter à l'autorité de la chose jugée du fait qu'elle avait pour cause la volonté de l'intéressé de suivre les cours d'une école des Beaux-arts dont le régime des études avait été récemment modifié[96].

Mais désormais, dans le contentieux privé tout au moins, ce principe est ouvertement méconnu. Sans que l'article 1351 du Code civil ait été modifié, la Cour de cassation, dans un arrêt rendu en assemble plénière le 7 juillet 2006 (arrêt *Cesareo*), a décidé que « le demandeur est tenu de présenter tous les moyens de droit dont il dispose dès la première demande », sous peine de ne plus être admis à s'en prévaloir[97]. On explique cette solution au nom d'un principe de concentration qui n'est inscrit nulle part dans la loi. Il en résulte pratiquement que le fait d'invoquer une cause différente ne permet plus d'échapper à la chose jugée, en dépit de ce que décide l'article 1355 C. civ.

602 **c) Identité de parties. –** L'autorité de la chose jugée est relative aux parties, en ce sens qu'un jugement n'a force de vérité légale que dans les rapports entre les parties à l'instance ; et il faut entendre par là non seulement le demandeur et le défendeur, mais éventuellement leurs ayants cause (par exemple, leurs héritiers). Conséquence : *l'autorité d'un jugement ne s'impose pas aux tiers comme ayant force de vérité légale à leur égard*. On dit parfois que la chose jugée est inopposable aux tiers (sur la portée ambiguë de cette expression, cf. *infra*, n° 619).

Un exemple illustrera ce principe. Imaginons un procès entre Pierre et Marie ayant pour objet la propriété d'un terrain déterminé. Un jugement décide que Marie en est la propriétaire. Il y a autorité de chose jugée sur ce point et Pierre ne pourrait certainement pas former une nouvelle

96. Cons. État, 24 févr. 1961, *Éyraud*, *Rec. Lebon*, p. 146, *D.* 1961.758, note J.-P. Gilli, *Act. jur. adm.* 1961.193, chron. J.-M. Galabert et Gentot.

97. *Bull. civ.* Ass. plén. n° 8, *D.* 2006, p. 2135, note Weiller, *Rev. trim. dr. civ.* 2006, p. 825, obs. R. Perrot. – *adde*, H. Croze, *Da mihi factum jusque*, *Procédures* 2006 (oct.), repère, p. 1.

demande pour se faire reconnaître propriétaire. Mais cette autorité n'existe que dans les rapports entre Pierre et Marie. Si un tiers, François par exemple, se prétend propriétaire du même terrain, il peut très certainement exercer une action en revendication contre Marie ; et cette dernière ne peut pas se prévaloir à l'encontre de François du titre que lui confère le précédent jugement pour faire échec à cette demande, car, à l'égard de celui-ci, il n'y a pas autorité de chose jugée.

Autorité de la chose jugée

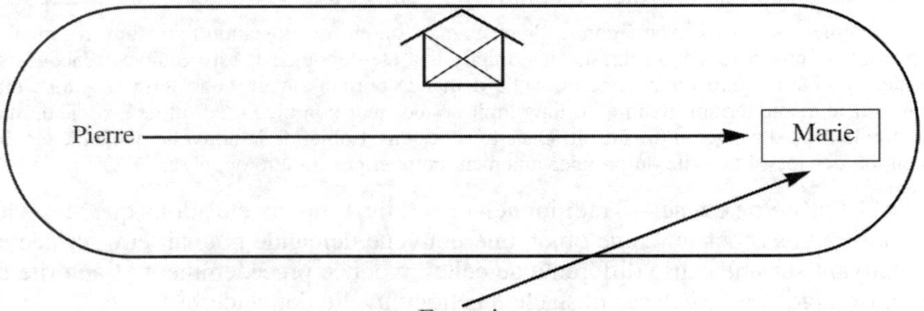

La solution peut paraître curieuse. Mais en réalité, la règle s'explique très bien : la vérité judiciaire est une vérité contingente qui est fonction des éléments de preuve et des arguments soumis au juge par chacune des parties en cause. Toujours dans l'exemple choisi, pour reconnaître la propriété de Marie, le tribunal a estimé que les moyens de preuve de cette dernière étaient plus forts que ceux de Pierre ; mais si François était intervenu en faisant valoir ses propres moyens, la décision du tribunal aurait peut-être été différente et Marie n'aurait peut-être pas été reconnue propriétaire. Au reste, le principe de la contradiction (*supra*, n°s 575 et s.) interdit que l'on puisse opposer à un tiers, avec force de vérité légale, une décision qui a été rendue sans qu'il ait été appelé et sans que, par conséquent, il ait été en mesure de discuter et de contredire les éléments débattus.

Tel est le principe dit de la « relativité de la chose jugée quant aux parties » qui en règle générale se retrouve dans tous les contentieux, y compris en matière pénale et administrative.

Ainsi, en matière pénale, si après qu'une personne a été condamnée pour avoir commis certains faits délictueux, un de ses coauteurs est découvert, l'autorité du jugement ne s'oppose pas à ce que ce dernier soit poursuivi et ultérieurement condamné.

603 **Dérogation : autorité absolue. –** Par dérogation à ce qui vient d'être dit, il y a des cas où l'autorité de la chose jugée est opposable à tous (*erga omnes*), y compris aux tiers : on dit alors que l'autorité de la chose jugée est absolue. Cette situation peut paraître aberrante. En réalité, elle ne se rencontre que dans des hypothèses très exceptionnelles, et pour des raisons propres à la nature du litige. On en citera deux exemples.

a) En matière pénale. – Le jugement rendu sur l'action publique par une juridiction répressive s'impose à tous, y compris à la victime, alors même qu'elle ne se serait pas constituée partie civile à l'instance pénale.

Exemple : l'auteur prétendu d'un vol a été poursuivi devant le tribunal correctionnel et relaxé des poursuites au motif que sa participation à l'infraction n'a pas été démontrée : la victime du vol, qui pourtant n'était pas partie au procès pénal, ne pourra pas prétendre le contraire devant le tribunal de grande instance où elle a formé une demande en réparation, et sa demande en dommages-intérêts devra être rejetée. La chose jugée sur l'action publique s'impose à elle avec une autorité absolue.

Pour justifier une telle dérogation au principe de la relativité de la chose jugée, on invoque généralement la *prééminence de la justice répressive sur la justice civile*. Il serait scandaleux, dit-on, que les deux juridictions puissent se contredire et que la justice civile puisse condamner celui que la juridiction pénale a reconnu innocent. La dignité de la justice pénale est en cause et c'est pour éviter une telle contradiction que la décision de la justice répressive s'impose avec une autorité absolue.

b) En matière administrative. – Le principe de la relativité de la chose jugée est également écarté lorsque, saisi d'un recours pour excès de pouvoir, le juge administratif a *annulé l'acte attaqué*. Dans ce cas, l'acte n'est pas seulement annulé à l'égard du requérant qui a exercé le recours ; il est réputé nul à l'égard de tout le monde ; personne ne peut plus se voir opposer l'acte annulé et personne ne peut plus s'en prévaloir.

La solution s'explique par la structure même du contentieux de l'excès de pouvoir dont on a dit précédemment qu'il est un contentieux à fondement objectif (*supra*, n° 546). Un tel recours est exercé parce que, certes, le requérant y a intérêt, mais aussi, par-delà cet intérêt personnel, pour assurer le respect de la légalité en général ; le requérant a été en quelque sorte le défenseur de la légalité dans l'intérêt de tous. Dès lors, si l'acte contre lequel a été dirigé le recours vient à être déclaré nul, il est normal qu'il disparaisse à l'égard de tous, même à l'égard de ceux qui n'ont pas saisi la juridiction administrative.

Au reste, dans le cas particulier où l'acte litigieux est un acte de nature réglementaire, une raison supplémentaire justifie cette solution. Si, par exemple, la délibération d'un conseil municipal édictant de nouvelles impositions fiscales est déclarée nulle sur la requête d'un habitant de la commune, on concevrait mal que seul cet habitant soit dispensé de payer les nouveaux impôts, tandis que les autres y seraient tenus. L'acte réglementaire ayant par définition une portée générale, il est normal que le jugement qui l'annule ait la même portée.

B. FORCE EXÉCUTOIRE DES JUGEMENTS (ET ARRÊTS)

604 ***Imperium* du juge. –** Toute décision de justice a force exécutoire ; ce qui signifie que, de plein droit, sans autre autorisation de qui que ce soit, le jugement peut donner lieu à une exécution forcée, au besoin sous la forme d'une contrainte matérielle, pour faire en sorte que la décision du juge soit effectivement respectée. Il ne servirait à rien de « dire le droit », si la déclaration du juge devait rester à l'état de satisfaction académique. La fonction judiciaire est aussi une fonction d'autorité : le pouvoir de « dire le droit » *(jurisdictio)* s'accompagne nécessairement d'un pouvoir de commandement (*imperium*) qui se traduit matériellement par l'apposition, à la fin de chaque jugement, d'une formule que l'on appelle la *formule exécutoire*.

Sans doute, dans un bon nombre de cas, la contrainte est-elle superflue, parce que la partie condamnée exécute spontanément ce à quoi elle est tenue. Mais, de toute manière, il est indispensable de prévoir les cas limites, encore trop nombreux, où des mesures d'exécution forcée sont indispensables pour faire respecter la décision du juge. Ainsi se justifie la force exécutoire des jugements et des arrêts.

Il est à peine besoin de souligner l'importance d'un tel problème :

— pour le plaideur qui a peut-être attendu longtemps avant d'obtenir le jugement qui lui donne gain de cause et dont on peut comprendre la légitime irritation si, se heurtant au mauvais vouloir de son adversaire, il doit encore attendre de longs mois avant de recevoir ce qui lui revient ;

— pour le prestige de la justice en général dont l'autorité s'émousse vite si la décision du juge n'est pas respectée.

Toutes ces raisons conduisent à porter la plus grande attention à l'exécution forcée des décisions de justice qui soulève des problèmes assez différents selon les différents types de contentieux.

1. Exécution des jugements (et arrêts) dans le contentieux privé

605 **Titre exécutoire. –** Tout jugement rendu par une juridiction civile, commerciale ou sociale est accompagné d'une formule exécutoire dont le libellé est le suivant :

« La République française mande et ordonne à tous huissiers de justice, sur ce requis, de mettre ledit jugement (ou arrêt) à exécution, aux procureurs généraux et aux procureurs de la République près les tribunaux de grande instance d'y tenir la main, à tous commandants et officiers de la force publique de prêter main-forte lorsqu'ils en seront légalement requis ».

Le jugement revêtu de cette formule constitue un *titre exécutoire*, c'est-à-dire un titre permettant de procéder à une exécution forcée, tout au moins après sa « *notification* » à la partie condamnée et l'expiration des délais impartis pour exercer une voie de recours suspensive d'exécution (*infra*, n° 622) : la loi ne veut pas, en effet, que des mesures de contrainte puissent être exercées avant que l'intéressé n'ait été dûment informé de l'étendue de ses obligations.

Mais sous cette réserve, celui qui a obtenu en sa faveur un jugement de condamnation qui reste inexécuté peut, sur simple présentation de ce titre, s'adresser à un huissier de justice pour qu'il procède à l'une des mesures d'exécution prévues par la loi et que l'on appelle des « *saisies* » : à une saisie-vente sur les biens mobiliers de la partie condamnée, à une saisie-attribution sur les créances dont le débiteur dispose entre les mains d'un tiers, ou encore à une saisie des rémunérations sur le salaire de son débiteur condamné.

Et si l'huissier de justice se heurte à une résistance quelconque dans l'exécution de sa mission, il peut, toujours en application de la formule exécutoire, requérir la force publique pour que celle-ci lui « prête main-forte ». Le dernier mot doit rester à l'ordre du juge.

606 **Problème : carence de la force publique. –** S'il est vrai que la force publique doit se mettre à la disposition de l'huissier de justice, il arrive parfois que l'autorité publique s'y refuse. Et cela, pour des raisons qui ne restent pas toujours sans explication. L'exécution d'un jugement par la force publique (on dit *manu militari*) risque parfois de créer un trouble à la paix publique dont l'autorité administrative

a la responsabilité : il suffit d'imaginer les troubles que peut entraîner une expulsion de locataire ou de grévistes installés dans une usine[98].

Cette carence de l'administration, même si elle peut s'expliquer par des motifs légitimes, n'en est pas moins très grave[99]. Elle est grave, d'abord sur le plan général, dans la mesure où elle jette un discrédit sur l'autorité du juge. Elle est grave ensuite pour le plaideur qui a obtenu en sa faveur un jugement qui restera pour lui une simple satisfaction de principe.

La partie qui se heurte à une telle carence n'est pas toutefois démunie de tout recours : elle peut, en effet, demander à l'autorité administrative la *réparation du préjudice* que lui cause la non-exécution du jugement par le fait de l'administration (art. L. 153-1 C. proc. civ. ex.). Sur ce point, il faut reconnaître que la jurisprudence du Conseil d'État accueille assez favorablement les requêtes de cette nature, non seulement lorsque le refus de l'administration est fautif (lorsque, par exemple, il ne repose sur aucune justification), mais aussi lorsque le refus de l'administration s'appuie sur des motifs légitimes tirés du souci d'éviter de graves désordres, c'est-à-dire dans des hypothèses où il n'y a finalement aucune faute de sa part : on exige simplement, dans ce dernier cas, la justification d'un « préjudice manifestement anormal »[100]. Cette solution est d'autant plus remarquable qu'elle déroge à la règle selon laquelle il n'y a pas de responsabilité sans faute. Mais elle s'explique par le principe de l'égalité de tous les citoyens devant les charges publiques : il serait en effet injuste que la partie ayant obtenu un jugement en sa faveur supporte seule les conséquences d'une impossibilité d'exécution, pour des raisons qui tiennent au fait que l'administration n'a pas été en mesure de remplir sa mission[101].

2. Exécution des jugements (et arrêts) en matière pénale

607 **Principes. –** L'art. 707-1 C. pr. pén. pose en principe que « le ministère public et les parties poursuivent l'exécution de la sentence chacun en ce qui le concerne », marquant ainsi une dissociation très nette entre l'exécution du jugement relativement aux intérêts civils de la victime de l'infraction et l'exécution de la sentence pénale proprement dite.

I. – En ce qui concerne les *condamnations civiles* prononcées au profit de la victime de l'infraction (dommages-intérêts), il appartient à celle-ci d'en assurer l'exécution par ses propres moyens, par toutes les voies de droit dont dispose un créancier. Le jugement constitue à son égard un titre exécutoire dans les conditions précédemment indiquées (*supra*, n° 605).

98. Cons. État, 30 nov. 1923, *Couitéas, S.* 1923.3.57, note Hauriou (dans un cas où un colon installé en Tunisie avait obtenu un jugement décidant l'expulsion de certaines tribus indigènes et où l'autorité publique refusa son concours parce qu'elle redoutait des troubles). – *Adde*, au sujet du refus opposé par l'administration d'expulser par la force des grévistes qui occupaient une usine : Cons. État, 3 juin 1938, *Société des cartonneries Saint-Charles, D.* 1938.3.55, note Appleton.

99. Fréjaville, « Le déclin de la formule exécutoire et les réactions des tribunaux », in *Mélanges Ripert*, tome I, p. 214.

100. Cette solution est connue sous le nom de *« Jurisprudence Couitéas »*, du fait qu'elle a été consacrée pour la première fois par l'arrêt *Couitéas* du 30 nov. 1923 (précité).

101. G. Vedel et P. Delvolvé, 12e éd., t. 1, p. 607.

II. – En revanche, l'exécution des *dispositions spécifiquement pénales* du jugement répressif relève de la compétence exclusive du *parquet* : il lui appartient de faire exécuter le jugement.

En cas de relaxe ou d'acquittement, si la personne poursuivie est détenue, le parquet doit assurer sa libération (on dit parfois, son « élargissement »).

En cas de condamnation, le parquet a pour mission d'assurer l'exécution de la peine qui a été prononcée, dès que le jugement est devenu exécutoire, c'est-à-dire à l'expiration des délais impartis pour l'exercice des voies de recours. S'il s'agit d'une peine d'emprisonnement, il doit faire procéder à l'incarcération du condamné ; et s'il s'agit d'une peine d'amende, il se chargera d'en opérer le recouvrement au besoin par toutes les voies d'exécution mises à la disposition d'un créancier (*supra*, n° 605).

608 **Juridictions de l'application des peines. –** Lorsqu'il s'agit d'une peine d'incarcération, surtout si elle doit être de longue durée, l'exécution de la peine soulève de nombreux problèmes, de nature juridique sans doute, mais aussi et surtout d'ordre psychologique et social qui relèvent d'une science particulière que l'on appelle la « science pénitentiaire »[102].

L'importance de ces problèmes est aujourd'hui considérable. À une époque où la peine consistait uniquement en un châtiment, les seuls problèmes se limitaient à la garde du prisonnier et à l'organisation de cette communauté de vie que constitue la prison. De nos jours, la perspective est différente. L'ambition est double : elle est de mettre à profit l'accomplissement de la peine pour « amender » le coupable et préparer sa réinsertion dans la société, avec aussi le souci de prévenir toute récidive. Le rôle du juge pénal ne s'arrête donc plus, comme autrefois, au jour du prononcé de la condamnation : il se prolonge tout au long de l'incarcération[103].

C'est dans ces conditions que, dès 1958, avait été institué un juge spécialisé, appelé le juge de l'application des peines (le « JAP »). Il subsiste toujours, mais la loi n° 2004-204 du 9 mars 2004 l'a intégré dans une véritable hiérarchie judiciaire à deux degrés dont l'ensemble forme ce que l'on appelle désormais les *juridictions de l'application des peines*[104].

I. – *Au premier degré,* il existe deux juridictions différentes dont la compétence est fonction de la gravité de la mesure prise.

a) Dans le ressort de chaque tribunal de grande instance, il y a un ou plusieurs *juges de l'application des peines*, désignés par décret après avis du Conseil supérieur de la magistrature (art. 712-2 C. pr. pén.). Chaque juge statue comme juge unique, après avis d'une commission de l'application des peines, sur certaines mesures comme, par exemple, les autorisations de sortie sous escorte ou les permissions de sortie, ainsi que sur les mesures de placement à l'extérieur, de semi-liberté,

102. Céré, Herzog-Hévans, Péchillon, « Actualité du droit de l'exécution des peines », *D.* 2003, chron. 919.

103. M. Giacopelli, « Réforme du droit de l'application des peines (dispositions de la loi n° 2004-204 du 9 mars 2004 relatives à l'exécution des peines privatives de liberté) », *D.* 2004. chron., p. 2589 ; v. également l'ouvrage incontournable de E. Bonis-Garçon et V. Peltier, *Droit de la peine*, LexisNexis, 2e éd., 2015.

104. La réglementation de ces juridictions figure aujourd'hui, depuis le décret n° 2004-1364 du 13 déc. 2004, dans les articles D. 49 à D. 49-73 du Code de procédure pénale.

de fractionnement des peines ou de placement sous surveillance électronique (art. 712-5 et 6 C. pr. pén.).

b) En revanche, pour des mesures plus importantes, comme par exemple la suspension de peine du condamné, la décision est prise collégialement par un *tribunal de l'application des peines* composé d'un président et de deux assesseurs désignés par le premier président de la cour d'appel parmi les juges de l'application des peines du ressort de la cour (art. 712-3 C. pr. pén.). Il existe un ou plusieurs tribunaux de cette nature dans le ressort de chaque cour d'appel ;

II. – *Au second degré* : contre les décisions rendues soit par le juge de l'application des peines, soit par le tribunal de l'application des peines, un appel peut être formé. Il est porté au second degré devant une chambre spéciale de la cour d'appel, dénommée *chambre de l'application des peines*. Elle est composée, outre le président et les deux conseillers assesseurs, d'un responsable d'une association de réinsertion des condamnés et d'un responsable d'une association d'aide aux victimes (art. 712-13 C. pr. pén.).

On ajoutera enfin que les décisions rendues dans ces conditions peuvent faire l'objet d'un recours en cassation (art. 712-15 C. pr. pén.).

609 **Juridictions régionales de la rétention de sûreté. –** Une loi du 25 février 2008 a institué ce que l'on appelle aujourd'hui la rétention de sûreté (art. 706-53-13 et s. C. pr. pén.). Tout condamné à une peine égale à au moins quinze ans de réclusion criminelle peut, lorsqu'il a purgé sa peine, être placé en rétention de sûreté. Cette disposition a pour objectif de ne pas remettre immédiatement en liberté des criminels qui « présentent une particulière dangerosité caractérisée par une probabilité très élevée de récidive ». Ils seront donc maintenus en détention pour y subir les soins médicaux appropriés, pour une durée d'une année renouvelable[105].

Cette mesure grave tout à fait inhabituelle dans la conception traditionnelle du droit français ne peut être décidée que par une juridiction que l'on appelle la juridiction régionale de la rétention de sûreté, composée d'un président de chambre et de deux conseillers de cour d'appel. Elle statue après avis d'une commission pluridisciplinaire composée de médecins et de psychologues.

3. Exécution des jugements (et arrêts) en matière administrative

610 **Formule exécutoire alternative. –** Les décisions rendues par les juridictions administratives sont assorties elles aussi d'une formule exécutoire. Mais son libellé est très différent de celui qui est en usage devant les juridictions de l'ordre judiciaire. Les décisions rendues par le Conseil d'État, les tribunaux administratifs et les cours administratives d'appel, comportent la formule exécutoire suivante (art. R. 751-1 C. just. adm.) :

« La République mande et ordonne au (ministre, préfet, maire, etc.) en ce qui le concerne et à tous huissiers de justice à ce requis en ce qui concerne les voies de

105. Pradel, « Une double révolution en droit pénal français avec la loi du 25 février 2008 sur les criminels dangereux », *D.* 2008, chron. p. 1000. ; CA Paris, 6 avr. 2009, *D.* 2009, p. 2146, note M. Herzog-Evans.

droit commun contre les parties privées, de pourvoir à l'exécution de la présente décision »[106].

Comme on peut l'observer, la formule exécutoire fait une distinction selon que la décision doit être exécutée contre une « partie privée » ou contre l'administration.

a) Dans le premier cas, si la décision doit être exécutée contre une « partie privée », c'est-à-dire contre un simple particulier, tous les moyens de contrainte du droit commun peuvent être utilisés : un huissier de justice peut donc être requis dans les conditions habituelles pour procéder à toutes les mesures d'exécution nécessaires. Sur ce point, il n'y a aucune différence par rapport aux jugements rendus par les juridictions de l'ordre judiciaire (*supra*, n° 605).

b) La situation est très différente lorsque la décision doit être exécutée contre une autorité administrative. Dans ce cas, il est simplement dit que « la République mande et ordonne au... (selon le cas : au ministre, au préfet, ou au maire, etc.) de pourvoir à l'exécution de la présente décision ». C'est tout. La différence est révélatrice des obstacles auxquels se heurte l'exécution forcée contre une autorité administrative, obstacles auxquels la jurisprudence et surtout le législateur moderne se sont efforcés de remédier.

611 **Les obstacles à l'exécution forcée et leur évolution. –** Deux principes ont longtemps rendu impossible toute mesure d'exécution forcée pour contraindre les personnes morales de droit public à exécuter des jugements les condamnant.

a) Le premier, qui subsiste toujours et qui apparaît comme une règle traditionnelle du droit public français, est *l'interdiction d'utiliser les voies d'exécution du droit privé à l'encontre d'une autorité administrative* (État, département, commune, établissement public) *qui ne paie pas ses dettes*. Si, par exemple, le requérant qui s'est vu attribuer une indemnité par un jugement du tribunal administratif ne parvient pas à obtenir le paiement de ce qui lui est dû, il ne peut pas procéder à une saisie sur les biens de l'administration condamnée. Celle-ci bénéficie d'une « *immunité d'exécution* ».

La raison que l'on en donne est que les biens qui appartiennent à une collectivité publique sont affectés au bon fonctionnement du service public, et qu'ils ne sauraient donc être détournés de leur affectation au profit d'un simple particulier : un créancier de l'État ne peut pas saisir la Vénus de Milo ou un camion militaire !

b) Le second obstacle a été l'*interdiction faite au juge d'adresser des injonctions à l'administration* (*supra*, n° 42). Cette règle est apparue d'autant plus gênante que, très souvent, le respect de la décision de justice implique de la part de l'administration l'accomplissement d'un acte déterminé qu'elle s'obstine à ne pas accomplir[107]. En l'absence de tout pouvoir d'injonction reconnu au juge, il était impossible de l'y contraindre.

106. Le mot *« décision »* est utilisé pour désigner, de façon générique, les jugements aussi bien que les arrêts ou le cas échéant les ordonnances.

107. Par exemple : si la révocation d'un fonctionnaire est annulée par le Conseil d'État, il ne suffit pas de dire que la révocation est nulle ; encore faut-il, pour que soit respectée la décision du juge, que l'administration reconstitue la carrière de ce fonctionnaire, dans les mêmes conditions que s'il n'avait jamais été révoqué.

Et c'est ainsi que la conjonction de ces deux principes a pu faire dire pendant longtemps qu'un jugement n'était exécuté que si l'administration condamnée le voulait bien. Souvent certes, l'administration s'inclinait. Mais dans certains cas, elle faisait preuve d'une inertie qu'il était extrêmement difficile de désarmer. Cette situation aberrante, et d'autant plus grave que le contentieux administratif a été en s'amplifiant, souleva de nombreuses protestations qui finirent par être entendues.

De nos jours, par l'effet de deux importantes réformes, – réalisées l'une, par la *loi n° 80-539 du 16 juillet 1980*, et l'autre, par la *loi n° 95-125 du 8 février 1995* qui a reconnu au juge administratif un pouvoir d'injonction –, le législateur moderne s'est efforcé d'organiser un système d'exécution spécifique au contentieux administratif dont les dispositions figurent désormais dans les articles L. 911-1 à L. 911-10 et R. 911-1 à R. 931-9 C. just. adm. Certes, aujourd'hui comme hier, aucune saisie ne peut être pratiquée sur les biens appartenant à une administration condamnée : l'immunité d'exécution demeure. Mais la partie qui se heurte au mauvais vouloir d'une administration trouve désormais à sa disposition des moyens incitatifs *(a)*, des moyens coercitifs *(b)* et des moyens réparateurs *(c)* qui lui permettent d'obtenir l'exécution de la condamnation prononcée.

612 **a) Moyens incitatifs. –** Les juridictions administratives de droit commun sont appelées à jouer un rôle important dans le « suivi » de la décision afin d'en surveiller l'exécution.

Ce pouvoir appartient d'abord au Conseil d'État. Le ministre chargé d'appliquer la décision peut lui demander d'éclairer l'administration sur ses modalités d'exécution (art. R. 931-1 C. just. adm.). Et de son côté, le requérant bénéficiaire d'une décision qui n'a pas été exécutée dans un délai de trois mois à compter de sa notification, peut signaler à la section du rapport et des études du Conseil d'État, les difficultés qu'il rencontre pour en obtenir l'exécution (art. R. 931-2 C. just. adm.). Le Conseil d'État est chargé d'assurer, en quelque sorte, une « vigilance tutélaire » sur la bonne exécution des décisions rendues par les juridictions administratives.

De même, en cas d'inexécution d'un jugement rendu par un tribunal administratif ou d'un arrêt définitif prononcé par une cour administrative d'appel, la partie intéressée peut demander à la juridiction qui a rendu la décision « d'en assurer l'exécution » (art. L. 911-4 C. just. adm.). La loi ne précise pas en quoi consiste ce « suivi » ; mais il y a tout lieu de penser que l'on vise ici un pouvoir d'entremise auprès de l'administration condamnée pour l'inciter à exécuter la décision.

613 **b) Moyens coercitifs. –** Le législateur moderne s'est enfin décidé à mettre en place des moyens coercitifs qui, sans être des saisies, sont destinés à contraindre « la personne morale de droit public ou l'organisme de droit privé chargé de la gestion d'un service public » à exécuter effectivement la décision de justice. Quels sont ces moyens ? Il faut ici distinguer deux situations, selon que la condamnation porte sur le paiement d'une somme d'argent ou sur l'exécution d'une mesure déterminée.

1) Condamnation à une somme d'argent. – Il résulte de l'article L. 911-9 C. just. adm.[108] que la décision de justice doit être exécutée par l'administration dans un délai de deux mois à compter de sa notification à l'autorité chargée de l'exécution. À l'expiration de ce délai, que peut faire l'intéressé ?

Si la condamnation doit être exécutée par une collectivité territoriale (département, commune) ou un établissement public, l'article L. 911-9 C. just. adm. reprend la solution classique qui, pour la partie n'ayant pas obtenu l'exécution de ce qui lui est dû, consiste à saisir directement l'autorité de tutelle (c'est-à-dire l'autorité supérieure : par exemple le préfet, si la condamnation doit être exécutée par une commune), pour que cette autorité procède à un « mandatement d'office »[109].

Si la condamnation doit être exécutée par l'État, à défaut de paiement dans les deux mois de la notification du jugement, le créancier peut saisir le comptable de l'organisme administratif condamné d'une demande de paiement « sans ordonnancement ou mandatement préalable », sur simple présentation de la décision revêtue de la formule exécutoire.

2) Exécution d'une mesure déterminée. – Il a été dit précédemment (*supra*, n° 611) que, dans bien des cas, la décision rendue implique de la part de l'administration l'accomplissement d'un acte déterminé (par exemple : la reconstitution de carrière d'un fonctionnaire illégalement révoqué). Pendant très longtemps, il n'y eut aucun moyen pour l'y contraindre du fait que le juge n'avait pas le pouvoir d'adresser des injonctions à l'administration (*supra*, nos 42 et 611). Cette lacune est aujourd'hui comblée : l'article L. 911-1 C. just. adm. décide en effet que « lorsque la décision implique nécessairement qu'une personne morale de droit public ou un organisme de droit privé chargé de la gestion d'un service public prenne une mesure d'exécution dans un sens déterminé, la juridiction prescrit cette mesure assortie le cas échéant d'un délai d'exécution ».

Le juge administratif peut donc désormais prononcer des injonctions à l'encontre d'une administration qui n'exécuterait pas la mesure impliquée par la décision. Sans doute ne peut-il pas le faire d'office : il faut que l'intéressé le demande au juge. Mais celui-ci, pour donner plus de poids à son injonction, peut l'assortir d'une *astreinte*, c'est-à-dire d'une condamnation pécuniaire à une somme d'argent (souvent fort élevée) dont le montant augmente à mesure que le temps passe (art. L. 911-3 et 5 C. just. adm.).

614 **c) Moyens réparateurs. –** De tout temps, il a été admis que le fait par l'administration de ne pas respecter l'autorité de la chose jugée (en accomplissant par exemple un acte contraire à ce qui a été décidé) pouvait entraîner deux conséquences. D'une part, la nullité de l'acte ainsi accompli, la violation de la chose jugée étant assimilée à une violation de la loi[110]. Et d'autre part, la mise en cause de la

108. Ce texte se borne à faire renvoi à l'art. 1er de la loi du 16 juill. 1980.

109. Sur les pouvoirs de l'État si l'autorité de tutelle refuse de prendre les mesures nécessaires : Cons. État, 18 nov. 2005, *D.* 2006.IR, p. 13 : Cons. État, 18 nov. 2005, *JCP* 2006.II.10.044, p. 568, note R. de Moustier et O. Béatrix (pouvoir de l'État de faire vendre les biens de la collectivité territoriale pour payer sa dette). Et sur la responsabilité de l'État qui ne prend pas les mesures nécessaires : CEDH, 26 sept. 2006, *D.* 2007, p. 545, note Ch. Jugon.

110. Cons. État, 13 juill. 1962, *Bréart de Boisanger*, *D.* 1962, 664, concl. J.-F. Henry.

responsabilité de l'administration qui peut être condamnée à des dommages-intérêts pour n'avoir pas respecté l'autorité de la chose jugée[111].

§ 3. LES VOIES DE RECOURS

615 **Définition, caractères et fondement. –** Les voies de recours sont des voies de droit qui ont pour objet propre de remettre en cause une décision de justice. On dira, par exemple, que l'appel est une voie de recours parce que l'appelant conteste la décision de première instance et demande à la juridiction hiérarchiquement supérieure de juger la même affaire une seconde fois. Cette définition laisse apparaître deux traits caractéristiques.

I. – D'abord, les voies de recours sont des *voies de droit* quelque peu comparables à ce qu'est l'action en justice devant un premier juge. Dans les mêmes conditions qu'une action en justice, elle ne peut être exercée que par celle des parties qui y trouve *intérêt*, à cette nuance près que, s'agissant d'une voie de recours, l'intérêt réside dans le fait d'avoir perdu son procès devant un premier juge (ou, pour employer le langage habituel, d'avoir *« succombé »*) : le plaideur qui a obtenu satisfaction ne peut pas exercer une voie de recours. Et pour la même raison, l'exercice d'une voie de recours est *facultatif* : un plaideur qui a succombé peut toujours renoncer à exercer une voie de recours, tacitement en laissant s'écouler le délai imparti, ou expressément en acquiesçant au jugement, auquel cas celui-ci devient irrévocable.

II. – Mais à la différence de l'action en justice, les voies de recours ont pour objet particulier de *remettre en cause une décision de justice*. La notion même de recours implique, en effet, l'idée d'une critique contre un acte précédemment rendu : celui des plaideurs auquel la décision fait grief demande, selon les cas, soit à la juridiction qui a précédemment statué, soit à une juridiction hiérarchiquement supérieure, de rétracter, d'infirmer ou de casser la décision attaquée[112]. En d'autres termes, toute voie de recours *remet en cause l'autorité de la chose jugée*.

De là, la gravité particulière d'une telle voie de droit : une gravité qui explique la nécessité d'en réglementer l'exercice de façon très stricte, spécialement en ce qui concerne les délais, souvent très brefs[113]. On ne saurait admettre, en effet, que la chose jugée puisse rester perpétuellement en suspens. Tout en laissant à la partie perdante le temps matériel nécessaire pour apprécier si l'exercice d'un recours est opportun, le plus tôt est le mieux.

Ainsi définies, les voies de recours apparaissent comme une garantie de bonne justice. Les juges sont faillibles. Ils peuvent se tromper tant en ce qui concerne

111. Cons. État, 4 janv. 1952, *Lhomme, S.* 1952.3.43 ; Cons. État, 2 mai 1962, *Caucheteux et Desmonts, RDP* 1963.279, note Waline.

112. On rappellera que, dans le vocabulaire du contentieux administratif, le mot « recours » désigne l'action exercée devant un premier juge (*supra*, n° 541). De telle sorte qu'il ne faut pas confondre les « recours » en matière administrative avec les « voies de recours » dont il est question dans les pages qui suivent.

113. Les délais varient selon les contentieux et selon les voies de recours entre 5 jours et 2 mois. Il n'en est autrement que pour la tierce-opposition (*infra*, n° 619) et le recours en révision (*infra*, n° 620).

l'appréciation des faits que l'interprétation de la règle de droit. Il est donc indispensable que la chose jugée une première fois puisse faire l'objet d'un nouvel examen.

On présentera d'abord les différentes voies de recours (A) et l'on s'interrogera ensuite sur leur effet suspensif (B).

A. LES DIFFÉRENTES VOIES DE RECOURS

616 **Énumération. –** Les voies de recours sont au nombre de cinq : l'appel, l'opposition, la tierce-opposition, le recours en révision et le recours en cassation.

Le recours en cassation ayant fait l'objet de longs développements, à propos de la Cour de cassation pour l'ordre judiciaire (*supra*, n°s 219 et s.) et du Conseil d'État pour l'ordre administratif (*supra*, n° 291), il suffira de renvoyer aux explications antérieures.

617 **Appel. –** L'appel est une voie de recours par laquelle une partie qui a succombé en première instance demande à la juridiction hiérarchiquement supérieure de juger l'affaire une seconde fois, et de réformer la décision entreprise : elle est, dit-on, une *voie de réformation et d'annulation*. Celui qui prend l'initiative d'attaquer le jugement (qu'il ait été demandeur ou défendeur en première instance, peu importe) prend le nom d'*appelant* ; son adversaire, celui d'*intimé*.

Cette voie de recours, qui existe dans tous les contentieux, est de loin la plus importante et la plus utilisée. Elle trouve sa justification dans la règle du double degré de juridiction (*supra*, n° 86) : le premier juge a pu se tromper et l'on peut raisonnablement penser que la cause sera mieux jugée en appel devant une juridiction hiérarchiquement supérieure, saisie d'un dossier dont les éléments essentiels auront été dégagés en première instance.

L'un des effets caractéristiques de l'appel est de produire un *effet dévolutif* ; ce qui signifie que la juridiction du second degré est saisie de l'affaire pour la juger à nouveau, aussi bien en fait qu'en droit, dans les mêmes conditions que le premier juge. L'affaire, en un mot, est « dévolue » à la juridiction d'appel (d'où l'expression « effet dévolutif »).

L'étendue exacte de l'effet dévolutif, – c'est-à-dire, ce sur quoi la juridiction d'appel devra se prononcer –, appelle une double remarque :

1) En principe, l'*effet dévolutif est limité par l'acte d'appel lui-même*. L'appelant n'est pas contraint d'interjeter appel sur tous les chefs du jugement : si, par exemple, il a gagné sur les points A et B, mais perdu sur le point C, il ne formera appel que sur le point C et l'effet dévolutif se limitera à ce seul point. On exprime cette règle au moyen d'une formule latine : *tantum devolutum quantum appellatum*. Plus spécialement, en matière pénale, on en tire cette conséquence logique que, sur le seul appel formé par la personne condamnée, la chambre des appels correctionnels, ou la cour d'assises au second degré, peut sans doute réduire la peine, mais elle ne peut pas l'aggraver : c'est ce que l'on appelle la *prohibition de la « reformatio in pejus »*[114].

Mais c'est compter sans la réaction de l'intimé qui, en présence de cette situation, peut souhaiter de son côté étendre la dévolution à tous les chefs du jugement sur lesquels il n'a peut-être pas obtenu tout ce qu'il avait demandé : il lui est alors possible de former un *appel incident*, précisément pour étendre l'effet dévolutif. Et c'est ainsi que, très souvent, le litige se trouve reconstitué dans son intégralité.

114. À titre d'exemple (sur la notion d'aggravation) : Cass. crim., 21 nov. 2001, *D.* 2002, p. 251.

2) En revanche, l'*effet dévolutif ne peut pas en principe aller au-delà des questions litigieuses soumises au premier juge.* On le comprend facilement : l'appel consiste à faire juger une seconde fois ce qui a déjà été jugé en première instance ; dès lors, toute demande nouvelle constituerait en réalité une demande soumise pour la première fois au second juge. Mais cette règle est aujourd'hui très sensiblement atténuée, spécialement en matière civile, commerciale et sociale. Dans des cas assez nombreux, il est en effet possible de soumettre à la juridiction d'appel des questions qui n'avaient pas été soumises au tribunal. Cela afin de gagner du temps et d'éviter de laisser subsister un contentieux susceptible de renaître entre les parties.

Si le jugement attaqué est effectivement réformé, on dira que la juridiction d'appel rend un *arrêt infirmatif* (parce qu'elle a « infirmé » le jugement) ; si, en revanche, le jugement attaqué est maintenu, on dira que la juridiction d'appel rend un *arrêt confirmatif* (parce qu'elle a « confirmé » la décision des premiers juges).

618 **Opposition. –** Cette voie de recours a pour particularité d'être exclusivement réservée à une *partie défaillante* qui n'a pas comparu ou, devant les juridictions administratives, qui n'a pas présenté ses moyens de défense : le défaillant demande au juge qui l'a condamné, de juger l'affaire à nouveau, tant en fait qu'en droit, à la lumière des éléments qu'il lui apporte et dont le juge n'avait pas eu connaissance la première fois.

Il a été dit précédemment les raisons qui ont conduit le législateur moderne à restreindre très sévèrement le domaine de cette voie de recours (*supra*, n° 583). À cette place, on remarquera simplement que l'opposition est une *voie de rétractation* : à la différence de l'appel, l'affaire est portée, non pas devant une juridiction hiérarchiquement supérieure, mais devant la même juridiction à qui il est demandé de « rétracter » sa décision initiale.

619 **Tierce-opposition. –** La tierce-opposition est une voie de recours, – spécifique au contentieux privé et au contentieux administratif –, par laquelle un tiers demande que la décision de justice qui lui fait grief soit déclarée inopposable à son égard. Cette voie de recours est originale à un triple point de vue :

a) D'abord, par le fait qu'elle émane d'un *tiers*, c'est-à-dire d'une personne qui n'a été ni partie, ni représentée au jugement attaqué. De là d'ailleurs vient son nom. Pour en comprendre l'utilité, il faut souligner que la relativité de la chose jugée ne protège pas nécessairement les tiers contre les incidences indirectes des jugements. Certes, il a été dit précédemment que l'autorité de la chose jugée n'est pas opposable aux tiers (*supra*, n° 602). Mais cette inopposabilité ne veut pas dire que le jugement rendu n'est pas susceptible de nuire aux intérêts d'un tiers ; elle signifie simplement que, le jugement n'ayant pas force de vérité légale à son égard, il a encore la possibilité d'échapper à ses conséquences en faisant valoir ses propres droits. Tel est l'objet de la tierce-opposition.

Un exemple concret illustrera ce qui vient d'être dit. Imaginons qu'un terrain ait été vendu par Guillaume à un acquéreur Philippe. Ultérieurement, sur une action en revendication exercée par Hélène, qui assigne le vendeur, Guillaume, en soutenant que ce même terrain lui a toujours appartenu, il est jugé que c'est Hélène la véritable propriétaire et que, en réalité, le vendeur Guillaume n'avait aucun droit sur le terrain qu'il a vendu. Quelle sera la situation de l'acquéreur Philippe ? On en déduira que la vente ne lui a jamais transféré la propriété (« *nemo plus juris ad alium transfere potest...* ») et qu'il est donc tenu de le restituer. Mais comme Philippe n'a été qu'un tiers à ce jugement, la tierce-opposition lui offre la possibilité d'apporter au juge des éléments de preuve nouveaux tendant à établir que, contrairement à ce qui a été jugé, le véritable propriétaire du terrain était bien son vendeur Guillaume, et non point Hélène. Et si l'acquéreur Philippe parvient à en convaincre le juge, ce terrain lui restera acquis.

b) La tierce-opposition se caractérise, en second lieu, par ses *effets*. Sauf cas exceptionnels, la tierce-opposition a simplement pour objectif de rendre la décision attaquée *inopposable au tiers* qui l'exerce. Le jugement n'est donc pas remis en cause dans son principe : il subsiste dans les rapports entre les parties. Mais le tiers qui triomphe en sa tierce-opposition pourra ignorer la situation juridique consacrée par le jugement, comme si, à ses yeux, ce jugement n'existait pas.

c) Enfin, la tierce-opposition peut être exercée pendant *trente ans* à compter de la date du jugement, en principe tout au moins sauf disposition contraire (art. 586 C. pr. civ.).

Ce délai anormalement long pour une voie de recours s'explique aisément : les tiers peuvent légitimement ignorer l'existence du jugement puisque, par hypothèse, il ne leur a pas été signifié. En fait, ils risquent de n'en avoir connaissance qu'à partir du jour où la partie gagnante voudra se prévaloir du jugement. Pour cette raison, les tiers doivent conserver la possibilité de former tierce-opposition aussi longtemps que le jugement risque de leur être nocif.

620 **Recours en révision et réexamen. –** Le recours en révision est une voie de recours par laquelle une partie, estimant qu'elle a perdu son procès parce que son juge a été induit en erreur par son adversaire, demande que l'affaire soit jugée à nouveau. Par exemple : le tribunal a jugé sur la foi d'un faux témoignage, ou encore une pièce décisive a été découverte qui, si elle avait été connue en temps utile, aurait modifié l'opinion du juge, etc. Bref, malgré toutes les précautions prises, il y a eu une *erreur judiciaire*.

Tout de suite on pense à l'erreur judiciaire en matière pénale et à l'accusé injustement châtié. C'est évidemment là où les conséquences sont les plus dramatiques. Mais cela peut se produire en toute matière : c'est un prétendu débiteur condamné à payer une somme d'argent sur la foi d'une pièce qui se révèle être fausse, ou un administré dont le recours a été rejeté parce que l'administration a retenu sciemment un document qu'elle savait être décisif.

De toute manière, on mesure facilement la gravité d'un tel recours qui ne tend à rien moins qu'à remettre en cause la chose jugée. S'il est établi qu'une erreur a été effectivement commise, il est évident que l'on ne peut pas laisser subsister la décision : la justice des hommes doit admettre qu'elle peut se tromper ou avoir été trompée. Mais il faut prendre garde aux abus. La première réaction du plaideur qui a perdu son procès est d'estimer que son juge a commis une erreur ; si, longtemps après, alors que toutes les voies de recours habituelles sont expirées, la moindre circonstance devait servir de prétexte au plaideur mécontent pour remettre en cause ce qui a été jugé, les procès n'auraient plus de fin et l'autorité de la chose jugée ne serait plus qu'une vaine parade. De là, la nécessité de se montrer très vigilant et de n'admettre cette voie de recours que dans des circonstances exceptionnelles, limitativement énumérées par la loi, comme un ultime remède contre les décisions « passées en force de chose jugée » qui ne peuvent plus faire l'objet d'aucun autre recours.

En principe, le recours en révision est une *voie de rétractation*, en ce sens que l'affaire est portée devant le même juge que celui qui a rendu la décision attaquée pour qu'il la juge à nouveau.

Le réexamen est un recours qui a d'abord été instauré en matière pénale par la loi n° 2000-516 du 15 juin 2000. Il s'agit d'une voie de recours qui peut être exercée au bénéfice d'une personne reconnue coupable définitivement en violation de la Convention européenne des droits de l'homme. La violation, constatée par la Cour européenne des droits de l'homme, est telle que les conséquences dommageables pour le requérant subsistent malgré l'octroi d'une satisfaction équitable. La demande de réexamen est examinée par la cour de révision et de réexamen avant une éventuelle annulation de la condamnation et un éventuel nouveau procès (v. les art. 622-1 et s. C. pr. pén.).

Plus récemment, le réexamen a été consacré en matière civile, plus précisément en matière d'état des personnes, par la loi n° 2016-1547 du 18 novembre 2016 (v. art. L. 451-2 et s. C. org. jud.)[115].

B. LE PROBLÈME DE L'EFFET SUSPENSIF DES VOIES DE RECOURS

621 **Importance du problème. –** L'exercice d'une voie de recours est-il de nature à suspendre l'exécution de la décision attaquée ? La question est capitale, et les intérêts en jeu sont loin d'être négligeables.

En faveur de l'effet suspensif, on peut faire observer qu'il est téméraire d'exécuter un jugement qui risque d'être infirmé, rétracté ou cassé ultérieurement. Sans doute, la partie condamnée par un premier juge qui se verrait contrainte d'exécuter le jugement et qui ensuite obtiendrait gain de cause sur l'exercice d'un recours, aurait-elle toujours le droit d'exiger la restitution de ce qu'elle aurait indûment payé. Mais, outre que cette solution peut être la source d'une grande gêne pour la partie initialement condamnée, il ne faut pas se dissimuler que la restitution peut se heurter à des obstacles insurmontables (biens saisis et vendus, insolvabilité de celui qui doit restituer). Et il va sans dire que, en matière pénale, les difficultés sont plus grandes encore : les journées passées en prison ne se restituent pas !

Mais d'un autre côté, l'effet suspensif n'est pas non plus sans inconvénient dans la mesure où il peut inciter la partie perdante à exercer systématiquement une voie de recours pour bénéficier de son effet suspensif et différer le jour où la condamnation deviendra irrévocable. Un tel système risque de favoriser toutes les manœuvres dilatoires et peut-être aussi d'encombrer inutilement les juridictions d'appel avec des recours fantaisistes.

La difficulté en cette matière consiste à découvrir un moyen terme qui, tout en sauvegardant les intérêts du perdant, évite d'encourager l'exercice systématique des voies de recours. Tout dépend finalement des intérêts en cause et de la priorité que l'on accorde à l'une ou à l'autre de ces considérations. Il n'y a donc pas lieu d'être surpris si chacun des contentieux adopte sur ce point des solutions très différentes.

115. V. également les art. 1031-8 et s. C. pr. civ. issus du décret n° 2017-396 du 24 mars 2017.

622 **I. Contentieux privé : distinction selon la nature de la voie de recours. –** Devant les juridictions civiles, commerciales et sociales, la solution du problème repose sur une distinction fondamentale entre les voies de recours ordinaires et les voies de recours extraordinaires.

a) Voies de recours ordinaires. – On appelle ainsi l'appel et l'opposition, parce que ce sont des voies de recours qui, sous réserve des conditions qui leur sont propres, sont ouvertes à toute partie justifiant d'un intérêt : elles sont *suspensives d'exécution.* Il en résulte que l'exécution du jugement ne peut pas être poursuivie aussi longtemps que le délai pour former un appel ou une opposition reste encore ouvert. Et à plus forte raison, aucune exécution n'est-elle possible à partir du moment où un tel recours a été effectivement exercé (art. 539 C. pr. civ.).

Cette solution, il est vrai, risque de favoriser la partie perdante au détriment du plaideur de bonne foi qui devra attendre encore de longs mois avant que la juridiction d'appel ne rende son arrêt. Ainsi s'explique une importante dérogation connue sous le nom d'*exécution provisoire.* On désigne par là, la faculté accordée à la partie gagnante d'exécuter le jugement tout de suite malgré l'appel ou l'opposition, mais bien entendu « à titre provisoire », c'est-à-dire en attendant la solution qui sera donnée au litige par la juridiction saisie du recours : si le jugement de première instance est confirmé, le gagnant conservera ce qu'il a reçu, mais dans le cas contraire, il devra le restituer. L'exécution provisoire est donc une véritable dérogation au principe de l'effet suspensif destinée à décourager ceux qui ne formeraient appel (ou opposition) que pour différer l'exécution du jugement. Elle est ordonnée en principe par le juge de première instance, « s'il l'estime nécessaire » (art. 515 C. pr. civ.), et donc, en fonction du cas d'espèce. Mais parfois, l'exécution provisoire est « de droit », c'est-à-dire automatique (par exemple, en matière de référé où l'urgence peut expliquer cette solution brutale).

b) Voies de recours extraordinaires. – Les voies de recours extraordinaires sont des voies de recours qui ne peuvent être exercées que dans certains cas prévus par la loi : ainsi en est-il de la tierce-opposition, du recours en révision et du recours en cassation. Ces voies de recours ne sont *pas suspensives d'exécution.* La décision peut donc être exécutée immédiatement, alors même qu'un tel recours pourrait encore être exercé ou le serait effectivement. S'agissant d'une voie de recours à caractère exceptionnel, le législateur a pensé à juste raison qu'il n'y avait pas lieu de différer l'exécution de la décision attaquée ou susceptible de l'être. Et c'est ainsi par exemple que l'on peut très bien exécuter un arrêt d'appel frappé d'un pourvoi en cassation[116].

623 **II. Contentieux pénal : effet suspensif. –** En matière pénale, *toutes les voies de recours ont un effet suspensif,* sans qu'il y ait lieu de distinguer entre les voies de recours ordinaires et les voies de recours extraordinaires : le pourvoi en cassation est suspensif au même titre que l'appel ou l'opposition. Il est facile d'en

116. Cette règle comporte quelques dérogations très limitées. On citera notamment la matière du divorce : si l'arrêt qui prononce le divorce pouvait être exécuté alors qu'un recours en cassation peut encore être formé ou l'a été effectivement, il serait à craindre que le conjoint divorcé ne se remarie dans l'intervalle ; ce qui, si l'arrêt venait à être cassé, aurait pour résultat de créer un cas de bigamie légale, entraînant du même coup la nullité du second mariage. Mieux vaut éviter de semblables situations.

comprendre la raison. Les décisions en cette matière peuvent avoir des conséquences trop redoutables pour en permettre l'exécution à un moment où elles ne sont pas encore irrévocables. De ce fait, la force exécutoire du jugement (ou de l'arrêt) est suspendue pendant tout le délai imparti pour exercer un recours et, à plus forte raison, lorsque celui-ci a été formé. C'est pourquoi d'ailleurs, en matière pénale, les délais de recours sont généralement très brefs[117].

Le principe de l'effet suspensif des voies de recours pourrait présenter, il est vrai, de sérieux inconvénients s'il n'était pas écarté dans certains cas exceptionnels.

a) Le premier cas est celui où un prévenu incarcéré a été acquitté, ou même condamné soit à une peine d'emprisonnement avec sursis, soit à une simple peine d'amende : en un mot, le jugement prononcé le rend libre. Même si un appel est interjeté par le ministère public, il doit être libéré immédiatement (art. 471 C. pr. pén.). La liberté individuelle l'emporte ici sur le principe de l'effet suspensif.

b) Un autre cas est celui où, au contraire, le tribunal correctionnel aurait prononcé une peine d'emprisonnement égale ou supérieure à une année. Il a semblé nécessaire d'offrir au tribunal la possibilité de s'assurer immédiatement de la personne du coupable qui risquerait de s'enfuir, en décernant contre lui un mandat de dépôt ou un mandat d'arrêt sans attendre l'expiration des délais impartis pour l'exercice d'un recours (art. 465 C. pr. pén.). La condition posée est que le recours soit jugé dans les plus brefs délais.

624 **III. Contentieux administratif : absence d'effet suspensif. –** En matière administrative, la solution adoptée est diamétralement opposée à celle du contentieux pénal : en règle générale, *les voies de recours n'ont aucun effet suspensif* (art. R. 811-14 et R. 831-2 C. just. adm.). La décision rendue par une juridiction administrative peut donc être exécutée immédiatement, dès qu'elle a été notifiée, même si elle peut encore faire l'objet d'une voie de recours et même si celle-ci a été effectivement exercée.

Ce principe est fidèle à la tradition administrative. De même que, en règle générale, les requêtes formées contre des actes administratifs ne suspendent pas l'exécution de ceux-ci (art. L. 4 C. just. adm.), les voies de recours formées contre les jugements administratifs ne suspendent pas davantage la force exécutoire de ces derniers. Il y a une parenté évidente entre les deux principes, à cette nuance près que, s'agissant d'une décision juridictionnelle, la règle de l'exécution immédiate peut se retourner contre l'administration si c'est elle qui a été condamnée en première instance.

Il reste que ce principe peut entraîner des conséquences fâcheuses. Il suffit d'imaginer le cas où un tribunal administratif annulerait un permis de construire : obliger le propriétaire à démolir tout de suite les constructions édifiées, alors qu'il a fait appel de la décision, et que peut-être la juridiction du second degré validera le permis, est une solution expéditive qui risque d'entraîner des frais considérables en pure perte. Ainsi s'expliquent les nombreuses dérogations qui confèrent exceptionnellement un effet suspensif à l'exercice des voies de recours, et de l'appel en particulier.

117. Ainsi par exemple, la durée du délai d'appel est de 10 jours, en principe à compter du prononcé du jugement (art. 498, C. pr. pén., mod. par la loi n° 2009-1436 du 24 nov. 2009). Quant au pourvoi en cassation, il doit être formé dans un délai de 5 jours à compter de la décision (art. 568 C. pr. pén.). – Sur ce délai de 5 jours en matière pénale, voir l'arrêt de la Cour européenne des droits de l'homme du 10 juill. 2001 (*JCP* 2002.II.10034) qui a émis des réserves sur sa brièveté.

a) Certaines de ces dérogations sont expressément prévues par la loi[118].

b) Mais indépendamment des cas prévus par un texte particulier, il est possible (de façon générale), d'obtenir du juge administratif, ce que l'on appelle un *« sursis à exécution »* si, d'une part, la décision attaquée risque d'entraîner des conséquences difficilement réparables, et si d'autre part, les moyens énoncés dans la requête paraissent sérieux (art. R. 811-17 C. just. adm.)[119].

118. Ainsi, par exemple, l'appel formé contre les décisions des sections disciplinaires des conseils d'université est suspensif d'exécution (décr. du 24 mars 1971, art. 44) ; il en est de même de l'appel exercé contre les jugements des conseils régionaux de l'ordre des médecins (art. L. 4122-3, C. santé publique). Dans le même ordre d'idées, l'appel formé contre les jugements des tribunaux administratifs qui annulent l'élection de conseillers généraux ou municipaux est en principe suspensif d'exécution (art. L. 223 et L. 250, C. électoral).

119. Sur le régime du référé-suspension, voir : les art. L. 511-1 à L. 513-1 et les art. R. 511-1 à R. 511-12, C. just. adm.

CONCLUSION : CRISE DE LA JUSTICE ?

625 Depuis quelques années, on parle volontiers d'une crise de la justice. La grande presse ne cesse d'attirer l'attention, comme il est de son devoir de le faire, sur certaines déficiences du service public de la justice, sur sa lenteur, sa complexité, son coût, etc. Le discours politique n'est pas en reste qui ne cesse de répéter comme une litanie que des réformes sont nécessaires. Et le grand public découvre soudain avec un certain étonnement, aiguisé souvent par un arrière-goût de scandale, que la justice n'échappe pas à un certain malaise.

Il est certes normal que la justice soit affectée par la crise qui atteint notre société en général du fait de l'évolution rapide des idées et des mœurs. Il est bien vrai que la loi accuse parfois un retard regrettable sur ce qui, à un moment donné, paraît juste et conforme à une éthique dominante. La loi n'est plus aujourd'hui « le fruit mûr d'une lente conspiration des âges », comme se plaisait à l'imaginer Chateaubriand. Notre époque moderne ne laisse plus aux ans le temps de conspirer et, trop souvent, la règle de droit apparaît comme le soubresaut brutal d'une société qui enfante ses lois dans la douleur. Mais ce genre de crise n'est pas spécifique à la justice : c'est la crise de notre société en général et il serait malséant d'en faire peser la responsabilité sur le monde judiciaire au seul motif qu'il est le témoin privilégié de l'inadaptation des règles qui nous régissent. La véritable crise de la justice est ailleurs.

L'aspect le plus visible, et le plus spectaculaire aussi, réside dans l'augmentation constante de la masse contentieuse et l'envahissement de nos Palais par un volume d'affaires qui a doublé en l'espace de vingt ans. Il est malheureusement trop évident que la multiplicité des textes, élaborés dans des conditions souvent expéditives, suscite le contentieux. Et par ailleurs l'homme moderne, mieux informé de ses droits, n'hésite plus à les défendre en justice ; et s'il le faut, en parcourant tous les échelons de la hiérarchie judiciaire. Peut-on décemment lui en faire reproche ? Mais il n'y a pas de miracle. Avec un personnel judiciaire qui n'a que très faiblement augmenté, il est impossible de faire face à la marée qui déferle dangereusement à tous les degrés de juridiction. Comme beaucoup d'autres corps de l'État, la justice se trouve confrontée à un phénomène de masse qu'elle parvient difficilement à maîtriser. Tout cela n'est que trop vrai et le répéter ne sert plus à grand-chose.

Mais n'y a-t-il pas une crise plus profonde et plus insidieuse qui réside moins dans les statistiques que dans les mentalités ? L'homme moderne croit-il vraiment à sa justice ? Et le juge lui-même n'est-il pas à la recherche de sa propre légitimité ? Car enfin, d'où procède ce pouvoir exorbitant qui lui appartient de juger son semblable ? de le déclarer coupable ou innocent ? de disposer de ses deniers, de son honneur et parfois de sa liberté ? Sans une justification, ce pouvoir est une véritable imposture.

À l'origine de nos États modernes, le fondement d'un tel pouvoir reposait sur une sacralisation de la fonction juridictionnelle qui faisait du juge l'incarnation du verbe divin ; ce qui, après tout, était conforme à cette idée très répandue dans les siècles passés que tout pouvoir procède de Dieu. Les juges de la terre étaient alors, comme le croyait le chancelier d'Aguesseau, « les enfants du Très-Haut ». Leur légitimité et leur indépendance échappaient nécessairement au doute.

Or, chose curieuse, cette conception mystique de la justice a survécu à la Révolution française qui cependant avait eu pour dessein d'exorciser les pouvoirs de toute essence divine. Il faut en chercher la raison dans le fait que la bourgeoisie reprit le flambeau et que, tout au long du XIXe siècle et le début du XXe, la justice des notables assura le relais ; ce qui évita d'avoir à s'interroger sur le fondement du pouvoir de juger. Le juge tirait de son origine sociale, de sa culture, de sa fortune, la justification de son pouvoir et la garantie de son indépendance. Il était un homme hors du commun éclairé dans ses jugements par des lumières que d'autres ne possédaient pas. Et il faut bien dire que cette conception a été délibérément entretenue par cette débauche de signes extérieurs dont l'allure ecclésiale est frappante. La toge richement drapée d'hermine magnifie la fonction à travers l'homme. L'audience est un office qui a ses rites. Et ne dit-on pas que, dans certaines villes de province, il était encore dans les usages, à la fin du XIXe siècle, de faire tinter la cloche toutes les fois que se tenait une audience ? Enfin qui oserait prétendre que le jury criminel n'a pas un fondement mystique ?

À notre époque, que reste-t-il de tout cela ? Le juge n'est plus nécessairement un notable qui tire de son hérédité le respect de ses concitoyens : il est un fonctionnaire reçu à un concours difficile, qui perçoit un traitement, qui se syndique parfois et qui trouve difficilement à se loger quand il change de poste. Le symbolisme judiciaire ne suffit plus à masquer cette réalité ; et d'autant moins d'ailleurs que les symboles ont perdu à leur tour la force de persuasion qu'ils avaient jadis. La puissance mystique du juge a cédé le pas au culte de la loi dont il est le serviteur, et au dogme de l'infaillibilité inspirée s'est substituée l'autorité de la chose jugée. Mais il en faut plus à l'opinion publique pour justifier le pouvoir considérable dont dispose le juge. Il doit, par sa personnalité, par son caractère, par son rôle dans la société donner la preuve de sa propre autorité. On croit à l'oracle du juge parce que sa fonction le place à l'abri des influences et des pressions et parce que sa conscience lui dicte une rigoureuse indépendance dont on reste convaincu que rien ne le détournera jamais. Cet acte de foi est l'ultime rempart de son autorité et, de ce point de vue, il ne faut pas se lasser de répéter que le juge français est un exemple. Mais c'est au prix d'une ascèse journalière qui seule lui permet de retrouver dans l'exercice de sa fonction, un prestige et une autorité qui ne lui sont plus donnés naturellement par sa naissance ou une cérémonie d'installation. En un mot, il doit reconstituer lui-même sa propre notabilité jour après jour.

La véritable crise de la justice est peut-être une crise morale qui atteint l'opinion publique tout autant que le juge lui-même.

INDEX ALPHABÉTIQUE

Les chiffres renvoient aux numéros des ***paragraphes***

A

B

C

D

E

F

G

H

I

P

S

T

U

V

TABLE DES MATIÈRES

(Les chiffres renvoient aux numéros des pages)

COLLECTION DOMAT

DROIT PRIVÉ

Jean-Bernard AUBY, Hugues PÉRINET-MARQUET et Rozen NOGUELLOU	**DROIT DE L'URBANISME ET DE LA CONSTRUCTION** ■ (11e éd.).
Mathias AUDIT, Sylvain BOLLÉE et Pierre CALLÉ	**DROIT DU COMMERCE INTERNATIONAL ET DES INVESTISSEMENTS ÉTRANGERS** ■ (2e éd.).
Jean BART	**HISTOIRE DU DROIT PRIVÉ** De la chute de l'Empire romain au XIXe siècle ■ (2e éd.).
Bernard BEIGNIER	**DROIT DES ASSURANCES** ■ (2e éd.).
Florence BELLIVIER	**DROIT DES PERSONNES**
Alain BÉNABENT	**DROIT DES OBLIGATIONS** ■ (16e éd.).
Alain BÉNABENT	**DROIT DES CONTRATS SPÉCIAUX CIVILS ET COMMERCIAUX** ■ (12e éd.).
Alain BÉNABENT	**DROIT DE LA FAMILLE** ■ (3e éd.).
Thierry BONNEAU	**DROIT BANCAIRE** ■ (12e éd.).
Thierry BONNEAU	**DROIT FINANCIER**
Rémy CABRILLAC	**DROIT DES RÉGIMES MATRIMONIAUX** ■ (10e éd.).
Nicolas CAYROL	**DROIT DE L'EXÉCUTION** ■ (2e éd.).
Gérard CORNU	**DROIT CIVIL** Introduction au droit ■ (13e éd.).
Gérard CORNU	**DROIT CIVIL** Les biens ■ (13e éd.).
Gérard CORNU	**DROIT CIVIL** Les personnes ■ (13e éd.).
Gérard CORNU	**DROIT CIVIL** La famille ■ (9e éd.).

Gérard CORNU	**LINGUISTIQUE JURIDIQUE** ■ (3e éd.).
Françoise DEKEUWER-DÉFOSSEZ et Édith BLARY-CLÉMENT	**DROIT COMMERCIAL** Actes de commerce ■ Fonds de commerce ■ Commerçants ■ Concurrence ■ (11e éd.).
Jean DEVÈZE et Philippe PÉTEL	**DROIT COMMERCIAL** Instruments de paiement et de crédit.
Nicolas DISSAUX	**DROIT DE LA DISTRIBUTION**
William DROSS	**DROIT DES BIENS** ■ (3e éd.).
Michel FROMONT	**DROIT ALLEMAND DES AFFAIRES** Droit des obligations et des biens ■ Droit commercial et du travail.
Michel FROMONT et Jonas KNETSCH	**DROIT PRIVÉ ALLEMAND** ■ (2e éd.).
Jean GAUDEMET et Emmanuelle CHEVREAU	**DROIT PRIVÉ ROMAIN** ■ (3e éd.).
Daniel GUTMANN	**DROIT FISCAL DES AFFAIRES** ■ (8e éd.).
Jacques HÉRON et Thierry LE BARS	**DROIT JUDICIAIRE PRIVÉ** ■ (6e éd.).
Emmanuel JEULAND	**DROIT PROCESSUEL GÉNÉRAL** ■ (3e éd.).
Christian JUBAULT	**DROIT CIVIL** Les successions ■ Les libéralités ■ (2e éd.).
Jérôme JULIEN	**DROIT DE LA CONSOMMATION** ■ (2e éd.).
Paul LE CANNU et Bruno DONDERO	**DROIT DES SOCIÉTÉS** ■ (7e éd.).
Pierre MAYER et Vincent HEUZÉ	**DROIT INTERNATIONAL PRIVÉ** ■ (11e éd.)
Antoine MAZEAUD	**DROIT DU TRAVAIL** ■ (10e éd.).
Michel MENJUCQ	**DROIT INTERNATIONAL ET EUROPÉEN DES SOCIÉTÉS** ■ (4e éd.).
Roger PERROT Bernard BEIGNIER et Lionel MINIATO	**INSTITUTIONS JUDICIAIRES** ■ (16e éd.).
Nicolas PETIT	**DROIT EUROPÉEN DE LA CONCURRENCE**
Frédéric POLLAUD-DULIAN	**DROIT DE LA PROPRIÉTÉ INDUSTRIELLE** ■ (2e éd.).
Corinne SAINT-ALARY-HOUIN	**DROIT DES ENTREPRISES EN DIFFICULTÉ** ■ (10e éd.).
Romuald SZRAMKIEWICZ et Olivier DESCAMPS	**HISTOIRE DU DROIT DES AFFAIRES** ■ (2e éd.).

DROIT PUBLIC

Pierre AVRIL, Jean GICQUEL et Jean-Éric GICQUEL	**DROIT PARLEMENTAIRE** ■ (5e éd.).
Michel BORGETTO et Robert LAFORE	**DROIT DE L'AIDE ET DE L'ACTION SOCIALES** ■ (9e éd.).
Jean BOULOUIS	**DROIT INSTITUTIONNEL DE L'UNION EUROPÉENNE** ■ (6e éd.).
François BURDEAU	**HISTOIRE DE L'ADMINISTRATION FRANÇAISE** xviiie-xxe siècles ■ (2e éd.).
René CHAPUS	**DROIT ADMINISTRATIF GÉNÉRAL** **T. 1** (15e éd.) Service public ■ Police ■ Responsabilité ■ Actes ■ Organisation et justice administratives ■ Séparation des autorités administratives et judiciaires ■ Conflits d'attribution. **T. 2** (15e éd.) Fonction publique ■ Domaine public ■ Travaux publics ■ Expropriation.
René CHAPUS	**DROIT DU CONTENTIEUX ADMINISTRATIF** ■ (13e éd.).
Martin COLLET	**FINANCES PUBLIQUES** ■ (2e éd.).
Jean COMBACAU et Serge SUR	**DROIT INTERNATIONAL PUBLIC** ■ (12e éd.).
Louis DUBOUIS et Claude BLUMANN	**DROIT MATÉRIEL DE L'UNION EUROPÉENNE** ■ (7e éd.).
Pierre-Laurent FRIER et Jacques PETIT	**DROIT ADMINISTRATIF** ■ (11e éd.).
Jean GAUDEMET et Emmanuelle CHEVREAU	**LES INSTITUTIONS DE L'ANTIQUITÉ** ■ (8e éd.)
Jean GAUDEMET	**LES NAISSANCES DU DROIT** Le temps, le pouvoir et la science au service du droit ■ (4e éd.).
Jean GAUDEMET	**SOCIOLOGIE HISTORIQUE** Les maîtres du pouvoir.
Paul-Marie GAUDEMET et Joël MOLINIER	**FINANCES PUBLIQUES** **T. 1** (7e éd.) Politique financière ■ Budget et Trésor. **T. 2** (6e éd.) Fiscalité.
Jean GICQUEL et Jean-Éric GICQUEL	**DROIT CONSTITUTIONNEL ET INSTITUTIONS POLITIQUES** ■ (31e éd.).
Gilles J. GUGLIELMI, Geneviève KOUBI et Martine LONG et la collab. de Gilles DUMONT	**DROIT DU SERVICE PUBLIC** ■ (4e éd.).
Thierry LAMBERT	**PROCÉDURES FISCALES** ■ (3e éd.).

Marcel MORABITO	**HISTOIRE CONSTITUTIONNELLE DE LA FRANCE DE 1789 À NOS JOURS** ■ (14e éd.).
Sophie NICINSKI	**DROIT PUBLIC DES AFFAIRES** ■ (4e éd.).
Jacques ROBERT et Jean DUFFAR	**DROITS DE L'HOMME ET LIBERTÉS FONDAMENTALES** ■ (8e éd.).
Raphaël ROMI	**DROIT DE L'ENVIRONNEMENT** ■ (9e éd.).
Raphaël ROMI et Justine BAIN-THOUVEREZ	**DROIT INTERNATIONAL ET EUROPÉEN DE L'ENVIRONNEMENT** ■ (3e éd.).
Dominique ROUSSEAU	**DROIT DU CONTENTIEUX CONSTITUTIONNEL** ■ (11e éd.).
François SAINT-BONNET et Yves SASSIER	**HISTOIRE DES INSTITUTIONS AVANT 1789** ■ (5e éd.).
Carlos SANTULLI	**DROIT DU CONTENTIEUX INTERNATIONAL** ■ (2e éd.).
Christophe SERAGLINI et Jérôme ORTSCHEIDT	**DROIT DE L'ARBITRAGE INTERNE ET INTERNATIONAL**
Jacques ZILLER	**ADMINISTRATIONS COMPARÉES** ■ (2e éd.). Les systèmes politico-administratifs de l'Europe des Douze.

POLITIQUE

Francis BALLE	**MÉDIAS ET SOCIÉTÉS** ■ (17e éd.).
Philippe BRAUD et François BURDEAU	**HISTOIRE DES IDÉES POLITIQUES DEPUIS LA RÉVOLUTION** ■ (2e éd.).
Yves MÉNY et Yves SUREL	**POLITIQUE COMPARÉE** Les démocraties (Allemagne, États-Unis, France, Grande-Bretagne, Italie) ■ (8e éd.).
Roger-Gérard SCHWARTZENBERG	**SOCIOLOGIE POLITIQUE** ■ (5e éd.).
Serge SUR	**RELATIONS INTERNATIONALES** ■ (6e éd.).

GESTION

Jérôme CABY, Alain COURET et Gérard HIRIGOYEN	**INITIATION À LA GESTION** Connaissance de l'entreprise à partir de ses principaux documents obligatoires ■ (3e éd.).